HISTOIRE GÉOGRAPHIE GÉOPOLITIQUE SCIENCES POLITIQUES

Sous la direction de :

Sébastien Cote
Agrégé d'histoire
Professeur en CPGE au lycée Joffre à Montpellier (34)

Éric Godeau
Agrégé d'histoire et docteur en histoire
Professeur en Lettres Supérieures et en Première Supérieure au lycée Hélène Boucher à Paris (75)

Éric Janin
Agrégé de géographie
Professeur de chaire supérieure en CPGE au lycée Lakanal à Sceaux (92)

Guillaume Le Quintrec
Agrégé d'histoire, ancien élève de l'École normale supérieure
Professeur en CPGE au lycée Fénelon à Paris (75)

Joëlle Alazard
Agrégée d'histoire
Professeure en classes préparatoires au lycée Faidherbe à Lille (59)

Laetitia Benbassat
Agrégée d'histoire-géographie
Professeure au collège Jean Perrin à Paris (75)

Viviane Bories
Certifiée d'histoire-géographie
Professeure de géographie dans l'académie de Montpellier (34)

Mathias Burgé
Agrégé d'histoire
Professeur au lycée Rabelais à Meudon (92)

Cécile Chalmin
Agrégée d'histoire
Professeure à Sciences Po Lille (59)

Thomas Choquet
Agrégé d'histoire
Professeur de géographie au lycée Châtelet de Saint-Pol-sur-Ternoise (62)

Laurence De Cock
Agrégée d'histoire-géographie
Professeure au lycée Guillaume-Tirel à Paris (75)

Stéphane Coviaux
Agrégé d'histoire
Professeur en classes préparatoires au lycée Fénelon à Paris (75)

Défendin Détard
Agrégé d'histoire
Professeur au lycée Évariste-Galois à Noisy-le-Grand (93)

Lise Fournier
Agrégée de géographie
Professeure au lycée Saint-John-Perse et en classes préparatoires au lycée Louis-Barthou à Pau (64)

Cécile Gnahoré-Barata
Agrégée de géographie
Professeure en CPGE au lycée Lakanal à Sceaux (92)

Daniel Henri
Agrégé d'histoire, ancien élève de l'École normale supérieure
Professeur en classes préparatoires au lycée Henri-IV à Paris (75)

Heinrich Jannot
Agrégé de géographie
Professeur au lycée Étienne-Bézout à Nemours (77)

Samuel Kuhn
Agrégé d'histoire-géographie
Professeur au lycée de la Versoie à Thonon-les-Bains (74)

Nicolas Le Brazidec
Agrégé de géographie
Professeur en classes préparatoires au lycée Georges-Clemenceau à Nantes (44)

Estelle Lemière
Agrégée de sciences économiques et sociales
Lycée Le Verrier à Saint-Lô (50)

Florian Louis
Agrégé d'histoire
Professeur en classes préparatoires au lycée Michelet à Vanves (92)

Mathieu Lours
Agrégé d'histoire
Professeur en CPGE au lycée Léon-Blum de Créteil (94)

Antoine Mariani
Agrégé de géographie
Professeur en classes préparatoires au lycée Fénelon à Paris (75)

Patrick Marques
Agrégé d'histoire-géographie
Professeur au lycée Anita-Conti à Bruz (35)

Christian Noël
Certifié d'histoire-géographie
Professeur au lycée Jacques-Prévert à Savenay (44)

Claire Quincy
Agrégée d'histoire-géographie
Professeure au lycée Jules-Guesde à Montpellier (34)

Relecture pédagogique :

Thierry Villechaise
Professeur de SES au lycée Jules-Guesde à Montpellier (34)

Nathan

À la découverte de votre manuel

Chaque thème se divise en 3 chapitres qui correspondent aux axes et à l'objet de travail conclusif du programme. À chaque ouverture de thème, une introduction pose les grands enjeux et les notions. En fin de thème, une synthèse fait le point sur ce qu'il faut retenir.

Cours

Des cours complets et accessibles pour apprendre à travailler en autonomie.

- Le vocabulaire à retenir
- Des biographies
- Des repères pour contextualiser : chiffres clés, frises...
- Des propositions pour vous entraîner à faire des fiches de lecture sur des ouvrages sélectionnés pour leur niveau adapté
- Des ressources pour aller plus loin (exposé, travail personnel...)

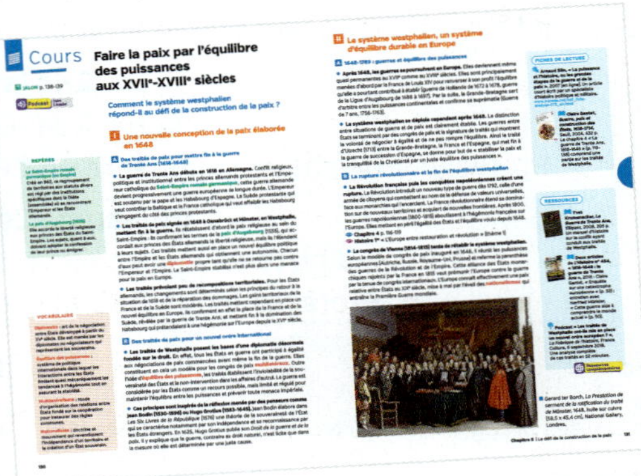

Jalon

Dans ces pages, vous trouverez les documents sur lesquels vous allez travailler toute l'année.

- Tous les Jalons du programme
- De nombreux documents pour vous aider à comprendre les notions, illustrer vos exposés et enrichir vos copies de bac
- Des parcours au choix pour vous entraînez aux épreuves écrites et orales.

Cartes

De grandes cartes pour maîtriser les repères du chapitre et comprendre les enjeux géopolitiques.

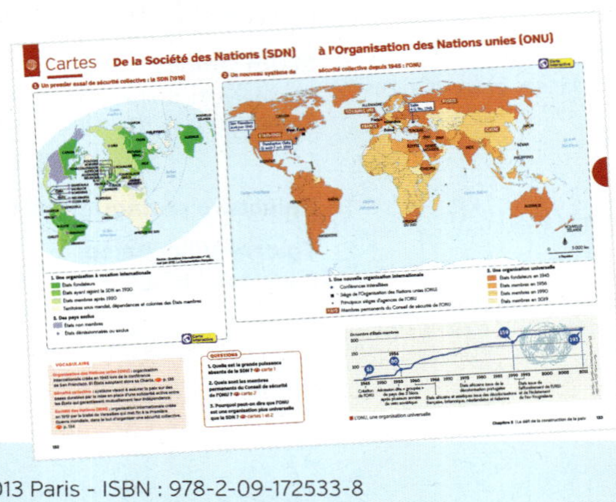

© Nathan 2020 - 92, avenue de France, 75013 Paris - ISBN : 978-2-09-172533-8

Points de vue

Des pages pour vous entraîner à prendre régulièrement la parole en proposant un point de vue argumenté dans l'optique du Grand Oral.

- Des textes de spécialistes (historiens, géographes, géopoliticiens, analystes politiques…)
- Des questions qui vous amènent à construire votre point de vue sur le sujet et à vous entraîner à la prise de parole

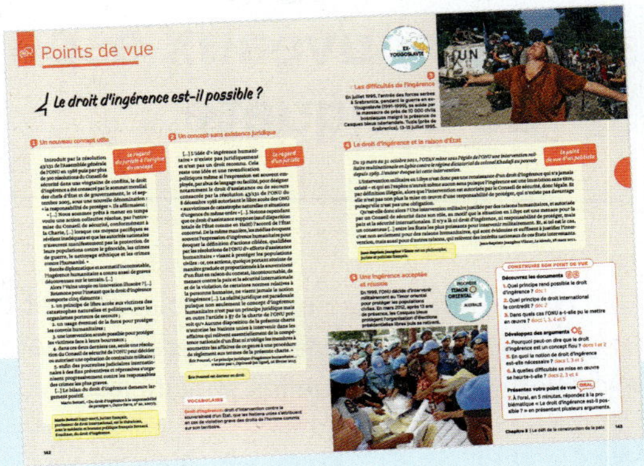

Révisions

En fin de chapitre et de thème, une double page pour faire le point sur ce qu'il faut retenir.

En fin de chapitre

- La synthèse rédigée, les chiffres, dates et mots clés
- Un schéma pour retenir autrement

En fin de thème

- Une synthèse rédigée pour faire le point sur ce qu'il faut retenir de l'ensemble du thème.
- Des exemples de sujets de dissertation possibles sur le thème.
- Des pistes pour aller plus loin : conseils de lecture, films…

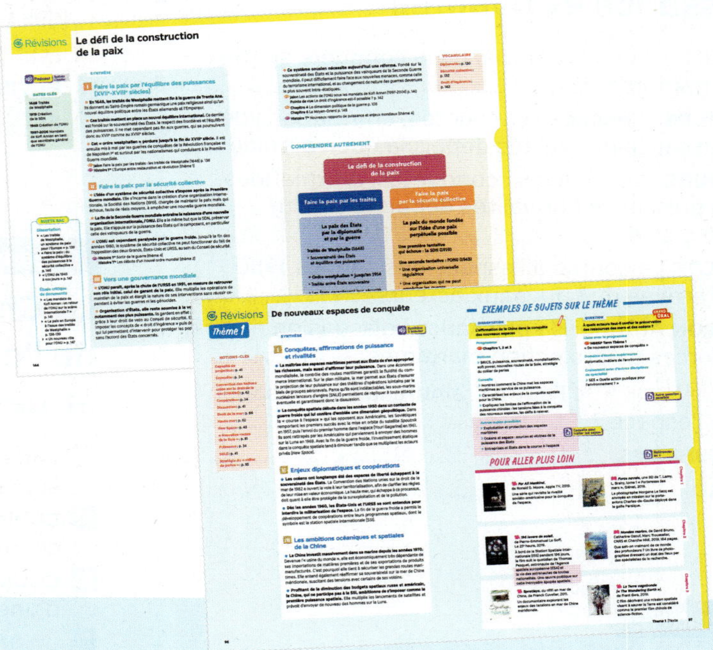

Bac

Des pages pour s'entraîner aux épreuves écrites et au Grand Oral

- Des exercices guidés pas à pas à la fin de chaque chapitre
- En fin de thème, des pages pour préparer le Grand Oral : exemples de question, méthodolie guidée…

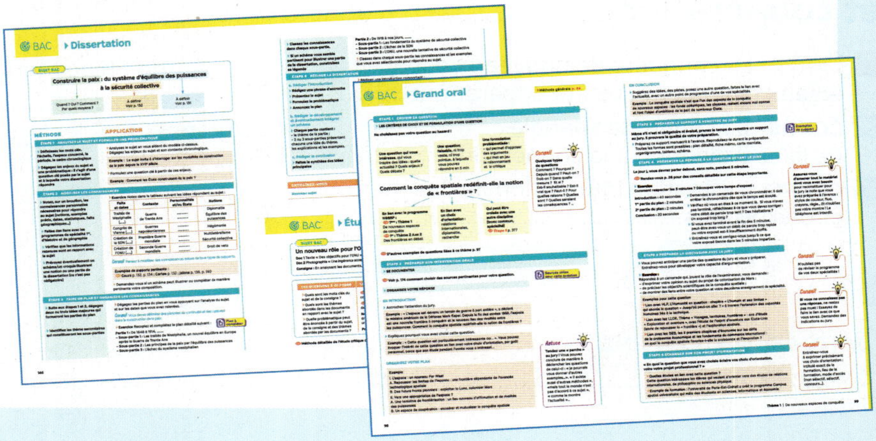

SOMMAIRE

Thème 1 De nouveaux espaces de conquête 30

Thème 2 Faire la guerre, faire la paix : formes de conflits et modes de résolutions 100

Thème 3 **Histoire et mémoires** 176

Thème 4 Identifier, protéger et valoriser le patrimoine : enjeux géopolitiques 238

Thème 5 L'environnement, entre exploitation et protection : un enjeu planétaire

Thème 6 L'enjeu de la connaissance 378

Les pages BAC de votre manuel

Dissertation

THÈME 1 – DE NOUVEAUX ESPACES DE CONQUÊTE

THÈME 2 – FAIRE LA GUERRE, FAIRE LA PAIX

THÈME 3 – HISTOIRE ET MÉMOIRES

THÈME 4 – IDENTIFIER, PROTÉGER ET VALORISER LE PATRIMOINE

THÈME 5 – L'ENVIRONNEMENT

THÈME 6 – L'ENJEU DE LA CONNAISSANCE

+ Dans les Jalons, entraînez-vous toute l'année à la méthode de la dissertation !

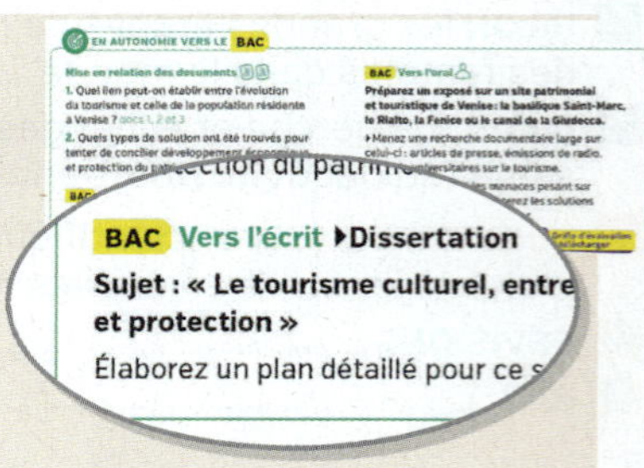

Étude critique de documents

THÈME 1 – DE NOUVEAUX ESPACES DE CONQUÊTE

+ Dans les Jalons, entraînez-vous toute l'année à la méthode de l'étude critique !

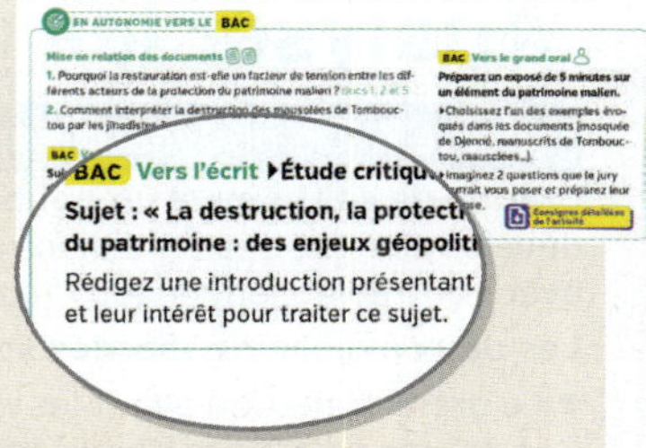

+ Des études critiques supplémentaires en ressource numérique : les documents signalés par le picto Etude critique de documents **sont disponibles en version longue et accompagnés d'une consigne.**

▸ Grand oral

Bulletin officiel spécial n°8 du 25 juillet 2019

Analyser les grands enjeux du monde contemporain

Thème 1 : De nouveaux espaces de conquête (26-28 heures)

L'étude de ce thème a un double objectif : identifier, au-delà des territoires terrestres, les possibilités d'affirmation et de développement des États liées à la conquête de l'espace et de l'océan ; comprendre les défis et rivalités qui en découlent avec l'entrée en jeu de nouveaux acteurs, notamment les entreprises privées.

Les deux axes sont abordés sous l'angle géopolitique :

- Le premier met en avant les rivalités entre États, en donnant une large place aux enjeux militaires, à la fois dans l'étude de la course à l'espace depuis les années 1950 et dans celle de la dissuasion nucléaire et des forces de projection maritime.
- Le second s'intéresse, à travers les exemples de la station spatiale internationale et de la gestion internationale des mers et des océans, aux négociations diplomatiques qui permettent d'encadrer les rivalités interétatiques ainsi qu'aux coopérations internationales rendues nécessaires par des intérêts communs.

Introduction : Océan et espace : quelles spécificités ? • Une connaissance et une maîtrise en constante évolution. • Les dernières frontières ?	
AXE 1 Conquêtes, affirmations de puissance et rivalités.	**JALONS** • Les enjeux géopolitiques d'une conquête : la course à l'espace des années 1950 à l'arrivée de nouveaux acteurs (Chine, Inde, entreprises privées…). • Affirmer sa puissance à partir des mers et des océans : la dissuasion nucléaire et les forces de projection maritimes.
AXE 2 Enjeux diplomatiques et coopérations.	**JALONS** • Coopérer pour développer la recherche : la station spatiale internationale. • - Rivalités et coopérations dans le partage, l'exploitation et la préservation des ressources des mers et des océans : de la création des zones économiques exclusives (Convention de Montego Bay) à la gestion commune de la biodiversité (conférence intergouvernementale sur la biodiversité marine, BBNJ : *Biological diversity beyond national juridiction*).
OBJET DE TRAVAIL CONCLUSIF La Chine : à la conquête de l'espace, des mers et des océans	**JALONS** • Une volonté politique d'affirmation (discours, investissements, appropriations…). • Des enjeux économiques et géopolitiques considérables pour la Chine et le reste du monde.

Thème 2 : Faire la guerre, faire la paix : formes de conflits et modes de résolution (26-28 heures)

L'étude de ce thème a un double objectif : comprendre les logiques des affrontements armés ; étudier les modalités de construction de la paix.

Les deux axes visent :

- Le premier axe s'appuie sur la définition classique de la guerre par Clausewitz pour aborder, à travers l'étude du terrorisme, le cas de conflits qui n'entrent pas dans le schéma « classique » des guerres entre États.
- Le second axe permet de comprendre, à travers les exemples des traités de Westphalie et des actions de l'ONU, la complexité de la construction de la paix et ses enjeux diplomatiques.

Introduction : Formes de conflits et tentatives de paix dans le monde actuel. • Panorama des conflits armés actuels. • Essai d'une typologie : nature des conflits, acteurs et modes de résolution.	
AXE 1 La dimension politique de la guerre : des conflits interétatiques aux enjeux transnationaux.	**JALONS** • La guerre, « continuation de la politique par d'autres moyens » (Clausewitz) : de la guerre de 7 ans aux guerres napoléoniennes. • Le modèle de Clausewitz à l'épreuve des « guerres irrégulières » : d'Al Qaïda à Daech.
AXE 2 Le défi de la construction de la paix.	**JALONS** • Faire la paix par les traités : les traités de Westphalie (1648). • Faire la paix par la sécurité collective : les actions de l'ONU sous les mandats de Kofi Annan (1997-2006).
OBJET DE TRAVAIL CONCLUSIF Le Moyen-Orient : conflits régionaux et tentatives de paix impliquant des acteurs internationaux (étatiques et non étatiques).	**JALONS** • Du conflit israélo-arabe au conflit israélo-palestinien : les tentatives de résolution, de la création de l'État d'Israël à nos jours. • Les deux guerres du Golfe (1991 et 2003) et leurs prolongements : d'une guerre interétatique à un conflit asymétrique.

Thème 3 : Histoire et mémoires (26-28 heures)

L'étude de ce thème a un double objectif. Le premier est de montrer comment les conflits et leur histoire s'inscrivent dans les mémoires des populations ; le second est d'étudier quel rôle jouent la connaissance historique et la justice dans la manière dont les sociétés et les États se reconstruisent après des conflits majeurs.

- Le premier axe explore la manière dont histoire et mémoires s'articulent, à travers l'exemple des responsabilités des États dans le déclenchement de la Première Guerre mondiale et celui des mémoires de la guerre d'Algérie.
- Le second axe s'intéresse à la manière dont la justice se saisit des génocides et crimes de masse aux échelles locale, nationale et internationale.

Introduction : Histoire et mémoire, histoire et justice. • La différence entre histoire et mémoire. • Les notions de crime contre l'humanité et de génocide, et le contexte de leur élaboration.	
AXE 1 Histoire et mémoires des conflits.	**JALONS** • Un débat historique et ses implications politiques : les causes de la Première Guerre mondiale. • Mémoires et histoire d'un conflit : la guerre d'Algérie.
AXE 2 Histoire, mémoire et justice.	**JALONS** • La justice à l'échelle locale : les tribunaux gacaca face au génocide des Tutsis. • La construction d'une justice pénale internationale face aux crimes de masse : le tribunal pénal international pour l'ex-Yougoslavie (TPIY).
OBJET DE TRAVAIL CONCLUSIF L'histoire et les mémoires du génocide des Juifs et des Tsiganes.	**JALONS** • Lieux de mémoire du génocide des Juifs et des Tsiganes. • Juger les crimes nazis après Nuremberg. • Le génocide dans la littérature et le cinéma.

Thème 4 : Identifier, protéger et valoriser le patrimoine : enjeux géopolitiques (26-28 heures)

Ce thème a un double objectif : connaître ce que recouvre aujourd'hui la notion de patrimoine, matériel et immatériel, dans ses dimensions historiques et géographiques, et comprendre les enjeux géopolitiques qui lui sont associés.

Les deux axes visent :

- faire saisir aux élèves l'importance de la dimension politique associée au patrimoine et les conflits qui peuvent lui être associés ;
- leur montrer comment la valorisation et la protection du patrimoine peuvent être des vecteurs de développement mais aussi des sources de tensions et de concurrences.

Introduction : comment s'informe-t-on aujourd'hui ? • La construction et l'élargissement de la notion de patrimoine : de la transmission entre individus à l'héritage au profit de l'humanité. • Le « patrimoine mondial » de l'Unesco : une construction des États et de la communauté internationale, de plus en plus diversifiée mais spatialement concentrée.	
AXE 1 Usages sociaux et politiques du patrimoine	**JALONS** • Réaménager la mémoire. Les usages de Versailles de l'empire à nos jours. • Conflits de patrimoine. Les frises du Parthénon depuis le XIXe siècle.
AXE 2 Patrimoine, la préservation entre tensions et concurrences	**JALONS** • Urbanisation, développement économique et préservation du patrimoine. Paris entre protection et nouvel urbanisme… • La destruction, la protection et la restauration du patrimoine, enjeu géopolitique. La question patrimoniale au Mali. • Le tourisme culturel, entre valorisation et protection. Venise, entre valorisation touristique et protection du patrimoine.
OBJET DE TRAVAIL CONCLUSIF La France et le patrimoine, des actions majeures de valorisation et de protection.	**JALONS** • La gestion du patrimoine français : évolutions d'une politique publique. • La patrimonialisation, entre héritage culturel et reconversion. Le bassin minier du Nord-Pas-de-Calais. • Le patrimoine, facteur de rayonnement culturel de la France dans le monde et objet d'action diplomatique (un exemple du patrimoine immatériel : le repas gastronomique des Français).

Thème 5 : L'environnement, entre exploitation et protection : un enjeu planétaire (26-28 heures)

L'étude de ce thème a un double objectif : analyser l'évolution des rapports entre les sociétés et leurs milieux, et notamment les changements environnementaux non désirés qu'ils induisent ; en comprendre les enjeux géopolitiques.

- Le premier axe étudie la complexité des interactions entre les sociétés et leurs milieux, entre exploitation et protection, à travers l'étude de la forêt française depuis Colbert et l'examen de deux moments clefs du rôle de l'humanité dans l'évolution des milieux.
- Le second axe concerne l'évolution du climat, son impact sur les sociétés, et la manière dont la question climatique met en jeu la coopération internationale.

Introduction : Qu'est-ce que l'environnement ?

- Définitions, représentations, évolutions de la notion d'environnement : une construction historique, sociale et politique.
- Un regard sur l'histoire de l'environnement.

AXE 1 Exploiter, préserver et protéger.	**JALONS** • Exploiter et protéger une ressource « naturelle » : la forêt française depuis Colbert. • Le rôle des individus et des sociétés dans l'évolution des milieux : « révolution néolithique » et « révolution industrielle », deux ruptures ?
AXE 2 Le changement climatique : approches historique et géopolitique.	**JALONS** • Les fluctuations climatiques et leurs effets : l'évolution du climat en Europe du Moyen Âge au XIXe siècle. • Le climat, enjeu des relations internationales : les accords internationaux (Sommets de la Terre, COP...)
OBJET DE TRAVAIL CONCLUSIF Les États-Unis et la question environnementale : tensions et contrastes.	**JALONS** • L'environnement aux États-Unis : entre protection de la nature, exploitation des ressources et transformation des milieux depuis le XIXe siècle ; les rôles respectifs de l'État fédéral et des États fédérés. • Les États-Unis et l'environnement à l'échelle internationale (État, firmes transnationales, ONG...).

Thème 6 : L'enjeu de la connaissance (26-28 heures)

Ce thème a un double objectif : mettre en avant les conditions nationales et internationales de la construction de la connaissance, en particulier de la connaissance scientifique, et expliquer la manière dont les États favorisent ou contrôlent, entre coopérations et conflits, la production ou la diffusion de celle-ci.

- Le premier axe souligne l'importance de l'alphabétisation des sociétés pour accroître le nombre de personnes susceptibles de produire, de recevoir et de diffuser de la connaissance, et examine le fonctionnement d'une communauté savante à partir de l'exemple des recherches sur la radioactivité au XXe siècle.
- Le second axe montre comment des États se sont saisis de l'enjeu de la connaissance dans leurs affrontements, comme lors de la guerre froide ou dans leur souci de favoriser leur développement économique, restreignant ou favorisant la circulation des connaissances scientifiques et technologiques.

Introduction :

- La notion de « société de la connaissance » (Peter Drucker, 1969), portée et débats.
- La notion de communauté savante, communauté scientifique en histoire des sciences.
- Les acteurs et les modalités de la circulation de la connaissance.

AXE 1 Produire et diffuser des connaissances	**JALONS** • Donner accès à la connaissance : grandes étapes de l'alphabétisation des femmes du XVIe siècle à nos jours dans le monde. • Produire de la connaissance scientifique : recherche et échanges des hommes et des femmes de science sur la question de la radioactivité de 1896 aux années 1950.
AXE 2 La connaissance, enjeu politique et géopolitique	**JALONS** • Le renseignement au service des États : les services secrets soviétiques et américains durant la guerre froide. • Circulation et formation des étudiants, transferts de technologie et puissance économique : l'exemple de l'Inde.
OBJET DE TRAVAIL CONCLUSIF Le cyberespace : conflictualité et coopération entre les acteurs.	**JALONS** • Le cyberespace, entre réseaux et territoires (infrastructures, acteurs, liberté ou contrôle des données...) • Cyberdéfense, entre coopération européenne et souveraineté nationale : le cas français.

LE GUIDE DU LYCÉEN

L'année de Terminale, qui vient clore votre scolarité, est marquée par une série d'examens : vous allez passer la troisième série d'épreuves communes de contrôle continu, des épreuves terminales en philosophie et dans vos deux spécialités, ainsi que le Grand Oral. C'est aussi le moment de faire des choix pour vos études supérieures.

Ce cahier va vous aider à bien entamer l'année de Terminale. Vous y trouverez :

- Des pages, réalisées en partenariat avec l'ONISEP, pour vous aider à vous orienter : calendrier de l'année, présentation des grandes lignes de l'enseignement supérieur, mode d'emploi pour Parcoursup...
- Une présentation détaillée des épreuves.
- Des conseils et des méthodes concrètes pour apprendre à réviser efficacement et pour préparer vos épreuves finales et le Grand Oral.

Nous vous souhaitons une très bonne année de Terminale !

Sommaire

LA TERMINALE VERS LE BAC

Vos disciplines

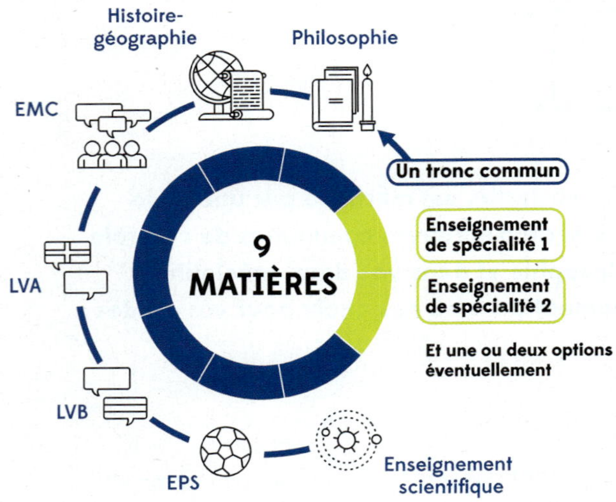

Votre calendrier*

- **Fin Mars** : Deux épreuves écrites de spécialités
- **3e trimestre** (*Dates au choix de votre lycée*) : Épreuves de contrôle continu (E3C)
- **Juin** : Épreuve écrite de Philosophie et « Grand Oral »

* Informations mises à jour en mars 2020

Toutes importantes, les disciplines seront évaluées et compteront dans votre note du Bac*

Le bulletin
10 % DE LA NOTE

Vos bulletins pour valoriser votre travail régulier de première et terminale — **Coefficient 10**

Les épreuves communes de contrôle continu (E3C)
30 % DE LA NOTE

Dont épreuve de spécialité arrêtée en première
Coefficient 5

Histoire-Géographie et Enseignement scientifique
Épreuves écrites
Coefficient 5
pour chaque matière y compris E3C de première

LVA et LVB
Épreuves écrites et orales
Coefficient 5
pour chaque langue y compris E3C de première

EPS
Évaluation tout au long de l'année
Coefficient 5

Les épreuves terminales
60 % DE LA NOTE

Dont notes des Épreuves anticipées de français passées en première
Coefficient 10

Une épreuve écrite de 3 ou 4 heures pour **vos deux enseignements de spécialité**

+ Numérique et Sciences Informatiques, Physique-Chimie Biologie et écologie et SVT
Une épreuve pratique de 1 heure

+ Arts, Langues littérature et cultures étrangères et régionales
Une épreuve orale

Coefficient 16
pour chaque enseignement de spécialité

Philosophie
Épreuve écrite de 4 heures — **Coefficient 8**

Le « Grand Oral »
20 minutes de préparation
+ 20 minutes d'épreuve

› Sur une question adossée à l'une de vos spécialités
› Échange sur votre projet d'orientation

Coefficient 10

Total des coefficients 100

* Informations mises à jour en mars 2020

... PUIS VERS LE SUPÉRIEUR

Les grands itinéraires de l'Enseignement supérieur

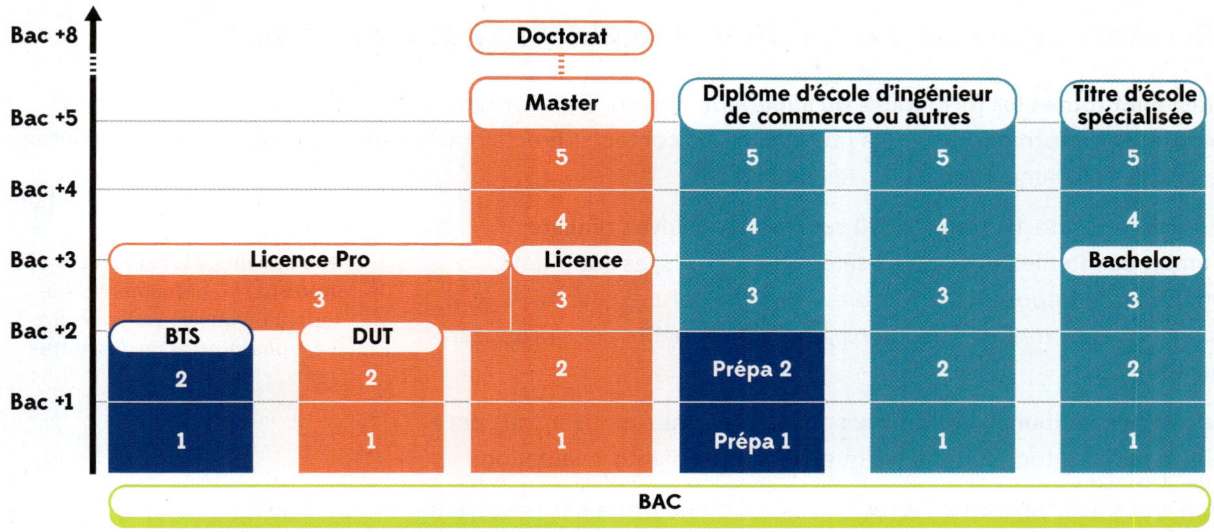

Ils témoignent de leur première année après le Bac

THÉO,
Première année de licence de Sciences de la Vie

« J'ai choisi l'Université car elle offre plusieurs parcours d'études et des matières nouvelles pour moi. Même si nous sommes plus encadrés que je ne l'imaginais, il faut travailler en autonomie et bien s'organiser entre les cours théoriques et les TP. J'espère partir en échange à l'étranger dès la L3. »

ZINEB
Première année de Prépa économique et commerciale

« Je voulais faire une école de commerce. Je craignais la prépa, j'en ai discuté avec des profs pendant les Portes ouvertes qui m'ont convaincue que je pouvais y arriver. Chaque semaine, 31 heures de cours, des colles orales, des devoirs sur table, et beaucoup de boulot à la maison pour assimiler des contenus volumineux très vite. Mais je ne regrette pas ! Il y a beaucoup de solidarité dans la classe. C'est stimulant. »

MAELLE,
IUT Info-Comm

« Grâce à mon dossier, j'ai pu entrer en IUT : un cursus court à l'Université, bien encadré avec la possibilité de poursuivre mes études. Je découvre des disciplines théoriques (marketing, droit...) et pratiques (graphisme, infographie...). C'est passionnant. J'ai hâte de débuter mon premier stage ! »

DIMITRI,
IFSI

« J'ai toujours voulu être infirmier en bloc opératoire. Mon dossier était un peu juste mais ma motivation et mes activités associatives m'ont permis de réussir l'entretien d'entrée. On alterne les cours théoriques et cliniques à la Fac ou dans l'IFSI et on a beaucoup de travail. J'ai effectué un premier stage et je suis encore plus motivé ! »

SARAH,
École d'ingénieur

« J'aimais les sciences et les TP au lycée, je voulais devenir ingénieure sans savoir dans quel domaine. J'ai réussi à intégrer une école généraliste qui me permettra de me spécialiser plus tard. Dans l'école, j'apprécie les projets en groupe, l'accès permanent à un matériel de pointe et la vie associative. »

Un lien ONISEP utile pour votre orientation

Ma première année en...

PARCOURSUP, QU'EST-CE QUE C'EST ?

C'est la plateforme nationale de préinscription à l'enseignement supérieur pour tous les élèves de terminale. En 2019, 97% des bacheliers généraux ont reçu au moins une proposition.

1 UN LARGE CHOIX DE VŒUX NON HIÉRARCHISÉS ET DES INFORMATIONS

- **Quasiment toutes les formations du supérieur** sont sur Parcoursup (15 000 formations !) avec de très **nombreuses informations** et des possibilités de contacts directs pour **poser vos questions** sur les contenus, les critères d'examen des vœux, les débouchés.
- Vous disposez de **10 vœux (et 20 sous-vœux)** : soyez **réaliste** et **ambitieux** (tentez des filières sélectives !). Tous les candidats, comme vous, déposent de nombreuses candidatures : les établissements vont très loin dans leurs classements pour proposer une admission .
- **Les attendus nationaux et locaux** sont là pour vous motiver (pas pour vous inquiéter), tout comme les questionnaires d'auto-évaluation.
- Enfin, vous avez **le droit à l'erreur** : il existe de nombreuses passerelles en cours de formation et un changement d'orientation est possible pour tous les Bac + 1 qui sont accueillis sur Parcoursup.

Astuce

Pas besoin de hiérarchiser vos vœux et l'établissement de la formation que vous demandez n'est pas informé de vos autres vœux.

2 UNE PROCÉDURE AVEC UN CALENDRIER PRÉCIS ET DES OBLIGATIONS

Calendrier et check-list

- **Un calendrier**
  Ce calendrier vous laisse du temps de réflexion, coordonné avec le Bac et adapté à votre intégration dans le Supérieur.
- **Des modalités d'inscription**
  ▸ Pour constituer votre dossier personnel à partir de votre INE, vous fournissez :
  - des informations sur votre état civil.
  - vos coordonnées, celles de vos représentants légaux (si vous êtes mineurs).
  - des informations sur votre scolarité passée en complément de celles fournies par votre lycée (bulletins de 1ère et Term, Fiche Avenir avec les appréciations de vos enseignants et l'avis du chef d'établissement).

  ▸ Vous rédigez un **Projet de formation motivé** personnalisé adapté à chaque formation.

  ▸ Vous remplissez soigneusement la rubrique « **Mes activités et centres d'intérêt** » qui peut renforcer vos candidatures.

  ▸ Vous envoyez les documents complémentaires que demandent parfois certaines formations.

À savoir

Le respect de la procédure par tous les élèves et les établissements est la condition de son bon fonctionnement.

3 DES ENSEIGNANTS QUI ÉTUDIENT VOTRE DOSSIER ET VOUS RÉPONDENT

- **Parcoursup n'est pas un robot ni un algorithme qui déciderait de votre orientation !**
  Toutes les formations vous répondront mais pas forcément en même temps : **surveillez les réponses** (sms, mail...) et votre compte Parcoursup.
- **N'oubliez pas de répondre** à chaque proposition dans les délais indiqués. Si plusieurs propositions vous sont faites il vous faudra choisir puis valider votre choix final et **vous inscrire définitivement**.

VOUS INFORMER SUR LES FORMATIONS

UNE DÉMARCHE À ANTICIPER

Votre démarche d'orientation ne doit évidemment pas attendre l'ouverture de Parcoursup.

Vous ne savez pas encore vraiment ce que vous voulez faire mais vous aimez bien la géographie et les sciences politiques ?

Vous avez déjà plusieurs idées, par exemple « *J'aimerais travailler dans le secteur culturel* » ou « *dans la diplomatie* » ?

Vous avez une idée assez nette de ce que vous voulez faire : « *Je veux être cartographe* » ou « « *Je veux être professeur(e) d'histoire* » ?

S'INFORMER AVEC L'ONISEP

Dans tous les cas, **vous devrez vous informer sur les formations, leurs contenus, leurs modalités** (durée, sélective/non sélective, privée/publique, possibilité d'alternance ou de poursuite d'études, proximité…) et **leurs débouchés**.

L'ONISEP (**Office national d'information sur les enseignements et les professions**) vous fournit toute l'info sur les métiers et les formations :

- Le site **onisep.fr**, notamment la rubrique *Ma première année en…*
- **monorientationenligne.fr** vous met en contact avec un conseiller par téléphone, mail ou par tchat.
- Le site *Terminales* à retrouver sur **orientation-lycees.fr**
- Des revues, des guides, des Salons…
- Vous disposez de beaucoup de sources d'informations potentielles : contacts sur Parcoursup, Journées Portes Ouvertes, salons, forums, sites, Semaines de l'orientation et bien entendu vos enseignants, et les conseillers près de chez vous…

Notez bien que vos motivations pour une formation ou des débouchés ainsi que vos démarches d'orientation vous seront aussi utiles lors du Grand Oral.

FOCUS SUR… des formations et métiers en lien avec votre spécialité

DES ÉTUDES FACILITÉES PAR LA SPÉCIALITÉ HISTOIRE-GÉOGRAPHIE, GÉOPOLITIQUE ET SCIENCES POLITIQUES

Site Horizons sur orientation-lycees.fr

- **Licences** Histoire, Géographie, Sciences sociales, Droit, Sciences politiques…
- **BTS** Tourisme, Communication, Édition
- **Classes préparatoires** commerciales, littéraires ; **Écoles de commerce** ; **Instituts d'études politiques** …
- **DUT** Carrières juridiques, Information-communication, Gestion logistique et transport…

onisep

Nathan

LES ÉPREUVES DU BAC DE SPÉCIALITÉ HISTOIRE-GÉOGRAPHIE, GÉOPOLITIQUE ET SCIENCES POLITIQUES

LE GRAND ORAL

20 mn · coeff. 10 · juin

2 enseignants de disciplines différentes, dont au moins un représente l'un de vos deux enseignements de spécialité.

FORMAT ET DÉROULEMENT DE L'ÉPREUVE

L'épreuve se prépare tout au long de l'année et se déroule en 3 temps.

OBJECTIFS DE L'ÉPREUVE

L'épreuve vous permet de montrer votre capacité à prendre la parole en public de façon claire et convaincante. Elle vous permet aussi de mettre les savoirs que vous avez acquis, particulièrement dans vos enseignements de spécialité, au service d'une argumentation et de montrer comment ils ont nourri votre projet de poursuite d'études, voire votre projet professionnel.

Au cours de l'année	**Choix des questions**	Choix de 2 questions portant sur les 2 enseignements de spécialité soit pris isolément, soit abordés de manière transversale.
	Préparation des questions	Élaboration et préparation de ces questions avec vos professeurs de spécialité et éventuellement d'autres élèves.
Le jour de l'épreuve	**Préparation** **20 mn**	Le jury choisit l'une des questions. Vous disposez de 20 mn pour mettre en ordre vos idées et éventuellement réaliser un support à remettre au jury.
	1er temps **Présentation de la question** **5 mn**	Exposé, sans note et debout. Vous devez expliquer pourquoi vous avez choisi de préparer cette question, puis vous la développez et vous y répondez.
	2e temps **Échange avec le jury** **10 mn**	Le jury vous interroge sur votre prestation mais aussi sur le programme de vos enseignements de spécialité (1re et Term).
	3e temps **Échange sur l'orientation** **5 mn**	Vous expliquez en quoi la question traitée éclaire votre projet de poursuite d'études, voire votre projet professionnel.

CRITÈRES D'ÉVALUATION

✓ Le jury valorise la solidité de vos connaissances, votre capacité à argumenter et à relier les savoirs, votre esprit critique, la précision de votre expression, la clarté de votre propos, votre engagement dans la parole, votre force de conviction.

✓ Le jury pourra vous évaluer sur 5 critères :
- Qualité orale : voix (volume, débit, intonation...), vocabulaire riche et précis.
- Qualité de la prise de parole en continu : discours fluide, efficace, développant des propositions ; maîtrise du temps.
- Qualité des connaissances : connaissances maîtrisées, mobilisées à bon escient et exprimées clairement.
- Qualité de l'interaction : engagement dans la parole, pertinence, prise d'initiative dans les échanges.
- Qualité et construction de l'argumentation : maîtrise des enjeux du sujet, capacité à conduire et exprimer une argumentation personnelle, bien construite et raisonnée.

L'ÉPREUVE ÉCRITE

BAC

4 h — coeff. 16 — mars

L'épreuve porte sur les parties suivantes du programme de Terminale :
- les thèmes 1, 2, 3 et 5 les années paires ;
- les thèmes 2, 4, 5 et 6 les années impaires.

OBJECTIFS DE L'ÉVALUATION

L'épreuve a pour objectif d'évaluer votre aptitude à :
- mobiliser des connaissances acquises dans différents contextes et cadres ;
- construire une problématique ;
- rédiger des réponses construites et argumentées ;
- exploiter, organiser et confronter des informations ;
- analyser des documents de sources et de natures diverses et à en faire une étude critique ;
- faire preuve de capacités de réflexion en les étayant sur des connaissances.

STRUCTURE DE L'ÉPREUVE

L'épreuve est composée de **deux exercices obligatoires** notés chacun sur 10 points :
- une dissertation ;
- une étude critique d'un (ou deux) document(s).

Les deux exercices ne peuvent porter sur le même thème.

PARTIE 1 – Dissertation 10 PTS

La dissertation est le traitement d'un sujet donné, avec une introduction, un développement en plusieurs parties et une conclusion.

Vous devez montrer :
- que vous maîtrisez des connaissances et savez les sélectionner ;
- que vous savez organiser les connaissances de manière à traiter le sujet ;
- que vous avez acquis des capacités d'analyse et de réflexion.

Pour traiter le sujet, vous devez :
- analyser le sujet et élaborer une problématique ;
- rédiger un texte pertinent comportant une introduction (dégageant les enjeux du sujet et un fil conducteur en énonçant une problématique), plusieurs parties structurées et une conclusion (qui répond à la problématique).

i La réalisation d'une illustration en appui du propos (croquis, schéma, etc.) valorisera votre note ; un fond de carte pourra être fourni si cela est adapté au sujet. La réalisation de cette production graphique n'a aucun caractère obligatoire, et son absence ne peut aucunement vous pénaliser.

PARTIE 2 – Étude critique de document(s) 10 PTS

Il s'agit d'une étude critique d'**un ou deux documents de nature différente**. Le sujet se compose d'un titre et d'un ou deux documents accompagnés d'**une consigne**, qui vise à orienter votre travail. Un nombre limité de notes explicatives peut également figurer.

Vous devez montrer :
- que vous êtes capable de construire une problématique à partir du sujet indiqué par le titre et abordé par le (ou les) document(s) ;
- que vous comprenez le sens général du (ou des deux) document(s) ;
- que vous êtes capable de sélectionner les informations, de les hiérarchiser, de les expliciter ;
- que vous savez prendre un recul critique en réponse à sa problématique, en vous appuyant d'une part sur le contenu du document et, d'autre part, sur vos connaissances personnelles.

Pour traiter le sujet, vous devez :
- analyser de manière critique les documents en prenant appui sur la consigne et élaborer une problématique ;
- rédiger une introduction comportant une problématique ;
- organiser votre propos en plusieurs paragraphes ;
- rédiger une conclusion qui comporte une réponse à la problématique.

BAC

LA DISSERTATION

2 h

Étape 1
Analyser le sujet et formuler une problématique

Étape 3
Rédiger la dissertation

1 Travail préparatoire au brouillon → 2 Travail au propre sur la copie → 3 Relecture

Étape 2
Mobiliser et organiser ses connaissances

ÉTAPE 1 ANALYSER LE SUJET ET FORMULER UNE PROBLÉMATIQUE

AU BROUILLON

La problématique est la question centrale qui va guider la réflexion sur le sujet. Elle découle de l'analyse détaillée du sujet.

La conquête des mers et des océans, enjeu de la puissance chinoise

- conquête des mers et des océans → Idée de maîtrise/contrôle des espaces maritimes, d'extension de l'influence sur ces espaces.
- enjeu → Ce qu'il y a à gagner ou à perdre. Dans quels domaines ?
- puissance → Capacité d'exercer une influence à l'échelle mondiale
- chinoise → La Chine, cadre géographique du sujet

ÉTAPE 2 MOBILISER ET ORGANISER SES CONNAISSANCES

AU BROUILLON

Mobiliser ses connaissances

Dresser la liste de vos connaissances personnelles :
- Notions
- Faits, idées
- Données chiffrées
- Exemples à utiliser

Organiser

Construire le plan détaillé

1. Idée clé
- Arguments
- Exemples

2 Idée clé
- Arguments
- Exemples

3. Idée clé
- Arguments
- Exemples

Conseil

Le plan peut comporter 2 ou 3 parties, en fonction de la question.

ÉTAPE 3 RÉDIGER LA DISSERTATION

SUR VOTRE COPIE

Rédiger l'introduction

En quelques décennies, la Chine s'est imposée comme une puissance économique mondiale de premier plan. → **Rédiger une phrase d'accroche**

L'affirmation de cette puissance s'appuie en partie sur une stratégie de conquête des espaces maritimes au service des intérêts de la Chine. → **Présenter le sujet**

Comment les mers et les océans contribuent-ils à la puissance chinoise ? → **Énoncer la problématique**

Nous présenterons successivement les enjeux géostratégiques, économiques et géopolitiques de la puissance maritime chinoise. → **Annoncer le plan**

Rédiger le développement en 2 ou 3 parties

Marquer un alinéa

Sautez une ligne

Sautez une ligne

PARAGRAPHE 1

Une phrase énonçant l'idée clé du premier paragraphe.

- **Sous-partie 1 :** argument 1 + exemples
- **Sous-partie 2 :** argument 2 + exemples
- **Sous-partie 3 :** argument 3 + exemples

Sautez une ligne

PARAGRAPHE 2

Une phrase énonçant l'idée clé du deuxième paragraphe.

- **Sous-partie :** argument + exemples

Etc.

Sautez une ligne

PARAGRAPHE 3

Conseil

Vous pouvez insérer un schéma ou croquis dans votre dissertation. Si le sujet est adapté, un fond de carte pourra même être fourni. Ce n'est pas obligatoire, mais sa présence ne pourra être que valorisante pour votre copie.

Rédiger la conclusion

La conquête des mers et des océans a créé de nouveaux espaces de la puissance chinoise. L'appropriation et le contrôle des espaces maritimes sont au cœur des enjeux permettant à la Chine d'accroître son emprise territoriale et son influence dans le monde. → **Réponse à la problématique**

L'ÉTUDE CRITIQUE DE DOCUMENT(S)

2 h

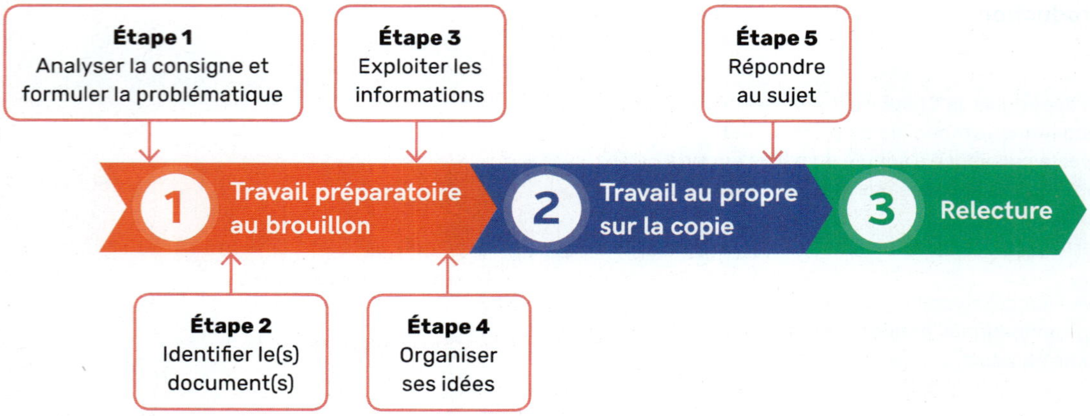

ÉTAPE 1 ANALYSER LA CONSIGNE

AU BROUILLON

- Vous devez expliciter les informations du (des) document(s) avec vos connaissances personnelles.
- Puis vous devez élaborer la problématique qui vous permettra de répondre à la consigne.

ÉTAPE 2 IDENTIFIER LES DOCUMENTS

AU BROUILLON

- Chaque document doit être au cœur de la consigne. Il faut donc l'identifier de manière précise.
- Pour cela, vous devez définir la nature, la source, la date, le thème et la localisation de chaque document.

Vous devez aussi porter un regard critique sur les documents, en mettant en avant leurs limites.

Texte	• Identifiez la source, la date, l'auteur du texte et sa nature : article de presse, revue scientifique, texte de loi, extrait d'ouvrage…	• Relevez les mots clés, les idées et arguments de l'auteur. • Montrez l'intérêt et les limites du texte.
Carte	• Définissez le thème de la carte. Quel est l'espace concerné ? • Exploitez la légende et définissez les termes employés.	• Mettez en avant des contrastes, des concentrations, des flux… • Évoquez les facteurs économiques, historiques, naturels. • Relevez les éventuels manques.
Données statistiques	• Déterminez les thèmes sur lesquels portent les données, les indicateurs et unités de mesure. • Repérez la source des données et leurs dates.	• Relevez les données les plus fortes et les plus faibles. • Présentez les grandes évolutions, comparez par période… • Expliquez les évolutions observées et montrez l'intérêt, mais aussi les limites de ces statistiques.
Image	• Identifiez la nature de l'image (photographie, peinture, dessin de presse) et le thème. • Décrivez le paysage, les personnages, les lieux.	• Analysez les différents plans, les détails… • Portez un regard critique : quels sont les enjeux historique, géographiques ou géopolitiques ? Quel est le contexte de production de cette image ?

ÉTAPE 3 EXPLOITER LES INFORMATIONS

AU BROUILLON

Analyser les documents

- Informations répondant au sujet
- Notions à définir

Confronter les documents

Si le sujet comporte 2 documents :
- Informations répondant au sujet
- Les informations des documents se complètent-elles ? S'opposent-elles ?
- Regard critique : comment permettent-ils de comprendre le problème posé ?

ÉTAPE 4 ORGANISER SES IDÉES

AU BROUILLON

Informations fournies par les documents

Voir étape 3

Connaissances personnelles

Vous devez utiliser vos connaissances pour expliquer les informations, l'intérêt et les limites du ou des document(s).

Plan

Dégagez les 2 ou 3 parties à partir de l'analyse

1. Idée clé 1 = partie 1
- Arguments
- Exemples

2. Idée clé 2 = partie 2
- Arguments
- Exemples

ÉTAPE 5 RÉPONDRE À LA CONSIGNE

SUR VOTRE COPIE

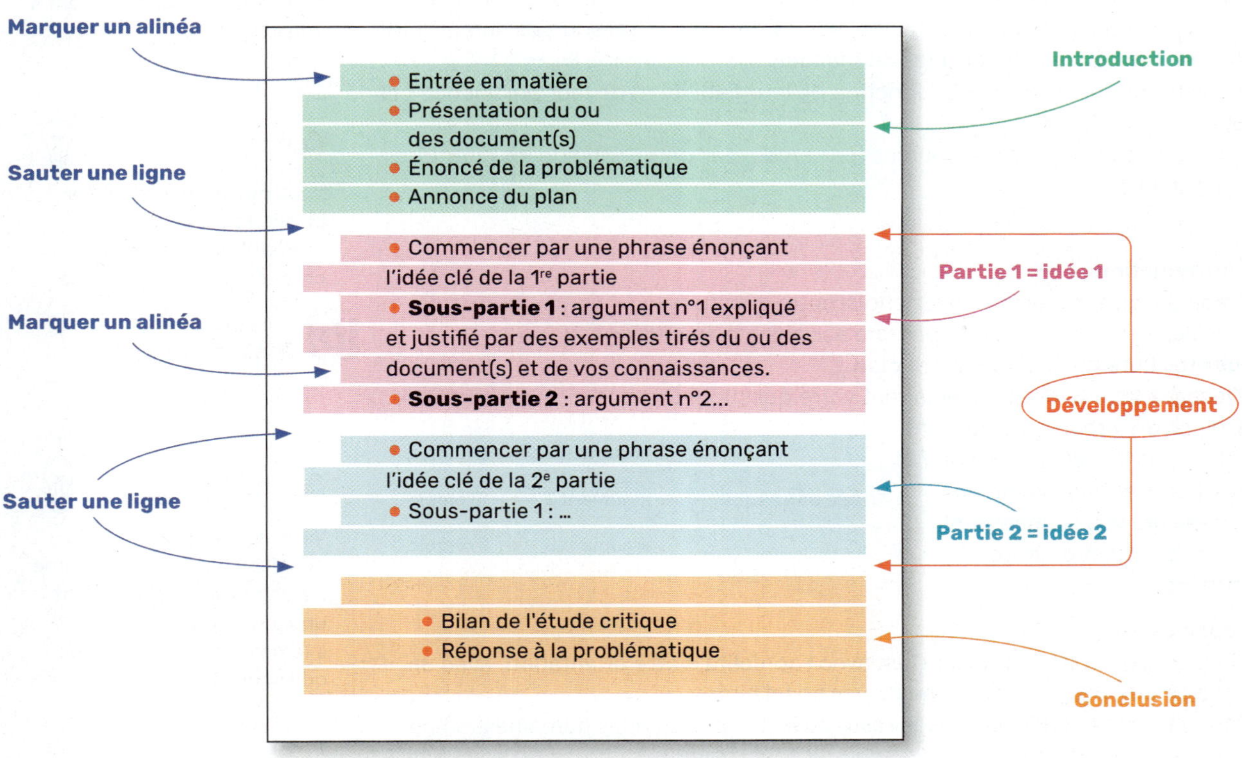

BAC

RÉUSSIR LE GRAND ORAL : SE PRÉPARER

En fin d'année, vous allez passer la nouvelle épreuve du Grand Oral.
Cette épreuve ne doit pas vous stresser : votre préparation vous mettra en confiance.
- **C'est vous qui choisissez des questions qui vous intéressent.**
- **Vous avez l'appui de vos professeurs, des autres élèves, du CDI...**
- **Vous pouvez compter sur la bienveillance du jury qui est là pour écouter, vous encourager et échanger avec vous.**

ÉTAPE 1 CHOISIR ET FORMULER SA QUESTION

Les deux questions doivent vous intéresser : c'est la clé de votre réussite !

- Ces questions doivent « mettre en lumière un des grands enjeux du programme » et « sont adossées à tout ou partie du programme de Première et Terminale ».
- Il est fondamental de choisir une question qui vous intéresse. Elle doit vous inspirer des idées, des arguments, des exemples, des sources... qui rendront votre présentation attractive et convaincante.
- Établissez des liens entre les questions et votre projet d'orientation. Par exemple, si vous vous destinez à des études de sociologie, choisissez plutôt une question en lien avec cette partie du programme de SES.
- Demandez-vous s'il est réaliste d'y répondre en 5 minutes.
- Ne choisissez pas un sujet trop vaste, ni trop pointu. Plus votre question sera personnelle, plus vous serez à l'aise.

Conseil

Quelques types de questions : *Comment ? Pourquoi ? Depuis quand ? Peut-on ? Doit-on ? Dans quelle mesure ? Et si ? Est-il souhaitable ? Est-il vrai que ? Faut-il ? Pour quelles raisons ? Quelles sont ? Quelles seraient les conséquences ?...*

ÉTAPE 2 PRÉPARER SON EXPOSÉ

Vous n'êtes pas seul pour préparer. Interrogez vos professeurs, ils sont là pour vous aider !

SE DOCUMENTER

- Élargissez et variez vos sources d'information : ouvrages documentaires (manuels scolaires, revues, essais...), personnes (votre professeur de spécialité, le ou la professeur(e) documentaliste, vos camarades...), ressources numériques (internet, ressources numériques du manuel...).
- Sélectionnez vos sources en fonction de leur fiabilité et de leur pertinence par rapport à votre sujet.
- Conservez et classez vos sources (par types, par date...) afin de les citer lors du Grand Oral.

ORGANISER VOTRE RÉPONSE

En introduction :
- Expliquez pourquoi vous avez choisi cette question.
- Éveillez la curiosité du jury par une accroche bien choisie.

Vous êtes libre du choix de votre plan.
- Dégagez 2 ou 3 idées qui éclairent votre question. Chaque idée est soutenue par plusieurs arguments qui sont illustrés par un exemple ou un fait.
- Recherchez des exemples, des liens qui vous concernent personnellement ou avec l'actualité...

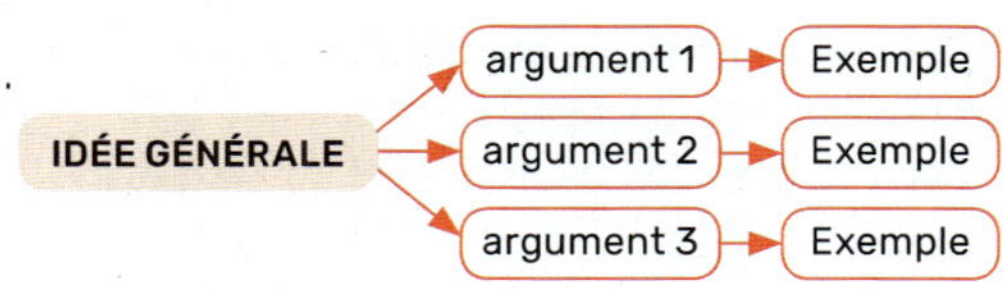

En conclusion :
- Suggérez des pistes, faites le lien avec l'actualité, votre orientation, avec un autre point de programme d'une de vos spécialités...
- Montrez que la question posée reste ouverte : en sciences humaines, on ne clôt jamais une question.

Conseil

Pensez à l'actualité : créez un dossier dans lequel vous regrouperez toutes les actualités qui se rapportent à votre sujet.

Conseil

Vous pouvez choisir entre plusieurs types de plan : thématique, analytique, chronologique, dialectique...

Les différents types de plan

Conseil

Vous pouvez profiter de la conclusion pour « tendre une perche au jury », en posant une autre question par exemple. Réfléchissez à ce que vous pourriez répondre.

BAC

ÉTAPE 3 PRÉPARER UN SUPPORT À REMETTRE AU JURY

Même s'il n'est ni obligatoire ni évalué, prenez le temps de remettre un support au jury. Il prouvera la qualité de votre préparation.

▶ Vous devez préparer ce support manuscrit à l'avance et le reproduire durant la préparation. Cela clarifiera vos idées avant la présentation.
▶ Faites apparaître votre plan, les mots-clés, vos arguments, vos exemples, vos sources les plus originales, vos choix d'orientation…
▶ Écrivez, dessinez, soulignez proprement, relisez et évitez les fautes d'orthographe.

Conseil

Toutes les formes sont possibles : plan détaillé, fiche mémo, carte mentale, organigramme, tableau, schéma…

Des exemples de support

ÉTAPE 4 PRÉPARER VOTRE PRISE DE PAROLE

Le jour J, vous devrez parler debout, sans note, pendant 5 minutes. Ce n'est pas un exercice facile, mais avec un peu d'entraînement, vous allez rapidement progresser.

▶ **Rendez-vous p. 24-25** pour des conseils détaillés sur cette étape importante.

ÉTAPE 5 PRÉPARER LA DISCUSSION AVEC LE JURY

Contrairement à ce que vous pourriez croire, il est possible d'anticiper une partie des questions du jury et de s'y préparer. Ici encore, tout est une question d'entraînement ! Multipliez les séances de travail à plusieurs et alternez les rôles : candidat, jury…

▶ Lors de vos entraînements en public : notez les questions, contre-arguments, objections, discussions, demandes de précisions qui reviennent le plus souvent… et préparez-vous à y répondre !
▶ Apprenez les définitions de toutes les notions que vous utilisez.
▶ Tout au long de l'année, surveillez l'actualité liée à votre question.
▶ Si vous ne connaissez pas une réponse : ne restez pas muet, essayez de faire le lien avec ce que vous savez.

Conseil

N'oubliez pas de réviser le programme de vos deux spécialités !

Grille d'évaluation pour l'entretien

ÉTAPE 6 ÉCHANGER SUR SON PROJET D'ORIENTATION

Vous savez que le jury vous demandera : « En quoi la question que vous avez choisie éclaire vos choix d'orientation, voire votre projet professionnel ». Soyez prêt à répondre à cette question.

▶ Au moment du Grand Oral, en juin, vous connaîtrez vos choix d'orientation. Entraînez-vous à les exprimer précisément : intitulé exact et lieu de la formation, mode d'accès (non sélectif, sélectif, concours…).
▶ Le jury ne vous demandera pas nécessairement de savoir quel métier vous voulez faire, mais quelle voie vous emprunterez après le bac.
▶ Rappelez comment vous êtes informé (infos fournies par Parcoursup, ONISEP, salons, rencontres, Portes ouvertes, sites…), faites le lien entre la spécialité et les attendus de la formation.
▶ Enfin, utilisez vos activités associatives, sportives, artistiques, engagements, jobs, stages… pour mettre en avant certaines de vos qualités en phase avec vos choix d'orientation voire votre projet professionnel.

Conseil

Exprimez votre motivation en vous appuyant sur votre Projet de formation motivé.

Conseil

Vous devez connaître le contenu des formations visées : consultez les plaquettes, sites internet, allez aux Journées Portes ouvertes…

Grille d'évaluation du Grand oral

Rendez-vous sur le site Nathan.fr/grand-oral

BAC

RÉUSSIR LE GRAND ORAL : PRENDRE LA PAROLE EN PUBLIC

ENTRAÎNEZ-VOUS !

Prendre la parole, ça s'apprend ! Votre préparation et vos entrainements vous permettront d'améliorer votre travail et de vous mettre en confiance. La réussite de votre Grand Oral vient d'abord de votre maîtrise du contenu et d'un entraînement régulier à la prise de parole.

✓ **Entraînez-vous régulièrement** :
- à la **réponse aux questions**, en vous chronométrant : il est fondamental d'en maîtriser la durée. Vous avez 5 minutes, pas plus, pas moins !
- **en classe avec vos professeurs, avec vos amis, votre famille**, devant un miroir, avec un smartphone, une montre... ;
- à **la discussion avec le jury** et à **présenter vos choix d'orientation**.

✓ Simulez comme au Grand Oral : le « jury » s'assoit derrière une table, réglez le volume de votre voix et votre position dans la salle.

> **Conseil**
> Soyez bienveillants les uns envers les autres ! Utilisez la grille d'évaluation pour être objectifs.

Grille d'évaluation

DÉDRAMATISEZ !

Le Grand Oral n'est pas un concours d'éloquence, ni une performance. Le jury sait la difficulté qu'il y a à passer un oral, vous pouvez compter sur sa bienveillance.

✓ **On entend fréquemment** :
- « *J'ai le trac...* » : le trac est normal, il vous permet de vous concentrer et de bien démarrer. Il disparaîtra vite car vous maîtrisez votre contenu.
- « *Je ne suis pas à l'aise à l'oral...* » : votre entraînement vous apportera plus d'aisance.
- « *Je ne sais pas quoi faire de mes jambes et de mes mains* » : ne surestimez pas l'importance du « non verbal » ou des gestes parasites (ni même des tics verbaux). Concentrez-vous sur le contenu et le jury.
- « *Dois-je apprendre mes réponses par cœur ou les rédiger intégralement ?* » : ne changez pas vos habitudes mais vous ne devrez pas donner l'impression de réciter.

> **Conseil**
> Choisissez une tenue soignée (chaussures de ville), pas trop décontractée (pas de survêtement ni de T-shirt), tout en étant à l'aise.

ADOPTEZ UNE POSTURE SEREINE ET DES GESTES EXPRESSIFS

Faites simple : restez le plus naturel possible.

✓ Une fois dans la salle, **placez-vous au centre de la pièce**, à environ **deux mètres du jury.**
- **Ancrez-vous dans le sol**, les pieds bien droits et légèrement écartés, la tête haute tournée vers le jury. Conservez cette posture, évitez de vous balancer et ne bougez pas trop.
- **Ce sont vos mains qui vont parler pour vous**. Assurez-vous qu'elles sont propres.
- **Soyez naturel** avec vos mains, vous n'êtes ni une personnalité politique en campagne ni un mime ! Évitez de croiser les bras, ne gardez pas vos mains jointes, utilisez-les plutôt **pour appuyer ce que vous dites.**

> **Conseil**
> Si, comme vous en avez la possibilité, vous choisissez de vous asseoir après votre réponse de cinq minutes, de même, sur la chaise, ancrez-vous au sol avec la tête et le dos droits.

Rendez-vous sur le site Nathan.fr/grand-oral

PRÊTEZ ATTENTION À VOTRE VOIX

La voix est le premier instrument de l'orateur. Ses différentes composantes sont mêlées mais vous pouvez en travailler les différents éléments.

Le volume
Entraînez-vous à parler de manière **suffisamment audible**, puis **variez les volumes** (plus bas / plus fort) et les distances.

Le débit (vitesse / rythme)
▸ Le rythme de votre prise de parole influera sur la qualité de sa réception.
▸ Vous attirerez et garderez l'attention en **variant votre débit** en fonction de vos propos. Par exemple, en parlant plus vite quand vous racontez une anecdote, moins vite quand vous arrivez en fin d'une sous-partie ou que vous voulez insister sur un point.
▸ Si vous avez l'habitude de parler vite, ce sera difficile à modifier. Dans ce cas, évitez les phrases trop longues et surtout, faites des pauses !

L'intonation
C'est le ton que vous prendrez pour vous adresser au jury en accord avec le texte. Entraînez-vous à bien l'adapter à différents contenus et surtout à le varier pour **éviter la monotonie**.

Conseil

Ne commencez pas à parler dès qu'on vous donne la parole. Silence, d'abord. Vous attirerez l'attention et vous en profiterez pour respirer un grand coup. Les pauses vous permettent de marquer le début ou la fin d'une sous-partie, de réfléchir avant de répondre, et d'attirer l'attention sur ce que vous allez dire ensuite.

SOIGNEZ VOTRE VOCABULAIRE

Même si vous n'en n'avez pas toujours conscience, il se peut que vous utilisiez un langage trop familier, trop quotidien. N'oubliez jamais que vous vous adressez à un jury.

Éliminez tous les termes qui vous paraissent **relever d'un langage trop familier**. Même si ce n'est pas toujours facile, essayez de bannir vos tics de langage (*ben, comment, euh, de base, trop, carrément, en mode, bof.*

Employez des termes précis : vous devez connaître les définitions de toutes les notions que vous employez.

Vous pouvez nuancer votre réponse en utilisant des modalisateurs (« *il m'a semblé… / j'ai trouvé… / J'ai apprécié… En revanche…* »)

Conseil

Entraînez-vous à plusieurs : un élève présente son exposé, les autres relèvent les mots issus d'un langage trop familier. Cherchez ensemble des synonymes ou des expressions plus adaptés.

REGARDEZ ET SOURIEZ

Créez un lien visuel avec les membres du jury dès votre entrée.

Comme vous ne lirez pas vos notes, vous n'avez que les membres du jury à regarder ! **Regardez-les alternativement** et en fonction de leurs actions (regardez le jury qui vous interroge : débutez votre réponse en le regardant…).

Souriez régulièrement, c'est un ingrédient important d'un oral réussi.

Conseil

Pensez à saluer le jury en arrivant et à le remercier en partant.

INSPIREZ-VOUS !

Vous pouvez regarder des vidéos pour les analyser et y trouver de bonnes idées.
Rendez-vous sur le site Nathan pour trouver des exemples de vidéos de présentation orale. Vous pouvez aussi visionner les conférences TED, « ma thèse en 180 s », des discours politiques, même en langue étrangère pour n'étudier que les postures et les gestes. **Mais attention** : les personnes que vous verrez sont bien plus âgées que vous et hyper entraînées. Ne vous dites pas « je ne pourrai jamais faire ça ! »

Vidéo
Nathan GRAND ORAL

Thème 1

De nouveaux espaces de conquête

Les grandes puissances, au cours de l'histoire, se sont construites par la maîtrise et la domination des territoires terrestres, des mers et des océans, prolongées par la conquête spatiale. Cette conquête, qui implique aujourd'hui de nouveaux acteurs, s'accompagne d'enjeux économiques et de rivalités géopolitiques croissants. Elle nécessite également la mise en place de coopérations internationales afin de préserver des espaces vulnérables dans l'intérêt commun.

La station spatiale internationale survolant la Terre

Construite à partir de 1998, la SSI (ou ISS en anglais) résulte de la coopération entre les agences spatiales américaine (NASA), russe (ROSCOSMOS), européenne (ESA), japonaise (JAXA) et canadienne (ASC).

SOMMAIRE

Découvrir

Océans et espace : une connaissance et une maîtrise en constante évolution

La découverte, la conquête et l'étude des océans et de l'espace par les sociétés humaines ont contribué à accroître la connaissance de ces deux immensités depuis plusieurs siècles. Grâce aux progrès scientifiques et technologiques, l'exploration n'est pas achevée, tant dans le fond des océans qu'au plus lointain dans l'univers.

A Explorer

1 Magellan, navigateur et explorateur

Fernand de Magellan (1480-1521), navigateur et explorateur portugais, a été à l'origine de la première circumnavigation (expédition autour du globe). Il décède avant que son périple ne soit achevé par ses compagnons, en 1522.

Antonio Menendez, *Fernand de Magellan*, 1970, musée de la Marine, Lisbonne.

2 L'Astronome

Sur ce tableau apparaissent : un globe céleste sur lequel sont représentées les constellations, un compas et un astrolabe, instrument essentiel pour déterminer la position des astres, l'heure solaire et la longitude.

Johannes Vermeer, *L'Astronome*, v. 1668, huile sur toile (51 x 45 cm), musée du Louvre.

→ **Comment ces tableaux montrent-ils l'intérêt ancien pour la connaissance des océans et de l'espace ?**

Océans

- XVIe siècle : Les océans deviennent des voies de navigation pour la découverte et la conquête de terres lointaines
- 1872 : *HMS Challenger*, premier navire de recherche océanographique sur tous les océans
- 1908-1910 : Premières missions transocéaniques et conquêtes des pôles
- 1960 : Première plongée habitée dans la fosse des Mariannes (océan Pacifique), point le plus profond de tous les océans (−10 916 m)

Espace

- 1957 : Lancement de *Spoutnik 1*, premier satellite artificiel (URSS)
- 1961 : Envoi du premier homme dans l'espace, Iouri Gagarine (URSS)
- 1969 : Premiers pas d'un homme sur la Lune avec Neil Armstrong et Buzz Aldrin (États-Unis)
- 1998 : Mise en place du premier module de la station spatiale internationale (ISS)

B Étudier

REPÈRE

Curiosity
Conçu pour la NASA, le rover (ou astromobile) *Curiosity* est lancé le 26 novembre 2011 en direction de Mars, où il atterrit le 6 août 2012. Il se déplace sur la « planète rouge » équipé de caméras, de sondes et de capteurs, d'une station météorologique et d'un laboratoire d'analyses intégré, et recherche des traces d'une éventuelle existence de forme de vie.

3 Le rover *Curiosity*, sur le sol de la planète Mars depuis 2012

Cette photographie en « autoportrait » datée du 5 août 2015 résulte de l'assemblage de plusieurs dizaines d'images prises par la caméra située sur le bras articulé du rover.

→ **Pourquoi envoyer un rover sur la planète Mars ?**

C Recenser, cartographier

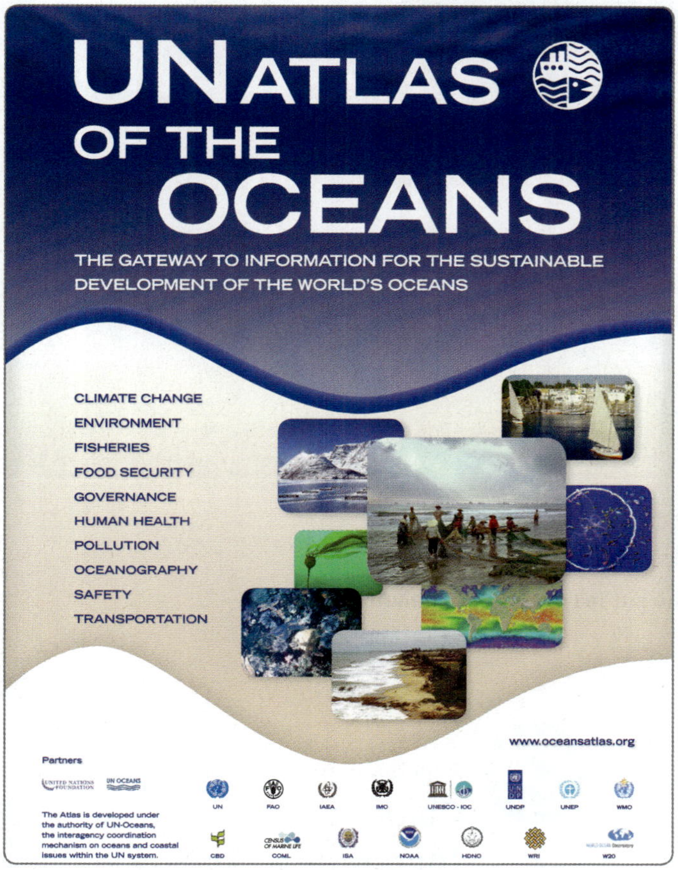

4 *L'Atlas des océans* des Nations unies

Cet atlas en ligne, lancé en 2002, est une action prévue par l'Agenda 21 adopté au Sommet de la terre de Rio en 1992, dans le cadre du développement durable des océans.
www.oceansatlas.org, consulté le 1er février 2020.

→ **Quelles raisons expliquent la publication de ce type d'atlas ?**

VOCABULAIRE

Espace extra-atmosphérique : espace situé au-delà de la partie de l'atmosphère terrestre. La densité de l'air y est trop faible pour permettre aux appareils volants tels que les avions de s'élever et de se mouvoir dans les airs.

Fosses océaniques : dépressions océaniques situées dans les zones de subduction (passage d'une plaque tectonique sous une autre) ou d'accrétion (éloignement de deux plaques océaniques l'une de l'autre), souvent profondes de plusieurs kilomètres.

CHIFFRES CLÉS

Océans

71 % de la surface terrestre

50 à 80 % des espèces vivantes : les océans sont la plus grande réserve et la plus grande masse biologique mondiale, loin devant les continents

78 % des États ont un accès à la mer ou l'océan

Espace

8 950 satellites lancés dans l'espace entre 1957 et 2020

2 630 satellites actifs autour de la Terre en 2020

900 000 débris (de satellites, de fusées...) supérieurs à 1 cm circulent dans l'espace en 2020

FAIRE LE POINT

Pourquoi la connaissance des océans et de l'espace est-elle stratégique pour les grandes puissances ?

Découvrir

Océans et espace : les dernières frontières ?

L'appropriation des ressources des océans et la conquête de l'espace suscitent les convoitises des grandes puissances. Si la concurrence entre les États et les acteurs privés s'est considérablement accrue, les difficultés techniques et les enjeux majeurs que ces ressources constituent pour l'humanité encouragent les coopérations internationales.

A Exploiter

1 Des géants des mers dédiés à la pêche intensive

Le chalutier géant hollandais *Afrika* au large des côtes de la Mauritanie, 2 mars 2012.

→ **Quelles sont les conséquences de ce type de pêche sur les ressources halieutiques ?**

La pêche et l'aquaculture marines en 2016

Consommation mondiale de poisson en 2016
20,3 kg par personne par an

Volume de poissons pêchés (mers et océans)
80 millions de tonnes

Diminution du stock d'espèces marines (1980-2020)
– 40 %

Principaux pays de pêche marine
Chine (15,5 millions de tonnes)
Indonésie (6,1 millions de tonnes)
États-Unis (4,9 millions de tonnes)

Pêche illégale
entre 12 et 28 % de la pêche mondiale

Source : FAO, 2018.

B S'approprier

2 ***Mir-1*, un sous-marin russe au fond de l'océan glacial Arctique**

En août 2007, un drapeau russe est planté au fond de l'océan au niveau du pôle Nord, à 4 261 mètres de profondeur. Ce geste matérialise la politique russe d'appropriation d'un océan marqué par le dégel de la banquise, une politique que contestent le Canada et les États-Unis.

3 ***Chang'e 4*, un vaisseau chinois sur la face cachée de la Lune**

Le 3 janvier 2019, la sonde chinoise *Chang'e 4* effectue le premier alunissage sur la face cachée de la Lune de l'histoire, consacrant la Chine comme un nouvel acteur majeur de la conquête de l'espace.

→ **Comment ces deux documents attestent-ils de la volonté de la Russie et de la Chine de s'approprier les océans et l'espace ?** docs 2 et 3

C Coopérer

4 **Le centre des astronautes européens à Cologne (Allemagne)**

Ce centre de l'Agence spatiale européenne (ESA) entraîne des astronautes (UE, États-Unis, Canada, Russie, Japon) et prépare ceux qui vont séjourner dans la station spatiale internationale. Ici, l'italien Luca Parmitano s'entraîne en piscine à évoluer dans l'espace.

→ **Pourquoi les États sont-ils amenés à coopérer dans le domaine spatial ?**

REPÈRE

Les projets du futur

Europe	Lancement en juillet 2020 de la mission *ExoMars* en coopération avec la NASA
États-Unis	Envoi d'un équipage sur la Lune d'ici 2024 (programme *Artémis III*) ; participation à la construction d'une station spatiale en orbite lunaire (*Lunar Gateway*) en coopération (Europe, Japon)
Chine	Mission vers Mars (2020) ; construction d'une station spatiale à partir de 2022
Blue Origin (Jeff Bezos, fondateur d'Amazon) BLUE ORIGIN	Construction d'ici 2024 de *Blue Moon*, un véhicule spatial conçu pour transporter des charges lourdes vers la Lune

FAIRE LE POINT

Pourquoi l'espace et les océans peuvent-ils être considérés comme les « dernières frontières » ?

Repères Océans et espace : quelles spécificités ?

1 Conquête

● La conquête est un processus d'appropriation effectué par un individu, une société organisée, un État. Cette démarche de nature géopolitique nécessite souvent une action militaire et se manifeste par un envahissement, une occupation, une domination territoriale. On parle ainsi de la « conquête de l'Ouest » pour évoquer la construction du territoire des États-Unis. L'objectif du conquérant est d'obtenir des droits sur les espaces conquis et ainsi de repousser les limites de sa souveraineté.

● Les océans et l'espace font l'objet de ce processus de contrôle et d'appropriation, depuis plusieurs siècles pour les premiers, depuis la seconde moitié du XXe siècle pour le second. Enjeux majeurs des relations internationales, ils constituent des « terrains » d'affrontement entre les grandes puissances qui souhaitent se les approprier pour des raisons symboliques, mais aussi pour s'en accaparer les ressources.

Le 21 juillet 1969, Neil Armstrong est le premier homme à poser le pied sur la Lune. Entre 1969 et 1972, 12 astronautes américains ont marché sur la Lune à l'occasion de six missions lunaires.

2 Puissance

● La puissance se caractérise par l'ensemble des moyens et des capacités qui permettent à un acteur politique ou économique (État, firme transnationale) d'étendre son influence aux dépens d'autres acteurs, d'imposer sa suprématie dans un ou plusieurs domaines et de garantir son indépendance. Le politiste Serge Sur définit la puissance comme la « capacité de faire, de faire faire, d'empêcher de faire et de refuser de faire ».

● Les grandes puissances (États-Unis, Chine, Russie, France, Royaume-Uni, Inde) se définissent par leur aptitude à contrôler les mers et les océans ainsi qu'à explorer l'espace, pour des raisons économiques, diplomatiques, géostratégiques : contrôle des routes maritimes, course à l'innovation technologique, forces de projection militaires… Les rivalités entre États sont multiples et attestent que l'exercice de la puissance mondiale repose sur la maîtrise des océans et de l'espace.

À Moscou, sur la place Rouge, le défilé du 9 mai à l'occasion de la date anniversaire de la victoire sur l'Allemagne nazie (1945) permet d'attester de la puissance militaire de l'armée russe. Ici, le passage des troupes blindées.

3 Coopération

● La coopération est l'action qui consiste pour un individu, une société, un État… à participer à un projet commun. À l'échelle internationale, elle résulte d'une politique d'entente et d'échanges entre plusieurs États, dans un domaine précis (commercial, culturel, scientifique, militaire…). Les relations entre les participants sont de nature non conflictuelle ou non concurrentielle et reposent sur le fait d'œuvrer dans un objectif commun et acceptable par les participants.

● Les océans et l'espace constituent pour les acteurs publics (États, organisations internationales, ONG…) des enjeux majeurs de coopération internationale. Les grands programmes spatiaux, vers la Lune ou Mars, sont fondés sur le principe de coopération scientifique et financière. Les coopérations internationales sont également nombreuses dans la perspective de protection des mers et des océans de la planète.

Ouverture de la Conférence des Nations unies sur les océans, ONU, New York, 5 juin 2017. D'une durée de 5 jours, cette Conférence se tient en parallèle de la Journée mondiale de l'océan, le 8 juin.

QCM

1. Magellan est le premier navigateur à avoir…
- A entrepris une expédition maritime faisant le tour du globe.
- B cartographié l'océan Pacifique.
- C découvert l'Amérique.

2. Les ressources halieutiques des océans sont aujourd'hui…
- A sous-exploitées.
- B surexploitées.
- C protégées par l'ONU.

3. Sur quelle planète le rover *Curiosity* s'est-il posé en 2012 ?
- A Vénus
- B Mars
- C Jupiter

4. Quel est le premier pays à avoir expédié une sonde spatiale pour explorer la face cachée de la Lune ?
- A La Chine
- B La Russie
- C Les États-Unis

5. Quelles sont les principales motivations de la coopération sur les océans et dans l'espace ?
- A L'exploitation des ressources pour le développement de l'humanité
- B Les enjeux climatiques et environnementaux
- C Les défis technologiques et financiers

6. Pourquoi peut-on dire que les océans et l'espace sont les « dernières frontières » ?
- A Parce qu'ils n'ont pas été totalement explorés.
- B Parce qu'ils constituent des enjeux d'appropriation pour les grandes puissances.
- C Parce qu'ils disposent d'importantes ressources.

Entrer dans le thème

Chapitre 1 Conquêtes, affirmations de puissance et rivalités p. 38

Débutée dans les années 1950, la conquête spatiale est aujourd'hui relancée par l'implication de nouvelles puissances et d'entreprises privées. À l'image de l'espace, l'océan mondial représente des enjeux économiques et stratégiques qui encouragent les États à y affirmer leur puissance.

▸ **Comment la conquête de l'espace et des océans contribue-t-elle aux rivalités entre puissances ?**

Chapitre 2 La conquête de nouveaux espaces : enjeux diplomatiques et coopérations p. 60

Malgré les rivalités, les coopérations internationales se multiplient, comme le prouvent l'élaboration de la station spatiale internationale, la Convention de Montego Bay (1982) sur le droit de la mer ou la conférence intergouvernementale sur la biodiversité marine. Ces initiatives comprennent également des enjeux diplomatiques.

▸ **Comment la coopération entre États peut-elle réguler les rivalités liées à la conquête de nouveaux espaces ?**

Chapitre 3 La Chine à la conquête de l'espace, des mers et des océans p. 78

La Chine a pour ambition de devenir la première puissance économique mondiale à l'horizon 2049 (centenaire de la République populaire de Chine). Cette affirmation passe par la conquête de l'espace et des océans, comme en témoignent la stratégie d'appropriation maritime et les nombreux programmes spatiaux de l'empire du Milieu déployés ces dernières années.

▸ **Comment la Chine s'affirme-t-elle comme une puissance maritime et spatiale majeure ?**

Chapitre 1

Conquêtes, affirmations de puissance et rivalités

La conquête des océans depuis l'Antiquité et celle de l'espace à partir des années 1950 constituent, au-delà des territoires terrestres habités et largement explorés, une opportunité pour les États de se développer et de s'affirmer. Enjeu de puissance et de développement, la course aux nouveaux espaces accroît les rivalités internationales et se traduit par une recomposition des équilibres géopolitiques régionaux et mondiaux.

Comment la conquête de l'espace et des océans contribue-t-elle aux rivalités entre puissances ?

Textes DYS
TOUS LES TEXTES EN VERSION DYS
lyceen.nathan.fr/geopolitiqueterm

SOMMAIRE

L'URSS, puissance spatiale

« Gloire ! Longue vie au peuple soviétique. Les pionniers de l'espace » (CCCP signifie « URSS »).

Affiche soviétique, années 1950.

Carte Les puissances de la conquête

Les puissances navales et spatiales dans le monde

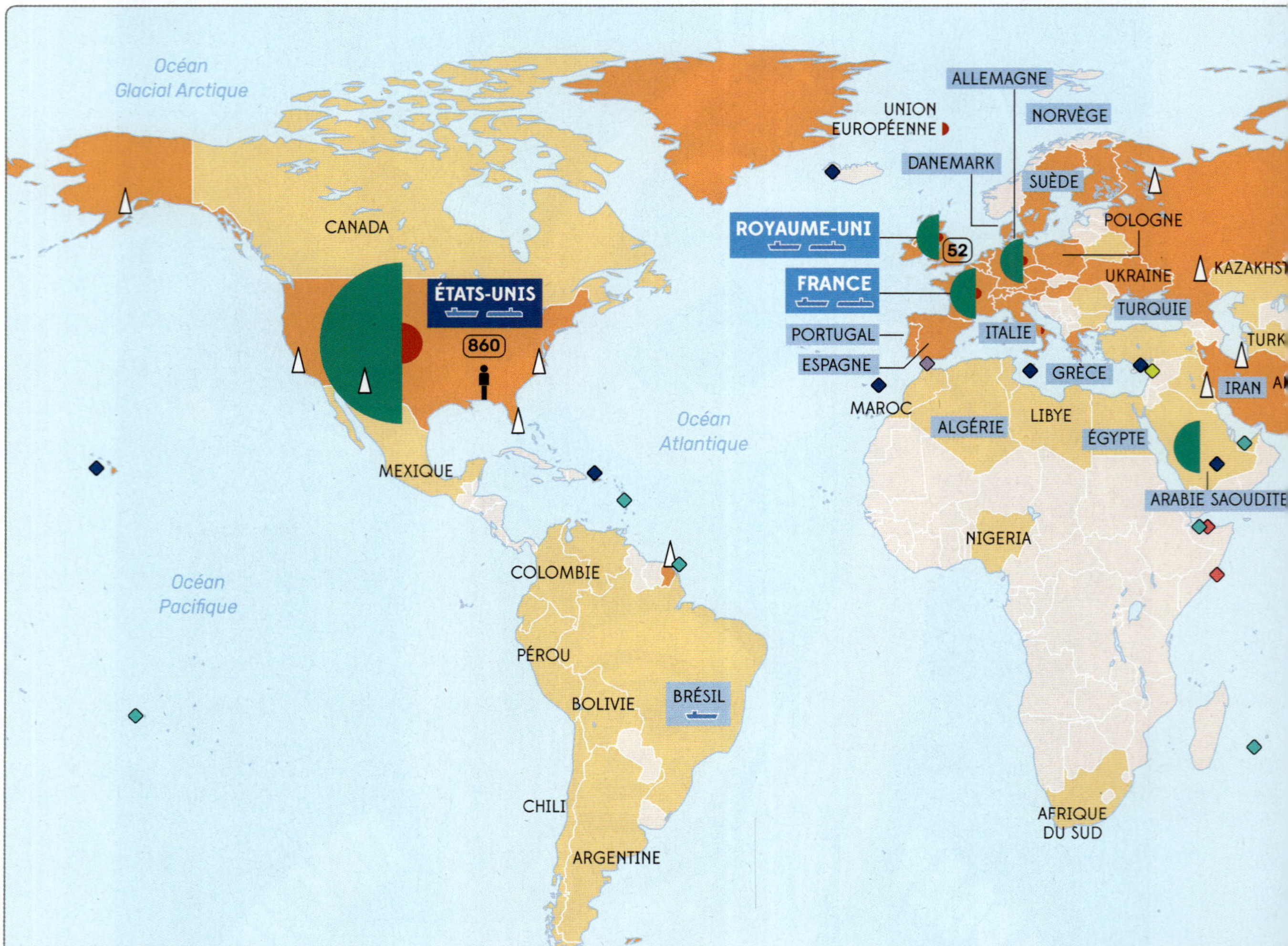

1. Puissances navales dans le monde

Capacité de projection des principales marines

ÉTATS-UNIS mondiale majeure

INDE régionale

FRANCE mondiale secondaire

Bases et facilités navales outre-mer et à l'étranger

- France
- États-Unis
- Royaume-Uni
- Russie
- Chine

Forces navales de dissuasion et de projection

- Puissances dotées de porte-avions
- Puissances dotées de SNLE

2. Puissances spatiales dans le monde

- États disposant de satellites et des moyens de lancement correspondants
- Autres pays possédant des satellites
- 52 Nombre de satellites par pays (> 50)
- Lancements de vols habités
- Bases de lancement

QUESTIONS

1. Par quels principaux moyens un État peut-il affirmer sa puissance en mer ?

2. Quelles puissances ont une capacité de projection dans le monde entier ? Quelle est la capacité de projection des principaux pays émergents ?

3. Quelles sont les principales puissances engagées dans la course à l'espace ?

spatiale et maritime

Carte interactive

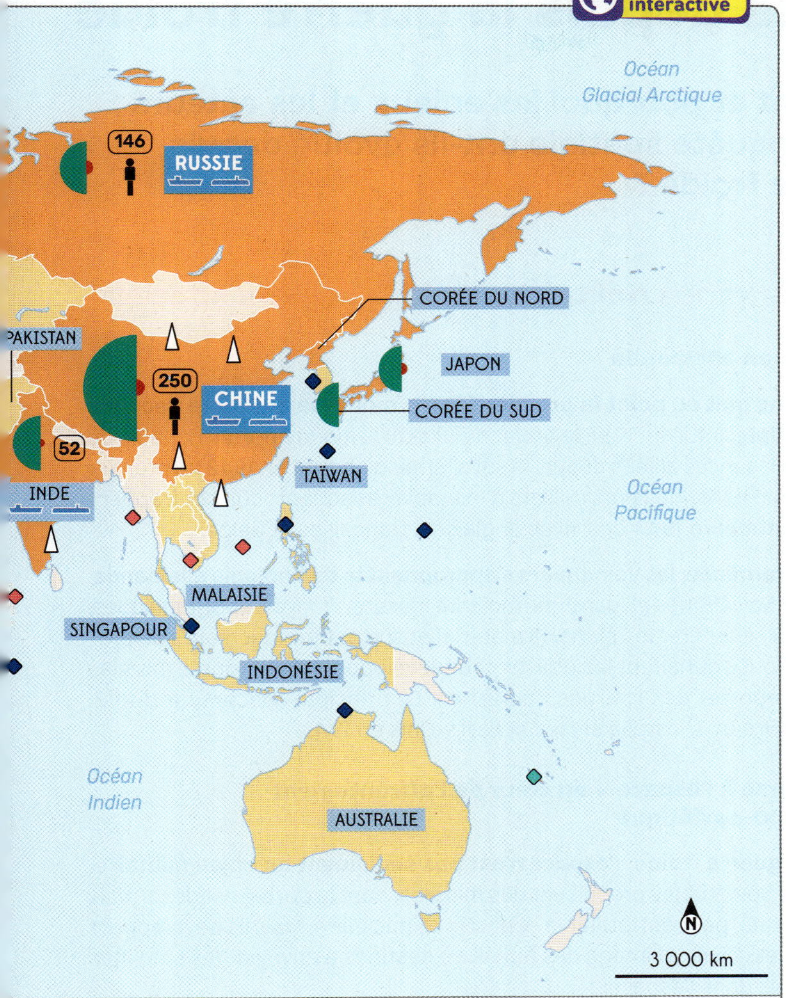

3. Une course à l'espace maritime et spatial

Dépenses en milliards de dollars

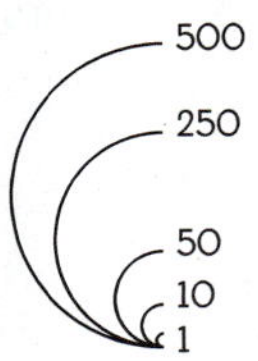

Les 10 premiers budgets militaires en 2018

Les 10 premiers budgets spatiaux en 2019

Sources : Bruno Tertrais (dir.), *Atlas militaire et stratégique*, Autrement, 2019 ; Centre d'études stratégiques de la Marine, « Marines d'ailleurs », *Études marines* n° 10, juin 2016 ; www.euroconsult-ec.com, 2019 ; www.sipri.org, 2019.

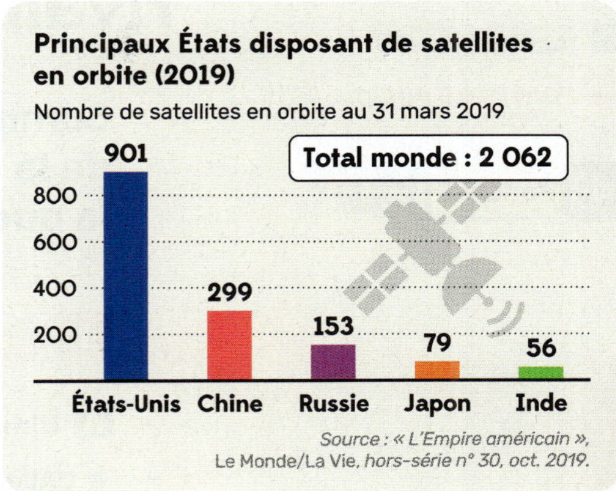

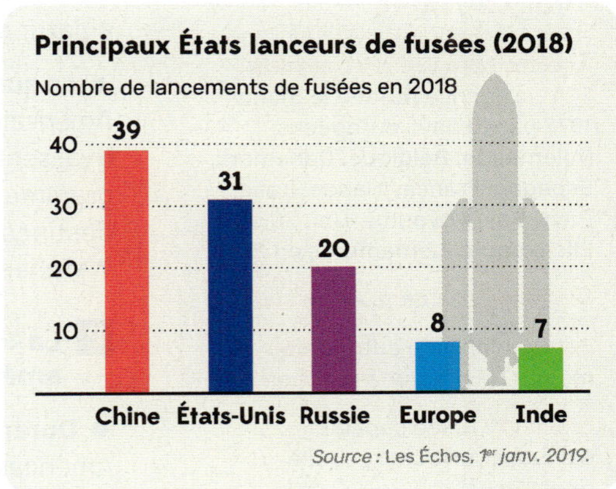

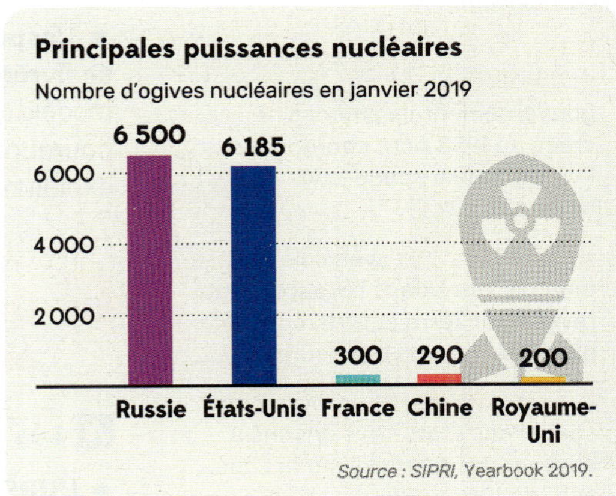

VOCABULAIRE

Capacité de projection : capacité d'un État à diriger ses forces militaires (sous-marins, porte-avions, troupes au sol...) hors des frontières nationales, loin de leur lieu de stationnement habituel.

Dissuasion : mode de prévention de l'agression visant à décourager un adversaire d'y avoir recours, en le persuadant que le coût serait supérieur au bénéfice escompté.

Ogive nucléaire : projectile (missile, obus) disposant d'une charge nucléaire.

SNLE : sous-marins nucléaires lanceurs d'engins. Équipés d'un mode de propulsion nucléaire pour les rendre indétectables, ils sont dotés de missiles nucléaires qu'ils peuvent lancer depuis le fond des mers. Ils assurent une mission de dissuasion nucléaire.

Cours

L'espace : conquêtes, affirmations de puissance et rivalités depuis la guerre froide

CARTE p. 40-41
JALON p. 46-49
POINTS DE VUE p. 54-55

Podcast Cours à écouter

Comment et pourquoi les enjeux et les acteurs de la conquête spatiale ont-ils évolué depuis la guerre froide ?

I Les origines militaires de la conquête spatiale

A L'impulsion allemande

- **L'Allemagne met au point la première fusée moderne durant la Seconde Guerre mondiale.** Initié en 1937, le projet de **missile** à longue portée capable de frapper les puissances alliées depuis le sol allemand aboutit en 1942 au premier envol d'une fusée **V2**. Plusieurs milliers d'exemplaires sont produits et frappent à partir de septembre 1944 des villes anglaises, françaises et belges.

- **La guerre terminée, les vainqueurs s'approprient la technologie allemande.** Américains et Soviétiques et, dans une moindre mesure, Français et Britanniques, rivalisent pour récupérer les plans, le matériel et surtout les ingénieurs du programme V2. Tous souhaitent les utiliser pour développer leurs propres missiles destinés à emporter des charges nucléaires. Le principal concepteur du V2, Wernher von Braun, s'installe ainsi aux États-Unis en 1945.

B La « course à l'espace » au cœur de l'affrontement américano-soviétique

- **Durant la guerre froide, l'espace n'est pas seulement un enjeu militaire.** Américains et Soviétiques produisent des missiles, dont la portée est désormais intercontinentale, pour entretenir la **dissuasion** nucléaire. Mais ils développent aussi des projets civils à l'image des **lanceurs** destinés à envoyer des satellites et des hommes dans l'espace.

- **L'espace devient le théâtre privilégié de la bataille d'image à laquelle se livrent les deux Grands.** Chacun cherche à prouver la supériorité de son modèle en allant plus vite et plus loin que l'autre dans l'exploration spatiale. C'est pourquoi tous deux accordent une grande importance à la promotion de leurs exploits auxquels la presse, le cinéma et la télévision donnent un large écho.

II De l'avance soviétique à la domination américaine

A Les succès soviétiques

- **L'URSS est la première à mettre des satellites en orbite.** *Spoutnik 1* est lancé en octobre 1957, suivi un mois plus tard de *Spoutnik 2*. Ce dernier transporte une chienne, Laïka, qui survit 7 jours avant de mourir par manque d'oxygène. Les Soviétiques sont également les premiers à réussir un survol lunaire (1959), à envoyer un homme (Youri Gagarine, 1961) puis une femme (Valentina Terechkova, 1963) dans l'espace, à y réussir une sortie (1965) et à envoyer des **sondes** explorer le sol lunaire (1966).

- **Les réussites soviétiques sont accueillies avec inquiétude par les États-Unis.** Dans les années 1950, les fusées américaines, encore à l'état de prototype, explosent régulièrement à l'envol. En janvier 1958, les Américains parviennent

VOCABULAIRE

Agence spatiale européenne (ASE) : agence fondée le 31 mai 1975 par 10 pays européens (Allemagne, Belgique, Danemark, Espagne, France, Irlande, Italie, Pays-Bas, Royaume-Uni, Suisse). Elle compte 22 membres en 2019.

Dissuasion : voir p. 41

Fusée : véhicule autonome mû par un moteur à réaction.

Lanceur : fusée capable d'envoyer une charge utile dans l'espace.

Missile : fusée transportant une charge explosive (classique ou nucléaire).

NASA *(National Aeronautics and Space Administration)* : agence gouvernementale américaine créée en 1958 pour coordonner le programme spatial civil américain.

Navette spatiale : véhicule qui, une fois lancé dans l'espace, peut revenir sur Terre et être réutilisé pour une mission ultérieure.

Programme Apollo : programme spatial des États-Unis destiné à envoyer des hommes sur la Lune, actif de 1961 à 1975.

Sonde : engin automatique non habité lancé dans l'espace pour étudier un astre.

V2 (*Vergeltungswaffe 2*) (« arme de représailles n° 2 » en allemand) : missile allemand pouvant atteindre une altitude de 96 km et disposant d'une portée maximale de 320 km.

à placer en orbite le satellite *Explorer 1*. Créée dans la foulée, la **NASA** se voit confier le projet *Mercury* visant à envoyer un homme dans l'espace et à le faire revenir sur Terre sain et sauf. Mais elle n'atteint cet objectif qu'en 1962, soit un an après les Soviétiques.

B La revanche américaine

- **Avec le programme Apollo, les Américains se lancent à l'assaut de la Lune pour tenter de faire oublier les exploits soviétiques.** Initié en 1961, il atteint son objectif en 1969 lorsque les Américains Armstrong, Aldrin et Collins posent le pied sur le sol lunaire. Leur exploit est retransmis en direct à la télévision. À partir de 1976, des sondes américaines sont envoyées sur Mars. Opérationnelle en 1981, la **navette spatiale** américaine permet de réaliser des allers-retours entre la Terre et l'espace.

- **Les Soviétiques ne parviennent pas à rattraper leur retard sur les États-Unis.** En 1974, ils renoncent à envoyer des hommes sur la Lune et leur navette spatiale, *Bourane*, n'effectue qu'un unique vol en 1988. Confrontée à des difficultés économiques croissantes, l'URSS n'est plus en mesure d'investir suffisamment dans la recherche spatiale pour concurrencer les États-Unis.

III Les nouveaux acteurs de la conquête spatiale

A D'autres États à la conquête de l'espace

- **Malgré des moyens plus limités, les pays européens tentent de suivre le rythme imposé par les deux Grands.** La France met en orbite son premier satellite en 1965, le Royaume-Uni en 1971. La création de l'**Agence spatiale européenne (ASE)** en 1975 permet de mutualiser les moyens et aboutit quatre ans plus tard au premier tir du lanceur Ariane.

- **Certaines puissances émergentes se sont aussi engagées dans la course à l'espace.** Grâce à l'aide soviétique, l'Inde dispose de ses propres lanceurs depuis les années 1970. La Chine est parvenue en 2003 à envoyer un homme dans l'espace et ambitionne un vol habité vers la Lune d'ici 2025.

Chapitre 3 p. 84-85, **Géo 1re** Les espaces des industries aéronautique et aérospatiale européennes (thème 2)

B De nouveaux acteurs pour de nouveaux usages de l'espace

- **La fin de la guerre froide s'est traduite par une baisse globale des sommes allouées par les États à la conquête spatiale.** Le budget de la NASA, qui représentait 4,5 % du PIB américain en 1966, n'en représente aujourd'hui plus que 0,5 %. L'agence spatiale russe équilibre son budget en vendant à prix d'or des séjours touristiques à bord de la station spatiale internationale.

- **Des acteurs privés prennent le relais des États.** Dès 1980, la société française Arianespace devient la première société commerciale de transport spatial. Elle loue ses services aux sociétés de télécommunications qui souhaitent placer sur orbite des satellites. Elle est aujourd'hui concurrencée par les champions américains du ***New Space***, telle la société *SpaceX* (voir p. 73).

Évolution du budget de la NASA

En % du budget de l'État fédéral

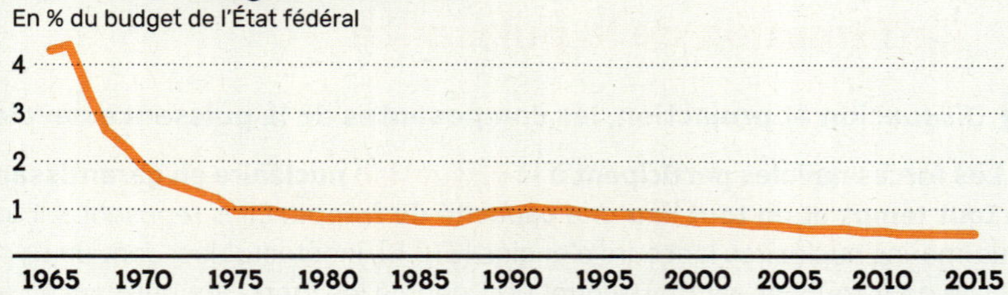

Source : US Office of Management and Budget, 2019.

REPÈRE

Le New Space
On appelle « *New Space* » l'ensemble des acteurs privés, pour la plupart américains, qui se sont engagés depuis le début des années 2000 dans la conquête spatiale. Le *New Space* marque une nouvelle étape : il substitue en effet des acteurs privés (les entreprises) aux acteurs publics (les États) et ses objectifs sont commerciaux et non scientifiques ou militaires.

FICHES DE LECTURE

Jean-François Clervoy et Franck Lehot, *Histoire de la conquête spatiale*, De Boeck, 2019 (3e éd.), 240 p. Une synthèse consacrée aux grandes étapes de l'exploration spatiale. Voir la 2e partie consacrée au programme Apollo.

Philippe Varnoteaux, « La naissance de la politique spatiale française », *Vingtième siècle*, n° 77, 2003, p. 59-68 [en ligne]. Un article qui retrace les origines du programme spatial français.
www.cairn.info/revue-vingtieme-siecle-revue-d-histoire-2003-1-page-59.htm

RESSOURCES

« L'espace, un enjeu terrestre », *Questions internationales*, n° 67, mai-juin 2014. Un dossier très complet sur les implications géopolitiques de la conquête spatiale.

Isabelle Sourbès-Verger, « L'histoire des programmes spatiaux de la guerre froide à nos jours », 2016, 2 h. Une conférence menée par une géographe directrice de recherche au CNRS enregistrée à la Cité des sciences et de l'industrie.
www.dailymotion.com/video/x52egeq

Ressources complémentaires

Cours

Les océans : conquêtes, affirmations de puissance et rivalités depuis la fin du XXe siècle

CARTES p. 40-41
JALON p. 50-53

Podcast Cours à écouter

Dépenses militaires des principales puissances navales (2018)

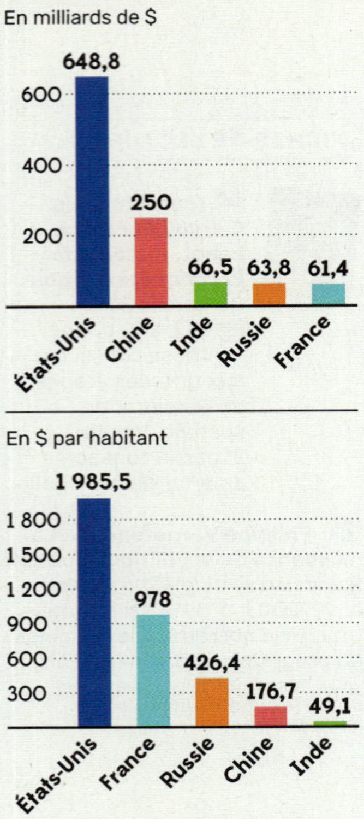

Source : Stockholm International Peace Research Institute, SIPRI 2019.

VOCABULAIRE

Capacité de projection : voir p. 41

Dissuasion : voir p. 41

Groupe aéronaval : force composée autour d'un porte-avions et pouvant comprendre des navires de différents types (frégates, croiseurs, navires ravitailleurs, porte-hélicoptères...).

Marine de haute mer : force maritime capable d'opérer sur et sous tous les océans du monde, loin de ses bases d'origine.

Comment les rivalités de puissance s'affirment-elles sur les espaces maritimes ?

I Des États rivaux à la conquête des mers et océans

A Mondialisation et enjeux géostratégiques

- **La mondialisation renforce l'importance géostratégique des mers et des océans.** Les économies sont de plus en plus dépendantes des approvisionnements maritimes : 90 % des flux intercontinentaux de marchandises sont transportés par mer et 99 % des flux d'information mondiaux (Internet, téléphone...) sont transmis par câbles sous-marins.

- **Les ressources océaniques et leur exploitation suscitent la convoitise.** Alors que les besoins augmentent et que les richesses terrestres se raréfient, les océans apparaissent comme les derniers espaces d'exploration de la planète pour accéder à de nouveaux gisements. C'est le cas de l'océan glacial Arctique, qui suscite l'intérêt de nombreux États attirés par l'ouverture de nouvelles routes maritimes et par l'exploitation des ressources potentielles.

B L'océan, un espace convoité théâtre de nouvelles rivalités géopolitiques

- **La maritimisation croissante des États côtiers s'accompagne de nouveaux enjeux géopolitiques.** En témoigne la multiplication des tensions pour la fixation des frontières maritimes, comme dans le golfe du Venezuela, riche en hydrocarbures, où la Colombie revendique l'archipel de Los Monjes au détriment de son voisin vénézuélien.

- **L'appropriation des espaces maritimes s'accompagne d'une affirmation de la souveraineté des États.** Théorisée à la fin du XIXe siècle, la doctrine du *Sea Power* se renforce aujourd'hui : la puissance d'un État proviendrait de sa capacité à maîtriser l'espace maritime mondial grâce à sa marine pour y projeter sa souveraineté et y contrôler ses intérêts stratégiques (Royaume-Uni au XIXe siècle, États-Unis au XXe siècle).

Géo 1re Thème 1 Mers et océans : au cœur de la mondialisation

II De la conquête à domination militaire : l'affirmation de la puissance

A Dissuasion et projection, les composantes de la puissance navale

- **Les forces navales participent à la dissuasion nucléaire en garantissant en tout temps et en tout lieu une capacité de frappe.** Elles reposent sur les sous-marins nucléaires lanceurs d'engins (**SNLE**), indétectables, dont un tir de missile peut toucher n'importe quel État depuis les mers. Six puissances en disposent aujourd'hui : États-Unis, Russie, Royaume-Uni, France, Chine, et Inde.

● **La** **projection de puissance** **est une dimension fondamentale de la puissance maritime.** Utilisée en temps de crise ou de guerre, elle consiste à frapper ou à se tenir prêt à frapper l'adversaire à l'aide de **groupes aéronavals** articulés autour d'un porte-avions. En 2019, l'*US Navy* a ainsi déployé le porte-avions *USS Abraham Lincoln* à proximité de l'Iran pour faire pression sur ce pays, accusé de vouloir se doter d'une force nucléaire.

B Les marines nationales, des forces de protection

● **La sécurité et la sûreté sont une expression de la puissance maritime.** La sécurité est liée au risque couru en mer par les navires et les équipages ou au risque de pollution. La sûreté maritime concerne la lutte contre des ennemis aujourd'hui non étatiques (piraterie, terrorisme, pêche illégale...).

● **L'essor d'activités illicites oblige les États à mener des actions navales de surveillance ou d'intervention armée.** Les trafics sont multiples : courants migratoires illégaux, contrefaçons, armes ou drogues (*gofast* dans les Caraïbes). Depuis 2008, la force navale européenne (Eunavfor) mène l'opération *Atalante* de lutte contre la piraterie maritime au large de la Corne de l'Afrique.

III Affirmation et développement des puissances navales au XXIe siècle

A L'hégémonie navale américaine

● **Les États-Unis sont les « maîtres des mers » par leur présence sur tous les océans et leur permanence à la mer.** Le montant de leurs dépenses de défense représentait 36 % des dépenses militaires mondiales en 2018. La marine américaine est la première force navale : 11 porte-avions, 14 SNLE, 58 **SNA** et sept flottes présentes sur tous les océans. Depuis 1945, la stratégie navale américaine a basculé de l'Atlantique vers le Pacifique.

● **La Marine nationale française et la *Royal Navy* (Royaume-Uni) sont les seules autres** **marines de haute mer.** Comme l'*US Navy*, elles disposent de forces navales complètes : porte-avions, SNLE... Leur capacité de projection mondiale est renforcée par des bases installées outre-mer ou à l'étranger : Djibouti, Abu Dhabi ou encore Dakar pour la Marine nationale française.

B L'émergence de nouvelles puissances navales

● **Depuis dix ans, les marines des pays émergents se développent.** En 1950, 18 pays possédaient des sous-marins. Ils sont aujourd'hui 42, dont l'Algérie, l'Indonésie ou encore le Vietnam. Les grands pays émergents (Chine, Inde, Brésil) et les puissances régionales (Taïwan, Turquie, Corée du Sud, Pakistan) cherchent à s'affirmer sur les mers et les océans en développant leurs flottes.

● **Les nouveaux acteurs géostratégiques des mers et des océans agissent à différentes échelles.** Si les ambitions brésiliennes semblent se limiter au contrôle de leur ZEE, la Russie réaffirme sa présence sur et sous les mers (large de la Syrie). La Chine modernise sa capacité de projection grâce à un programme de construction de porte-avions (*Liaoning* en 2011, *Shandong* en 2019).

VOCABULAIRE

Maritimisation : dépendance croissante de nos sociétés envers les mers et les océans dans différents domaines (transports, communication, ressources alimentaires, énergétiques, minérales).

Mondialisation : processus d'intégration et d'interdépendance des territoires et des sociétés humaines à l'échelle de la planète. Il entraîne une intensification des flux de capitaux, d'informations, de marchandises et de populations.

SNA : sous-marins d'attaque équipés d'un mode de propulsion nucléaire pour les rendre indétectables. Ils peuvent lancer des missiles contre des navires ou des installations terrestres. Ils effectuent des missions de renseignement, de protection et de chasse mais ne sont pas chargés de la dissuasion nucléaire.

SNLE : voir p. 41

FICHES DE LECTURE

Vincent Themelin, « Une course à l'armement naval » (chapitre 4), dans *La Mer, nouvel eldorado ?*, La Documentation française, 2017, 168 p. Un ouvrage qui analyse les enjeux géopolitiques des espaces maritimes.

Thomas Marrier d'Unienville, « L'océan Indien, nouveau centre du monde ? », *Diploweb*, 3 février 2019 [en ligne]. Un article pour comprendre l'affirmation des puissances dans l'océan Indien.
www.diploweb.com/L-ocean-Indien-nouveau-centre-du-monde.html

RESSOURCES

Hugues Eudeline et Pierre Royer, « *Domination des océans ? L'US Navy et les enjeux Chine/États-Unis* », *Diploweb*, 23 juil. 2019 [en ligne], 1 h. Une conférence prononcée dans le cadre du Festival de Géopolitique de Grenoble.
www.diploweb.com/Video-Hugues-Eudeline-et-Pierre-Royer-Domination-des-oceans-L-US-Navy-et-les-enjeux-Chine-Etats.html

Bruno Tertrais (dir.), *Atlas militaire et stratégique*, Autrement, 2019, 96 p. Un atlas permettant d'analyser comment les grandes puissances organisent leurs forces et leur stratégie face aux nouvelles menaces.

Ressources complémentaires

Jalon

La course à l'espace des années 1950 à l'arrivée de nouveaux acteurs

CARTES p. 40-41
COURS p. 42-43
POINTS DE VUE p. 54-55

Durant les premières décennies de la guerre froide, États-Unis et URSS rivalisent d'ambitions extraterrestres. Chacun mobilise des moyens considérables pour être le premier à placer un satellite sur orbite, à réussir un vol spatial habité ou à fouler le sol lunaire. À partir des années 1970, cette rivalité s'apaise tandis que de nouveaux acteurs font progressivement leur apparition dans la course à l'espace.

Quelles motivations et quels acteurs sont à l'origine des progrès réalisés dans la conquête spatiale depuis les années 1950 ?

A La course à l'espace au cœur de l'affrontement américano-soviétique

1 Les Américains face au défi *Spoutnik*

Traduction : « Le satellite. Pourquoi les Rouges l'ont eu les premiers. Ce qui va suivre. Les scientifiques américains calculent l'orbite »

Une du magazine américain *Life* du 21 octobre 1957.

→ **Comment l'exploit soviétique de 1957 est-il vécu aux États-Unis ?**

2 Gagarine, un héros soviétique

Khrouchtchev, qui dirige alors l'URSS, prononce ce discours à l'occasion d'une cérémonie organisée en l'honneur de Youri Gagarine qui vient d'effectuer le premier vol spatial habité.

En 43 ans de pouvoir soviétique, la Russie naguère illettrée, dont certains parlaient avec mépris en la considérant comme un pays arriéré, a parcouru une route grandiose. Notre pays a maintenant créé le premier vaisseau-satellite, il s'est élancé le premier dans le cosmos. N'est-ce pas la manifestation la plus éclatante de la liberté authentique du peuple le plus libre du monde, du peuple soviétique ? Après avoir réuni toutes les conditions pour le décollage et l'atterrissage réussi du vaisseau-satellite, nous avons montré de quoi est capable un peuple s'il devient vraiment libre, émancipé sous le rapport politique et économique. Effectivement, sont libres non pas les pays où les riches exploitent librement ceux qui n'ont pas de pain – c'est le monde « libre » – mais les pays où tous les travailleurs, tous les peuples ont la possibilité de jouir de tous les biens matériels et spirituels. La conquête de l'espace que nous avons entreprise est un brillant jalon dans l'évolution de l'humanité. Cette victoire signifie un nouveau triomphe des idées léninistes, elle confirme la justesse de la doctrine marxiste-léniniste.

Nikita Khrouchtchev, discours du 14 avril 1961.

Étude critique de documents

→ **Quelles sont, selon Khrouchtchev, les causes de la réussite spatiale soviétique ?**

3 Les ambitions américaines

Le 16 novembre 1963, l'ingénieur allemand Wernher von Braun (au centre), naturalisé américain en 1955, présente au président des États-Unis John F. Kennedy (à droite) le lanceur *Saturn* en présence de l'administrateur de la NASA Robert Seamans (à gauche).

→ **Analysez la construction de la photographie. Quel message cherche-t-elle à faire passer ?**

Dates clés de la conquête spatiale (années 1950-1960)

- 4 oct. 1957 — Mise en orbite de *Spoutnik 1* (URSS)
- 31 janv. 1958 — Mise en orbite d'*Explorer 1* (États-Unis)
- 12 avril 1961 — Youri Gagarine effectue un vol de 1 h 48 dans l'espace (URSS)
- 20 fév. 1962 — John Glenn est le premier américain à voler dans l'espace (États-Unis)
- 16-24 juillet 1969 — Les Américains Neil Armstrong et Buzz Aldrin marchent sur la Lune (États-Unis)

4 Le succès de la mission Apollo vu de Moscou

Avec plusieurs jours de retard sur l'Occident, Moscou se passionne aujourd'hui pour le vol « Apollo » et dans les cantines des usines comme dans les foyers, les noms des trois astronautes américains sont sur toutes les lèvres. On ne parle dans la capitale soviétique que de « Houston »[1], et d'« Apollo », surtout depuis que la télévision soviétique a projeté, hier matin, en différé, les premières images de l'arrivée de l'homme sur la Lune. Hier soir, Moscou a été définitivement conquise lorsque le speaker a révélé qu'Armstrong avait déposé sur le sol lunaire des médaillons à l'effigie de Gagarine et de Komarov (les deux astronautes soviétiques qui ont connu une mort tragique) à côté de ceux de leurs trois camarades américains qui ont péri dans l'incendie de leur cabine. Le retournement de l'opinion a coïncidé avec l'adoption par les autorités d'une politique de « *fair-play* » qui avait semblé faire défaut jusqu'alors. [...] M. Leonid Brejnev[2] a complimenté [...] l'ambassadeur des États-Unis à son arrivée hier en Pologne, et la grande presse soviétique, s'emparant du sujet, lui a donné sa véritable dimension d'événement de première importance et en a fait l'objet de reportages et de commentaires scientifiques.

Dépêche AFP du 22 juillet 1969.

1. Ville du Texas où est installé le centre de contrôle des missions spatiales habitées américaines.
2. Dirigeant de l'URSS de 1964 à 1982.

→ **En quoi les réactions officielles soviétiques au succès d'Apollo peuvent-elles surprendre ? Comment les expliquer ?**

EN AUTONOMIE VERS LE BAC

Mise en relation des documents

1. Quelles raisons motivent Américains et Soviétiques à investir massivement dans la conquête spatiale ? docs 1 à 4

2. Comment les Américains perçoivent-ils les succès spatiaux soviétiques ? Et les Soviétiques les succès spatiaux américains ? docs 1, 3 et 4

BAC Vers l'écrit ▸ Dissertation

Sujet : « Pourquoi investir dans la conquête spatiale ? »

Analysez ce sujet en vous aidant des documents de cette double page et de votre cours, puis proposez une problématique.

BAC Vers le grand oral Exposé guidé

En 5 minutes, à l'oral, résumez les enjeux et les étapes de la course à l'espace dans les années 1950 et 1960. Vous devrez employer les termes : *guerre froide, rivalité, modèle.*

B De nouveaux venus dans la course à l'espace

5 Les ambitions chinoises vues de Washington

En 2011, Pékin a annoncé son intention de mettre un homme sur la Lune d'ici 2020, et son agence spatiale a publiquement suggéré d'établir une « base sur la Lune comme nous l'avons fait au pôle Sud et au pôle Nord ». Pourtant, Washington n'a guère songé à la possibilité qu'une fois une implantation permanente établie, Pékin puisse chercher à affirmer sa souveraineté territoriale extraterrestre, déclarant une partie de la surface lunaire territoire chinois. L'idée n'est pas aussi folle qu'elle en a l'air. Pendant la guerre froide, la possibilité que des pays revendiquent des territoires sur la Lune ou sur d'autres planètes a été jugée suffisamment réaliste pour que le Traité sur l'espace extra-atmosphérique de 1967[1] soit adopté pour l'empêcher. Washington s'aveugle s'il pense que ce bout de papier empêchera un accaparement des terres lunaires par les Chinois. [...] Si Pékin décidait d'annexer la Lune, ou même une partie seulement de celle-ci, le régime juridique international actuel dans l'espace volerait en éclats, encourageant d'autres pays à annexer leur propre territoire extraterrestre. Cela pourrait marquer le début d'une période de colonialisme telle que nous n'en n'avons pas connue depuis le XIXe siècle.

John Hickman, « Lever de Lune rouge », *Foreign Policy*, juin 2012 (traduction Florian Louis).

1. Ce traité interdit l'appropriation de l'espace extra-atmosphérique et son usage militaire.

→ **Comment le programme spatial chinois est-il perçu par cet analyste américain ?**

6 Les ambitions spatiales de l'Inde

À Bengaluru, le 11 janvier 2019, le directeur de l'agence spatiale indienne Kailasavadivoo Sivan présente le programme indien destiné à envoyer un homme sur la Lune.

→ **Quel est l'intérêt pour l'Inde de communiquer sur son programme spatial ?**

7 Quelle place pour l'Europe dans le nouveau paysage spatial ?

De nombreux observateurs voient le XXIe siècle comme le premier véritable siècle spatial, avec le début d'une nouvelle « course à l'espace », par référence à celle qui a opposé les Soviétiques et Américains durant la guerre froide. L'espace pourrait être le terrain d'une nouvelle révolution industrielle mais aussi de nouvelles rivalités géopolitiques et économiques, y compris pour l'occupation des corps célestes (Lune, Mars, astéroïdes, etc.) et l'exploitation des ressources spatiales (énergie solaire, eau, minerais, etc.). La notion même de souveraineté spatiale se transforme : d'une souveraineté dans l'accès à l'espace, elle évolue rapidement vers une souveraineté dans l'espace lui-même, où rivaliseront États et acteurs privés. [...] La stratégie européenne est actuellement marquée, d'une part, par un investissement global (public et privé) dans le secteur spatial plus faible que ses principaux concurrents et, d'autre part, par une insuffisante coordination des efforts au niveau européen. [...] Pour les pays du continent, l'avenir spatial sera européen ou ne sera pas.

Arthur Sauzay, « Espace : l'Europe contre-attaque », note de l'Institut Montaigne, décembre 2017.

→ **Que recommande l'auteur en matière de politique spatiale européenne et comment le justifie-t-il ?**

8 Vers une privatisation de la conquête spatiale ?

Alors même que le *New Space* tient le haut du pavé, les acteurs traditionnels, au premier rang desquels la NASA, subissent de manière symétrique des difficultés croissantes à justifier leurs programmes. [...] Les difficultés pour les États à justifier aujourd'hui leurs investissements dans les grands programmes d'exploration témoignent d'une défiance croissante dans les pays les plus avancés vis-à-vis des institutions publiques. Les remises en cause de l'État et de ses modes de fonctionnement mêmes créent de fait une situation d'érosion propice au *New Space*. Autre source de débats, la conduite de programmes à très long terme par une agence publique suppose une vision collective du monde qui n'est pas toujours au rendez-vous. Les impératifs de la guerre froide tenaient lieu de ciment national et international pour consolider les efforts spatiaux. Aujourd'hui rien de comparable ne peut justifier d'investir dans la conquête spatiale sans en débattre. Les opinions publiques, les sociétés mêmes, traversées par des histoires et des cultures sociales et politiques très différentes, montrent une grande diversité dans leurs attentes et dans les crises qu'elles redoutent. Ainsi par exemple, la science et le progrès technique (dont l'image est souvent mise en avant par les politiques spatiales) seront vus parfois comme un facteur de progrès, parfois comme une source de problème.

Xavier Pasco, *Le Nouvel âge spatial. De la guerre froide au* New Space, CNRS Éditions, 2017.

→ **Quels facteurs expliquent, selon l'auteur, le développement du *New Space* ?**

Étude critique de documents

9 Un entrepreneur de l'espace

Elon Musk, le fondateur de SpaceX, pose le 5 février 2018 devant la fusée *Falcon Heavy* au centre spatial de la NASA à Cap Canaveral (Floride). Cette fusée a mis en orbite une voiture électrique de la marque Tesla, fondée aussi par Elon Musk.

→ **Comment Elon Musk utilise-t-il l'espace à des fins commerciales ?**

EN AUTONOMIE VERS LE BAC

Mise en relation des documents

1. La fin de la guerre froide marque-t-elle la fin des rivalités interétatiques dans l'espace ? Justifiez votre réponse. docs 5 à 7

2. Comment expliquer l'implication croissante des acteurs privés dans la conquête spatiale ? docs 8 et 9

BAC Vers l'écrit ▸ Dissertation

À la suite de votre travail réalisé p. 47, proposez un plan détaillé pour traiter le sujet et rédigez l'introduction de votre dissertation.

BAC Vers le grand oral

Débattez sur l'exploitation commerciale des ressources extraterrestres.

▸ Formez trois groupes : l'un défend l'intérêt d'autoriser l'exploitation des ressources extraterrestres à des fins commerciales, le deuxième s'y oppose, le troisième observe le débat.

▸ Chaque groupe a 5 minutes pour présenter son point de vue. À l'issue du débat, les auditeurs désignent le groupe le plus convaincant et expliquent pourquoi.

Jalon

Affirmer sa puissance : dissuasion nucléaire et forces de projection maritimes

CARTES p. 40-41
COURS p. 44-45

La mondialisation des échanges et l'appropriation des mers ont conduit certains États à renforcer leur maîtrise des territoires maritimes. Celle-ci repose sur la dissuasion nucléaire et sur la capacité à projeter des forces aéronavales sur l'ensemble des mers et océans de la planète.

Comment les puissances navales s'affirment-elles ?

A La dissuasion nucléaire dans les profondeurs des mers

1 *Le Terrible*, un SNLE de nouvelle génération

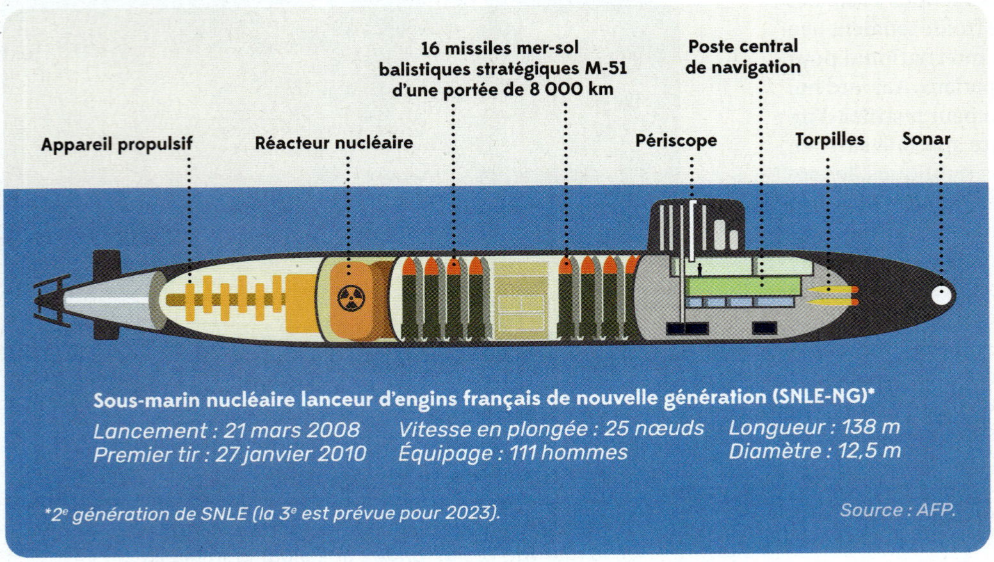

→ **Quelles sont les caractéristiques du sous-marin *Le Terrible* et de sa force de frappe ?**

2 L'évolution de la puissance des armes nucléaires

	Puissance
Explosion d'Hiroshima (*Little Boy*)[1] - 6 août 1945	**15 kT**[2]
Explosion de Nagasaki (*Fat Man*) - 9 août 1945	**21 kT**
Essai américain (*Ivy Mike*) - 1er nov. 1952	**10,4 MT** (près de 500 fois la puissance de Nagasaki)
Essai soviétique (*Tsar Bomba*) - 31 oct. 1961	**57 MT**
Tête nucléaire américaine actuellement en service sur les missiles *Trident II* (SNLE)	Environ **450 kT** (près de 20 fois la puissance de Nagasaki)
Tête nucléaire océanique (TNO) française en service sur les SNLE	Environ **100 kT**
Tête nucléaire aéroportée française TN81	Environ **300 kT**

1. Un nom est généralement donné aux bombes lors de l'utilisation ou d'essais de l'arme atomique.
2. Le kilotonne (kT) est une unité de mesure de puissance d'explosif. Une bombe classique de 250 kg portée par un chasseur bombardier a une puissance de 0,08 kT, capable de détruire un bâtiment léger de quelques étages.

Source : Pierre Vandier, La Dissuasion au troisième âge nucléaire, *Éditions du Rocher, 2018.*

→ **Pourquoi la puissance de frappe nucléaire embarquée à bord des sous-marins est-elle dissuasive ?**

VOCABULAIRE

Capacité de projection : p. 41

Dissuasion : p. 41

Groupe aéronaval : p. 44

Missile balistique : missile à longue portée de 800 à 13 000 km dont la plus grande partie de la trajectoire s'effectue en dehors de l'atmosphère.

Missile de croisière : missile à longue portée qui atteint sa cible en volant uniquement dans l'atmosphère, contrairement aux missiles balistiques.

SNA et SNLE : p. 45 et 41

3 Les principales forces nucléaires mondiales

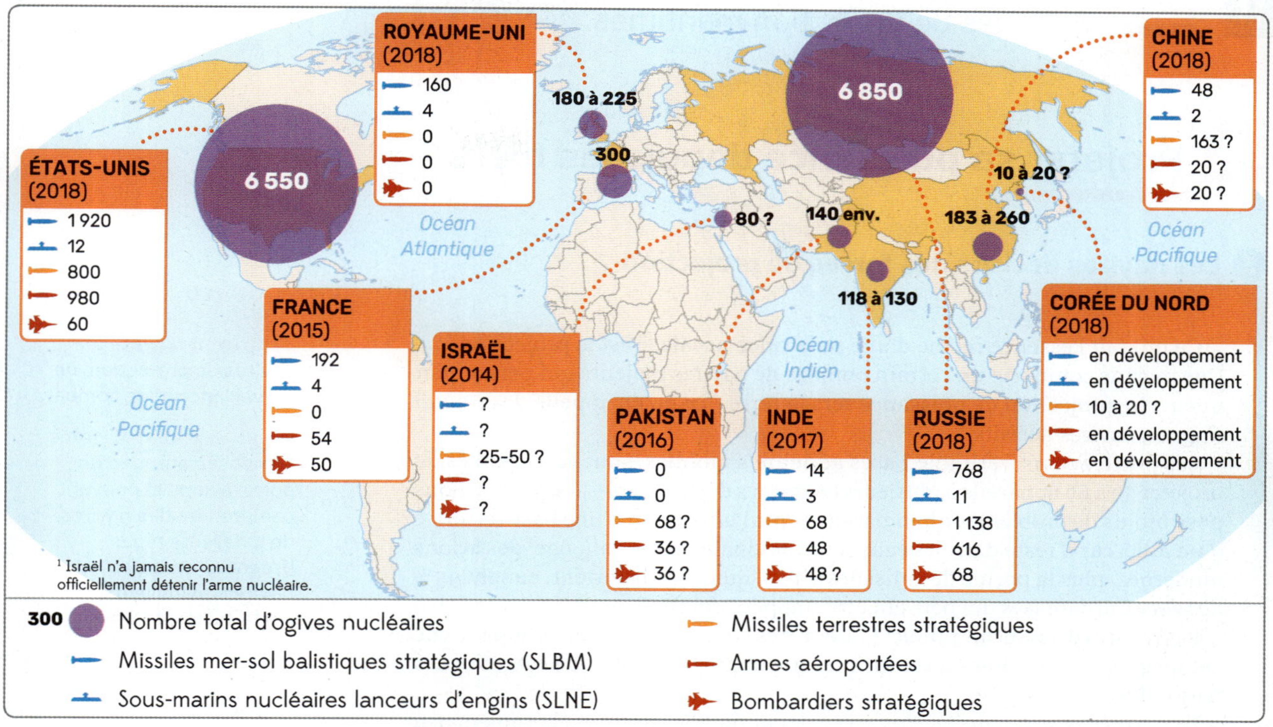

→ **Quels sont, par ordre décroissant de puissance, les pays dotés d'une flotte de sous-marins lanceurs d'engins ?**

4 Les vecteurs de la dissuasion nucléaire

Le monde nucléaire reste aujourd'hui encore très marqué par l'héritage de la guerre froide. [...] Si la plupart des pays disposant d'armes nucléaires (Chine, Russie, Inde, Pakistan, Corée du Nord) ont décidé de miser en priorité sur les missiles balistiques sol-sol, les États d'Asie souhaitent désormais, comme les autres, disposer d'une composante maritime. [...]

Les moyens nucléaires mer-sol sont les plus discrets et donc les moins vulnérables. Il peut s'agir de missiles de croisière emportés par certains sous-marins nucléaires d'attaque (SNA), plutôt destinés à des frappes limitées. Mais il s'agit généralement de missiles balistiques emportés par des sous-marins lanceurs d'engins (SNLE). Les SNLE, qui sont sans doute, avec les navettes spatiales, les engins les plus complexes jamais conçus par l'Homme, sont réputés invulnérables en raison de leur très grande discrétion acoustique. [...]

Le premier élément de la dissuasion est la possession d'une capacité nucléaire opérationnelle et crédible. Opérationnelle, cela veut dire qu'elle peut être mise en œuvre dans des délais compatibles avec l'évolution d'une crise. Crédible, cela signifie qu'elle permet d'exercer en toutes circonstances des dommages suffisamment importants pour dissuader l'adversaire.

Bruno Tertrais, *La France et la dissuasion nucléaire : concept, moyens, avenir*, La Documentation française, 2017.

Bruno Tertrais est spécialiste de géopolitique et des questions de sécurité internationale.

→ **Quels sont les principaux moyens militaires de la dissuasion nucléaire ?**

EN AUTONOMIE VERS LE BAC

Mise en relation des documents

1. Quels sont les objectifs et les principales puissances de la dissuasion nucléaire ? docs 2 à 4

2. Pourquoi les sous-marins sont-ils les vecteurs les plus fiables et efficaces de la dissuasion nucléaire ? docs 1 et 4

BAC Vers l'écrit ▸Étude critique (1/2)

Sujet : « L'affirmation de la puissance des États depuis les mers et les océans »

Listez dans les documents 3 et 5 (p. 51 et 52) les idées qui permettent de montrer comment les rivalités entre États les conduisent à affirmer leur puissance depuis les mers et les océans.

BAC Vers le grand oral

Montrez en 5 minutes comment une puissance nucléaire peut s'affirmer à partir des mers et des océans.

▸ Mettez-vous par groupes et choisissez une puissance sur la carte (doc 3).

▸ Menez des recherches pour montrer comment cette puissance utilise la dissuasion nucléaire maritime. Faites si possible un lien avec l'actualité de la dernière année.

▸ À la fin de l'exposé, chaque autre groupe propose une question que pourrait poser le jury.

B Projeter sa puissance depuis les mers

5 Les navires décisifs des forces de projection

Ce qui fait l'essence même d'une puissance navale, c'est la projection [...]. Une marine comporte un certain nombre de navires majeurs qui permettent une réelle projection de puissance vers la terre – ce qu'on appelle des *capital ships* ou navires décisifs.

Les porte-avions, véritable bases aériennes mobiles, sont susceptibles de projeter 30 à 60 appareils à plusieurs centaines de kilomètres. Le porte-avions pose moins de problèmes diplomatiques que l'utilisation d'une base terrestre d'un allié, car il reste dans les eaux internationales ; avec l'allonge[1] des avions modernes, plus la portée des missiles air-sol qu'ils transportent, ce sont 95 % des zones urbanisées qui peuvent être frappées depuis la mer.

Les navires d'assaut amphibie[2] [...], équipés comme de véritables hôpitaux de campagne, [...] sont aptes à secourir les populations victimes de catastrophes naturelles. [...]

Le dernier type de *capital ship* en ce début du XXIe siècle est le sous-marin nucléaire, et plus précisément le SNA (sous-marin nucléaire d'attaque). Plus petit que le SNLE (qui assure la dissuasion atomique), le SNA est armé pour s'attaquer à d'autres navires mais aussi à la terre grâce aux missiles de croisière.

Pierre Royer, « Qui tient la mer tient le monde », *Conflits*, n° 4, janvier-février-mars 2015.

1. Rayon d'action des avions de chasse militaires.
2. Navire de guerre utilisé pour réaliser un assaut de la mer sur la terre.

VOCABULAIRE

Destroyer, frégate : navires de protection, de surveillance et de combat.

Groupe aéronaval : force composée autour d'un porte-avions et pouvant comprendre des navires de différents types (frégates, croiseurs, navires ravitailleurs, porte-hélicoptères...).

Pierre Royer est agrégé d'histoire, officier de Marine de réserve, spécialiste des questions stratégiques maritimes.

→ **Par quels moyens les puissances navales peuvent-elles projeter leurs forces ?**

6 Le porte-avions, l'atout majeur de la puissance navale

Le porte-avions *HMS Queen Elizabeth* de la Royal Navy, entré en service en 2017, peut embarquer jusqu'à 36 avions et 4 hélicoptères.

(1) et (4) Avion de chasse F35-B (2) Système de défense anti-missile
(3) Hangar des aéronefs (5) Hélicoptère EH101 Merlin (6) Ascenseur des aéronefs
(7) Tremplin de décollage (8) Radars

→ **Quels sont les atouts d'un porte-avions pour projeter la puissance d'un État de la mer vers la terre ?** docs 5 et 6

7 Les principales forces navales mondiales

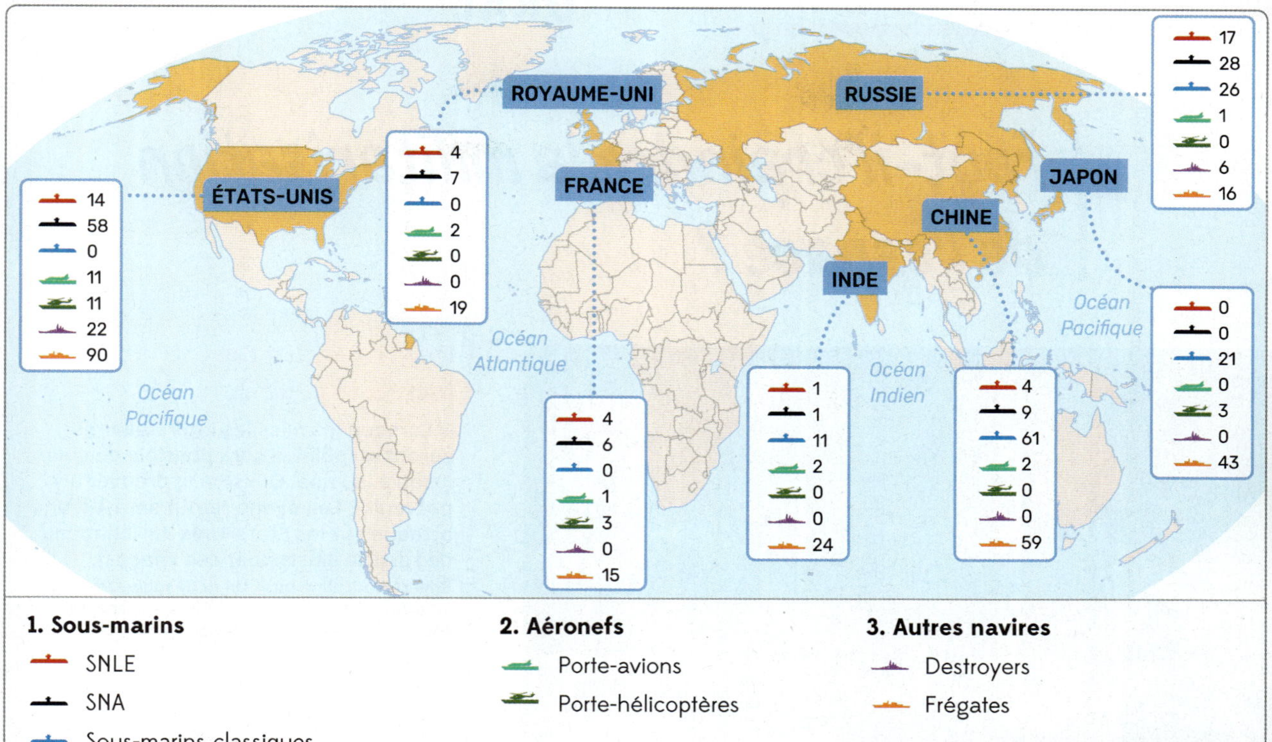

Source : *Atlas militaire et stratégique*, Autrement, 2019.

→ **Quelles sont les principales forces aéronavales ?**

8 L'affirmation des marines indienne et chinoise

La Chine et l'Inde envisagent désormais de projeter leurs forces au-delà de leur périmètre traditionnel. Au large de l'Afrique et dans le golfe d'Aden, la marine de l'Armée populaire de libération (APL) maintient sans discontinuer depuis décembre 2008 des patrouilles anti-piraterie, au grand dam de l'Inde qui perçoit ce déploiement comme les prémices d'un établissement permanent dans ces régions.

New Delhi aspire à être « la puissance navale dominante » de l'océan Indien dans sa zone d'intérêts, du golfe Persique au détroit de Malacca. L'*Indian Navy* s'aventure en mer de Chine du Sud ou en mer de Chine de l'Est. Comme la Chine à l'Ouest de Malacca, l'Inde estime qu'elle a elle aussi des intérêts à l'Est de Malacca où transite une partie de son pétrole, de son charbon et de ses minerais en provenance d'Asie du Sud-Est (Brunei, Malaisie, Vietnam). [...]

À terme, Pékin comme New Delhi prévoient la construction d'un ou plusieurs super-porte-avions. Avec quatre ou cinq porte-avions d'ici 2030, la Chine deviendra une marine régionale à capacité de projection globale dépassant l'Inde, qui devrait s'arrêter à trois porte-avions, le Royaume-Uni et la France. Désormais les programmes navals sino-indiens s'apparentent à une course aux armements.

Alexandre Sheldon-Duplaix, « Les capacités de projection des marines indienne et chinoise », *Stratégique*, n° 114, 2017/1.

Alexandre Sheldon-Duplaix est historien naval, chercheur au Service historique de la défense.

→ **Comment l'Inde et la Chine participent-elles à une course mondiale aux armements navals ?**

EN AUTONOMIE VERS LE BAC

Mise en relation des documents

1. Quels sont les principes de la projection de forces depuis les mers et leurs principaux acteurs ? docs 5, 6 et 8

2. Pourquoi les groupes aéronavals constituent-ils les principaux vecteurs de la projection de puissance de la mer vers la terre ? docs 5 à 8

BAC Vers l'écrit ▸ Étude critique (2/2)

▸ Poursuivez votre travail effectué p. 51.

▸ Définissez les idées relevées à l'issue de votre analyse, élaborez une problématique et construisez un plan pour votre étude critique de documents.

BAC Vers le grand oral

Expliquez en cinq minutes quatre mots clés liés au jalon.

▸ Listez 4 mots clés incontournables pour expliquer à un jury comment les puissances s'affirment à partir des mers et des océans.

▸ Faites-les deviner à la classe en donnant leur définition.

Faut-il craindre la militarisation de l'espace ?

1 New York attaqué depuis la Lune ?

« Lorsque les missiles interstellaires seront au point, il sera possible de voler jusqu'à la Lune. Qui sera le premier à y parvenir ? Le voyage retour sera-t-il une attaque sur les États-Unis ? » (chapeau de l'article illustré par ces images).

Robert S. Richardson, « Un tir de roquette depuis la Lune », article illustré par Chesley Bonestall paru dans le magazine américain *Collier's* le 23 octobre 1948.

2 Le traité de l'Espace

Le point de vue juridique

Les États parties au présent Traité, s'inspirant des vastes perspectives qui s'offrent à l'humanité du fait de la découverte de l'espace extra-atmosphérique par l'homme ; reconnaissant l'intérêt que présente pour l'humanité tout entière le progrès de l'exploration et de l'utilisation de l'espace extra-atmosphérique à des fins pacifiques [...] ; s'engagent à ne mettre sur orbite autour de la Terre aucun objet porteur d'armes nucléaires ou de tout autre type d'armes de destruction massive, à ne pas installer de telles armes sur des corps célestes et à ne pas placer de telles armes, de toute autre manière, dans l'espace extra-atmosphérique. Tous les États parties au Traité utiliseront la Lune et les autres corps célestes exclusivement à des fins pacifiques. Sont interdits sur les corps célestes l'aménagement de bases et installations militaires et de fortifications, les essais d'armes de tous types et l'exécution de manœuvres militaires.

Accord international conclu sous l'égide de l'ONU à l'initiative des États-Unis et de l'URSS le 27 janvier 1967.

3 Assurer une « défense active »

Le point de vue officiel français

Des satellites espionnés, brouillés, ou encore éblouis ; les moyens de gêner, neutraliser ou détruire les capacités spatiales adverses existent et ils se développent : nous le savons, l'ombre de la menace est bien réelle. À cette arsenalisation[1] rampante de l'espace, s'ajoutent les risques liés à la démocratisation de l'accès à l'espace, le *New Space*. Je pense notamment aux entreprises de la Silicon Valley qui s'emparent de l'espace, parfois au mépris de l'autorisation des États dont elles relèvent. [...] L'espace ne doit pas devenir un nouveau Far West. Il est nécessaire que les États soient en mesure de maîtriser les risques. Pour cela, disposer d'une défense spatiale renforcée est absolument essentiel. Car c'est de notre indépendance qu'il s'agit. C'est notre liberté d'appréciation, d'accès et d'action dans l'espace qui est en jeu. [...] Un grand commandement de l'espace sera créé le 1er septembre pour appréhender les questions spatiales militaires à l'aune des ruptures stratégiques, nous doter d'une doctrine des opérations dans l'espace, et mettre en œuvre nos moyens spatiaux. [...] Nous pourrons organiser notre défense active. Et là, je veux être précise : la défense active, cela n'a rien d'une stratégie offensive, ce dont il s'agit, c'est d'autodéfense. C'est, lorsqu'un acte hostile a été détecté, caractérisé et attribué, pouvoir y répondre de façon adaptée et proportionnée, en conformité avec les principes du droit international. Si nos satellites sont menacés, nous envisagerons d'éblouir ceux de nos adversaires. Nous nous réservons le moment et les moyens de la riposte : cela pourra impliquer l'emploi de lasers de puissance déployés depuis nos satellites ou depuis nos nano-satellites patrouilleurs.

Florence Parly, Ministre française des Armées, discours prononcé à Lyon le 25 juillet 2019.

1. Militarisation.

4 Technologie militaire et technologie spatiale

Le point de vue d'un géopoliticien

L'espace extra-atmosphérique s'est désormais pleinement imposé comme un élément essentiel des opérations militaires modernes. En 2015, année de « pic opérationnel » pour les armées françaises, le CIE[1] soulignait que 100 % des missions militaires nationales avaient utilisé le GPS, que ce soit dans le milieu maritime, terrestre ou aérien, tandis que 67 % des armements tirés l'avaient été sur coordonnées, ciblant des objectifs localisés à l'aide de 42 000 images satellitaires. Pour les armées occidentales dans leur ensemble, le levier spatial est le gage d'une certaine asymétrie technologique positive [...]. Cependant, en augmentant leur dépendance envers le milieu extra-atmosphérique, ces mêmes armées encouragent aussi leurs concurrents à cibler spécifiquement la source de cette asymétrie pour la neutraliser, la dégrader ou la détruire.

Olivier Zajec, « Il faut surveiller notre nouvelle frontière, l'espace », *L'Opinion*, 8 janvier 2018.

1. Créé en 2010, le « Commandement interarmées de l'espace », rebaptisé « Commandement de l'espace » en 2019, est l'organisme français chargé d'assurer la défense spatiale du pays.

5 Les progrès des missiles anti-satellites

En janvier 2007, la Chine est parvenue à détruire, avec un missile tiré du sol, un de ses satellites météorologiques hors d'usage.

Chappatte, « La Chine détruit un satellite », 10 avril 2007.

CONSTRUIRE SON POINT DE VUE

Découvrez les documents

1. Qu'interdit le traité de l'Espace aux puissances spatiales ? Comment expliquer que Soviétiques et Américains se soient accordés sur ce point ? docs 1 et 2
2. Pourquoi les technologies spatiales sont-elles devenues essentielles pour les armées ? docs 3 et 4
3. Pourquoi la destruction par la Chine d'un de ses satellites peut-elle inquiéter les États-Unis ? docs 4 et 5

Développez des arguments

4. En quoi les progrès des technologies spatiales remettent-ils en cause le traité de l'Espace ? docs 2 à 5
5. Le projet présenté par la ministre des Armées respecte-t-il le traité de l'Espace ? docs 2 et 3

Présentez votre point de vue ORAL

6. À l'oral en 5 minutes environ, répondez à la question problématique « Faut-il craindre la militarisation de l'espace ? » en présentant plusieurs arguments.

Révisions Conquêtes, affirmations de puissance et rivalités

Podcast Synthèse à écouter

EXO Exercices interactifs

DATES CLÉS

1942 1er envol d'une fusée V2 (Allemagne)

1957 Lancement de *Spoutnik 1* (URSS)

1961 1er homme envoyé dans l'espace, Youri Gagarine (URSS)

1969 1er homme sur la Lune, Neil Armstrong (États-Unis)

SUJETS BAC

Dissertation

- « Pourquoi investir dans la conquête spatiale ? » p. 47-49
- « La conquête de nouveaux espaces : rivalités et recomposition des puissances depuis les années 1950 » p. 58
- « La conquête spatiale depuis le début du XXIe siècle : acteurs et ambitions » p. 59

Étude critique de documents

- « L'affirmation de la puissance des États depuis les mers et les océans » p. 51-53
- « Les enjeux de la conquête spatiale » p. 46-49
- « La conquête de nouveaux espaces depuis les années 1950 : permanences et mutations » p. 59

SYNTHÈSE

I L'humanité à la conquête de nouveaux espaces

- **Les sociétés humaines se sont très tôt projetées en mer et ont longtemps rêvé de pouvoir en faire autant dans les airs et au-delà.** Loin d'être motivée par un seul souci d'exploration, cette volonté d'accéder à de nouveaux milieux est étroitement liée à des appétits de richesse et de puissance. En mer comme dans l'espace, la volonté de conquête n'est donc jamais loin de la volonté de découverte.

- **Les espaces maritimes ont de longue date fait l'objet d'une exploitation humaine.** Jadis surtout utiles pour la pêche, les océans sont aujourd'hui convoités pour les ressources fossiles qu'ils renferment, notamment les hydrocarbures. Dans un monde où les lieux de production et de consommation des biens sont de plus en plus distants, ils sont aussi des lieux d'intense circulation de matières premières et de produits manufacturés.

Géo 1re Thème 1 Mers et océans : au cœur de la mondialisation

- **L'espace extra-atmosphérique n'est devenu accessible aux hommes que dans la seconde moitié du XXe siècle.** Depuis lors, de nombreux satellites ont été placés sur orbite. Ils sont devenus indispensables dans de nombreux domaines comme les télécommunications ou la géolocalisation.

II Affirmer sa puissance sur mer et dans l'espace

- **La capacité à se déployer sur les océans et dans l'espace est à la fois une manifestation et un instrument de la puissance d'un État.** Il faut en effet disposer de capitaux économiques et d'un savoir-faire technologique importants pour être en mesure de s'y imposer. En retour, l'accès aux océans et à l'espace extra-atmosphérique permet de créer des richesses et de faire progresser la maîtrise technologique.

- **Aucune grande puissance militaire ne peut se permettre de négliger l'élément naval.** La mer est en effet un des moyens les plus efficaces de projeter sa puissance sur un théâtre d'opérations lointain, notamment par le recours à des porte-avions. Elle est aussi au cœur de la dissuasion nucléaire dans la mesure où elle est sillonnée par des SNLE qui garantissent aux États qui en disposent la capacité de riposter à une attaque.

- **Depuis la guerre froide, la conquête spatiale est la vitrine par excellence de la puissance.** URSS et États-Unis ont longtemps considéré que leurs succès dans ce domaine, auxquels ils donnaient un large écho médiatique, illustraient la supposée supériorité de leurs modèles respectifs.

Jalon Affirmer sa puissance : dissuasion nucléaire et forces de projection maritimes p. 50, **Jalon** La course à l'espace des années 1950 à l'arrivée de nouveaux acteurs p. 46

III Les rivalités de puissance en mer et dans l'espace

● **Parce qu'elles sont des leviers de puissance, la maîtrise des mers et celle de l'espace font l'objet d'intenses rivalités entre États.** Chacun cherche à faire plus et mieux que ses rivaux dans ces domaines. Pour cela, les États ont parfois recours à l'espionnage ou à des transfuges, à l'image de l'ingénieur allemand Wernher Von Braun devenu américain dans les années 1950.

● **La première puissance navale globale a été le Royaume-Uni qui dominait le monde grâce à ses marines marchande et militaire au XIXe siècle.** Au XXe siècle, il a été dépassé par les États-Unis qui exercent aujourd'hui une hégémonie sur les mers du monde. La Chine engage d'importants investissements pour tenter de rattraper son retard.

● **L'exploration spatiale a longtemps été dominée par les États-Unis et l'URSS.** Les Européens ont contesté ce duopole *via* la création de l'Agence spatiale européenne (ASE), qui demeure toutefois un acteur de second plan. Depuis les années 2000, l'Inde et la Chine investissent massivement afin d'affirmer leur nouveau statut par des exploits dans l'espace. Dans les pays occidentaux, la tendance est plutôt à un désengagement de l'État de la conquête spatiale au profit des acteurs privés du *New Space*.

Jalon Affirmer sa puissance : dissuasion nucléaire et forces de projection maritimes p. 50, **Jalon** La course à l'espace p. 46, **Points de vue** Faut-il craindre la militarisation de l'espace ? p. 54
Chapitre 3 La Chine p. 84

MOTS CLÉS

Capacité de projection : p. 41
Dissuasion : p. 41
Maritimisation : p. 45
NASA : p. 42
New Space : p. 43
SNLE : p. 41

COMPRENDRE AUTREMENT

La conquête de nouveaux espaces, affirmations de puissance et rivalités

Espaces océaniques

Maritimisation

- Exploitation des ressources (pêche, hydrocarbures)
- Circulation
- Dissuasion (SNLE)
- Projection de puissance (groupes aéronavals)

Espaces extra-atmosphériques

Course à l'espace

- Premiers succès soviétiques (*Spoutnik*, Gagarine)
- Revanche américaine (NASA, Apollo)
- Nouveaux acteurs (ASE, puissances émergentes, New Space)

Affirmer sa puissance : dissuasion nucléaire et forces de projection maritimes p. 50
Faut-il craindre la militarisation de l'espace ? p. 54
La course à l'espace des années 1950 à l'arrivée de nouveaux acteurs p. 46

BAC ▸ Dissertation

SUJET BAC

La conquête de nouveaux espaces : rivalités et recomposition des puissances depuis les années 1950

- conquête de nouveaux espaces → Appropriation, domination des espaces maritimes et extraterrestres
- rivalités → Concurrences, conflits
- recomposition → Réorganisation
- puissances → États ayant une capacité d'influence mondiale
- depuis les années 1950 → Du début de la guerre froide à nos jours

MÉTHODE / APPLICATION

ÉTAPE 1 ANALYSER LE SUJET ET FORMULER LA PROBLÉMATIQUE

Méthode

▸ **Définissez les mots clés, l'échelle, l'espace concerné, la période, le cadre chronologique**

▸ **Dégagez les enjeux du sujet et un fil conducteur formant une problématique (une question clé posée par le sujet et à laquelle votre dissertation répondra)**

Application

▸ Analysez le sujet en vous aidant des indications ci-dessus.

Conseil Interrogez-vous sur l'intérêt du sujet pour dégager des axes de réflexion. Cela vous aidera à déterminer ce que vous voulez démontrer.

Exemple : Pourquoi la conquête de l'espace et des océans est-elle source de rivalités ? Pourquoi entraîne-t-elle une réorganisation des puissances ?

▸ Dégagez une problématique.

ÉTAPE 2 MOBILISER LES CONNAISSANCES

Méthode

▸ **Notez, sur un brouillon, les connaissances personnelles nécessaires pour répondre au sujet (notions, exemples précis, dates, statistiques, faits géographiques…)**

▸ **Faites des liens avec les programmes de spécialité 1re, d'histoire et de géographie**

▸ **Vérifiez que les informations retenues sont en rapport avec le sujet**

▸ **Prévoyez éventuellement un schéma/un croquis illustrant une notion ou une partie de la dissertation (ce n'est pas obligatoire)**

Application

▸ Notez vos connaissances sur les différents aspects du sujet.

Exemples
Facteurs de rivalités : contrôle des routes maritimes ; exploitation des ressources stratégiques ; appropriation des espaces maritimes ; course à l'espace ; compétition scientifique et technologique ; supériorité militaire ; ambitions économiques.
Les puissances : États-Unis, URSS/Russie, puissances européennes, puissances émergentes (Chine, Inde).
Les notions : projection de puissance, ASE, NASA, programme Apollo, sonde, maritimisation, mondialisation, groupe aéronaval.

Carte p. 40, Cours p. 42-45, **Jalons** p. 46-53 **Chapitre 3** La Chine p. 78-93 **Géo 1re Thème 1** Mers et océans : au cœur de la mondialisation

▸ Interrogez-vous sur l'utilité d'un schéma ou d'un croquis pour illustrer la dissertation.

Exemple : Un croquis montrant les puissances de la conquête spatiale et maritime.

ÉTAPE 3 CONSTRUIRE UN PLAN ET ORGANISER LES CONNAISSANCES

Méthode

▸ **À partir de votre travail aux étapes 1 et 2, dégagez deux ou trois thèmes ou idées majeures qui formeront les parties du plan**

▸ **Identifiez les thèmes secondaires qui constitueront les sous-parties**

▸ **Classez les connaissances dans chaque sous-partie**

Application

▸ **Exercice** Classez vos connaissances dans le plan suivant :

I. La conquête des nouveaux espaces est un enjeu de la puissance et source de rivalités
- **A.** La course à l'espace au cœur de l'affrontement américano-soviétique
- **B.** Des espaces maritimes géostratégiques

II. La conquête des nouveaux espaces se traduit par une recomposition des équilibres géopolitiques
- **A.** L'affirmation de la toute-puissance américaine
- **B.** L'émergence et la concurrence de nouvelles puissances

Si vous avez choisi d'illustrer une partie de la dissertation par un schéma, construisez sa légende	Préparez, au brouillon, la légende du croquis « Les puissances de la conquête spatiale et maritime » **Carte** p. 40 *Conseil* Sélectionnez 6 à 8 informations de la légende de la carte pour faire un croquis synthétique. Vous devrez mettre en évidence les principales puissances navales et spatiales (États-Unis, Russie, France, Royaume-Uni, Chine, Inde).

ÉTAPE 4 RÉDIGER LA DISSERTATION

a. Rédiger l'introduction	Rédigez l'introduction comprenant une phrase d'accroche, la présentation du sujet, l'annonce de la problématique et du plan. Rédigez un paragraphe pour chaque partie du plan : vous y développerez les idées importantes, les explications et un ou deux exemples précis. *Conseil* Rédigez une phrase de transition entre chaque partie du développement.
b. Rédiger le développement et éventuellement intégrer un schéma	Réalisez votre croquis accompagné de sa légende sur le fond de carte fourni. Donnez un titre au croquis. **Fond de croquis à télécharger**
c. Rédiger la conclusion Faites la synthèse des idées principales	Rédigez une conclusion répondant à la problématique. Exemple : La conquête des nouveaux espaces a entraîné une recomposition des équilibres géopolitiques mondiaux, avec un basculement de la puissance vers l'Asie.

ENTRAÎNEZ-VOUS

Nouveau sujet — **La conquête spatiale depuis le début du XXIe siècle : acteurs et ambitions**

BAC ▸ Étude critique de documents

SUJET BAC

La conquête de nouveaux espaces depuis les années 1950 : permanences et mutations

Consigne : En analysant et en confrontant les documents, vous montrerez les permanences et les mutations dans la conquête des nouveaux espaces depuis le milieu du XXe siècle.

Doc 1 Une du magazine *Life* : « Les Américains face au défi *Spoutnik* » doc 1 p. 46

Doc 2 Texte « L'affirmation des marines indienne et chinoise » doc 8 p. 53

LES QUESTIONS À SE POSER	LES CONNAISSANCES À MOBILISER	CONSEILS POUR L'ÉTUDE CRITIQUE
Quels sont les mots clés du sujet et de la consigne ? Quels sont les thèmes abordés dans les documents en rapport avec le sujet ? Quelle problématique peut être énoncée à partir du sujet, de la consigne et des thèmes abordés par les documents ?	**Introduction du thème 1** p. 30-37 **Chapitre 1 Cours** p. 42-45 **Chapitre 3** La Chine, **Cartes** p. 80-81 ; **Cours** p. 82-83 parties II et III, **Cours** p. 84-85, **Jalons** p. 86-89 **Géo 1re Thème 1** Mers et océans : au cœur de la mondialisation	**Relevez et expliquez :** ce qui a changé dans la conquête des nouveaux espaces depuis la guerre froide ; les acteurs, facteurs et enjeux de ces évolutions. **Mettez en relation les documents :** la conquête de nouveaux espaces, moyen d'affirmer la puissance ; les rivalités de puissances ; la compétition technologique. **Dégagez des éléments d'analyse critique :** les documents illustrent deux logiques de cette conquête.

Méthode générale de l'étude critique de documents p. 24

Chapitre 2

La conquête de nouveaux espaces : enjeux diplomatiques et coopérations

Profitant du flou régnant quant au statut juridique des ressources océaniques et extraterrestres, de nombreux acteurs étatiques ou privés tentent de se les approprier tandis que d'autres appellent à leur préservation. Tout à la fois acteurs et arbitres de cette ruée vers les nouveaux espaces de conquête, les États tentent de s'accorder sur des règles communes pour en limiter les dérives.

Comment la coopération entre États peut-elle réguler les rivalités liées à la conquête de nouveaux espaces ?

Textes DYS
TOUS LES TEXTES EN VERSION DYS
lyceen.nathan.fr/geopolitiqueterm

SOMMAIRE

Une coopération européenne pour la préservation des océans

La conférence *Ocean Action!* organisée à Bruxelles en 2020 réunit décideurs politiques, scientifiques et ONG. En partie financée par l'Union européenne au titre du programme LIFE pour l'environnement, elle vise à renforcer l'action européenne pour mieux protéger les milieux marins.

Carte La conquête de nouveaux espaces :

Les puissances navales et spatiales dans le monde

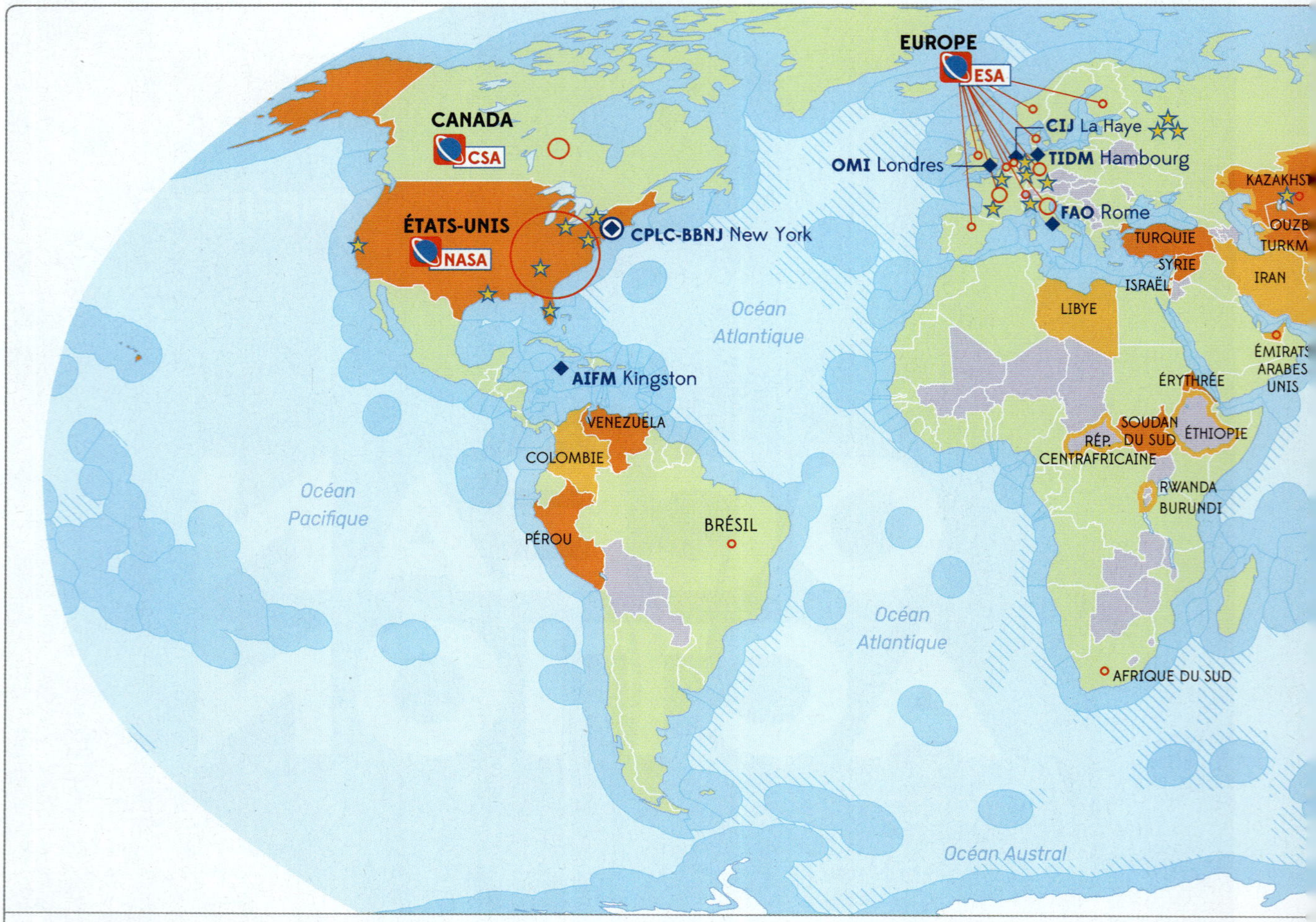

1. La diplomatie des mers et des océans

La Convention des Nations unies sur le droit de la mer (CNUDM)

- Ratification[1]
- Signature[1]
- Aucun engagement

Les instances internationales de régulation

- **TIDM** Tribunal international du droit de la mer
- **CIJ** Cour internationale de justice
- **CLPC** Commission des limites du plateau continental
- **AIFM** Autorité internationale des fonds marins
- **OMI** Organisation maritime internationale
- **FAO** Organisation des Nations unies pour l'alimentation et l'agriculture
- ◆ Conférence intergouvernementale sur la conservation et l'utilisation durable de la BBNJ de 2018 à 2020

2. Le partage encadré de l'espace maritime

- Zones économiques exclusives
- Haute mer
- États enclavés, sans ouverture maritime
- Demandes d'extensions du plateau continental

[1] La signature de la Convention équivaut à une approbation préliminaire. La ratification signifie qu'un État accepte juridiquement les dispositions de la Convention.

VOCABULAIRE

Convention des Nations unies sur le droit de la mer (CNUDM) : convention signée en 1982 à Montego Bay (Jamaïque) codifiant le droit de la mer, entrée en vigueur en 1994.

État enclavé : État n'ayant pas de contact direct avec une mer ouverte reliée à l'océan mondial.

Haute mer : aussi appelée « eaux internationales », ou « zones au-delà des juridictions nationales » (ZAJN) ; espace maritime situé au-delà des ZEE, non soumis à la souveraineté des États côtiers.

NASA (*National Aeronautics and Space Administration*) : agence gouvernementale américaine créée en 1958 pour coordonner le programme spatial civil américain.

Carte interactive

Sources : Sciences Po 2018 ; NASA, 2020.

3. La coopération pour développer la station spatiale internationale (SSI)

NASA Grandes puissances spatiales membres de la SSI

CSA Pays membres de l'Agence spatiale européenne (ESA) dont un astronaute a séjourné dans la SSI

Nombre d'astronautes ayant visité la SSI et leur origine

1 · 5 · 9 · 47 Russie · 151 États-Unis

☆ Centres opérationnels et de gestion de la SSI

Qu'est-ce que la haute mer ?

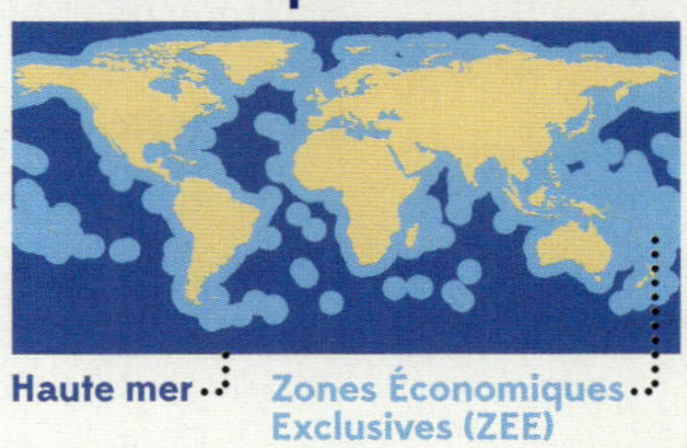

La haute mer représente :

64 % de l'océan mondial

45 % de la surface de la planète

Les États côtiers ont la souveraineté sur leur ZEE.
La haute mer constitue les eaux internationales.

La pêche en haute mer

14 pays représentaient **90 %** des captures en haute mer en 2016

Source : « The economics of fishing the high seas », Science Advances, 2018.

Zone économique exclusive (ZEE) : espace maritime défini par la CNUDM qui s'étend sur 200 milles marins à partir du littoral. Il accorde à l'État côtier la souveraineté sur les ressources qui s'y trouvent.

QUESTIONS

1. **Quels sont les États qui refusent d'adhérer aux règles de la CNUDM ?**
2. **Quelles instances internationales encadrent la conquête des océans ?**
3. **Quels pays coopèrent au développement de l'ISS ?**

Cours La conquête spatiale : de la coordination à la coopération

CARTE p. 62-63
JALON p. 68-69
POINTS DE VUE p. 72-73

Podcast Cours à écouter

Pourquoi la conquête spatiale a-t-elle donné lieu à une coopération internationale ?

I Encadrer la conquête spatiale

A Le rôle de l'ONU

- **En 1958, l'ONU crée à l'initiative des États-Unis un Comité des utilisations pacifiques de l'espace extra-atmosphérique (CUPEEA).** Alors que les Soviétiques viennent de réussir le lancement de leur premier satellite, *Spoutnik 1* (octobre 1957), il s'agit d'offrir aux États une instance de dialogue et de coopération pour éviter que la course à l'espace ne devienne conflictuelle.

Chapitre 1 p. 42-43

- **Du CUPEEA dépend le Bureau des affaires spatiales de l'ONU, également créé en 1958.** Implanté à Vienne, en Autriche, il a notamment pour mission de tenir le registre des objets lancés par les hommes dans l'espace extra-atmosphérique pour éviter que ne se produisent entre eux des collisions.

B Américains et Soviétiques fixent les règles du jeu spatial

- **En 1967, les États-Unis et l'URSS concluent le « traité de l'Espace ».** Il garantit le libre accès de tous les États à l'espace extra-atmosphérique, qui n'appartient donc à personne, mais leur interdit de revendiquer la souveraineté sur tout ou partie des **astres**, considérés comme des biens communs de l'humanité.

- **Ce traité prohibe également la mise en place d'armes de destruction massive, notamment nucléaires, dans l'espace.** Un devoir d'assistance envers les astronautes, quelle que soit leur nationalité, est imposé aux États. Ces principes sont confirmés par le **traité sur la Lune** de 1979 qui définit cet astre comme un « patrimoine commun de l'humanité ».

II Les débuts de la coopération internationale

A Une mutualisation contrainte

- **Jusqu'à la mise au point du vaisseau chinois *Shenzhou* en 1999, Soviétiques et Américains sont les seuls en mesure d'envoyer des hommes dans l'espace.** Les autres pays s'en remettent donc à leur expertise. C'est ainsi à bord d'un vaisseau soviétique que Jean-Louis Chrétien devient en 1982 le premier spationaute français. À la suite de la désintégration de la **station spatiale** américaine *Skylab* en 1979, la station russe *Mir* devient la seule possibilité pour réaliser des séjours dans l'espace. Durant les années 1980, elle accueille des astronautes français, britanniques, autrichiens et allemands.

Chapitre 3 p. 82-83

- **Confrontés à des difficultés techniques et financières, les États-Unis renoncent en 1984 à construire seuls une nouvelle station spatiale pour concurrencer *Mir*.** Ils proposent à leurs alliés de coopérer à l'élaboration d'une station spatiale internationale (SSI). Les agences spatiales européenne, canadienne et japonaise répondent positivement à cette invitation. Chacune se voit confier la conception et la réalisation d'une partie de la future station.

Jalon p. 68-69

VOCABULAIRE

Agence spatiale européenne (ASE) : voir p. 42

Astre : corps céleste ponctuel naturel (étoile, planète, comète…).

New Space : voir p. 43

Space Act : loi américaine destinée à « stimuler la compétitivité et l'esprit d'entreprise dans le secteur aérospatial privé ». Adoptée en novembre 2015, elle permet aux compagnies privées américaines de rechercher mais aussi d'extraire à des fins commerciales des matières premières d'origine extraterrestre.

Station spatiale : module capable d'accueillir des passagers placé en orbite ou déposé sur un astre.

Traité de l'Espace : traité international conclu en 1967 afin d'encadrer les activités spatiales des États.

Traité sur la Lune : traité international conclu en 1979 interdisant l'appropriation de la Lune par un État.

B Le rapprochement américano-russe

● **La fin de la guerre froide donne un nouvel élan à la coopération spatiale internationale.** En 1992, Américains et Russes lancent le programme de coopération spatiale *Shuttle-Mir*. Il autorise un cosmonaute russe à embarquer à bord d'une navette américaine en 1994. L'année suivante, ce programme permet à la navette américaine *Discovery* de survoler *Mir*. Cinq semaines plus tard, un astronaute américain effectue pour la première fois un séjour à bord de *Mir*.

● **Dans les années suivantes, ce type d'échanges se multiplie et la France est invitée à y participer.** En 1993, la Russie renonce à construire *Mir 2* et rejoint le projet de station spatiale internationale lancé par les États-Unis et leurs alliés en 1984. Elle prend en charge la fabrication d'un module de la SSI dont le coût est assumé par les États-Unis.

Contributions des États au budget de l'ASE en 2020
En %

● France ● Allemagne ● Italie
● Royaume-Uni ● Espagne
● Belgique ● Suisse ● Pays-Bas
● Autres pays

Le budget de l'ESA s'élève en 2020 à 4,87 milliards d'euros.

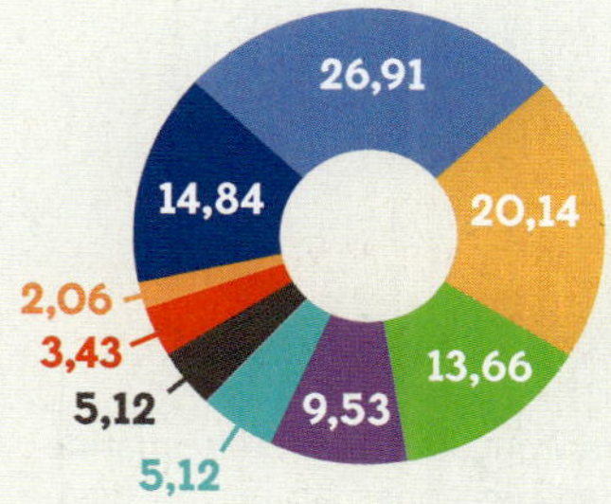

Source : www.esa.int, 2020.

III La persistance des rivalités

A Le fonctionnement de la SSI

● **En 1998, l'assemblage en orbite de la SSI commence.** Ralenti par l'accident de la navette spatiale américaine *Columbia* en 2003, il prend fin en 2011. Depuis 2000, la SSI est en permanence occupée par trois puis, à partir de 2009, six astronautes de différentes nationalités. Chacun d'entre eux y effectue des séjours de 3 à 6 mois et partage son temps entre des travaux d'entretien de la station et des activités de recherche scientifique. **Jalon** p. 68-69

● **Chacun des quinze pays associés à la fabrication de la SSI dispose du droit d'y envoyer des astronautes au prorata de sa participation financière.** L'**ASE**, qui détient 8,3 % des droits d'utilisation de la station, peut ainsi y envoyer chaque année un astronaute pour 4 mois. La partie russe de la SSI n'est accessible qu'aux seuls cosmonautes russes.

B Les défis de la privatisation

● **En 2015, les États-Unis adoptent le *Space Act*, une loi destinée à soutenir le développement du *New Space* en le sécurisant juridiquement.** Sans remettre en cause l'interdiction pour un État de s'approprier un astre, elle autorise les entreprises privées américaines à en exploiter les ressources. En leur donnant le droit d'extraire et de vendre les ressources naturelles des astres, les États-Unis incitent les entreprises à investir dans ce domaine en leur faisant miroiter de potentiels bénéfices. À terme, l'objectif est qu'elles se substituent aux États dans le financement de l'exploration spatiale.

Chapitre 1 p. 46-49, **Points de vue** p. 72-73

● **La volonté affichée par les États-Unis de cesser de financer la SSI à partir de 2025 s'inscrit dans cette logique.** L'objectif n'est pas un abandon mais une privatisation de la station : les coûts d'exploitation ne pèseraient plus sur les contribuables mais sur des investisseurs privés. Ceux-ci rentabiliseraient leur investissement en recourant au sponsoring ou en proposant des séjours touristiques dans l'espace.

FICHES DE LECTURE

Stephen L. Petranek, *Comment nous vivrons sur Mars*, Marabout, 2016, 116 p. Un bref essai sur les enjeux de la colonisation de Mars projetée par certains acteurs du *New Space*.
https://journals.openedition.org/perspectiveschinoises/931

Emmanuel Sartorius, « Une ambition spatiale pour l'Europe : quelle vision française à l'horizon 2030 ? », *Géoéconomie*, 2012/2, n° 61. Une réflexion sur le potentiel européen dans le nouveau paysage de la conquête spatiale au XXIe siècle.
www.cairn.info/revue-geoeconomie-2012-2-page-39.htm

RESSOURCES

Podcast « Station spatiale internationale : un labo là-haut », *La Méthode scientifique*, France Culture, 6 juin 2017, 57'.
Une analyse des usages de la SSI.
www.franceculture.fr/emissions/la-methode-scientifique/station-spatiale-internationale-un-labo-la-haut

« 2020, l'Odyssée de l'espace », *Le 1*, n° 277, décembre 2019. Un état des lieux synthétique et très clair de la conquête spatiale et de ses perspectives, avec les regards croisés de contributeurs issus de multiples disciplines.

Podcast « *New Space* : le business à l'assaut de la conquête spatiale », *Cultures Monde*, France Culture, 9 avril 2019, 58'. Un panorama des acteurs privés de la conquête spatiale.
www.franceculture.fr/emissions/cultures-monde/un-peu-plus-pres-des-etoiles-24-new-space-les-satellites-au-coeur-du-business

Ressources complémentaires

Cours La gestion internationale des mers et des océans

CARTE p. 62-63
JALON p. 70-71

Podcast Cours à écouter

Quels sont les enjeux du partage, de l'exploitation et de la préservation des mers et des océans ?

I Négocier les règles du partage des océans : un enjeu diplomatique

A Des rivalités et des revendications étatiques croissantes

- **Objets de rivalités et de conquête, les mers sont des espaces de liberté dont les États ont voulu encadrer les usages.** Dès le XIXe siècle, des négociations internationales recherchent un compromis juridique pour définir les droits et devoirs des États sur les mers. En 1924, la Société des Nations (SDN) tente ainsi de codifier le **droit de la mer**, mais elle échoue en raison de désaccords sur la largeur débattue de la **mer territoriale**.

- **Les pays multiplient les revendications d'appropriation des mers au large de leurs côtes.** En 1945, le Président Truman proclame les droits exclusifs des États-Unis sur les ressources marines au large de leurs côtes. Les pays arabes en 1949 décrètent leur **souveraineté** sur leur **plateau continental**. En 1952, la Déclaration de Santiago (Chili, Équateur, Pérou) définit pour la première fois un espace maritime de 200 **milles** sous souveraineté nationale.

B Les conférences des Nations unies sur le droit de la mer

- **Dans ce contexte, les Nations unies entreprennent la rédaction d'un droit égalitaire.** Alors que les progrès techniques amorcent une exploitation accrue des océans, ce droit international a vocation à devenir un instrument universel de lutte contre les conflits, et de contribution au développement économique des États. Trois Conférences des Nations unies sur le droit de la mer sont organisées pour cela entre 1956 et 1982.

- **Lors de ces négociations, des diplomates, des scientifiques, des juristes de chaque État confrontent leurs idées et rédigent des lois.** Ces conférences aboutissent à la signature par 117 États de la Convention des Nations unies sur le droit de la mer (CNUDM) à Montego Bay (Jamaïque) en 1982. 168 États y adhèrent aujourd'hui. Parmi les membres de l'ONU, les États-Unis, le Pérou, Israël, la Syrie, la Turquie et le Venezuela n'y adhèrent pas.

HGGSP 1re Les frontières en débat (thème 3)

II Réguler les conflits par le droit de la mer

A Un instrument juridique pour prévenir le conflit

- **La CNUDM est une véritable « Constitution des océans » pour réguler les rivalités interétatiques.** Entrée en vigueur en 1994, elle fixe la largeur de la mer territoriale (12 milles marins), crée la **zone économique exclusive ou ZEE** (200 milles) pour satisfaire les pays en développement, et définit la haute mer. Tout en contraignant, la CNUDM concilie volonté de **territorialisation** et respect de la liberté des mers et de leur protection.

- **La CNUDM s'appuie sur des organismes intergouvernementaux.** La Commission des limites du plateau continental (CLPC) examine les demandes d'extension du plateau continental jusqu'à 350 milles maximum (Guyane en 2015). L'Autorité internationale des fonds marins (AIFM) assure la gestion des

VOCABULAIRE

***Biological diversity beyond national juridiction* (BBNJ)** : en français, biodiversité marine dans les zones situées au-delà des juridictions nationales, c'est-à-dire en haute mer.

Droit de la mer : branche du droit international qui règle les rapports entre États concernant l'utilisation de la mer et l'exercice de leurs pouvoirs sur les espaces maritimes.

Gyre : tourbillon marin à l'échelle d'un bassin océanique, qui contribue à la concentration des déchets plastiques rejetés en mer.

Haute mer : voir p. 62

Mer territoriale : espace maritime défini par la CNUDM ne dépassant pas 12 milles marins (22,2 km) dans le voisinage immédiat du littoral et sur lequel s'exerce la souveraineté de l'État côtier.

Mille marin : unité de mesure de distance en navigation maritime, égale à 1 852 mètres.

Plateau continental : prolongement naturel du continent sous l'eau. Étendu au minimum jusqu'à 200 milles marins comme la ZEE, il peut l'être jusqu'à 350 milles. Les États peuvent y explorer et exploiter les ressources naturelles du fond ou du sous-sol.

Souveraineté maritime : autorité suprême d'un État sur ses espaces maritimes nationaux.

Territorialisation des mers : appropriation des espaces maritimes par les États.

Zone économique exclusive (ZEE) : voir p. 63

fonds marins en haute mer, considérés comme « patrimoine commun de l'humanité ». **Carte** p. 62-63

B Un moyen de résoudre les conflits

● **Le droit de la mer a une fonction de règlement équitable des conflits entre les États.** La CNUDM fait obligation aux États de résoudre leurs différends par des moyens pacifiques (article 279). Les négociations constituent le mode de règlement de litige le plus courant. Après 29 ans de négociations, le Costa Rica et l'Équateur signent un traité pour délimiter la ZEE des îles des Galapagos et de l'île Coco (2014).

● **Les États peuvent porter leur différend devant des tribunaux internationaux pour obtenir un arbitrage.** La CNUDM a ainsi créé en 1996 un Tribunal international du droit de la mer (TIDM), ayant jugé 29 affaires jusqu'en 2020. La Cour internationale de justice (CIJ) de La Haye juge également des différends maritimes interétatiques. En octobre 2018, elle affirme ainsi que le Chili n'est pas obligé de négocier un accès à l'océan Pacifique pour la Bolivie qui l'exigeait.
HGGSP 1re Les frontières en débat (thème 3)

Océan : aires protégées et réserves

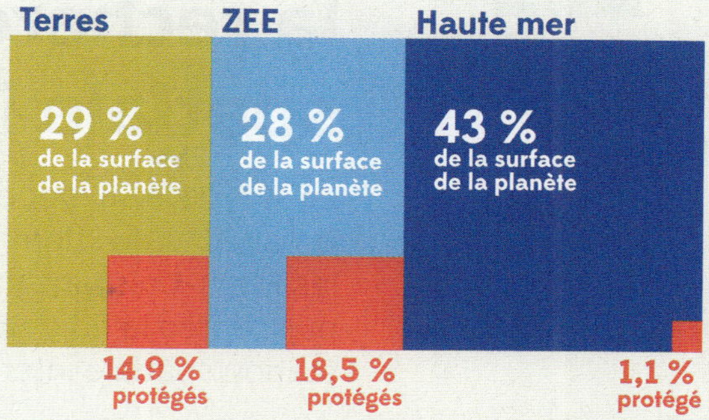

Sources : Protected Planet, 2020 ; www.pewtrusts.org, 2020.

III Coopérer pour préserver la haute mer

A Les enjeux de l'exploitation de la haute mer

● **La haute mer est un espace de liberté mais elle n'est pas une zone de non-droit.** L'Organisation des Nations unies pour l'alimentation et l'agriculture (FAO) définit des politiques internationales des pêches et l'Organisation maritime internationale (OMI) assure la sécurité des transports maritimes pour prévenir la pollution des mers par les navires.

● **La haute mer est aujourd'hui menacée par l'intensification des activités humaines malgré le droit de la mer.** Les ressources vivantes situées en haute mer ne sont pas considérées comme patrimoine commun de l'humanité par la CNUDM. La pêche commerciale, les **gyres** de pollutions plastiques, l'acidification des océans et l'exploitation minière des fonds marins ont pourtant des effets importants sur la biodiversité marine.

B Les négociations sur la BBNJ

● **Une coopération internationale s'impose alors pour gérer les activités humaines en haute mer.** Les Nations unies organisent entre 2018 et 2020 une conférence intergouvernementale pour enrichir la CNUDM d'un instrument juridique contraignant sur la conservation et l'utilisation durable de la biodiversité marine dans les zones situées au-delà des juridictions nationales (**BBNJ**).

● **Le droit de la mer est toujours en construction.** Les États négocient et cherchent désormais à établir des règles pour la haute mer en matière de préservation des ressources génétiques marines et de partage équitable de leur exploitation.

FICHES DE LECTURE

Bleuenn Guilloux et Romain Schumm, « Quel droit international pour l'océan et le climat ? », *Ocean-climate.org* [en ligne], 2017. Deux chercheurs présentent les enjeux juridiques et environnementaux qui lient l'océan et le climat.
www.ocean-climate.org/wp-content/uploads/2017/02/droit-international_FichesScientifiques_Oct2016_BD_ppp-14.pdf

Alexia Pognonec, « Vers une gouvernance mondiale de l'océan ? » (chapitre 8) dans *La Mer, nouvel eldorado ?*, La Documentation française, 2017. L'analyse des enjeux de gouvernance de l'espace maritime par une juriste spécialisée en droit de la mer.

RESSOURCES

« Les espaces maritimes : entre affrontements et coexistence », *Géopoliticus*, Lumni, sept. 2019, 3'48''. Une courte vidéo pour décrypter la géopolitique des mers et des océans à l'aide d'infographies animées.
www.lumni.fr/video/ les-espaces-maritimes-entre-affrontements-et-coexistence

« Océans. Le dernier continent à explorer », revue *Pour la Science*, hors-série n° 104, juillet 2019. Un numéro pluridisciplinaire qui questionne les enjeux de la conquête des océans.
www.pourlascience.fr/sd/oceanographie/hors-serie-pour-la-science-n0104-17310.php

Le site de l'Institut du Développement durable et des Relations internationales (IDDRI). De nombreuses ressources en accès libre publiées par des chercheurs, sur la question de la gestion des océans et de la coopération internationale.
www.iddri.org/fr/programme/ocean

Ressources complémentaires

Jalon

Coopérer pour développer la recherche : la station spatiale internationale

CARTE p. 62-63
COURS p. 64-65

En 1971, l'URSS met en orbite une station spatiale habitée, démontrant la capacité de l'homme à vivre longtemps dans l'espace. Pour la rattraper, les États-Unis lancent un projet concurrent auquel ils associent leurs alliés puis, après la fin de la guerre froide, la Russie. La construction de cette station spatiale internationale (SSI) s'est achevée en 2011.

En quoi la station spatiale internationale témoigne-t-elle de l'évolution des rapports entre puissances ?

1 Un projet ambitieux et multinational

Le module de contrôle russe Zarya va être lancé, vendredi 20 novembre 1998, depuis le cosmodrome de Baïkonour (Kazakhstan). Construit par les Russes, mais financé par les Américains, ce module est la première pierre de la station spatiale internationale qui sera édifiée en orbite d'ici à 2004. Ce gigantesque Meccano, posté à 400 km d'altitude environ, nécessite le concours de 16 nations : les États-Unis (maîtres d'œuvre), la Russie, le Canada, le Brésil, le Japon et 11 pays placés sous l'égide de l'Agence spatiale européenne. Pas moins de 45 vols, dont 36 de navettes, sont prévus pour placer en orbite et assembler les différents éléments : longue de 108 m et large de 74 m, la station aura à terme une masse de 415 tonnes et un espace intérieur de 1 200 mètres cubes ! Quatre fois plus que *Mir*. « L'accès à un laboratoire spatial permanent est une occasion pour concentrer les recherches sur le comportement de la matière hors de l'influence de l'attraction terrestre », rappelle l'administrateur de la NASA, Daniel Goldin. [...] L'ESA[1] a obtenu des strapontins pour deux astronautes qui passeront chaque année jusqu'à trois mois dans l'ISS[2]. Mais les heureux élus devront parler russe, s'entraîner au Japon, en Russie, en Europe, au Canada, et même au Brésil.

Hervé Morin, « La station spatiale internationale s'apprête à succéder à *Mir* », *Le Monde*, 19 novembre 1998.

1. *European Space Agency*. Sigle anglais de l'ASE.
2. *International Space Station*. Sigle anglais de la SSI.

→ **Quels pays participent à la construction et aux activités de la SSI ? Quelle grande puissance en est absente ?**

2 La station spatiale internationale en 2019

Étude critique de documents

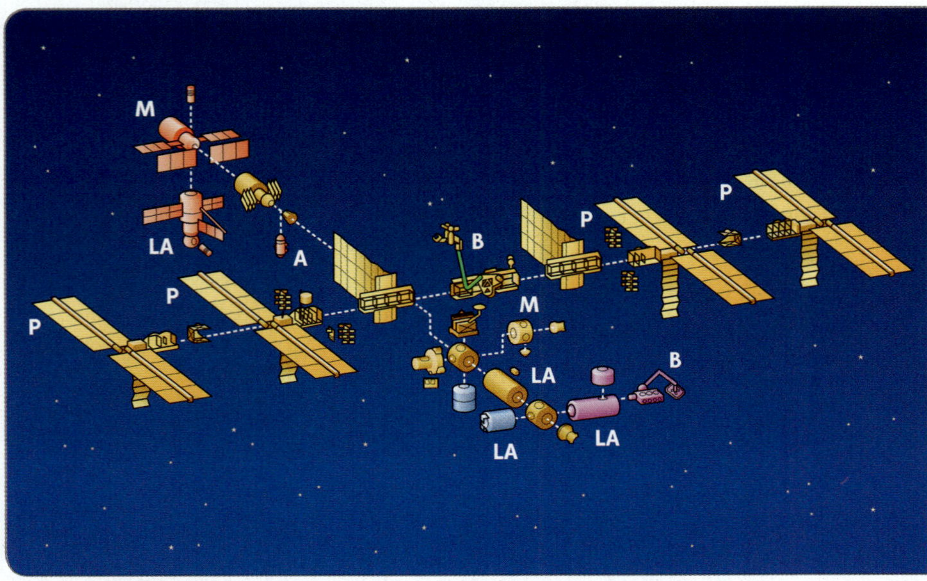

Les principaux modules de la station

- **A** Principal module d'arrimage des vaisseaux russes Soyouz
- **B** Bras robotique contrôlé à distance permettant l'assemblage et la maintenance de la station
- **M** Module d'habitation et de travail
- **LA** Laboratoires
- **P** Principaux panneaux solaires

Une participation internationale (nations ayant financé les modules) :

- États-Unis
- Russie
- Canada
- Japon
- Pays européens

→ **Toutes les agences spatiales ont-elles participé au même niveau à la fabrication de la SSI ?**

3 Des tests dans l'espace

Le spationaute français Thomas Pesquet réalise à bord de la SSI une expérience sur les propriétés des fluides dans l'espace.

→ **Montrez que la SSI est à la fois un résultat et un instrument de la recherche scientifique.**

4 Le témoignage d'un astronaute américain

Il faut aller au bout du monde pour quitter la Terre. Depuis le retrait des navettes spatiales, en 2011, nous dépendons des Russes pour le lancement dans l'espace et nous devons d'abord nous rendre au cosmodrome de Baïkonour […] qui était autrefois la base de lancement secrète des programmes spatiaux soviétiques. […] Pour un Américain qui a grandi et suivi la formation de pilote de la Marine pendant les dernières années de la guerre froide, il est toujours surprenant d'être invité dans le saint des saints du programme spatial soviétique et initié à ses secrets. […] Ce lieu âpre et désolé est le seul port d'envol vers l'espace qui existe au monde. Nous entamons la descente à bord d'un *Tupolev 134*, un vieil appareil de transport militaire russe. Ces avions, qui pouvaient être équipés autrefois de râteliers à bombes et jouer le rôle de bombardiers en cas de besoin, faisaient partie de l'arsenal conçu par les Soviétiques pendant la guerre froide pour attaquer mon pays, les États-Unis. Ils transportent maintenant les voyageurs de l'espace de toutes nationalités : Russes, Américains, Européens, Japonais et Canadiens. Nous sommes d'anciens ennemis réunis en équipage pour rejoindre la station spatiale que nous avons construite ensemble.

Scott Kelly, *Mon Odyssée dans l'espace*, Les Arènes, 2018, traduit par Nathalie Gouyé-Guilbert.

Étude critique de documents

→ **Pourquoi l'auteur qualifie-t-il de « surprenant » le fait de se rendre à Baïkonour ?**

5 L'après-SSI

C'est un nouveau symbole de ses ambitions dans l'espace : la Chine a dévoilé mardi une réplique de sa première grande station spatiale qui devrait être assemblée aux alentours de 2022. […] Elle deviendrait alors la seule station à évoluer dans l'espace après la retraite programmée en 2024 de la station spatiale internationale (ISS) – qui associe États-Unis, Russie, Europe, Japon et Canada. Elle sera cependant nettement plus petite. « La Chine utilisera sa station spatiale de la même manière que les partenaires de l'ISS utilisent actuellement la leur : recherche, mise au point de technologies et préparation des équipages chinois aux vols de longue durée », explique Chen Lan, analyste pour GoTaikonauts.com, un site Internet spécialisé dans le programme spatial chinois. La Chine a par ailleurs annoncé en mai avec le Bureau des affaires spatiales de l'ONU que sa station serait ouverte « à tous les pays » afin d'y mener des expériences scientifiques. Instituts, universités et entreprises publiques et privées ont été invités à déposer des projets.

AFP/Le Figaro, « La nouvelle station spatiale chinoise dévoilée », *LeFigaro.fr*, 7 novembre 2018 [en ligne].

→ **La station spatiale chinoise en cours de fabrication peut-elle remplir le même rôle que la SSI ?**

EN AUTONOMIE VERS LE BAC

Mise en relation des documents

1. Pourquoi la station spatiale internationale n'aurait-elle pas pu prendre sa forme actuelle dans le contexte de la guerre froide ? docs 1, 2 et 4

2. Montrez que la réalisation de la SSI n'a pas fait disparaître les rivalités internationales dans le domaine spatial. docs 2, 3 et 5

BAC Vers l'écrit ▸ **Dissertation**

Sujet : « La station spatiale internationale et l'évolution des rapports entre puissances depuis les années 1990 »

Analysez ce sujet puis proposez une problématique originale pour le traiter. Rédigez alors une introduction pour cette dissertation.

BAC Vers le grand oral

Préparez en binôme un diaporama pour présenter la vie à bord de la SSI (activités des occupants, emploi du temps…) en 5 minutes à l'oral.

▸ Imaginez 3 questions qu'un jury pourrait vous poser et préparez vos réponses.

Jalon

Rivalités et coopérations dans le partage : l'exploitation et la préservation des ressources des océans

CARTE p. 62-63
COURS p. 66-67

Les mers et les océans représentent un gigantesque réservoir de ressources et de biodiversité. La gestion internationale des espaces maritimes concerne à la fois le partage et l'exploitation de ces richesses. Cela suscite des rivalités entre États, mais aussi des coopérations internationales afin de définir une gouvernance durable des ressources marines.

Comment concilier l'appropriation et la préservation des ressources des mers et des océans ?

1 L'implication des ONG et des scientifiques

« 30×30 : feuille de route pour la protection des océans. Comment protéger 30 % de nos océans d'ici 2030 ». Ce rapport publié par l'ONG Greenpeace montre comment il est possible de créer un réseau d'aires marines protégées en haute mer.

Rapport de Greenpeace, en collaboration avec les universités de York et d'Oxford, avril 2019.

→ **Quels types d'acteurs coopèrent et alimentent les débats sur la préservation de la BBNJ ?**

Le droit de la mer en quelques dates

- 1958 **Conférence de Genève**, 1re codification du droit international de la mer
- 1982 **Conférence de Montego Bay**, signature de la CNUDM
- 1994 **Entrée en vigueur de la CNUDM**
- 2018-2020 **Conférences intergouvernementales** pour définir un instrument international juridiquement contraignant et portant sur la conservation et l'utilisation durable de la BBNJ

2 Codifier par le droit le partage des espaces maritimes

L'analyse d'une géographe

Un nouvel élan est donné à la construction d'un droit de la mer en 1967 lorsque Arvid Pardo[1] propose que les fonds des mers au-delà de la mer territoriale soient déclarés « patrimoines communs de l'humanité ». Il réussit à inciter l'ensemble des délégations à entamer un processus de réflexion et de discussion en ce sens. Fin 1967, l'ensemble du droit de la mer préexistant est remis en cause.

L'Assemblée générale de l'ONU décide alors de réunir une nouvelle conférence internationale qui rassemblera 180 États entre 1973 et 1982. Ce dispositif, qui vise à produire du consensus, compte environ 5 000 participants permanents et s'organise en groupes de pression : États du Tiers-monde, grandes puissances maritimes traditionnelles, États enclavés, États insulaires, etc. mènent tractations et négociations afin d'aboutir au texte définitif mis au vote en 1982 et entré en vigueur en 1994.

Désormais, chaque morceau de rivage compte, chaque île peut « rapporter » une zone maritime imposante. Face aux appétits des États, considérables et souvent concurrents, l'ONU a instauré un mécanisme de règlement pacifique des litiges en créant, en 1996, le Tribunal international du droit de la mer qui siège à Hambourg.

Marie Redon, *Géopolitique des îles. Des îles rêvées aux îles mondialisées*, Le Cavalier Bleu, 2019.

1. Arvid Pardo (1914-1999), juriste et diplomate, est représentant permanent de Malte à l'ONU en 1967.

Marie Redon est enseignante-chercheuse en géographie à l'université Paris 13.

→ **Quelles ont été les étapes et les difficultés rencontrées pour élaborer un droit de la mer ?**

VOCABULAIRE

Aire marine protégée : espace maritime relevant d'une mesure de protection de sa biodiversité.

***Biological diversity beyond national juridiction* (BBNJ)** : voir p. 66

Haute mer : voir p. 62

Principe de liberté : en haute mer, liberté de naviguer, de survoler, de poser des câbles et des oléoducs sous-marins, de construire des îles artificielles, de pêcher, d'effectuer et d'exploiter des recherches scientifiques.

ZEE (Zone économique exclusive) : voir p. 63

3 Le partage et la gouvernance des océans

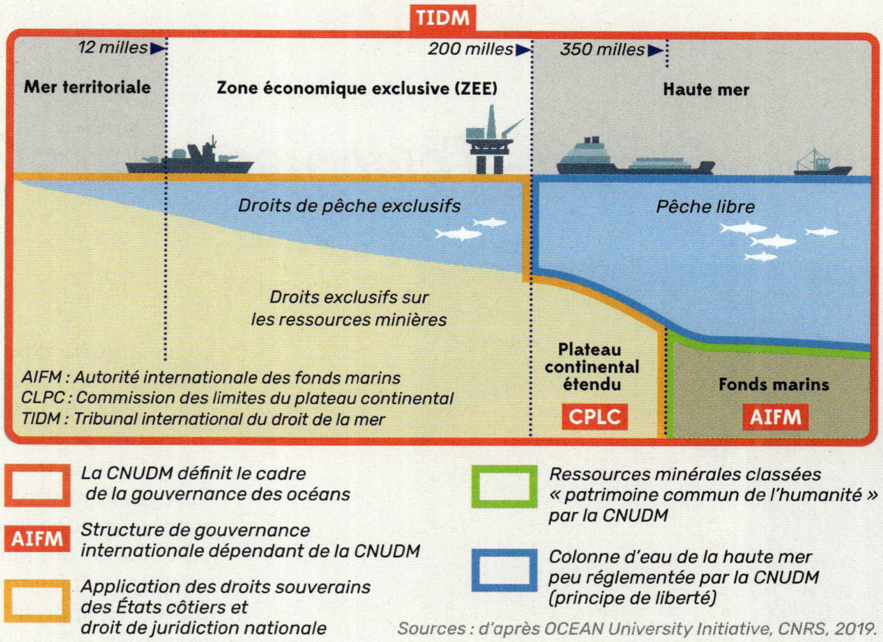

Sources : d'après OCEAN University Initiative, CNRS, 2019.

→ **Comment les espaces maritimes sont-ils gouvernés ?**

4 La haute mer à l'épreuve de la diplomatie

Le regard d'un géopoliticien

Après quatorze années de tractations, la première des quatre sessions de négociations devant aboutir à la création d'une convention commune sur la haute mer s'est tenue à New York en septembre 2018[1]. Alors que la présence humaine et l'exploitation des ressources s'y développent, l'objectif est de trouver un traité contraignant pour gérer la biodiversité de ces espaces [...].

Si 140 pays ont voté en 2017 en faveur de l'ouverture de ces négociations, d'importants clivages persistent. Les États-Unis, qui n'ont jamais signé la Convention des Nations unies sur le droit de la mer (CNUDM), la Russie, le Japon, la Corée du Sud, le Canada et l'Islande se sont longtemps montrés réticents au projet de traité international. Le front commun des membres de l'Union africaine, de la Communauté des Caraïbes et des États du Pacifique, soutenus par la Chine, l'Union européenne, l'Australie et la Nouvelle-Zélande a eu raison de cette opposition. Mais toutes les divisions ne sont pas éteintes. Le G77, qui regroupe 134 pays en développement, plaide pour l'application du principe d'héritage commun de l'humanité à la colonne d'eau, identique à celui régissant les sous-sols, une position refusée par certains États côtiers, dont les États-Unis, le Canada et la Russie.

Teva Meyer, « La haute mer et ses enjeux : exploiter tout en préservant », *Carto*, n° 51, nov.-déc. 2018.

1. La 4e conférence portant sur la conservation et l'utilisation durable de la BBNJ s'est tenue en 2020.

Teva Meyer est docteur de l'Institut français de Géopolitique.

→ **Quelles rivalités interétatiques s'expriment lors des négociations portant sur la conservation et l'utilisation durable de la BBNJ ?**

EN AUTONOMIE VERS LE BAC

Mise en relation des documents

1. Comment les États parviennent-ils à définir les règles du partage des océans et de leur préservation ? docs 1 à 4
2. Que prévoit le droit de la mer pour arbitrer les différends entre États ? docs 2 et 3

BAC Vers l'écrit ▸ Étude critique

Sujet : « La coopération internationale et le partage des océans dans la deuxième moitié du XXe siècle »

À partir de l'analyse des documents 2 et 4, proposez un plan détaillé correspondant à la problématique « Comment la coopération a-t-elle permis de réguler les rivalités entre États nées de la conquête des mers et des océans ? »

BAC Vers le grand oral

Concevez et réalisez une affiche sur le thème de la gouvernance des mers et des océans et présentez-la à l'oral.

▸ Identifiez 3 ou 4 mots clés indispensables et vérifiez que vous savez parfaitement les définir.

Points de vue

GRAND ORAL

Faut-il coloniser Mars ?

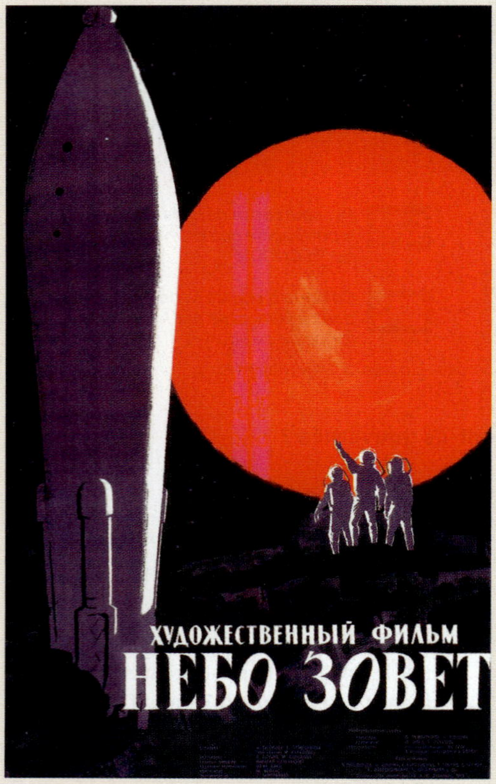

1 Un rêve ancien

Affiche du film soviétique *Nebo Zovyot* (*L'Appel du ciel*) du réalisateur Alexander Kozyr, 1959.

2 L'intérêt de coloniser Mars

Le regard d'une journaliste

La conquête d'une autre planète est un projet fédérateur, qui œuvrera à la paix des peuples. Telle est la conviction de l'Association Planète Mars (section française de la *Mars Society*), pour laquelle une telle entreprise constituera « un outil politique de choix pour le développement en harmonie des nations ». [...] Travailler sur Mars accélérera les avancées technologiques. Il faudra maîtriser l'énergie de manière innovante, apprendre à gérer des ressources rares de manière efficace (recyclage de l'air, de l'eau, des déchets), progresser en robotique : ces technologies donneront naissance à de nouveaux secteurs d'activité, comme pour les technologies de l'information. Mars est proche de la ceinture d'astéroïdes de notre système solaire. Si des bases permanentes y sont installées d'ici à 2050, elle constituera un avant-poste pour étudier et prévenir la menace cosmique que représentent ces objets célestes. Dans l'hypothèse plus futuriste d'une véritable colonisation, les astéroïdes pourraient constituer une précieuse réserve de matières premières, exploitable depuis la Planète rouge par les Terriens qui s'y seraient établis. Et si la Terre devenait invivable… par notre faute, ou à la suite d'une catastrophe naturelle ? Mars pourrait alors constituer une base de repli, une sorte d'assurance-vie.

Catherine Vincent, « Dix raisons d'aller sur Mars », *Le Monde*, 12 avril 2008.

3 Explorer ou coloniser ?

Le point de vue d'un spationaute français

C'est le grand projet du milliardaire américain Elon Musk. Il y a moins d'un an, le patron de *SpaceX* et *Tesla* faisait part de sa volonté, à l'horizon 2024, d'envoyer un million de personnes sur Mars. [...] Son projet est de fournir à l'humanité une solution de repli face à la dégradation rapide de la planète Terre. « Le plus important est l'avenir de notre civilisation. Or, si nous ne changeons rien à la manière de traiter notre biosphère, eh bien, oui, nous devrons réfléchir à une vie sur plusieurs planètes. » Un projet ambitieux qui suscite à la fois enthousiasme et doutes dans le monde de l'astronomie. L'astronaute français Thomas Pesquet, qui a passé six mois à bord de la station spatiale internationale entre 2016 et 2017, a donné son opinion, dans un entretien accordé à *La Tribune*, sur cette quête d'une nouvelle planète d'accueil. « L'idée du plan B me dérange, car elle nous enlève une part de responsabilité », déclare-t-il. « Nous espérons emmener des hommes et des femmes vers Mars, mais dans un but d'étude, pas de colonisation ».

« Colonisation de Mars : Thomas Pesquet en désaccord avec Elon Musk », *LePoint.fr*, 5 avril 2018 [en ligne].

REPÈRE

La *Mars Society* est une association créée en 1998 par un ingénieur américain pour promouvoir la colonisation de Mars. Elle réunit environ 5 000 adhérents dans le monde. Sa branche française, Planète Mars, a vu le jour en 1999 et organise régulièrement des conférences et des expositions.

REPÈRE

SpaceX
Propriété d'Elon Musk, ingénieur sud-africain naturalisé américain qui est aussi le fondateur de la firme de véhicules électriques *Tesla*, la société américaine *SpaceX* est l'un des acteurs majeurs du *New Space*. La NASA fait appel à ses lanceurs pour ravitailler la SSI. L'entreprise a annoncé travailler à un projet de colonisation de Mars qu'elle affirme vouloir mettre en œuvre aux environs de 2025.

4 Le projet *SpaceX*

Vue d'artiste de la base martienne qu'envisage de construire la société américaine *SpaceX*. À gauche, deux des navettes censées assurer une liaison régulière avec la Terre. À droite, une serre à l'intérieur de laquelle pourraient pousser des végétaux, et des humains vivre sans avoir à porter de combinaison.

5 Coloniser ou exploiter ?

Le point de vue d'un journaliste scientifique américain

La raison finale pour laquelle des êtres humains essaieront de transformer Mars pour y vivre sans combinaison pressurisée ni masque à oxygène n'a rien à voir avec le fait que nous sommes en train de détruire notre planète natale, ni avec la conscience qu'un jour un Soleil mourant la dévorera ou la projettera hors de son orbite et qu'il nous faut avant devenir une espèce spatiale. Des gens se lanceront dans l'aventure pour la même raison que des Espagnols partirent au Nouveau Monde [...] : pour faire fortune. Comme pour toutes les nouvelles frontières précédentes, le progrès aura pour moteurs l'espoir d'un nouveau départ et l'appât du gain. [...] Toute discussion sur la colonisation de Mars se doit de reconnaître la pente savonneuse menant du besoin à l'avidité. Bien qu'il n'y ait pas de population indigène à écraser, nous pourrions assister à une ruée sans frein sur les ressources matérielles, à la dévastation de l'environnement, à la destruction de sites précieux pour la recherche scientifique [...]. Le traité de l'Espace de 1967 et ses successeurs ont tenté de faire des territoires extraterrestres un bien commun. Mais les êtres humains ont prouvé qu'il ne leur suffisait pas qu'existent des lois régissant leur comportement. Ils ont aussi besoin qu'on les fasse respecter.

Stephen L. Petranek, *Comment nous vivrons sur Mars*, DR, 2016.

CONSTRUIRE SON POINT DE VUE

Découvrez les documents

1. Quels types d'acteurs promeuvent la colonisation de Mars ? docs 1, 2 et 4
2. Quels motifs peuvent pousser les hommes à envisager de coloniser Mars ? docs 2, 3, 4 et 5
3. Que désigne Thomas Pesquet par l'expression « plan B » ? doc 3

Développez des arguments

4. Quelles opportunités pourrait offrir aux Terriens une colonisation de Mars ? docs 1, 2, 4 et 5
5. Pourquoi la colonisation de Mars peut-elle être considérée comme un danger pour Mars mais aussi pour la Terre ? docs 3 et 5

Présentez votre point de vue ORAL

6. À l'oral, en 5 minutes, répondez à la problématique « Faut-il coloniser Mars ? » en présentant plusieurs arguments.

Révisions La conquête de nouveaux espaces : enjeux diplomatiques et coopérations

Podcast Synthèse à écouter

EXO Exercices interactifs

CHIFFRES CLÉS

Aujourd'hui :

12 astronautes (États-Unis) ont marché sur la Lune

3 plongeurs ont atteint le plus profond de l'océan (fosses abyssales)

15 États coopèrent à la SSI

100 États ont ratifié le traité de l'Espace

168 États adhèrent à la CNUDM

2 218 satellites sont en orbite

61 % des océans sont en haute mer (en 2020)

SUJETS BAC

Dissertation

- « La station spatiale internationale et l'évolution des rapports entre puissances depuis les années 1990 » p. 69
- « Coopérer pour conquérir de nouveaux espaces » p. 77

Étude critique de documents

- « Coopération et compétition dans la course à l'espace » p. 68-69
- « La coopération internationale et le partage des océans dans la seconde moitié du XXe siècle » p. 71
- « La haute mer, un espace de liberté à réglementer et à protéger » p. 76

SYNTHÈSE

I Des négociations diplomatiques pour encadrer les rivalités interétatiques

● **Les perspectives d'exploitation des nouveaux espaces de la conquête océanique et spatiale attisent les rivalités entre États.** Ces nouveaux espaces de conquête offrent aux États une grande liberté d'entreprise et de revendication. En 1945, le Président Truman proclame les droits exclusifs des États-Unis sur les ressources marines au large de leurs côtes. Un mois après le lancement du premier satellite *Spoutnik* par les Soviétiques le 4 octobre 1957, les Nations unies débattent des conséquences juridiques de cette activité spatiale.

Chapitre 1 Conquêtes, affirmations de puissance et rivalités p. 42

● **Sous l'égide de l'ONU, les États dialoguent et s'accordent sur des règles communes de la conquête pour en limiter les dérives.** Au cours de négociations, des diplomates, des scientifiques, des juristes de chaque État débattent et rédigent des lois. Entre 1956 et 1982, trois Conférences des Nations unies sur le droit de la mer sont réunies. En 1958, l'ONU crée à l'initiative des États-Unis un Comité des utilisations pacifiques de l'espace extra-atmosphérique (CUPEEA), une instance de dialogue et de coopération pour éviter que la course à l'espace ne devienne conflictuelle.

II Le droit international définit une gouvernance de l'espace et des océans

● **La volonté commune des États-Unis et de l'Union soviétique d'aboutir à une utilisation pacifique de l'espace a permis aux Nations unies de définir et d'adopter en 1967 un « traité de l'Espace ».** Ce traité garantit le libre accès de tous les États à l'espace extra-atmosphérique qui n'appartient à personne, mais leur interdit de s'approprier des astres, considérés comme des biens communs de l'humanité. Le traité sur la Lune de 1979 vient confirmer ce principe. En 2015, cependant, les États-Unis adoptent le *Space Act*, une loi autorisant les entreprises privées américaines à exploiter les ressources naturelles des astres.

Points de vue Faut-il coloniser Mars ? p. 72

● **La Convention des Nations unies sur le droit de la mer (CNUDM) signée en 1982 est une véritable « Constitution des océans ».** Elle fixe la largeur de la mer territoriale (12 milles marins), crée la ZEE (200 milles), et définit la haute mer dont les fonds marins sont considérés comme « patrimoine commun de l'humanité ». La CNUDM concilie volonté de territorialisation et respect de la liberté des mers et de leur protection. Elle oblige les États à résoudre leurs différends par des moyens pacifiques (négociations, Tribunal international du droit de la mer).

Jalon L'exploitation et la préservation des ressources des océans p. 70

III Les coopérations internationales rendues nécessaires par des intérêts communs

● **Les difficultés techniques et financières conduisent les États-Unis en 1984 à proposer à leurs alliés une coopération pour élaborer une station spatiale internationale (SSI).** Les agences spatiales européenne, canadienne et japonaise contribuent à la réalisation de la station. Avec la fin de la guerre froide, la Russie rejoint le projet de SSI. Chacun des quinze pays associés à la fabrication de la SSI dispose du droit d'y envoyer des astronautes. Dans une logique de privatisation de la station, les États-Unis souhaitent cesser de financer la SSI à partir de 2025.

- **La haute mer est un espace de liberté dont l'exploitation et la préservation nécessitent une coopération internationale.** L'ONU organise entre 2018 et 2020 une conférence intergouvernementale pour enrichir la CNUDM. L'objectif est de concevoir un instrument juridique contraignant sur la conservation et l'utilisation durable de la biodiversité marine dans les zones situées au-delà des juridictions nationales (BBNJ). Les États négocient pour la haute mer les règles de l'exploitation des ressources marines et de leur préservation.

Jalon La station spatiale internationale p. 68
Jalon L'exploitation et la préservation des ressources des océans p. 70

MOTS CLÉS

***Biological diversity beyond national juridiction* (BBNJ)** : p. 66

Convention des Nations unies sur le droit de la mer (CNUDM) : p. 62

Droit de la mer : p. 66

Haute mer : p. 62

Station spatiale : p. 64

Traité de l'Espace : p. 64

Traité sur la Lune : p. 64

COMPRENDRE AUTREMENT

La conquête de nouveaux espaces : enjeux diplomatiques et coopérations

L'accroissement des rivalités

Un contexte de conquête de nouveaux espaces :

› progrès technologiques permettant l'appropriation et l'exploitation

› flou juridique sur le statut des nouveaux espaces de conquête

› liberté de naviguer, revendications, rivalités entre États

→ négociations entre États sous l'égide des Nations unies pour limiter les conflits

L'exploitation et la préservation des ressources des océans p. 70
Faut-il coloniser Mars ? p. 72

L'affirmation d'un droit international

Une gouvernance de l'espace et des océans :

› 1967 Traité de l'Espace, bien commun de l'humanité

› 1982 Convention des Nations unies pour le droit de la mer (CNUDM), création des ZEE

› des instances de gestion : CUPEEA, TIDM, AIFM

→ gestion et gouvernance des nouveaux espaces par le droit international

L'exploitation et la préservation des ressources des océans p. 70

Coopérer par intérêts communs

Une nécessaire coopération internationale :

› coopération pour élaborer une station spatiale internationale (SSI)

› gestion commune de la biodiversité en haute mer (BBNJ)

› lutter contre la privatisation de l'espace et l'intensification des activités humaines

→ nécessité des coopéra--tions internationales par intérêts communs

La station spatiale internationale p. 68
L'exploitation et la préservation des ressources des océans p. 70
Faut-il coloniser Mars ? p. 72

BAC ▸ Étude critique de documents

SUJET BAC

La haute mer, un espace de liberté à réglementer et à protéger

Consigne **En vous appuyant sur le document, montrez que la haute mer est un espace de conquête qui nécessite une coopération internationale pour la gouverner.**

Une conférence intergouvernementale pour réglementer la haute mer

Le 24 décembre 2017, l'Assemblée générale des Nations unies annonçait l'ouverture d'une conférence intergouvernementale pour l'élaboration d'un instrument juridique sur la conservation et l'utilisation durable de la biodiversité marine dans les espaces situés au-delà des juridictions nationales[1]. La haute mer et ses ressources ont longtemps été préservées du fait de leur inaccessibilité et d'un certain désintérêt de la part des pays qui ne voyaient dans ses profondeurs qu'un espace quasi désertique. L'évolution de la technologie, qui a aboli les distances comme les profondeurs, ainsi que les découvertes scientifiques, qui ont révélé l'exceptionnelle richesse des fonds marins, ont bouleversé la donne et attisé les convoitises. La haute mer devient le théâtre d'activités humaines dont il convient de gérer le développement, de réguler la compétition, et de limiter l'impact sur l'environnement marin. C'est l'objectif des négociations qui s'ouvrent et durant lesquelles l'ambition de gérer collectivement un bien commun fera face aux aspirations des pays de préserver leurs intérêts et défendre leurs positions.

Les thèmes structurants du futur accord sont eux-mêmes le résultat d'une confrontation, et plus tard d'un compromis. Avec les études d'impact environnemental, ces thèmes – aires marines protégées, ressources marines génétiques, renforcement des capacités et transfert de technologie marine – constitueront les quatre piliers de l'accord. La gestion des pêches n'en fera pas partie puisque certains États ayant des intérêts dans cette activité s'y sont dès le départ fermement opposés.

Julien Rochette, « La haute mer à l'épreuve du multilatéralisme », IDDRI, billet de blog, 3 septembre 2018.

1. En anglais : *Biodiversity beyond national juridiction* (BBNJ).

Julien Rochette est juriste, directeur du programme Océan de l'Institut du développement durable et des relations internationales (IDDRI).

MÉTHODE	APPLICATION
ÉTAPE 1 ANALYSER LE SUJET ET LA CONSIGNE	
▸ **Définir les termes du sujet** ▸ **Définir le cadre géographique et/ou les limites chronologiques** ▸ **Dégager la question clé posée par le sujet**	▸ Définissez les termes « haute mer », « coopération internationale ». *Conseil* Réfléchissez aux termes utilisés dans la consigne afin de dégager une notion. Exemple : coopération internationale pour gouverner la haute mer → notion de gouvernance des océans.
ÉTAPE 2 ANALYSER ET CRITIQUER LE DOCUMENT	
▸ **Identifier le document** ▸ **Dégagez le sens général du document**	▸ Quelles sont la nature, la source et la date du document ? ▸ Dans quel contexte a-t-il été rédigé ? Exemple : Septembre 2018 = quelques mois après l'ouverture de la conférence intergouvernementale organisée par l'ONU (décembre 2017). ▸ Identifiez l'idée générale du document.
▸ **Sélectionner, confronter et expliquer les informations**	▸ **Exercice** Relevez dans le document les informations en relation avec les différents aspects du sujet : • Définition de la haute mer : – la haute mer : une frontière ; – la haute mer : un espace de conquête. • Définition de la gouvernance : – objectifs de la coopération ; – limites de la coopération.

Analyse détaillée du document

▸ Montrez que ce document concerne les négociations sur la *Biological diversity beyond national juridiction* (BBNJ).

Exemple : informations permettant de définir la gouvernance : « conférence intergouvernementale pour l'élaboration d'un instrument juridique », « gérer collectivement un bien commun ».

▸ Explicitez ces informations à l'aide de vos connaissances :

Cours p. 66, **Jalon** p. 70

Géographie Tle Mers et océans : entre appropriation, protection et liberté de circulation (thème 1)

▸ Comment ce document éclaire-t-il la réflexion sur la construction du droit de la mer ?

▸ Exercer un regard critique

Exemple : Le document permet d'évoquer l'action et les difficultés de la coopération internationale pour combler un vide juridique sur l'usage de la haute mer, exploitée sans gestion ni protection. Les Nations unies souhaitent compléter le droit de la mer défini à Montego Bay en 1982 pour encadrer l'exploitation de la haute mer et répondre aux enjeux environnementaux.

ÉTAPE 3 RÉDIGER L'ÉTUDE CRITIQUE DU DOCUMENT

▸ Rédiger l'introduction

▸ Rédigez une courte introduction à partir de votre travail effectué lors des étapes 1 et 2.

▸ Rédiger l'étude de manière organisée

▸ Rédigez une réponse organisée pour répondre au sujet.

Plan possible :

I. La haute mer, un espace de libertés exploité
II. Une gouvernance pour protéger la haute mer
III. Les difficultés et les limites de la coopération internationale

Conseil Appuyez-vous sur le document pour argumenter vos idées en citant des passages que vous mettrez entre guillemets.

▸ Rédiger la conclusion

▸ Dans une conclusion, répondez à la problématique du sujet.

BAC ▸ Dissertation

SUJET BAC

Coopérer pour conquérir de nouveaux espaces

LES TERMES À ANALYSER	LES CONNAISSANCES À MOBILISER	PROBLÉMATIQUE ET PLAN POSSIBLES
▸ **« Coopérer »** : mettre en œuvre des actions communes ▸ **« Conquérir »** : se rendre maître ▸ **« Nouveaux espaces »** : les mers et les océans, l'espace extraterrestre.	**Carte** p. 62, **Cours** p. 64-67, **Jalons** p. 68-71 **Géographie Tle** Mers et océans : entre appropriation, protection et liberté de circulation (thème 1) **HGGSP 1re Chapitre 8** Les frontières en débat p. 236-241 **Notions :** gouvernance, droit de la mer, souveraineté maritime, territorialisation des mers, haute mer, mer territoriale, ZEE, traité de l'Espace, traité de la Lune	▸ **Problématique :** Pourquoi une coopération internationale s'impose-t-elle dans la conquête des nouveaux espaces ? ▸ **Plan :** I. Définir les usages des nouveaux espaces (CUPEEA, CNUDM) II. Prévenir les conflits (ZEE, droit de la mer, traité de l'Espace, traité de la Lune) III. Développer la recherche scientifique et la protection (station spatiale internationale, BBNJ)

Méthode générale de la dissertation p. 22

Chapitre 3

Objet de travail conclusif

La Chine : à la conquête de l'espace, des mers et des océans

• **Dans le chapitre 1**, vous avez étudié les dynamiques d'exploration et d'appropriation des espaces maritimes et extra-atmosphériques par les hommes. Vous avez vu en quoi celles-ci illustrent la quête de puissance des États et s'inscrivent dans des logiques de rivalité. Vous avez également étudié l'implication croissante d'acteurs non étatiques dans ces dynamiques.

• **Dans le chapitre 2**, vous avez étudié les enjeux diplomatiques et de coopération de la conquête de ces nouveaux espaces. De la station spatiale internationale à la gestion des océans à l'échelle mondiale, vous avez analysé l'importance des négociations diplomatiques pour réguler les rivalités entre États et permettre, par des intérêts communs, les coopérations internationales.

• **Dans ce chapitre**, vous allez étudier l'affirmation de la Chine dans la conquête de l'espace, des mers et des océans. Au XXe siècle, « l'Empire du milieu » passe en quelques décennies du statut de pays périphérique à celui de superpuissance mondiale. Ce développement sans précédent s'accompagne notamment de l'appropriation de territoires nouveaux qui représentent des enjeux économiques et géopolitiques considérables.

Comment la Chine s'affirme-t-elle comme une puissance maritime et spatiale majeure ?

Textes DYS
TOUS LES TEXTES EN VERSION DYS
lyceen.nathan.fr/geopolitiqueterm

SOMMAIRE

Wang Yaping, taïkonaute de la mission *Shenzhou 10* en 2013

Deuxième femme chinoise après Liu Yang en 2012 à voler à bord d'une fusée chinoise (taïkonaute), Wang Yaping est membre de l'équipage de *Shenzhou 10*. Elle rejoint ici le site de lancement, le 11 juin 2013, à partir duquel la fusée a rallié la station spatiale chinoise, *Tiangong 1*.

Cartes L'affirmation planétaire de la

Carte interactive
Étude critique de documents

1 Les ambitions mondiales de la Chine

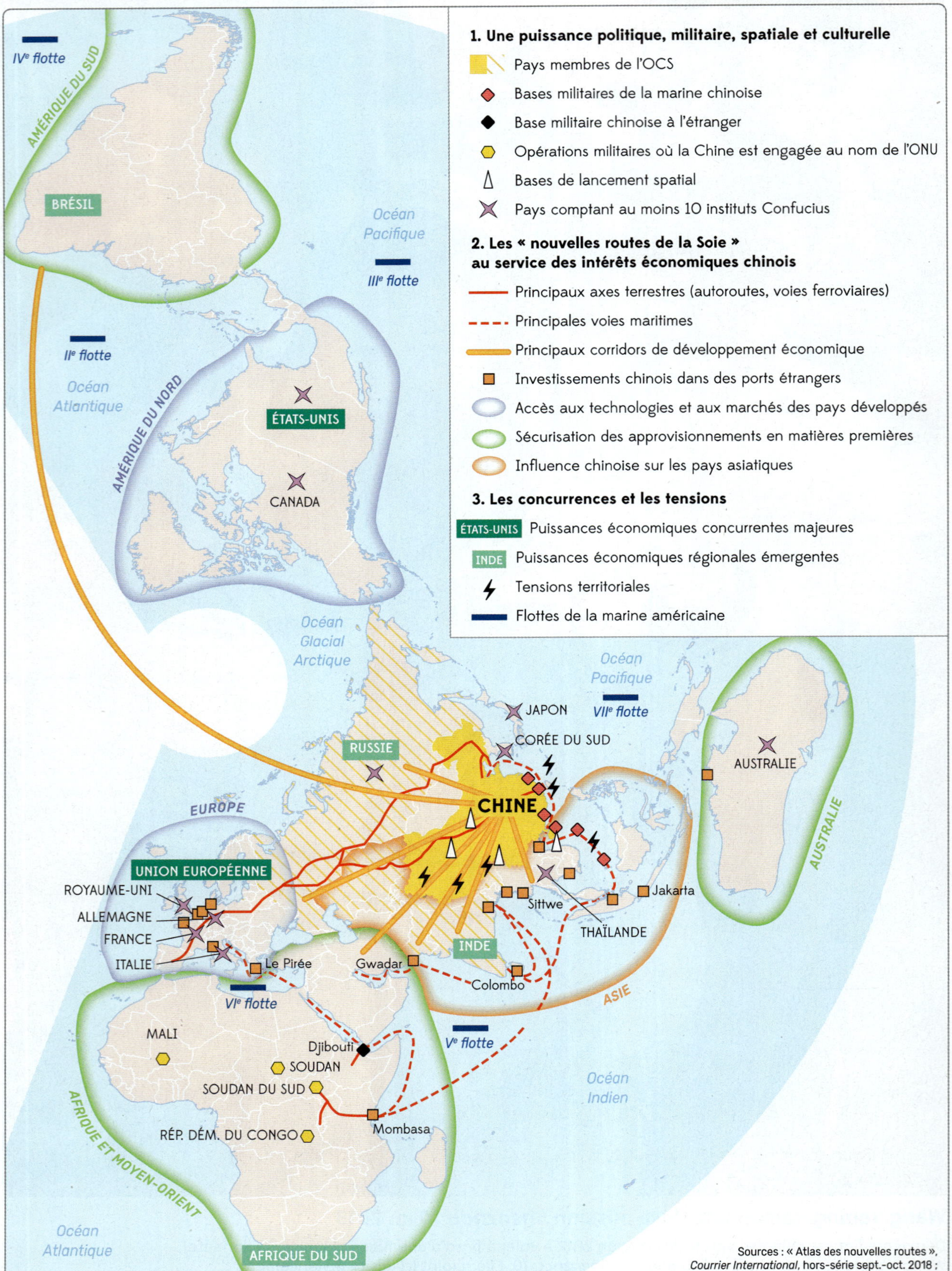

Sources : « Atlas des nouvelles routes », *Courrier International*, hors-série sept.-oct. 2018 ; « L'Empire américain », *Le Monde*, hors-série n° 30, oct. 2019.

superpuissance chinoise

2 La Chine à la conquête des pôles

Carte interactive

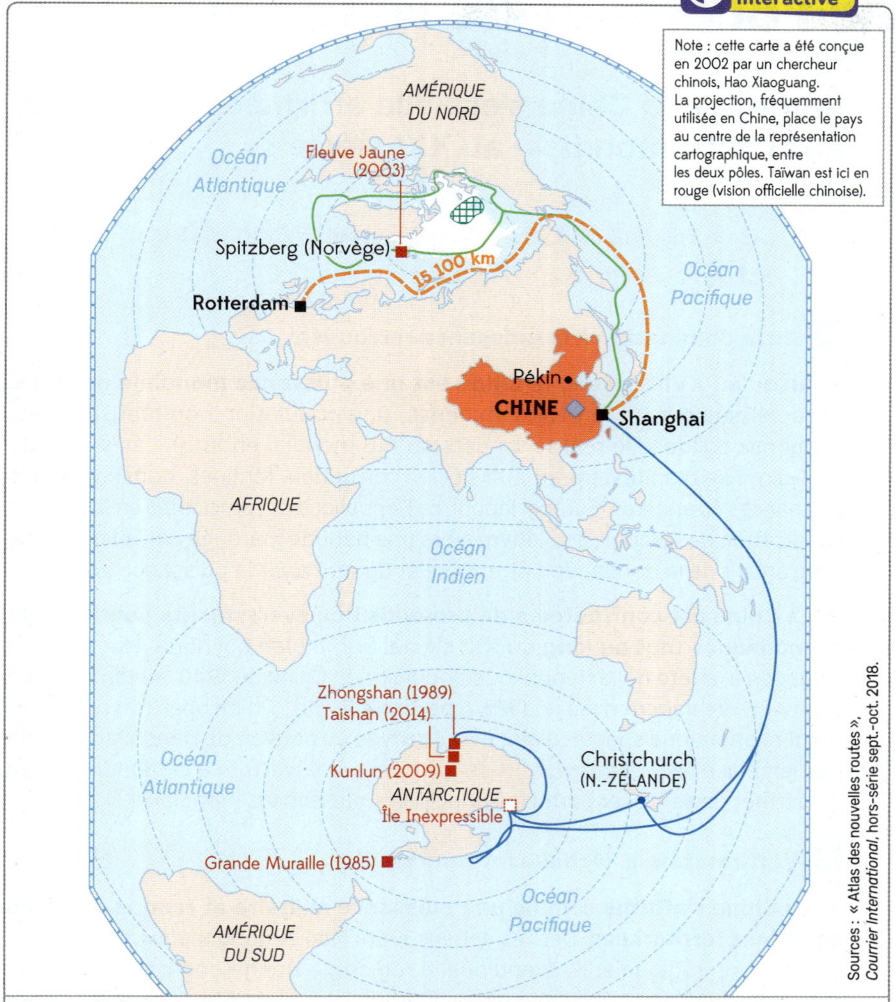

Note : cette carte a été conçue en 2002 par un chercheur chinois, Hao Xiaoguang. La projection, fréquemment utilisée en Chine, place le pays au centre de la représentation cartographique, entre les deux pôles. Taïwan est ici en rouge (vision officielle chinoise).

Sources : « Atlas des nouvelles routes », *Courrier International*, hors-série sept.-oct. 2018.

1. Des expéditions polaires répétées
- Trajet de la dernière expédition chinoise en Antarctique (2017-2018)
- Trajet de la dernière expédition chinoise en Arctique (2017)
- Escale sur le trajet

2. Une présence chinoise autour des pôles
- Bases permanentes chinoises (militaires, scientifiques)
- Base en construction
- Observateur permanent du Conseil de l'Arctique (depuis 2013)

3. La « route polaire de la Soie » : des enjeux stratégiques multiples
- Extension minimale de la banquise
- Importantes réserves en hydrocarbures
- Route du Nord, raccourci stratégique
- Shanghai et Rotterdam, ports d'envergure mondiale

VOCABULAIRE

BRICS : acronyme désignant les principales puissances émergentes, Brésil, Russie, Inde, Chine et Afrique du Sud (S pour *South Africa*).

Instituts Confucius : établissements culturels implantés depuis 2004 par la République populaire de Chine dans la plupart des pays du monde afin de diffuser la langue et la culture chinoises.

« Nouvelles routes de la Soie » (*Belt and Road Initiative*) : stratégie de développement mise en place par l'État chinois à partir de 2013 afin de relier plus facilement la Chine à l'Europe, l'Afrique et l'Amérique par des voies ferroviaires et maritimes. Près de 70 pays sont concernés.

OCS (Organisation de coopération de Shanghai) : instance de sécurité commune créée en 2001, visant à stabiliser les frontières en Asie centrale. Elle regroupe aujourd'hui 8 États (Russie, Chine, Kazakhstan, Kirghizistan, Tadjikistan, Ouzbékistan, Inde, Pakistan).

Sous-marin nucléaire lanceur d'engins (SNLE) : voir p. 41

Stratégie du « collier de perles » : voir p. 85

QUESTIONS

1. Quelles sont les principales régions du monde concernées par le projet des « nouvelles routes de la Soie » ? carte 1

2. Pourquoi les « nouvelles routes de la Soie » peuvent-elles contribuer à renforcer la puissance chinoise ? carte 1

3. Sous quelles formes la puissance chinoise se manifeste-t-elle ? cartes 1 et 2

4. Commentez le choix de la projection du document 2. carte 2

Cours

La Chine au XXe siècle : à la conquête des mers, de l'océan et de l'espace

JALON p. 86-87
JALON p. 88-89
POINTS DE VUE p. 90-91

Podcast Cours à écouter

Dates clés

- 1956 Début du programme spatial chinois
- 1958 Construction d'une base de lancement de fusées en Mongolie intérieure
- 1964 Premier essai chinois de la bombe atomique
- 1970 Lancement du premier satellite chinois en orbite
- 1974 Contrôle de la Chine sur les îles Paracels
- 1988 Début de l'occupation militaire chinoise dans les îles Spratleys
- 2003 Premier taïkonaute dans l'espace

BIOGRAPHIE

Mao Zedong (1893-1976)

Fondateur de la République Populaire de Chine et principal dirigeant du pays de 1949 à sa mort. Répression violente contre les opposants, propagande et culte de la personnalité caractérisent le régime maoïste.

BIOGRAPHIE

Deng Xiaoping (1904-1997)

Dirigeant de la Chine après la mort de Mao Zedong (1976), il met en place de grandes réformes économiques (« Quatre modernisations ») qui favorisent l'ouverture du pays à la mondialisation, tout en refusant l'ouverture politique.

Comment la Chine s'est-elle affirmée et imposée à l'échelle mondiale au XXe siècle ?

I Le « réveil » de la puissance chinoise au XXe siècle

A De la domination à la puissance retrouvée

- **Jusqu'au XVIIIe siècle, la Chine est une puissance mondiale majeure.** Caractérisée par un territoire immense, une population nombreuse et une économie solide, elle réalise un tiers du PIB mondial en 1800. Les signes du « déclin » se manifestent au XIXe siècle : corruption, famines, domination des puissances étrangères (Europe, Japon). La République est proclamée en 1912 après l'abdication de l'empereur. S'ouvre alors une période marquée par la volonté de s'affranchir de la domination étrangère et de retrouver la puissance disparue.

- **La Chine est confrontée à de profonds bouleversements politiques et économiques tout au long du XXe siècle.** Sur le plan politique, Mao Zedong s'impose à la tête de la République populaire de Chine en 1949, au terme d'une **guerre civile** commencée en 1927. À partir de 1978, la Chine opère un redressement économique spectaculaire avec l'arrivée au pouvoir de Deng Xiaoping qui met en place les **« Quatre modernisations »**. L'ouverture à la mondialisation lui permet de se hisser parmi les principales puissances mondiales.

B L'affirmation à l'échelle internationale

- **La Chine s'affirme comme une puissance militaire et renoue avec des ambitions territoriales.** Dès les années 1950, Mao Zedong mène une politique d'expansion régionale. Il revendique la région de Hong Kong (colonie britannique), Taïwan (alors occupée par les nationalistes chinois en exil depuis la fin de la guerre civile) et envahit le Tibet, qui devient une province chinoise en 1959.

- **La Chine cherche à s'imposer comme une puissance régionale aux prétentions mondiales.** À la fin du XXe siècle, le pays est une puissance industrielle et commerciale de premier plan. Le contrôle des espaces maritimes représente pour la Chine un enjeu stratégique : en quelques décennies, elle est devenue le premier exportateur (produits manufacturés) et le troisième importateur (énergie, matières premières) mondial. Elle investit aussi massivement à l'étranger.

II La puissance chinoise à la conquête des mers et des océans

A Une stratégie de défense des côtes jusqu'aux années 1970

- **Dès 1949, Mao Zedong souhaite construire une marine puissante.** Les moyens demeurent toutefois limités : les militaires de la marine chinoise sont essentiellement issus de l'armée de terre. La plupart des instructeurs sont soviétiques, le contexte de guerre froide et la guerre de Corée (1950-1953) ayant favorisé le rapprochement avec l'URSS dès 1950. Les missions consistent à la défense des côtes afin de repousser un éventuel assaut des États-Unis.

- **Dans les années 1960, la fin de l'alliance entre la Chine et l'URSS conduit Mao Zedong à limiter ses ambitions maritimes.** Sans l'aide des Soviétiques, l'armée chinoise est fragilisée. L'incapacité de faire face à la puissance américaine dans les mers asiatiques conduit la Chine à se recentrer sur son territoire continental et à sécuriser ses frontières terrestres.

B À partir des années 1970, une stratégie de « défense active »

● **La Chine définit le concept de « défense active des mers proches ».** Dès son arrivée au pouvoir en 1978, Deng Xiaoping souhaite que la Chine redevienne une grande puissance maritime et augmente fortement le budget de la marine. Il souhaite défendre le territoire chinois contre d'éventuelles agressions américaines, mais aussi préserver les intérêts commerciaux du pays dans un contexte d'ouverture à la mondialisation.

● **La Chine se lance à la conquête de nouveaux territoires maritimes.** L'État veut retrouver son autorité sur des espaces qu'il estime lui revenir historiquement. Refusant de respecter la juridiction internationale en mer de Chine méridionale, les Chinois occupent les îles Paracels dès 1974 et les îles Spratleys à partir des années 1980 (présence de ressources halieutiques et d'hydrocarbures).

Points de vue p. 90 **Géo Tle** La mer de Chine méridionale (thème 1)

III Des ambitions chinoises au-delà des territoires terrestres

A Les premiers pas de la Chine dans la course à l'espace

● **Dès les années 1950, Mao Zedong inscrit la conquête spatiale parmi les objectifs du « Grand Bond en avant ».** Le programme spatial chinois est créé en 1956 : l'institut de recherche spatiale dispose alors de moyens modestes. Des experts russes sont chargés de former les ingénieurs chinois. En 1958, les autorités chinoises décident de construire une base de lancement de fusées à Jiuquan, en Mongolie intérieure.

● **Suite à la détérioration des relations sino-soviétiques, la Chine continue son programme spatial sans aide étrangère.** Les premiers lanceurs sont expérimentés au début des années 1960 dans un cadre militaire (le premier missile nucléaire est testé avec succès en 1964). Cette politique permet en 1970 au premier satellite chinois, *Dong Fang Hong* (« L'Orient est rouge »), d'être lancé avec succès.

B Une progression rapide à partir des années 1980

● **L'arrivée au pouvoir de Deng Xiaoping en 1978 apporte une impulsion nouvelle.** L'industrie spatiale se réorganise afin d'être plus performante : achat de technologies à l'étranger, coopération avec d'autres pays, création d'un ministère de l'Industrie spatiale, création dans les années 1990 du CNSA (Agence spatiale nationale de la Chine).

● **La Chine se hisse rapidement parmi les cinq premières puissances spatiales avec l'URSS, les États-Unis, la France et le Japon.** Le projet de programme spatial habité se concrétise en 2003 : Yang Liwei est le premier **taïkonaute** chinois à aller dans l'espace (mission ***Shenzhou*** 5).

VOCABULAIRE

Grand Bond en avant : politique économique menée par Mao Zedong à partir de 1958 (collectivisation des terres, industrialisation des campagnes) qui conduit notamment le pays à une famine généralisée (entre 30 et 50 millions de morts).

Guerre civile chinoise : guerre opposant de 1927 à 1949 les nationalistes menés par Tchang Kaï-Chek et les communistes menés par Mao Zedong.
La victoire de Mao Zedong conduit les nationalistes à s'exiler sur l'île de Taïwan et à y fonder la République de Chine.

Quatre modernisations : réformes menées par Deng Xiaoping à partir de la fin des années 1970 dans les domaines de l'agriculture, de l'industrie, de la science et de la défense. Ces réformes conduisent la Chine à devenir l'une des principales puissances mondiales.

Shenzhou : terme utilisé pour nommer les missions du programme de vol spatial habité (en mandarin, « vaisseau céleste »).

Taïkonaute : nom donné aux astronautes chinois (en mandarin, « homme du grand vide »).

FICHES DE LECTURE

Alexandre Depont, « Les dessous de la conquête spatiale chinoise », www.milkipress.fr, 24 juillet 2013.
Un article qui résume efficacement les étapes historiques de la course à l'espace en Chine.
www.milkipress.fr/2013-07-24-les-dessous-de-la-conquete-spatiale-chinoise.html

Mathieu Duchâtel, *Géopolitique de la Chine,* PUF, « Que sais-je ? », 2019, 128 p. Voir le chapitre 1 « Les représentations géopolitiques de la Chine », partie III (p. 23-32).

RESSOURCES

Thierry Sanjuan, *Atlas de la Chine,* Autrement, 2018. Une synthèse de référence, écrite par un géographe spécialiste de la Chine.

Isabelle Sourbès-Verger, Denis Borel, *Un empire très céleste : la Chine à la conquête de l'espace,* 2008. Un ouvrage complet dans lequel une géographe et un ingénieur retracent la « longue marche spatiale ».

Hugues Eudeline, « La nouvelle puissance maritime de la Chine et ses conséquences », revue *Stratégique*, n° 109, 2015. Un article de synthèse sur l'affirmation de la Chine en tant que puissance maritime.

Ressources complémentaires

Cours

La Chine au XXIe siècle : les défis d'une superpuissance en devenir

JALON p. 86-87

JALON p. 88-89

POINTS DE VUE p. 90-91

Podcast Cours à écouter

Quels sont les défis liés aux ambitions planétaires de la Chine au XXIe siècle ?

I L'expansion planétaire de la Chine

A Les ambitions maritimes d'une grande puissance

- **Le président Hu Jintao, arrivé au pouvoir en 2003, veut faire de la Chine une puissance maritime de premier plan.** Il considère que le contrôle du détroit de Malacca (25 % du commerce mondial) est une condition indispensable à la croissance économique du pays. De nombreuses menaces pèsent sur ce détroit (piraterie, terrorisme) et les puissances concurrentes, en particulier les États-Unis, y jouent un rôle majeur.

- **L'arsenal militaire est placé au service des ambitions chinoises.** Le premier porte-avions de la marine chinoise, le *Liaoning*, entre en service en 2012. La Chine devient la deuxième marine au monde derrière les États-Unis : elle vise à assurer la sécurité sur les océans et mers du globe où circulent les flux liés aux intérêts économiques chinois (**stratégie du « collier de perles »**). Elle est également à l'initiative de la création de l'**Organisation de coopération de Shanghai (OCS)** en 2001.

Cartes p. 80-81, **Jalon** p. 86-87

B Les « nouvelles routes de la Soie » au service des intérêts chinois

- **La Chine est désormais la première puissance commerciale dans le monde.** Intégrée à l'Organisation mondiale du commerce (OMC) en 2001, elle commerce avec toutes les régions du monde et représente 12 % des échanges mondiaux de marchandises en 2019. Pour y parvenir, la Chine a modernisé ses nombreuses infrastructures portuaires et développé ses axes de transport vers l'intérieur du pays.

- **Les « nouvelles routes de la Soie » sont au service de la puissance chinoise.** Ce projet, initié dès 2013 par le président Xi Jinping, affirme le statut de puissance commerciale mondiale de la Chine. La Chine investit dans des ports de l'océan Indien (Gwadar au Pakistan) et d'Afrique (Djibouti) : elle y construit des bases navales afin de sécuriser les routes maritimes qui la relient aux ressources pétrolières du Golfe persique, de stimuler la croissance et de nouer des alliances diplomatiques.

Cartes p. 80-81, **Jalon** p. 88-89, **HGGSP 1re** Thème 2 Axe 2

II Des ambitions de plus en plus marquées dans la conquête spatiale

A La Chine, acteur majeur de la course à l'espace

- **La Chine devient une grande puissance spatiale à partir des années 2000.** Le succès du programme spatial se veut une vitrine de la réussite chinoise : première sortie extravéhiculaire en 2008, lancement de la première station spatiale chinoise *Tiangong 1* en 2011, sondes spatiales sur la face cachée de la Lune en 2018-2019, etc.

- **Les enjeux de la course à l'espace demeurent essentiels.** Sur le plan économique, l'innovation spatiale s'inscrit au cœur du projet « Made in China 2025 » (transition vers les industries de pointe) lancé par le président Xi Jinping. Sur

Dates clés

- 2001 Adhésion à l'Organisation mondiale du commerce (OMC)
- 2003 Yang Liwei, premier taïkonaute dans l'espace
- 2011 *Tiangong 1*, première station spatiale chinoise
- 2012 Liu Yang, première taïkonaute dans l'espace
  Mise en service du premier porte-avions chinois, le *Liaoning*
- 2013 Lancement du projet des « nouvelles routes de la Soie »
- 2019 *Chang'e*, premier vaisseau spatial à se poser sur la face cachée de la Lune

BIOGRAPHIE

Hu Jintao (né en 1942)

Président de la République populaire de Chine de 2003 à 2013. Son mandat, marqué par l'autoritarisme politique (contrôle d'Internet, arrestation des opposants), se caractérise par des réformes visant à réduire les inégalités sociales et par l'affirmation de la Chine à l'échelle internationale.

BIOGRAPHIE

Xi Jinping (né en 1953)

Président de la République populaire de Chine depuis 2013. Il défend le « rêve chinois » visant à faire de la Chine une puissance de premier plan. En 2018, il modifie la Constitution afin de rester président pour une durée illimitée.

le plan géopolitique, la maîtrise des technologies spatiales est un outil de la puissance militaire. Sur le plan scientifique, les succès dans le domaine spatial contribuent à renforcer le ***soft power*** chinois.

Jalon p. 86-87, **Chapitre 1** p. 42-43

B Bientôt la première puissance spatiale ?

- **Les Chinois progressent rapidement dans le domaine de la course à l'espace.** En 2011, la Chine dépasse pour la première fois les États-Unis concernant le nombre de lancements d'engins spatiaux dans l'année. Dans les dix prochaines années, la Chine prévoit de lancer une sonde sur Mars, d'effectuer des missions vers des astéroïdes et sur Jupiter. Une mission habitée sur la Lune est en projet.

- **Cette progression inquiète les États-Unis.** Les États-Unis, dont le budget consacré à l'espace reste de loin le plus élevé dans le monde (**Chapitre 1** p. 42-43), ont interdit tout projet spatial en collaboration avec les Chinois par crainte d'espionnage. D'autres pays cherchent également à se positionner dans la course à l'espace (Inde, Émirats Arabes Unis).

III De multiples défis

A Une expansion planétaire, source de tensions

- **Les Chinois souhaitent s'approprier les mers de Chine.** En mer de Chine orientale, le conflit avec le Japon porte notamment sur les îles Diaoyu et Senkaku. En mer de Chine méridionale, la Chine fonde ses revendications sur la **« ligne à neuf traits »**. Les enjeux sont nombreux (contrôle des routes, des ressources halieutiques, des réserves d'hydrocarbures) et les tensions fortes avec les États riverains. Les États-Unis mènent régulièrement des opérations afin d'y maintenir la **liberté de circulation** pour les navires.

Points de vue p. 90-91 **Géo T^le** La mer de Chine méridionale (thème 1)

- **Les ambitions chinoises dépassent désormais les mers de Chine.** La Chine cherche à développer son influence dans l'océan Indien ou dans le Pacifique Sud. Elle s'intéresse également aux routes maritimes circumpolaires qui pourraient être dégagées des glaces avec le réchauffement climatique.

Cartes p. 80-81

B La Chine vulnérable : un colosse aux pieds d'argile ?

- **Les ambitions chinoises suscitent des critiques.** Les investissements massifs de la Chine, en Afrique (**« Chinafrique »**) ou en Europe (rachat du port du Pirée à Athènes), sont dénoncés par certains États (Thaïlande, Algérie...) comme une forme d'impérialisme. Le régime chinois reste autoritaire (censure, propagande).

- **La superpuissance chinoise demeure incomplète et confrontée à de multiples défis :** défi démographique (vieillissement de la population), réduction des inégalités, gestion de la pollution, etc. La croissance économique est en baisse continue depuis le début des années 2010. Par ailleurs, l'essentiel du trafic maritime chinois passe par des détroits qu'elle ne contrôle pas.

Géo 1re Les investissements chinois en Afrique (thème 2), La Chine (thème 4)

RESSOURCES

« **Mer de Chine : bataille navale ?** », *Le Dessous des cartes*, Arte, 2019. Une vidéo très claire de 12 minutes sur les enjeux et les tensions en mer de Chine.
www.youtube.com/watch?v=IL3ViF4N9ds

« **Géopolitique de la Chine** », ***revue Diplomatie***, n° 45, 2018. Une série d'articles riches et synthétiques sur divers enjeux de la Chine contemporaine.

VOCABULAIRE

BRICS : voir p. 81

« Chinafrique » : terme désignant la politique d'investissements massifs de la Chine sur le continent africain (rachat de terres, installation d'entreprises, construction d'infrastructures).

Liberté de circulation : voir p. 87

« Ligne à neuf traits » : voir p. 90

« Nouvelles routes de la Soie » : voir p. 81

Organisation de coopération de Shanghai (OCS) : voir p. 81

Organisation mondiale du commerce (OMC) : organisation internationale dont l'objectif est de favoriser le commerce international entre les pays. Elle regroupe 164 membres en 2019.

Soft power : littéralement, « puissance douce ». Terme apparu dans les années 1990 afin de qualifier le rayonnement, l'influence, le prestige culturel d'un État. Il se démarque du *hard power*, qui se fonde sur la puissance militaire.

Stratégie du « collier de perles » : expression désignant la présence de la marine chinoise dans des ports, de la Chine à l'Afrique et au Moyen-Orient, afin de sécuriser ses voies d'approvisionnement maritime.

FICHES DE LECTURE

« La Chine démontre sa puissance spatiale en se posant sur la face cachée de la Lune », *France Culture*, 27 septembre 2018. Un article synthétique accompagné de vidéos et de documents audio.
www.franceculture.fr/geopolitique/la-chine-dans-lespace-un-monde-a-part

Sophie Boisseau du Rocher, Emmanuel Dubois de Prisque, *La Chine e(s)t le monde*, Odile Jacob, 2019. Un essai documenté sur la « sino-mondialisation », écrit par deux chercheurs spécialistes. Voir le chapitre 7.

Jalon

La Chine : une volonté politique d'affirmation

CARTES p. 80-81
COURS p. 82-83
COURS p. 84-85

Le gouvernement chinois projette de devenir la première puissance mondiale en 2049, un siècle après la proclamation de la République populaire de Chine. Son affirmation sur les mers et dans l'espace est un moyen de parvenir à cet objectif en renforçant ses atouts géostratégiques, économiques et commerciaux.

Comment et dans quels buts les ambitions maritimes et spatiales de la Chine s'affirment-elles ?

1 Un regard historique : les routes de la Soie

[Ce projet] a été intronisé officiellement en 2013, lors d'un voyage du président Xi Jinping au Kazakhstan, avec pour objectif principal la construction d'infrastructures sur deux types de routes. Des routes terrestres sur tout le continent eurasien depuis la Chine jusqu'en Europe, et des routes maritimes qui relient ces deux espaces *via* le détroit de Malacca, l'océan Indien et la mer Rouge, en longeant la corne de l'Afrique. Soit deux routes historiques bien connues : les anciennes routes terrestres de la Soie, interrompues à partir du XVe siècle, et la route maritime empruntée notamment, à partir du siècle suivant, par les Portugais. [...] Il faut noter que le nom officiel a changé : pour « *One Belt One Road* » d'abord, puis pour « *Belt and Road Initiative* » en 2016. Une manière d'englober des espaces bien au-delà de ceux des anciennes routes de la Soie. Une route maritime de l'Arctique est prévue ! Et il est probable que d'autres voies maritimes s'y ajoutent progressivement, par exemple à travers le Pacifique, bien loin de Samarkand[1] et de l'Asie centrale ! C'est à se demander si la Lune ne sera pas un jour intégrée aux « nouvelles routes de la Soie »...

Jean-François Huchet, « Vous avez dit « routes de la Soie » ?, *L'Histoire*, n° 459, mai 2019.

1. Ville d'Ouzbékistan au riche patrimoine, étape majeure sur la route de la Soie médiévale.

Étude critique de documents

Jean-François Huchet est professeur d'économie à l'Inalco (Institut national des langues et civilisations orientales) et spécialiste de l'économie chinoise.

→ **Comment le projet chinois des « routes de la Soie » évolue-t-il ?**

2 Des investissements croissants

a. Les sous-marins nucléaires dans le monde de 2006 à 2018

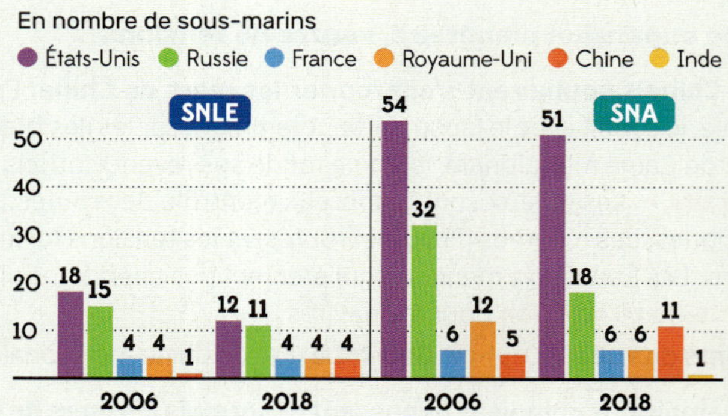

SNA : sous-marins nucléaires d'attaque.
SNLE : sous-marin nucléaire lanceur d'engins.
Chapitre 1, p. 45

Sources : Vincent Périer, dans Les Grands Dossiers de Diplomatie*, n°46, août-sept. 2018 (2006 et 2012) ; Éric Frécon, « Les marines nationales »,* Géoconfluences*, juil. 2014 (2018).*

b. Les budgets spatiaux des principales agences (en milliards de dollars)

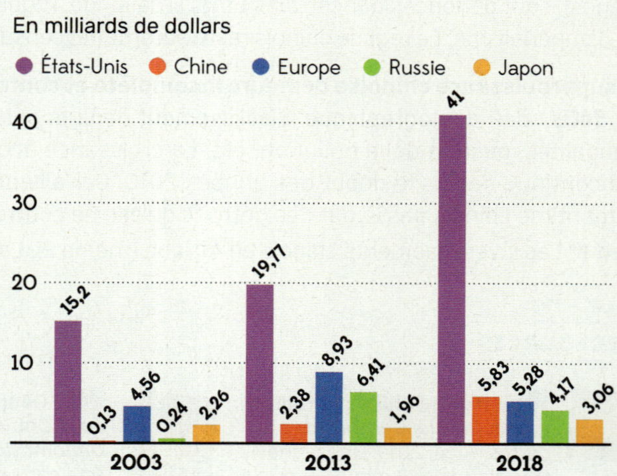

Sources : Agence spatiale canadienne, Euroconsult, 2019.

→ **Comparez l'évolution des investissements de la Chine avec ceux des autres puissances.**

VOCABULAIRE

Leadership : position de leader, de première puissance.

Liberté de circulation : principe autorisant les individus et les marchandises à traverser librement les frontières et à circuler sur les mers et les océans du globe.

Puissance : voir p. 36

Souveraineté : autorité suprême (législative, judiciaire, exécutive) reconnue à un État indépendant, qui l'exerce sur un territoire délimité (territoire national).

3 Xi Jinping, principal acteur de l'affirmation de la Chine

Le 13 avril 2018, le président chinois Xi Jinping (en fonction depuis 2013) passe en revue la marine de l'APL (Armée populaire de libération). Il a déclaré que la nécessité pour la Chine de construire une marine forte « n'a jamais été aussi urgente qu'aujourd'hui ».

→ **Que montre cette photographie ?**

4 Les ambitions spatiales de la Chine

La Chine a dévoilé un ambitieux programme d'exploration [...] de la Lune[1] avec comme ambition de rapporter des échantillons des deux faces et d'envoyer un taïkonaute[2] à l'horizon 2036. Ce programme lunaire n'a pas seulement des objectifs scientifiques. Il a aussi pour but de développer les technologies indispensables pour aller encore plus loin que la Lune. En effet, la Chine a dans ses cartons des projets de missions à destination de Mars, Vénus et Jupiter. La Lune sera également utilisée [...] pour tester les technologies nécessaires et comme tremplin pour se lancer dans l'espace lointain.

Mais si Vénus et Jupiter sont des destinations au-delà de la décennie 2030, Mars est d'actualité. En parallèle aux missions lunaires, la Chine développe au moins deux missions martiennes dont une sera lancée en 2020 [...]. Si la Chine parvient à se poser sur Mars, elle sera seulement le troisième pays à réussir cet exploit, après la Russie et les États-Unis.

Rémy Decourt, « Après la Lune, la Chine se prépare à conquérir Mars », futura-sciences.com, 22 janvier 2019 [en ligne].

1. En janvier 2019, la Chine réussit l'alunissage d'un robot sur la face cachée de la Lune.
2. Nom donné aux astronautes chinois.

→ **Comment la Chine s'affirme-t-elle comme une puissance spatiale majeure ?**

EN AUTONOMIE VERS LE BAC

Mise en relation des documents

1. Montrez la place majeure des mers et des océans dans les discours d'affirmation de la puissance chinoise. docs 1 et 3

2. Par quels moyens (investissements, appropriations) la Chine s'affirme-t-elle sur les océans et dans l'espace ? docs 1 à 4

BAC Vers l'écrit ▸ Dissertation

Sujet : « Les mers et l'espace, des enjeux de puissance pour la Chine ».

▸ Analysez ce sujet et élaborez un plan détaillé pour le traiter.

▸ Mobilisez pour cela vos connaissances et aidez-vous du cours et du contenu de cette double page.

BAC Vers le grand oral

Préparez un exposé de 5 minutes sur le projet d'exploration lunaire de la Chine.

▸ Rassemblez des articles issus de journaux ou de sites Internet sur les ambitions lunaires de la Chine.

▸ Montrez l'importance de ce projet dans la stratégie d'affirmation de la puissance chinoise.

▸ À l'issue de votre présentation, trois élèves de la classe imaginent une question que le jury pourrait vous poser sur votre exposé. Répondez ensuite à ces questions.

Jalon

Des enjeux économiques et géopolitiques considérables pour la Chine et le reste du monde

CARTES p. 80-81
COURS p. 84-85
POINTS DE VUE p. 90-91

L'affirmation de la Chine sur les mers et les océans ainsi que dans l'espace accentue sa puissance économique et renforce son rôle majeur dans les relations internationales. Elle remet en question les équilibres internationaux actuels, notamment le leadership des États-Unis.

Comment l'ordre économique et géopolitique mondial est-il remis en question par les ambitions maritimes et spatiales de la Chine ?

1 La rivalité spatiale avec les États-Unis

Dessin publié le 4 janvier 2019, le lendemain de l'alunissage de la sonde spatiale chinoise *Chang'e 4*.
Dessin de Shadi Ghanim, *The National* (Émirats Arabes Unis).

→ **Que montre ce dessin ?**

2 Bateaux de pêche dans le port de Qingdao en août 2019

Ces pêcheurs se préparent pour une nouvelle campagne de pêche. Pour répondre à son défi alimentaire, la Chine est devenue la première puissance halieutique du monde (plus de 15 millions de tonnes de poissons pêchés en 2016).

3 L'océan Indien deviendra-t-il l'océan Chinois ?

C'est un lieu essentiel de la mondialisation, un espace maritime au cœur des principaux enjeux géostratégiques de la planète. Sous l'égide des États-Unis s'y côtoient les ambitions des deux géants régionaux, qui aspirent à être des superpuissances mondiales : la Chine et l'Inde. C'est un océan dénommé « Indien » que New Delhi considère comme son pré carré[1]. C'est aussi un lien entre l'Europe, le Proche-Orient, l'Afrique et l'Asie, où transitent les flux maritimes qui nourrissent la croissance de la planète. Un quart du commerce mondial et 80 % du pétrole chinois passent par le détroit de Malacca, trait d'union entre l'océan Indien et le Pacifique, entre la mer d'Andaman et la mer de Chine méridionale. [...] La Chine a bâti un réseau de bases militaires et logistiques lui permettant d'assurer la sécurité de ses voies d'approvisionnement, notamment en Birmanie, au Bangladesh, au Pakistan [...], en Thaïlande et au Sri Lanka.

François Bougon, « L'Océan Indien deviendra-t-il l'Océan Chinois ? », *Le Monde*, hors-série « Géopolitique des îles en 40 cartes », juillet-août 2019.

1. Domaine réservé. Expression de Vauban (1633-1707) pour désigner le royaume de Louis XIV défendu par ses fortifications.

→ **Comment et pourquoi la Chine remet-elle en question les ambitions de souveraineté indienne sur l'océan Indien ?**

VOCABULAIRE

Géostratégique : qui concerne les questions d'appropriation des territoires et des ressources dans l'éventualité d'un affrontement militaire entre États.

Mondialisation : processus d'intégration et d'interdépendance des territoires et des sociétés humaines à l'échelle mondiale. Il entraîne une intensification des flux de capitaux, d'informations, de marchandises et de populations.

Zone franche : territoire bénéficiant d'avantages fiscaux et/ou douaniers.

CONTEXTE

L'installation d'une base à Djibouti est autorisée contre le paiement d'un loyer. La Chine finance également des projets de développement (nouvelle voie ferrée, adduction d'eau).

4 L'implantation chinoise à Djibouti

Carte interactive

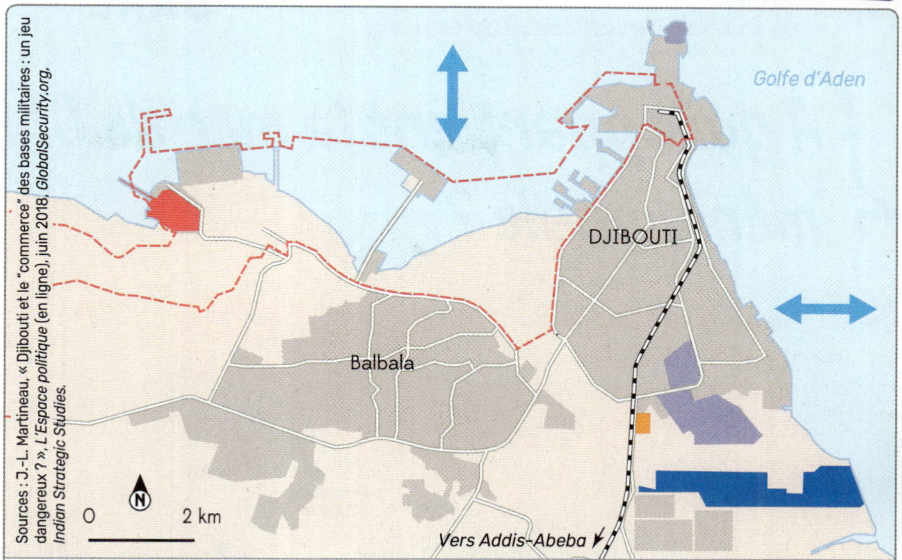

1. Un site stratégique
- Connexion à la mer Rouge et à l'océan Indien
- Nouvelle voie ferrée vers l'Éthiopie, puissance émergente africaine

2. Une forte présence militaire occidentale
- Bases françaises
- Base américaine
- Base japonaise

3. Une présence chinoise croissante
- Base militaire chinoise (2017)
- Zone franche pour les entreprises chinoises

→ **Quelles rivalités peut-on observer entre la Chine et les autres puissances présentes à Djibouti ? Comment les expliquer ?**

5 De l'exploration à l'exploitation spatiale

Le regard d'une politiste

À l'instar des missions Apollo de la NASA qui avaient reçu le nom d'un dieu grec, le programme chinois d'exploration lunaire [Clep, pour *Chinese Lunar Exploration Program*] porte celui d'un personnage de la mythologie chinoise : Chang'e, la déesse de la Lune. Mais à la différence du programme Apollo, l'objectif du Clep n'est pas de laisser « des drapeaux et des empreintes de pas ». Le Clep veut rejoindre la déesse Chang'e, qui a fait de la Lune sa demeure, et y établir une présence humaine permanente d'ici à 2036. L'objectif est d'exploiter ses ressources minières comme le titane, l'uranium et le minerai de fer, ainsi que sa glace d'eau pour fabriquer sur place des fusées et du carburant. Avoir des unités de fabrication dans l'espace est capital pour la Chine si elle veut mener à bien ses projets d'exploitation de l'espace, comme l'extraction des minerais des astéroïdes [...].

Namrata Goswami, « Géopolitique spatiale. La Chine relance la course à la Lune », *The Diplomat* (Sydney), *Courrier International*, n° 1498, 18 juillet 2019 [en ligne].

Namrata Goswami, chercheuse à New Delhi, est une spécialiste indienne des relations internationales.

→ **À quelles ambitions économiques les explorations chinoises sur la Lune répondent-elles ?**

EN AUTONOMIE VERS LE BAC

Mise en relation des documents

1. Comment la conquête des mers et de l'espace renforce-t-elle la puissance économique chinoise ? docs 2 à 5

2. Quels changements géopolitiques les ambitions maritimes de la Chine entraînent-elles ? docs 1, 3 et 4

BAC Vers l'écrit

▸ **Étude critique de documents**

Rédigez un paragraphe qui montre que les documents 1 et 2 se complètent et présentent pour la Chine des enjeux à la fois économiques et géopolitiques dans les domaines des mers et de l'espace.

BAC Vers le grand oral Activité guidée

Réalisez un dossier sur l'implantation de la Chine dans un port étranger et présentez-le en 5 minutes à l'oral.

▸ Choisissez un port parmi ceux figurant sur la carte p. 80 (Djibouti, Gwadar, Le Pirée...).

▸ Vous devez montrer comment cette implantation atteste des ambitions de la Chine.

Points de vue GRAND ORAL

À qui appartient la mer de Chine méridionale ?

1 Un partage territorial maritime conflictuel

La représentation cartographique

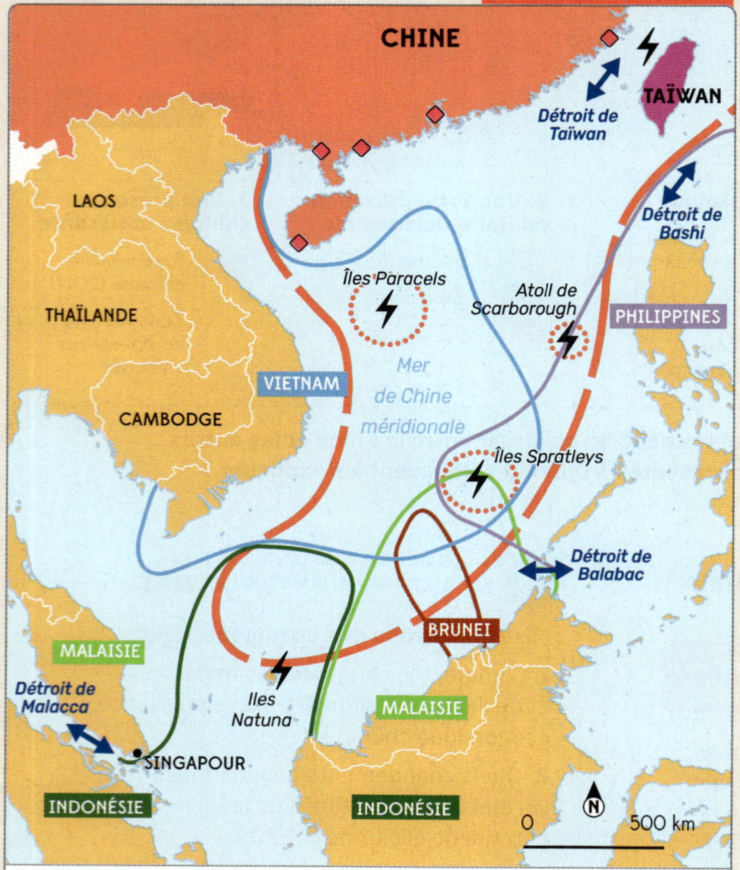

1. Les pays riverains
- La Chine, puissance régionale et mondiale
- Taïwan (Chine nationaliste)
- Pays membres de l'ASEAN

2. Une mer chinoise ?
- ZEE revendiquée par la Chine (« Ligne à neuf traits »)
- Bases navales
- Archipels revendiqués et artificialisés illégalement
- Tensions avec les pays voisins
- Détroits stratégiques

3. Revendications des autres pays riverains au-delà des ZEE
- Malaisie
- Indonésie
- Brunei
- Vietnam
- Philippines

Carte interactive

2 Arbitrage de la Cour permanente de La Haye[1] (Pays-Bas)

Le point de vue d'une instance internationale

La Chine a déclaré à plusieurs reprises qu'elle « n'accepte pas l'arbitrage introduit unilatéralement par les Philippines et n'y participe pas ». [...] Le Tribunal [de la Cour permanente] estime que, dans la mesure où la Chine avait des droits historiques sur des ressources dans les eaux de la mer de Chine méridionale, ces droits ont été éteints étant donné qu'ils étaient incompatibles avec les zones économiques exclusives prévues par la Convention. Le Tribunal note également que, bien que les navigateurs et pêcheurs chinois, ainsi que ceux d'autres États, ont, historiquement, fait usage des îles de la mer de Chine méridionale, il n'existe aucune preuve que la Chine a, historiquement, exercé un contrôle exclusif sur les eaux et leurs ressources. Le Tribunal juge qu'il n'y a aucun fondement juridique pour que la Chine revendique des droits historiques sur des ressources dans les zones maritimes à l'intérieur de la « ligne à neuf traits ».

Cour permanente d'arbitrage, Communiqué de presse, Arbitrage relatif à la mer de Chine méridionale (La République des Philippines contre la République populaire de Chine), 12 juillet 2016.

1. Instance chargée de régler les conflits internationaux par l'arbitrage.

VOCABULAIRE

« Ligne à neuf traits » : ligne délimitant une partie de la mer de Chine méridionale sur laquelle la Chine affirme sa souveraineté. Elle est dessinée sur les cartes chinoises à partir des années 1940. Depuis 2013, la Chine parle de la ligne à « 10 traits » incluant Taïwan.

3 La Chine face au droit international

Le point de vue du gouvernement chinois

Les îles de la mer de Chine méridionale font partie du territoire chinois. Les activités du peuple chinois dans la mer de Chine méridionale remontent à plus de 2 000 ans. La Chine est la première à avoir découvert, nommé, exploré et exploité ces îles, et la première à avoir exercé de manière continue, pacifique et efficace la souveraineté et la juridiction sur cette mer. La souveraineté de la Chine et les droits et intérêts pertinents en mer de Chine méridionale ont été établis au cours de la longue histoire [...]. À partir des années 1970, les Philippines ont envahi et occupé illégalement par la force certaines îles et récifs et ont soulevé des revendications territoriales illégales [...]. Ces affirmations des Philippines n'ont aucune base, ni dans l'histoire ni dans le droit international, et ne peuvent en rien changer le fait que la mer de Chine est un territoire chinois [...]. Tout en préservant fermement sa souveraineté territoriale et ses droits et intérêts maritimes en mer de Chine méridionale, la Chine reste résolue à résoudre les différends par la négociation et la consultation, à gérer les différends au moyen de règles et de mécanismes et à obtenir des résultats bénéfiques pour tous grâce à une coopération mutuellement bénéfique. La Chine est déterminée à transformer la mer de Chine méridionale en une mer de paix, d'amitié et de coopération.

Déclaration de Liu Zhenmin, vice-ministre des Affaires étrangères de la Chine, 13 juillet 2016.

4 L'expansion militaire chinoise en mer de Chine méridionale

Stephff, cartoonmovement.com, 4 mai 2018.

Le point de vue d'un dessinateur de presse

Stephff est un dessinateur français installé à Bangkok. Il collabore avec de nombreux journaux.

5 Manifestation à Manille (Philippines) contre la présence chinoise, 12 juillet 2019

Déclenchée par le naufrage d'un navire philippin à la suite d'un accrochage avec un navire de pêche chinois, cette manifestation intervient trois ans après l'arbitrage de la Haye (doc 2).

CONSTRUIRE SON POINT DE VUE

Découvrez les documents

1. Pourquoi la mer de Chine méridionale est-elle conflictuelle ? docs 1, 3 et 5

2. Comment la Chine assure-t-elle sa présence en mer de Chine méridionale ? docs 1, 2 et 4

3. Pourquoi et par qui les revendications de la Chine en mer de Chine méridionale sont-elles contestées ? docs 1, 3, 4 et 5

Développez des arguments

4. Quelles sont les raisons qui motivent la Chine à s'approprier une large partie de la mer de Chine méridionale ? docs 1, 2 et 5

5. Montrez que le rapport de force en mer de Chine méridionale est à l'avantage de la Chine. docs 1 à 4

6. Quels sont les éléments qui permettent aux pays riverains de la mer de Chine méridionale de s'opposer aux revendications chinoises ? docs 1, 3 et 4

Présentez votre point de vue ORAL

7. À l'oral, en 5 minutes, répondez à la problématique « À qui appartient la mer de Chine méridionale ? » en présentant plusieurs arguments.

Révisions

La Chine : à la conquête de l'espace, des mers et des océans

Podcast Synthèse à écouter

EXO Exercices interactifs

MOTS CLÉS

« Quatre modernisations » : p. 83

Stratégie du « collier de perles » : p. 85

Shenzhou : p. 83

« Nouvelles routes de la Soie » : p. 81

SUJETS BAC

Dissertation

- « La conquête des mers et des océans, enjeu de la puissance chinoise » p. 94
- « Les mers de Chine : enjeux de l'affirmation de la puissance chinoise » p. 95

Étude critique de documents

- « Les mers et l'espace, des enjeux économiques et géopolitiques pour la Chine » p. 89
- « La Chine et les routes maritimes » p. 80 et 86
- « La Chine à la conquête des mers, de l'océan et de l'espace » p. 95

SYNTHÈSE

I Les ambitions maritimes de la superpuissance chinoise

● **La fin du XXe siècle marque la volonté de la Chine de devenir une puissance maritime de premier plan.** Les dirigeants chinois, Deng Xiaoping (1978-1997) en particulier, considèrent que le développement du pays passe par l'insertion du pays dans la mondialisation du commerce. La sécurisation des mers proches devient dès lors une priorité puisqu'une grande partie des échanges et des approvisionnements, dont dépend la Chine, transite par voie maritime.

● **Les ambitions maritimes de la Chine s'affirment depuis le début du XXIe siècle.** Outre la défense des côtes, l'objectif des autorités chinoises est de s'imposer sur les océans afin de renforcer la puissance du pays. En mer de Chine méridionale, la Chine militarise des territoires insulaires (îles Paracels et Spratleys). Elle s'impose désormais comme la deuxième puissance navale mondiale derrière les États-Unis et dispose d'une base à l'étranger (Djibouti).

Jalon p. 86, **Jalon** p. 88, **Géo T^le** La mer de Chine méridionale (thème 1)

II Les ambitions spatiales de la superpuissance chinoise

● **Le XXe siècle marque l'entrée de la Chine dans la « course à l'espace ».** Mao Zedong développe le programme spatial chinois, sous tutelle soviétique jusque dans les années 1960, puis sans aide étrangère. L'arrivée au pouvoir de Deng Xiaoping en 1978 apporte une impulsion nouvelle (« Quatre modernisations ») et la Chine se hisse rapidement parmi les principales puissances spatiales.

● **Le XXIe siècle marque l'affirmation de la Chine dans la conquête spatiale.** Le pays accumule les succès : il dispose désormais de quatre bases de lancement ; le premier taïkonaute est envoyé dans l'espace en 2003 ; une station spatiale est lancée en 2011 et une sonde chinoise explore la face cachée de la Lune à partir de 2019. Une mission habitée sur la Lune est prévue à l'horizon 2025-2030, ainsi que le lancement d'une sonde sur Mars.

Cartes p. 80, **Jalon** p. 86, **Jalon** p. 88, **Chapitre 1** p. 42-43

III Une superpuissance chinoise confrontée à de multiples défis

● **Les ambitions territoriales de la Chine sont à l'origine de tensions.** Les mers de Chine représentent une zone particulièrement instable (risques de conflit avec les États riverains : Japon, Philippines…). Au-delà de ces territoires, la Chine investit sur tous les continents (Afrique en particulier), dans les mers et océans (océan Indien, Pacifique Sud) et convoite désormais les pôles.

● **La Chine est concurrencée à l'échelle mondiale.** Qu'il s'agisse de la conquête des mers et des océans ou de celle de l'espace, les rivalités sont fortes. Les États-Unis en particulier considèrent la Chine comme leur principal adversaire, les deux puissances se disputant la première place dans de nombreux domaines (militaire, technologie, commerce, etc).

Cartes p. 80, **Points de vue** p. 90

QCM

1. Arrivé au pouvoir en 1978, Deng Xiaoping…

A ...privilégie la sécurisation des frontières terrestres du pays.

B ...veut faire de la Chine une grande puissance militaire.

C ...fait de la Chine la 1re puissance navale mondiale.

2. Le *Liaoning* est le nom :

A d'un port financé par la Chine en Asie du Sud-Est.

B d'une base navale construite par la Chine sur le continent africain.

C du premier porte-avions de la marine chinoise.

3. Pourquoi le contrôle des mers de Chine constitue-t-il un enjeu géostratégique pour la Chine ?

A Il permettra d'y implanter une base de lancement spatial.

B Il permettra de contrôler les routes maritimes.

C Il permettra d'avoir accès aux ressources halieutiques.

4. En Chine, l'année 1964 est marquée par :

A Le premier essai chinois de la bombe atomique.

B La création d'un ministère de l'Industrie spatiale.

C La construction d'une base de lancement de fusées en Mongolie intérieure.

5. En 2011, la Chine dépasse pour la première fois les États-Unis concernant :

A Le budget consacré à la conquête spatiale.

B Le nombre de lancements d'engins spatiaux dans l'année.

C Le nombre total de bases de lancement sur le territoire.

6. À quoi le nom du programme d'exploration lunaire chinois « Chang'e » fait-il référence ?

A C'est le nom du premier taïkonaute chinois.

B C'est le mot signifiant « Lune » en mandarin.

C C'est le nom d'un personnage de la mythologie chinoise.

COMPRENDRE AUTREMENT

La Chine : à la conquête de l'espace, des mers et des océans

L'affirmation de la puissance chinoise sur les espaces maritimes

- **Stratégie de « défense active des mers proches »** (années 1970)
- **Développement des forces navales** en vue de devenir une puissance maritime majeure
- **« Stratégie du collier de perles »** pour préserver les intérêts économiques chinois et sécuriser les routes maritimes
- **Appropriation de nouveaux territoires,** conflits en mer de Chine méridionale (« ligne à neuf traits »)

La Chine : une volonté politique d'affirmation p. 86

À qui appartient la mer de Chine méridionale ? p. 90

L'affirmation de la puissance chinoise dans la conquête spatiale

- **Lancement du programme spatial chinois** (années 1950)
- **Course à l'espace** avec l'aide de l'URSS (guerre froide) puis sans l'URSS dès les années 1960
- **Ambition de devenir une puissance** nucléaire, technologique et scientifique (années 1970)
- **Puissance spatiale internationale** suite au succès de nombreuses missions (lancement de satellites, missions Shenzhou, programme lunaire)

La Chine : une volonté politique d'affirmation p. 86

D'importants enjeux économiques et géopolitiques

- **Ouverture à la mondialisation** et investissements massifs partout dans le monde (« Chinafrique », Le Pirée…)
- **« Nouvelles routes de la Soie »** depuis 2013 : développement et contrôle des accès aux ressources et aux marchés
- **Renforcement du *soft power*** (instituts Confucius) **et du *hard power*** (augmentation du budget militaire)
- **Ouverture de nouvelles routes maritimes** liées au réchauffement climatique, conquête des pôles

Des enjeux économiques et géopolitiques considérables p. 88

À qui appartient la mer de Chine méridionale ? p. 90

BAC

Dissertation

SUJET BAC

La conquête des mers et des océans, enjeu de la puissance chinoise

- **La conquête des mers et des océans** : Idée de maîtrise/contrôle des espaces maritimes, d'extension de l'influence sur ces espaces
- **enjeu** : Ce qu'il y à gagner ou à perdre. Dans quels domaines ?
- **puissance** : Notion à définir : voir HGGSP 1re « Analyser les dynamiques des puissances internationales » (thème 2)
- **chinoise** : = Chine, acteur principal du sujet

MÉTHODE	APPLICATION
ÉTAPE 1 ANALYSER LE SUJET ET FORMULER UNE PROBLÉMATIQUE	
Définissez les mots clés, l'échelle, l'espace concerné, la période, le cadre chronologique. **Dégagez les enjeux du sujet et un fil conducteur formant une problématique : il s'agit d'une question clé posée par le sujet et à laquelle votre dissertation répondra.**	Analysez le sujet en vous aidant du modèle ci-dessus. Interrogez-vous sur le sens des mots principaux. Déterminez l'échelle du sujet : mondiale, régionale (un ensemble d'États ou une partie d'un continent), locale ? Quelles sont les notions mobilisées ? Exemple : La conquête des espaces maritimes constitue un enjeu global, mais cela sous-entend un ensemble d'enjeux (économiques, géopolitiques, stratégiques, diplomatiques) dont dépend la puissance d'un État à l'échelle mondiale. Formulez une problématique pour votre sujet. *Conseil* Pour vous aider à trouver une problématique, appuyez-vous sur l'analyse du sujet et interrogez-vous sur ce que vous voulez démontrer dans la dissertation. **Exercice** Parmi ces propositions de problématiques, laquelle vous paraît être adaptée au sujet ? **a.** Quel enjeu la conquête des mers et océans représente-t-elle pour la puissance chinoise ? **b.** Comment la conquête des mers et océans contribue-t-elle à l'affirmation de la puissance chinoise ? **c.** Pourquoi la conquête des mers et des océans est-elle un enjeu pour la Chine ?
ÉTAPE 2 MOBILISER LES CONNAISSANCES	
Notez, sur un brouillon, les connaissances personnelles nécessaires pour répondre au sujet (notions, dates, statistiques, faits géographiques…) **Faites des liens avec les programmes de spécialité 1re, d'histoire et de géographie** **Vérifiez que ces informations sont en rapport avec le sujet**	Notez vos connaissances sur les différents aspects du sujet. Exemple : Les types d'enjeux (économiques, géopolitiques, géostratégiques) ; les espaces maritimes concernés ; les moyens utilisés (économiques, militaires, diplomatiques) ; les objectifs recherchés et leurs résultats. **Chapitre 1 Cours** p. 45 ; **Chapitre 3 Cours** p. 82-83 parties I A et II ; **Cartes** p. 80-81 ; **Jalon** p. 88-89 **Géo Te** La mer de Chine méridionale (thème 1)
ÉTAPE 3 CONSTRUIRE UN PLAN ET ORGANISER LES CONNAISSANCES	
À partir de l'analyse du sujet, de la problématique et de vos connaissances, dégagez deux ou trois thèmes ou idées majeures qui formeront les parties du plan	**Exercice** Classez vos connaissances dans le plan suivant : **1.** Enjeu géostratégique *(appropriation des ZEE, ressources maritimes, etc.)* **2.** Enjeu économique *(puissance commerciale, « nouvelles routes de la Soie », etc.)*

- Identifiez les thèmes secondaires qui constitueront les sous-parties
- Classez les connaissances dans chaque sous-partie.
- Si un schéma vous semble pertinent pour illustrer une partie, construisez sa légende

3. Enjeu géopolitique
(stratégie du « collier de perles », défense des intérêts et extension de l'influence chinoise, « ligne à neuf traits », etc.)

- Construisez la légende de votre croquis.

Exemple : pour illustrer une partie intitulée « L'enjeu géopolitique de la conquête des espaces maritimes par la Chine », vous pouvez réaliser un croquis intitulé « Le cas de la mer de Chine méridionale ».

ÉTAPE 4 RÉDIGER LA DISSERTATION

a. Rédiger l'introduction

b. Rédiger le développement et éventuellement intégrer un schéma

c. Rédiger la conclusion

Méthode générale de la dissertation p. 22

- Rédigez une introduction présentant le sujet, la problématique et le plan.

Exemple d'introduction

- En vous appuyant sur votre travail au brouillon (étape 3), rédigez un paragraphe argumenté pour chaque partie du plan.
- Réalisez un croquis à partir de la légende que vous avez préparée à l'étape 3 et intégrez-le dans la 3e partie du développement.

Exemple de croquis Croquis 1 p. 90

- Rédigez une conclusion répondant à la problématique.

Exemple de conclusion

ENTRAÎNEZ-VOUS

Nouveau sujet

- **Les mers de Chine : enjeux de l'affirmation de la puissance chinoise**

BAC ▸ Étude critique de documents

SUJET BAC

La Chine à la conquête des mers, de l'océan et de l'espace

Doc 1 Carte « Les ambitions mondiales de la Chine » doc 1 p. 80

Doc 2 Dessin « La rivalité spatiale avec les États-Unis » doc 1 p. 88

Consigne : En analysant les documents, vous expliquerez les ambitions mondiales de la Chine.

LES QUESTIONS À SE POSER	LES CONNAISSANCES À MOBILISER	CONSEILS POUR L'ÉTUDE CRITIQUE
▸ Quels sont les mots-clés du sujet et de la consigne ? ▸ Quelles questions les documents posent-ils par rapport au sujet ? ▸ Quelle problématique peut être énoncée à partir du sujet, de la consigne et des thèmes abordés par les documents ?	**HGGSP 1re** Les nouvelles routes de la Soie (thème 2 axe 2) **HGGSP Tle** Chapitre 3 La Chine : à la conquête de l'espace, des mers et des océans **Géo 1re** Thème 4 La Chine **Géo Tle** La mer de Chine méridionale (thème 1) **Notions** Puissance, souveraineté, « nouvelles routes de la Soie », mondialisation	▸ Distinguez les moyens mis en œuvre par la Chine pour servir ses ambitions (politiques, économiques, militaires, technologiques, culturels ; notion de *soft power*) et leurs finalités stratégiques et géopolitiques. ▸ Mettez en relation le document 2 avec les informations de la carte : bases de lancement spatial ; puissances économiques concurrentes majeures. ▸ Dégagez des éléments d'analyse critique. Montrez par exemple que les ambitions chinoises se situent à plusieurs échelles : régionale (Asie du Sud-Est), continentale (Asie), mondiale. La carte illustre ici une emprise avant tout régionale.

Méthode générale de l'étude critique de documents p. 24

Révisions

Thème 1

De nouveaux espaces de conquête

SYNTHÈSE

Synthèse à écouter

NOTIONS CLÉS

Capacité de projection : p. 41

Conquête : p. 36

Convention des Nations unies sur le droit de la mer (CNUDM) : p. 62

Coopération : p. 36

Dissuasion : p. 41

Droit de la mer : p. 66

Haute mer : p. 62

New Space : p. 43

« Nouvelles routes de la Soie » : p. 81

Puissance : p. 36

SNLE : p. 41

Stratégie du « collier de perles » : p. 85

I Conquêtes, affirmations de puissance et rivalités

- **La maîtrise des espaces maritimes permet aux États de s'en approprier les richesses, mais aussi d'affirmer leur puissance.** Dans une économie mondialisée, le contrôle des routes maritimes garantit la fluidité du commerce international. Sur le plan militaire, la mer permet aux États d'assurer la projection de leur puissance sur des théâtres d'opérations lointains par le biais de groupes aéronavals. Parce qu'ils sont indétectables, les sous-marins nucléaires lanceurs d'engins (SNLE) permettent de répliquer à toute attaque éventuelle et garantissent donc la dissuasion.

- **La conquête spatiale débute dans les années 1950 dans un contexte de guerre froide qui lui confère d'emblée une dimension géopolitique.** Dans la « course à l'espace » qui les opposent aux Américains, les Soviétiques remportent les premiers succès avec la mise en orbite du satellite *Spoutnik* en 1957, puis l'envoi du premier homme dans l'espace (Youri Gagarine) en 1961. Ils sont rattrapés par les Américains qui parviennent à envoyer des hommes sur la Lune en 1969. Avec la fin de la guerre froide, l'investissement étatique dans la conquête spatiale tend à diminuer tandis que se multiplient les acteurs privés (*New Space*).

II Enjeux diplomatiques et coopérations

- **Les océans ont longtemps été des espaces de liberté échappant à la souveraineté des États.** La Convention des Nations unies sur le droit de la mer de 1982 a ouvert la voie à leur territorialisation, afin de clarifier les règles de leur mise en valeur économique. La haute mer, qui échappe à ce processus, doit quant à elle être protégée de la surexploitation et de la pollution.

- **Dès les années 1960, les États-Unis et l'URSS se sont entendus pour interdire la militarisation de l'espace.** La fin de la guerre froide a permis le développement de coopérations entre leurs programmes spatiaux, dont le symbole est la station spatiale internationale (SSI).

III Les ambitions océaniques et spatiales de la Chine

- **La Chine investit massivement dans sa marine depuis les années 1970.** Devenue l'« usine du monde », elle est économiquement très dépendante de ses importations de matières premières et de ses exportations de produits manufacturés. C'est pourquoi elle tient à sécuriser les grandes routes maritimes. Elle entend également réaffirmer sa souveraineté sur la mer de Chine méridionale, suscitant des tensions avec certains de ses voisins.

- **Profitant de la diminution des budgets spatiaux russe et américain, la Chine, qui ne participe pas à la SSI, ambitionne de s'imposer comme la première puissance spatiale.** Elle multiplie les lancements de satellites et prévoit d'envoyer de nouveau des hommes sur la Lune.

EN CONCLUSION

- Suggérez des idées, des pistes, posez une autre question, faites le lien avec l'actualité, avec un autre point de programme d'une de vos spécialités.

Exemple : La conquête spatiale n'est que l'un des aspects de la conquête de nouveaux espaces : les fonds océaniques, les abysses, restent encore mal connus et font l'objet d'ambitions de la part de nombreux États.

ÉTAPE 3 PRÉPARER LE SUPPORT À REMETTRE AU JURY

Même s'il n'est ni obligatoire ni évalué, prenez le temps de remettre un support au jury. Il prouvera la qualité de votre préparation.

- Préparez ce support manuscrit à l'avance. Reproduisez-le durant la préparation. Toutes les formes sont possibles : plan détaillé, fiche mémo, carte mentale, organigramme, tableau, schéma.

Exemples de support

ÉTAPE 4 PRÉSENTER LA RÉPONSE À LA QUESTION DEVANT LE JURY

Le jour J, vous devrez parler debout, sans note, pendant 5 minutes.

Rendez-vous p. 28 pour des conseils détaillés sur cette étape importante.

Exercice

Comment respecter les 5 minutes ? Découpez votre temps d'exposé :

Introduction : 40 secondes

1re partie du plan : 2 minutes

2e partie du plan : 2 minutes

Conclusion : 20 secondes

- Demandez à un camarade de vous chronométrer. Il doit arrêter le chronomètre dès que le temps est écoulé.
- Vérifiez où vous en êtes à ce moment là. Si vous n'avez pas terminé, réfléchissez à ce que vous devez corriger : votre débit de parole trop lent ? Des hésitations ? Un exposé trop long ?
- Si vous avez terminé avant la fin des 5 minutes, peut-être avez-vous un débit de parole trop rapide ou votre exposé est-il insuffisamment étoffé.
- Entraînez-vous et corrigez-vous jusqu'à ce que votre exposé tienne dans les 5 minutes imparties.

Conseil

Assurez-vous d'amener tout le matériel dont vous avez besoin pour reconstituer pour le jury la note que vous avez préparée à l'avance : stylos de couleur, fluo, crayons, règle... Et n'oubliez pas votre montre ! Le téléphone est interdit.

ÉTAPE 5 PRÉPARER LA DISCUSSION AVEC LE JURY

- Vous pouvez anticiper une partie des questions du jury et vous y préparer. Entraînez-vous pour développer votre capacité d'argumentation.

Exercice :

Répondez à un camarade qui, jouant le rôle de l'examinateur, vous demande :
- d'exprimer votre opinion au sujet du projet de colonisation de Mars ;
- de préciser les objectifs scientifiques de la conquête spatiale ;
- de montrer des liens entre votre question et votre deuxième enseignement de spécialité.

Exemples pour cette question

- Lien avec HLP, L'Humanité en question : chapitre « L'humain et ses limites » qui aborde la question « Jusqu'où peut-on aller ? » à travers l'extension des capacités humaines liée à la technique.
- Lien avec les LLCE, Thème « Voyages, territoires, frontières » : axe d'étude « Exploration et aventure », avec l'étude de l'esprit d'aventure aux États-Unis (envie de repousser la « frontière ») et l'exploration spatiale.
- Lien avec les SES, les 2 premiers chapitres d'économie sur les défis de la croissance économique et les fondements du commerce international : en quoi la conquête spatiale favorise-t-elle la croissance et l'innovation ?

Conseil

N'oubliez pas de réviser le programme de vos deux spécialités !

Conseil

Si vous ne connaissez pas une réponse, ne restez pas muet ! Essayez de faire le lien avec ce que vous savez. Demandez des indications au jury.

ÉTAPE 6 ÉCHANGER SUR SON PROJET D'ORIENTATION

« En quoi la question que vous avez choisie éclaire vos choix d'orientation, voire votre projet professionnel ? »

- Quelles études en lien avec cette question ?
Cette question intéressera les élèves qui veulent s'orienter vers des études de relations internationales, de philosophie ou sciences physique.
- Exemple de formation : l'université de Paris-Est-Créteil a créé le programme Campus spatial universitaire qui mêle des étudiants en sciences, informatique et économie.

Conseil

Entraînez-vous à exprimer précisément vos choix d'orientation : intitulé exact de la formation, lieu de la formation, mode d'accès (non sélectif, sélectif, concours...).

Thème 2

Faire la guerre, faire la paix : formes de conflits et modes de résolution

Au début du XIXe siècle, le théoricien Carl von Clausewitz affirmait que si les formes de la guerre varient dans le temps et dans l'espace, sa nature fondamentale, l'affrontement violent de deux volontés contradictoires, demeure identique. Mais c'est en tenant compte des spécificités propres à chaque conflit armé que l'on peut espérer y apporter une solution et ainsi faire advenir la paix.

Soldat sud-africain de la mission de l'ONU en République démocratique du Congo, novembre 2008

L'Organisation des Nations unies intervient depuis 1999 dans cette région en proie à la guerre civile pour tenter d'y rétablir la paix. Elle ne se contente pas d'une action militaire mais cherche aussi à prévenir les conflits, en tentant d'enraciner des pratiques démocratiques comme les élections libres.

SOMMAIRE

Découvrir

Panorama des conflits armés actuels

En ce début de XXIe siècle, la mortalité guerrière connaît une diminution généralisée. Loin de signifier le triomphe de la paix, ce recul atteste plutôt des mutations du fait guerrier, qui prend des formes de plus en plus variées.

1 La guerre aujourd'hui

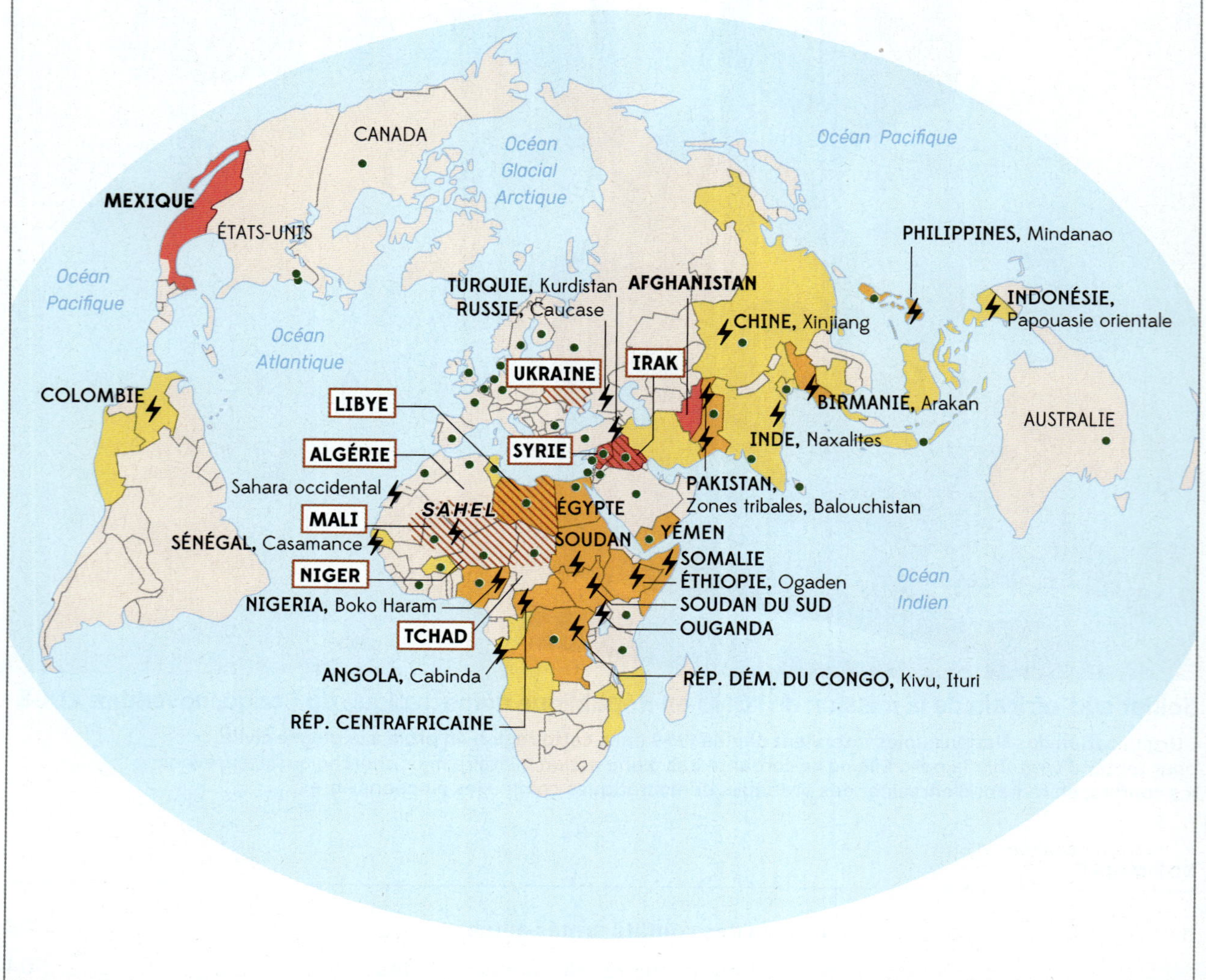

1. Différents degrés de conflictualité

- Conflit armé de faible intensité (moins de 1 000 morts en 2019)
- Conflit armé de forte intensité (entre 1 000 et 10 000 morts en 2019)
- Conflit armé majeur (plus de 10 000 morts en 2019)

2. Différents types de conflictualité

- Pays affecté par une guerre civile
- Pays touché par des attentats islamistes depuis 2001
- Conflits impliquant une ou plusieurs grandes puissances

→ **Quelles sont les régions du monde les plus touchées par la guerre ? Quelles sont les moins touchées ?**

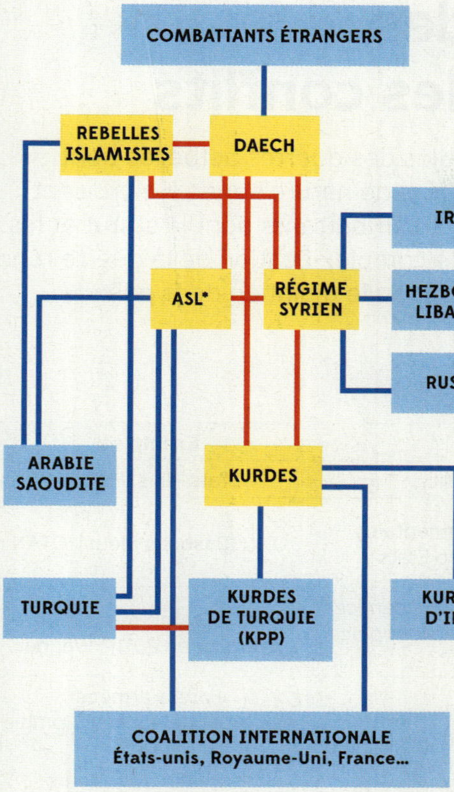

** **ASL** : Armée syrienne libre, rassemblant les opposants non islamistes au régime syrien.*

Acteurs de la guerre civile syrienne
Acteurs extérieurs à la Syrie
Ennemis *Alliés*

❷ Guerre civile ou interétatique ?

Depuis 2011, la Syrie est plongée dans un conflit qui oppose une partie de ses habitants à l'État. Chacun des deux camps en présence, loyaliste et rebelle, s'appuie sur des soutiens étrangers, étatiques ou non.

→ **Montrez, à partir du document 2, pourquoi il est parfois difficile de distinguer les situations de guerre civile et de guerre interétatique.**

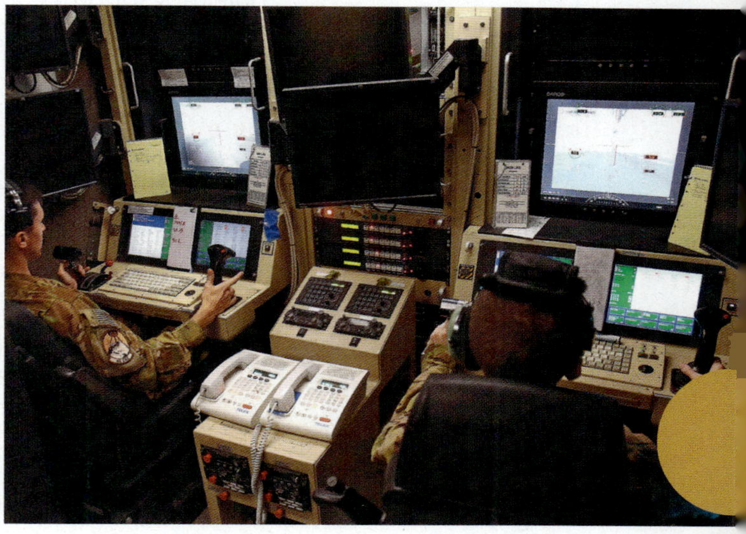

❸ Les drones armés : la guerre à distance

Des opérateurs de drone américains pilotent un engin engagé dans la lutte contre le groupe État islamique (Daech) dans la zone syro-irakienne depuis une base située aux Émirats arabes unis.

→ **Quel est l'intérêt de recourir à des drones plutôt qu'à des avions de chasse ?**

❹ Une typologie des conflits

Conflits opposant…		Types d'affrontement	Exemples
État ou coalition d'États	État ou coalition d'États	**Guerre interétatique**	Guerre israélo-libanaise (2006)
État ou coalition d'États	État beaucoup plus faible militairement	**Guerre asymétrique (inter ou intraétatique)**	Guerre d'Afghanistan (depuis 2001)
	Acteurs non conventionnels (parfois soutenus par des États)		
État	Acteurs non conventionnels contestant l'autorité de l'État sur une partie de son territoire	**Guerre intraétatique (ou civile)**	Kurdistan turc
Acteurs non conventionnels (parfois soutenus par des États)	Acteurs non conventionnels (parfois soutenus par des États)		Guerre entre narcotrafiquants mexicains
État	Acteurs non conventionnels (parfois soutenus par des États)	**Terrorisme**	Vague d'attentats de 2015 en France

→ **Qu'est-ce qui différencie une guerre interétatique d'une guerre interétatique ?**

FAIRE LE POINT

Pourquoi peut-on dire que la guerre est un phénomène aux formes multiples ?

Découvrir

Acteurs et modes de résolution des conflits

L'une des caractéristiques principales des guerres actuelles tient au fait qu'elles mobilisent des acteurs de nature variée. Se croisent ainsi sur les champs de bataille des combattants dont le statut et les objectifs sont très différents. Cette complexification de la guerre rend d'autant plus difficile l'établissement ou le maintien de la paix.

1 Des conflits impliquant une multiplicité d'acteurs

	Acteurs	Caractéristiques	Exemples
Acteurs conventionnels	États	Pays membres de l'ONU	États-Unis, France
	Organisations internationales et coalitions	Organisations intergouvernementales ou alliances militaires entre États	ONU (Casques bleus), OTAN
	Sociétés militaires privées (SMP)	Entreprises privées qui louent leurs services à des États pour faire la guerre à leur place ou à leur côté	Blackwater (rebaptisée Academi en 2011) ; Wagner
Acteurs non conventionnels	Groupes rebelles	Combattants non affiliés officiellement à un État, qui contestent le contrôle d'un territoire à l'État ou à des troupes d'occupation étrangères	Forces armées révolutionnaires de Colombie (FARC) Parti des travailleurs du Kurdistan (PKK)
	Groupes criminels et terroristes	Groupes recourant à la violence à des fins d'enrichissement ou de domination	Pirates maritimes Narco-trafiquants Al-Qaida, Daech

→ **Qu'est-ce qui différencie les acteurs conventionnels des acteurs non conventionnels ?**

2 Les sociétés militaires privées (SMP)

Deux soldats de la SMP russe Sewa Security Service (de dos) au côté d'un soldat centrafricain (de face) dans le camp d'entraînement installé dans le palais de Berengo, ancienne résidence présidentielle. Le gouvernement centrafricain a confié à Sewa Security Service la formation de ses troupes et la protection d'un certain nombre de lieux sensibles dans le pays.

→ **Quelles raisons peuvent pousser un gouvernement à recourir aux services d'une SMP ?**

3 Une initiative française : le Forum de Paris sur la paix

Créé par le président Emmanuel Macron en 2018, ce Forum réunit chaque année des chefs d'État et de gouvernement, des diplomates et des représentants de la société civile afin de promouvoir la paix par la coopération internationale. Le boycott de l'édition 2019 par les États-Unis en a fortement limité la portée.

→ **Qu'est-ce qui différencie le Forum de Paris sur la paix et l'ONU ?**

4 Une typologie des paix

Types de paix	Structure du système de puissance	Rapports entre les grandes puissances	Exemple
Paix d'hégémonie	Concentration de la puissance par un acteur (unipolarité)		« *Pax Britannica* » au XIXe siècle
Paix d'équilibre	Dispersion de la puissance entre plusieurs acteurs (multipolarité)	Compétition	Guerre froide (1947-1991)
Paix de directoire		Coopération	Pacte germano-soviétique (1939)
Paix de droit international		Coopération	Traités de Westphalie (1648)[1] Pacte Briand-Kellog (1928)[2]

1. Chapitre 5 p. 130 et 138.
2. Traité signé à l'initiative de la France et des États-Unis par quinze puissances qui s'engageaient à ne pas recourir à la guerre pour régler leurs éventuels différends.

Source : d'après Bruno Aridiacono, *Cinq types de paix. Une histoire des plans de pacification et de paix perpétuelle (XVIIe-XXe siècles)*, PUF, 2011.

→ **Pourquoi la rivalité entre puissances n'est-elle pas nécessairement un obstacle à la paix ?**

5 La paix dans le monde en 2019

Calculé par un collège d'experts pour le magazine *The Economist*, le Global Peace Index mesure le degré de pacifisme des États. Sont prises en compte aussi bien la sécurité intérieure (criminalité, guerre civile...) que l'attitude extérieure (participation à des conflits interétatiques, financement des missions de maintien de la paix de l'ONU...).

→ **Comment expliquer que les États-Unis apparaissent moins bien classés que le Canada ou la France ?**

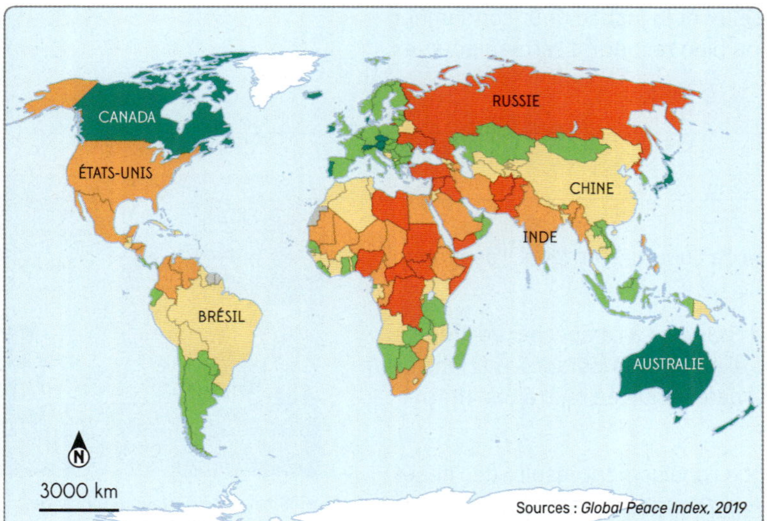

Sources : *Global Peace Index, 2019*

Degré de pacifisme

- Très élevé
- Élevé
- Moyen
- Faible
- très faible
- Données non disponibles

FAIRE LE POINT

Pourquoi peut-on dire que la paix résulte d'un processus construit entre plusieurs acteurs ?

Repères Formes de conflits et tentatives de paix dans le monde actuel

1 Conflit

- On qualifie de conflictuelle une situation dans laquelle un désaccord oppose deux acteurs au moins. Ceux-ci peuvent être des individus, des groupes sociaux (travailleurs engagés dans une grève) ou des États (opposés par exemple à propos du tracé d'une frontière).

- Un conflit n'est pas nécessairement violent. Un désaccord entre deux acteurs peut en effet s'exprimer et se résoudre pacifiquement. Par exemple, en cas de désaccord sur leur découpage frontalier, deux États peuvent s'en remettre à l'arbitrage d'une juridiction internationale indépendante.

- Pour le sociologue Georg Simmel (1858-1918), les conflits ne doivent pas être considérés comme fondamentalement nocifs. Au contraire, ils sont le propre de toute vie en société et contribuent à la faire évoluer. Il ne faut donc pas tant lutter contre les conflits qu'apprendre à les gérer pour éviter qu'ils ne prennent une forme violente.

Sceau de la Cour permanente d'arbitrage située à La Haye, aux Pays-Bas. Créée en 1899, elle règle des différends entre les États qui lui en font la demande.

2 Guerre

- Lorsqu'il ne peut être résolu par la négociation, un conflit peut déboucher sur une guerre, c'est-à-dire un affrontement violent visant à résorber par la force le différend opposant deux acteurs.

- Lorsqu'elle oppose deux groupes appartenant à un même pays, on qualifie la guerre de « civile ». Lorsqu'elle oppose deux États, on parle d'une guerre interétatique. La distinction entre ces deux types de guerre est toutefois difficile à établir dans la mesure où les guerres contemporaines mélangent souvent acteurs nationaux et internationaux.

- Comment considérer les violences terroristes et criminelles ? Doit-on considérer un attentat comme un acte de guerre ? En conséquence, doit-on mobiliser la police pour interpeller et la justice pour condamner les terroristes en tant que criminels, ou bien recourir à l'armée pour les éliminer en tant qu'ennemis ?

Unes de quotidiens français au lendemain des attentats du 13 novembre 2015.

3 Paix

- La paix est à la fois un état, l'absence de guerre, et un idéal, l'aspiration à vivre dans un monde de concorde.

- Elle n'exclut pas la conflictualité, mais parvient à l'empêcher de prendre une forme violente par la régulation qu'exercent des instances nationales (police, justice) et internationales (dissuasion nucléaire, traités internationaux, ONU) efficaces.

- On parle de paix « négative » lorsque l'apaisement résulte de l'hégémonie exercée par une puissance (« *Pax Romana* » dans l'Antiquité) ou de l'équilibre entre plusieurs puissances (système westphalien). Dans ce cas, la paix découle simplement de la peur du prix à payer si on engage une guerre. On parle de paix « positive » pour désigner une situation dans laquelle l'apaisement résulte d'une coopération durable et institutionnalisée entre des États désireux de cohabiter pacifiquement.

Le 29 février 2020, un diplomate américain (assis à gauche) et un représentant des talibans afghans (assis à droite) signent à Doha (Qatar) un accord destiné à mettre fin à la guerre les opposant depuis 19 ans. Le Qatar a joué les médiateurs.

QCM

1. Parmi ces combattants, lesquels sont des acteurs non conventionnels ?

- A Un soldat d'une armée nationale
- B Un jihadiste
- C Un Casque bleu

2. Parmi ces conflits, lequel est une guerre civile ?

- A La Seconde Guerre mondiale (1939-1945)
- B La guerre du Golfe (1991)
- C L'insurrection libyenne (2011)

3. Parmi ces pays, lequel n'est pas touché par une guerre civile en 2020 ?

- A L'Arabie saoudite
- B Le Yémen
- C L'Irak

4. Comment qualifie-t-on une guerre opposant deux acteurs disposant d'une puissance militaire très différente ?

- A Interétatique
- B Asymétrique
- C Intraétatique

5. Pour qui combat un Casque bleu ?

- A Un État
- B Une société militaire privée
- C L'ONU

6. Quelle puissance a assuré une paix d'hégémonie dans les années 1990 ?

- A L'URSS
- B Les États-Unis
- C Le Royaume-Uni

Entrer dans le thème

Chapitre 4 La dimension politique de la guerre : des conflits interétatiques aux enjeux transnationaux p. 108

Depuis l'époque moderne, les États ont tenté de s'arroger le monopole de la guerre et d'en codifier les règles. Ils sont aujourd'hui confrontés à l'émergence d'acteurs guerriers non étatiques qui contestent leur prétention à monopoliser la violence légitime.

En quoi les guerres d'aujourd'hui sont-elles différentes de celles du passé ?

Chapitre 5 Le défi de la construction de la paix p. 128

La paix n'est pas l'état naturel d'un monde dans lequel la guerre serait une parenthèse ou une anomalie. Elle est une construction impliquant l'engagement d'un certain nombre d'acteurs. C'est pourquoi gagner une guerre ne suffit pas toujours à rétablir une paix.

Pourquoi et comment construire la paix entre États depuis le XVIIe siècle ?

Chapitre 6 Le Moyen-Orient : conflits régionaux et tentatives de paix p. 148

Le Moyen-Orient est l'une des régions les plus conflictuelles du monde, marquée par une multiplicité des formes de conflits caractéristique de notre époque. Sa situation témoigne aussi des difficultés à établir une paix durable, malgré ou à cause de l'implication de nombreux acteurs.

Comment expliquer la densité de conflits qui caractérise cette région et la difficulté à les résorber ?

Chapitre 4

La dimension politique de la guerre : des conflits interétatiques aux enjeux transnationaux

Le stratège prussien Clausewitz (1780-1831) a défini la guerre comme « la prolongation de la politique par d'autres moyens ». Au XVIIIe siècle, elle oppose des États qui en limitent l'ampleur. À partir de la Révolution française, elle oppose des nations et tend à devenir « absolue » ou totale. Au XXIe siècle, la guerre correspond de moins en moins au modèle de Clausewitz : elle est le plus souvent irrégulière, asymétrique, impliquant des acteurs non étatiques.

En quoi les guerres d'aujourd'hui sont-elles différentes de celles du passé ?

Textes DYS
TOUS LES TEXTES EN VERSION DYS
lyceen.nathan.fr/geopolitiqueterm

SOMMAIRE

Les guerres napoléoniennes, un tournant dans l'histoire des conflits

Même s'il détestait Napoléon, le stratège prussien Carl von Clausewitz le considérait comme le « dieu de la guerre ». Pour écrire son traité *De la guerre* entre 1818 et 1830, Clausewitz s'inspire de l'analyse des guerres napoléoniennes, qui se rapprochent selon lui de la « guerre absolue ».

Horace Vernet, *La Bataille de Wagram, 6 juillet 1809* (détail), huile sur toile (5,43 x 4,65 m), 1836, Château de Versailles.

Repères

Le modèle clausewitzien de la guerre

Pour réaliser leurs objectifs politiques, les États peuvent recourir à la guerre. Si par nature, la guerre est absolue, les États ont su en contenir la violence au XVIIIe siècle. Ce n'est plus le cas quand, avec la Révolution française puis Napoléon, des nations en armes s'affrontent.

Comment Clausewitz définit-il la guerre et pense-t-il son évolution au début du XIXe siècle ?

1 Guerre et civilisation

La guerre n'est rien d'autre qu'un duel à plus vaste échelle. Si nous voulons saisir en une seule conception les innombrables duels particuliers dont elle se compose, nous ferions bien de penser à deux lutteurs. Chacun essaie, au moyen de sa force physique, de soumettre l'autre à sa volonté. Son dessein immédiat est d'abattre l'adversaire, afin de le rendre incapable de toute résistance. La guerre est donc un acte de violence destiné à contraindre l'adversaire à exécuter notre volonté. [...]

Chez les sauvages, les intentions inspirées par la sensibilité l'emportent ; chez les peuples civilisés ce sont celles que dicte l'intelligence. Cependant cette différence ne tient pas à la nature intrinsèque de la sauvagerie et de la civilisation, mais aux circonstances concomitantes, aux institutions, etc. [...] En un mot, même les nations les plus civilisées peuvent être emportées par une haine féroce. On voit par là combien nous serions loin de la vérité si nous ramenions la guerre entre peuples civilisés à un acte purement rationnel des gouvernements, qui nous paraîtrait s'affranchir de plus en plus de toute passion [...].

L'invention de la poudre et les progrès incessants dans le développement des armes à feu démontrent par eux-mêmes qu'en fait la tendance à détruire l'ennemi, inhérente au concept de la guerre, n'a nullement été entravée ou refoulée par les progrès de la civilisation.

Carl von Clausewitz, *De la guerre*, « La nature de la guerre » (livre I), chapitre 1, Éditions de Minuit, 1955 (traduction Denise Naville).

→ **Pourquoi la civilisation ne contribue-t-elle pas forcément à limiter la violence guerrière ?**

BIOGRAPHIE

Carl von Clausewitz (1780-1831)

Officier prussien, Clausewitz s'est inspiré des conflits auxquels il a participé pour théoriser la guerre. Présent à l'âge de 12 ans à la bataille de Valmy (1792), capturé par les Français en 1806, il les combat en 1812 dans l'armée russe. Directeur de l'Académie militaire de Berlin depuis 1818, il rédige le traité *De la guerre*, publié après sa mort entre 1832 et 1835.

2 Guerre et politique

La guerre d'une communauté – de nations entières et notamment de nations civilisées – surgit toujours d'une situation politique et ne résulte que d'un motif politique. [...] Donc, si l'on songe que la guerre résulte d'un dessein politique, il est naturel que ce motif initial dont elle est issue demeure la considération première et suprême qui dictera sa conduite. [...] Aussi la politique pénètrera-t-elle l'acte de guerre entier en exerçant une influence constante sur lui, dans la mesure où le permet la nature des forces explosives qui s'y exercent. La guerre est une simple continuation de la politique par d'autres moyens. Nous voyons donc que la guerre n'est pas seulement un acte politique, mais un véritable instrument politique, une poursuite des relations politiques, une réalisation de celles-ci par d'autres moyens.

Carl von Clausewitz, *De la guerre*, « La nature de la guerre » (livre I), chapitre 1, Éditions de Minuit, 1955 (traduction Denise Naville).

→ **Quelle est selon Clausewitz la nature des liens entre guerre et politique ?**

3 Le tournant de la Révolution française

La guerre devint ainsi [à la fin du XVIIe siècle], dans son essence véritable, un jeu où le temps et le hasard battaient les cartes ; mais pour sa signification, ce n'était qu'une diplomatie un peu plus tendue, une façon un peu plus exigeante de négocier, où les batailles et les sièges servaient de notes diplomatiques. Le plus ambitieux se proposait tout juste d'obtenir quelque avantage modéré pour en user au cours des négociations de paix. [...]

Les choses en étaient là quand la Révolution française éclata. [...] La guerre était soudain redevenue l'affaire du peuple et d'un peuple de 30 millions d'habitants qui se considéraient tous comme citoyens de l'État. [...] La participation du peuple à la guerre, à la place d'un cabinet[1] ou d'une armée, faisait entrer une nation entière dans le jeu avec son poids naturel. Dès lors, les moyens disponibles – les efforts qui pouvaient les mettre en œuvre – n'avaient plus de limites définies ; l'énergie avec laquelle la guerre elle-même pouvait être conduite n'avait plus de contrepoids, et par conséquent le danger pour l'adversaire était parvenu à un extrême.

Carl von Clausewitz, *De la guerre*, « Le plan de guerre » (livre VIII), chapitre 3, Éditions de Minuit, 1955 (traduction Denise Naville).

1. Gouvernement.

→ **Pourquoi la Révolution française change-t-elle la façon de faire la guerre ?**

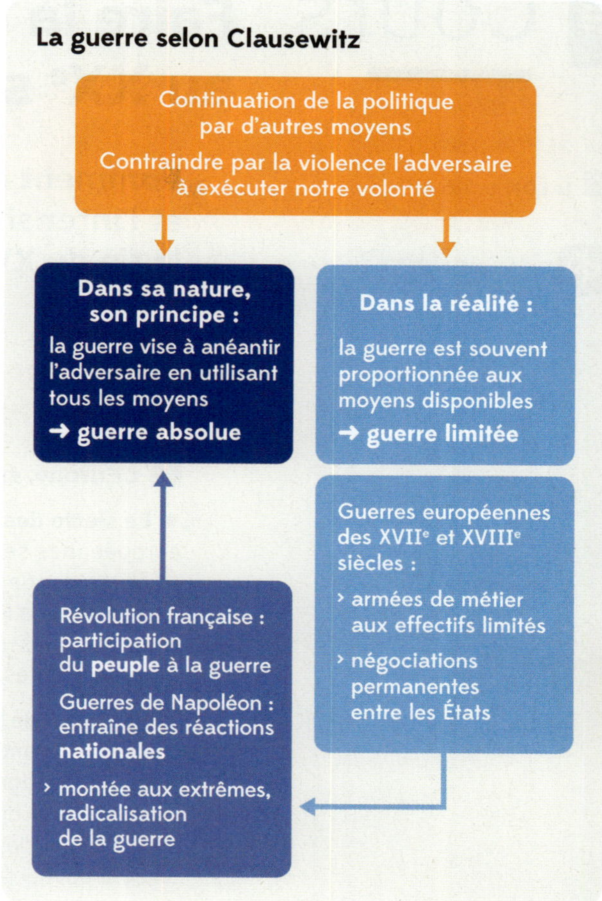

4 Napoléon et le choc des nations

Après que tout fut perfectionné par la main de Bonaparte, cette puissance militaire, fondée sur la force de la nation entière, marcha avec fracas sur l'Europe avec tant de confiance et de certitude que partout où elle ne rencontrait que les armées de vieux style, le résultat n'était pas un instant douteux. Une réaction se produisit toutefois en temps voulu. En Espagne, la guerre devint elle-même une affaire populaire. En Autriche, dans l'année 1809, le gouvernement fit des efforts extraordinaires, grâce aux réserves et à la *Landwehr*[1], qui atteignirent presque la fin espérée, et surpassèrent tout ce que cet État avait cru jusque-là possible. En Russie, en 1812, on suivit l'exemple de l'Espagne et de l'Autriche. [...] En Allemagne, c'est la Prusse qui s'ébranla la première, fit de la guerre une cause nationale [...] et entra en campagne avec une armée deux fois plus forte que celle de 1806.

Carl von Clausewitz, *De la guerre*, « Le plan de guerre » (livre VIII), chapitre 3, Éditions de Minuit, 1955 (traduction Denise Naville).

1. Armée nationale mobilisant tous les hommes en âge de combattre, par opposition à l'armée de métier.

→ **Quelle réaction les guerres napoléoniennes ont-elles produite en Europe ?**

5 Vers la guerre absolue

Depuis l'époque de Bonaparte, la guerre [...] s'était approchée plus près de sa vraie nature, de son absolue perfection. Les moyens qu'on mit alors en œuvre n'avaient pas de limites visibles ; la limite se perdait dans l'énergie et l'enthousiasme des gouvernements et de leurs sujets. L'étendue des moyens et le vaste champ des résultats possibles, comme l'excitation puissante des sentiments, accroissait immensément l'énergie dans la conduite de la guerre ; l'objet de son action était le renversement de l'ennemi ; il ne paraissait pas possible de s'arrêter et d'en venir à un accommodement quelconque [...]. La violence primitive de la guerre, libérée de toute restriction conventionnelle, explosait ainsi dans toute sa force naturelle. La cause en était la participation du peuple à cette grande affaire d'État qui découlait en partie des effets de la Révolution française sur les affaires intérieures des pays, et en partie de l'attitude menaçante des Français vis-à-vis de toutes les nations.

Carl von Clausewitz, *De la guerre*, « Le plan de guerre » (livre VIII), chapitre 3, Éditions de Minuit, 1955 (traduction Denise Naville).

→ **Pourquoi Clausewitz affirme-t-il que la guerre s'approche de sa vraie nature au début du XIXe siècle ?**

Cours Faire la guerre du XVIIIe siècle au XXe siècle

REPÈRES p. 110-111
JALON p. 116-119

Podcast Cours à écouter

Comment expliquer la multiplication et l'intensification des conflits depuis la fin du XVIIIe siècle ?

I La guerre aux XVIIIe et XIXe siècles : des conflits limités entre États

A L'Europe, épicentre de la guerre au XVIIIe siècle

● **Le siècle des Lumières est aussi le siècle de la guerre.** Les puissances européennes se disputent des territoires en Europe et des colonies dans le reste du monde. Les Antilles, les « îles à sucre », sont un enjeu majeur de la rivalité entre la France et la Grande-Bretagne. Les conflits sont interétatiques et symétriques : ils opposent des États qui s'affrontent avec des armées et des flottes similaires.

● **La guerre de Sept Ans (1756-1763) est la première guerre mondiale.** Deux coalitions (Grande-Bretagne, Prusse et Portugal d'un côté, France, Autriche, Russie et Espagne de l'autre) s'affrontent en Europe, en Amérique et en Asie. Si elle a cette dimension planétaire, la guerre de Sept Ans reste cependant une guerre « classique », que les États savent arrêter quand ils ont atteint leur objectif politique.

● **Les guerres révolutionnaires et napoléoniennes se rapprochent de ce que Clausewitz appelle la guerre absolue.** En 1792, la France est envahie par l'Autriche et la Prusse, qui tentent d'écraser la Révolution. 200 000 volontaires prennent alors les armes pour sauver la « patrie en danger ». Puis Napoléon exporte les valeurs de 1789 dans toute l'Europe en combattant les autres souverains. Dans cette période, le recours à la **conscription** et l'affirmation du sentiment national donnent à la guerre un caractère nouveau.

Repères p. 110-111, **Jalon** p. 116-119

B La multiplication des conflits dans le monde au XIXe siècle

● **En Europe, les conflits se font plus rares.** En 1815, le Congrès de Vienne instaure un équilibre des puissances, qui permet une paix relative jusqu'en 1914. Mais l'essor du nationalisme, notamment en Europe centrale et orientale, perturbe cet équilibre, comme le montrent la guerre franco-prussienne de 1870-1871 et les deux guerres balkaniques de 1912-1913.

Chapitre 5 p. 130-131 et 138-139

● **Les Européens multiplient les guerres en Asie et en Afrique.** Sous le règne de Victoria (1837-1901), la Grande-Bretagne mène 63 guerres coloniales. Pour se tailler un empire, les Allemands lancent 30 campagnes militaires entre 1880 et 1914. La supériorité technique des Européens, avec notamment la mitrailleuse, leur assure souvent une victoire aisée.

● **Le continent américain est touché par des conflits spécifiques.** En Amérique du Sud, les colonies espagnoles et portugaise se soulèvent pour obtenir l'indépendance (1810-1825). Aux États-Unis, la guerre de Sécession (1861-1865) fait plus de 600 000 morts.

● **Tous ces conflits possèdent des points communs.** La hausse des effectifs, le perfectionnement incessant des armes et l'utilisation du chemin de fer pour le transport des troupes marquent l'entrée dans la guerre industrielle.

VOCABULAIRE

Conscription : service militaire obligatoire.

FICHES DE LECTURE

John Keegan, « Les batailles de demain », *Anatomie de la bataille*, Perrin, 2013, p. 339-401. Une réflexion sur les métamorphoses de la guerre depuis la fin de la Première Guerre mondiale.

Philippe Masson, « Napoléon, chef de guerre », *Revue du souvenir napoléonien* n° 462, déc. 2005-janv. 2006, p. 25-40 [en ligne]. Présentation du tournant qu'ont constitué les guerres napoléoniennes dans l'histoire de la guerre.
www.napoleon.org/histoire-des-2-empires/articles/napoleon-chef-de-guerre/

II La guerre au XXe siècle : vers une violence sans limite ?

A La Première Guerre mondiale : la guerre totale

- **Au début du XXe siècle, les États européens se sont préparés à l'éventualité d'une guerre.** Leurs rivalités ont conduit à la formation d'alliances ennemies (Triple Alliance et Triple Entente), prêtes à se faire la guerre en cas d'absence de solution politique.

- **La Première Guerre mondiale est le premier exemple de guerre totale.** Pour vaincre l'adversaire, les États mobilisent toutes leurs ressources à un degré jamais atteint auparavant. Les civils participent à l'effort de guerre, toute l'économie est tournée vers la victoire.

- **Pour l'historien américain Jay Winter, c'est aussi la première « guerre globale ».** Les flux de personnes (travailleurs issus des colonies), de capitaux (emprunts auprès des États-Unis), de marchandises (les entreprises américaines fournissent les Alliés) et d'informations (les médias du monde entier couvrent le conflit), alimentent la mondialisation.

Histoire 1re La Première Guerre mondiale (thème 4)

B La Seconde Guerre mondiale : la guerre d'anéantissement

- **Si les motifs de la Première Guerre mondiale étaient politiques, ceux de la Seconde sont idéologiques.** Les pays de l'Axe partagent une idéologie impérialiste et raciste : le Japon cherche à dominer l'Asie et Hitler veut rassembler les peuples germanophones et coloniser un « espace vital ». De leur côté, les Alliés combattent pour la défense de la liberté et de l'égalité entre les peuples.

- **C'est une guerre d'anéantissement dont les civils sont les principales victimes.** Dans les territoires qu'ils colonisent, les Japonais réduisent les populations en esclavage, tandis que l'Allemagne nazie organise le génocide des juifs et des Tsiganes. Pour vaincre l'Axe, les Alliés n'hésitent pas à bombarder massivement les villes allemandes et japonaises et à utiliser l'arme atomique.

Histoire T[le] La Seconde Guerre mondiale (thème 1)

C La guerre froide : une logique bipolaire inédite

- **La guerre froide est la confrontation de deux superpuissances.** Les anciennes puissances européennes sont affaiblies par les guerres mondiales, puis par la décolonisation à partir de 1945. Les relations internationales se réorganisent alors autour de deux pôles : les États-Unis et l'URSS. Deux « blocs » se constituent et s'affrontent selon une logique bipolaire inédite.

- **La dissuasion nucléaire rend impossible un conflit armé direct.** En vertu de l'équilibre de la terreur, si l'un des deux Grands utilise l'arme atomique, l'autre ripostera et le monde entier risque d'être détruit. Le philosophe Raymond Aron résume ainsi ce paradoxe : « paix impossible, guerre improbable ». La guerre froide prend dès lors la forme de conflits périphériques, dans lesquels les deux Grands s'affrontent indirectement.

- **La guerre froide est aussi une guerre idéologique dans laquelle la propagande joue un rôle essentiel.** Les deux camps se diabolisent mutuellement et chacun défend son modèle politique et économique : démocratie et capitalisme à l'Ouest, communisme à l'Est.

Chapitre 17 p. 414-415

Histoire T[le] Les débuts d'un nouvel ordre mondial (thème 2)

RESSOURCES

Jeremy Black, *La Guerre au XVIIIe siècle*, Autrement, 2003, 224 p. Un atlas qui offre un panorama mondial des guerres et présente les principales innovations militaires de la période.

Bruno Cabanes (dir.), *Une histoire de la guerre. Du XIXe siècle à nos jours*, Seuil, 2018, 800 p. La synthèse la plus actuelle et la plus claire, rédigée par les meilleurs spécialistes de la question.

Olivier Zajec, « Stratégie. Carl von Clausewitz en son temps : "*die Natur des Mannes*" », Diploweb.com, 25 mars 2018 [en ligne]. Une excellente introduction à la pensée de Clausewitz par un enseignant en théorie stratégique à l'École de Guerre de Paris.

Site Internet du Musée canadien de la Guerre. Une galerie simple et accessible sur la guerre de Sept Ans du point de vue nord-américain.
www.museedelaguerre.ca/cwm/exhibitions/gallery1/clash_f.html

Ressources complémentaires

Cours

JALON p. 120-121
POINTS DE VUE p. 122-123

Podcast Cours à écouter

Nouvelles problématiques de la guerre au tournant du XXIe siècle

En quoi les nouvelles formes de conflits apparues à la fin du XXe siècle remettent-elles en cause le modèle de guerres entre États ?

VOCABULAIRE

Casques bleus : voir p. 134

Charia : loi islamique.

Cyberdéfense : voir p. 428

Daech : acronyme d'« État islamique en Irak et au Levant ». Groupe jihadiste sunnite, issu d'al-Qaida, fondé en 2013 et prônant l'instauration d'un État islamique au Proche-Orient.

Droit de la guerre : règles visant à limiter la violence militaire et à protéger les prisonniers de guerre et les civils des mauvais traitements condamnés comme crimes de guerre (assassinat, viol, pillage, déportation, destruction). Elles ont commencé à être fixées par les conventions de Genève (1864, 1906, 1929) et de La Haye (1899, 1907) et constituent aujourd'hui le droit international humanitaire.

Épuration ethnique : entreprise violente menée par un groupe ethnique pour chasser d'un territoire un autre groupe ethnique. Les moyens utilisés sont les massacres, les viols, les pillages.

Failed state (« État en échec » en anglais) : État qui ne parvient pas à assurer ses missions essentielles.

Islamisme : idéologie souhaitant fonder l'État et la société sur la loi islamique (*charia*).

Jihadisme : courant violent de l'islamisme prônant le *jihad*, guerre sainte contre l'Occident et contre les musulmans qui ne partagent pas ses convictions.

Zones grises : territoires mal contrôlés par les institutions centrales et dans lesquels le pouvoir est exercé par des micro-autorités alternatives.

I De nouveaux facteurs de conflits

A Fin de la guerre froide, fin de la guerre ?

• **Avec la fin de la guerre froide, l'espoir d'une paix durable renaît.** L'effondrement de l'URSS marque la victoire des États-Unis, désormais sans rival. En 1989, le politiste américain Francis Fukuyama y voit « la fin de l'Histoire » : puisqu'il n'y a plus qu'une idéologie, le libéralisme, les conflits vont s'arrêter. Les États-Unis tentent de garantir la paix : soutien au Koweït agressé par l'Irak en 1990, accords d'Oslo en 1993.

Chapitre 6 p. 158-163

• **Vers un « choc des civilisations » ?** Utilisant cette expression dans un article paru en 1993, le politiste américain Samuel Huntington affirme que la guerre a changé d'échelle et de nature : les conflits n'opposeraient plus les nations mais des civilisations se définissant avant tout par la religion.

B Le retour du facteur identitaire

• **L'islamisme émerge dans les années 1970.** En 1979, en Iran, une révolution renverse le régime pro-occidental du Shah et instaure une République islamique fondée sur la ***charia***. La même année, l'URSS envahit l'Afghanistan. Les États-Unis arment la résistance afghane, au sein de laquelle naît l'idée d'un ***jihad*** mondial. Après la chute de l'URSS, **al-Qaida** frappe les États-Unis, accusés de mener une « croisade » contre l'islam. Les attentats du 11 septembre 2001 font ainsi près de 3 000 morts sur le sol américain.

• **Les nationalismes resurgissent, entraînant la dislocation de l'URSS et de la Yougoslavie.** En Bosnie, entre 1992 et 1995, la guerre se déchaîne entre les différentes communautés et prend la forme d'une **épuration ethnique**. Le conflit marque le retour de la guerre en Europe.

• **Le continent africain n'est pas épargné par les conflits identitaires.** En 1994, au Rwanda, un million de Tutsi sont victimes du génocide perpétré par les Hutu extrémistes à l'appel du gouvernement.

Histoire Tle Nouveaux rapports de puissance et enjeux mondiaux (thème 4)

C L'essor du facteur socio-économique

• **La piraterie se développe depuis les années 1980.** S'expliquant à la fois par l'aggravation de la pauvreté en Asie et en Afrique et par l'accroissement du trafic maritime, elle vise les passages étroits et fréquentés, comme le détroit de Malacca ou le golfe d'Aden.

• **Des États déclarent la guerre à la drogue.** Au Mexique, policiers et trafiquants s'affrontent avec des armes lourdes en plein cœur des villes. Aux Philippines, la « guerre à la drogue » lancée en 2016 par le président Duterte a déjà fait plus de 30 000 morts.

• **Les premières « guerres climatiques » éclatent.** En 1987, au Soudan, dans la région du Darfour, la guerre entre populations arabes et africaines est liée à la sécheresse et à l'explosion démographique qui touche le pays.

II Des guerres de plus en plus irrégulières

A Nouveaux acteurs, nouvelles logiques

● **Les guerres impliquent des acteurs non étatiques.** Rebelles, pirates, terroristes et trafiquants n'appartiennent pas à une armée régulière et ne sont pas entretenus par un État : on parle de **guerres irrégulières**. Ces nouveaux acteurs remettent en cause la puissance traditionnelle des États.

● **Ces acteurs intègrent les logiques de la mondialisation.** Les trafiquants cherchent à produire à moindre coût et acheminent leurs marchandises *via* différents réseaux. Les groupes terroristes sont organisés comme des multinationales, en sociétés-mères (al-Qaida, **Daech**) et filiales à l'étranger, et utilisent les NTIC pour diffuser leur propagande. La plupart de ces acteurs trouvent refuge dans les **zones grises** de la mondialisation : les ***failed states*** pour les pirates (Somalie) et groupes terroristes (Afghanistan, Sahara), les quartiers défavorisés des métropoles pour les trafiquants.

● **Ces acteurs constituent une menace pour l'ordre mondial.** Les États redoutent l'utilisation d'armes non conventionnelles (biologiques, chimiques ou nucléaires) par des groupes terroristes. C'est pourquoi ils développent la **cyberdéfense** pour les neutraliser à distance.

Chapitre 18 p. 432-433

B La multiplication des échelles de conflit

● **Les guerres sont de plus en plus souvent intraétatiques.** En Afrique subsaharienne, depuis les années 1990, des guerres civiles opposent diverses factions qui se disputent le pouvoir. Les conflits les plus meurtriers depuis 2000 sont intraétatiques : Irak, Syrie, Yémen, Libye. Ces conflits sont difficiles à apaiser pour l'ONU, fondée sur le respect de la souveraineté nationale et qui n'envoie normalement des **Casques bleus** s'interposer qu'entre deux États belligérants qui en font la demande.

Chapitre 5 p. 134-137 et 140-141

● **Ces guerres intraétatiques se compliquent par l'intervention d'acteurs extérieurs.** Les milices sont généralement soutenues par les États voisins, qui sont souvent à leur tour touchés par la guerre. Les grandes puissances interviennent parfois, poussées par leurs intérêts stratégiques. La Russie soutient le régime syrien, pendant que les États-Unis aident les Kurdes à combattre Daech. La France envoie des troupes lutter contre le terrorisme à la demande des États du Sahel concernés (opération Barkhane lancée en 2014).

C Un état de guerre permanent ?

● **Ces nouveaux conflits ne respectent pas le droit de la guerre.** Ils se font souvent sans déclaration préalable et les règles de la guerre sont violées, tant par les acteurs non étatiques que par les États qui les combattent. Ainsi, en Irak, les États-Unis n'ont pas hésité à torturer des prisonniers soupçonnés de terrorisme.

Points de vue p. 122-123

● **La distinction entre paix et guerre est abolie.** Les civils sont les principales victimes, notamment dans les villes assiégées. De longues batailles urbaines ont ainsi eu lieu à Homs (Syrie, 2011-2017) ou Mossoul (Irak, 2016-2017).

REPÈRE

Guerre irrégulière ou guerre asymétrique ?
Une guerre est irrégulière lorsqu'elle est menée par des combattants n'appartenant pas à une armée régulière, ne relevant pas d'un État. Depuis la guerre du Vietnam, les stratèges américains utilisent plutôt le concept de « guerre asymétrique » pour désigner les affrontements entre un faible et un fort, et l'emploi par le premier de méthodes différentes pour surprendre son adversaire.

RESSOURCES

Amaël Cattaruzza, *Atlas des guerres et conflits. Un tour du monde géopolitique*, Autrement, 2014, 96 p. Près de 100 cartes et infographies pour comprendre la complexité et les enjeux des nouvelles guerres.

Béatrice Giblin (dir.), « Géographie des conflits », *La Documentation photographique* n° 8086, mars-avril 2012. Une série d'étude de cas géographiques et thématiques sur les conflits contemporains.

Podcast « Guerres. L'évolution actuelle des guerres et des conflits armés », *Les Enjeux internationaux*, France Culture, 13 sept. 2016. Comment la multiplication des conflits intraétatiques a anéanti l'espoir d'un retour à la paix après la fin de la guerre froide.

Ressources complémentaires

FICHES DE LECTURE

Jean-Marc Balencie, « Les mille et un visages du terrorisme contemporain », dans « Les terrorismes », *Questions internationales* n° 8, juillet-août 2004, p. 6-21. Une tentative de définition d'une notion particulièrement complexe et en constante mutation.

Jean-François Daguzan, « D'al-Qaida à AQMI, de la menace globale aux menaces locales », dans Pierre Verluise (dir.), *Géopolitiques des terrorismes*, Diploweb.com [en ligne]. Une présentation des mutations du réseau de Ben Laden et des moyens nécessaires pour en venir à bout.

Jalon

De la guerre de Sept Ans aux guerres napoléoniennes

REPÈRES p. 110-111
COURS p. 112-113

Au XVIIIe siècle, les guerres opposent des États et des troupes de même type. Pour Clausewitz, ce sont des guerres limitées : l'affrontement militaire n'est qu'un moyen au service d'une fin politique. Selon lui, une rupture se produit avec les guerres révolutionnaires et napoléoniennes, qui s'approchent du modèle de la « guerre absolue ».

En quoi la guerre de Sept Ans et les guerres révolutionnaires et napoléoniennes illustrent-elles le modèle clausewitzien de la guerre ?

A La guerre de Sept Ans (1756-1763) : une guerre limitée ?

1 Les objectifs de l'Angleterre

Tout enfin doit faire sentir et penser que l'Angleterre n'attend qu'une conjoncture favorable, que peut-être même elle fera naître sous le plus léger prétexte, pour nous faire la guerre en Amérique, s'y emparer de toutes nos possessions, détruire entièrement notre commerce, et nous mettre par-là hors d'état d'avoir jamais une marine telle qu'il convient à un aussi grand État que la France, telle qu'elle l'a eue pendant une grande partie du règne du feu roi[1], et telle que nous voyons dans nos histoires que l'ont eue les rois ses prédécesseurs dans un temps où l'Angleterre était très inférieure en forces maritimes.

Mémoire du maréchal de Noailles adressé à Louis XV en juillet 1749, cité par Pierre-Yves Beaurepaire, *La France des Lumières 1715-1789*, Belin, 2011.

1. Le roi défunt, c'est-à-dire Louis XIV.

→ **Pour quels motifs l'Angleterre risque-t-elle de déclarer la guerre à la France ?**

2 La bataille de Rossbach (5 novembre 1757)

La bataille de Rossbach, en Saxe, oppose l'armée du roi Frédéric II de Prusse à celles du roi de France Louis XV et de l'impératrice Marie-Thérèse d'Autriche. Malgré son infériorité numérique, la première parvient à l'emporter grâce à une charge de la cavalerie.

La Bataille de Rossbach, huile sur toile (154 x 195 cm), musée du château d'Augusturburg, Weissenfels (Allemagne).

→ **En quoi ce tableau illustre-t-il la guerre « classique » du XVIIIe siècle ?**

3 Une première guerre mondiale

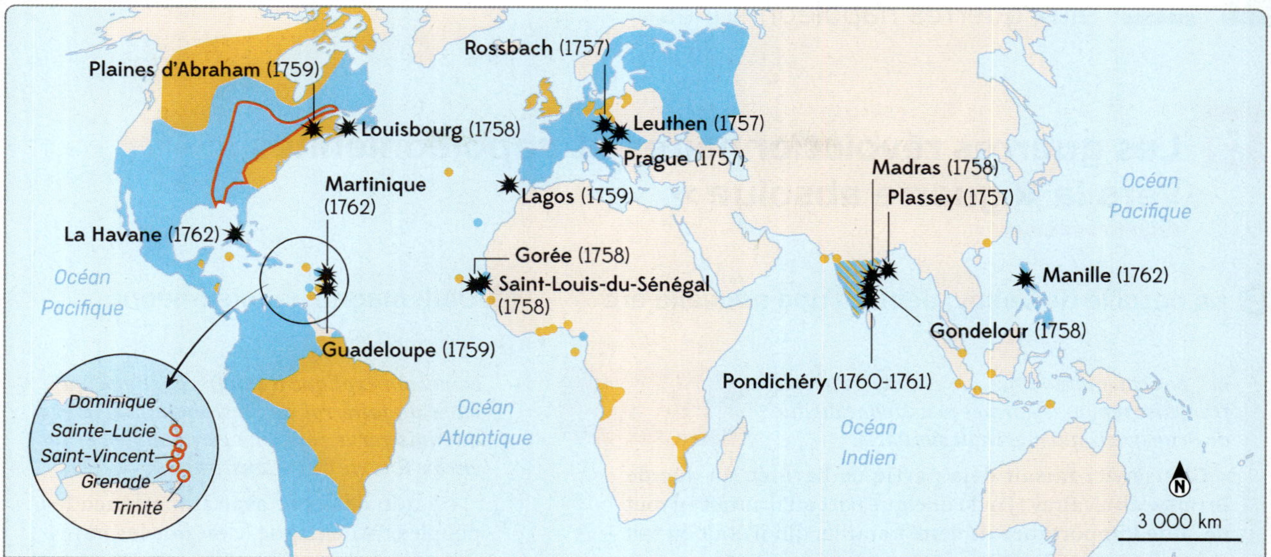

→ **Quels sont les principaux acteurs et théâtres d'opération de la guerre de Sept Ans ?**

4 Une nouvelle guerre « à outrance »

Le regard d'un historien

La guerre de Sept Ans marque un paroxysme. Car elle fut une guerre mondiale. C'est vrai d'abord par l'ampleur des champs de bataille choisis ou imposés par les protagonistes sur tous les continents du monde. [...] L'Angleterre s'est donné la capacité d'imposer à ses adversaires, et donc à son ennemi principal, la France, une nouvelle guerre dite à outrance. Le but n'est plus d'« arraisonner » l'ennemi ou de le mettre en difficulté pour le conduire à la table des négociations. Il est désormais de le détruire. Les amiraux de Londres imposent une guerre dont le champ de batailles est le monde des empires coloniaux. [...] La guerre de Sept Ans a également enfanté une conception contemporaine de la guerre : la recherche du démantèlement des forces de l'adversaire dans sa capitulation. Le traité de Paris signé par Georges III d'Angleterre, Louis XV et Charles III d'Espagne est une catastrophe pour la France, qui perd presque toutes ses possessions coloniales.

Pierre Serna, « 1763 : la catastrophe française », *L'Histoire*, n° 393, novembre 2013.

Pierre Serna est professeur d'histoire à l'université Paris 1, spécialiste de la Révolution française.

→ **En quoi, selon Pierre Serna, la guerre de Sept Ans serait-elle déjà conforme à ce que Clausewitz appelle la « guerre absolue » ?**

EN AUTONOMIE VERS LE BAC

Mise en relation des documents

1. Pourquoi peut-on qualifier la guerre de Sept Ans de « première guerre mondiale » ? docs 2 à 4

2. Les conséquences de la guerre de Sept Ans sont-elles conformes aux objectifs initiaux de l'Angleterre ? docs 1, 3 et 4

BAC Vers l'écrit ▸ Dissertation

Sujet : « La guerre de Sept Ans, une guerre limitée ? »

Après avoir analysé le sujet, rédigez l'introduction de la dissertation. Vous y dégagerez les enjeux du sujet et énoncerez une problématique.

BAC Vers le grand oral — Activité guidée

Débattez autour du sujet :
« La guerre de Sept Ans : guerre limitée ou absolue ? »

- Formez 3 groupes : l'un choisit une thèse, l'autre la seconde, le dernier observe.
- En vous aidant des pages Repères p. 110-111 et du contenu de ce jalon, préparez vos arguments.
- Faites référence à la fois aux théories de Clausewitz et à la guerre de Sept Ans.
- À la fin du débat, les auditeurs préparent 3 questions que le jury pourrait vous poser. Répondez-y.

B Les guerres révolutionnaires et napoléoniennes : vers la « guerre absolue »

5 La bataille de Valmy, début d'une nouvelle ère

Le regard d'un historien

Le 20 septembre 1792, à Valmy, l'armée française repousse l'armée prussienne du duc de Brunswick, qui marchait sur Paris.

Clausewitz faisait déjà partie de l'armée du duc de Brunswick à Valmy ! J'ai lu quelque part qu'il aurait vu tout de suite l'importance de cette bataille, qui n'était en fait qu'une canonnade. C'est pourtant le premier moment où l'armée française est devenue révolutionnaire ; où, au lieu de fuir en panique, comme ils l'avaient fait deux ou trois fois auparavant, les Français ont tenu bon. C'est le duc de Brunswick qui a reculé, mais sans grands heurts. Je crois que tous les historiens sont d'accord là-dessus. Ils s'accordent également sur l'importance extraordinaire de la chose, parce que c'est à partir de ce moment-là que l'armée de la Révolution résiste. Les citoyens marseillais, venus épauler à Valmy une armée de métier, ne se contentent pas de donner un hymne national à la France : ils annoncent une nouvelle ère, celle de la mobilisation totale. [...] Les guerres napoléoniennes et la « guerre totale » qu'elles inaugurent, où toute la « masse » d'une nation est mobilisée dans l'unique horizon de la guerre, ont bouleversé la donne. [...] La politique court derrière la guerre. Ce sont bien les passions qui mènent le monde. [...] Or ces passions se sont déchaînées avec les guerres révolutionnaires et napoléoniennes.

René Girard, *Achever Clausewitz*, Carnets Nord, 2007.

René Girard (1923-2015), historien et philosophe, voit dans la « guerre absolue » de Clausewitz l'annonce des violences des XXe et XXIe siècles.

→ **En quoi la bataille de Valmy constitue-t-elle un tournant dans l'histoire de la guerre ?**

6 L'Allemagne napoléonienne

Napoléon explique à son frère Jérôme, qu'il vient de faire roi de Westphalie, comment administrer le royaume germanique, et lui envoie le texte de la Constitution.

Ce que désirent avec impatience les peuples d'Allemagne, c'est que les individus qui ne sont point nobles et qui ont des talents aient un égal droit à votre considération et aux emplois [...]. Il faut que vos peuples jouissent d'une liberté, d'une égalité, d'un bien-être inconnus aux peuples de la Germanie [...]. Quel peuple voudrait retourner sous le gouvernement arbitraire prussien, quand il aura goûté les bienfaits d'une administration sage et libérale ? Les peuples d'Allemagne, ceux de France, d'Italie, d'Espagne désirent l'égalité et veulent des idées libérales. [...] Soyez roi constitutionnel. Quand la raison et les lumières de votre siècle ne suffiraient pas, dans votre position la bonne politique vous l'ordonnerait. Vous vous trouverez avoir une force d'opinion et un ascendant naturel sur vos voisins qui sont rois absolus.

Lettre de Napoléon Ier à Jérôme Bonaparte, 15 novembre 1807, dans *Napoléon Bonaparte, Correspondance générale*, tome VII, DR, 2010.

→ **Quels éléments montrent que Napoléon cherche à diffuser les valeurs de la Révolution française ?**

7 L'engagement de volontaires dans les armées révolutionnaires

Jean-Baptiste Lesueur, *Réquisition de jeunes hommes pour les armées révolutionnaires*, 1792-1793, gouache [53,5 x 36 cm], musée Carnavalet.

→ **Quels sentiments semblent animer ces jeunes hommes ?**

8 Les conquêtes de la Révolution et de l'Empire

1. L'extension militaire de l'Empire
- France des 130 départements
- États dépendants de la France
- États momentanément alliés à la France
- Grandes victoires françaises
- Blocus continental mis en place par Napoléon pour isoler l'Angleterre

2. Les conséquences politiques de l'extension
- Territoire où le Code civil français est appliqué

3. Les résistances à l'Empire
- États constamment ennemis
- Foyers de résistance nationaliste
- Grandes défaites françaises

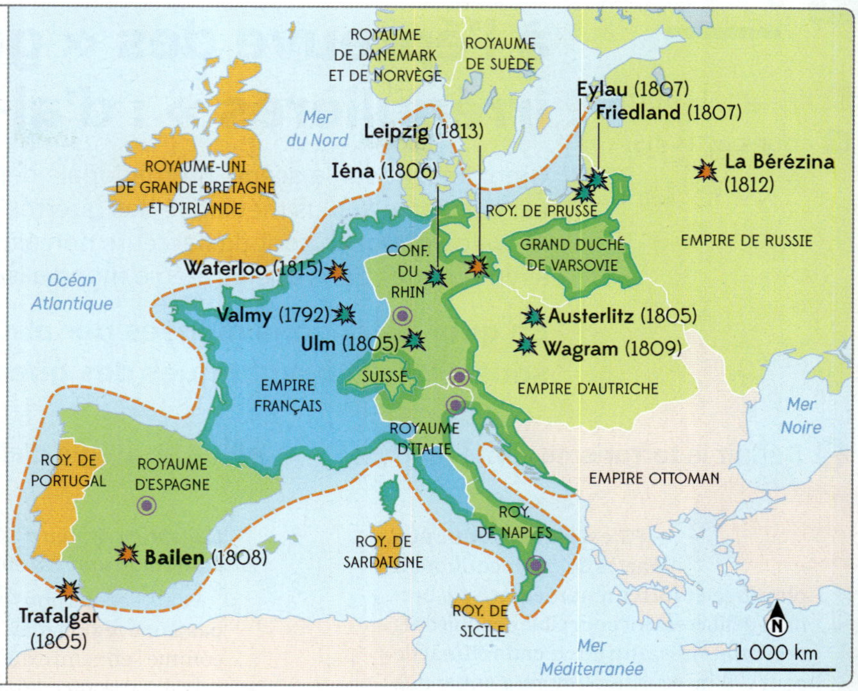

→ **Quelles sont les conséquences des guerres révolutionnaires et napoléoniennes ?**

9 L'Espagne sous occupation française

Le 2 mai 1808, le peuple de Madrid se soulève contre l'occupant français : c'est le début de ce que les Espagnols appellent la « guerre d'indépendance » (1808-1814).

Soldats, mal conseillée, la populace de Madrid s'est soulevée et a commis des assassinats. Je sais bien que les Espagnols dignes de ce nom se sont lamentés de si grands désordres, et loin de moi de les confondre avec quelques misérables qui respirent le crime et le délit. Mais le sang français versé clame vengeance. Par conséquent, j'ordonne ce qui suit : [...]

Art. 2 : Seront fusillés tous ceux ont été faits prisonniers pendant la rébellion avec des armes à la main.

Art. 3 : Le conseil de gouvernement va ordonner le désarmement de tous les habitants de Madrid. Tous les habitants qui, passé le délai prescrit pour l'exécution de cette résolution, vont armés ou conservent des armes chez eux sans permis spécial, seront fusillés.

Art. 4 : Tout groupe qui dépasse 8 personnes sera considéré comme réunion séditieuse et sera dispersé à coups de fusil.

Art. 5 : Toute bourgade ou village où un Français a été assassiné sera incendié.

Art. 7 : Les auteurs de libelles[1] imprimés ou manuscrits qui provoquent la sédition[2], ceux qui les distribuent ou les vendent, seront considérés comme des agents de l'Angleterre, et comme tels seront passés par les armes.

Proclamation du maréchal Murat à Madrid, 2 mai 1808.

1. Pamphlet, écrit satirique ou diffamatoire.
2. Soulèvement contre l'autorité établie.

→ **Que révèle ce document sur la guerre menée par la France en Espagne ?**

EN AUTONOMIE VERS LE BAC

Mise en relation des documents

1. En quoi les guerres révolutionnaires et napoléoniennes peuvent-elles être considérées comme une « continuation de la politique par d'autres moyens » ? docs 6 et 8

2. En quoi les guerres révolutionnaires et napoléoniennes constituent-elles une « guerre absolue » ? docs 5, 7 et 9

BAC Vers l'écrit ▸ Étude critique

Après avoir présenté le document 9, rédigez l'introduction d'une étude critique de document répondant à la consigne : « Montrez que ce document est révélateur du caractère absolu des guerres napoléoniennes ».

BAC Vers le grand oral

Expliquez en 5 minutes à l'oral en quoi les guerres révolutionnaires et napoléoniennes marquent un tournant dans l'histoire de la guerre.

▸ Le reste de la classe, dans le rôle du jury, prépare des questions portant sur votre exposé.

Jalon

Le modèle de Clausewitz à l'épreuve des « guerres irrégulières » : d'al-Qaida à Daech

REPÈRES p. 110-111
COURS p. 114-115

Omniprésent sur la scène internationale depuis 2001, le terrorisme islamiste est l'exemple le plus médiatisé des guerres irrégulières du XXIe siècle. Al-Qaida et Daech sont des acteurs non étatiques, qui multiplient les conflits asymétriques dans une stratégie mondialisée.

En quoi les actions menées par al-Qaida et Daech sont-elles emblématiques des guerres irrégulières ?

1 Définir le terrorisme contemporain

Le regard d'un politiste

[C'est] une séquence d'actes de violence dûment planifiée et fortement médiatisée, prenant délibérément pour cible des objectifs non militaires, afin de créer un climat de peur et d'insécurité, d'impressionner une population et d'influencer les décideurs. [...] Le terrorisme constitue une méthode de lutte non conventionnelle s'inscrivant dans un rapport de force asymétrique. Schématiquement, on pourrait résumer le fondement de l'action terroriste comme suit : un nombre le plus réduit possible d'individus cherche à provoquer un maximum de victimes, de manière la plus médiatisée possible afin de générer le maximum de terreur/émotion parmi les survivants/spectateurs [...]. Il vise prioritairement des cibles de nature civile : lieux publics, commerciaux, religieux, sportifs, symboliques [...] ou points nodaux de gestion des flux de toutes sortes qui innervent les sociétés contemporaines.

Jean-Marc Balencie, « Les mille et un visages du terrorisme contemporain », *Questions internationales* n° 8, juillet-août 2004.

→ **Quels sont les objectifs et les méthodes du terrorisme contemporain ?**

2 La stratégie d'al-Qaida

L'Égyptien Ayman al-Zawahiri est l'idéologue puis le leader d'al-Qaida après la mort d'Oussama Ben Laden en 2011.

Nous devons nous préparer à un combat qui ne se limite pas à une région mais implique l'ennemi intérieur apostat[1] comme l'ennemi extérieur judéo-croisé[2]. [...] Il faut : prendre soin de provoquer le plus de dégâts chez l'ennemi, tuer le plus de gens, car c'est le seul langage que comprenne l'Occident ; quoi que coûtent ces opérations en effort et en temps, se concentrer sur les opérations-martyres, qui sont les plus aptes à infliger des pertes à l'ennemi. [...] Libérer l'*oumma*[3], attaquer les ennemis de l'islam et mener contre eux le *jihad* exige un pouvoir islamique, sur un territoire musulman, qui dresse l'étendard du *jihad* et regroupe autour de lui les musulmans. Si cet objectif n'est pas atteint, notre action se limitera à de simples opérations de harcèlement qui ne porteront pas leurs fruits : la restauration du califat[4], et le départ des envahisseurs des terres d'islam.

Ayman al-Zawahiri, « Cavaliers sous l'étendard du Prophète », décembre 2001, dans Gilles Kepel et Jean-Pierre Milelli (dir.), *Al-Qaida dans le texte*, PUF, 2005.

1. Qui a renié la foi.
2. Alliance supposée entre Israël et les Occidentaux.
3. Communauté des croyants musulmans.
4. Territoire musulman placé sous l'autorité du calife, successeur du prophète.

→ **Présentez les objectifs et les méthodes d'al-Qaida. En quoi sont-ils conformes à la définition du terrorisme ?** docs 1 et 2

3 Les attentats du 11 septembre 2001

À Guatemala City, un piéton regarde à la télévision le deuxième avion percuter l'une des tours du *World Trade Center* à New York. Le détournement de quatre avions de ligne par 19 terroristes provoque la mort de près de 3 000 personnes.

→ **Quelle utilisation les terroristes font-ils des médias ?**

Étude critique de documents

4 Les attentats d'al-Qaida et de Daech dans le monde

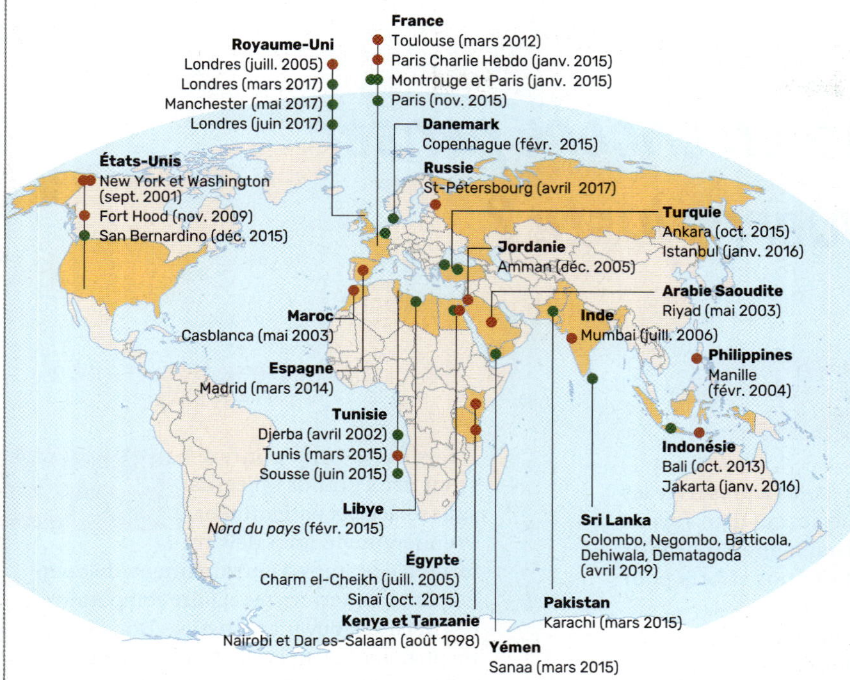

● Principaux attentats revendiqués par al-Qaida

● Principaux attentats revendiqués par Daech

Cette carte ne mentionne pas les attentats Commis en Irak et en Syrie, trop nombreux pour apparaître sur cette carte.

Al-Qaida et Daech en quelques dates

- 1987 Fondation d'al-Qaida
- 1998 Attentats contre les ambassades américaines au Kenya et en Tanzanie
- 2001 Attentats du 11 septembre aux États-Unis
- 2007 Création d'AQMI, filiale d'al-Qaida dans le nord de l'Afrique
- 2011 Mort d'Oussama Ben Laden
- 2013 Création de Daech
- 2014 Instauration du califat par Abou Bakr al-Baghdadi. Formation d'une coalition internationale contre Daech
- 2015 Attentats de Daech sur tous les continents
- 2019 Reconquête, par les forces kurdes soutenues par les États-Unis, des derniers territoires gérés par Daech. Mort d'Abou Bakr al-Baghdadi

→ **Que révèle cette carte sur la stratégie d'al-Qaida et Daech ?**

5 La guerre de Daech contre les « mécréants »

Le Syrien Abou Mohammed Al-Adnani, porte-parole de Daech, annonce en 2014 l'instauration du califat par Abou Bakr al-Baghdadi.

Si vous pouvez tuer un incroyant américain ou européen – en particulier les méchants et sales Français – ou un Australien ou un Canadien, ou tout [...] citoyen des pays qui sont entrés dans une coalition contre l'État islamique, alors comptez sur Allah et tuez-le de n'importe quelle manière. Si vous ne pouvez pas trouver d'engin explosif ou de munitions, alors isolez l'Américain infidèle, le Français infidèle, ou n'importe lequel de ses alliés. Écrasez-lui la tête à coups de pierres, tuez-le avec un couteau, renversez-le avec votre voiture, jetez-le dans le vide, étouffez-le ou empoisonnez-le. [...] Tuez le mécréant qu'il soit civil ou militaire.

Abou Mohammed Al-Adnani, message radiodiffusé de 42 minutes, 22 septembre 2014.

Étude critique de documents

→ **En quoi les méthodes de Daech sont-elles caractéristiques d'une guerre asymétrique ?**

EN AUTONOMIE VERS LE BAC

Mise en relation des documents

1. Quels sont les principaux ennemis pris pour cibles par al-Qaida et Daech ? docs 2 à 5

2. Quelles sont les méthodes utilisées par les deux groupes terroristes ? docs 1 à 5

3. En quoi les réseaux al-Qaida et Daech sont-ils emblématiques des guerres irrégulières ? docs 1 à 5

BAC Vers l'écrit ▸ Dissertation

Sujet : « Le terrorisme d'al-Qaida et Daech : une guerre irrégulière »

Élaborez un plan détaillé pour traiter ce sujet. Mobilisez pour cela vos connaissances et aidez-vous du cours et du contenu de cette double page.

BAC Vers le grand oral

Préparez une présentation orale de 5 minutes répondant à la question : « En quoi les actions menées par al-Qaida et Daech sont-elles représentatives des guerres irrégulières ? »

Un jury d'élèves est chargé d'évaluer votre prestation.

Grille d'évaluation à télécharger

Points de vue GRAND ORAL

Peut-on encore penser la guerre juste ?

1 Lutter contre le « fléau de la guerre »

Le point de vue de l'ONU

Nous, peuples des Nations unies, résolus à préserver les générations futures du fléau de la guerre, qui deux fois en l'espace d'une vie humaine a infligé à l'humanité d'indicibles souffrances [...], avons résolu d'associer nos efforts pour réaliser ces desseins. [...]

Art. 1. Les buts des Nations unies sont les suivants : maintenir la paix et la sécurité internationales et à cette fin : prendre des mesures collectives efficaces en vue de prévenir et d'écarter les menaces à la paix et de réprimer tout acte d'agression ou autre rupture de la paix, et réaliser, par des moyens pacifiques, conformément aux principes de la justice et du droit international, l'ajustement ou le règlement de différends ou de situations, de caractère international, susceptibles de mener à une rupture de la paix.

Art. 2. Aucune disposition de la présente Charte n'autorise les Nations unies à intervenir dans des affaires qui relèvent essentiellement de la compétence nationale d'un État.

Art. 51. Aucune disposition de la présente Charte ne porte atteinte au droit naturel de légitime défense, individuelle ou collective, dans le cas où un Membre des Nations unies est l'objet d'une agression armée, jusqu'à ce que le Conseil de sécurité ait pris les mesures nécessaires pour maintenir la paix et la sécurité internationales.

Charte des Nations unies, 26 juin 1945.

REPÈRE

La théorie de la guerre juste

Pour le philosophe américain Michael Walzer, une guerre est juste si elle respecte :

- **le « *jus ad bellum* »** (« droit de faire la guerre ») : il faut que la cause de la guerre soit juste et que toutes les solutions non violentes aient été d'abord essayées ;
- **le « *jus in bello* »** (« droit dans la guerre ») : pendant le conflit, les belligérants doivent respecter les règles du droit international humanitaire (DIH), aussi appelé « droit de la guerre », codifié dans les Conventions de Genève et de La Haye ;
- **le « *jus post bellum* »** (« droit après la guerre ») : une fois le conflit terminé, les accords de paix doivent être équitables et la situation finale ne doit pas être pire que celle d'avant le conflit.

2 La guerre contre le terrorisme

Le point de vue d'un chef d'État

Les États-Unis poursuivront deux grands objectifs sans relâche et patiemment. Premièrement, nous devons fermer les camps d'entraînement, déjouer les plans des terroristes et faire comparaître ces derniers devant la justice. Deuxièmement, nous devons empêcher les terroristes et les gouvernements qui cherchent à se doter d'armes chimiques, biologiques ou nucléaires de menacer les États-Unis et le monde. [...] La Corée du Nord a un gouvernement qui s'équipe de missiles et d'armes de destruction massive tout en affamant sa population. L'Iran s'emploie activement à fabriquer de telles armes et exporte le terrorisme tandis qu'une minorité non élue étouffe l'espoir de liberté du peuple iranien. L'Irak continue à afficher son hostilité envers les États-Unis et à soutenir le terrorisme. [...] De tels États constituent, avec leurs alliés terroristes, un axe maléfique et s'arment pour menacer la paix mondiale. [...]

L'Amérique sera le champion de la défense de la liberté et de la justice, parce que ces principes sont justes, vrais et inaliénables pour tous les peuples du monde. [...]

En un instant, nous nous sommes rendus compte que cette décennie serait décisive dans l'histoire de la liberté et que nous étions appelés à jouer un rôle exceptionnel dans le cours des événements de l'humanité. Rarement le monde a eu à faire face à un choix aussi clair et dont les effets sont aussi importants.

Georges W. Bush, Discours sur l'état de l'Union, 29 janvier 2002.

Le point de vue d'une ONG

3 L'usage de la torture

Mobilisation d'Amnesty International à Paris le 10 janvier 2012 pour dénoncer l'usage de la torture par les États-Unis à Guantanamo. C'est sur cette base militaire située à Cuba que les terroristes présumés sont emprisonnés et interrogés.

4 « La seule chose juste, c'est la paix »

Le point de vue d'un pape

Dans ce livre d'entretiens avec le sociologue français Dominique Wolton, le pape François rompt avec la doctrine traditionnelle de l'Église catholique, qui légitimait la guerre menée au nom de la foi.

Pape François : Faire la guerre au nom de Dieu, ce n'est pas juste. La seule chose juste, c'est la paix.

Dominique Wolton : Trouvez-vous qu'en trente ans les rencontres d'Assise[1] ont permis de peser un peu pour la paix ?

Pape François : Oui, oui. Peut-être pas sur une paix concrète, puisque nous sommes en état de guerre. Mais oui dans la conception que cette guerre est injuste. Aujourd'hui encore, nous devons bien penser le concept de « guerre juste ». Nous avons appris en philosophie politique que, pour se défendre, on peut faire la guerre et la considérer comme juste. Mais peut-on dire une « guerre juste » ? Ou plutôt une « guerre de défense » ? Car la seule chose juste, c'est la paix.

Dominique Wolton : Vous voulez dire qu'on ne peut pas utiliser le concept de « guerre juste », c'est cela ?

Pape François : Je n'aime pas l'utiliser. On entend dire : « Moi je fais la guerre parce que je n'ai pas d'autres possibilités pour me défendre. » Mais aucune guerre n'est juste. La seule chose juste, c'est la paix.

Pape François, *Politique et société, rencontres avec Dominique Wolton*, Éditions de l'Observatoire, 2017.

1. Rencontres interreligieuses pour la paix organisées depuis 1986 à l'initiative du pape à Assise, en Italie.

CONSTRUIRE SON POINT DE VUE

Découvrez les documents

1. Comment l'ONU entend-elle lutter contre la guerre ? doc 1
2. Qu'est-ce qui justifie l'entrée en guerre des États-Unis contre le terrorisme ? doc 2
3. Pourquoi le pape François refuse-t-il d'utiliser le concept de « guerre juste » ? doc 4

Développez des arguments

4. Quels motifs peuvent légitimer l'entrée en guerre des États ? docs 1 et 4
5. La guerre menée par les États-Unis contre le terrorisme est-elle juste ? docs 2 et 3

Présentez votre point de vue ORAL

6. À l'oral, en 5 minutes, répondez à la problématique « Peut-on encore penser la guerre juste ? » en présentant plusieurs arguments.

Révisions

Podcast Synthèse à écouter

EXO Exercices interactifs

La dimension politique de la guerre : des conflits interétatiques aux enjeux transnationaux

DATES CLÉS

1757-1763 Guerre de Sept Ans

1792-1815 Guerres révolutionnaires et napoléoniennes

11 septembre 2001 Attentats à New York et Washington

Depuis 2014 Intervention de la coalition internationale en Irak et en Syrie

SYNTHÈSE

I La guerre aux XVIIIe et XIXe siècles : des guerres interétatiques et limitées ?

- **Au XVIIIe siècle, les États européens se livrent des guerres limitées.** Selon le modèle clausewitzien, elles éclatent pour des motifs politiques et permettent d'atteindre des objectifs politiques. Il s'agit de conflits interétatiques et symétriques : les États s'y affrontent avec des armées similaires.

Repères Le modèle clausewitzien de la guerre p. 110
Jalon De la guerre de Sept Ans aux guerres napoléoniennes p. 116

- **Lors des guerres révolutionnaires et napoléoniennes, la guerre change de nature.** Les conflits deviennent absolus : il s'agit désormais de détruire les forces de l'adversaire grâce à l'utilisation d'une violence illimitée. Ce changement est rendu possible par le recours à la conscription et la force du sentiment national.

Jalon De la guerre de Sept Ans aux guerres napoléoniennes p. 118

- **Au XIXe siècle, les conflits se multiplient dans le monde et prennent un nouveau visage.** En Europe, l'essor du nationalisme vient menacer l'équilibre des puissances organisé par le congrès de Vienne en 1815. En Asie et en Afrique, les Européens mènent des guerres coloniales où ils bénéficient d'une nette supériorité technique. En Amérique du Sud, des peuples se soulèvent pour obtenir l'indépendance.

II La guerre au XXe siècle : la « montée aux extrêmes »

- **La Première Guerre mondiale est le premier exemple de guerre totale.** Conformément au modèle clausewitzien, le conflit éclate pour des motifs politiques et voit s'opposer deux alliances d'États. Mais pour vaincre leur adversaire, ces derniers mobilisent toutes leurs ressources durant une longue période et à un degré jamais atteint auparavant.

- **Un nouveau palier est franchi lors de la Seconde Guerre mondiale.** Les motifs de l'affrontement ne sont plus politiques mais idéologiques et il s'agit désormais d'une guerre d'anéantissement. Les bombardements stratégiques, les massacres et surtout le génocide des juifs et des Tsiganes font des civils les principales victimes du conflit.

- **Avec la guerre froide, une logique bipolaire inédite se met en place.** La dissuasion nucléaire rend impossible un conflit armé direct entre les deux superpuissances, États-Unis et URSS. Dans cette guerre idéologique, la propagande joue un rôle essentiel.

Chapitre 1 p. 50, **Chapitre 17** p. 410 et 414
Histoire 1re Thème 4 La Première Guerre mondiale, **Histoire Tle** La Seconde Guerre mondiale (thème 1)

SUJETS BAC

Dissertation

- « La guerre de Sept Ans, une guerre limitée ? » p. 117
- « Le terrorisme d'al-Qaida et Daech : une guerre irrégulière » p. 121
- « Formes, acteurs et facteurs de conflits du XVIIIe siècle à nos jours » p. 127

Étude critique de documents

- « Les guerres napoléoniennes, des guerres absolues » p. 119
- « Le terrorisme d'al-Qaida et Daech : une guerre irrégulière et mondialisée » p. 120-121
- « Les enjeux transnationaux des conflits actuels » p. 126

III La guerre au tournant du XXIe siècle : nouveaux facteurs, nouvelles logiques

- **La poursuite des conflits s'explique par de nouveaux facteurs.** Les conflits identitaires se multiplient, notamment avec l'affirmation de l'islamisme au Moyen-Orient et le retour des nationalismes en Europe orientale. Le facteur socio-économique joue également un rôle majeur, avec le développement de la piraterie ou du trafic de drogue dans les pays pauvres. Les premières « guerres climatiques » font aussi leur apparition.

- **Ces guerres contemporaines sont le plus souvent irrégulières.** Elles impliquent des acteurs non étatiques (rebelles, pirates, terroristes), qui n'appartiennent pas à une armée régulière et ne sont pas officiellement entretenus par un État. Ils pourraient représenter une grave menace s'ils utilisaient des armes non conventionnelles.

- **Des conflits incontrôlables ?** La plupart des conflits sont intraétatiques, ce qui rend difficile l'intervention de l'ONU. En revanche, les États voisins et les grandes puissances interviennent souvent dans ces guerres civiles pour soutenir une milice et défendre leurs intérêts. Dans ces conditions, le droit de la guerre est de moins en moins respecté et les civils sont les principales victimes de ces conflits.

Introduction du thème 2 p. 102, **Jalon** p. 120, **Points de vue** p. 122
Histoire Tle Nouveaux rapports de puissance et enjeux mondiaux (thème 4)

MOTS CLÉS

Guerre limitée : p. 111
Guerre absolue : p. 111
Guerre totale : p. 111
Guerre irrégulière : p. 115
Conflit symétrique/asymétrique : p. 115

COMPRENDRE AUTREMENT

Des conflits interétatiques aux enjeux transnationaux

XVIIIe et XIXe siècles : des guerres interétatiques et limitées ?

Domination des guerres interétatiques et limitées
› entre États pour des motifs politiques
Guerre de Sept Ans (1756-1763)

Apparition des guerres absolues
› violence illimitée pour anéantir l'adversaire
Guerres de la Révolution et de l'Empire (1792-1815)

Multiplication des guerres au XIXe siècle
› perfectionnement des armes
Guerres balkaniques (1912-1913), guerres coloniales...

De la guerre de Sept Ans aux guerres napoléoniennes p. 116

Au XXe siècle : vers une violence sans limite ?

La guerre totale
› mobilisation totale de la société
Première Guerre mondiale (1914-1918)

La guerre d'anéantissement
› guerre idéologique, civils principales victimes
Seconde Guerre mondiale (1939-1945)

La guerre froide
› affrontement bipolaire sans guerre ouverte
Affrontement entre États-Unis et URSS (1945-1991)

Au tournant du XXIe siècle : nouveaux facteurs, nouvelles logiques

Nouveaux facteurs de conflits
› facteurs identitaires, socio-économiques

Nouveaux acteurs et nouvelles armes
› acteurs non étatiques
› risque d'utilisation des armes non conventionnelles

Nouvelle échelle des conflits
› conflits intraétatiques intégrant des interventions extérieures
Guerre en Syrie et en Irak

Le modèle de Clausewitz à l'épreuve des « guerres irrégulières » : d'al-Qaida à Daech p. 120

Peut-on encore penser la guerre juste ? p. 122

BAC ▸ Étude critique de documents

SUJET BAC

Les enjeux transnationaux des conflits actuels

Consigne Montrez que ce document est révélateur des nouvelles logiques de la guerre au XXIe siècle.

Les États-Unis et la guerre

Aussi bien al-Qaida qu'à présent Daech menacent directement notre peuple, car dans le monde d'aujourd'hui, même quelques terroristes qui n'accordent aucune valeur à la vie humaine, y compris à la leur, peuvent causer beaucoup de dégâts. Ils se servent d'Internet pour empoisonner les esprits de nos concitoyens [...]. Nous devons les éliminer. Mais [...] même s'ils représentent tous un grave danger pour les civils, et que nous devons quoi qu'il en soit les arrêter, ils ne menacent pas notre existence en tant que nation. [...] Pendant plus d'un an, les États-Unis ont mené une coalition de plus de 60 pays [...]. Avec presque 10 000 frappes aériennes, nous sommes en passe d'anéantir leur commandement, leur carburant, leurs camps d'entraînement et leurs armes. Nous formons, armons et soutenons différentes forces qui récupèrent sans cesse des territoires en Irak et en Syrie. [...]

Notre politique étrangère doit être orientée sur la menace représentée par Daech et al-Qaida, mais elle ne saurait s'en arrêter là. En effet, même sans Daech, même sans al-Qaida, l'instabilité se poursuivra pendant des décennies dans de nombreuses régions de la planète, comme au Moyen-Orient, en Afghanistan et dans certaines parties du Pakistan, dans certaines parties de l'Amérique centrale, d'Afrique et d'Asie. Certains de ses endroits pourraient devenir des refuges pour de nouveaux réseaux terroristes, et d'autres seront tout simplement frappés par les conflits ethniques ou par la famine, créant ainsi de nouvelles vagues de réfugiés.

Barack Obama, président des États-Unis, Discours sur l'état de l'Union, Washington, 12 janvier 2016.

MÉTHODE / APPLICATION

ÉTAPE 1 ANALYSER LE SUJET ET LA CONSIGNE

MÉTHODE	APPLICATION
▸ **Définir les termes du sujet** ▸ **Définir le cadre géographique et/ou les limites chronologiques** ▸ **Dégager la question clé posée par le sujet**	Exemple : Le sujet invite à montrer que les conflits du XXIe siècle prennent des formes inédites. Ils dépassent le cadre des États et se fondent sur de nouvelles problématiques.

ÉTAPE 2 ANALYSER ET CRITIQUER LE DOCUMENT

MÉTHODE	APPLICATION
▸ **Identifier les documents** – Définissez la nature du document – Analysez la source et la date	▸ Quelle est la nature du document ? ▸ Pourquoi la source et la date du document sont-elles intéressantes pour l'étude critique ? Exemple : Barack Obama est président des États-Unis depuis janvier 2009. En 2016, il fait le bilan de son deuxième mandat devant le Congrès américain, 15 ans après les attentats terroristes qui ont frappé New York.
▸ **Dégager le sens général du document** – Énoncez le thème principal du document et son idée générale	▸ Identifiez le thème principal et l'idée générale du document. Exemple : Thème = la guerre des États-Unis contre la menace terroriste. Idée générale = Au XXIe siècle, le monde fait face à de nouveaux types de conflits.
– Identifiez et expliquez les termes clés	▸ Expliquez ce que sont al-Qaida et Daech. ▸ Identifiez les facteurs des conflits. ▸ Identifiez les acteurs des conflits.

– Sélectionner, confronter et expliquer les informations	▸ Relevez les informations permettant de dégager la notion de guerre irrégulière. ▸ Identifiez les différentes échelles des conflits. ▸ Regroupez les informations correspondant à un même thème. **Exemple** : Internet, nombreuses régions de la planète, réseaux terroristes → stratégie mondialisée du terrorisme. ▸ Explicitez les informations à l'aide de vos connaissances. **Cours** p. 114-115 ; **Jalon** p. 120-121 **Histoire Tle** Nouveaux rapports de puissance et enjeux mondiaux (thème 4)
▸ **Exercer un regard critique** – Interrogez-vous sur la source et posez-vous des questions sur le document – Montrez l'intérêt/les limites du document au regard du sujet	▸ Montrez que les États-Unis se présentent comme le chef de file de la lutte contre les multiples menaces pesant sur le monde et que cela leur permet de justifier leur politique étrangère et de légitimer leurs interventions.
ÉTAPE 3 RÉDIGER L'ÉTUDE CRITIQUE DU DOCUMENT	
▸ **Rédiger l'introduction**	▸ Rédigez une courte introduction pour présenter le sujet, le document et la problématique.
▸ **Rédiger l'étude de manière organisée**	▸ Rédigez une réponse organisée en deux parties pour répondre au sujet. **Exemple** : I. De nouvelles sources de conflits (facteurs identitaires, socio-économiques, nouveaux enjeux géopolitiques) II. Nouveaux acteurs et nouvelles échelles de conflits (stratégie mondialisée, régionalisation, guerre intraétatique)
▸ **Rédiger la conclusion**	▸ Dans une courte conclusion, répondez à la problématique du sujet.

BAC ▸ Dissertation

SUJET BAC

Formes, acteurs et facteurs de conflits du XVIIIe siècle à nos jours

LES TERMES À ANALYSER	LES CONNAISSANCES À MOBILISER	PROBLÉMATIQUE ET PLAN POSSIBLES
▸ « **Formes** » : conflits interétatiques, intraétatiques ou enchevêtrés, conflits symétriques ou irréguliers ▸ **Les « acteurs »** : États et organisations armées non étatiques. ▸ **Les « facteurs »** : politiques, identitaires, socio-économiques. ▸ « **Du XVIIIe siècle à nos jours** » : commencer aux conflits classiques du XVIIIe siècle, donc à la guerre de Sept Ans	**Chapitre 4** La dimension politique de la guerre p. 108-125 **Chapitre 6** Le Moyen-Orient **Cours** p. 152-157 ; Jalon p. 162-165 **Histoire Tle** Nouveaux rapports de puissance et enjeux mondiaux (thème 4) **Histoire 1re** Un embrasement mondial et ses grandes étapes (thème 4) **Notions :** modèle de Clausewitz, conscription, droit de la guerre, jihadisme, épuration ethnique, conflit symétrique, guerre irrégulière, guerre absolue/totale, guerre froide.	▸ **Problématique possible :** Comment les logiques d'affrontements ont-elles évolué depuis le XVIIIe siècle ? ▸ **Plan possible :** I. Des guerres classiques et limitées à la fin de la guerre froide : la montée en violence de la guerre entre États II. Depuis les années 1990 : la fin de la guerre encadrée et l'émergence de nouvelles formes de conflits à toutes les échelles

Méthode générale de la dissertation p. 22

Chapitre 5

Le défi de la construction de la paix

Depuis le XVIIe siècle, les relations diplomatiques sont régies par le système d'équilibre des puissances, défini lors des traités de paix de Westphalie (1648) qui mettent fin à la guerre de Trente Ans. Ce système n'exclut pas la guerre. Au XXe siècle, la violence inégalée des guerres mondiales donne naissance à une autre vision de la paix. Fondée sur la sécurité collective, elle aboutit à la création de la Société des Nations (SDN) en 1919 puis de l'Organisation des Nations unies (ONU) en 1945.

Pourquoi et comment construire la paix entre États depuis le XVIIe siècle ?

Textes DYS
TOUS LES TEXTES EN VERSION DYS
lyceen.nathan.fr/geopolitiqueterm

SOMMAIRE

L'Organisation des Nations unies au service de la paix

Casque bleue italienne membre de la FINUL (Force intérimaire des Nations unies au Liban), septembre 2013. La FINUL a été créée en 1978 par l'ONU pour sécuriser le Liban. Elle est toujours sur place à ce jour.

Cours

JALON p. 138-139

Podcast Cours à écouter

Faire la paix par l'équilibre des puissances aux XVIIe-XVIIIe siècles

Comment le système westphalien répond-il au défi de la construction de la paix ?

I Une nouvelle conception de la paix élaborée en 1648

A Des traités de paix pour mettre fin à la guerre de Trente Ans (1618-1648)

● **La guerre de Trente Ans débute en 1618 en Allemagne.** Conflit religieux, politique et institutionnel entre les princes allemands protestants et l'Empereur catholique du **Saint-Empire romain germanique**, cette guerre allemande devient progressivement une guerre européenne de longue durée. L'Empereur est soutenu par le pape et les Habsbourg d'Espagne. La Suède protestante qui veut contrôler la Baltique et la France catholique qui veut affaiblir les Habsbourg s'engagent du côté des princes protestants.

● **Les traités de paix signés en 1648 à Osnabrück et Münster, en Westphalie, mettent fin à la guerre.** Ils rétablissent d'abord la paix religieuse au sein du Saint-Empire : ils confirment les termes de la **paix d'Augsbourg** (1555), qui accordait aux princes des États allemands la liberté religieuse, mais ils l'étendent à leurs sujets. Ces traités mettent aussi en place un nouvel équilibre politique entre l'Empire et les États allemands qui obtiennent une autonomie. Chacun d'eux peut avoir une **diplomatie** propre tant qu'elle ne se retourne pas contre l'Empereur et l'Empire. Le Saint-Empire stabilisé n'est plus alors une menace pour la paix en Europe.

● **Les traités prévoient peu de recompositions territoriales.** Pour les États allemands, les changements sont déterminés selon les principes du retour à la situation de 1618 et de la réparation des dommages. Les gains territoriaux de la France et de la Suède sont modérés. Les traités mettent cependant en place un nouvel équilibre en Europe. Ils confirment en effet la place de la France et de la Suède, révélée par la guerre de Trente Ans, et mettent fin à la domination des Habsbourg qui prétendaient à une hégémonie sur l'Europe depuis le XVIe siècle.

B Des traités de paix pour un nouvel ordre international

● **Les traités de Westphalie posent les bases d'une diplomatie désormais fondée sur le droit.** En effet, tous les États en guerre ont participé à égalité aux négociations de paix commencées avant même la fin de la guerre. Elles constituent en cela un modèle pour les congrès de paix **multilatéraux**. Outre l'idée d'**équilibre des puissances**, les traités établissent l'inviolabilité de la souveraineté des États et la non-intervention dans les affaires d'autrui. La guerre est considérée par les États comme un recours possible, mais limité et régulé pour maintenir l'équilibre entre les puissances et prévenir toute menace impériale.

● **Ces principes sont inspirés de la réflexion menée par des penseurs comme Jean Bodin (1530-1596) ou Hugo Grotius (1583-1645).** Jean Bodin élabore dans *Les Six Livres de la République* (1576) une théorie de la souveraineté de l'État qui se caractérise notamment par son indépendance et sa reconnaissance par les États étrangers. En 1625, Hugo Grotius publie son *Droit de la guerre et de la paix*. Il y explique que la guerre, contraire au droit naturel, n'est licite que dans la mesure où elle est déterminée par une juste cause.

REPÈRES

Le Saint-Empire romain germanique (ou Empire)
Créé en 962, ce regroupement de territoires aux statuts divers est régi par des institutions spécifiques dont la Diète (assemblée) où se rencontrent l'Empereur et les États allemands.

La paix d'Augsbourg (1555)
Elle accorde la liberté religieuse aux princes des États du Saint-Empire. Les sujets, quant à eux, doivent adopter la confession de leur prince ou émigrer.

VOCABULAIRE

Diplomatie : art de la négociation entre États développé à partir du XVe siècle. Elle est menée par les diplomates ou négociateurs qui représentent les souverains.

Équilibre des puissances : système de politique internationale dans lequel les interactions entre les États limitent quasi mécaniquement les tendances à l'hégémonie tout en assurant la stabilité.

Multilatéralisme : mode d'organisation des relations entre États fondé sur la coopération pour instaurer des règles communes.

Nationalisme : doctrine et mouvement qui revendiquent l'indépendance d'un territoire et la création d'un État souverain.

II Le système westphalien, un système d'équilibre durable en Europe

A 1648-1789 : guerres et équilibre des puissances

- **Après 1648, les guerres se poursuivent en Europe.** Elles deviennent même quasi permanentes au XVIIe comme au XVIIIe siècles. Elles sont principalement menées d'abord par la France de Louis XIV pour renverser à son profit l'équilibre qu'elle a pourtant contribué à établir (guerre de Hollande de 1672 à 1678, guerre de la Ligue d'Augsbourg de 1688 à 1697). Par la suite, la Grande-Bretagne sert d'arbitre entre les puissances continentales et confirme sa suprématie (Guerre de 7 ans, 1756-1763).

- **Le système westphalien se déploie cependant après 1648.** La distinction entre situations de guerre et de paix est clairement établie. Les guerres entre États se terminent par des congrès de paix et la signature de traités qui montrent la volonté de négocier à égalité et de ne pas rompre l'équilibre. Ainsi le traité d'Utrecht (1713) entre la Grande-Bretagne, la France et l'Espagne, qui met fin à la guerre de succession d'Espagne, se donne pour but de « stabiliser la paix et la tranquillité de la Chrétienté par un juste équilibre des puissances ».

B La rupture révolutionnaire et la fin de l'équilibre westphalien

- **La Révolution française puis les conquêtes napoléoniennes créent une rupture.** La Révolution introduit un nouveau type de guerre dès 1792, celle d'une armée de citoyens qui combattent au nom de la défense de valeurs universelles, face aux monarchies qui l'encerclent. La France révolutionnaire étend sa domination sur de nouveaux territoires et acquiert de nouvelles frontières. Après 1800, les guerres napoléoniennes (1800-1815) aboutissent à l'hégémonie française sur l'Europe. Elles mettent en péril l'égalité des États et l'équilibre voulu depuis 1648.

Chapitre 4 p. 116-119
Histoire 1re « L'Europe entre restauration et révolution » (thème 1)

- **Le congrès de Vienne (1814-1815) tente de rétablir le système westphalien.** Selon le modèle de congrès de paix inauguré en 1648, il réunit les puissances européennes (Autriche, Russie, Royaume-Uni, Prusse) et referme la parenthèse des guerres de la Révolution et de l'Empire. Cette alliance des États monarchiques rejoints par la France en 1815 veut prémunir l'Europe contre la guerre par la tenue de congrès internationaux. L'Europe connaît effectivement une paix relative entre États au XIXe siècle, mise à mal par l'éveil des **nationalismes** qui entraîne la Première Guerre mondiale.

Gerard ter Borch, *La Prestation de serment de la ratification du traité de Münster*, 1648, huile sur cuivre (58,5 x 45,4 cm), National Gallery, Londres.

FICHES DE LECTURE

Arnaud Blin, « La puissance et l'histoire, ou les grandes étapes de la guerre et de la paix », 2007 (en ligne). Un article court écrit par un spécialiste d'histoire politique et militaire.
www.irenees.net/bdf_fiche-analyse-773_en.html

Claire Gantet, *Guerre, paix et construction des États, 1618-1714,* Seuil, 2004, 432 p. Le chapitre 4 « La guerre de Trente Ans, 1618-1648 » (p. 119-138) comprend une partie sur les traités de Westphalie.

RESSOURCES

Yves Krumenacker, *La Guerre de Trente Ans,* Ellipses, 2008, 205 p. Un manuel d'histoire sur le conflit ayant conduit aux traités de Westphalie.

Deux articles de *L'Histoire* n° 454, « 1618-1648 : la guerre de Trente Ans », 2018 : Claire Gantet, « Enquête sur une catastrophe européenne » (p. 32) ; entretien avec Herfried Münkler, « Cette guerre aide à comprendre le monde actuel » (p. 50).

Podcast « Les traités de Westphalie ont-ils mis en place un nouvel ordre européen ? », *La Fabrique de l'histoire*, France Culture, 6 septembre 2018. Une analyse complète de ces traités en 52 minutes.

Ressources complémentaires

Cartes De la Société des Nations (SDN)

1 Un premier essai de sécurité collective : la SDN (1919)

Source : *Questions internationales* n° 43, mai-juin 2010, La Documentation française.

1. Une organisation à vocation internationale
- États fondateurs
- États ayant rejoint la SDN en 1920
- États membres après 1920
- Territoires sous mandat, dépendances et colonies des États membres

2. Des pays exclus
- États non membres
- États démissionnaires ou exclus

Carte interactive

2 Un nouveau système de

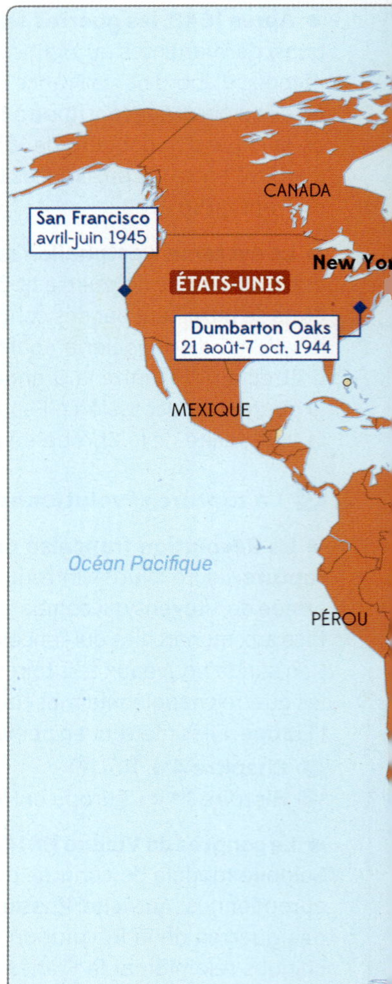

VOCABULAIRE

Organisation des Nations unies (ONU) : organisation internationale créée en 1945 lors de la conférence de San Francisco. 51 États adoptent alors sa Charte. p. 135

Sécurité collective : système visant à assurer la paix sur des bases durables par la mise en place d'une solidarité active entre les États qui garantissent mutuellement leur indépendance.

Société des Nations (SDN) : organisation internationale créée en 1919 par le traité de Versailles qui met fin à la Première Guerre mondiale, dans le but d'organiser une sécurité collective. p. 134

QUESTIONS

1. Quelle est la grande puissance absente de la SDN ? carte 1

2. Quels sont les membres permanents du Conseil de sécurité de l'ONU ? carte 2

3. Pourquoi peut-on dire que l'ONU est une organisation plus universelle que la SDN ? cartes 1 et 2

à l'Organisation des Nations unies (ONU)

sécurité collective depuis 1945 : l'ONU

Carte interactive

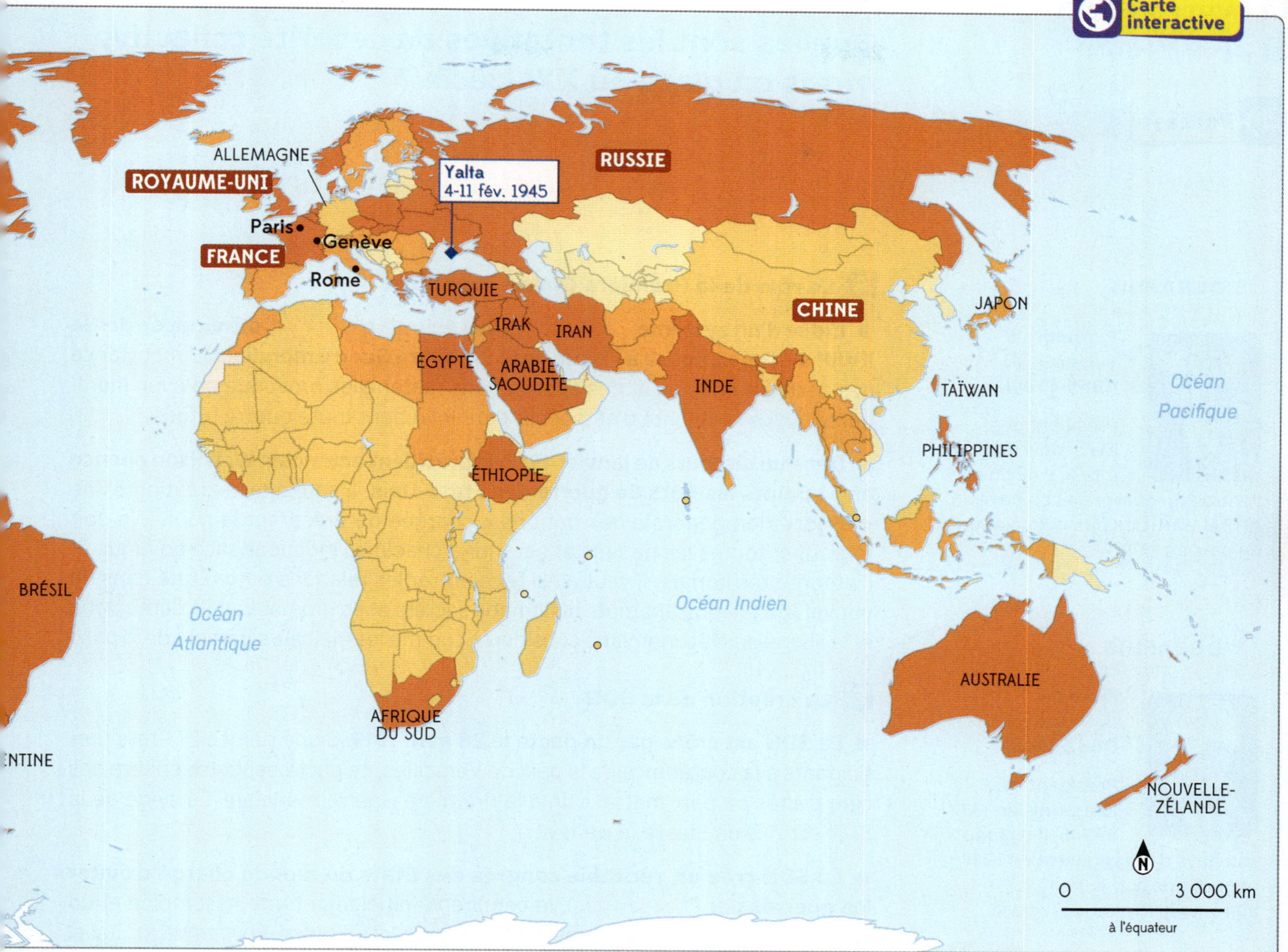

1. Une nouvelle organisation internationale

- ◆ Conférences interalliées
- ■ Siège de l'Organisation des Nations unies (ONU)
- • Principaux sièges d'agences de l'ONU
- YS Membres permanents du Conseil de sécurité de l'ONU

2. Une organisation universelle

- États fondateurs en 1945
- États membres en 1956
- États membres en 1990
- États membres en 2019

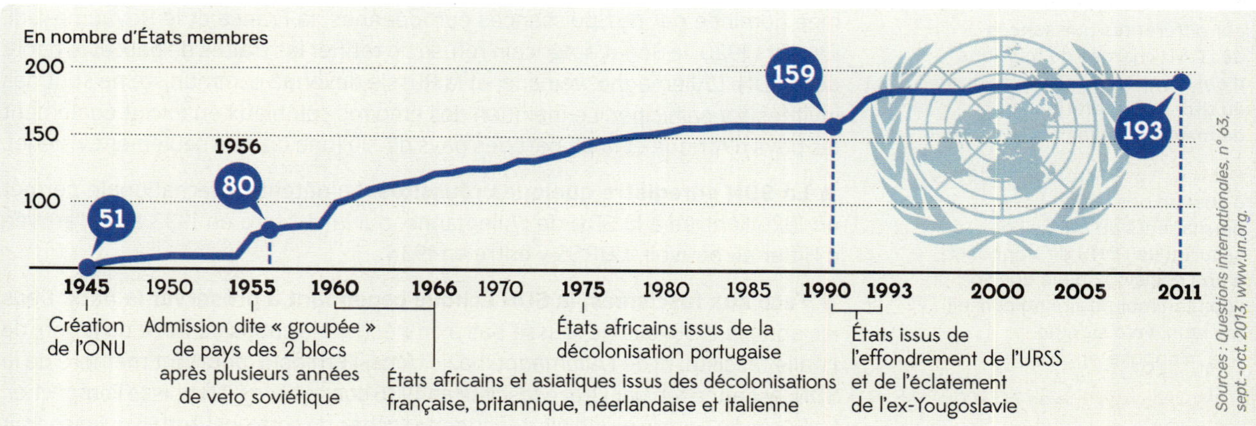

■ L'ONU, une organisation universelle

Cours Faire la paix par la sécurité collective au XXe siècle

CARTES p. 132-133
JALON p. 140-141

Podcast Cours à écouter

Quelles sont les tentatives de sécurité collective mises en place au XXe siècle ?

I La Société des Nations (SDN), une première tentative de sécurité collective

A Le rôle de la Première Guerre mondiale

- **L'idée d'un système multilatéral de sécurité collective, développée dès le XVIIIe siècle, s'impose à l'issue de la Première Guerre mondiale.** L'importance des pertes humaines et des destructions matérielles provoque un choc moral qui explique la volonté d'empêcher définitivement toute guerre future.
- **Dans un discours de janvier 1918, le président américain W. Wilson énonce en 14 points les buts de guerre des États-Unis.** Il souhaite la création d'une « association générale des nations » chargée de préserver la paix. Elle doit regrouper toutes les nations et garantir à chacune l'indépendance politique et l'intégrité territoriale. Il veut ainsi faire entrer les relations entre États dans un nouvel âge en refusant toute diplomatie secrète et en promouvant la démocratie et le libéralisme économique considérés comme les meilleurs garants de la paix.

B La création de la SDN

- **La SDN est créée par un pacte le 28 avril 1919.** Signé par les 27 États participants à la conférence de la paix de Versailles, ce pacte est placé en tête des cinq traités de paix mettant fin à la Première Guerre mondiale. Le siège de la SDN est fixé en Suisse, à Genève.
- **La SDN crée un véritable congrès des États du monde chargé d'éviter les guerres par l'arbitrage.** Elle comprend initialement une Assemblée et un Conseil composé de 8 membres dont 4 permanents (France, Royaume-Uni, Italie, Japon). L'Assemblée n'est que délibérative ; les questions essentielles relèvent du Conseil qui peut seul voter des sanctions contre un État agresseur. Or ces sanctions doivent être votées à l'unanimité et n'ont pas de force obligatoire, la SDN ne disposant pas de force armée internationale.

Histoire 1re « Sortir de la guerre » (thème 4)

C Faiblesse, succès et échec de la SDN

- **La SDN manque dès sa fondation à sa vocation universelle.** Elle est d'emblée dominée par des puissances européennes, la France et le Royaume-Uni. En mars 1920, le Sénat américain refuse de ratifier les traités de paix et le pacte de la SDN. L'Allemagne, vaincue, et la Russie devenue communiste ne sont pas invitées à y participer. Le maintien des empires coloniaux en exclut également les pays d'Afrique et la plupart des pays d'Asie (une dizaine seulement y siège).
- **La SDN enregistre quelques réussites.** La détente internationale permet en 1926 l'entrée à la SDN de l'Allemagne, qui la quittera en 1933 avec l'arrivée d'Hitler au pouvoir. L'URSS y entre en 1934.
- **Face aux fascismes, la SDN échoue cependant à préserver la paix.** Dans les années 1930, elle ne réussit pas à empêcher les coups de force du Japon, de l'Italie fasciste, ni de l'Allemagne nazie. Ainsi l'Éthiopie, pourtant membre de la SDN, est annexée par l'Italie fasciste en 1936 sans que la SDN puisse l'empêcher. La Seconde Guerre mondiale sanctionne l'échec de cette institution qui disparaît officiellement en 1946.

BIOGRAPHIE

T. Woodrow Wilson (1856-1924)

Président des États-Unis de 1913 à 1921, il décide de l'entrée en guerre de son pays en 1917 et participe aux négociations de paix en 1919.

BIOGRAPHIE

Franklin D. Roosevelt (1882-1945)

Président des États-Unis de 1933 à 1945, il engage son pays dans la guerre en 1941 et participe activement au rétablissement de la paix.

VOCABULAIRE

Arbitrage : mode de résolution pacifique des conflits fondé sur le droit international.

Casques bleus : soldats fournis par différentes puissances de l'ONU chargés de missions d'observation ou d'interposition au titre des opérations de maintien de la paix.

Droit de veto : droit accordé à chacun des 5 membres permanents du Conseil de sécurité de l'ONU de s'opposer à une décision quelle que soit l'opinion majoritaire au conseil (en latin, *veto* signifie « je m'oppose »).

Multilatéralisme : voir p. 130

Sécurité collective : voir p. 132

II L'ONU, une nouvelle tentative de sécurité collective

A Une organisation née de la Seconde Guerre mondiale

- **Comme en 1918, la création de l'ONU est liée à la guerre.** Elle est rendue nécessaire par la nature même du conflit dont la violence inouïe a passé un seuil d'intensité. L'ampleur des massacres, notamment de civils, explique la volonté des vainqueurs de mettre la guerre hors-la-loi.

- **L'influence des États-Unis est à nouveau décisive.** Le président américain F. D. Roosevelt reprend dès 1942 le projet d'une organisation mondiale fondée sur la bonne volonté des nations et qui garantisse la paix, la liberté et le développement. Il veut aussi lui donner une efficacité que n'avait pas la SDN en y faisant participer toutes les grandes puissances, y compris l'URSS communiste.

Histoire T[le] « Les débuts d'un nouvel ordre mondial » [thème 2]

B Une organisation pour la paix

- **La charte des Nations unies est adoptée par 51 États en 1945.** Elle fait du maintien de la paix le premier but de l'ONU. Elle réaffirme l'importance des droits fondamentaux de l'Homme, qu'elle doit préserver, et sa volonté de permettre le développement économique.

- **L'ONU dispose d'institutions.** L'Assemblée générale, qui réunit tous les États membres, n'adopte que des recommandations. C'est le Conseil de sécurité, composé de 11 membres dont 5 permanents [États-Unis, URSS, Royaume-Uni, France, Chine], qui a la charge primordiale de la paix et de la sécurité. Pour cela, il adopte des résolutions qui s'imposent aux États [sanctions économiques, envoi de force de maintien de la paix : les **« Casques bleus »**]. Mais c'est surtout la présence active des grandes puissances qui peut assurer son efficacité, notamment les États-Unis qui accueillent le siège de l'organisation à New York.

C Une organisation d'États souverains

- **L'ONU demeure une organisation d'États.** Ces derniers n'abandonnent pas leur souveraineté, garantie par la Charte. L'action de l'ONU repose donc sur l'entente de ces États, en particulier des grandes puissances membres permanents du Conseil de sécurité, qui y disposent d'un **droit de veto**.

- **Dès les années 1950, la guerre froide gêne le fonctionnement du Conseil de sécurité.** La bipolarité Est-Ouest l'empêche de mettre en œuvre des opérations de maintien de la paix qui supposent l'accord des parties prenantes au conflit et sont donc peu nombreuses.

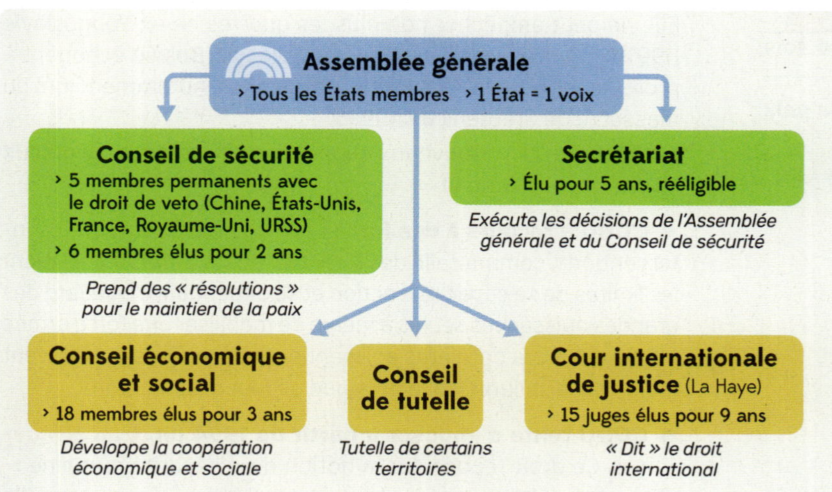

Les institutions de l'ONU

FICHES DE LECTURE

Jean-Michel Guieu, « Garantir la paix par la « sécurité collective » au XXe siècle », *Encyclopédie pour une histoire nouvelle de l'Europe, 2016* [en ligne], mis en ligne le 19 nov. 2015. Un article court sur l'histoire de la sécurité collective de la SDN à l'ONU.
https://ehne.fr/article/leurope-les-europeens-et-le-monde/organiser-le-systeme-international/garantir-la-paix-par-la-securite-collective-au-xxe-siecle

Chloé Maurel, *Histoire des idées des Nations unies, l'ONU en 20 notions*, L'Harmattan, 2015, chap. 1 : « Du “gouvernement mondial” à la “gouvernance mondiale” » [p. 11-32]. Un livre qui aborde l'histoire de l'ONU par ses idées.

RESSOURCES

Le site officiel de l'ONU, qui comprend une rubrique sur l'histoire de l'ONU.
www.un.org/fr/

André Lewin, *L'ONU, pour quoi faire ?,* Gallimard, « Découvertes », 2006 [2e éd.], 144 p. Un ouvrage court et richement illustré sur l'ONU.

Jean-François Muracciole, *L'ONU et la sécurité collective,* Ellipses, 2006, 176 p. Un livre d'histoire pour le cycle universitaire portant sur l'ONU mais aussi sur la SDN.

Ressources complémentaires

Cours Faire la paix par la sécurité collective depuis 1991

CARTES p. 132-133
JALON p. 140-141
POINTS DE VUE p. 142-143

Podcast Cours à écouter

Comment assurer la paix entre les nations dans un monde éclaté et marqué par de nouvelles conflictualités ?

VOCABULAIRE

Casques bleus : voir p. 130

Droit d'ingérence : voir p. 138

Droit de veto : voir p. 130

Gouvernance mondiale : notion entrant en usage dans les années 1990 qui renvoie aux tentatives d'instauration de règles, de modes de coopération ou d'institutions pour traiter les problèmes économiques à l'échelle planétaire.

I Dans les années 1990, le renouveau du système de sécurité collective

A Une ONU plus active

- **La fin de la guerre froide libère l'ONU.** Le fonctionnement du Conseil de sécurité n'est plus bloqué par l'opposition des grandes puissances, États-Unis et URSS. Après la chute de l'URSS en 1991, l'usage du **droit de veto** se raréfie. Le Conseil de sécurité peut davantage avoir recours à des résolutions au titre du chapitre VII de la Charte (actions en cas de menace contre la paix, de rupture de la paix et d'acte d'agression) qui fondait le système de **sécurité collective**.

- **La guerre du Golfe (1990-1991) manifeste bien cette nouvelle capacité d'action et d'application du droit international.** Ainsi, la coalition internationale menée par les États-Unis intervient sous mandat de l'ONU contre l'Irak qui avait envahi le Koweït et à la suite de plusieurs résolutions du Conseil de sécurité.
Chapitre 6 p. 162-163

- **Les opérations de maintien de la paix se multiplient et s'élargissent.** Les **Casques bleus** interviennent désormais sur tous les continents : en Afrique, en Asie (par exemple au Timor oriental en 1999 **Points de vue** p. 143), au Moyen-Orient comme en Europe. L'ONU se charge parfois de l'administration provisoire d'États en faillite (Haïti de 1993 à 1996). Elle s'occupe donc du « maintien », mais aussi de la « construction » de la paix : établissement d'une paix durable, organisation d'élections, rétablissement de la démocratie.

Nombre d'opérations de maintien de la paix de l'ONU (1948-2019)

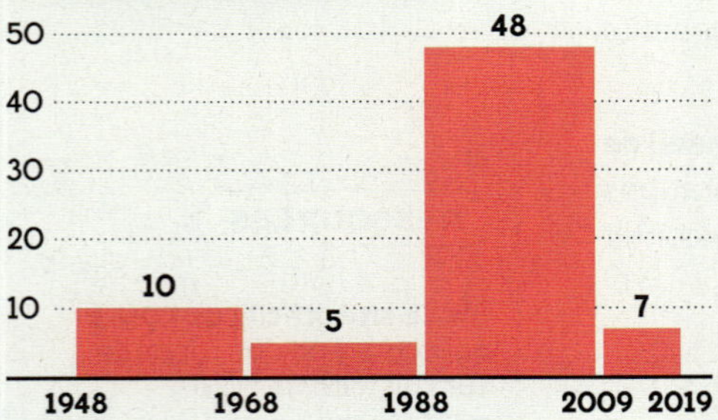

Nombre d'opérations de maintien de la paix de l'ONU par régions (1948-2019)

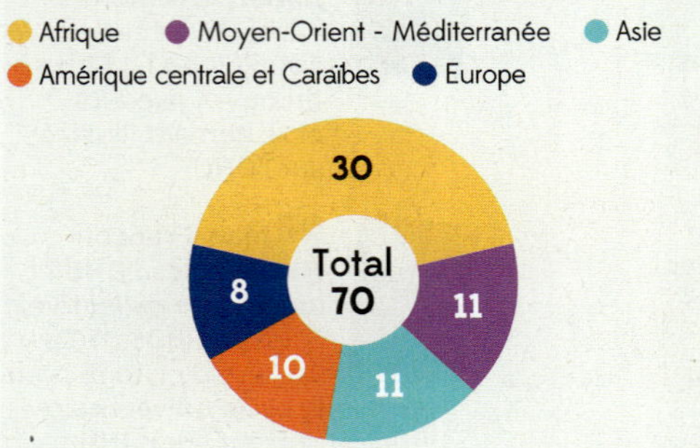

Source : R. Hatto, Le Maintien de la paix, L'ONU en action, *Colin, 2015, www.un.org.*

B Limites et échecs du système

- **Le renouveau de l'ONU dans les années 1990 n'a pas pu empêcher les guerres ni de nouveaux génocides.** Au Rwanda par exemple, la présence des Casques bleus n'empêche pas le génocide des Tutsi par le gouvernement hutu en 1994-1995. Elle ne peut empêcher non plus les guerres en ex-Yougoslavie (1991-1999). Les Casques bleus envoyés en Bosnie échouent à protéger les populations civiles bosniaques, notamment lors du massacre de Srebrenica en 1995.
Histoire Tle « Nouveaux rapports de puissance et enjeux mondiaux » (thème 4)

- **L'ONU a recours à des forces armées extérieures.** Ces interventions, comme celle de l'**OTAN** au Kosovo en 1999, révèlent les limites de sa capacité d'action et sa dépendance à l'égard des grandes puissances seules à même de mobiliser une force armée efficace. Or, ces dernières agissent pour des motifs qui relèvent moins de la sécurité collective que de leur propre intérêt.

- **L'ONU tente d'imposer à partir de 1994 un droit d'ingérence.** Ce droit repose sur la notion de « sécurité humaine », afin de privilégier la sécurité des populations plutôt que celle des territoires. Kofi Annan, secrétaire général de l'ONU de 1997 à 2006, défend la notion de « responsabilité de protéger », au nom des peuples et des droits de l'homme : si un État n'est pas en mesure d'assurer la sécurité de sa population, il revient à la communauté internationale de le faire. Mais cette notion se heurte au principe de souveraineté des États inscrit dans la Charte.

Jalon p. 140-141, **Points de vue** p. 142-143

II Vers une nouvelle gouvernance ?

A L'ONU face à un monde instable

- **La paix mondiale est menacée par de nouveaux dangers.** Le 11 septembre 2001, les attentats commis aux États-Unis par l'organisation terroriste islamiste al-Qaida fait prendre conscience de l'ampleur du risque terroriste. Face à cette menace transnationale, l'ONU manque de moyens d'action. De la même façon, la multiplication des **guerres intraétatiques** comme celles de l'ex-Yougoslavie (1991-1999) échappent à la logique de l'ONU fondée sur une conception classique des relations internationales, celle des relations entre États.

- **La paix est aussi mise en péril par la politique interventionniste des États-Unis.** Après les attentats du 11 septembre 2001, les États-Unis se lancent dans une guerre qui remet en cause l'idée de sécurité collective. Leur intervention militaire en Irak (2003), menée sans accord du Conseil de sécurité et contre l'avis de certains de ses alliés dont la France, révèle l'impuissance de l'ONU face à l'**unilatéralisme** américain. Limitée par son mode de fonctionnement même, elle ne peut agir que si l'idée du **multilatéralisme** est partagée par tous et particulièrement par la première puissance mondiale.

Chapitre 4 p. 120-121, **Chapitre 6** p. 160-161
Histoire Tle Nouveaux rapports de puissance et enjeux mondiaux (thème 4)

B Réformer l'ONU : une nécessité

- **L'ONU est la seule organisation internationale universelle.** Elle regroupe la quasi-totalité des États du monde (193 États sur 197), ce qui lui donne une place centrale dans les relations internationales et la capacité à promouvoir un ordre international fondé sur la paix, conformément à sa vocation première.

- **L'ONU dépend cependant de la volonté des États et particulièrement des grandes puissances.** Sa capacité d'action est contrainte par l'obligation de respecter la souveraineté des États. Elle reste par ailleurs toujours dépendante de l'accord des membres permanents du Conseil de sécurité (États-Unis, Russie, Royaume-Uni, France et Chine), leur droit de veto pouvant bloquer toute initiative d'envergure.

- **La réforme du système onusien paraît donc indispensable.** Elle n'a pas pu aboutir à ce jour car le fait que l'ONU devienne une organisation **supranationale** suppose un abandon de souveraineté des États. Certains pensent aussi qu'il faudrait élargir le Conseil de sécurité à de nouveaux États, comme l'Inde. Dans les deux cas, cela nécessiterait que les membres du Conseil de sécurité renoncent à une partie de leur puissance pour une authentique **gouvernance mondiale**.

VOCABULAIRE

Guerre intraétatique : voir p. 103

Multilatéralisme : voir p. 130

OTAN (Organisation du traité de l'Atlantique Nord) : organisation civile et militaire de l'Alliance atlantique (1949) réunissant à l'origine, autour des États-Unis, 10 pays d'Europe occidentale et le Canada. La Grèce et la Turquie y entrent en 1952, la RFA en 1955.

Sécurité collective : voir p. 132

Supranationalité : gouvernance ou souveraineté qui se situe au-dessus de la souveraineté nationale et qui implique le vote de lois ayant primauté sur le droit national.

Unilatéralisme : attitude d'un État qui consiste à agir sans concertation avec les autres acteurs des relations internationales.

FICHES DE LECTURE

Benoît Durieux, Jean-Baptiste Jeangène Vilmer, Frédéric Ramel (dir.), *Dictionnaire de la guerre et de la paix*, PUF, 2017 : articles « Opérations de maintien de la paix » p. 932 et « Sécurité collective » p. 1285.

Chloé Maurel, *L'ONU, un mécanisme imparfait mais indispensable*, 14 mars 2016 [en ligne] : un article d'une historienne spécialiste de l'ONU.
www.iris-france.org/73055-lonu-un-mecanisme-imparfait-mais-indispensable/

RESSOURCES

Ronald Hatto, *Le Maintien de la paix, l'ONU en action*, Armand Colin, 2015, 208 p. (chapitre 2 en particulier). L'ouvrage d'un spécialiste de stratégie et de sécurité internationales ayant aussi servi comme Casque bleu.

Podcast « ONU. Les opérations de maintien de la paix : efficacité et limites », émission *Les Enjeux internationaux*, France Culture, 1er mars 2016 : les problématiques du maintien de la paix par l'ONU exposées en 8 minutes.
www.franceculture.fr/emissions/les-enjeux-internationaux/onu-les-operations-de-maintien-de-la-paix-efficacite-et-limites

Documentaire « Peut-on réformer l'ONU ? » (24'42''), diffusé sur la chaîne Public Sénat, 10 décembre 2016, interrogeant la nécessité d'une réforme de l'ONU.
www.publicsenat.fr/emission/un-monde-en-docs/peut-on-reformer-l-onu-48747

Ressources complémentaires

Jalon

Faire la paix par les traités : les traités de Westphalie (1648)

COURS p. 130-131

Les deux traités de paix (Osnabrück et Münster) signés en Westphalie en 1648 mettent fin à la guerre de Trente Ans (1618-1648) par la négociation entre les principaux États européens, à l'exception de l'Angleterre qui n'y a pas participé. Ils ramènent la paix en Allemagne, donnent une nouvelle stabilité au Saint-Empire et organisent aussi un nouvel ordre international en Europe.

Comment les traités de Westphalie organisent-ils la paix en Europe ?

Carte interactive | Étude critique du document

1 Les recompositions territoriales en Europe

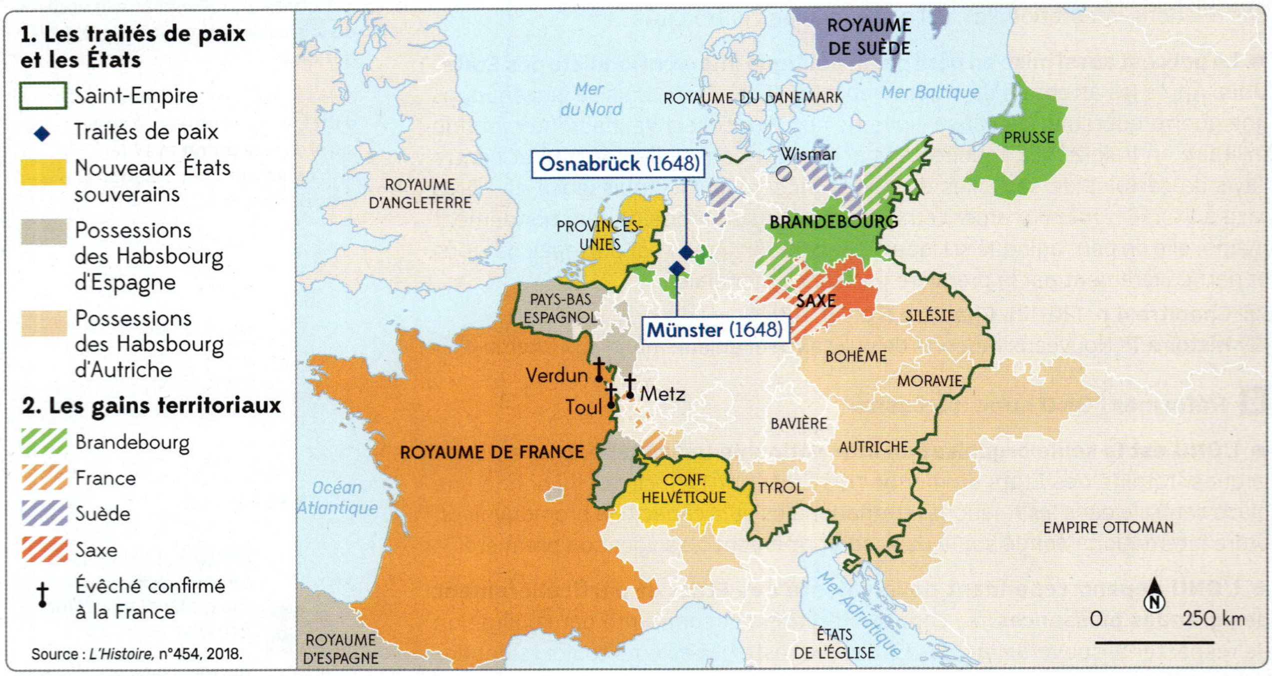

Source : *L'Histoire*, n°454, 2018.

→ **Quels États sont officiellement créés en 1648 ?**

2 La dimension allemande des traités

Le point de vue d'un historien

Les traités ramenaient la paix en Allemagne et donnaient une stabilité nouvelle au Saint-Empire, lui permettant ainsi de survivre malgré sa complexité.

[...] En matière religieuse, le calvinisme[1] était reconnu dans l'Empire à côté du catholicisme et du luthéranisme[1]. Il n'y avait pas une réelle tolérance, mais c'était la reconnaissance d'une situation existante [...].

Cette disposition transformait la règle *cujus regio, ejus religio*[2]. Le prince pouvait désormais changer de religion sans que ses sujets fussent tenus d'en faire autant. [...]

Les princes avaient acquis l'autonomie à l'intérieur de leur territoire, et ils avaient le droit de faire la guerre et de conclure des alliances ; ils ne devaient pas l'utiliser contre l'empereur et contre l'Empire. Ce droit, finalement, était ancien, surtout pour les principaux territoires, et il était rappelé. Les traités garantissaient les princes contre toute velléité impériale de réaction.

Lucien Bély, *Les Relations internationales en Europe, XVIIe-XVIIIe siècles*, PUF, 1992.

1. Branche du protestantisme.
2. « Tel prince, telle religion » : principe établi en 1555 par la paix d'Augsbourg (voir p. 130) selon lequel les sujets doivent suivent la confession de leur prince.

→ **Quelles dispositions les traités de Westphalie prennent-ils en faveur de la paix ?**

Lucien Bély est un historien moderniste français, spécialiste des relations internationales.

3 La paix fêtée dans les Provinces-Unies

Bartholomeus van der Helst, *Banquet de la garde civile d'Amsterdam fêtant la paix de Münster (1648)*, 1648.
Huile sur toile (547 x 232 cm), Rijksmuseum (Amsterdam).

→ **Pourquoi la paix est-elle autant fêtée à Amsterdam ?** docs 1, 3 et 5

4 Un nouveau système international

Le point de vue d'un géopoliticien

La paix de Westphalie a mis fin à la guerre de Trente Ans en proposant des solutions aux problèmes liés à la religion et à l'hégémonie, mais sans chercher à construire un système général d'obligations réciproques [...] entre les États. Au final, le système né de la paix de Westphalie n'a produit ni mécanisme consultatif, ni systèmes de conférences, ni base solide pour une collaboration internationale régulière. [...] Pourtant, Westphalie a le mérite d'avoir initié un lent processus d'institutionnalisation de l'ordre et de la stabilité du système international. Quatre institutions ont ainsi été graduellement développées par les gouvernements européens à partir du milieu du XVIIe siècle : 1) un système d'équilibre des puissances visant à éviter l'émergence d'un État hégémonique et à décourager les agressions ; 2) la codification des règles de comportement par le développement du droit international ; 3) la tenue de conférences internationales régulières pour gérer les crises et les différends entre États ; 4) le développement de pratiques diplomatiques devant permettre aux États de maintenir le contact entre eux pour accélérer et faciliter les négociations en cas de conflit.

Ronald Hatto, *Le Maintien de la paix, l'ONU en action*, Armand Colin, 2015.

Ronald Hatto, géopoliticien canadien, a également servi comme Casque bleu.

→ **Quels principes des relations internationales sont posés lors des traités de Westphalie ?**

5 La paix par la négociation entre États souverains

Étude critique du document

La France, alliée de la Suède, intervient dans la guerre de Trente Ans en 1635 contre l'Empereur. Le traité de paix entre la France et le Saint-Empire est signé le 8 septembre 1648 :

I. Qu'il y ait une paix Chrétienne, universelle, et perpétuelle, et une amitié vraie et sincère [...] et que cette paix et amitié s'observe et se cultive sincèrement et sérieusement ; en sorte que les parties procurent l'utilité, l'honneur, et l'avantage l'une de l'autre ; et qu'ainsi de tous côtés on voie renaître et refleurir les biens de cette paix et de cette amitié par l'entretien sûr et réciproque d'un bon et fidèle voisinage de tout l'Empire Romain avec le Royaume de France ; et du Royaume de France avec l'Empire Romain.

Extrait du traité de Münster entre la France et le Saint-Empire, 1648.

→ **Quelle conception des relations entre États se dégage du texte ?**

EN AUTONOMIE VERS LE BAC

Mise en relation des documents

1. Quelles dispositions des traités rendent possible l'équilibre des puissances ? docs 1, 4 et 5

2. Les traités garantissent-ils la paix en Europe ? docs 2 à 5

BAC Vers l'écrit ▸ Dissertation

Sujet : « Les traités de Westphalie, un système de paix pour l'Europe »

Analysez le sujet, dégagez ses enjeux et une problématique, puis rédigez une introduction pour cette dissertation.

BAC Vers le grand oral

Résumez à l'oral en 3 minutes les principes clés des traités de Westphalie.

Conseil : utilisez les expressions « équilibre des puissances » et « diplomatie ».

Jalon

Les actions de l'ONU sous les mandats de Kofi Annan (1997-2006)

COURS p. 136-137
CARTES p. 132-133
POINTS DE VUE p. 142-143

Fondée en 1945 pour mettre en œuvre la sécurité collective, l'ONU est bloquée dans son fonctionnement par l'affrontement entre les États-Unis, l'URSS et leurs alliés. En 1989, avec la fin de la guerre froide, elle retrouve son rôle initial de régulateur des relations internationales.

Dans quelle mesure les mandats de Kofi Annan marquent-ils un retour de l'ONU sur la scène internationale ?

1 Le rôle de l'ONU

Chapitre I - Buts et principes
Article 1
Les buts des Nations unies sont les suivants :
1. Maintenir la paix et la sécurité internationales et à cette fin : prendre des mesures collectives efficaces en vue de prévenir et d'écarter les menaces à la paix, et réaliser, par des moyens pacifiques, conformément aux principes de la justice et du droit international, l'ajustement ou le règlement de différends ou de situations, de caractère international, susceptibles de mener à une rupture de la paix.

Chapitre VII - Actions en cas de menace contre la paix, de rupture de la paix et d'acte d'agression

Article 42 [...] [Le Conseil de sécurité] peut entreprendre, au moyen de forces aériennes, navales ou terrestres, toute action qu'il juge nécessaire au maintien ou au rétablissement de la paix et de la sécurité internationales.

Charte des Nations unies, San Francisco, 26 juin 1945.

→ **Quelle mission est donnée à l'ONU dans la charte des Nations unies ? Comment peut-elle la mettre en œuvre ?**

2 Des objectifs pour l'ONU

Kofi Annan analyse, à l'issue de ses mandats, les missions de l'ONU au début du XXIe siècle.

Durant tout le temps que j'ai passé au poste de secrétaire général, je me suis efforcé d'être au niveau de l'autorité unique dont jouissaient les Nations unies, seule véritable organisation universelle d'États ayant la crédibilité suffisante pour veiller à ce que les droits de l'homme soient défendus, les souffrances atténuées et des vies sauvées. [...] Au XXIe siècle, les Nations unies devaient nouer des partenariats nouveaux, répondre aux besoins des individus et défendre le principe selon lequel on ne peut invoquer la souveraineté nationale pour justifier un génocide ou des violations des droits de l'homme. Face aux défis d'une époque mondialisée, elles devaient intégrer dans une vision plus large de la sécurité, la paix, le développement, la cause des femmes et les droits de l'homme. Cela changerait tout pour les quatre défis majeurs du XXIe siècle : la paix et la sécurité, la croissance et le développement, le respect des droits de l'homme et l'État de droit [...]. Si les Nations unies voulaient vraiment refléter une humanité se souciant plus – et non moins – de la souffrance et faisant plus – et non moins – d'efforts pour l'éradiquer, l'organisation devait intervenir dans toutes les sphères de la sécurité humaine.

Kofi Annan, Interventions, *Une vie dans la guerre et dans la paix,* Odile Jacob, 2013. p26-27

→ **Comment Kofi Annan entend-il faire évoluer le rôle de l'ONU dans les années 1990 ?**

3 Une action diplomatique de l'ONU sous le mandat de Kofi Annan

En 1998, les États-Unis veulent bombarder l'Irak accusé de dissimuler des armes. Kofi Annan réussit à empêcher une guerre en obtenant de Saddam Hussein[1] qu'il accepte la venue d'inspecteurs des Nations unies en Irak.

1. Saddam Hussein dirige l'Irak en dictateur de 1979 à 2003.

→ **En quoi ce type d'action est-il conforme à la charte des Nations unies ?**

4 Une multiplication des actions de l'ONU

Les opérations de maintien de la paix en cours sous les mandats de Kofi Annan (1997-2006)

Nombre de Casques bleus (en 2006)

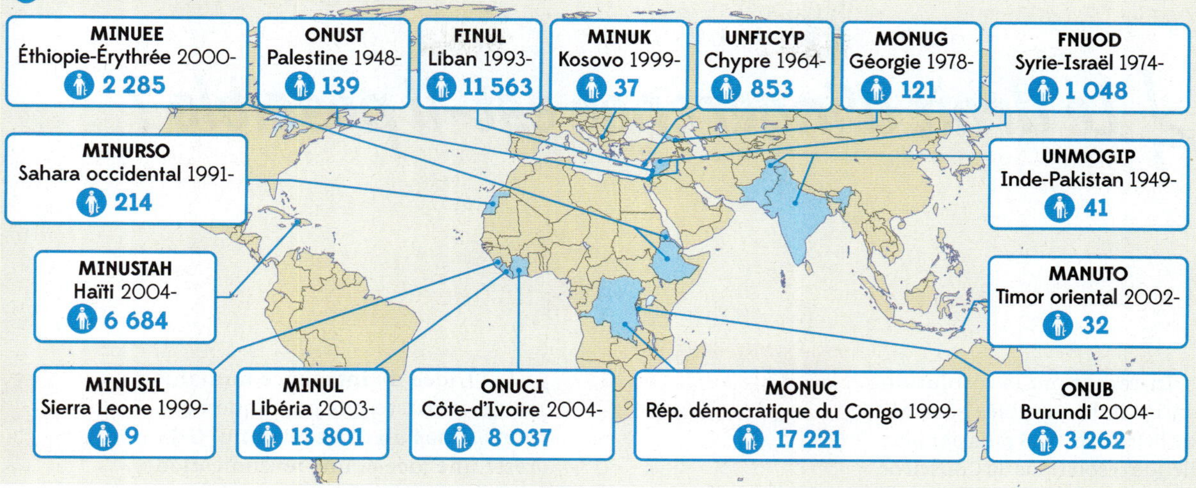

Sources : ONU, M. Vaïsse, *Les Relations internationales depuis 1945*, Colin, 2017.

→ **Dans quelles régions du monde les missions de maintien de la paix se concentrent-elles en 2006 ?**

5 L'impuissance de l'ONU

Le point de vue d'un historien

En février 2003, la France, soutenue par l'Allemagne et la Russie, s'est opposée aux États-Unis et à la Grande-Bretagne favorables à une intervention armée en Irak en les menaçant d'utiliser son droit de veto au Conseil de sécurité.

L'enjeu véritable de l'affrontement était le sens des relations internationales au lendemain de la guerre froide : faut-il les fonder sur le multilatéralisme et faire de l'ONU leur lieu d'arbitrage ; ou bien les États-Unis, désormais seule superpuissance mondiale, peuvent-ils s'affranchir de toute règle commune et se risquer à l'unilatéralisme ? À cet égard, la « victoire » française est à double tranchant. L'humiliation diplomatique que les États-Unis ont subie devant le Conseil de sécurité en février 2003 ne les a pas empêchés de conduire une seconde et victorieuse guerre d'Irak à la tête d'une coalition d'une trentaine d'États[1] [...]. Bien plus : on peut douter que cette humiliation ait détourné les États-Unis de leurs penchants unilatéralistes. [...] Comme le souligne Kofi Annan dans son rapport devant la session de l'Assemblée générale de 2004, cette affaire risque fort de n'avoir fait que des vaincus : les deux camps qui se sont affrontés dans le cadre du débat sur l'Irak sont déçus par l'ONU, qui, pour les uns, n'a pas fait appliquer ses propres résolutions et, pour les autres, n'a pas réussi à empêcher une guerre prématurée ou inutile.

Jean-François Muracciole,
L'ONU et la sécurité collective, Ellipses, 2006.

1. Voir Chapitre 6, p. 160-161

Jean-François Murracciole est un historien français, spécialiste de la Seconde Guerre mondiale.

→ **À quelle limite l'ONU se heurte-t-elle pour assurer la sécurité collective ?**

BIOGRAPHIE

Kofi Annan (1938-2018)

Diplomate ghanéen, Kofi Annan est le 7e secrétaire général de l'ONU. Il exerce deux mandats et reçoit le prix Nobel de la paix en 2001.

EN AUTONOMIE VERS LE BAC

Mise en relation des documents

1. Quelles sont les types d'actions menées par l'ONU entre 1997 et 2006 en faveur de la paix ? docs 1 à 4

2. À quelles difficultés les actions de l'ONU se heurtent-elles ? docs 4 et 5

BAC Vers l'écrit ▸ Étude critique de documents

Sujet : « Les mandats de Kofi Annan, un retour de l'ONU sur la scène internationale ? »

À partir de l'analyse des documents 2 et 4, proposez un plan détaillé pour traiter ce sujet.

BAC Vers le grand oral Activité guidée

Présentez en 5 minutes une action de l'ONU sous l'un des mandats de Kofi Annan.

▸ Mettez-vous par groupe. Chaque groupe choisit une action figurant dans le document 4.

▸ Menez des recherches. Vous devez :
- présenter la situation du pays, la nature et le cadre de l'intervention ;
- dresser un bilan en listant les points positifs et les difficultés rencontrées.

▸ À la suite de votre exposé, chaque autre groupe prépare une question que pourrait poser le jury. Répondez-y.

Points de vue GRAND ORAL

4 Le droit d'ingérence est-il possible ?

1 Un nouveau concept utile

Le regard du juriste à l'origine du concept

Introduit par la résolution 43/131 de l'Assemblée générale de l'ONU en 1988 puis par plus de 300 résolutions du Conseil de sécurité dans une vingtaine de conflits, le droit d'ingérence a été consacré par le sommet mondial des chefs d'État et de gouvernement, le 16 septembre 2005, sous une nouvelle dénomination : « la responsabilité de protéger ». Ils affirmaient :

« [...] Nous sommes prêts à mener en temps voulu une action collective résolue, par l'entremise du Conseil de sécurité, conformément à la Charte, [...] lorsque ces moyens pacifiques se révèlent inadéquats et que les autorités nationales n'assurent manifestement pas la protection de leurs populations contre le génocide, les crimes de guerre, le nettoyage ethnique et les crimes contre l'humanité. »

Succès diplomatique et normatif incontestable, l'ingérence humanitaire a connu aussi de graves déconvenues sur le terrain. [...]

Alors ? Vaine utopie ou innovation illusoire ? [...]

Retenons pour l'instant que le droit d'ingérence comporte cinq éléments :

1. un principe de libre accès aux victimes des catastrophes naturelles et politiques, pour les organismes porteurs de secours ;
2. un usage éventuel de la force pour protéger les convois humanitaires ;
3. une intervention armée possible pour protéger les victimes face à leurs bourreaux ;
4. dans ces deux derniers cas, seule une résolution du Conseil de sécurité de l'ONU peut décider ou autoriser une opération de contrainte militaire ;
5. enfin des poursuites judiciaires internationales à des fins préventives et répressives s'organisent progressivement contre les responsables des crimes les plus graves.

[...] Le bilan du droit d'ingérence demeure largement positif.

Mario Bettati, « Du droit d'ingérence à la responsabilité de protéger », *Outre-Terre*, n° 20, 2007/3.

Mario Bettati (1937-2017), juriste français, professeur de droit international, est le théoricien, avec le médecin et homme politique français Bernard Kouchner, du droit d'ingérence.

2 Un concept sans existence juridique

Le regard d'un juriste

[...] L'idée d'« ingérence humanitaire » n'existe pas juridiquement et n'est pas un droit reconnu. Cela reste une idée et une revendication politiques même si l'expression est souvent employée, par abus de langage ou facilité, pour désigner notamment le droit d'assistance ou de secours consacrée par la résolution 43/131 de l'ONU du 8 décembre 1988 autorisant le libre accès des ONG « aux victimes de catastrophe naturelles et situations d'urgence du même ordre » [...]. Notons cependant que ce droit d'assistance suppose (sauf disparition totale de l'État comme en Haïti) l'accord de l'État concerné. De la même manière, les médias évoquent souvent l'expression d'ingérence humanitaire pour évoquer la définition d'actions ciblées, qualifiées par les résolutions de l'ONU d'« efforts d'assistance humanitaire » visant à protéger les populations civiles : or, ces actions, quoique portant atteinte de manière graduée et proportionnée à la souveraineté d'un État en raison du constat, incontournable, de menace contre la paix et la sécurité internationale et de la violation de certaines normes relatives à la personne humaine, ne visent jamais la notion d'ingérence [...]. La réalité juridique est paradoxale puisque non seulement le concept d'ingérence humanitaire n'est pas un principe juridique mais en outre l'article 2 §7 de la charte de l'ONU prévoit qu'« Aucune disposition de la présente charte n'autorise les Nations unies à intervenir dans les affaires qui relèvent essentiellement de la compétence nationale d'un État ni n'oblige les membres à soumettre les affaires de ce genre à une procédure de règlement aux termes de la présente charte. »

Éric Pourcel, « Le principe juridique d'ingérence humanitaire... n'existe pas », *Diploweb* [en ligne], 26 février 2015.

Éric Pourcel est docteur en droit.

VOCABULAIRE

Droit d'ingérence : droit d'intervention contre la souveraineté d'un État, que les Nations unies s'attribuent en cas de violation grave des droits de l'homme commis sur son territoire.

3 Les difficultés de l'ingérence

En juillet 1995, l'entrée des forces serbes à Srebrenica, pendant la guerre en ex-Yougoslavie (1991-1999), se solde par le massacre de près de 10 000 civils bosniaques malgré la présence de Casques bleus néerlandais. Tuzla (près de Srebrenica), 13-15 juillet 1995.

4 Le droit d'ingérence et la raison d'État

Le point de vue d'un politiste

Du 19 mars au 31 octobre 2011, l'OTAN mène sous l'égide de l'ONU une intervention militaire multinationale en Lybie contre le régime dictatorial du colonel Khadafi au pouvoir depuis 1969. L'auteur évoque ici cette intervention.

L'intervention militaire en Libye n'est donc pas une renaissance d'un droit d'ingérence qui n'a jamais existé – et qui en l'espèce n'aurait même aucun sens puisque l'ingérence est une immixtion sans titre, par définition illégale, alors que l'intervention est autorisée par le Conseil de sécurité, donc légale. Et elle n'est pas non plus la mise en œuvre d'une responsabilité de protéger, qui n'existe pas davantage puisqu'elle n'est pas une obligation.

Qu'est-elle donc alors ? Une intervention militaire justifiée par des raisons humanitaires, et autorisée par un Conseil de sécurité dans son rôle, au motif que la situation en Libye est une menace pour la paix et la sécurité internationales. Il n'y a là ni droit d'ingérence, ni responsabilité de protéger, mais un consensus [...] entre les États les plus puissants pour intervenir militairement. Et, si tel est le cas, c'est non seulement pour des raisons humanitaires, qui sont évidentes et suffisent à justifier l'intervention, mais aussi pour d'autres raisons, qui relèvent des intérêts nationaux de ces États intervenants.

Jean-Baptiste Jeangène Vilmer, *Le Monde*, 28 mars 2011.

Jean-Baptiste Jeangène Vilmer est un philosophe, juriste et politiste français.

5 Une ingérence acceptée et réussie

En 1999, l'ONU décide d'intervenir militairement au Timor oriental pour protéger les populations civiles. En mars 2012, après 13 ans de présence, les Casques bleus protègent l'organisation d'élections présidentielles libres puis se retirent.

CONSTRUIRE SON POINT DE VUE

Découvrez les documents

1. Quel principe rend possible le droit d'ingérence ? doc 1
2. Quel principe de droit international le contredit ? doc 2
3. Dans quels cas l'ONU a-t-elle pu le mettre en œuvre ? docs 1, 3, 4 et 5

Développez des arguments

4. Pourquoi peut-on dire que le droit d'ingérence est un concept flou ? docs 1 et 2
5. En quoi la notion de droit d'ingérence est-elle nécessaire ? docs 1, 3 et 5
6. À quelles difficultés sa mise en œuvre se heurte-t-elle ? docs 2, 3 et 4

Présentez votre point de vue ORAL

7. À l'oral, en 5 minutes, répondez à la problématique « Le droit d'ingérence est-il possible ? » en présentant plusieurs arguments.

Révisions

Le défi de la construction de la paix

Podcast Synthèse à écouter

EXO Exercices interactifs

DATES CLÉS

1648 Traités de Westphalie

1919 Création de la SDN

1945 Création de l'ONU

1997-2006 Mandats de Kofi Annan en tant que secrétaire général de l'ONU

SUJETS BAC

Dissertation

- « Les traités de Westphalie, un système de paix pour l'Europe » p. 139
- « Construire la paix : du système d'équilibre des puissances à la sécurité collective » p. 146
- « L'ONU de 1945 à nos jours » p. 147

Étude critique de documents

- « Les mandats de Kofi Annan : un retour de l'ONU sur la scène internationale ? » p. 141
- « La paix en Europe à l'issue des traités de Westphalie » p. 138-139
- « Un nouveau rôle pour l'ONU » p. 147

SYNTHÈSE

I Faire la paix par l'équilibre des puissances (XVIIe-XVIIIe siècles)

● **En 1648, les traités de Westphalie mettent fin à la guerre de Trente Ans.** Ils donnent au Saint-Empire romain germanique une paix religieuse ainsi qu'un nouvel équilibre politique entre les États allemands et l'Empereur.

● **Ces traités mettent en place un nouvel équilibre international.** Ce dernier est fondé sur la souveraineté des États, le respect des frontières et l'équilibre des puissances. Il ne met cependant pas fin aux guerres, qui se poursuivent donc au XVIIe comme au XVIIIe siècles.

● **Cet « ordre westphalien » perdure jusqu'à la fin du XVIIIe siècle.** Il est ensuite mis à mal par les guerres de conquêtes de la Révolution française et de Napoléon Ier et surtout par les nationalismes qui conduisent à la Première Guerre mondiale.

Jalon Faire la paix par les traités : les traités de Westphalie (1648) p. 138
Histoire 1re L'Europe entre restauration et révolution (thème 1)

II Faire la paix par la sécurité collective

● **L'idée d'un système de sécurité collective s'impose après la Première Guerre mondiale.** Elle s'incarne dans la création d'une organisation internationale, la Société des Nations (1919), chargée de maintenir la paix mais qui échoue, faute de réels moyens, à empêcher une nouvelle guerre mondiale.

● **La fin de la Seconde Guerre mondiale entraîne la naissance d'une nouvelle organisation internationale, l'ONU.** Elle a le même but que la SDN, préserver la paix. Elle s'appuie sur la puissance des États qui la composent, en particulier celle des vainqueurs de la guerre.

● **L'ONU est cependant paralysée par la guerre froide.** Jusqu'à la fin des années 1980, le système de sécurité collective ne peut fonctionner du fait de l'opposition des deux Grands, États-Unis et URSS, au sein du Conseil de sécurité.

Histoire 1re Sortir de la guerre (thème 4)
Histoire T^le^ Les débuts d'un nouvel ordre mondial (thème 2)

III Vers une gouvernance mondiale

● **L'ONU paraît, après la chute de l'URSS en 1991, en mesure de retrouver son rôle initial, celui de garant de la paix.** Elle multiplie les opérations de maintien de la paix et élargit la nature de ses interventions sans réussir cependant à éviter les guerres ni les génocides.

● **Organisation d'États, elle reste soumise à la volonté de ces derniers, notamment des plus puissants.** Ils gardent en effet une capacité de blocage grâce à leur droit de veto au Conseil de sécurité. Elle réussit cependant à imposer les concepts de « droit d'ingérence » puis de « devoir de protéger » qui lui permettent d'intervenir pour protéger les populations civiles avec ou sans l'accord des États concernés.

● **Ce système onusien nécessite aujourd'hui une réforme.** Fondé sur la souveraineté des États et la puissance des vainqueurs de la Seconde Guerre mondiale, il peut difficilement faire face aux nouvelles menaces, comme celle du terrorisme international, et au changement de nature des guerres devenues le plus souvent intra-étatiques.

Jalon Les actions de l'ONU sous les mandats de Kofi Annan (1997-2006) p. 140
Points de vue Le droit d'ingérence est-il possible ? p. 142

Chapitre 4 La dimension politique de la guerre p. 108
Chapitre 6 Le Moyen-Orient p. 148

Histoire Tle Nouveaux rapports de puissance et enjeux mondiaux (thème 4)

VOCABULAIRE

Diplomatie : p. 130

Sécurité collective : p. 132

Droit d'ingérence : p. 142

COMPRENDRE AUTREMENT

Le défi de la construction de la paix

Faire la paix par les traités	Faire la paix par la sécurité collective
La paix des États par la diplomatie et par la guerre	**La paix du monde fondée sur l'idée d'une paix perpétuelle possible**
Traités de Westphalie (1648) › Souveraineté des États et équilibre des puissances	**Une première tentative qui échoue : la SDN (1919)**
« Ordre westphalien » jusqu'en 1914 › Traités entre États souverains › Les États garantissent leur sécurité	**Une seconde tentative : l'ONU (1945)** › Une organisation universelle régulatrice › Une organisation qui ne peut empêcher les guerres et dont l'action est limitée

Faire la paix par les traités : les traités de Westphalie (1648) p. 138

Les actions de l'ONU sous les mandats de Kofi Annan (1997-2006) p. 140

Le droit d'ingérence est-il possible ? p. 142

BAC

Dissertation

SUJET BAC

Construire la paix : du système d'équilibre des puissances à la sécurité collective

Construire la paix	sécurité collective	système d'équilibre des puissances
Quand ? Qui ? Comment ? Par quels moyens ?	À définir Voir p. 132	À définir Voir p. 131

MÉTHODE — APPLICATION

ÉTAPE 1 ANALYSER LE SUJET ET FORMULER UNE PROBLÉMATIQUE

Méthode

- **Définissez les mots clés, l'échelle, l'espace concerné, la période, le cadre chronologique**
- **Dégagez les enjeux du sujet et une problématique : il s'agit d'une question clé posée par le sujet et à laquelle votre dissertation répondra**

Application

- Analysez le sujet en vous aidant du modèle ci-dessus.
- Dégagez les enjeux du sujet et son contexte chronologique.

Exemple : Le sujet invite à s'interroger sur les modalités de construction de la paix depuis le XVIIe siècle.

- Formulez une question clé à partir de ces enjeux.

Exemple : Comment les États construisent-ils la paix ?

ÉTAPE 2 MOBILISER LES CONNAISSANCES

Méthode

- **Notez, sur un brouillon, les connaissances personnelles nécessaires pour répondre au sujet (notions, exemples précis, dates, statistiques, faits géographiques...)**
- **Faites des liens avec les programmes de spécialité 1re, d'histoire et de géographie**
- **Vérifiez que les informations retenues sont en rapport avec le sujet**
- **Prévoyez éventuellement un schéma/un croquis illustrant une notion ou une partie de la dissertation (ce n'est pas obligatoire)**

Application

- **Exercice** Notez dans le tableau suivant les idées répondant au sujet :

Faits et dates	Contexte	Personnalités et/ou États	Notions
Traités de Westphalie (......)	Guerre de Trente Ans	....	Diplomatie Équilibre des puissances
Congrès de Vienne (......)	Guerres napoléoniennes	....	Hégémonie
Création de la SDN (......)	Première Guerre mondiale	....	Multilatéralisme Sécurité collective
Création de l'ONU (......)	Seconde Guerre mondiale	....	Droit de veto

Conseil Pensez à mobiliser des connaissances issues de tous types de supports.

Exemples de supports pertinents :
Cours p. 132, p. 134 ; **Cartes** p. 132 ; **Jalons** p. 138, p. 140

- Demandez-vous si un schéma peut illustrer ou compléter de manière pertinente votre composition.

ÉTAPE 3 FAIRE UN PLAN ET ORGANISER LES CONNAISSANCES

Méthode

- **Suite aux étapes 1 et 2, dégagez deux ou trois idées majeures qui formeront les parties du plan**
- **Identifiez les thème secondaires qui constitueront les sous-parties**

Application

- Dégagez les parties du plan en vous appuyant sur l'analyse du sujet et sur les dates que vous avez relevées.

Conseil Vous devez délimiter des périodes de continuité et des ruptures dans la construction de la paix.

- **Exercice** Recopiez et complétez le plan détaillé suivant : Plan à compléter

Partie 1 : De 1648 à 1914, ...
- **Sous-partie 1 :** Les traités de Westphalie, un nouvel équilibre en Europe après la Guerre de Trente Ans
- **Sous-partie 2 :** Les principes de la paix par l'équilibre des puissances
- **Sous-partie 3 :** L'échec du système westphalien

Classez les connaissances dans chaque sous-partie.

Si un schéma vous semble pertinent pour illustrer une partie de la dissertation, construisez sa légende

Partie 2 : De 1918 à nos jours, ...
- **Sous-partie 1 :** Les fondements du système de sécurité collective
- **Sous-partie 2 :** L'échec de la SDN
- **Sous-partie 3 :** L'ONU, une nouvelle tentative de sécurité collective

Classez dans chaque sous-partie les connaissances et les exemples que vous avez sélectionnés pour répondre au sujet.

ÉTAPE 4 RÉDIGER LA DISSERTATION

a. Rédiger l'introduction

Rédigez une phrase d'accroche

Présentez le sujet

Formulez la problématique

Annoncez le plan

Rédigez une introduction comportant :
- une phrase d'accroche ;
- la présentation du sujet (définition des mots clés, du contexte chronologique et des enjeux) ;
- l'annonce de la problématique ;
- l'annonce du plan.

b. Rédiger le développement et éventuellement intégrer un schéma

Chaque partie contient :
- le thème de la partie ;
- 2 ou 3 sous-parties présentant chacune une idée du thème, les explications et les exemples.

Rédigez les parties de la dissertation en suivant le plan défini.

Faites une phrase de transition entre chaque partie.

c. Rédiger la conclusion

Faites la synthèse des idées principales

Rédigez une conclusion répondant à la problématique du sujet.

Exemple de conclusion :
Depuis le XVIIe siècle, les États ont tenté de mettre en place des systèmes de paix durables. L'équilibre des puissances voulu par les traités de Westphalie a été rompu par la montée des nationalismes et les politiques hégémoniques qui ont conduit à la Première Guerre mondiale. La volonté des États d'empêcher toute guerre a permis la création d'institutions de sécurité collective dont les échecs et les limites traduisent les difficultés à garantir la paix à l'échelle mondiale.

ENTRAÎNEZ-VOUS

Nouveau sujet — **L'ONU de 1945 à nos jours**

BAC Étude critique de documents

SUJET BAC

Un nouveau rôle pour l'ONU

Doc 1 Texte « Des objectifs pour l'ONU » doc 2 p. 140

Doc 2 Photographie « Une ingérence acceptée et réussie » doc 5 p. 143

Consigne : En analysant les documents, vous expliquerez le rôle de l'ONU et ses limites au début du XXIe siècle.

LES QUESTIONS À SE POSER

- Quels sont les mots clés du sujet et de la consigne ?
- Quels sont les thèmes abordés dans les documents en rapport avec le sujet ?
- Quelle problématique peut être énoncée à partir du sujet, de la consigne et des thèmes abordés par les documents ?

LES CONNAISSANCES À MOBILISER

Chapitre 5 Le défi de la construction de la paix (p. 134-137)

Histoire T[le] « Nouveaux rapports de puissance et enjeux mondiaux »

Notions : sécurité collective, droit de veto, droit d'ingérence, unilatéralisme/multilatéralisme

Personnalité : Kofi Annan (p. 141)

CONSEILS POUR L'ÉTUDE CRITIQUE

- Définissez ce qui fait l'universalité et la crédibilité de l'ONU.
- Montrez que le texte critique le fonctionnement de l'ONU.
- Mettez en relation le document 2 avec les informations du texte : comment illustre-t-il les missions de l'ONU ?

Méthode détaillée de l'étude critique de documents p. 26

Chapitre 6

Objet de travail conclusif

Le Moyen-Orient : conflits régionaux et tentatives de paix impliquant des acteurs internationaux

- **Dans le chapitre 4**, vous avez analysé l'évolution de la guerre depuis le XVIIIe siècle et le passage de conflits interétatiques, essentiellement politiques, à des conflits de plus en plus complexes et violents. Liées à de multiples facteurs, impliquant des acteurs divers à toutes les échelles, les guerres d'aujourd'hui sont de plus en plus irrégulières.

- **Dans le chapitre 5**, vous avez étudié pourquoi et comment les États construisent la paix depuis le XVIIe siècle. Après avoir abordé le « système westphalien » (1648), reposant sur l'équilibre des puissances, vous avez analysé la manière dont les États ont tenté de construire la paix à la suite des deux guerres mondiales par la création d'un système de sécurité collective.

- **Dans ce chapitre,** vous allez étudier le Moyen-Orient, l'une des régions les plus conflictuelles du monde. Carrefour civilisationnel, mosaïque religieuse et réservoir pétrolier, cet espace à la charnière entre Europe, Asie et Afrique est un enjeu crucial pour la sécurité internationale. Le Moyen-Orient a longtemps été dominé par le conflit israélo-arabe. Depuis la fin de la guerre froide, il a vu se développer de nouvelles formes de conflictualité et échouer les nombreux processus de paix qui ont été tentés.

Comment expliquer la densité de conflits qui caractérise cette région et la difficulté à les résorber ?

Textes DYS
TOUS LES TEXTES EN VERSION DYS
lyceen.nathan.fr/geopolitiqueterm

SOMMAIRE

La Palestine, terre de conflits

Un manifestant palestinien lance un projectile sur des soldats israéliens postés de l'autre côté de la frontière lors d'une manifestation organisée dans la bande de Gaza le 4 octobre 2019.

Cartes

Les lignes de fracture du Moyen-

1 Peuples, religions et États au Moyen-Orient

Carte interactive

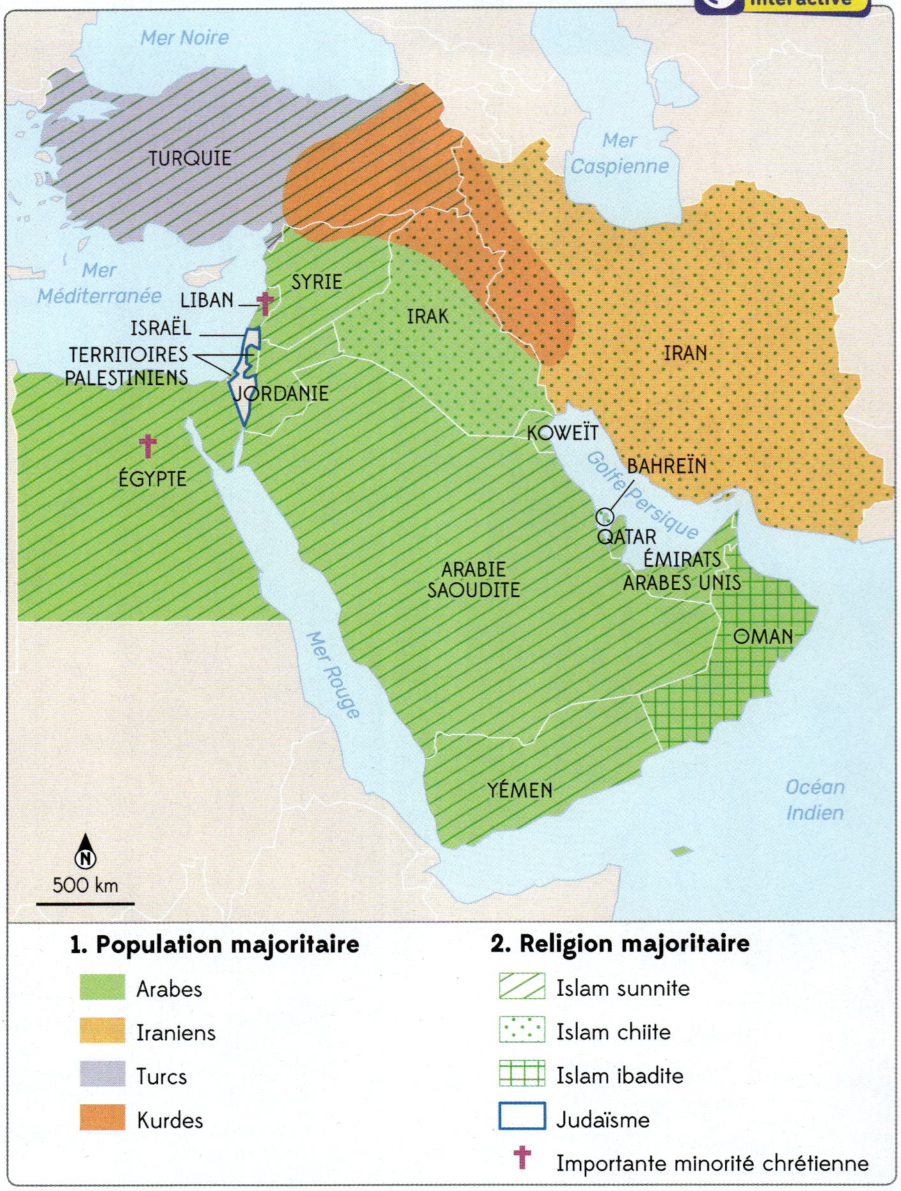

VOCABULAIRE

Al-Qaida (« la base » en arabe) : groupe jihadiste fondé en 1987 en Afghanistan par Oussama Ben Laden et devenu à partir de 1998 un réseau terroriste international.

Chiisme : courant minoritaire de l'islam considérant que la descendance du Prophète a été usurpée à partir de 680 et attendant le retour du *Mahdi* (le Messie).

Daech : acronyme d'« État islamique en Irak et au Levant ». Groupe jihadiste sunnite, issu d'al-Qaida, fondé en 2013 et prônant l'instauration d'un État islamique au Proche-Orient.

Sunnisme : courant majoritaire de l'islam qui se veut fidèle à la *Sunna* (tradition), recueil des faits et des dires du Prophète.

REPÈRE

Proche et Moyen-Orient

- L'Orient, d'un point de vue européen, désigne ce qui est à l'Est de la Méditerranée.
- Forgée au début du XXe siècle par la France, l'expression « Proche-Orient » désigne ce qu'on appelait auparavant le Levant (Égypte, Israël, Palestine, Syrie, Jordanie, Liban et Turquie).
- Apparue à la même époque dans le monde anglo-saxon, l'expression « Moyen-Orient » inclut le Proche-Orient et aussi l'Irak, l'Iran et la péninsule Arabique. Son centre de gravité est le golfe Persique, alors sous influence britannique.
- Depuis les années 2000, les Américains parlent parfois d'un « Grand Moyen-Orient » s'étendant de l'Afrique du Nord et du Sahel au Pakistan et à l'Afghanistan.

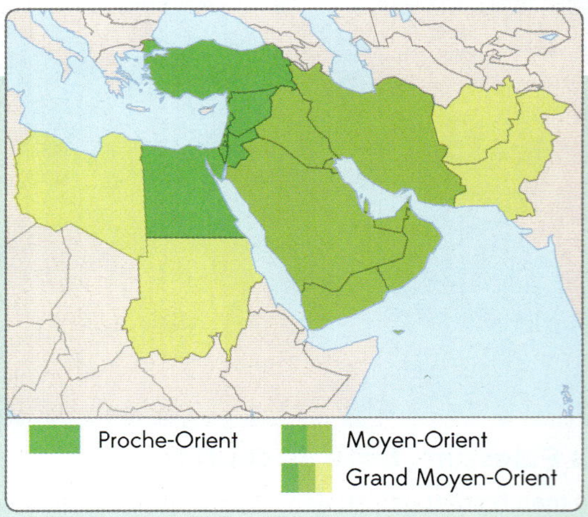

Orient

❷ Les enjeux stratégiques au XXIe siècle

Carte interactive

QUESTIONS

1. Quelles rivalités de puissances les différentes délimitations du Moyen-Orient traduisent-elles ? Repère

2. Qu'observez-vous en comparant les frontières des États du Moyen-Orient et celles des groupes linguistiques et religieux qui le peuplent ? carte 1

3. Montrez que les conflits moyen-orientaux impliquent à la fois des acteurs régionaux et des puissances étrangères à la région. carte 2

Cours Les multiples facteurs de conflictualité au Moyen-Orient

CARTES p. 150-151

Podcast Cours à écouter

Pourquoi le Moyen-Orient est-il un foyer majeur de conflictualité ?

REPÈRE

Peuples et nations au Moyen-Orient
On entend ici par « peuple » l'ensemble des locuteurs d'une langue. Par exemple, on appelle « Turcs » les populations turcophones, qu'elles soient ou non citoyennes de la République turque. Inversement, les personnes ayant la nationalité turque mais dont la langue maternelle est le kurde sont considérées comme appartenant au peuple kurde. Le cas des juifs est particulier dans la mesure où, au Moyen-Orient, la judéité renvoie à la fois à une appartenance religieuse (judaïsme), linguistique (hébreu) et très largement nationale (Israël).

Les Kurdes : un peuple divisé entre quatre États
En nombre d'habitants et en % de la population
● Population kurde

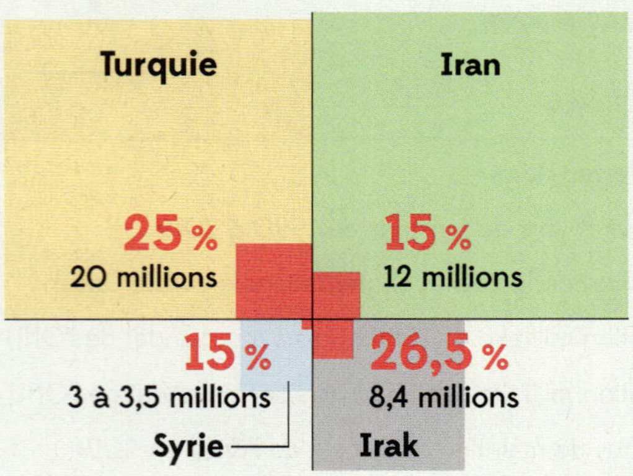

Source : estimations de l'Institut kurde de Paris, 2019.

I Peuples et États du Moyen-Orient

A Des Arabes majoritaires mais divisés

● **Sur les 400 millions d'habitants que compte le Moyen-Orient, environ 250 millions sont des Arabes.** Mais la langue arabe se décline en plusieurs dialectes (égyptien, syro-libanais) parfois très éloignés l'un de l'autre.

● **Les Arabes du Moyen-Orient sont dispersés dans les quinze pays de la région.** Ils sont majoritaires dans tous, sauf en Turquie, en Iran et en Israël. Par ailleurs, de nombreux Arabes vivent en dehors du Moyen-Orient, principalement en Afrique du Nord.

B Turcs, Persans, Kurdes et juifs

● **Environ 80 millions de Turcs et autant de Persans vivent au Moyen-Orient.** Les Turcs vivent essentiellement en Turquie où ils constituent la grande majorité de la population au côté d'une importante minorité kurde (environ 20 % de la population). Les Persans vivent pour la plupart en Iran, pays dans lequel ils sont très majoritaires mais qui abrite de nombreuses minorités : Kurdes, Baloutches, Azéris, Arméniens, etc.

● **Les Kurdes sont environ 30 millions au Moyen-Orient.** Ils vivent pour la plupart dans un espace partagé entre la Turquie (où ils sont environ 15 millions), l'Iran (7 millions), l'Irak (5 millions) et la Syrie (3 millions). Ils y sont partout minoritaires. C'est pourquoi ils réclament de longue date la création d'un État kurde indépendant. Depuis 2013, ils disposent d'un statut d'autonomie en Irak.

● **6 millions de juifs vivent au Moyen-Orient.** Certains descendent de juifs venus d'Europe s'installer en Palestine à partir du XIXe siècle, qui parlaient pour la plupart le yiddish. D'autres descendent de communautés juives d'Orient très anciennes qui parlaient l'arabe ou le persan. La plupart ont aujourd'hui adopté la langue hébreu moderne et vivent en Israël où ils représentent 75 % de la population. Les 25 % restants sont des Arabes, de confession musulmane ou chrétienne.

Carte Peuples, religions et États au Moyen-Orient p. 150

II Une mosaïque religieuse

A Un islam majoritaire mais pluriel

● **Environ 300 millions de musulmans vivent au Moyen-Orient.** Ils ne représentent qu'une petite partie du milliard et demi de fidèles que compte cette religion dans le monde. Environ 75 % d'entre eux sont **sunnites** et 25 % **chiites**. Les groupes musulmans hétérodoxes, qui ont leur propre vision de l'islam, sont généralement comptés dans ce dernier quart, comme les **alaouites** de Syrie ou les **druzes** du Liban et d'Israël.

● **Les chiites sont majoritaires dans quatre pays du Moyen-Orient.** Ils représentent 90 % de la population iranienne, 70 % de celle du Bahreïn, 60 % de celle de l'Irak et 40 % de celle du Liban.

VOCABULAIRE

Alaouites : secte chiite principalement présente en Syrie, où elle est minoritaire mais domine l'appareil d'État.

Chiisme : voir p. 150

Coptes : chrétiens d'Égypte, majoritairement orthodoxes (une minorité est catholique).

B Juifs et chrétiens au Moyen-Orient

● **Une dizaine de millions de chrétiens vivent aujourd'hui au Moyen-Orient.** Principalement du fait des persécutions qu'ils ont subies, ils ne représentent plus que 4 % des habitants de la région contre 25 % il y a un siècle. Pour la plupart arabes, ils sont divisés en de multiples courants, certains étant catholiques, d'autres orthodoxes. Les deux plus importantes communautés chrétiennes du Moyen-Orient sont les **maronites** libanais et les **coptes** égyptiens.

● **Israël, dont 75 % de la population est juive, est le seul État du Moyen-Orient à ne pas être majoritairement musulman.** C'est également le seul État au monde où les juifs sont majoritaires. Le judaïsme y prend de multiples visages, ce qui crée parfois des tensions comme entre les ***haredim*** et les partisans de la laïcité. La plupart des juifs ne vivent cependant pas en Israël. Au Moyen-Orient, on trouve de petites communautés juives en Turquie et en Iran.

Carte Peuples, religions et États au Moyen-Orient p. 150

VOCABULAIRE

Druzes : membres d'une secte musulmane fondée au XIe siècle. Persécutés par les sunnites et les chiites, ils ont trouvé refuge dans les régions montagneuses de la Syrie et du Liban.

Haredim : terme hébreu signifiant « craignant Dieu » qui désigne l'ensemble des courants ultra-orthodoxes du judaïsme caractérisés par une pratique intense et traditionnaliste.

Maronites : catholiques du Liban, se réclamant de l'héritage de saint Maron, un prêtre du Ve siècle.

Sunnisme : voir p. 150

III Des ressources convoitées

A L'or bleu et l'or noir

● **Le Moyen-Orient se caractérise par un climat aride.** L'eau y est donc indispensable pour pratiquer l'agriculture irriguée. Son contrôle et ses usages constituent un facteur de tensions entre les États riverains du Nil (Égypte et Soudan), du Tigre et de l'Euphrate (Turquie, Syrie, Irak) ou du Jourdain (Israël, Palestine, Jordanie, Syrie).

● **Le Moyen-Orient concentre 48 % des réserves mondiales de pétrole et 43 % de celles de gaz.** Elles sont très inégalement réparties, les pays riverains du golfe Persique (en premier lieu l'Irak, l'Iran et l'Arabie saoudite) étant les mieux lotis.

B Un carrefour stratégique

● **Le Moyen-Orient est un grand producteur mais surtout un grand exportateur d'hydrocarbures.** Ses principaux clients sont l'Europe, l'Asie et, dans une moindre mesure, l'Amérique du Nord. Les économies de ces continents sont donc étroitement dépendantes de ces importations.

● **L'exportation des hydrocarbures du Moyen-Orient repose sur des infrastructures sensibles.** Oléoducs et gazoducs sont fréquemment la cible d'attaques terroristes. L'exportation par voie maritime est donc privilégiée, ce qui implique de sécuriser les passages stratégiques. Le détroit d'Ormuz, qui permet d'accéder au golfe Persique et que l'Iran et l'Arabie saoudite se disputent, en fait partie, tout comme le détroit de Bab-el-Mandeb, qui ouvre la route de Suez et de la Méditerranée, mais est en proie à la piraterie.

Carte Les enjeux stratégiques au XXIe siècle p. 151

RESSOURCES

T. Josseran, F. Louis et F. Pichon, *Géopolitique du Moyen-Orient et de l'Afrique du Nord*, PUF, 2016, 190 p.
Une synthèse très complète sur les enjeux géopolitiques de la région.

Fabrice Balanche, « Géopolitique du Moyen-Orient », *La Documentation photographique* n° 8102, 2012.
Une introduction richement illustrée à la complexité du Moyen-Orient.

Podcast « Tensions au Moyen-Orient : les nouveaux rapports de force », *Culture Monde*, France Culture, 23 septembre 2019, 58'. Un débat sur les évolutions récentes des rapports de puissance au Moyen-Orient.
www.franceculture.fr/emissions/cultures-monde/rentree-des-nations-unies-les-grands-chantiers-diplomatiques-tensions-au-moyen-orient-les-nouveaux

Ressources complémentaires

FICHES DE LECTURE

Frédéric Encel, « Le pétrole du Moyen-Orient est-il géopolitiquement si précieux ? », *Management & Avenir*, n° 42, 2011, p. 281-292 [en ligne]. Un article sur la place du Moyen-Orient dans le marché pétrolier mondial.
www.cairn.info/revue-management-et-avenir-2011-2-page-281.htm

Bernard Heyberger, *Les Chrétiens au Proche-Orient. De la compassion à la compréhension*, Payot, 2013.
Chapitre 1 : « La délicate question du nombre ».
Une synthèse sur la situation des minorités chrétiennes du Proche-Orient.

Cours

Les conflits au Moyen-Orient depuis 1947

CARTES p. 150-151
JALON p. 158-161
JALON p. 162-165

Podcast Cours à écouter

Nombre de victimes des principaux conflits au Moyen-Orient depuis 1948

Ces chiffres, fondés sur des données souvent très incertaines, ne donnent qu'un ordre de grandeur.

VOCABULAIRE

Affrontement asymétrique : conflit opposant des soldats réguliers (en uniforme) à des combattants irréguliers mêlés à la population civile.

Al-Qaida : voir p. 150

Autorité palestinienne : entité administrant la bande de Gaza et la Cisjordanie, embryon d'un État palestinien.

Daech : voir p. 150

Quelles sont les multiples formes de la conflictualité moyen-orientale ?

I Deux peuples pour une terre : la question palestinienne

A Du conflit israélo-arabe...

- **Depuis la fin du XIXe siècle, des juifs européens fuyant les persécutions se sont établis en Palestine pour y fonder un État juif.** Ils entrent en conflit avec les populations arabes qui n'entendent pas partager leurs terres. En 1947, l'ONU tente de mettre un terme aux affrontements entre Arabes et **sionistes** avec un plan de partage de la Palestine. Rejeté par les Arabes, il est accepté par les sionistes, dont le leader David Ben Gourion proclame l'État d'Israël le 14 mai 1948. Ceci provoque la première guerre israélo-arabe (1948-1949), remportée par Israël.

- **Israël et ses voisins arabes s'affrontent de nouveau lors de la guerre des Six-Jours (1967).** Les armées arabes sont écrasées et Israël annexe le Golan, la Cisjordanie (dont Jérusalem Est), la bande de Gaza et le Sinaï. Le Conseil de sécurité de l'ONU, par la résolution 242 (22 novembre 1967), exige la reconnaissance d'Israël par ses voisins et la restitution des **territoires occupés** par Israël. Pour tenter de les récupérer, l'Égypte et la Syrie attaquent Israël, qui les repousse, gagnant ainsi la guerre du Kippour (1973).

B ... au conflit israélo-palestinien

- **En 1978, grâce à une médiation américaine, l'Égypte fait la paix avec Israël (accords de Camp David).** Elle est suivie par la Jordanie en 1994. D'israélo-arabe, le conflit devient israélo-palestinien : il oppose à l'État israélien des groupes armés palestiniens comme l'**OLP** de Yasser Arafat. Il prend la forme d'**affrontements asymétriques** dont le symbole est l'**intifada**.

- **En 1993, les accords de paix d'Oslo sont conclus par Israël et l'OLP.** Ils créent une **Autorité palestinienne** en Cisjordanie et dans la bande de Gaza. Mais ils sont rejetés par les extrémistes des deux bords. La droite religieuse israélienne refuse d'arrêter la colonisation des terres palestiniennes. Les **islamistes** palestiniens du **Hamas** et libanais du **Hezbollah** veulent poursuivre la lutte armée.

II Une querelle régionale aux enjeux mondiaux : la première guerre du Golfe

A L'impérialisme irakien

- **Le 2 août 1990, l'Irak de Saddam Hussein envahit le Koweït.** Officiellement, il s'agit de récupérer un territoire séparé de l'Irak par le colonisateur britannique. Dans les faits, cela lui permet de s'approprier ses ressources pétrolières et de s'assurer un plus large accès au golfe Persique (**Carte** p. 151). Réfugié en Arabie saoudite, l'émir du Koweït lance un appel à l'aide internationale.

- **L'annexion du Koweït, qui viole le droit international, est condamnée par l'ONU et la LEA.** Saddam Hussein réplique en se posant en champion de la « nation arabe ». Il critique les **pétromonarchies** alliées des États-Unis et lance un appel à la « guerre sainte » contre les « infidèles ». Il tente de lier la question koweïtienne au conflit palestinien, en proposant l'évacuation du Koweït contre celle des **territoires occupés** par Israël. Il s'assure ainsi une certaine popularité dans l'opinion arabe.

B L'échec de la diplomatie

- **Plusieurs médiations sont tentées.** Venues de la France, du pape Jean-Paul II, de l'URSS et de la LEA, elles échouent à faire reculer Saddam Hussein. L'ONU finit par autoriser le recours à la force si l'Irak n'évacue pas le Koweït avant le 15 janvier 1991. À l'initiative du président américain George Bush senior, une coalition de 34 pays se forme.

- **La guerre commence le 17 janvier avec le déclenchement de l'opération « Tempête du désert ».** Elle consiste d'abord en une campagne de bombardements aériens sur des sites stratégiques irakiens. Puis, du 24 au 27 février, une offensive terrestre libère le Koweït. Bien que vaincu, Saddam Hussein n'est pas déchu, car les États-Unis craignent l'implosion de l'Irak.

III Une intervention unilatérale qui tourne à la guerre civile : l'invasion américaine de l'Irak

A La chute de Saddam Hussein

- **En 2003, les États-Unis envahissent l'Irak pour renverser la dictature de Saddam Hussein.** Ils se justifient en affirmant que celui-ci soutient le terrorisme islamiste et développe des armes de destruction massive. Ils font de la démocratisation de l'Irak un modèle pour l'ensemble de la région, qui en réduirait à terme la conflictualité.

- **Déclenchée sans l'aval de l'ONU, l'offensive des États-Unis et de leurs alliés vient vite à bout des troupes irakiennes.** Les armées coalisées profitent, comme lors de la première guerre du Golfe, de leur supériorité technologique, notamment aérienne.

B Le bourbier irakien

- **La communauté chiite sort renforcée de l'intervention américaine.** Numériquement majoritaire, elle profite de la démocratisation pour accéder au pouvoir, jusque-là aux mains des sunnites. S'estimant lésés, ces derniers s'engagent en grand nombre dans une guerre asymétrique au sein de groupes **jihadistes** se revendiquant d'**al-Qaida**. Ils harcèlent les soldats de la coalition et de l'armée irakienne en leur tendant des embuscades. Ils prennent également en otages des Occidentaux et multiplient les attentats contre la communauté chiite.

- **Les tensions entre les communautés débouchent sur une guerre civile.** Chiites, sunnites et Kurdes se dotent de milices, financées par des puissances régionales qui les instrumentalisent pour défendre leurs intérêts respectifs. Ces affrontements s'achèvent sur une victoire des milices chiites alliées à l'Iran qui consolident leur mainmise sur l'État irakien. Au nord, les Kurdes conquièrent une large autonomie. Mécontents de leur sort, de nombreux sunnites apportent leur soutien aux jihadistes antichiites de **Daech** à partir de 2013.

FICHES DE LECTURE

Elias Sanbar, *La Palestine expliquée à tout le monde*, Seuil, 2013, 112 p. Une synthèse rédigée par un intellectuel palestinien ayant participé activement aux négociations de paix avec Israël dans les années 1990.

Pierre-Jean Luizard, « La communauté chiite, première victime de l'implosion de la société irakienne », *Hérodote*, n° 124, 2007, p. 118-154 [en ligne]. Une étude sur les conséquences de l'invasion américaine de l'Irak sur la communauté chiite du pays.
www.cairn.info/revue-herodote-2007-1-page-118.htm

VOCABULAIRE

Hamas : voir p. 156

Hezbollah : milice chiite libanaise fondée en 1982 avec le soutien de l'Iran et de la Syrie.

Intifada (« soulèvement » en arabe) : révolte déclenchée en 1987 puis en 2000 par de jeunes Palestiniens qui jettent des pierres aux soldats israéliens.

Islamisme : idéologie souhaitant fonder l'État et la société sur la loi islamique (*charia*).

Jihadisme : courant violent de l'islamisme prônant le *jihad*, guerre sainte contre l'Occident et contre les musulmans qui ne partagent pas ses convictions.

LEA : Ligue des États arabes, fondée en 1945.

OLP : voir p. 156

Pétromonarchies : États du Golfe Persique qui tirent leurs revenus des hydrocarbures (Arabie saoudite, Bahreïn, Koweït, Qatar, Émirats arabes unis, Oman).

Sionisme : mouvement nationaliste né au XIXe siècle prônant la création d'un État juif en Palestine (Sion est une colline de Jérusalem).

Territoires occupés : voir p. 156

RESSOURCES

Henry Laurens, *L'Orient arabe à l'heure américaine. De la guerre du Golfe à la guerre d'Irak*, Hachette, Pluriel, 2008, 452 p. Une synthèse très complète sur l'histoire récente de la région.

Le site « Les clés du Moyen-Orient », qui propose des analyses fournies sur l'histoire et l'actualité de cette région du monde.
www.lesclesdumoyenorient.com/

Podcast « Histoire du processus de paix depuis les années 70 à nos jours », *La Fabrique de l'histoire*, France Culture, 17 mai 2018, 52'.
www.franceculture.fr/emissions/la-fabrique-de-lhistoire/linvention-dun-État-44-histoire-du-processus-de-paix-depuis-les-annees-70-a-nos-jours

Ressources complémentaires

Cours Une paix impossible ?

CARTES p. 150-151
COURS p. 154-155
JALON p. 158-161
JALON p. 162-165

Podcast Cours à écouter

Quels sont les acteurs impliqués dans la résolution des conflits moyen-orientaux ?

I Les États : des arbitres intéressés

A Le jeu ambigu des puissances régionales

- **Même quand il s'agit de guerres civiles, rares sont les conflits moyen-orientaux qui n'impliquent pas les puissances de la région.** Ainsi, lors de la guerre civile libanaise des années 1980, les milices chrétiennes avaient le soutien d'Israël et les chiites, celui de l'Iran et de la Syrie. Les groupes qui s'affrontent depuis 2011 en Syrie sont financés et armés par la Turquie, le Qatar ou l'Arabie saoudite lorsqu'ils sont sunnites, par l'Iran lorsqu'ils sont chiites.

- **Loin de jouer un rôle d'apaisement, les puissances moyen-orientales sont donc souvent à l'origine de la déstabilisation de leurs voisins.** Mais, quand cela leur permet de se poser en acteurs incontournables, elles œuvrent à la restauration de la paix. C'est ainsi à l'initiative de l'Arabie saoudite que furent conclus en 1989 les accords de Taëf qui mirent fin à la guerre civile au Liban. En 2018, le rapprochement entre les deux frères ennemis palestiniens, le **Hamas** et l'**OLP**, a été acté par un accord signé au Caire.

B Un terrain d'affrontement pour les puissances mondiales

- **À partir des années 1970, les États-Unis tentent de résoudre par la diplomatie la question palestinienne.** Ces médiations aboutissent à la conclusion des accords de Camp David entre l'Égypte et Israël (1978) et de ceux d'Oslo (1993) entre l'OLP et Israël. En 1991, les États-Unis prennent la tête de la coalition qui libère le Koweït de l'invasion irakienne. En 2003, ils décident de renverser Saddam Hussein, plongeant l'Irak dans une longue guerre civile (**Cours** p. 155).

- **Au début des années 1990, l'effondrement de l'URSS a fait perdre à la Russie l'influence acquise au Moyen-Orient durant la guerre froide.** Elle s'efforce depuis lors de la reconquérir. Elle bénéficie pour cela du désengagement américain de la région, décidé par les présidents Barack Obama puis Donald Trump. La Russie s'est imposée comme le maître du jeu en Syrie, où elle dispose de bases navale et aérienne. Elle s'est également rapprochée de son voisin turc qui, bien que membre de l'OTAN, a des relations tendues avec Washington.

II L'ONU : une efficacité mise à rude épreuve par les conflits moyen-orientaux

A L'ONU et la question palestinienne

- **En 1947, l'ONU adopte un plan de partage de la Palestine entre un État juif et un État arabe.** Son rejet par les Arabes entraîne la première d'une longue série de guerres, qui provoque un exode massif de Palestiniens. L'ONU crée en 1949 l'**UNRWA** pour venir en aide à ces réfugiés. Au terme de la guerre des Six-Jours (1967) qui voit Israël étendre massivement son territoire, l'ONU adopte la résolution 242 qui exige le retrait israélien des **territoires occupés**.

- **Du fait de la division des membres permanents du Conseil de sécurité, l'ONU s'avère incapable de faire appliquer ses résolutions en Palestine.** Les États-Unis, qui se sont rapprochés d'Israël dans les années 1960, utilisent systématiquement leur **droit de veto** pour bloquer toute résolution défavorable à leur allié.

VOCABULAIRE

BDS (« boycott, désinvestissement et sanctions ») : campagne internationale de boycott culturel et économique de l'État d'Israël lancée en 2005 par des ONG.

Droit de veto : monopole des cinq membres permanents du Conseil de sécurité de l'ONU, il permet à n'importe lequel d'entre eux de bloquer une décision s'il le souhaite, quelle que soit la position des autres pays.

Hamas (« zèle » en arabe) : acronyme pour « Mouvement de la résistance islamique », fondé en Palestine durant la première intifada, en 1988.

Human Rights Watch : ONG américaine engagée dans la défense des droits de l'homme.

OLP : Organisation de libération de la Palestine, fondée au Caire en 1964.

Taayoush (« vivre ensemble » en arabe) : ONG israélienne militant en faveur d'une paix avec les Palestiniens.

Territoires occupés : territoires de population palestinienne occupés par l'armée israélienne depuis 1967 (Gaza jusqu'en 2005, Cisjordanie et Jérusalem Est) dont l'ONU réclame depuis l'évacuation.

UNRWA : Office de secours et de travaux des Nations unies pour les réfugiés de Palestine au Proche-Orient. Créé en 1949, cet organisme onusien, initialement conçu pour être temporaire, fournit une aide humanitaire aux réfugiés palestiniens et à leurs descendants.

3 Les forces en présence

Carte interactive

1. L'enjeu pétrolier

- Principaux champs de pétrole
- 8,9 % Réserves de pétrole estimées en 1990 (en % des réserves mondiales)

2. Le Moyen-Orient divisé

- Irak
- Koweït
- Zone de peuplement kurde
- Pays membres de la coalition internationale
- Pays neutres

3. Les phases de la guerre

- Invasion du Koweït par l'Irak (1-2 août 1990)
- Raids aériens de la coalition (janv. 1991)
- Offensive terrestre de la coalition (févr. 1991)
- Tirs de missiles irakiens
- Tirs de missiles de la coalition
- Répression par Saddam Hussein du soulèvement des Kurdes irakiens (avril 1991)

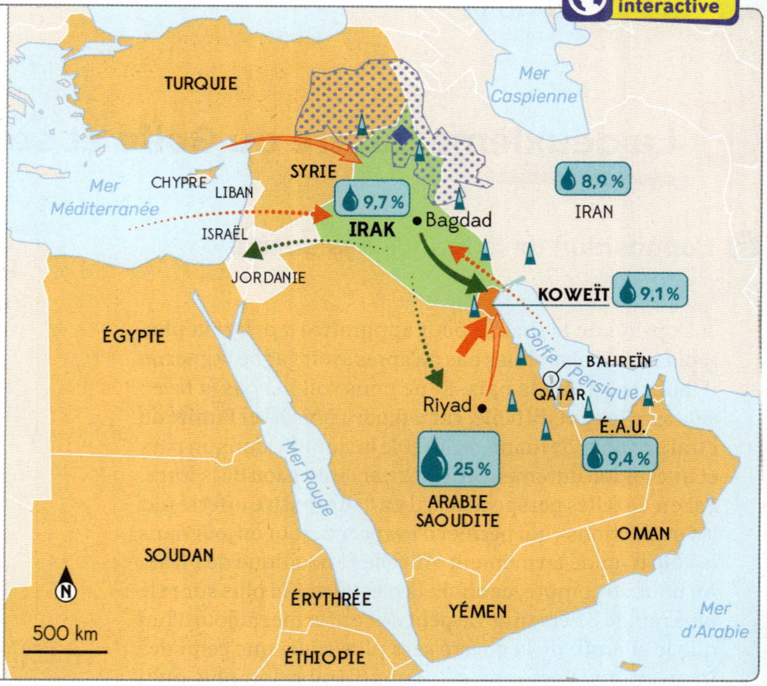

→ **Pourquoi peut-on dire que la guerre du Golfe est un conflit local aux répercussions globales ?**

4 L'encombrant Saddam Hussein

Dans un livre paru en 1992, le militant écologiste et pacifiste français René Dumont dénonce les conséquences d'une guerre à laquelle il s'était opposé.

Le point de vue d'un opposant à la guerre

Fin février 1991, le général Schwarzkopf[1] aurait désiré prolonger la guerre de quelques jours, pour pouvoir anéantir la plus grande partie de la capacité militaire de l'Irak. Et peut-être même éliminer Saddam Hussein, que la propagande américaine avait assimilé à Hitler. Bush et son équipe ont été alors pris dans un difficile dilemme. La Syrie et l'Égypte ne désiraient absolument pas l'anéantissement de l'Irak, dont l'existence est, à leurs yeux, indispensable à l'équilibre régional. Les voisins de l'Irak – Turquie, Iran et Syrie – ne pouvaient accepter l'autonomie poussée que réclamaient les Kurdes, et encore moins leur indépendance, car cela aurait incité « leurs » Kurdes à en réclamer autant. L'Arabie saoudite et les Émirats, de leur côté, craignaient que les chiites du Sud de l'Irak, qui s'étaient révoltés, soient soutenus par la République islamique d'Iran [...]. Ces pays craignaient par-dessus tout l'installation en Irak d'un régime démocratique, instaurant le multipartisme [...] Bush et Israël de leur côté, désiraient que Saddam Hussein soit chassé du pouvoir [...]. Les États-Unis ont alors incité les Kurdes du Nord et les chiites du Sud à la révolte contre Saddam Hussein. [...] Il y eut alors, tant au Nord contre les Kurdes qu'au Sud contre les chiites, deux effroyables guerres civiles. [...] On a déclaré Saddam Hussein seul responsable de ces misères, alors que les Américains, qui les avaient poussés à la révolte, ont assisté impassibles à cette horrible répression armée.

René Dumont, *Cette guerre qui nous déshonore*, Seuil, 1992.

1. Général américain dirigeant les forces de la coalition internationale.

→ **Pourquoi la coalition internationale n'a-t-elle pas renversé Saddam Hussein ?**

EN AUTONOMIE VERS LE BAC

Mise en relation des documents

1. Quels sont les principaux enjeux du conflit pour les belligérants ? docs 1, 2 et 3

2. Quelles sont les principales conséquences du conflit ? doc 4

3. Pourquoi l'affrontement entre l'Irak et le Koweït a-t-il débouché sur un conflit au retentissement mondial ? docs 1 à 4

BAC Vers l'écrit

▸Étude critique de document

Sujet : « La guerre du Golfe vue par George Bush senior »

Identifiez l'intention de l'auteur du document 2 et analysez la façon dont il procède pour parvenir à ses fins.

BAC Vers le grand oral

Listez les trois points clés à développer si vous devez présenter en 5 minutes à l'oral le rôle de la France dans la première guerre du Golfe.

B La deuxième guerre du Golfe et ses conséquences

5 L'opposition de la France à la guerre

L'option de la guerre peut apparaître *a priori* la plus rapide. Mais n'oublions pas qu'après avoir gagné la guerre, il faut construire la paix. Et ne nous voilons pas la face : cela sera long et difficile, car il faudra préserver l'unité de l'Irak, rétablir de manière durable la stabilité dans un pays et une région durement affectés par l'intrusion de la force. Face à de telles perspectives, il y a l'alternative offerte par les inspections[1], qui permet d'avancer de jour en jour dans la voie d'un désarmement efficace et pacifique de l'Irak. Au bout du compte, ce choix-là n'est-il pas le plus sûr et le plus rapide ? Personne ne peut donc affirmer aujourd'hui que le chemin de la guerre sera plus court que celui des inspections. Personne ne peut affirmer non plus qu'il pourrait déboucher sur un monde plus sûr, plus juste et plus stable. Car la guerre est toujours la sanction d'un échec. Serait-ce notre seul recours face aux nombreux défis actuels ? Donnons par conséquent aux inspecteurs des Nations unies le temps nécessaire à la réussite de leur mission. Dans ce temple des Nations unies, nous sommes les gardiens d'un idéal, nous sommes les gardiens d'une conscience. La lourde responsabilité et l'immense honneur qui sont les nôtres doivent nous conduire à donner la priorité au désarmement dans la paix.

Discours prononcé par Dominique de Villepin, ministre français des Affaires étrangères, devant le Conseil de sécurité de l'ONU, le 14 février 2003.

1. À la suite de la première guerre du Golfe, l'ONU a créé une commission chargée de s'assurer du démantèlement des programmes biologiques, chimiques et nucléaires irakiens.

→ **Pourquoi la France s'oppose-t-elle à la volonté américaine d'intervenir militairement en Irak ?**

La deuxième guerre du Golfe

- **19 mars 2003** : Début de l'opération américaine « Liberté pour l'Irak »
- **1er mai 2003** : George Bush junior annonce que « l'essentiel des combats est terminé ». Un administrateur américain est chargé de diriger le pays
- **juin 2004** : Un gouvernement intérimaire irakien est mis en place
- **nov.-déc. 2004** : La nouvelle armée irakienne épaulée par l'armée américaine reprend le contrôle de la ville de Falloujah entrée en insurrection
- **janvier 2005** : Premières élections démocratiques. Le Kurde Jalal Talabani est élu président
- **2006** : Un attentat frappe le sanctuaire chiite al-Askari à Samarra et engendre de violents affrontements entre chiites et sunnites
- **2011** : Retrait de l'essentiel des troupes américaines d'Irak

REPÈRE

L'Europe fracturée
Huit pays européens ont apporté leur soutien à l'invasion de l'Irak en 2003 : Danemark, Espagne, Royaume-Uni, Hongrie, Italie, Pologne, Portugal, République tchèque et Slovénie. La France et l'Allemagne s'y sont opposées.

6 La mobilisation de la société civile américaine

Le 15 février 2003, à New York comme dans le monde entier, des manifestants défilent pour la paix.

→ **Que dénoncent les manifestants ? Que veulent-ils empêcher ?**

7 Américains et Britanniques justifient le recours à la force

L'avenir de l'Irak appartient au peuple irakien. Après des années de dictature, l'Irak sera bientôt libéré. Pour la première fois depuis plusieurs décennies, les Irakiens choisiront sous peu leur propre gouvernement représentatif. [...] Nous mettrons fin à la menace que font peser les armes de destruction massive de l'Irak, nous apporterons une aide humanitaire et nous garantirons la sécurité du peuple irakien. Nous créerons un milieu dans lequel les Irakiens pourront décider de leur avenir démocratiquement et pacifiquement. [...]

Nous nous acquitterons de notre obligation d'aider le peuple irakien à créer une nation qui est unie, libre et en paix avec elle et avec ses voisins. Nous soutenons les aspirations de tous les Irakiens en ce qui concerne la formation d'un gouvernement représentatif uni qui respectera les droits de l'homme et l'État de droit en tant que principes fondamentaux de la démocratie. Nous réaffirmons notre engagement à protéger les ressources naturelles de l'Irak, en tant que patrimoine du peuple irakien, qui doivent être exploitées uniquement à son profit. [...] Les forces de la coalition resteront en Irak aussi longtemps que cela sera nécessaire pour aider le peuple irakien à mettre en place ses propres institutions politiques et à reconstruire leur pays, mais pas plus longtemps.

Nous sommes impatients d'accueillir un Irak libéré au sein de la communauté internationale des nations. Nous demandons à nos partenaires de la communauté internationale de se joindre à nous pour garantir que l'avenir du peuple irakien sera démocratique et sûr.

Déclaration commune de George Bush (président des États-Unis) et de Tony Blair (premier ministre du Royaume-Uni), 8 avril 2003. Traduction officielle du Département d'État.

→ **Comment George Bush junior et Tony Blair justifient-ils leur décision d'intervenir militairement en Irak ?**

8 La guerre civile

Le 26 février 2006, à Samarra (Irak), des fidèles chiites dégagent les gravats de la mosquée al-Askari, lieu saint du chiisme, qui a fait l'objet d'un attentat perpétré par des jihadistes sunnites quelques jours auparavant.

→ **Que nous apprend cet attentat sur la nature de la guerre civile en Irak ?**

EN AUTONOMIE VERS LE BAC

Mise en relation des documents

1. Pourquoi Américains et Britanniques éprouvent-ils le besoin de justifier leur intervention ? docs 5, 6 et 7

2. L'intervention militaire a-t-elle permis d'atteindre les objectifs que lui assignaient ses instigateurs ? docs 7 et 8

BAC Vers l'écrit ▸ Étude critique de documents

Sujet : « Justifier la guerre »

À partir des documents 2 et 4, montrez comment les États-Unis justifient leurs deux interventions militaires dans le Golfe. Quels sont les points communs et les différences dans l'argumentaire utilisé pour chacune d'entre elles ?

BAC Vers l'oral Activité guidée

Présentez en 5 minutes à l'oral le rôle de la France dans la deuxième guerre du Golfe.

▸ Préparez-vous à l'aide du guidage proposé dans le manuel numérique.

▸ À l'issue de votre exposé, les autres élèves, dans le rôle du jury, vous posent des questions pendant 10 minutes : demandes de précisions, définitions du vocabulaire employé, liens avec le cours...

Points de vue GRAND ORAL

Le nucléaire iranien est-il une menace ?

1 Viser le régime ou le programme nucléaire ?

Le point de vue d'un politiste

La question du nucléaire iranien est complexe. D'une part, on ne sait guère quand les Iraniens atteindront le stade de la bombe. D'autre part, il suffit pour eux qu'on les crédite d'avoir la bombe, même sans essai nucléaire, pour que l'effet de dissuasion fonctionne. Enfin et surtout, il y a une profonde ambiguïté des Occidentaux sur la définition de la menace. Presque tout le monde s'accorde à dire que l'accès de l'Iran au nucléaire militaire n'est pas acceptable. Mais en quoi le nucléaire iranien est-il menaçant ? Il y a en fait deux réponses, qui n'induisent pas la même politique. La première consiste à dire que le problème, c'est le régime : une république islamique serait tentée de se servir de la bombe contre Israël ou bien d'utiliser la sanctuarisation induite par la possession de l'arme pour protéger des groupes terroristes sur son territoire. La seconde considère que la dissuasion fonctionnera quel que soit le régime et que le problème est plutôt l'effet de prolifération qu'entraînera l'achèvement du programme nucléaire iranien, car l'Égypte, l'Arabie saoudite et la Turquie seront amenées à se nucléariser. L'Iran a été signataire du TNP (contrairement à l'Inde, au Pakistan et à Israël[1]) : son retrait signifiera la mort du traité. [...] Selon l'hypothèse retenue, la stratégie à suivre est très différente : dans le premier cas, il faut pousser au changement de régime ; dans le second, c'est l'Iran en tant que puissance régionale nucléaire qui fait problème. De là, un choix s'impose : faut-il viser d'abord le régime ou bien le programme ?

Olivier Roy, *Le Croissant et le Chaos*,

1. Israël s'est doté de l'arme nucléaire dans les années 1950 mais ne l'a jamais officiellement reconnu. L'Inde possède l'arme nucléaire depuis 1974, le Pakistan depuis 1998.

2 Un programme nucléaire pour quoi faire ?

Le point de vue d'un dessinateur de presse algérien

Caricature d'Ali Dilem pour le Kiosque de TV5 Monde, 2006.

SCIENCE & MÉDECINE
LE MICROBIOTE, TRÉSOR INTESTINAL
SUPPLÉMENT →

Le Monde

Mercredi 15 juillet 2015 - 71e année - N° 21925 - 2,20 € - France métropolitaine - www.lemonde.fr — Fondateur : Hubert Beuve-Méry - Directeur : Jérôme Fenoglio

ACCORD HISTORIQUE SUR LE NUCLÉAIRE IRANIEN

- L'Iran et les Occidentaux sont parvenus, mardi 14 juillet, à Vienne, à un accord sur le nucléaire
- Cet accord, qui doit être ratifié par le Congrès américain, marque un rapprochement spectaculaire entre Téhéran et Washington. Israël dénonce une erreur historique
- Limitation de l'enrichissement de l'uranium, renforcement des inspections internationales et levée des sanctions ont fait l'objet d'âpres négociations
- Laurent Fabius, ministre des affaires étrangères, explique la position « claire et ferme » de la France

→ LIRE PAGES 2 À 5

3 L'accord de Vienne

Le 14 juillet 2015 à Vienne (siège de l'Agence internationale de l'énergie atomique), les cinq membres permanents du Conseil de sécurité de l'ONU, l'Allemagne et l'UE signent un accord avec l'Iran. En échange d'un encadrement du programme nucléaire iranien, ils s'engagent à lever progressivement les sanctions économiques frappant l'Iran.

Une du quotidien français *Le Monde*, 15 juillet 2015, avec les ministres des Affaires étrangères de l'Iran (Mohammad Jawad Zarif) et des États-Unis (John Kerry).

Le nucléaire iranien

- 1968 L'Iran signe le TNP.
- 1974 L'Iran débute la construction de centrales nucléaires.
- 1979 Révolution islamique. L'Iran, jusqu'alors allié des États-Unis, en devient un ennemi.
- 2003 Découverte de l'existence d'usines nucléaires secrètes enrichissant de l'uranium à des taux supérieurs aux normes civiles.
- 2012 L'ONU, les États-Unis et l'UE décrètent des sanctions économiques contre l'Iran pour le contraindre à cesser ses activités nucléaires.
- 2015 Accord de Vienne.

REPÈRE

Le Traité de non-prolifération nucléaire (TNP)

- Adopté en 1968, le TNP regroupe aujourd'hui 190 pays. Ceux qui ne possèdent pas l'arme nucléaire s'engagent à ne pas chercher à l'acquérir. En contrepartie, les pays déjà dotés de l'arme nucléaire (les cinq membres permanents du Conseil de sécurité) s'engagent à les aider à développer leur filière nucléaire civile.
- Ce traité pose deux problèmes : un problème politique, car il fait de l'arme nucléaire le monopole des puissances déjà pourvues ; un problème technique, car le nucléaire civil peut être détourné en vue de fabriquer une arme atomique.

4 Les États-Unis se retirent de l'accord de 2015

Le point de vue du dirigeant américain

En théorie, le soi-disant « accord iranien » était supposé protéger les États-Unis et leurs alliés contre la folie de la bombe nucléaire iranienne [...]. En fait, l'accord a permis à l'Iran de continuer à enrichir de l'uranium et, avec le temps, d'atteindre le seuil d'une explosion nucléaire. L'accord a levé les sanctions économiques contre l'Iran en échange de limitations très faibles à l'activité nucléaire du régime, et en n'imposant aucune limitation sur ses autres agissements pervers, notamment ses sinistres activités en Syrie, au Yémen et ailleurs dans le monde. [...] L'accord avec l'Iran est fondamentalement défectueux. Si nous ne faisons rien, nous savons exactement ce qui arrivera. Dans peu de temps, le principal État sponsor de la terreur sera sur le point d'acquérir les armes les plus dangereuses du monde. Par conséquent, j'annonce aujourd'hui que les États-Unis vont se retirer de l'accord sur le nucléaire iranien. [...] Nous travaillerons avec nos alliés pour trouver une solution réelle, globale et durable à la menace nucléaire iranienne. Cela inclura des efforts pour éliminer la menace du programme de missiles balistiques de l'Iran, arrêter ses activités terroristes dans le monde entier, et bloquer ses activités menaçantes au Moyen-Orient. En attendant, de puissantes sanctions entreront en vigueur. Si le régime poursuit ses aspirations nucléaires, il aura des problèmes plus graves qu'il n'en a jamais connu auparavant.

Allocution télévisée du président Donald Trump, 8 mai 2018.

5 La réaction européenne

Le point de vue de dirigeants européens

C'est avec regret et préoccupation que nous, dirigeants de la France, de l'Allemagne et du Royaume-Uni, prenons note de la décision du Président Trump de procéder au retrait des États-Unis d'Amérique du Plan d'action global commun (ou *Joint Comprehensive Plan of Action* - JCPoA). [...] Nous rappelons que le JCPoA a été entériné à l'unanimité par le Conseil de sécurité des Nations unies dans la résolution 2231. Cette résolution demeure le cadre international juridiquement contraignant pour la résolution des différends liés au programme nucléaire iranien. Nous appelons toutes les parties à continuer de souscrire à sa pleine mise en œuvre, et à agir dans un esprit de responsabilité. Selon l'Agence internationale de l'énergie atomique (AIEA), l'Iran continue à se conformer aux restrictions prévues par le JCPoA, en ligne avec ses obligations au titre du Traité sur la non-prolifération des armes nucléaires (TNP). La sécurité du monde en est renforcée. C'est pourquoi nous, [...] resterons parties au JCPoA. Nos gouvernements restent déterminés à assurer la mise en œuvre de l'accord, [...] y compris en assurant le maintien des bénéfices économiques liés à l'accord au profit de l'économie et la population iraniennes.

Déclaration conjointe du Président français Emmanuel Macron, de la Première ministre britannique Theresa May et de la Chancelière allemande Angela Merkel, 8 mai 2018.

CONSTRUIRE SON POINT DE VUE

Découvrez les documents

1. Définissez les notions de « sanctuarisation », « dissuasion » et « prolifération ». doc 1
2. Quelles inquiétudes soulève la possible obtention par l'Iran d'armes nucléaires ? docs 1 et 2
3. Quelles méthodes ont été utilisées pour tenter d'empêcher l'Iran de se doter de l'arme nucléaire ? docs 1, 3, 4 et 5

Développez des arguments

4. Quels sont les points communs entre les positions européennes et américaine à propos du nucléaire iranien ? docs 1, 3, 4 et 5
5. Quelles sont les différences entre les positions européennes et américaine à propos du nucléaire iranien ? docs 1, 3, 4 et 5
6. Comment expliquer les désaccords entre Européens et Américains à propos du nucléaire iranien ? docs 1, 3, 4 et 5

Présentez votre point de vue ORAL

7. À l'oral, en 5 minutes, répondez à la problématique « Le nucléaire iranien est-il une menace ? » en présentant plusieurs arguments.

Révisions

Le Moyen-Orient : conflits et tentatives de paix

Podcast Synthèse à écouter

EXO Exercices interactifs

DATES CLÉS

1948 Proclamation d'Israël, première guerre israélo-arabe

1967 Guerre des Six-Jours

1973 Guerre du Kippour

1978 Accords de Camp David

1991 1re guerre du Golfe

1993 Accords d'Oslo

2003 2e guerre du Golfe

2015 Accord de Vienne sur le nucléaire iranien

SUJETS BAC

Dissertation

- « L'évolution du rapport d'Israël aux États et aux populations arabes » p. 159-161
- « Puissances régionales et puissances mondiales dans les conflits du Moyen-Orient depuis 1948 » p. 171

Étude critique de documents

- « La naissance d'un État » p. 158
- « Justifier la guerre » p. 163-165
- « Le rapprochement israélo-égyptien » p. 170

SYNTHÈSE

I Les sources de la conflictualité

- **À la jonction entre l'Europe, l'Asie et l'Afrique, le Moyen-Orient constitue un carrefour stratégique.** Certains des points de passages les plus importants pour le commerce mondial y sont situés (détroit d'Ormuz, canal de Suez). La rareté de l'eau et l'abondance des hydrocarbures y suscitent les convoitises des puissances régionales et mondiales.

- **Le Moyen-Orient constitue un exceptionnel conservatoire de la diversité humaine.** Une grande diversité de peuples et de communautés religieuses s'y côtoient. Mais la cohabitation entre des populations aux identités multiples et aux intérêts contradictoires est difficile et peut parfois déboucher sur des guerres civiles.

II Les formes de la conflictualité

- **Demeurée irrésolue depuis plus d'un demi-siècle, la question palestinienne exerce une influence déstabilisante sur toute la région.** Approuvée par l'ONU, la création de l'État d'Israël en 1948 n'a pas été acceptée par les Arabes. Elle a donné lieu à trois guerres dont les Israéliens sont sortis vainqueurs sans pour autant parvenir à conclure une paix durable.

- **La première guerre du Golfe a été provoquée par l'annexion du Koweït par l'Irak de Saddam Hussein en 1990.** Dans un contexte de fin de guerre froide, les États-Unis sont intervenus militairement au nom de l'ONU pour faire respecter le droit international et rétablir la souveraineté du petit émirat pétrolier.

- **En 2003, c'est en revanche sans mandat de l'ONU et donc en contravention avec le droit international que les États-Unis renversent Saddam Hussein par la force.** Au prétexte de désarmer le régime et de démocratiser le pays, ils plongent l'Irak dans une violente guerre civile toujours en cours quinze ans plus tard.

Jalon p. 158, **Jalon** p. 162

III Résorber la conflictualité moyen-orientale

- **Longtemps, les acteurs moyen-orientaux s'en sont remis aux grandes puissances mondiales pour arbitrer leurs conflits.** Ce fut notamment le cas durant la guerre froide où chacun des deux Grands avait développé un réseau d'alliés dans la région. Ce fut également le cas dans le conflit palestinien auquel les États-Unis ont consacré d'intenses efforts diplomatiques dans les années 1970 et 1980 (accords de Camp David et d'Oslo).

- **Mais les grandes puissances, régionales ou mondiales, ne sont pas des arbitres désintéressés.** À l'image des États-Unis en 2003, leurs interventions, officiellement destinées à pacifier la région, peuvent tout aussi bien la déstabiliser. Nombre des conflits qui agitent le Moyen-Orient ne sont des guerres civiles qu'en apparence. Ainsi la guerre qui ravage actuellement la Syrie oppose autant des puissances régionales (Turquie, Arabie Saoudite, Qatar, Iran) et mondiales (Russie, États-Unis) que les Syriens entre eux.

Jalon p. 158, **Jalon** p. 162

QCM

1 Parmi ces peuples moyen-orientaux, lequel ne dispose pas d'État ?

A Les Turcs
C Les Kurdes
B Les Persans
D Les Arabes

2 Parmi ces pays, lequel n'est pas majoritairement peuplé de chiites ?

A Bahreïn
C Iran
B Turquie
D Irak

3 Quel est le premier pays arabe à avoir fait la paix avec Israël ?

A Égypte
C Liban
B Jordanie
D Syrie

4 Quels sont les points communs entre les deux interventions américaines contre l'Irak de 1991 et 2003 ?

A Elles ont été approuvées par l'ONU
B Elles se sont conclues par une défaite irakienne
C La France y a participé
D Saddam Hussein y a été impliqué

5 Parmi ces conflits, lesquels sont des guerres civiles ?

A Première guerre du Golfe (1991)
B Guerre des Six-Jours (1967)
C Guerre de Syrie (depuis 2011)
D Guerre d'Irak (depuis 2003)

MOTS CLÉS

Intifada : p. 155
Islamisme : p. 155
Sionisme : p. 155

COMPRENDRE AUTREMENT

Le Moyen-Orient : conflits et tentatives de paix

Du conflit israélo-arabe au conflit israélo-palestinien

Conflits israélo-arabes
Guerre de 1948, guerre des Six-Jours (1973), guerre du Kippour (1973)

Accords de Camp David (1978)
› division du camp arabe entre ceux qui acceptent la paix et ceux qui veulent poursuivre la guerre

Première intifada (1987)

Accords d'Oslo (1993)
Paix entre Israël et l'OLP
› division du camp palestinien entre ceux qui acceptent la paix et ceux qui veulent poursuivre la guerre

Deuxième intifada (2000)

Les lignes de fracture au Moyen-Orient p. 150

Du conflit israélo-arabe au conflit palestinien p. 158

Les deux guerres du Golfe

1re guerre du Golfe (1990-1991)
Invasion du Koweït par l'Irak (1990)
Intervention de la coalition internationale (1991)
› division du camp arabe entre ceux qui soutiennent la coalition et ceux qui soutiennent l'Irak

2e guerre du Golfe (2003)
Saddam Hussein renversé

Guerre civile irakienne (depuis 2006)

Paix
Conflit

Les lignes de fracture au Moyen-Orient p. 150

Les deux guerres du Golfe p. 162

BAC ▸ Étude critique de documents

SUJET BAC

Le rapprochement israélo-égyptien

Consigne En confrontant ces deux documents, identifiez les causes du rapprochement israélo-égyptien qui aboutit aux accords de paix de Camp David (1978). Vous insisterez notamment sur ce que chacun des deux pays attend de l'autre.

1 Le président égyptien s'adresse aux parlementaires israéliens

Éléments de réponse

Je vous demande : pourquoi ne nous tendons-nous pas les mains, dans la droiture, la confiance et la sincérité, pour faire tomber ensemble cette barrière ? [...] Je vous dis en vérité que la paix ne sera réelle que si elle est fondée sur la justice et non sur l'occupation des terres d'autrui. Il n'est pas admissible que vous demandiez pour vous-mêmes ce que vous refusez aux autres. Franchement, dans l'esprit qui m'a poussé à venir aujourd'hui chez vous, je vous dis : « vous devez abandonner une fois pour toute vos rêves de conquête. Vous devez abandonner aussi la croyance que la force est la meilleure façon de traiter avec les Arabes. Vous devez comprendre les leçons de l'affrontement entre vous et nous. L'expansion ne vous apportera aucun bénéfice. Qu'est-ce que la paix pour Israël ? Vivre dans la région avec ses voisins arabes en sûreté et en sécurité. À cela, je dis oui. Vivre à l'intérieur de ses frontières, à l'abri de toute agression. À cela, je dis oui. Obtenir toutes sortes de garanties qui sauvegarderaient ces deux points. À cette demande, je dis oui. Il y a de la terre arabe qu'Israël a occupé et qu'il continue à occuper par la force des armes. Nous insistons sur un retrait complet de ce territoire arabe, y compris Jérusalem arabe, Jérusalem où je suis venu comme dans une cité de paix, la cité qui a été et qui sera toujours l'incarnation vivante de la coexistence entre les fidèles des trois religions.

Anouar al-Sadate, président égyptien, à la Knesset (parlement israélien), Jérusalem, 19 novembre 1977.

Annotations (marge gauche) :
- Ce que veut l'Égypte
- Ce que veut Israël
- Ce que veut l'Égypte

Analyser et expliciter

- « Occupation des terres d'autrui » → territoires occupés palestiniens (voir vocabulaire p. 156)
- « Affrontement entre vous et nous » → guerre des Six-Jours (1967) et guerre du Kippour (1973)
- Qui sont les « voisins arabes » d'Israël ?
- Après la guerre des Six-Jours : annexion par Israël du Golan, de la Cisjordanie (dont Jérusalem Est), de la bande de Gaza et du Sinaï (territoire égyptien)
- Jérusalem, cité des trois religions : islam, judaïsme, christianisme

2 Une visite célébrée

Un jeune vendeur israélien dans les rues de Jérusalem lors de la visite du président Sadate en novembre 1977.

- Drapeau israélien
- Drapeau égyptien
- La population israélienne semble approuver la visite du président égyptien. Cela laisse supposer qu'elle est favorable au rapprochement entre les deux pays
- « Paix » en anglais, en arabe et en hébreu

MÉTHODE	APPLICATION
ÉTAPE 1 ANALYSER LE SUJET ET LA CONSIGNE	Guidage détaillé à télécharger
▸ **Définir les termes du sujet** ▸ **Définir le cadre géographique et/ou les limites chronologiques** ▸ **Dégager la question clé du sujet**	**Exemple** : Le sujet invite à analyser les causes et les aspects de la reprise du dialogue entre Israël et l'Égypte qui a permis la signature des accords de paix entre les deux États à Camp David en 1978.
ÉTAPE 2 ANALYSER ET CRITIQUER LES DOCUMENTS	
▸ **Identifier les documents**	▸ Quelle est la nature des documents ? ▸ Pourquoi la date des documents et la source du document 1 sont-elles intéressantes pour l'étude critique ?
▸ **Dégager le sens général des documents**	▸ Quelle est l'idée directrice de cet ensemble documentaire ? **Exemple** : la paix entre Israël et l'Égypte est envisagée voire souhaitée par les deux États et par la population.
▸ **Sélectionner, confronter et expliquer les informations**	▸ En vous aidant des indications portées sur les documents, relevez les informations en relation avec le sujet. ▸ Explicitez les informations à l'aide de vos connaissances. **Cours** p. 154-155 ; **Jalon** p. 158-159
▸ **Exercer un regard critique**	▸ Montrez l'intérêt et les limites de l'ensemble documentaire.
ÉTAPE 3 RÉDIGER L'ÉTUDE CRITIQUE DE DOCUMENTS	
▸ **Rédiger l'introduction**	▸ Rédigez une courte introduction pour présenter le sujet, l'ensemble documentaire et la problématique.
▸ **Rédiger l'étude de manière organisée**	▸ Rédigez une réponse organisée en deux parties pour répondre au sujet. **Exemple** : I. Les causes du rapprochement israélo-égyptien II. Les aspects du rapprochement
▸ **Rédiger la conclusion**	▸ Dans une courte conclusion, répondez à la problématique du sujet.

BAC ▸ Dissertation

SUJET BAC

Puissances régionales et puissances mondiales dans les conflits du Moyen-Orient depuis 1948

LES TERMES À ANALYSER	LES CONNAISSANCES À MOBILISER	PROBLÉMATIQUE ET PLAN POSSIBLES
▸ Les « puissances régionales » : États du Moyen-Orient (Turquie, Irak, Syrie, Égypte, Arabie saoudite, Israël, Iran). ▸ Les « puissances mondiales » : États-Unis, Russie (URSS) ; France et Royaume-Uni jusqu'en 1956. ▸ « 1948 » : première guerre israélo-arabe.	**Cours** p. 156-157, **Cartes** p. 150-151 **Chapitre 4** La dimension politique de la guerre p. 112-115 **Repères chronologiques :** chronologies p. 159, 162 et 164. **Notions :** leadership, nationalisme, islamisme, territoires occupés, ONU, droit de veto, OLP, Autorité palestinienne.	▸ **Problématique possible :** Pourquoi le Moyen-Orient est-il un théâtre d'affrontement privilégié entre puissances régionales et mondiales ? ▸ **Plan possible :** **I.** Une région hyperconflictuelle **II.** Une hyperconflictualité alimentée par les rivalités entre puissances régionales **III.** L'intervention des puissances mondiales : apaisante ou aggravante ?

Méthode générale de la dissertation p. 22

Faire la guerre, faire la paix : formes de conflits et modes de résolution

SYNTHÈSE

Synthèse à écouter

I Faire la guerre, faire la paix à l'époque moderne

- **Selon le théoricien Carl von Clausewitz, la guerre est « la continuation de la politique par d'autres moyens ».** Elle concerne des États en conflit pour des raisons essentiellement territoriales, dans un contexte de recherche d'hégémonie. L'intensité de telles guerres reste limitée. Les guerres européennes des XVIIe et XVIIIe siècles correspondent à ce modèle.

- **En 1648, les traités de Westphalie inaugurent une ère durant laquelle la paix est assurée en Europe par l'équilibre des puissances.** La paix résulte d'un accord trouvé entre les belligérants qui restent soucieux de respecter la souveraineté des États et l'inviolabilité des frontières, de maintenir des équilibres géopolitiques.

II Faire la guerre, faire la paix à l'époque contemporaine

- **Aux XIXe et XXe siècles, la montée des seuils de violence est continue.** À partir de la Révolution française, la guerre oppose des nations et, selon Clausewitz, elle tend à devenir « absolue ». L'usage d'armes toujours plus efficaces, mais aussi le fait que les civils deviennent des cibles privilégiées, conduisent à un paroxysme de violence avec les deux guerres mondiales et les génocides.

- **Au XXe siècle, la Société des Nations et surtout l'ONU après 1945 manifestent la volonté d'établir la paix par la sécurité collective.** Au temps de la guerre froide (1947-1989), la dissuasion nucléaire éloigne le spectre d'un conflit armé entre les États-Unis et l'URSS, les deux superpuissances qui dominent le monde.

III Faire la guerre, faire la paix, des problématiques aujourd'hui renouvelées

- **Les guerres contemporaines répondent à des logiques complexes.** Elles impliquent des acteurs toujours plus nombreux, notamment non étatiques (groupes de rebelles, pirates, milices, terroristes), et sont pour la plupart intra-étatiques. Elles mettent en lumière la fragilité des États plutôt que leur force : guerres économiques liées au contrôle de la drogue ou à la piraterie (Colombie, Nigeria), « guerres climatiques » menaçant de faire leur apparition (dans la région du lac Tchad, au cœur de l'Afrique).

- **Les modalités de construction de la paix sont plurielles et engagent des acteurs étatiques ou non étatiques (ONG, fondations).** Il semble difficile aujourd'hui d'établir des paix durables, comme le prouve la permanence des conflits au Moyen-Orient. Le système onusien, qui a imposé le « droit d'ingérence » afin de protéger les populations civiles, doit aujourd'hui être réformé pour faire face à de nouvelles menaces, comme celle du terrorisme international.

NOTIONS CLÉS

Conflit : p. 106
Asymétrique (conflit) : p. 154
Diplomatie : p. 130
Droit de veto : p. 156
Droit d'ingérence : p. 142
Équilibre des puissances : p. 130
Guerre : p. 106
Guerre irrégulière : p. 115
Multilatéralisme : p. 130
Paix : p. 106
Sécurité collective : p. 132
Unilatéralisme : p. 137

EXEMPLES DE SUJETS SUR LE THÈME

DISSERTATION

Les conflits dans le monde actuel : acteurs et logiques d'affrontement

Programme

Chapitre 4

Notions

Droit de la guerre, épuration ethnique, islamisme, jihadisme, guerre irrégulière, guerre intraétatique

Conseils

- Expliquez comment le contexte socio-économiques et identitaire au début du XXIe siècle favorise l'émergence de nouveaux acteurs de conflits.
- Montrez que ces conflits sont de plus en plus asymétriques et ne respectent pas le droit de la guerre.

Autre sujet possible

- Sujet : Le rôle et les actions de l'ONU, de sa création à nos jours

QUESTION GRAND ORAL

La réduction de la pauvreté peut-elle empêcher ou résoudre des conflits ?

Liens avec le programme

HGGSP Term Thème 2 « Faire la guerre, faire la paix : formes de conflit et modes de résolution »

Domaine d'études supérieures

Relations internationales, développement, humanitaire

Croisement avec d'autres disciplines de spécialité

- SES

Conseils pour ces questions

Autre question possible

- La paix dépend-elle seulement de l'entente entre les États ?
- Les guerres d'aujourd'hui sont-elles comparables aux guerres du XXe siècle ?

POUR ALLER PLUS LOIN

Références en +

Chapitre 4

Duel, de Renaud Farace, Casterman, 2017.

Une adaptation en BD de la nouvelle de Joseph Conrad. Ce duel entre deux hussards de la Grande Armée incarne la guerre telle que la conçoit Clausewitz.

Une histoire du terrorisme, de Michaël Prazan, Doc en stock, 2011.

Un film documentaire de 60 minutes disponible sur le site de l'INA et présentant l'histoire et les influences idéologiques du terrorisme.

Chapitre 5

1648, la paix de Westphalie, de Holger Preusse, 2018.

Un documentaire fiction qui met en scène les négociations de paix pour mettre fin à la guerre de Trente Ans.

Une saison à l'ONU, de Karim Lebhour et Aude Massot, Steinkis, 2018.

Une chronique sur le fonctionnement de l'ONU en bande dessinée.

Chapitre 6

Les Meilleurs ennemis. Une histoire des relations entre les États-Unis et le Moyen-Orient, David B. et J. P. Filiu, Futuropolis, 2011-2016.

Une bande dessinée réalisée par un historien qui éclaire le rôle des États-Unis dans les conflits régionaux.

Israël et les Arabes, de N. Percy et B. Lapping, 2005.

Un documentaire très complet sur l'histoire du conflit pour la Palestine.

BAC

Grand oral

Méthode générale p. 26

ÉTAPE 1 CHOISIR SA QUESTION

QUEL EST L'INTÉRÊT DE LA QUESTION ?

Existe-t-il aujourd'hui des guerres légitimes ?

- Actualité, enjeux, débats
  Points de vue p. 122
- Lien avec le programme, un choix d'orientation, une autre discipline de spécialité
  Révisions du thème 2 p. 173

D'autres exemples de questions liées à ce thème p. 173

Conseil

Réfléchissez à des questions au fil de l'année, au fur et à mesure de l'étude des chapitres en classe.

ÉTAPE 2 PRÉPARER SON INTERVENTION ORALE

SE DOCUMENTER

Liste de sources pour la spécialité HGGSP

- Variez vos sources de documentation, pour avoir des points de vue différents et comprendre des phénomènes complexes.

Ouvrages documentaires	Personnes ressources	Médias numériques et vidéos
Dictionnaires, encyclopédies Manuels scolaires Revues, journaux, magazines Ouvrages spécialisés Livres documentaires Atlas...	Documentaliste Professeurs Guide conférencier (musée, expos) Spécialistes, professionnels...	Internet Portail de recherche documentaire du CDI DVD...

- Évaluez la pertinence des informations recueillies au regard de la question.
- Vérifiez la fiabilité de leurs sources.

Ouvrages	Michael Walzer, *Guerres justes et injustes : Argumentation morale avec exemples historiques*, Gallimard, 2006
Publications et articles en ligne	« Existe-t-il des guerres justes ? », *Diplomatie* n° 38, 2009. Nader Barzin, « La notion de « guerre juste » à l'épreuve des exemples contemporains », *Topique*, 2008/1 (n° 102) https://doi.org/10.3917/top.102.0181 Ariel Colonomos, « Il faut faire évoluer le droit de la guerre », *Le Monde*, 16 juillet 2013 www.lemonde.fr/idees/article/2013/07/16/il-faut-faire-evoluer-le-droit-de-la-guerre_3448539_3232.html Site de la revue *Conflits* : www.revueconflits.com/
Podcasts	« Frappes en Syrie : responsabilité de protéger ou retour de la guerre juste ? », France Culture, 5 septembre 2013 (29 min). www.franceculture.fr/emissions/le-bien-commun-13-14/frappes-en-syrie-responsabilite-de-proteger-ou-retour-de-la-guerre

Conseil

Sélectionnez vos sources en fonction de leur fiabilité et de leur pertinence par rapport à votre sujet.

ORGANISER VOTRE RÉPONSE

EN INTRODUCTION

- Rappelez les termes de la question : cela vous permet de montrer au jury que vous êtes bien dans le sujet posé et que vous savez où vous allez.

Exemple : Le concept de « guerre légitime » est utilisé pour justifier une intervention militaire lorsque l'on s'estime dans son bon droit. « Légitime » signifie ce qui est juridiquement fondé, consacré par la loi ou reconnu conforme au droit.
Existe-t-il aujourd'hui des guerres légitimes ?

- Expliquez pourquoi vous avez choisi cette question.

Exemple : « Cette question est particulièrement intéressante car... ». Vous pouvez la relier à votre choix d'orientation, dire qu'elle vous a intéressé pendant l'année...

Astuce

Éveillez la curiosité du jury avec une phrase d'accroche bien choisie. Par exemple : « La guerre est la continuation de la politique par d'autres moyens » (Clausewitz).

ORGANISEZ VOTRE PLAN

- Déterminez votre plan en fonction de votre objectif : voulez-vous informer, expliquer ? Argumenter, convaincre ?
- Toute idée, tout argument, doit être illustré par un exemple ou un fait.
- Recherchez des arguments, des contre-arguments, des faits, des chiffres...
- Recherchez des exemples, des liens avec l'actualité.

Les différents types de plan

Exemple de plan
I **La guerre est une négation du droit** : une négation des droits de l'homme et des lois morales, dénoncée dans la Charte des Nations unies.
II **La guerre peut être légitimée et justifiée par la cause qu'elle soutient** : guerre sanction contre le terrorisme, responsabilité de protéger en cas d'agression (légitime défense), intervention humanitaire.
III **Le dilemme de la guerre acceptable** : la doctrine de la guerre juste (droit de la guerre) ; les lois de la guerre (droit international humanitaire) et la Convention de Genève.

Conseil
Organisez vos idées de façon à montrer la logique de votre raisonnement.

EN CONCLUSION

- Annoncez votre conclusion : signalez au jury qu'il va bientôt prendre la parole. Dites par exemple : « pour terminer... », « pour conclure... », « enfin... ».

Exemple de conclusion

ÉTAPE 3 PRÉPARER LE SUPPORT À REMETTRE AU JURY

Même s'il n'est ni obligatoire ni évalué, prenez le temps de remettre un support au jury. Il prouvera la qualité de votre préparation.

Exemples de support

- Préparez ce support manuscrit à l'avance. Reproduisez-le durant la préparation.
- Vous pouvez faire apparaître votre plan, les mots-clés, vos arguments, vos exemples, vos sources les plus originales, vos choix d'orientation.

Conseil
Dans la note que vous allez remettre au jury, évitez les fautes d'orthographe, elles feront mauvais effet !

ÉTAPE 4 PRÉSENTER LA RÉPONSE À LA QUESTION DEVANT LE JURY

Rendez-vous p. 28 pour des conseils détaillés sur cette étape importante.

- **Exercice :**
Entraînez-vous à prononcer des phrases comme « Douze douches douces » ; « Didon dîna dit-on d'un os du dos d'un dodu dindon » ; « Trois dragons gradés, trente-trois dragons gradés ».

Conseil
Apprenez par cœur les définitions de toutes les notions que vous utilisez.

ÉTAPE 5 PRÉPARER LA DISCUSSION AVEC LE JURY

- **Exercice :**
Un camarade jouant le rôle de jury vous questionne. Répondez en utilisant les expressions suivantes :
« pour répondre à votre question... » ; « je vais vous donner un exemple »...
- Dans cette étape, essayez de donner au jury des exemples de liens, de croisements, y compris avec des matières de tronc commun. L'un des membres du jury peut enseigner l'une d'entre elles et appréciera un lien avec sa discipline !

Exemples de liens pour cette question
- **Histoire Tle** : la seconde guerre mondiale (thème 1), la modification des grands équilibres économiques et politiques (thème 3), nouveaux rapports de puissance et enjeux mondiaux, les nouvelles formes de conflits (thème 4)
- **Humanités, littérature et philosophie** : l'humanité en question, « Histoire et violence »

ÉTAPE 6 ÉCHANGER SUR SON PROJET D'ORIENTATION

« En quoi la question que vous avez choisie éclaire vos choix d'orientation, voire votre projet professionnel ? »

- Entraînez-vous à exprimer vos choix d'orientation précisément.

Quelles études en lien avec cette question ?
Cette question intéressera les élèves qui veulent s'orienter vers des études de sciences politiques ou de philosophie.
- **Exemple de formation** : l'université de Paris I propose une double licence Philosophie-Science politique.

Thème 3

Histoire et mémoires

Les guerres ont douloureusement marqué l'histoire et les mémoires des peuples du XXe siècle. Ces mémoires ont parfois donné naissance à un antagonisme durable entre les vainqueurs et les vaincus. Elles ont souvent tardé à rendre aux victimes civiles des crimes de masse et des génocides la reconnaissance qui leur était due. La connaissance historique et la justice aident les sociétés et les États à faire le deuil de ces conflits : la première, en invitant à une relecture critique du passé, la seconde, en punissant les responsables des crimes contre l'humanité, désormais inscrits dans le droit international.

Le mémorial et cimetière de Srebrenica-Potočari, en Bosnie-Herzégovine

Ce mémorial est érigé à la mémoire des victimes du massacre de Srebrenica, au cours duquel des milliers de Bosniaques ont été exécutés par les milices serbes en juillet 1995.

SOMMAIRE

Découvrir La différence entre histoire et mémoire

La mémoire et l'histoire sont deux approches différentes du passé. La mémoire des événements historiques, notamment des plus tragiques, s'attache à en dégager des leçons pour le présent. L'histoire invite au contraire à prendre du recul par rapport au passé. La mémoire répond à un impératif de reconnaissance envers des héros ou des victimes, l'histoire à un impératif de connaissance et de vérité.

1 Les « abus de la mémoire »

Face aux appels répétés au « devoir de mémoire », Tzvetan Todorov met en garde contre les mauvais usages de la mémoire, qui conduisent à une instrumentalisation politique du passé.

Le recouvrement du passé[1] est indispensable ; cela ne veut pas dire que le passé doit régir le présent, c'est celui-ci, au contraire, qui fait du passé l'usage qu'il veut. Il y aurait une infinie cruauté à rappeler sans cesse à quelqu'un les événements les plus douloureux de son passé ; le droit à l'oubli existe aussi [...].

L'une des grandes justifications données par les Serbes à leur agression contre les autres peuples de l'ex-Yougoslavie provient de l'Histoire : les souffrances qu'ils infligent aujourd'hui ne seraient qu'une revanche sur celles qu'ils ont subies dans le passé, proche (la Seconde Guerre mondiale) ou lointain (les combats contre les Turcs musulmans). Si le passé doit régir le présent, qui, des juifs, chrétiens et musulmans, pourrait renoncer à ses prétentions territoriales sur Jérusalem ? [...]

Dans le monde moderne, le culte de la mémoire ne sert pas toujours les bonnes causes [...]. En 1881, c'est Paul Déroulède, fondateur de la Ligue des patriotes et militariste convaincu, qui s'écrie :

J'en sais qui croient que la haine s'apaise :
Mais non ! L'oubli n'entre pas dans nos cœurs,

pavant ainsi le chemin pour la boucherie de Verdun. Sans le savoir, il confirmait par ses propos une formule de Plutarque[2], selon laquelle la politique se définit comme ce qui enlève à la haine son caractère éternel – autrement dit, qui subordonne le passé au présent.

Tzvetan Todorov, *Les Abus de la mémoire*, Arléa Poche, 2015.

1. Action de se remémorer le passé.
2. Historien grec né vers 46 et mort vers 125.

Tzvetan Todorov (1939-2017), intellectuel français d'origine bulgare, a publié de nombreux ouvrages d'histoire et de critique littéraire.

→ **En quoi peut-il y avoir de mauvais usages de la mémoire ?**

VOCABULAIRE

Lois mémorielles : lois par lesquelles l'État établit un point de vue officiel sur certains événements historiques (voir Repères p. 182).

2 La mobilisation des historiens contre les lois mémorielles

Cet appel a été lancé par l'association « Liberté pour l'Histoire » lors des Rendez-vous de l'Histoire de Blois en 2008.

Inquiets des risques d'une moralisation rétrospective de l'histoire et d'une censure intellectuelle, nous en appelons à la mobilisation des historiens européens et à la sagesse des politiques.

L'histoire ne doit pas être l'esclave de l'actualité ni s'écrire sous la dictée de mémoires concurrentes. Dans un État libre, il n'appartient à aucune autorité politique de définir la vérité historique et de restreindre la liberté de l'historien sous la menace de sanctions pénales.

Aux historiens, nous demandons de rassembler leurs forces à l'intérieur de leur propre pays en y créant des structures similaires à la nôtre et, dans l'immédiat, de signer individuellement cet appel pour mettre un coup d'arrêt à la dérive des lois mémorielles.

Aux responsables politiques, nous demandons de prendre conscience que, s'il leur appartient d'entretenir la mémoire collective, ils ne doivent pas instituer, par la loi et pour le passé, des vérités d'État dont l'application judiciaire peut entraîner des conséquences graves pour le métier d'historien et la liberté intellectuelle en général.

En démocratie, la liberté pour l'histoire est la liberté de tous.

Pierre Nora, président de l'association « Liberté pour l'Histoire », 2008.

Pierre Nora (né en 1931) est un historien français. Fondateur de la revue *Le Débat*, il a popularisé la notion de « lieu de mémoire ».

→ **Pourquoi ce collectif d'historiens s'oppose-t-il aux lois mémorielles ?**

③ Les malentendus entre l'histoire et la mémoire

L'histoire englobe un horizon d'événements passés plus large que la mémoire dont la portée est plus réduite [...]. De plus l'histoire peut introduire des comparaisons qui tendent à relativiser l'unicité, le caractère incomparable des mémoires douloureuses. S'ajoute à cela la pluralité des perspectives que l'histoire ouvre sur des événements : économique, sociale, politique, culturelle. Enfin, cet effort de compréhension peut donner l'impression que l'on est empêché de juger, de condamner ; contrairement au juge ou au citoyen ordinaire, l'historien n'est même pas tenu de conclure ; son souci est de comprendre, d'expliquer, de discuter et de controverser. Toutes ces raisons font qu'il peut exister un malentendu tenace entre la connaissance historique et la mémoire [...].

Le devoir de mémoire est souvent une revendication faite par les victimes d'une histoire criminelle ; son ultime justification est cet appel à la justice que l'on doit aux victimes.

C'est là que l'incompréhension entre les avocats de la mémoire et les partisans du savoir historique est à son comble [...] : d'un côté le champ assez bref de la mémoire face au vaste horizon de la connaissance historique ; de l'autre la persistance des blessures faites par l'histoire ; d'un côté l'usage de la comparaison en histoire, de l'autre l'affirmation d'unicité des souffrances endurées par une communauté particulière ou tout un peuple ; pour les historiens, on ne peut conclure à la dimension incomparable d'un événement qu'après avoir évalué les ressemblances et les différences [...].

Mais le dernier mot doit rester au concept moral de devoir de mémoire, qui s'adresse, comme on l'a dit, à la notion de justice due aux victimes.

Paul Ricœur, « Mémoire, Histoire, Oubli », *Esprit*, mars-avril 2006.

Paul Ricœur (1913-2005) est un philosophe français, notamment connu pour sa réflexion sur l'histoire et la mémoire.

→ **En quoi l'appel au devoir de mémoire peut-il se heurter aux exigences de la connaissance historique ?**

④ Un devoir de mémoire envers les victimes

Commémoration des victimes de la grande famine ukrainienne de 1932-1933 devant le mémorial de l'Holodomor (« Grande famine ») en présence du président ukrainien Petro Poroshenko, 25 novembre 2017.

→ **Pourquoi les Ukrainiens accordent-ils aujourd'hui une telle importance à la commémoration de l'Holodomor ?**

REPÈRE

La Grande famine ukrainienne (« Holodomor »)
Conséquence des réquisitions ordonnées par Staline lors de la collectivisation des campagnes en URSS, la famine a fait au moins 3 millions de morts en Ukraine en 1932-1933. Dans un contexte marqué aujourd'hui par de fortes tensions avec la Russie, l'Ukraine demande que ce crime contre l'humanité soit reconnu comme un génocide, déclenché par le pouvoir soviétique afin d'éradiquer le nationalisme ukrainien.

FAIRE LE POINT

Comparez les documents : en quoi la mémoire et l'histoire constituent-elles deux approches différentes du passé ?

Découvrir

Les notions de crime contre l'humanité et de génocide et le contexte de leur élaboration

Le premier procès pour crime contre l'humanité a lieu en 1945 à Nuremberg, où sont jugés de hauts responsables nazis. Proposée peu avant par Raphael Lemkin, la qualification de génocide est alors écartée, car ses fondements juridiques paraissent encore incertains. Ce procès est l'acte de naissance d'une justice pénale internationale, qui inclut aujourd'hui le génocide parmi les crimes contre l'humanité.

1 La naissance d'une justice pénale internationale

Installé par les Alliés à Nuremberg, le Tribunal militaire international juge 21 hauts responsables du régime nazi du 20 novembre 1945 au 1er octobre 1946. Quatre chefs d'inculpation sont retenus : crimes contre la paix, plan concerté ou complot en vue d'une guerre d'agression, crimes de guerre et crimes contre l'humanité.

→ **Quelle est la portée historique du procès de Nuremberg ?**

2 L'extension de la définition juridique du crime contre l'humanité

Statut de Rome de la Cour pénale internationale, article 7 (1998)

Aux fins du présent Statut, on entend par « crime contre l'humanité » l'un quelconque des actes ci-après lorsqu'il est commis dans le cadre d'une attaque généralisée ou systématique lancée contre toute population civile et en connaissance de cette attaque :

a) meurtre ;
b) extermination ;
c) réduction en esclavage ;
d) déportation ou transfert forcé de population ;
e) emprisonnement ou autre forme de privation grave de liberté physique en violation des dispositions fondamentales du droit international ;
f) torture ;
g) viol, esclavage sexuel, prostitution forcée, grossesse forcée, stérilisation forcée ou toute autre forme de violence sexuelle de gravité comparable ;
h) persécution de tout groupe ou de toute collectivité identifiable pour des motifs d'ordre politique, racial, national, ethnique, culturel, religieux ou sexiste [...] ;
i) disparitions forcées de personnes ;
j) crime d'apartheid ;
k) autres actes inhumains de caractère analogue causant intentionnellement de grandes souffrances ou des atteintes graves à l'intégrité physique ou à la santé physique ou mentale.

REPÈRE

Le crime contre l'humanité selon la charte du tribunal de Nuremberg (1945)

« L'assassinat, l'extermination, la réduction en esclavage, la déportation, et tout autre acte inhumain commis contre toutes populations civiles, avant ou pendant la guerre, ou bien les persécutions pour des motifs politiques, raciaux ou religieux, lorsque ces actes ou persécutions, qu'ils aient constitué ou non une violation du droit interne du pays où ils ont été perpétrés, ont été commis à la suite de tout crime rentrant dans la compétence du Tribunal, ou en liaison avec ce crime. »

→ **Analysez et expliquez les différences entre la définition du crime contre l'humanité établie en 1945 et celle du Statut de Rome de 1998.**

La justice pénale internationale

- **1945-1946** : Tribunal militaire international de Nuremberg
- **1946** : Tribunal militaire international pour l'Extrême-Orient (procès de Tokyo)
- **1948** : Convention de l'ONU pour la prévention et la répression du crime de génocide
- **1968** : Convention de l'ONU sur l'imprescriptibilité des crimes contre l'humanité
- **1993** : Tribunal pénal international pour l'ex-Yougoslavie (TPIY)
- **1994** : Tribunal pénal international pour le Rwanda (TPIR)
- **1998** : Création de la Cour pénale internationale (CPI), entrée en vigueur en 2002

VOCABULAIRE

Crimes de guerre : mauvais traitements (assassinat, viol, déportation, pillage, destruction) infligés aux civils ou aux prisonniers de guerre, alors que les exigences militaires ne le justifient pas (définition par les conventions de Genève de 1864, 1906 et 1929).

Imprescriptibilité : voir p. 202

3 L'invention du concept de génocide

Juriste d'origine juive polonaise, émigré aux États-Unis en 1941, Raphael Lemkin forge dès 1944 le terme « génocide » pour qualifier les crimes dont les nazis devront répondre selon lui après la guerre.

De nouvelles conceptions supposent l'adoption de nouveaux termes. Par « génocide », nous entendons la destruction d'une nation ou d'un groupe ethnique. Ce nouveau mot, forgé par l'auteur pour signifier une vieille pratique dans son évolution moderne, est composé du mot grec *genos* (race, tribu), et du mot latin *cide* (tuer), s'apparentant ainsi par sa formation à des mots comme tyrannicide, homicide, infanticide, etc. En règle générale, le génocide ne signifie pas nécessairement la destruction immédiate d'une nation, sauf lorsqu'il est réalisé par des meurtres en masse de tous les membres d'une nation. Il entend plutôt signifier un plan coordonné de différentes actions visant à la destruction de fondements essentiels de la vie de groupes nationaux, dans le but d'exterminer les groupes eux-mêmes. Un tel plan aurait pour objectifs la désintégration des institutions politiques et sociales, de la culture, de la langue, des sentiments nationaux, de la religion et de la vie économique de groupes nationaux, ainsi que la suppression de la sécurité personnelle, de la liberté, de la santé, de la dignité, voire de la vie des personnes appartenant à ces groupes. Le génocide vise le groupe national en tant qu'entité, et les actions en question sont dirigées contre des individus, non pas ès qualité, mais en tant que membre du groupe national.

Raphael Lemkin, *Axis Rule in Occupied Europe (« La Domination de l'Axe dans l'Europe occupée »)*, 1944, Mémorial de la Shoah.

→ **Quels sont les critères qui, selon Raphael Lemkin, permettent de caractériser un génocide ?**

4 Qu'est-ce qu'un crime contre l'humanité ?

Ancien résistant et journaliste, André Frossard (1915-1995) a comparu comme témoin au procès de Klaus Barbie en 1987. Contre ceux qui veulent alors que Barbie soit aussi jugé pour l'exécution de résistants, il rappelle la spécificité du crime contre l'humanité.

Le sort du juif différait de celui de tous les autres. L'opposant pouvait cesser de s'opposer. Le juif ne pouvait cesser d'être juif. Dans les temps anciens, le chrétien chancelant pouvait se soustraire au martyre en apostasiant[1]. [...] Hier, le résistant prisonnier pouvait éviter le pire en trahissant. Cela s'est vu. On a vu des héros pris de faiblesse devant la torture, ou, sous la menace du peloton, se mettre au service de l'ennemi et livrer leurs camarades pour sauver leur propre vie, ou celle d'un être cher.

Autrefois le juif lui-même, en Espagne ou ailleurs, pouvait esquiver la persécution en se convertissant. Ce n'était glorieux, ni pour lui, ni pour ceux qui lui arrachaient cette capitulation au nom d'une religion d'amour. Sous Hitler, nulle échappatoire. Le juif n'avait même pas la permission de se renier. Cette misérable ressource de l'âme défaillante lui était refusée. Son tort étant d'exister, son sort était sans issue. La seule pièce de son dossier était son acte de naissance. Il n'y avait pas d'autre charge retenue contre lui, et il ne pouvait se disculper qu'en mourant. Le crime contre l'humanité, c'est tuer quelqu'un sous prétexte qu'il est né.

André Frossard, *Le Crime contre l'humanité*, DR, 1987.

1. En reniant sa religion.

→ **En quoi consiste, selon André Frossard, la spécificité du crime contre l'humanité ?**

FAIRE LE POINT

Comparez les documents : sur quels fondements la notion de crime contre l'humanité a-t-elle été établie ?

Repères Histoire et mémoire, histoire et justice

1 Histoire et mémoire

- La mémoire abolit la distance entre le passé et le présent. Elle cherche à susciter l'émotion par des récits, des témoignages ou des commémorations. La mémoire est toujours sélective : elle répond souvent à une exigence de justice envers certains groupes de victimes.

- L'histoire est une science humaine qui impose une distance critique par rapport au passé. Elle s'appuie sur la confrontation de sources de provenances diverses, qui permettent de replacer les faits historiques dans leur contexte. L'historien se place sur le terrain de la connaissance, non sur celui de la morale ou de la justice. La mémoire d'un événement constitue en elle-même un objet d'histoire. Inversement, le regard qu'une société porte sur son passé amène souvent les historiens à renouveler leurs investigations sur certaines périodes historiques.

Inauguration du mémorial ACTe (Centre caribéen d'expressions et de mémoire de la Traite et de l'Esclavage) à Pointe-à-Pitre (Guadeloupe) par le président François Hollande en 2015.

2 Devoir de mémoire et lois mémorielles

- Apparue dans les années 1980, la notion de devoir de mémoire désigne l'obligation morale, pour un groupe ou un individu, de se souvenir d'événements du passé afin d'en tirer des leçons pour le présent.

- Au nom du devoir de mémoire, le Parlement français a adopté plusieurs lois dites mémorielles. À l'exception de la loi Gayssot de 1990 tendant à réprimer tout acte raciste, antisémite ou xénophobe, ces lois entendent répondre à une demande de reconnaissance de la part d'associations de victimes ou de leurs descendants : loi de 2001 relative à la reconnaissance du génocide arménien, loi Taubira de 2001 tendant à la reconnaissance de la traite et de l'esclavage en tant que crime contre l'humanité et loi de 2005 portant reconnaissance de la Nation en faveur des rapatriés d'Afrique du Nord.

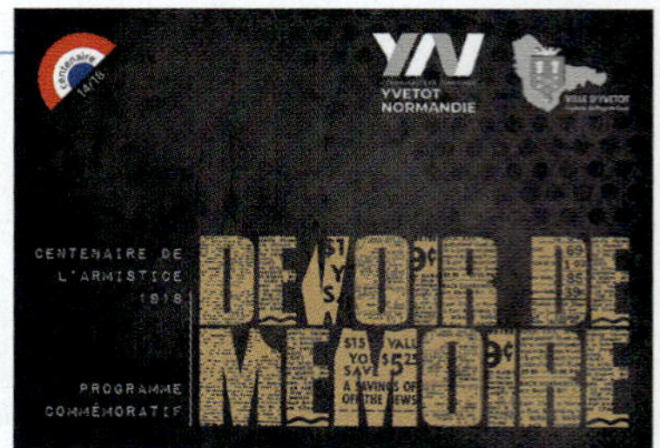

Affiche du programme des commémorations du centenaire de l'armistice de 1918 organisées dans la région d'Yvetot en Normandie.

3 Le crime contre l'humanité

- En application des accords de Londres conclus par les Alliés le 8 août 1945, le crime contre l'humanité constitue l'un des chefs d'accusation entrant dans la compétence du Tribunal militaire international de Nuremberg. Le crime contre l'humanité est alors étroitement circonscrit afin de juger des seules exactions commises par l'Allemagne nazie à l'encontre des populations civiles européennes durant la guerre.

- Sa définition a été élargie depuis lors de l'élaboration du Statut de Rome, qui fonde la Cour pénale internationale en 1998. Contrairement aux crimes de guerre, les crimes contre l'humanité sont imprescriptibles.

Le siège de la Cour pénale internationale (CPI) à La Haye (Pays-Bas).

4 Le génocide

- Le génocide constitue un cas particulier de crime contre l'humanité. Il suppose que soit prouvée l'intention préalable d'exterminer un groupe humain en tout ou en partie.

- Ce n'est qu'en 1948 que l'ONU adopte une Convention pour la prévention et la répression du crime de génocide, aujourd'hui ratifiée par plus d'une centaine d'États. En France, le Code pénal définit le génocide comme l'exécution « d'un plan concerté tendant à la destruction totale ou partielle d'un groupe national, ethnique, racial ou religieux, ou d'un groupe déterminé à partir de tout autre critère arbitraire ».

Le mémorial du génocide des Tutsi du Rwanda (survenu entre avril et juillet 1994), situé à Kigali.

QCM

1 Parmi ces différents chefs d'accusation, quel est celui qui n'a pas été retenu lors du procès de Nuremberg ?
- A Crime contre la paix
- B Génocide
- C Crime contre l'humanité
- D Crime de guerre

2 Quelle est aujourd'hui la juridiction internationale chargée d'instruire des procès pour crimes contre l'humanité ?
- A L'Assemblée générale des Nations unies
- B La Cour européenne de justice
- C Le Tribunal militaire international
- D La Cour pénale internationale

3 Quel est le critère permettant de distinguer crime contre l'humanité et génocide ?
- A L'existence d'un plan concerté
- B Le nombre des victimes
- C Des motifs politiques
- D Des critères de race ou de religion

4 Qui a inventé le concept de génocide ?
- A Le Premier ministre britannique Winston Churchill
- B Le juriste Raphael Lemkin
- C Le président américain Franklin D. Roosevelt
- D Le juriste Hersch Lauterpacht

5 Parmi les propositions suivantes, laquelle permet-elle de faire la différence entre la mémoire et l'histoire ?
- A L'histoire ne prend pas on compte le récit des témoins.
- B L'histoire se désintéresse de la mémoire des événements.
- C La mémoire s'efforce de dégager du passé des enseignements moraux pour le présent.
- D Les historiens sont toujours neutres lorsqu'ils étudient un conflit ou un génocide.

Entrer dans le thème

Chapitre 7 Histoire et mémoires des conflits p. 184

Les conflits et leur histoire s'inscrivent dans la mémoire des populations. Les historiens sont partie prenante des interprétations qui en ont été proposées, comme en témoignent le débat sur les causes de la Première Guerre mondiale ou les controverses suscitées par la guerre d'Algérie.

▸ Comment l'histoire et les mémoires des conflits s'articulent-elles ?

Chapitre 8 Histoire, mémoire et justice p. 200

En 1945, les notions de crimes contre l'humanité et de génocide ont été inscrites dans le droit international. Le jugement de ces crimes a donné naissance à de nouvelles juridictions locales (tribunaux *gacaca* au Rwanda) ou internationales (Tribunal pénal international pour l'ex-Yougoslavie).

▸ Comment la justice peut-elle aider les sociétés et les États à se reconstruire après des conflits majeurs ?

Chapitre 9 L'histoire et les mémoires du génocide des juifs et des Tsiganes p. 216

Relégués à l'arrière-plan jusqu'aux années 1950, les génocides des juifs et des Tsiganes occupent de nos jours une place centrale dans la mémoire collective de la Seconde Guerre mondiale. Dans toutes les sociétés occidentales, ils font l'objet d'un devoir universel de mémoire, qui s'attache à dénoncer les atteintes aux droits de l'Homme et à la tolérance dans le monde actuel.

▸ Comment les mémoires du génocide des juifs et des Tsiganes se sont-elles transmises d'une génération à l'autre depuis 1945 ?

Chapitre 7

Histoire et mémoires des conflits

Le passé laisse des traces susceptibles d'unir ou de diviser les populations. Pour des périodes aussi sombres que les guerres, les mémoires peuvent être douloureuses, occultées, passionnées, partielles ou officialisées. Dans tous les cas, elles sont un discours et une représentation subjective du passé qui donnent du sens au présent. Inévitablement, ces mémoires sont alors en tension avec le travail de l'historien qui doit mettre à distance la mémoire sans toutefois la rejeter.

Comment l'histoire et les mémoires des conflits s'articulent-elles ?

Textes DYS
TOUS LES TEXTES EN VERSION DYS
lyceen.nathan.fr/geopolitiqueterm

SOMMAIRE

Un monument commémoratif de la Première Guerre mondiale

Installée en 1998 pour le 80e anniversaire de l'armistice du 11 novembre 1918, cette sculpture représente 23 têtes et des corps enchevêtrés et symbolise le retour à la lumière des soldats oubliés. Elle rend hommage aux millions de morts de la Première Guerre mondiale.

Haïm Kern, « Ils n'ont pas choisi leur sépulture », sculpture en bronze, musée de la Caverne du Dragon (Chemin des Dames), 2017, 4 mètres.

Cours

Histoire et mémoires de la Première Guerre mondiale

JALON p. 190-191

Podcast Cours à écouter

Comment étudier et se souvenir de la Première Guerre mondiale ?

I Enjeux politiques de l'histoire et des mémoires de la guerre

A Les causes de la guerre, un débat historique

- **Qui est responsable de la guerre ?** En 1919, l'Allemagne est déclarée responsable par le traité de Versailles, ce qui lui vaut des pénalités financières. Dans l'entre-deux-guerres, la publication progressive d'archives permet à la recherche historique de progresser. Dès les années 1930, l'historien français Pierre Renouvin reconnaît que l'on ne peut parler d'une « responsabilité unilatérale ». Le débat rebondit avec la parution, en 1961, du livre de l'historien allemand Fritz Fischer *Les Buts de guerre de l'Allemagne impériale* ; il y affirme la responsabilité du Reich et met en cause le **militarisme** allemand. En 2013, dans *Les Somnambules,* l'historien australien Christopher Clark relativise au contraire cette thèse et insiste sur une responsabilité collective.

- **Derrière la question des causes se trouve celle du lien entre Première et Seconde Guerre mondiale.** Pour Fischer, la guerre de 1914-1918 serait le fruit d'une volonté des élites politiques, militaires et industrielles allemandes. Ainsi, faire porter la responsabilité sur l'Allemagne, c'est mettre en évidence la permanence du militarisme des années 1900 aux années 1940.

Jalon p. 190-191

B Des enjeux diplomatiques actuels

- **La mémoire de la Première Guerre mondiale pèse encore aujourd'hui sur la diplomatie.** La reconnaissance du **génocide des Arméniens** conditionne ainsi les relations diplomatiques avec la Turquie qui continue de le nier. Reconnu par la France depuis la **loi mémorielle** du 29 janvier 2001, il l'est désormais par une trentaine d'États, dont les États-Unis depuis le 29 octobre 2019, ce qui isole diplomatiquement la Turquie.

- **La mémoire de la guerre est l'occasion de rappeler les vertus de la paix.** Le 11 novembre 2018 est organisé à Paris un Forum mondial de la paix où sont affirmés les principes de la paix mondiale ainsi que celui du **multilatéralisme**, et l'importance de la coopération internationale.

II Le travail des historiens sur la Grande Guerre

A De nouveaux objets de recherche

- **Depuis les années 1980, l'histoire culturelle a permis de renouveler les approches.** Longtemps, l'histoire a été dominée par les questions diplomatiques, militaires ou économiques. Désormais, les violences de guerre, les conditions de vie des soldats mais aussi les relations entre le front et l'arrière ont fait l'objet de travaux. La notion de « **culture de guerre** » est définie pour comprendre comment les populations ont tenu durant les quatre années du conflit.

- **De nouveaux champs de la recherche ont été ouverts. L'histoire du genre** a permis d'interroger les relations entre hommes et femmes lors des conflits. La construction de la virilité ou le viol comme pratique de guerre sont mieux

REPÈRE

Le génocide des Arméniens
En 1915, en pleine guerre, l'Empire ottoman, allié des Allemands, décide d'exterminer la minorité chrétienne arménienne qu'ils accusent de collaborer avec l'ennemi. Entre 1,2 et 1,5 million d'Arméniens de la région sont déportés et assassinés. La Turquie ne reconnaît toujours pas ce génocide.

VOCABULAIRE

Culture de guerre : expression forgée par des historiens pour désigner l'imaginaire et les pratiques des populations, aussi bien au front qu'à l'arrière, en situation de guerre.

Histoire du genre : branche de l'histoire qui vise à comprendre la construction du masculin et du féminin et leurs rapports.

Loi mémorielle : loi qui statue sur le passé en officialisant la qualification d'un fait historique et son importance dans la mémoire nationale (voir p. 182).

Militarisme : idéologie qui accorde à l'armée un grand rôle et un grand prestige même en temps de paix. Il favorise l'essor du nationalisme.

Multilatéralisme : mode d'organisation des relations entre États fondé sur la coopération pour instaurer des règles communes.

étudiés. L'histoire des enfants et des adolescents, à l'arrière comme au front (certains partaient très jeunes), est enfin en plein développement.

B Des controverses entre historiens

- **La Première Guerre mondiale demeure un champ très actif de débats.** Par exemple, pour l'historien américain George L. Mosse, en banalisant la destruction de masse, elle aurait « brutalisé » les sociétés européennes, en les accoutumant aux violences physiques et psychologiques de la guerre. Cette notion de « brutalisation » permettrait de comprendre le maintien des formes de violences dans l'après-guerre (putsch, assassinats, combats de rue), voire l'arrivée au pouvoir des nazis. Cette analyse a été contestée car, dans plusieurs autres pays, les années 1920 voient plutôt le pacifisme se développer.

- **La controverse soulève des questions méthodologiques.** Le principal reproche adressé à la notion de culture de guerre est sa globalité. Elle postule que l'historien peut avoir accès aux consciences de l'individu par l'observation de ses actions. C'est oublier que les comportements sont socialement conditionnés. Par exemple, le fait de rejoindre son régiment en chantant *La Marseillaise* ne nous dit rien de la conviction profonde du soldat, il chante peut être aussi parce que tout le monde le fait et qu'il veut tenir son rang.

Ossuaire et cimetière de Douaumont
Situé sur le champ de bataille de Verdun, l'ossuaire regroupe les ossements de plusieurs dizaines de milliers de soldats. Dans le cimetière reposent les corps de 15 000 soldats.

III Une mémoire réveillée par le centenaire (2014-2018)

A Le succès des commémorations

- **Dès 2012 est lancée en France la mission du centenaire 14-18.** Rassemblant des historiennes et des historiens de tous horizons, elle a pour objectif de rendre visibles l'histoire et les mémoires de la Première Guerre mondiale à toutes les échelles, du local à l'international. Elle initie des projets scientifiques, artistiques, commémoratifs et pédagogiques. Le travail est considérable pendant six ans.

- **Les commémorations tentent d'embrasser l'ensemble des dimensions de la guerre.** En France, une « grande collecte » est organisée avec succès pour inciter les gens à venir déposer leurs archives privées. La commémoration s'étend à l'ensemble des territoires touchés : la mémoire de batailles moins célèbres que celle de Verdun est valorisée.

B Vers une histoire et des mémoires mondiales de la guerre ?

- **Le centenaire permet de mieux percevoir le caractère mondial de la guerre.** Longtemps, la guerre était restée une affaire surtout européenne (bilan humain et matériel, champs de bataille). À l'occasion du centenaire, de l'Inde à l'Australie, en passant par la Nouvelle-Zélande, le Canada et même l'Amérique latine, le souvenir de la Grande Guerre est commémoré partout.

- **La place des colonies est réaffirmée.** La contribution des colonies britanniques et françaises, en soldats ou en travailleurs, est désormais bien étudiée. À Verdun, en 2016, un Chemin de mémoire en hommage aux troupes d'outre-mer a été inauguré.

FICHES DE LECTURE

Manon Pignot, « Génération Grande Guerre : expériences enfantines du premier conflit mondial », *Le Télémaque*, 2012/2, n° 42 [en ligne]. Dans cet article, l'historienne interroge la place accordée aux enfants pendant la guerre.
www.cairn.info/revue-le-telemaque-2012-2-page-75.htm

Antoine Prost, Jay Winter, *Penser la Grande Guerre. Un essai d'historiographie*, « Points Histoire », Seuil, 2004. Le chapitre 3 revient sur les débats autour des causes de la guerre.

RESSOURCES

Le site de la Mission du centenaire, en particulier les rubriques sur le traité de Versailles, les monuments aux morts, la Grande Guerre en dates et les sites du tourisme de mémoire.
www.centenaire.org/fr

Les archives Gallica consacrées à la Première Guerre mondiale, en particulier la presse de l'époque et les chansons et musiques.
gallica.bnf.fr/html/und/histoire/premiere-guerre-mondiale?mode=desktop

Le musée de la Grande Guerre à Meaux et son site Internet. Un site très riche pour l'un des musées majeurs sur la Grande Guerre.
www.museedelagrandeguerre.eu/fr/visiter-le-musee/le-musee-de-la-grande-guerre-a-meaux-le-plus-grand-deurope-sur-14-18.html

André Loez, « *Les Somnambules*, une recherche orientée, mais exemplaire dans son genre », 26 sept. 2013. L'historien André Loez commente l'ouvrage de Christopher Clark.
www.lemonde.fr/livres/article/2013/09/26/14-avant-14_3485283_3260.html

Ressources complémentaires

Cours Histoire et mémoires des conflits de décolonisation

JALON p. 192-193
POINTS DE VUE p. 194-195

Podcast Cours à écouter

Pourquoi est-il difficile d'aboutir à une histoire et des mémoires communes des décolonisations ?

I Histoire et mémoires du point de vue des métropoles

A Accepter la perte des territoires

- **Pendant plus d'un siècle, les métropoles ont fondé leur prestige sur leurs possessions coloniales.** Lors des décolonisations, il est donc difficile pour les gouvernements comme pour les opinions publiques d'accepter un recul qui est souvent vu comme un déclin.

- **Les décolonisations sont donc le plus souvent accompagnées de violences.** Toutes n'ont pas été des guerres, mais même en Inde, colonie britannique, le mouvement indépendantiste pacifiste a dû affronter une répression sévère dans la première moitié du XXe siècle.

- **L'indépendance de l'Algérie reste la perte la plus difficile pour la France.** Colonie de peuplement, les Français y sont présents depuis 1830 et ont développé un fort sentiment d'appartenance locale. En 1962, l'immense majorité d'entre eux est forcée de quitter le territoire, ce qui est vécu comme une expatriation forcée.

B La difficile articulation entre histoire et mémoires

- **L'histoire des décolonisations a commencé à s'écrire rapidement.** En Afrique du Nord, l'historien français Charles-André Julien commence par exemple à le faire pendant la décolonisation elle-même. Pourtant, on note à cette époque l'absence d'une mémoire officielle.

- **Un réveil de la mémoire s'observe dans les années 1980-1990.** La marche pour l'égalité et contre le racisme organisée en 1983 réunit 100 000 personnes. En 1991, des fils de **harkis** se révoltent, autant pour souligner la dureté de leurs conditions de vie que pour obtenir une reconnaissance de l'histoire de leurs pères. L'enseignement de la guerre entre dans les programmes scolaires en 1983.

- **Des historiens et historiennes plus nombreux abordent cette question.** Ils travaillent sur des points sensibles comme la justice pendant la guerre (Sylvie Thénault) ou la torture (Raphaëlle Branche). Mais leur travail n'est pas toujours pris en compte. Le 23 février 2005, une **loi mémorielle** en France insiste sur les aspects positifs de la colonisation ; elle provoque un vif débat dans la société.

Jalon p. 192-193, **Histoire Tle** La guerre d'Algérie et ses mémoires (thème 2)

II Histoire et mémoires du point de vue des anciens colonisés

A Célébrer et commémorer la victoire

- **Dans les anciennes colonies, l'accès à l'indépendance est objet de fierté.** Les guerres qui y conduisent sont considérées comme des guerres de libération. En Algérie, l'insurrection du 1er novembre 1954 entre dans le préambule de la Constitution comme un acte révolutionnaire.

Jalon p. 192-193

- **La décolonisation est présentée comme un soulèvement populaire unanime.** En Algérie, le mythe du peuple uni face aux Français permet d'effacer les divisions

VOCABULAIRE

Front de libération nationale (FLN) : parti indépendantiste algérien à l'origine de l'insurrection du 1er novembre 1954. Ses membres sont partisans de l'utilisation des armes pour l'accès à l'indépendance.

Harkis : Algériens musulmans servant comme auxiliaires dans l'armée française contre le FLN. Beaucoup sont massacrés à la fin de la guerre en Algérie.

Histoire officielle : écriture de l'histoire sous l'impulsion d'un État qui exerce une censure sur la recherche historique et privilégie une version de l'histoire susceptible de lui fournir une légitimité.

Loi mémorielle : voir p. 186

Mouvement national algérien (MNA) : parti politique indépendantiste fondé par Messali Hadj. Pendant la guerre, il s'oppose aux violences du FLN et entre en conflit ouvert avec lui. Il est violemment réprimé et perd son influence. Son rôle dans l'indépendance algérienne disparaît de l'histoire officielle.

Rapatriés : nom attribué à partir de 1962 aux Européens d'Algérie qui étaient environ un million au moment de l'indépendance. La plupart d'entre eux se sont réfugiés en France.

internes au mouvement national. Une **histoire officielle** s'écrit qui occulte par exemple le rôle de Messali Hadj et du **MNA** au profit du seul **FLN**.

- **L'État diffuse alors une mémoire qui héroïse les grands hommes, issus le plus souvent des élites locales.** Les leaders sont célébrés, tels Hô Chi Minh au Vietnam, Bourguiba en Tunisie, ou Gandhi en Inde.

B Écrire l'histoire du point de vue des colonisés

- **L'histoire des colonisés a longtemps été difficile à écrire.** Les indigènes, souvent illettrés, ont laissé peu d'archives écrites. La plupart des sources étaient celles de l'ancien colonisateur ou des élites locales.

- **Une nouvelle démarche historique naît dans le monde indien, autour du groupe d'historiens dit des « *Subaltern Studies* ».** Dans les années 1980-1990, ce collectif s'oppose à l'histoire héroïque des élites indiennes comme à l'histoire coloniale dite traditionnelle. Il s'intéresse aux formes de contestation et de résistances des « masses » indiennes à qui il veut redonner une voix.

III Vers une histoire et des mémoires communes et apaisées des décolonisations ?

A Le difficile consensus des mémoires

- **En France, les mémoires sont encore douloureuses.** Les harkis par exemple ont été rejetés par l'Algérie lors de l'indépendance, qualifiés de traîtres. Accueillis en France dans des conditions très précaires, ils y ont aussi fait l'objet de discriminations. Quant aux **rapatriés**, ils peinent à faire reconnaître historiquement le traumatisme de leur déracinement.

- **La mémoire des violences coloniales est encore très vive.** Si le 8 mai 1945 est par exemple en France célébré comme le jour de la capitulation allemande, en Algérie, il correspond à une immense répression. Le massacre du 17 octobre 1961 à Paris, qualifié de « crime d'État » en Algérie, est quant à lui aujourd'hui reconnu en France mais sans que soient mentionnés explicitement les responsables.

Points de vue p. 194-195

- **Les pays européens sont confrontés à des demandes de réparation.** En 2013, des Kenyans obtiennent du Royaume-Uni des excuses et des réparations pour les tortures subies dans les années 1950. En 2005, l'Algérie avait exigé des excuses de la part de la France pour le « génocide » de la colonisation.

B Écrire une histoire commune ?

- **L'écriture d'une histoire commune est difficile.** Elle appelle une coopération entre universités et gouvernements pour les archives. En Algérie, si des voix se font entendre contre la mainmise de l'État sur l'histoire officielle, les archives de la guerre d'indépendance ne sont pas toujours facilement accessibles. Certains sujets restent tabous, comme celui des harkis.

- **Depuis quelques années, des historiens tentent de poser les bases d'un dialogue.** Mais cette écriture n'est possible qu'à la condition que le travail des historiens soit indépendant des pressions des États et des groupes mémoriels, aussi bien dans les anciennes colonies que dans les anciennes métropoles.

Jalon p. 192-193

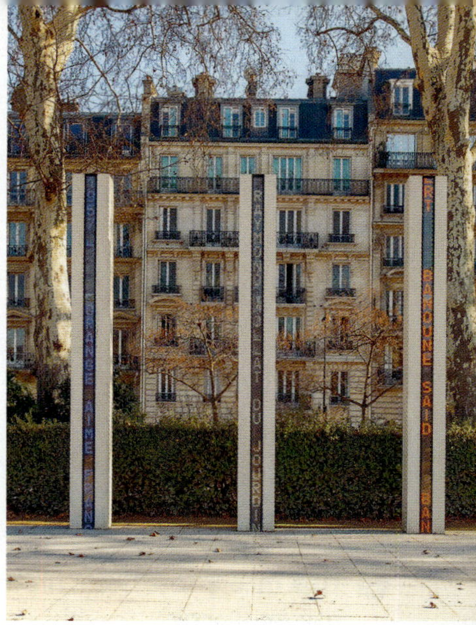

Mémorial national de la guerre d'Algérie et des combats du Maroc et de la Tunisie. Inauguré à Paris le 5 décembre 2002 par le président Jacques Chirac. Sur les colonnes, défilent le nom des morts (soldats et civils français).

FICHES DE LECTURE

Sylvie Thénault, *Algérie, des « "événements" à la guerre », idées reçues sur la guerre d'indépendance algérienne,* Le Cavalier bleu, 2012, 192 p. Chapitre « La guerre d'Algérie est au cœur des mémoires » sur les enjeux de mémoires de la guerre d'Algérie en France et en Algérie.

Emmanuel Blanchard, « Le 17 octobre 1961 à Paris : une démonstration algérienne, un massacre colonial », Musée de l'histoire de l'immigration, 13 février 2015 [en ligne]. Un politiste décrypte les événements du 17 octobre en montrant qu'il s'agit d'un massacre de nature coloniale.
www.histoire-immigration.fr/dossiers-thematiques/integration-et-xenophobie/le-17-octobre-1961-paris-une-demonstration-algerienne

RESSOURCES

Le site de la Société française d'histoire des Outre-Mers.
www.sfhom.com/

« Mémoires de colonisations », *La Fabrique de l'histoire*, France Culture, 23 mars 2017, 4 épisodes de 53' sur la mémoire et l'imaginaire historique des colonisations.
www.franceculture.fr/emissions/la-fabrique-de-lhistoire/memoires-des-colonisations-44-les-memoires-coloniales-et

***Décolonisations*, de Karim Miské, Marc Ball et Pierre Singaravélou,** Arte, 2019 (3 x 52'). Une série documentaire qui revient sur l'histoire des décolonisations en tentant de restituer le point de vue des masses colonisées.

Ressources complémentaires

Jalon

Un débat historique : les causes de la Première Guerre mondiale

COURS p. 186-187

Quelles sont les causes de la guerre ? L'Allemagne en est-elle la seule responsable ? C'est ce qu'affirme, en 1919, l'article 231 du traité de Versailles qui l'oblige en conséquence à payer aux vainqueurs de lourdes réparations. Cette question anime les débats entre historiens et dans l'espace public depuis l'entre-deux-guerres, constituant un enjeu mémoriel et historique important à l'échelle européenne.

Pourquoi les causes de la Première Guerre mondiale sont-elles une question mémorielle et politique ?

1 Des interprétations historiques qui évoluent

Le regard d'un historien

En désignant officiellement l'Allemagne comme « l'agresseur », l'article 231 du traité de Versailles, en 1919, semble fixer pour la postérité la responsabilité du déclenchement de la guerre [...]. En France, l'ouvrage majeur a été celui de Pierre Renouvin : sur le déroulement et l'enchaînement exact des faits au cours de l'été 1914, on n'a guère fait mieux depuis. Pourtant, Renouvin n'a jamais été traduit en allemand ! Certes, son ouvrage conforte la thèse de la responsabilité allemande : l'Allemagne déclare la guerre parce que le plan Schlieffen[1] nécessite de déclencher les hostilités avant que la mobilisation russe ne soit achevée. [...]

Ce n'est que dans les années 1930 que d'autres historiens « sérieux » commencent à s'emparer de la question. [...] Dès 1932, Pierre Renouvin lui-même a signé un article fameux dans la *Revue historique*, dans lequel il admet qu'on ne peut parler de « responsabilité unilatérale » [...]

En 1961, la publication de l'ouvrage de Fritz Fischer[2] change complètement la vision qui prévalait dans les années 1950. Pour lui, il existe une filiation directe entre la Seconde Guerre mondiale et le militarisme allemand, entre le nazisme et le régime autoritaire du Kaiser [...]. [Il] estime que l'Allemagne a sciemment déclenché la guerre [...]. Cette analyse correspond au sentiment de culpabilité qui pèse alors sur toute la génération allemande des années 1960 – la mienne – qui rejette les explications que leurs aînés essaient de trouver au triomphe du nazisme et à la Seconde Guerre mondiale.

Gerd Krumeich, « Les deux camps ont rempli la poudrière », *Le Monde*, 11 mars 2014.

1. Plan d'attaque de la France mis au point au début du XXe siècle.
2. Traduit en français sous le titre : *Les Buts de guerre de l'Allemagne impériale*.

Gerd Krumeich est un historien allemand, bilingue, spécialiste de la Première Guerre mondiale.

→ **Quels différents moments d'interprétation historique des causes de la guerre Gerd Krumeich énonce-t-il ?**

Une preuve excellente que l'on aurait tort d'avoir trop confiance aux paroles pacifiques de Guillaume

2 L'Allemagne et la guerre vues de France

Le Pèlerin est un journal catholique et conservateur. Dès les années 1900, il dénonce la volonté guerrière de l'empereur allemand Guillaume II.

Achille Lemot, « Chant de paix, œuvre de guerre », *Le Pèlerin*, 13 septembre 1908.

→ **Comment l'idée d'une volonté guerrière allemande est-elle affirmée dans cette une ?**

3 La controverse Fischer (1961-1963)

Dans son livre *Les Buts de guerre de l'Allemagne impériale* publié en 1961, le professeur Fritz Fischer[1], professeur d'histoire médiévale et moderne à l'université de Hambourg, dépeint le chancelier Bethmann Hollweg comme un homme politique qui, en juillet 1914, « prit consciemment le risque d'une guerre mondiale » afin de créer un empire allemand en Europe centrale qui irait jusqu'à intégrer les pays baltes, la Pologne, l'Autriche, les Balkans, la France, la Belgique, les Pays-Bas et la Scandinavie. [...] Presque en même temps que le livre de Fischer *Les Buts de guerre de l'Allemagne impériale*, une étude du professeur Egmont Zechlin, également professeur d'histoire médiévale et moderne à Hambourg, paraît dans la revue *Das Parlament* [...]. Alors que Bethmann apparaît chez Fischer comme un homme de pouvoir déterminé, Zechlin le dépeint comme un fervent défenseur de la paix qui, au final, a échoué.

La controverse des deux professeurs de Hambourg a entre temps mobilisé la quasi-totalité de l'élite des historiens allemands.

« La responsabilité de la guerre », *Der Spiegel*, 21 août 1963, n° 34.

1. Historien allemand (1908-1999) qui, en 1961, démontre la responsabilité de l'empire allemand dans le déclenchement de la guerre.

→ **Pourquoi le livre de Fischer crée-t-il une polémique en Allemagne ?**

4 Les relations de la société allemande à son passé

Le regard d'une historienne

Le succès des thèses révisionnistes[1] auprès du grand public s'insère dans un changement [...], la « redécouverte de la nation », accéléré par la chute du Mur et particulièrement visible depuis une dizaine d'années. Probablement accentué par le poids économique de l'Allemagne sur la scène européenne et mondiale, ce processus s'accompagne d'une part d'une résurgence de la fierté nationale. [...] D'après un sondage de l'institut Forsa mené en janvier 2014, 59 % des Allemands sont convaincus de l'absence de responsable principal dans le déclenchement de la Première Guerre mondiale. Selon Arndt Weinrich[2], « le succès des *Somnambules* s'inscrit [...] incontestablement dans le contexte de l'émergence d'une Allemagne décomplexée affranchie en quelque sorte du fardeau de la culpabilité comme leitmotiv[3] de l'histoire nationale aux XIXe et XXe siècles ». [...] Les débats sur la responsabilité du Reich dans le déclenchement de la Première Guerre mondiale [...] ont servi d'arguments politiques en faveur d'un réajustement de la place de l'Allemagne dans le monde.

Bérénice Zunino, « Le centenaire de 1914 en Allemagne : quelle mémoire pour la Première Guerre mondiale ? », *Allemagne d'aujourd'hui*, n° 211, 2015/1.

1. Thèses qui entendent « réviser » l'interprétation dominante.
2. Historien allemand travaillant sur les guerres.
3. Idée qui revient sans cesse.

Bérénice Zunino est historienne, experte en histoire de la civilisation allemande.

→ **Comment expliquer l'acceptation enthousiaste par les Allemands de la thèse de Christopher Clark ?**

CONTEXTE

Les Somnambules

En 2013, l'historien australien Christopher Clark publie *Les Somnambules*, un ouvrage sur les causes de la Première Guerre mondiale. Il y affirme une responsabilité collective et minimise la responsabilité allemande. Il insiste sur le rôle de la Serbie et surtout de tous les dirigeants européens qui se sont dirigés vers la guerre comme « des somnambules ».

EN AUTONOMIE VERS LE BAC

Mise en relation des documents

1. Quelles ont été les interprétations successives de la responsabilité allemande dans le déclenchement de la guerre ? docs 1 et 3

2. En quoi l'évolution du débat historique sur les causes de la guerre témoigne-t-il d'un nouveau rapport de la société allemande à son passé ? docs 1 et 4

BAC Vers l'écrit ▸ Étude critique de documents

Sujet : « Les enjeux politiques des causes de la Première Guerre mondiale »

Relevez dans les documents 3 et 4 les différentes positions des historiens sur les causes de la guerre. Montrez en quoi il s'agit aussi d'une question politique pour chacune des époques. Rédigez ensuite un plan détaillé pour cette étude.

BAC Vers le grand oral

Préparez un support à remettre au jury pour présenter en 5 minutes une chronologie des interprétations des causes de la Première Guerre mondiale.

▸ À partir des documents, identifiez 3 ou 4 périodes.

▸ Établissez une chronologie des différents moments d'interprétation et commentez-les en quelques lignes.

▸ Vérifiez que votre chronologie est claire : demandez à un autre élève de faire la présentation à partir de votre document.

Jalon Mémoires et histoire d'un conflit : la guerre d'Algérie

COURS p. 188-189
POINTS DE VUE p. 194-195

La guerre d'Algérie (1954-1962) est un événement historique récent. De part et d'autre de la Méditerranée, elle est un sujet sensible car certains événements sont des traumatismes encore vifs pour de nombreux groupes impliqués dans le conflit. Les mémoires sont encore plurielles, voire conflictuelles, et le travail de l'historien, dans ce contexte, est difficile mais nécessaire.

L'histoire peut-elle apaiser les mémoires de la guerre d'Algérie ?

1 Préambule de la constitution algérienne (2016)

Le peuple algérien est un peuple libre, décidé à le demeurer. [...] Le 1er novembre aura été un des sommets de son destin. Aboutissement d'une longue résistance aux agressions menées contre sa culture, ses valeurs et les composantes de son identité que sont l'Islam, l'Arabité et l'Amazighité[1], dont l'État œuvre constamment à la promotion et au développement de chacune d'entre elles, le 1er novembre aura solidement ancré les luttes présentes dans le passé glorieux de la Nation. Réunis dans le mouvement national, puis au sein du Front de libération nationale, le peuple a versé son sang pour assumer le destin collectif dans la liberté et l'identité culturelle nationale retrouvées et se doter d'institutions authentiquement populaires.

1. Identité berbère.

→ **Quelle importance est donnée à l'insurrection du 1er novembre 1954 dans ce texte ?**

2 L'usage politique du passé en Algérie

Des manifestants contre le régime algérien, encore dominé par le FLN, brandissent le portrait de Messali Hadj, père du nationalisme algérien, écarté du pouvoir au moment de l'indépendance par le FLN qui l'a « gommé » de la mémoire officielle.

Quotidien algérien *El Watan*, photographie publiée le 31 mars 2019.

→ **Quelles sont les mémoires qui s'opposent en Algérie ?**

3 Quelle date pour commémorer la fin de la guerre d'Algérie en France ?

La « Journée nationale d'hommage aux morts pour la France en Afrique du Nord » aura lieu le 5 décembre, a annoncé hier le secrétaire d'État aux Anciens Combattants [...]. Pourquoi le 5 décembre, qui ne correspond à aucun événement connu de la guerre d'Algérie ? [...] « C'est bien la première fois que l'inauguration d'un monument devient une date historique », s'insurge Jean-Louis Cerceau, vice-président de la FNACA[1] [...] qui milite pour la reconnaissance officielle du 19 mars 1962, date du cessez-le-feu au lendemain des accords d'Évian. Fêté en Algérie comme la victoire contre la France, le 19 mars est un chiffon rouge pour les autres associations d'anciens combattants. « La guerre ne s'est pas terminée à la date du cessez-le-feu. Il y a encore eu des milliers de morts après », explique Pierre Dürr, secrétaire général de la Fédération nationale des combattants et prisonniers de guerre. « Il nous fallait une date neutre. » D'où l'idée de l'inauguration du mémorial par Chirac[2], approuvée par neuf associations d'anciens combattants sur douze. « C'est parfaitement arbitraire, constate l'historien Guy Pervillé. [...] Ceux qui ne veulent pas du 19 mars n'ont toujours pas trouvé une autre date à commémorer. »

Jean-Dominique Merchet, « Guerre d'Algérie, un jour qui ne fait pas date », *Libération*, 18 septembre 2003 [en ligne].

1. Fédération nationale des Anciens combattants en Algérie, Maroc et Tunisie.
2. Le 5 décembre 2002, Jacques Chirac inaugure le Mémorial national de la guerre d'Algérie et des combats du Maroc et de la Tunisie, situé quai Branly à Paris.

→ **Pourquoi est-il si difficile de trouver un accord sur la date de commémoration de la fin de la guerre ?**

4 La reconnaissance officielle des crimes

Étude critique du document

Maurice Audin est un mathématicien français, communiste, et militant pour l'indépendance algérienne. Arrêté par les autorités françaises en 1957, il est torturé et tué, mais son corps n'a jamais été retrouvé. Depuis, sa veuve et des associations n'ont cessé de militer pour la reconnaissance de ce crime par la France. *L'Humanité* est un journal communiste.

Une de *L'Humanité*, 13 septembre 2018.

→ **Pourquoi cette reconnaissance est-elle une étape politique importante ?**

5 Demain, vers une histoire réconciliée ?

Le regard d'un historien

Pour terminer, on rappellera que, notamment depuis la guerre d'indépendance algérienne, les historiens français ont considérablement évolué et il n'en reste guère plus aujourd'hui qui soient des thuriféraires[1] de la colonisation. [...] Peut-on émettre le vœu que dans la sérénité soit méditée la possibilité d'aboutir un jour à l'équivalent franco-algérien du manuel d'histoire franco-allemand qui a tenté de donner, au début du vingtième siècle, une histoire à deux voix conciliées surmontant un contentieux historique plus que séculaire ? Même si chercheurs français et chercheurs algériens ne disent pas forcément la même chose, et même si dans leurs rangs respectifs il y a des divergences mais aussi des débats, l'histoire commune franco-algérienne est si dense que toutes les tentatives d'échanges entre historiens libres doivent être encouragées.

Gilbert Meynier, *L'Algérie et la France. Deux siècles d'histoire croisée*, L'Harmattan, 2017.

1. Défenseurs.

Gilbert Meynier (1942-2017) est un des historiens pionniers de la colonisation et de la décolonisation algériennes.

→ **Pourquoi serait-il utile d'écrire une histoire commune franco-algérienne de la guerre ?**

Étude critique du document

EN AUTONOMIE VERS LE BAC

Mise en relation des documents

1. Quelle est la place de la guerre d'Algérie dans la mémoire algérienne ? docs 1 et 2

2. Quels sont les points de tension sur l'histoire et la mémoire de la guerre d'Algérie ? docs 3, 4 et 5

BAC Vers l'écrit ▸ Dissertation

Sujet : « Le travail de l'historien et les mémoires de la guerre d'Algérie »

Analysez le sujet en vous aidant de l'étude de l'ensemble des documents mais aussi de l'introduction du thème [p. 176-183]. Proposez une problématique et rédigez votre introduction.

BAC Vers le grand oral

Expliquez à l'oral en 5 minutes les enjeux mémoriels d'une inauguration.

▸ Menez une recherche sur l'inauguration du mémorial de la guerre d'Algérie et des combats au Maroc et en Tunisie à Paris [site www.chemindememoire.gouv.fr, articles parus autour du 5 décembre 2002...].

▸ Présentez les débats qu'elle a suscités. Employez un vocabulaire précis et vérifiez que vous savez définir les mots clés.

Points de vue GRAND ORAL

Pourquoi et comment reconnaître le massacre du 17 octobre 1961 ?

1 Des manifestants racontent

Le point de vue d'un témoin

Saad Ouazen, jeune Algérien aux moments des faits, raconte : « Dans la soirée, on commence à marcher à pied de Saint-Denis jusqu'à Paris. Les gens s'agglutinaient comme des fourmis, tous les bus étaient pleins. On prend le métro à la station Pleyel, et on descend à Concorde. On est tous entassés dans la station, il y a trop de monde, on est obligés d'escalader les escaliers. Mais en haut, on voit les CRS, les civils, des autorités. Les autres nous poussent, on est obligés de monter. Là, on reçoit des coups de barre sur la tête, des coups de crosse sur les jambes. Les plus faibles, ceux qui étaient déjà en sang, ils les achevaient jusqu'à la mort. Je l'ai vu.

Ils frappaient méthodiquement. Quand on sortait, ils nous entassaient les uns contre les autres, poursuit-il. Ils en balançaient certains de l'autre côté du pont. J'étais costaud, j'ai pu m'en sortir. [...] Après deux ou trois jours, on m'a emmené à Vincennes [au centre d'identification]. J'y suis encore resté plusieurs jours... Si je vous dis autre chose, vous allez pleurer. »

Cécile Prieur, « La commémoration du 17 octobre 1961 réveille la douleur des victimes », *Le Monde*, 19 octobre 1997.

Dates clés

1er novembre 1954	Attentats du FLN de la « Toussaint rouge ». Début officiel de la guerre d'Algérie
13 mai 1958	Manifestations à Alger en faveur de l'Algérie française, retour du général de Gaulle au pouvoir
5 octobre 1961	Couvre-feu imposé aux « Français musulmans d'Algérie » en France
17 octobre 1961	Répression de la manifestation des Algériens organisée par le FLN à Paris

VOCABULAIRE

FLN (Front de libération nationale) : parti indépendantiste algérien à l'origine de l'insurrection du 1er novembre 1954. Ses membres sont partisans de l'utilisation des armes pour l'accès à l'indépendance.

2 Le militantisme commémoratif

Manifestation organisée à Paris par le collectif « 17 octobre contre l'oubli », 17 octobre 2001.

3 Une controverse historique

Le point de vue d'une historienne

Il faut attendre 1991 pour qu'un premier livre d'histoire (Jean-Luc Einaudi) livre une critique très appuyée de la politique répressive menée par le préfet de police, Maurice Papon, et publie une liste de 200 morts, qui devient rapidement objet de controverse. Seul historien à avoir eu accès aux archives de la préfecture de police, Jean-Paul Brunet s'attache à établir un bilan plus exact et à relativiser la responsabilité de Maurice Papon. Rapidement les deux historiens s'opposent et sont assimilés à deux camps mémoriels. À la fin des années 1990, l'État français ordonne deux enquêtes dans les archives du ministère de l'Intérieur et du ministère de la Justice qui aboutissent au chiffre de 30 à 40 victimes.

Il apparaît cependant évident qu'il est impossible d'établir un bilan définitif : des archives ont disparu et, surtout, des blessés graves ou des morts ont pu être dissimulés aux institutions françaises (y compris aux hôpitaux) par peur des représailles.

Raphaëlle Branche, *Les Mémoires de la guerre d'Algérie, Regards historiques sur le monde actuel*, Nathan, 2012.

Raphaëlle Branche est une historienne de la guerre d'Algérie qui a soutenu la première thèse sur l'histoire de la torture française en Algérie.

Le point de vue officiel algérien

4 Le cinquantième anniversaire du massacre du 17 octobre 1961

Le 17 octobre est célébré en Algérie comme la Journée nationale de l'émigration algérienne en France. À l'occasion du 50e anniversaire du massacre du 17 octobre 1961, un timbre est publié en Algérie qui représente la répression policière.

5 La reconnaissance du 17 octobre 1961 en France

Le point de vue officiel français

C'est par un communiqué envoyé depuis l'Élysée que [le président] François Hollande a marqué le souvenir de cet événement de sinistre mémoire.

« Le 17 octobre 1961, des Algériens qui manifestaient pour le droit à l'indépendance ont été tués lors d'une sanglante répression. La République reconnaît avec lucidité ces faits. Cinquante et un ans après cette tragédie, je rends hommage à la mémoire des victimes. [...] »

Par rapport à ses prédécesseurs, François Hollande, qui doit se rendre à Alger en décembre, fait preuve d'audace. Pour la première fois, la République, par la voix de son président, « reconnaît » que les Algériens de Paris ont été « victimes », le 17 octobre 1961, d'une « tragédie » [...].

L'audace, toutefois, n'exclut pas la prudence. Celle-ci apparaît entre les lignes, dans ce que ce communiqué ne dit pas. C'est ce qu'observe l'historienne Raphaëlle Branche, maître de conférences à l'université Paris I. « Pour la première fois, et il était temps et c'est un progrès important, un président de la République reconnaît ce qui s'est passé le 17 octobre 1961. Mais il ne dit pas qui a commis la « sanglante répression », en l'occurrence la police parisienne, qui a agi sous les ordres du préfet de police, Maurice Papon, lui-même sous l'autorité du gouvernement du général de Gaulle », remarque l'historienne, spécialiste de la guerre d'Algérie.

Thomas Wieder, « Hollande reconnaît la répression du 17 octobre 1961 », *LeMonde.fr*, 18 octobre 2012 [en ligne].

CONSTRUIRE SON POINT DE VUE

Découvrez les documents

1. Comment le manifestant se souvient-il des événements du 17 octobre 1961 ? doc 1
2. Quelle est la perception algérienne des événements ? doc 4
3. Où en est la reconnaissance par la France du 17 octobre 1961 ? docs 2 et 5

Développez des arguments

4. Montrez que l'histoire et la mémoire n'ont pas les mêmes objectifs. docs 1 à 3
5. Pourquoi la reconnaissance du 17 octobre 1961 comme un crime d'État est-elle un enjeu politique franco-algérien ? docs 4 et 5

Présentez votre point de vue ORAL

6. À l'oral, en 5 minutes, répondez à la problématique : « Pourquoi et comment reconnaître le massacre du 17 octobre 1961 ? » en présentant plusieurs arguments.

Révisions

Histoire et mémoires des conflits

Podcast Synthèse à écouter

EXO Exercices interactifs

DATES CLÉS

Juin 1919 Traité de Versailles

1954-1962 Guerre d'Algérie

1961 Publication du livre *Les Buts de guerre de l'Allemagne impériale*, de Fritz Fischer

2013 Publication livre *Les Somnambules*, de Christopher Clark

2002 Inauguration à Paris du mémorial de la Guerre d'Algérie et des Combats au Maroc et en Tunisie

Février 2005 Loi mémorielle qui reconnaît les aspects positifs de la colonisation

Octobre 2012 La France reconnaît la répression de la manifestation du 17 octobre 1961

SUJETS BAC

Dissertation

- « Le travail de l'historien et les mémoires de la guerre d'Algérie » p. 193
- « Les mémoires des conflits et le travail de l'historien » p. 198
- « Le travail de l'historien et les mémoires de la Première Guerre mondiale » p. 199

Étude critique de documents

- « Les enjeux politiques des causes de la Première Guerre mondiale » p. 191
- « Vers une histoire apaisée » p. 193

SYNTHÈSE

I Les lendemains de conflits : des visions concurrentes de l'histoire et de la mémoire

- **La première question posée à l'histoire est celle des responsabilités.** Pour la Première Guerre mondiale, le traité de Versailles (28 juin 1919) désigne l'Allemagne comme seule responsable et lui fait payer de lourdes réparations. Du point de vue allemand, c'est injuste et cela nourrit le ressentiment contre les vainqueurs.

- **Pour les vaincus, la mémoire dominante est celle de la défaite.** Dans les guerres de décolonisations, les Européens sont vaincus, une position difficile car la possession de colonies participait de leur puissance économique et diplomatique. Cela nourrit des mémoires douloureuses : c'est le cas en Algérie, surtout pour les rapatriés qui vivent un déracinement.

- **Pour les vainqueurs, la mémoire officielle est celle de la victoire héroïque.** Pour les anciennes colonies, c'est au contraire une victoire, voire une révolution. Souvent s'écrivent une histoire et une mémoire officielles, comme en Algérie où certains acteurs sont occultés par le FLN au pouvoir (Messali Hadj et le MNA). Histoire et politique y sont très liées, et la date du soulèvement du 1er novembre 1954 figure dans la constitution algérienne.

Jalon Les causes de la Première Guerre mondiale p. 190
Jalon Mémoires et histoire d'un conflit : la guerre d'Algérie p. 192

II Écrire l'histoire des conflits

- **Le travail des historiens est parfois compliqué.** Pour écrire l'histoire des conflits, ils doivent avoir accès aux archives. Celles de la guerre d'Algérie ne sont pas toutes ouvertes, surtout sur des massacres comme celui du 17 octobre 1961 qui engage la responsabilité de l'État. Il est aussi parfois difficile de restituer le point de vue des anciens colonisés qui ont produit peu de sources.

- **Parfois les historiens ne sont pas d'accord entre eux.** Les historiens Fritz Fischer en 1961 puis Christopher Clark en 2013 nourrissent le débat sur la responsabilité allemande. Le premier l'appuie tandis que le second la minimise en rappelant le rôle des autres souverains européens. L'histoire est alors au centre des débats car, derrière elle, c'est bien de l'identité de l'Allemagne dont il est question.

- **Les débats font progresser les recherches historiques.** La recherche historique doit être libre. Cette liberté permet la confrontation des thèses et les progrès. Les débats stimulent la recherche et d'autres objets apparaissent : histoire du genre, histoire culturelle et, pour les décolonisations, histoire des « subalternes ».

Points de vue Pourquoi et comment commémorer le massacre du 17 octobre 1961 ? p. 194, **Jalon** Les causes de la Première Guerre mondiale p. 190

III Tisser l'histoire et les mémoires

- **Les commémorations de la Grande Guerre ont permis d'écrire une histoire commune.** Lancées en 2014, elles réunissent tous les États, tous les territoires, et surtout des historiens. En instaurant une « grande collecte », elles impliquent également les mémoires des familles. Le centenaire de la guerre a permis de réveiller les mémoires et de multiplier les travaux d'histoire.

- **Les mémoires officielles interfèrent parfois avec l'histoire.** En Turquie, le génocide des Arméniens de 1915 n'est pas reconnu, ce qui pèse sur l'écriture de l'histoire dans ce pays. En France, la loi mémorielle du 23 février 2005, destinée à contenter la mémoire des seuls rapatriés, affirmait les aspects positifs de la colonisation : elle a suscité des débats vifs et a été retirée.

- **Mais les mémoires font aussi avancer l'histoire commune.** Ainsi, c'est grâce aux témoignages et aux associations porteuses de mémoire qu'ont avancé les recherches historiques sur le massacre du 17 octobre 1961. En Algérie, dans les manifestations de l'année 2019, une partie des manifestants réclament une histoire plus juste de la guerre d'indépendance.

Jalon Les causes de la Première Guerre mondiale p. 190, **Jalon** Mémoires et histoire d'un conflit : la guerre d'Algérie p. 192, **Points de vue** Pourquoi et comment commémorer le massacre du 17 octobre 1961 ? p. 194

MOTS CLÉS

Histoire : p. 182
Histoire officielle : p. 188
Loi mémorielle : p. 186
Mémoire : p. 182

SUJET BAC

Étude critique de documents

« La responsabilité de l'Allemagne dans le déclenchement de la Première Guerre mondiale » p. 199

COMPRENDRE AUTREMENT

Histoire et mémoires des conflits

Au lendemain d'un conflit

› **Trouver les responsables, une question politique**
En 1919, il s'agit de faire payer l'Allemagne

› **La mémoire de la défaite**
Mémoires douloureuses des soldats engagés, des rapatriés...

› **La mémoire de la victoire**
Les colonies sont tentées d'écrire une histoire officielle glorieuse (ex. : Algérie)

Un débat historique : les causes de la Première Guerre mondiale p. 190
Mémoires et histoire d'un conflit : la guerre d'Algérie p. 192

Le travail des historiens

› **Des historiens en débat**
Ouvrages sur les causes de la Première Guerre, de Fritz Fischer à Christopher Clark

› **Écrire l'histoire, un travail complexe**
Des sources parfois difficiles d'accès (peu nombreuses ou interdites)

› **De nouveaux objets d'histoire**
Histoire culturelle, histoire du genre, *subaltern studies*

Un débat historique : les causes de la Première Guerre mondiale p. 190

Mémoires et histoire communes

› **Les commémorations permettent de réconcilier**
Ex. : le centenaire de la Grande Guerre

› **Les mémoires officielles contre l'histoire**
Massacres coloniaux difficilement reconnus (17 octobre 1961)
Accès aux archives limité par l'État

› **Mémoires et histoire se nourrissent**
Les témoignages, sources pour l'historien

Mémoires et histoire d'un conflit : la guerre d'Algérie p. 192
Pourquoi et comment reconnaître le massacre du 17 octobre 1961 ? p. 194

BAC ▸ Dissertation

SUJET BAC

Mot de liaison indiquant une interaction

Les mémoires des conflits et le travail de l'historien

- Représentation subjective, présence sélective des souvenirs d'une guerre dans une société
- Pluriel : plusieurs mémoires selon les différents groupes d'individus qui ont vécu un même événement

Tâche de restitution du passé de la manière la plus objective possible à partir de sources écrites, orales ou archéologiques

MÉTHODE / APPLICATION

ÉTAPE 1 ANALYSER LE SUJET ET FORMULER UNE PROBLÉMATIQUE

Méthode

▸ **Définissez les mots clés, l'échelle, l'espace concerné, la période, le cadre chronologique.**

▸ **Dégagez les enjeux du sujet et une problématique : il s'agit d'une question clé posée par le sujet et à laquelle votre dissertation répondra.**

Application

▸ Analysez le sujet en vous aidant du modèle ci-dessus.

▸ Dégagez les enjeux du sujet.

Exemple : Il s'agit de montrer l'articulation du travail de l'historien, qui veut comprendre et expliquer le passé par une démarche scientifique, avec les mémoires des conflits qui veulent « sauver de l'oubli », réhabiliter ou condamner et s'inscrivent dans une logique de jugement.

▸ Formulez une problématique pour votre sujet.

ÉTAPE 2 MOBILISER LES CONNAISSANCES

Méthode

▸ **Notez, sur un brouillon, les connaissances personnelles nécessaires pour répondre au sujet (notions, exemples précis, dates, statistiques, faits géographiques...).**

▸ **Faites des liens avec les programmes de spécialité 1re, d'histoire et de géographie.**

▸ **Vérifiez que les informations retenues sont en rapport avec le sujet.**

▸ **Prévoyez éventuellement un schéma/un croquis illustrant une notion ou une partie de la dissertation (ce n'est pas obligatoire).**

Application

▸ **Exercice**

Notez les connaissances et exemples permettant de développer les éléments suivants :
- **La démarche de l'historien :** sources, méthodologie.
- **Les mémoires des conflits :** les victimes, les vaincus, les oubliés ; question identitaire, reconnaissance, justice.
- **Le devoir de mémoire :** commémorations, loi mémorielle.
- **L'histoire officielle :** histoire qui impose un seul point de vue et se confond souvent avec la mémoire des héros.
- **Les débats :** déterminer les responsabilités, confronter témoins et historiens, écrire une histoire commune.
- **Les notions :** mémoire, loi mémorielle, histoire, histoire officielle.

Conseil Pensez à utiliser tous types de supports de connaissances.

Cours p. 186-189, **Jalons** p. 190-193, **Points de vue** p. 194
Chapitre 9 Cours p. 218-221, **Jalon** p. 222

ÉTAPE 3 CONSTRUIRE UN PLAN ET ORGANISER LES CONNAISSANCES

Méthode

▸ **À partir de l'analyse du sujet, de la problématique et de vos connaissances, dégagez deux ou trois thèmes ou idées majeures qui formeront les parties du plan.**

▸ **Identifiez les thème secondaires qui constitueront les sous-parties.**

▸ **Classez les connaissances dans chaque sous-partie.**

Application

▸ Dégagez les parties du plan en vous appuyant sur l'analyse du sujet.

Exemple :
I. Le travail de l'historien : écrire l'histoire et démythifier les mémoires des conflits.
II. Concilier histoire et mémoires : sortir du conflit des mémoires et écrire une histoire commune

▸ Classez, dans chaque sous-partie, les connaissances et les exemples que vous avez sélectionnés lors de l'étape 2 pour répondre au sujet.

ÉTAPE 4 RÉDIGER LA DISSERTATION

a. Rédiger l'introduction

- **Rédigez une phrase d'accroche**
- **Présentez le sujet en précisant le sens des termes**
- **Formulez la problématique**
- **Annoncez le plan**

- Rédigez une introduction.

Conseil Pensez à rédiger une phrase d'accroche.

> Exemple :
> Le philosophe Paul Ricœur montre, dans son ouvrage *La Mémoire, l'Histoire, l'Oubli*, que la mémoire est la base du témoignage et de l'archive, ressources fondamentales de l'histoire.

b. Rédiger le développement et éventuellement intégrer un schéma

- Rédigez les parties de la dissertation en suivant le plan défini.
- Faites une phrase de transition entre chaque partie.

c. Rédiger la conclusion

- **Faites la synthèse des idées principales**

- Rédigez une conclusion répondant à la problématique du sujet

> Exemple :
> Mémoires et histoire sont étroitement liées. L'historien interroge les mémoires, sources de son travail d'investigation scientifique et les mémoires se nourrissent du travail de l'historien. La connaissance historique des faits montre leur complexité et peut contribuer à la reconnaissance de mémoires plus enfouies. Cette conciliation entre mémoires et histoire contribue à apaiser les débats et peut déboucher sur l'écriture d'une vision commune de l'histoire.

ENTRAÎNEZ-VOUS

Nouveau sujet

- **Le travail de l'historien et les mémoires de la Première Guerre mondiale**

BAC ▸ Étude critique de documents

SUJET BAC

La responsabilité de l'Allemagne dans le déclenchement de la Première Guerre mondiale

Doc **Texte** « Les relations de la société allemande à son passé » doc 4 p. 191

Consigne : En analysant le document, vous montrerez en quoi la responsabilité de l'Allemagne dans le déclenchement de la guerre est encore aujourd'hui une question politique.

LES QUESTIONS À SE POSER

- Quels sont les mots-clés du sujet et de la consigne ?
- Quels sont les thèmes abordés dans le document en rapport avec le sujet ?
- Quelle problématique peut être énoncée à partir du sujet, de la consigne et des thèmes abordés par le document ?

LES CONNAISSANCES À MOBILISER

Cours p. 186 ; **Jalon** p. 190

Géographie T^le^ L'Allemagne et ses territoires dans la mondialisation (thème 3)

Histoire 1re Sortir de la guerre (thème 4)

Notions : mémoire, histoire, histoire officielle.

CONSEILS POUR L'ÉTUDE CRITIQUE

- Expliquez le passage « fardeau de la culpabilité comme leitmotiv de l'histoire nationale aux XIXe et XXe siècles ».
- Dégagez les raisons de la résurgence d'une fierté nationale dans la société allemande.
- Mettez en évidence la nature des débats historiques sur le rôle de l'Allemagne dans le déclenchement de la Première Guerre mondiale (thèses révisionnistes ; *Les Somnambules*) et leur portée politique actuelle.

Méthode générale de l'étude critique de documents p. 24

Chapitre 8

Histoire, mémoire et justice

Avec l'éclatement de la Yougoslavie dans les années 1990 et le génocide perpétré contre les Tutsi au Rwanda en 1994, la communauté internationale assiste, impuissante, à la résurgence de violences de masse. L'ampleur des crimes commis accélère la création de juridictions destinées à juger les responsables.

Comment la justice, en se saisissant de ces crimes aux échelles locales, nationales et internationales, peut-elle aider les sociétés et les États à se reconstruire après des conflits majeurs ?

Textes DYS
TOUS LES TEXTES EN VERSION DYS
lyceen.nathan.fr/geopolitiqueterm

SOMMAIRE

Juger les responsables du génocide des Tutsi : un procès aux Pays-Bas

Plusieurs pays, au nom du principe de compétence universelle, ont jugé des Rwandais ayant pris part au génocide des Tutsi en 1994. Yvonne Basebya, rwandaise naturalisée néerlandaise, a été condamnée par la justice des Pays-Bas pour incitation au génocide. La Haye, 1er mars 2013.

Cours Juger, réparer, réconcilier

JALON p. 206-207

Podcast Cours à écouter

La justice peut-elle aider les sociétés à se reconstruire en offrant une reconnaissance aux victimes ?

I La justice au service de la paix et de la démocratie

A Au nom des droits humains

- **Envisager le droit et la justice comme éléments pacificateurs s'inscrit dans une longue généalogie du droit de la guerre et de rêve d'une paix perpétuelle.** Nombre de conventions, depuis celles de La Haye (1899 et 1907) et de Genève (1949), se sont efforcées de réglementer et de limiter les effets de la guerre en élaborant progressivement un **droit international humanitaire**.

- **La fin de la Seconde Guerre mondiale, avec les procès de Nuremberg (1945-1946) et de Tokyo (1946-1948), ouvre la voie à une justice pénale internationale.** Cette justice devait permettre de sanctionner les atteintes aux droits humains. La création d'un corpus de droit et d'institutions judiciaires, la reconnaissance par l'ONU de l'**imprescriptibilité** des crimes contre l'humanité sont censées être le moyen de prévenir la répétition des crimes de masse.

Histoire Tle La fin de la Seconde Guerre mondiale et les débuts d'un nouvel ordre mondial (thème 2)

B Accompagner les transitions démocratiques

- **L'impératif de justice au lendemain de périodes de conflits et de graves atteintes au droit humanitaire s'est largement étendu depuis les années 1970-1980.** Des pays qui sortent de régimes autoritaires et dictatoriaux optent pour des mécanismes de **justice transitionnelle**. L'instauration de commissions de vérité (et réconciliation), comme en Argentine en 1983, en devient le dispositif emblématique, adopté depuis par une quarantaine de pays.

- **La recherche d'un compromis politique entre anciens ennemis favorise ces solutions extra-judiciaires.** La réconciliation publique accompagne – ou se substitue – alors aux poursuites pénales. Cette justice transitionnelle fait l'objet d'une véritable promotion de la part des institutions internationales. L'ONU lui consacre des guides. En 2001, des experts et des militants s'associent pour fonder l'organisation *International Center for Transitional Justice*.

II La justice pour faire face au passé

A Amnistier ou juger ?

- **La volonté de réparer les crimes du passé tout en assurant le développement de la démocratie pose le dilemme de la justice et de la paix.** Rendre justice, en raison des menaces judiciaires pesant sur les protagonistes, risque de se faire au détriment du maintien de la paix. Inversement, l'exigence de justice peut se retrouver sacrifiée au nom de la paix et de la stabilité.

- **Les commissions de vérité ont plutôt privilégié cette optique de réconciliation aux condamnations.** Les **amnisties** sont fréquentes : elles représentent plus de la moitié des mesures de justice transitionnelle entre les années 1970 et 2010. En Afrique du Sud, la Commission Vérité et Réconciliation (1995-1998), instaurée au lendemain de l'apartheid, offrait aux tortionnaires la possibilité d'une amnistie en échange de leur témoignage. Ces amnisties furent ici rarement accordées ; mais les procédures pénales furent plus rares encore.

VOCABULAIRE

Amnistie : acte législatif qui efface le caractère punissable des faits auxquels il s'applique.

Droit international humanitaire : ensemble de règles qui cherchent à limiter les effets des conflits armés en protégeant les civils et les personnes qui ne prennent plus part au conflit (les prisonniers, les blessés). Il est pour l'essentiel défini par les Conventions de Genève (1949) et leurs protocoles additionnels.

Gacaca : voir p. 206

Imprescriptibilité : est imprescriptible ce qui ne peut être prescrit, ni supprimé. En droit, cela suppose que la poursuite d'un crime n'a aucune condition de temps ou de lieu.

Justice pénale internationale : juridictions chargées de la répression des infractions au droit international humanitaire et au droit pénal international (crime contre l'humanité, génocide...). Elles disposent d'une compétence extraterritoriale.

Justice transitionnelle : ensemble de mesures (judiciaires ou non) auxquelles un nouveau pouvoir a recours pour rétablir la paix et le droit dans un contexte de sortie de conflit ou de transition démocratique.

B Sortir du génocide : quelle justice au Rwanda ?

- **Au lendemain du génocide perpétré contre les Tutsi (1994), les nouvelles autorités rwandaises font face au chaos.** Dans un pays vidé de sa population, assassinée ou en fuite, l'État est détruit. La justice s'inscrit alors dans une politique de mémoire et dans la volonté d'enterrer dignement les morts. Des enquêtes sont lancées pour interroger les rescapés, recenser les charniers, les disparus. L'idée d'une amnistie est écartée.

- **Un processus judiciaire s'ouvre à plusieurs échelles.** Tandis que les principaux responsables sont renvoyés devant le tribunal international créé en novembre 1994, le Rwanda promulgue une loi en 1996 pour organiser à l'échelle nationale les poursuites pour les crimes de génocide et contre l'humanité. Mais huit ans plus tard, moins de 10 000 jugements ont été prononcés alors que près de 130 000 personnes sont incarcérées.

Histoire Tle Nouveaux rapports de puissance et enjeux mondiaux (thème 4)

REPÈRE

Le génocide contre les Tutsi du Rwanda en 1994
Entre avril et juillet 1994, les trois quarts de la population tutsi du Rwanda sont assassinés, soit 1 million de personnes. Elles sont les victimes d'un génocide soigneusement planifié par le gouvernement extrémiste hutu, dans un contexte de lutte armée pour le pouvoir et de haine forgée par une idéologie raciste.

Histoire Tle Nouveaux rapports de puissance et enjeux mondiaux

III La justice, un outil de réconciliation ?

A Réconcilier la nation ?

- **Au Rwanda, les tribunaux *gacaca* créés en 2001 doivent rendre compte de l'ampleur de la participation au génocide.** 12 000 juridictions sont instaurées, des juges non professionnels (les *inyangamugayo*) sont élus et près de 2 millions de jugements sont prononcés. Cette « justice de voisinage » examine les crimes sur les lieux mêmes où ils ont été commis.

Jalon p. 206-207

- **Ces juridictions inédites essaient de concilier l'exigence de justice et la volonté de refonder la société rwandaise.** Devant ces tribunaux à ciel ouvert, publics, la parole est distribuée entre les témoins, les rescapés et les bourreaux. Parfois critiqués comme une justice politique au service du nouveau pouvoir, les *gacaca* ont toutefois permis, en laissant ainsi s'exprimer les acteurs, de mieux comprendre la violence subie et les mécanismes d'un génocide où des civils se sont fait les relais de la violence organisée par l'État.

B Une justice pour les victimes

- **Qu'elle passe par un tribunal ou une commission de vérité, la justice transitionnelle est le plus souvent saluée pour la reconnaissance qu'elle apporte aux victimes.** À l'image du cas sud-africain, les victimes sont invitées à venir raconter leur histoire au cours d'audiences publiques. Cette prise de parole, sous le registre de l'émotion, est envisagée comme un début de réparation.

- **Pourtant le bilan de cette justice transitionnelle ne fait pas l'unanimité.** Les victimes n'attendent pas seulement une reconnaissance, ou la guérison de mémoires douloureuses, mais aussi des réparations matérielles, ce qui n'est pas toujours le cas. La réconciliation relève d'abord d'un projet politique.

FICHES DE LECTURE

Liora Israël, *L'Arme du droit,* Les Presses de Sciences Po, 2020, 144 p. (chapitre 4 « Le droit, un pouvoir transhistorique et transnational ? »). Un petit ouvrage incisif pour saisir l'évolution du droit comme outil de contestation et notamment du droit international comme « arme de dissuasion ».

Hélène Dumas, « Rwanda : comment juger un génocide », *Politique étrangère,* IFRI, 2015/4, p. 39-50. Un article de référence sur les ambitions de la justice rwandaise au lendemain du génocide.
www.cairn.info/revue-politique-etrangere-2015-4-page-39.htm

RESSOURCES

Anne Aghion, *Mon voisin, mon tueur,* Momento films, 2009, 80'. Un documentaire tourné sur dix ans au Rwanda afin d'évaluer l'impact des *gacaca.*

Podcast « La justice transitionnelle », *L'essai et la revue du jour,* France Culture, 11 déc. 2012, 7'. Brève présentation de l'ouvrage de référence de la philosophe Kora Andrieu : *La Justice transitionnelle. De l'Afrique au Rwanda,* Gallimard, 2012.
www.franceculture.fr/emissions/lessai-et-la-revue-du-jour-14-15/la-justice-transitionnelle-revue-mouvements

Philippe-Joseph Salazar, « Ubuntu : vérité et réconciliation », *Les Collections de l'Histoire,* n° 85 (« L'Afrique du Sud »), oct.-déc. 2019. Un article de synthèse sur le rôle de la Commission Vérité et Réconciliation en Afrique du Sud.

Ressources complémentaires

Cours

Les tribunaux pénaux internationaux depuis les années 1990

JALON p. 206-207
JALON p. 208-209
POINTS DE VUE p. 210-211

Podcast Cours à écouter

Comment s'est construite la justice pénale internationale depuis les années 1990 ?

I La justice pénale internationale : un défi majeur

A Face à l'impuissance de la communauté internationale

- **Avec la fin de la guerre froide, l'espoir d'un monde pacifié où les relations internationales seraient régulées par la concertation est rapidement déçu.** Le nouvel ordre mondial cède la place à l'instabilité et à de nouvelles formes de conflits. En **Yougoslavie**, le réveil des nationalismes fait imploser le pays à partir de 1991. Au Rwanda, le gouvernement extrémiste hutu déclenche en avril 1994 un génocide contre les Tutsi.
- **Face à cette situation, la communauté internationale est impuissante.** En Bosnie, ni l'Union européenne, ni l'ONU n'obtiennent de résultats : seule l'intervention de l'OTAN en 1995 met fin à la guerre. Alors que le génocide est en cours au Rwanda, l'ONU décide d'abord de réduire ses effectifs sur le terrain et tarde à reconnaître les faits. Devant l'émotion soulevée par les atrocités commises, le recours à une solution judiciaire est envisagé.

B Lutter contre l'impunité des criminels

- **Deux résolutions du Conseil de sécurité de l'ONU créent des tribunaux spécifiques.** Le Tribunal pénal international pour l'ex-Yougoslavie (TPIY) est créé en mai 1993, le Tribunal pénal international pour le Rwanda (TPIR) en novembre 1994. L'objectif est de lutter contre l'**impunité** : l'engagement est pris de juger et sanctionner les responsables ayant ordonné des massacres.
- **Les débuts des deux tribunaux, respectivement installés à La Haye (Pays-Bas) et Arusha (Tanzanie), sont toutefois difficiles.** Alors que la guerre se poursuit en ex-Yougoslavie, on annonce que des poursuites sont lancées. Mais les premiers actes d'accusation ne sont émis que tardivement. Les premiers procès s'ouvrent en 1996 pour le TPIY et en 1997 pour le TPIR. Lente à se mettre en place, l'activité des tribunaux s'accélère à partir des années 2000.

Jalon p. 208-209
Histoire T^le^ Nouveaux rapports de puissance et enjeux mondiaux (thème 4)

II Les crimes de masse au tribunal

A Prouver et qualifier le crime

- **Les procédures judiciaires devant les TPI sont précédées d'enquêtes.** En Yougoslavie, en lien avec les **ONG** sur le terrain, elles débutent dès 1992. Cette première étape permet ensuite aux tribunaux de qualifier juridiquement les crimes commis. Au Rwanda, il s'agit notamment d'établir la nature génocidaire des faits.
- **Trois « crimes internationaux » sont identifiés par les TPI : les crimes de guerre, les crimes contre l'humanité et le génocide.** Le viol, intégré dès 1993 par le TPIY dans la définition du crime contre l'humanité, est reconnu par le TPIR comme un élément constitutif du génocide. En 1998, avec le jugement de Jean-Paul Akayesu, qui dirigeait une commune rwandaise, le TPIR prononce la première condamnation pour génocide de l'histoire.

VOCABULAIRE

Chambres extraordinaires au sein des tribunaux cambodgiens (CETC) : tribunal spécial instauré en 2003 pour juger les crimes commis pendant la période où les Khmers rouges étaient au pouvoir (1975-1979). Ce tribunal cambodgien, avec une participation internationale, a condamné en 2018 deux anciens responsables du régime pour génocide.

Compétence universelle : compétence en droit qui permet à un État de poursuivre et juger, devant ses tribunaux, des personnes de nationalité étrangère pour des crimes internationaux commis sur un territoire étranger.

Cour pénale internationale (CPI) : juridiction pénale universelle permanente chargée de juger les personnes accusées de génocide, de crime contre l'humanité, de crime d'agression et de crime de guerre. Instaurée en 2002 par le Statut de Rome, elle siège à La Haye (Pays-Bas).

Impunité : absence de punition, de sanction.

Organisation non gouvernementale (ONG) : association à but non lucratif visant à défendre une cause d'intérêt général et ne relevant ni des États ni des institutions internationales.

Partie civile : personne qui demande au juge chargé de la répression d'une infraction la réparation du préjudice causé. Devant les TPI, les victimes ne pouvaient pas porter plainte et obtenir des réparations ; cette possibilité est désormais reconnue par la CPI.

B Une justice ordinaire ?

- **La justice rendue à La Haye et Arusha au nom de la communauté internationale souhaite marquer les esprits.** 111 procès se tiennent en vingt ans au TPIY, et 52 en quinze ans d'audience au TPIR. Mais ces audiences se déroulent sans véritable public. La multiplication et le regroupement des affaires, ainsi que la lenteur des débats, en raison des traductions simultanées, compliquent le suivi pour l'opinion publique.

- **Ces procès relèvent d'abord des règles inhérentes à l'ordre judiciaire.** La responsabilité des accusés doit être établie ou rejetée au terme d'une procédure dite contradictoire. Les contre-interrogatoires d'avocats, parfois amenés, pour défendre les accusés, à en épouser la cause, sont durement vécus par les rescapés et témoins. Les victimes ne peuvent d'ailleurs, devant les TPI, se constituer **partie civile** et obtenir des réparations.

III Vers une justice pénale universelle

A Une justice trop distante ?

- **Le bilan des TPI est souvent discuté.** Accusés d'être une « justice des vainqueurs », partiale, on leur reproche aussi la modestie de leurs résultats (90 condamnés par le TPIY, 62 par le TPIR). Leur action est surtout restée limitée en raison des difficultés à procéder à des arrestations dans des États qui refusent leur concours au tribunal.

Points de vue p. 210-211

- **Le regard porté par les premiers concernés est plus nuancé et complexe.** Les Bosniens semblent avoir accordé plus de crédit au TPIY qu'à leur propre justice nationale. Côté rwandais, le TPIR est ignoré ou vivement critiqué. Les rescapés estiment ne pas avoir été pris en compte et en gardent un sentiment d'inachevé. Concentrée sur les seuls hauts responsables du génocide, son activité est bien marginale au regard des tribunaux *gacaca*.

B Une nouvelle ère pour la justice internationale

- **En 2012, le « Mécanisme international appelé à exercer les fonctions résiduelles des Tribunaux pénaux » entre en vigueur.** En effet, les TPI, tribunaux spécifiques, sont amenés à cesser leur activité. Le Mécanisme gère notamment les procédures en appel et la recherche de fugitifs. S'il n'y en a plus dans le cas yougoslave, six personnes mises en accusation par le TPIR sont encore en fuite.

- **D'autres juridictions ont été créées sous l'impulsion de l'ONU.** Depuis 2002, la **Cour pénale internationale** vient se substituer aux juridictions nationales quand elles sont défaillantes. Mais sa légitimité est remise en cause par des pays comme les États-Unis. Des tribunaux spéciaux sont également instaurés, comme les **CETC** pour le génocide commis au Cambodge. Des procès peuvent enfin être organisés devant des juridictions nationales au nom du principe de la **compétence universelle**. Dans le cas du génocide des Tutsi, une quinzaine de procès se sont déjà tenus dans le monde, ouvrant la voie à une nouvelle ère de justice.

REPÈRE

La guerre en ex-Yougoslavie
Entre 1989 et 1991, les démocraties populaires, régimes communistes alliés de l'URSS, s'effondrent les unes après les autres. En Yougoslavie, la chute du communisme et le réveil des nationalismes déclenchent plusieurs guerres (1991-1995 ; 1999). La Slovénie, la Croatie et la Macédoine, trois républiques yougoslaves, proclament leur indépendance en 1991, suivies en 1992 de la Bosnie-Herzégovine. Elles s'opposent à la Serbie qui cherche à maintenir l'unité du pays pour mieux le dominer.

Histoire Tle Nouveaux rapports de puissance et enjeux mondiaux

FICHES DE LECTURE

Florent Piton, *Le Génocide des Tutsi du Rwanda*, La Découverte, 2018, 248 p. (chap. VI : « Sortir du génocide, juillet 1994-2018 »). La synthèse de référence sur l'histoire du génocide perpétré contre les Tutsi.

Élisabeth Claverie, « Mettre en cause la légitimité de la violence d'État. La justice pénale internationale comme institution, comme dispositif et comme scène », *Quaderni*, n° 78, 2012, p. 67-83 (en ligne). Une analyse de quelques enjeux posés par la justice pénale internationale et des difficultés rencontrées.
https://journals.openedition.org/quaderni/579

RESSOURCES

Les sites officiels du TPIY et du TPIR : les tribunaux en bref, l'ensemble des affaires et des documents liés (documents de presse, infographies, dossiers).
www.icty.org/fr
https://unictr.irmct.org/fr/accueil

« Justice internationale. Après l'annonce de retrait de la Cour pénale internationale de quatre pays, quelle universalité de la Cour ? », *Les Enjeux internationaux*, France Culture, 23 nov. 2016, 10'. Une rapide mise au point sur la CPI et les enjeux de la justice pénale internationale.
www.franceculture.fr/emissions/les-enjeux-internationaux/justice-internationale-apres-lannonce-de-retrait-de-la-cour

Géraud de la Pradelle, « Le travail de la justice : bilan et problèmes », Colloque international « Rwanda, 1994-2014 : Récits, constructions mémorielles et écriture de l'histoire », Canal U, novembre 2014. Une présentation et un bilan de la justice pénale internationale, par un juriste spécialiste du droit international.
www.canal-u.tv/video/chcsc/6_le_travail_de_la_justice_bilan_problemes_par_geraud_de_la_pradelle.21683

Jalon La justice à l'échelle locale : les tribunaux *gacaca* face au génocide des Tutsi

COURS p. 202-203
COURS p. 204-205

Après le génocide au cours duquel un million de Tutsi sont assassinés en 1994 au Rwanda, les nouvelles autorités se heurtent au défi de juger les responsables et de refonder la nation. La création, en 2001, des tribunaux *gacaca* s'inscrit dans la volonté de rendre, par les acteurs du drame, une justice de proximité intimement liée aux modalités du génocide.

En quoi les *gacaca* constituent-ils un processus judiciaire destiné à réconcilier la société rwandaise ?

1 La création des tribunaux *gacaca*

La loi organique n° 40/2000 du 26 janvier 2001 portant création des juridictions *Gacaca* et organisation des poursuites des infractions constitutives du crime de génocide ou de crimes contre l'humanité [...].

Les objectifs principaux assignés aux juridictions *Gacaca* étaient les suivants :
- révéler la vérité sur le génocide ;
- accélérer les procès du génocide ;
- éradiquer la culture de l'impunité ;
- renforcer l'unité et la réconciliation du peuple Rwandais ;
- prouver la capacité des Rwandais à résoudre leurs problèmes [...].

Il est créé, dans chaque Cellule, dans chaque Secteur, dans chaque District [...], une juridiction *Gacaca* appelée à connaître, dans les limites établies par la loi, des infractions constitutives du crime de génocide et des crimes contre l'humanité commises au Rwanda entre le 1er octobre 1990 et le 31 décembre 1994.

Rapport présenté à la clôture des activités des Juridictions Gacaca, Service national des juridictions *gacaca* (SNJC), République du Rwanda, Kigali, juin 2012.

Étude critique de documents

VOCABULAIRE

Gacaca (« gazon ») : tribunaux chargés de juger les crimes du génocide. Le terme renvoie à l'herbe au sol sur laquelle se tiennent ces tribunaux qui s'inspirent d'un mode de gestion local des conflits. Les *gacaca* (se prononce « gatchatcha ») inventent une forme originale de justice liée au génocide.

Dates clés

- 6 avril-17 juillet 1994 : Génocide perpétré contre les Tutsi au Rwanda
- 1996 : Loi sur la poursuite des crimes de génocide et premiers procès
- janvier 2001 : Loi créant les juridictions *gacaca*
- mars 2005-juin 2012 : Procès *gacaca*

→ **Quelle est l'ambition du nouveau pouvoir rwandais avec la création des juridictions *gacaca* ?**

2 Audience d'un tribunal *gacaca* en 2005

Témoignage d'un homme suspecté de génocide devant la juridiction *gacaca* de Zivu (dans le sud du Rwanda), 10 mars 2005. Au premier plan, les juges (*inyangamugayo*) portent l'écharpe aux couleurs du drapeau national.

→ **Décrivez cette scène judiciaire. Quels éléments (lieux, acteurs, disposition matérielle…) traduisent le caractère officiel et la dimension populaire de cette justice locale ?**

Étude critique de documents

3 Les procès et les verdicts

Nombre de procès jugés par les juridictions *gacaca* et verdicts[1] (2005-2012)

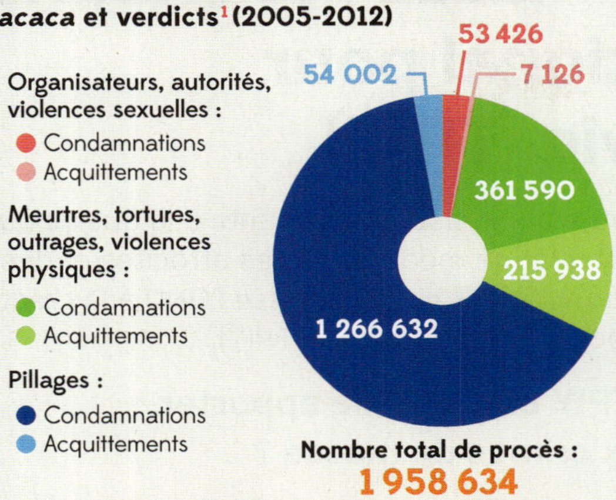

1. Hors procédures d'appel. Une même personne a pu être jugée et condamnée dans plusieurs catégories de procès.

Source : Résumé du rapport présenté à la clôture des activités des juridictions gacaca, SNJG, République du Rwanda, juin 2012.

→ **Que nous révèlent ces chiffres sur l'ampleur des procès organisés et les choix politiques à l'endroit des exécutants du génocide ?**

5 Une justice liée aux modalités du génocide

Le regard d'une historienne

Ce jour-là, les procès s'enchaînent pendant sept heures, levant le voile sur l'intimité du massacre, la complexité des relations sociales et familiales engendrée par les stratégies de défense ou d'accusation des uns et des autres, la difficulté d'établir les faits, l'exercice périlleux du droit appliqué par des citoyens non juristes. Ces milliers de tribunaux à ciel ouvert incarnent les multiples facettes de la politique de réconciliation nationale au Rwanda où exigence de justice et impératif de coexistence sociale n'apparaissent pas d'emblée contradictoires [...]. Pour la première fois depuis 1994, la population est invitée à reconstruire par le menu détail les scènes des massacres et des pillages [...]. L'originalité de la politique de justice au Rwanda prend sa source dans la singularité du génocide lui-même. En effet, planifié au cœur de la hiérarchie militaire et politique, son exécution a exigé la participation de la population dans des proportions considérables. Cette caractéristique engendre par conséquent un contentieux judiciaire sans précédent. Comment juger l'ensemble des responsables et exécutants du génocide ?

Hélène Dumas, « Histoire, justice et réconciliation : les juridictions *gacaca* au Rwanda », *Mouvements*, n° 53, 2008, p. 110-117 [en ligne].

Hélène Dumas, historienne, est chargée de recherches au CNRS. Spécialiste du génocide des Tutsi, elle a suivi plusieurs procès *gacaca* sur place, au Rwanda.

→ **Quelles sont les spécificités des tribunaux *gacaca* ?**

4 Des témoignages pour comprendre le processus génocidaire

Femme rescapée dans le public : [...] Le jour où ils sont venus nous attaquer, on les a vus avec des grenades et ils criaient à tue-tête. Ils nous ont demandé de l'argent, mais nous avons dit que nous n'avions rien. Ils nous ont répondu qu'ils pouvaient prendre des chèvres et des poules en échange et puis ils nous ont dit : « Nous, on veut bien vous pardonner et ne pas vous tuer. Mais Bishyushya[1] a ordonné qu'il ne voulait plus jamais avoir un Tutsi sous ses yeux. Il nous a envoyés pour vous tuer mais on vous pardonne. » Ils nous ont épargnés parce qu'ils avaient aperçu Béatrice avec laquelle ils avaient étudié [...]. Deux jours après, ces jeunes sont revenus. Nous avons vu une Toyota blanche remplie d'*Interahamwe*[2] arriver chez nous. Ils avaient des grenades... Ils sont venus nous tuer. Moi, je me demande comment ces gens avaient des grenades et des fusils !?

Procès de Pierre-Claver Habimana, alias Bishyushya (1re catégorie), secteur Shyorongi, séance du 4 septembre 2008 (cité par Hélène Dumas, *Le Génocide au village. Le massacre des Tutsi au Rwanda*, © Éditions du Seuil, 2014).

1. Le Major Pierre-Claver Habimana (ancien membre de l'État-Major du commandement opérationnel de Rulindo) était surnommé « Bishyushya » (« celui qui a le sang chaud ») en raison de son ardeur au combat et de sa férocité durant le génocide.
2. *Interahamwe* (« ceux qui attaquent/travaillent ensemble ») : milices hutu qui prennent une part active aux massacres.

→ **Comment ce témoignage traduit-il à la fois la planification du génocide et l'implication des populations civiles dans les tueries ?**

EN AUTONOMIE VERS LE BAC

Mise en relation des documents

1. Quels éléments montrent la volonté des nouvelles autorités rwandaises de juger l'ensemble des responsables et exécutants du génocide ? docs 1, 3 et 5

2. Quels dispositifs sont mis en place afin d'établir la vérité sur les actes génocidaires et d'émettre un verdict ? docs 1 à 5

BAC Vers l'écrit ▸ Dissertation

Sujet : « L'histoire, la mémoire et la justice »

Réalisez un schéma synthétique pour illustrer la notion de « tribunal *gacaca* » dans cette dissertation.

BAC Vers le grand oral — Activité guidée

Réalisez un poster sur le thème « Une justice à l'échelle locale, les tribunaux *gacaca* » et présentez-le à l'oral en 5 minutes.

▸ À l'issue de votre présentation, les autres élèves, dans le rôle du jury, vous posent des questions pendant 10 minutes : demandes de précisions, définitions du vocabulaire employé, liens avec les cours...

Jalon

Construire une justice face aux crimes de masse : le Tribunal pénal international pour l'ex-Yougoslavie (TPIY)

COURS p. 204-205
POINTS DE VUE p. 210-211

En 1993, la communauté internationale assiste impuissante à la guerre qui fait rage en ex-Yougoslavie. La révélation médiatique des atrocités et des violences commises contre les populations civiles pousse l'ONU à la création du Tribunal pénal international pour l'ex-Yougoslavie (TPIY).

Comment la création du TPIY entend-elle apporter une réponse judiciaire aux crimes de masse ?

1 Restaurer la paix par la justice

Le Conseil de sécurité,

Se déclarant une nouvelle fois gravement alarmé par les informations qui continuent de faire état de violations flagrantes et généralisées du droit humanitaire international sur le territoire de l'ex-Yougoslavie et spécialement dans la République de Bosnie-Herzégovine, particulièrement celles qui font état de tueries massives, de la détention et du viol massifs, organisés et systématiques des femmes et de la poursuite de la pratique du « nettoyage ethnique », notamment pour acquérir et conserver un territoire [...],

Résolu à mettre fin à de tels crimes et à prendre des mesures efficaces pour que les personnes qui en portent la responsabilité soient poursuivies en justice [...],

Décide par la présente résolution de créer un tribunal international [...].

Résolution 827, adoptée par le Conseil de sécurité, 25 mai 1993.

Dates clés

1991-1995	Guerre en ex-Yougoslavie
25 mai 1993	Création du Tribunal pénal international pour l'ex-Yougoslavie (TPIY)
nov. 1994	1er acte d'accusation émis par le TPIY
mai 1996	Ouverture du premier procès devant le TPIY
mai 1999	1er acte d'accusation établi par le TPIY contre un chef d'État en exercice (Slobodan Milošević)
août 2001	1re condamnation pour génocide
2017	Fin du TPIY

→ **Quels éléments amènent l'ONU à créer le TPIY ? Avec quels objectifs ?**

2 La plus grande juridiction pénale internationale de l'histoire

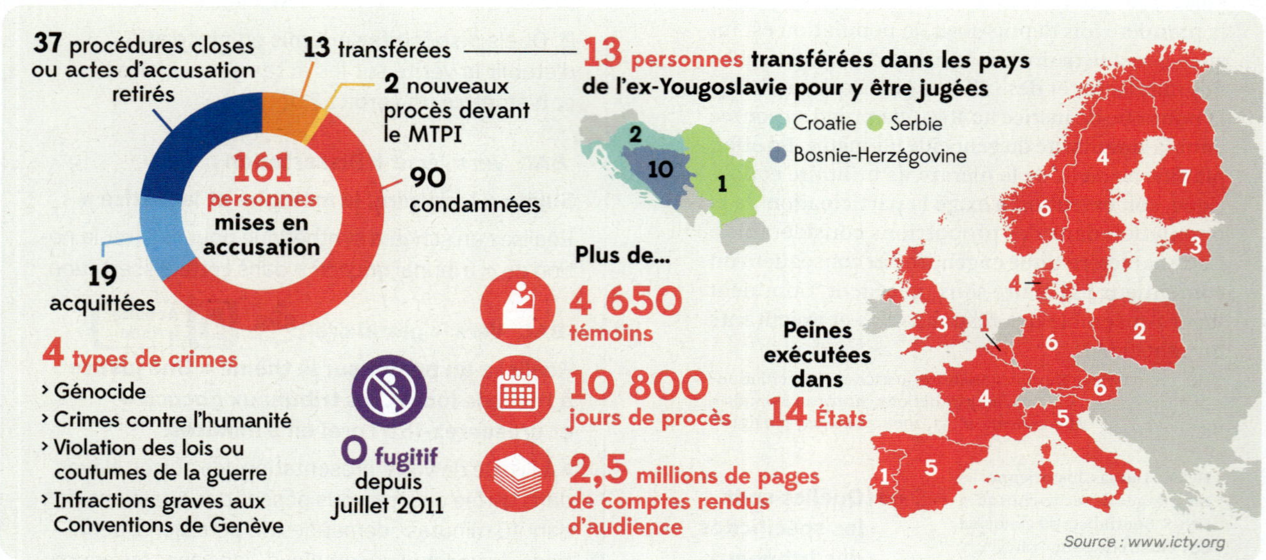

→ **Que nous apprennent ces données sur l'action menée par le TPIY ?**

3 Le procès de Radislav Krstić, condamné pour génocide

Chef d'État-Major et commandant en second du corps de la Drina de l'armée des Serbes de Bosnie (la VRS), Radislav Krstić est arrêté en 1998 et condamné en 2001. Sa peine d'emprisonnement est fixée à 35 ans par arrêt du tribunal en 2004.

Général Krstić, veuillez vous lever,

Que vous soyez un militaire professionnel aimant son métier, la Chambre ne le conteste pas. Que vous n'auriez pas, de vous-même, décidé de passer par les armes des milliers de civils et de personnes désarmés, la Chambre peut l'admettre : il est vraisemblable que c'est un autre que vous qui a décidé d'ordonner l'exécution de tous les hommes en âge de combattre.

Mais il n'en demeure pas moins que vous êtes coupable [...]. Vous êtes coupable d'avoir en toute connaissance de cause participé au transfert forcé organisé des femmes, des enfants et des vieillards qui se trouvaient à Srebrenica lors de l'attaque lancée le 6 juillet 1995 sur cette zone protégée des Nations unies. Vous êtes coupable du meurtre de milliers de musulmans de Bosnie entre le 10 et le 19 juillet 1995 [...].

Vous êtes donc coupable, Général Krstić, de génocide.

Pour déterminer la peine que vous méritez, nous avons naturellement pris en compte l'extrême gravité du crime. Mais nous avons également voulu marquer qu'il y a certainement, au regard des crimes commis sur le territoire de l'ex-Yougoslavie, des personnes dont la responsabilité individuelle est bien supérieure à la vôtre.

Jugement rendu dans le procès Krstić, TPIY, La Haye, 2 août 2001

→ **Sur quels éléments le tribunal fonde-t-il sa décision ?**

Vidéo Vidéo du jugement

4 Établir les preuves

Exhumation d'un charnier à Budak (près de Srebrenica) par une équipe de la Commission internationale des personnes disparues (ICMP), 12 juillet 2005.

→ **Que peut apporter ce travail d'enquête au processus judiciaire ?**

5 La justice comme ultime recours ?

Le regard d'une anthropologue

C'est au vu des formes de violence mises en œuvre lors du conflit yougoslave dans les années 1990, tandis que s'enlisaient les processus politico-diplomatiques et que les populations civiles continuaient d'être ciblées par les opérations de nettoyage ethnique, que la possibilité d'un recours à une solution pénale finit par émerger. Cette solution fut envisagée et appliquée par le Conseil de sécurité de l'ONU après l'envoi sur place d'une commission d'enquête alors que le conflit était toujours en cours. L'engagement fut alors pris de juger et de sanctionner les auteurs de crimes internationaux commis en ex-Yougoslavie sur la scène d'un procès public. On fit savoir, pour mieux dissuader les perpétrateurs, que des poursuites judiciaires seraient lancées [...].

Élisabeth Claverie, « Juger, dire le vrai, réconcilier », dans B. Cabanes (dir.) *Une histoire de la guerre, du XIXe siècle à nos jours*, Éditions du Seuil, 2018.

Élisabeth Claverie, anthropologue, est directrice de recherches au CNRS. Elle travaille sur le traitement pénal des violences de masse.

→ **D'après cette analyse, en quoi l'instauration du TPIY révèle à la fois les ambitions de la communauté internationale et son impuissance face au conflit yougoslave ?**

EN AUTONOMIE VERS LE BAC

Mise en relation des documents

1. Pourquoi créer un tribunal pénal international en 1993 ? docs 1 et 5
2. Quelles sont les différentes étapes du travail du TPIY ? docs 2, 3 et 4

BAC Vers l'écrit ▸ Étude critique de document

Sujet : « Traduire en justice les auteurs de crimes internationaux : l'action du TPIY »

En 10 minutes, relevez et classez les informations du document 3 en lien avec ce sujet.

BAC Vers l'oral Activité guidée | Grille d'évaluation

Créez et présentez à l'oral en 5 minutes une chronologie commentée d'une affaire jugée par le TPIY.

▸ À partir du site officiel du TPIY (www.icty.org/fr), choisissez une affaire ayant mené à une condamnation.

▸ Un groupe d'élèves est chargé d'évaluer votre prestation.

Points de vue GRAND ORAL

La justice du TPIY : une « justice des vainqueurs » ?

1 Une justice soupçonnée de ne pas être impartiale

Le regard d'une sociologue du droit

L'une des accusations récurrentes portée à l'encontre de ces formes judiciaires ou parajudiciaires de retour sur des crimes passés consiste à les qualifier de « justice des vainqueurs ». Qu'il s'agisse de Nuremberg ou de La Haye, ces formes de jugement sont parfois décriées [...] comme n'étant pas impartiales, puisque mises au service de la partie qui a triomphé. Assimilant justice et vengeance, mettant en évidence derrière la prétendue impartialité de la justice le redoublement de la victoire politique ou militaire, cette forme de critique a connu récemment un regain d'actualité [...]. [Ces critiques] se déclinent depuis des approches franchement négationnistes[1] des génocides visés par ces tribunaux, jusqu'à des analyses moins contestables. Ces dernières soulignent combien la non-symétrie effective de ces instances, et en particulier la manière dont leur échappent les actes perpétrés par les ressortissants des plus grandes puissances (et en premier lieu des membres du Conseil de sécurité de l'ONU), contribuent à saper la légitimité de ces institutions.

Liora Israël, « La justice pénale internationale : l'apport des sciences humaines », *La Vie des idées.fr*, 7 juin 2010.

1. Qui nient l'existence même du crime de génocide.

Liora Israël, sociologue du droit et de la justice, est directrice d'études à l'EHESS. Elle a notamment étudié les tribunaux pénaux internationaux.

2 Des décisions contestées

Effigie géante du dernier président du TPIY [Carmel Agius] brûlée lors d'un carnaval en Bosnie du Sud [où vivent de nombreux Croates], 13 février 2018. Sur la tribune est inscrit : « Tribunal criminel de La Haye ». Le TPIY venait de condamner pour crimes de guerre, en novembre 2017, six Croates de Bosnie à des peines de 10 à 25 ans de prison.

3 Une justice à deux vitesses ?

Le point de vue d'un journaliste

Que penser des dernières décisions du TPIY ?

C'est une faillite de la justice internationale. On a vraiment affaire à une justice à deux vitesses. En ce qui concerne la culpabilité du général serbe Zdravko Tolimir[1], on ne peut pas regretter la peine qui lui a été infligée. Mais les acquittements récents de plusieurs accusés croates[2] et de l'ancien Premier ministre albanais du Kosovo [Ramush Haradinaj][3] laissent à penser que le TPIY a pour consigne de ne condamner que des personnalités serbes. C'est compromettant pour l'avenir de la Cour pénale internationale. Le TPIY devait créer un précédent, délivrer une justice qui ne soit pas celle des vainqueurs. C'est l'inverse qui est en train de se passer.

C'est-à-dire...

Le principe fondamental du TPIY consistait à établir la responsabilité pénale individuelle des auteurs des crimes commis. Il s'agissait de ne pas faire peser la responsabilité collective des crimes commis sur tel ou tel peuple. Ces décisions suggèrent tout le contraire.

Interview de Jean-Arnault Dérens, « Tribunal pénal pour l'ex-Yougoslavie : "Une justice de vainqueurs" », propos recueillis par Catherine Gouëset, *L'Express*, 13 décembre 2012.

1. Condamné pour génocide en 2012 pour les crimes commis à Srebrenica et à Žepa (Bosnie).
2. Deux généraux croates (Ante Gotovina et Mladen Markac), condamnés en première instance pour la mort de 324 civils et soldats serbes de Croatie, sont acquittés en 2012.
3. Accusé de crimes commis contre des civils, il est acquitté en 2012.

Jean-Arnault Dérens est journaliste et historien. Il est rédacteur en chef de la revue *Le Courrier des Balkans.*

4 Rendre justice aux victimes

Réaction de joie des familles des victimes du massacre de Srebrenica à l'énoncé du verdict dans le procès Mladić, commandant en chef des Forces armées des Serbes de Bosnie, condamné à la prison à perpétuité, Potocari (Bosnie), 22 novembre 2017.

5 Une avancée pour la justice

Le regard d'un politiste

Le TPIY fut créé en 1993 par le Conseil de sécurité de l'ONU comme une compensation à l'inaction des grandes puissances devant le conflit, et face à l'inanité que fut l'envoi de Casques bleus censés maintenir une paix qui n'existait pas. Pour autant, juges et procureurs sont parvenus à crédibiliser le TPIY, lui donner des règles, des objectifs, des ambitions. En ce sens, ce tribunal est un pionnier en matière de justice internationale. Il est la preuve de la possibilité de juger des criminels de guerre, y compris des chefs d'État. Il a ouvert la voie au Tribunal pour le Rwanda, à la Cour pénale internationale (CPI), et à la pratique, aujourd'hui courante, de traduire – ou du moins d'avoir l'espoir plus tout à fait utopique – de pouvoir un jour traduire en justice des criminels de guerre d'où qu'ils viennent [...].

Le TPIY a échoué à être considéré comme un acteur neutre et légitime auprès des opinions publiques locales. Cela est particulièrement vrai chez les Serbes qui considèrent que ce tribunal a été créé pour les sanctionner spécifiquement. Il serait, néanmoins, injuste de faire porter au TPIY la responsabilité de l'échec d'un processus de réconciliation dont les responsables politiques locaux n'ont, en réalité, jamais voulu.

Loïc Trégourès, « Avec la condamnation de Ratko Mladić, le TPIY à l'heure du bilan », *The Conversation*, 23 novembre 2017.

Loïc Trégourès est politiste, spécialiste des Balkans. Il enseigne les sciences politiques à l'Université catholique de Lille.

CONSTRUIRE SON POINT DE VUE

Découvrez les documents

1. Quelle décision du TPIY a provoqué cette réaction de colère ? doc 2
2. Relevez les principaux reproches adressés au TPIY. docs 1, 2, 3 et 5
3. Quelle est d'après l'auteur de ce texte, la principale avancée du TPIY en matière de justice internationale ? doc 5

Développez des arguments

4. Qui seraient ici les « vainqueurs » dénoncés dans l'expression « justice des vainqueurs » ? docs 1 à 3
5. Pourquoi parler d'une « faillite de la justice internationale » ? doc 3
6. Les reproches adressés au TPIY sont-ils tous fondés ? Quelles nuances apportent ces documents ? docs 4 et 5

Présentez votre point de vue ORAL

7. À l'oral, en 5 minutes, répondez à la problématique « La justice du TPIY : "une justice des vainqueurs" ? », en présentant plusieurs arguments.

Révisions Histoire, mémoire et justice

Podcast Synthèse à écouter

EXO Exercices interactifs

CHIFFRES CLÉS

TPIY (1993-2017)
161 personnes mises en accusation, 90 condamnées, 19 acquittés, 111 procès

TPIR (1994-2015)
93 personnes mises en accusation, 62 condamnées, 14 acquittés, 52 procès

Tribunaux *gacaca*
12 000 juridictions, 140 000 juges, près de 2 millions de jugements et près de 1,7 millions de condamnations prononcées (800 000 à 900 000 personnes condamnées)

SUJET BAC

Dissertation

- « L'histoire, la mémoire et la justice » p. 207
- « La justice face aux crimes de masse depuis les années 1990 » p. 215

Étude critique de documents

- « Traduire en justice les auteurs de crimes internationaux : l'action du TPIY » p. 209
- « Les tribunaux *gacaca* : juger le génocide » p. 206
- « Les ambitions et difficultés d'une justice internationale » p. 214

SYNTHÈSE

I L'invention d'une justice pénale internationale

- **Depuis la fin de la Seconde Guerre mondiale, l'idée d'une justice internationale s'est progressivement institutionnalisée.** Pour la première fois, avec les procès de Nuremberg (1945-1946) et Tokyo (1946-1948), les responsables de crimes de masse sont traduits devant un tribunal international. En définissant juridiquement de nouvelles catégories de crimes (crime contre l'humanité, génocide), elle poursuit l'objectif de lutter contre les violences de masse et atteintes aux droits humains et d'agir comme moyen de prévention.

- **La fin de la guerre froide représente une avancée décisive pour la justice pénale internationale.** L'action essentielle est impulsée par l'ONU avec la création de deux tribunaux pénaux internationaux pour la Yougoslavie et le Rwanda : le TPIY (1993) et le TPIR (1994). Le recours à une solution pénale est décidé en réaction aux atrocités commises et à l'impuissance de la communauté internationale à endiguer les conflits qui ravagent l'ex-Yougoslavie et le génocide perpétré contre les Tutsi au Rwanda. L'engagement est pris de mettre fin à l'impunité des criminels de masse, les juger et les sanctionner.

Histoire Tle La fin de la Seconde Guerre mondiale et les débuts d'un nouvel ordre mondial (thème 2)
Histoire Tle Nouveaux rapports de puissance et enjeux mondiaux (thème 4)

II La justice et les transitions politiques au niveau national

- **L'idée d'avoir recours à la justice pour sortir de conflits et de dictatures s'est imposée sur la scène internationale.** Le droit et la justice sont envisagés comme des éléments pacificateurs selon l'adage : « pas de paix sans justice, pas de justice sans paix ». À partir des années 1970-1980, des pays optent pour une justice transitionnelle afin d'accompagner le rétablissement de la paix et de la démocratie. L'Argentine en 1983 ou l'Afrique du Sud en 1995 instaurent ainsi des commissions de vérité et réconciliation.

- **Ces mesures constituent toutefois des solutions extra-judiciaires.** La reconstruction de ces pays est envisagée au prix de compromis entre anciens ennemis en accompagnement – ou substitution – de poursuites pénales. Cette justice transitionnelle, encouragée par l'ONU, débouche sur de nombreuses amnisties. Au Rwanda, l'idée d'une amnistie est au contraire écartée. Pour les autorités, la sortie du génocide doit se faire par la justice. La création en 2001 des juridictions *gacaca* permet de rendre compte à l'échelle locale des spécificités du génocide et de l'ampleur de la participation aux tueries.

Jalon La justice à l'échelle locale : les tribunaux gacaca face au génocide des Tutsi p. 206

III Aider les sociétés à se reconstruire

- **Parce qu'elle offre une reconnaissance aux victimes, la justice est présentée comme un outil de réconciliation.** La parole, les témoignages des victimes sont au cœur des audiences publiques devant les commissions de vérité. Par les enquêtes menées et les jugements prononcés, les TPI contribuent à reconnaître les faits et les violences subies. Le récit de vérité qui s'énonce devient un préalable pour refonder des nations déchirées. À ce titre, la justice participe du travail de deuil et de mémoire et de l'intégration des mémoires douloureuses dans une histoire partagée.

● **Le bilan de la justice pénale internationale reste cependant mitigé et discuté.** Les TPI sont critiqués pour la modestie de leurs résultats ou dénoncés pour manque d'impartialité. Quant à la Cour pénale internationale (CPI), juridiction permanente installée à La Haye depuis 2002, son action reste limitée et non reconnue par plusieurs grands pays. Mais au-delà de leurs limites, ces juridictions et expériences judiciaires ont contribué à enraciner l'idée d'une justice internationale, et avec elle l'utopie de pouvoir, un jour, endiguer les crimes de masse.

Jalon Construire une justice pour faire face aux crimes de masse : le Tribunal pénal international pour l'ex-Yougoslavie (TPIY) p. 208
Points de vue La justice du TPIY : une « justice des vainqueurs » ? p. 210

DATES CLÉS

1993-2017 : Tribunal pénal international pour l'ex-Yougoslavie (TPIY)

1994-2015 : Tribunal pénal international pour le Rwanda (TPIR)

2001 : création des tribunaux *gacaca*

Mars 2005-juin 2012 : procès devant les tribunaux *gacaca*

VOCABULAIRE

Gacaca : p. 206

Justice pénale internationale : p. 202

Justice transitionnelle : p. 202

COMPRENDRE AUTREMENT

Histoire, mémoire et justice

Une justice pénale internationale

Des tribunaux pénaux spécifiques

› **Tribunal pénal international pour l'ex-Yougoslavie ou TPIY (1993-2017)**
La Haye (Pays-Bas)

› **Tribunal pénal international pour le Rwanda ou TPIR (1994-2015)**
Arusha (Tanzanie)

› **Le « Mécanisme » (depuis 2012)**

Une juridiction permanente

› **La CPI (entrée en vigueur en 2002)**
La Haye (Pays-Bas)

Des tribunaux spéciaux (hybrides)
Ex. : CETC au Cambodge

La compétence universelle

› Juridictions nationales pour juger des crimes internationaux commis à l'étranger

Construire une justice face aux crimes de masse : le Tribunal pénal international pour l'ex-Yougoslavie (TPIY) p. 208

La justice du TPIY : une « justice des vainqueurs » ? p. 210

Une justice transitionnelle

Échelle nationale

Des procédures extra-judiciaires dans un contexte de transition démocratique

Dilemme paix/justice ; amnistie/jugement

› **Les commissions vérité et réconciliation**
Ex. : *Truth and Reconciliation Commission*, Afrique du Sud (1995-1998)

› **Un outil promu par l'ONU et en voie de professionnalisation**
Ex. : International Center for Transitional Justice (ICTJ)

Échelle locale

Une justice inédite pour sortir du génocide

› **Les tribunaux *gacaca* au Rwanda**
(créés par une loi de 2001)
Procès : 2005-2012
› une justice de proximité
› témoigner
› concilier justice et impératif de revivre ensemble

La justice à l'échelle locale : les tribunaux *gacaca* face au génocide des Tutsi p. 206

BAC ▸ Étude critique de document

SUJET BAC

Les ambitions et difficultés d'une justice internationale

Consigne **Après avoir présenté le document en rappelant le contexte, vous expliquerez de quelle façon, et avec quel point de vue, il présente les ambitions, les procédures de la justice internationale et les difficultés auxquelles elle se heurte.**

Les enjeux du procès de Radovan Karadžić[1]

D'après le substitut du procureur, l'actualisation de l'acte d'inculpation de Karadžić prendra en compte d'innombrables éléments de preuves et pièces à conviction produits lors d'autres procès [...]. Prouver la culpabilité pénale de Karadžić pour les crimes dont il est accusé sera *a priori* assez simple car Karadžić n'a jamais caché ses intentions. Il les énonçait clairement dès 1991 lors de discours publics [...], jusqu'aux directives de 1995 destinées à l'état-major de son armée quelques mois avant l'assaut final sur Srebrenica : « Créer une situation invivable d'insécurité totale, ne laissant aucun espoir de survie ni de vie future pour les habitants de Srebrenica ou de Zepa. [...] Détruire et anéantir les forces musulmanes [...]. »

Au lieu de nier sa responsabilité comme le fit Milosevic[2], il est probable que Karadžić l'assumera, se drapant dans la posture du héros défendant un peuple victime [...]. Comme Milosevic, il profitera des privilèges accordés à ceux qui se défendent eux-mêmes, dans la salle d'audience, face aux caméras de son ultime tribune, mais surtout dans l'enceinte du centre de détention [...].

Il nous faudra attendre quelques mois avant de connaître l'identité de témoins que l'accusation et la défense voudront citer. Il est aujourd'hui avéré [...] que les responsables des grandes puissances connaissaient dès le printemps 1991 les projets de Milosevic et de Karadžić [...]. Le drame vécu par la Bosnie fut la faillite et la honte du monde occidental à la fin du XXe siècle. Il l'est et le sera tant que la vérité ne sera pas révélée et la justice rendue.

Tribune de Sylvie Matton, « Les enjeux du procès de Radovan Karadžić », *Rue89*, 10 septembre 2008 [en ligne].

1. Ancien président la République serbe de Bosnie, il est arrêté en 2008 après plusieurs années de fuite. Il est condamné en 2016 à 40 ans de prison pour génocide, crimes contre l'humanité et violations des lois ou coutumes de la guerre, puis à la perpétuité après appel en 2019.
2. Président de la République fédérale de Yougoslavie de 1997 à 2000, Slobodan Milošević fut accusé auprès du Tribunal pénal international pour l'ex-Yougoslavie (TPIY) de crimes de guerre, crimes contre l'humanité et génocide. Sa mort en prison en 2006 a entraîné l'arrêt du procès.

MÉTHODE / APPLICATION

ÉTAPE 1 ANALYSER LE SUJET ET LA CONSIGNE

Méthode	Application
▸ **Définir les termes du sujet**	▸ Définissez « ambitions », « procédures », « justice internationale ».
▸ **Définir le cadre géographique et/ou les limites chronologiques**	▸ Formulez une problématique.
▸ **Dégager la question clé du sujet**	**Exemple** : Comment le document illustre-t-il les enjeux d'une justice internationale ?

ÉTAPE 2 ANALYSER ET CRITIQUER LES DOCUMENTS

Méthode	Application
▸ **Identifier le document**	▸ Quels sont la nature, la source, la date et le contexte du document ? *Conseil* Aidez-vous des notes explicatives à la suite du document.
▸ **Dégager le sens général des documents**	▸ Identifiez l'idée générale du document. **Exemple** : Le procès de Karadžić doit mettre en évidence sa culpabilité, permettre de connaître la vérité sur les crimes commis et de révéler la compromission politique de la communauté internationale.
	▸ Relevez les informations en relation avec les différents aspects du sujet : ambitions et enjeux ; procédures ; difficultés ; point de vue de l'autrice.

	Conseil Définissez « TPIY » ; identifiez les notions en rapport avec le sujet.
Sélectionner, confronter et expliquer les informations	Explicitez ces informations à l'aide de vos connaissances : **Cours** p. 204-205, **Jalon** p. 208-209, **Points de vue** p. 210-211 Montrez que les propos de l'autrice expriment des incertitudes sur le déroulement du procès. Exemple : Le texte date de 2008 ; il est écrit principalement au futur et exprime des suppositions (« probable », « *a priori* »).
ÉTAPE 3 RÉDIGER L'ÉTUDE CRITIQUE DU DOCUMENT	
Rédiger l'introduction	Rédigez une courte introduction pour présenter le sujet, le document et annoncer la problématique.
Rédiger l'étude de manière organisée	Rédigez une réponse organisée en trois parties pour répondre au sujet. Exemple de plan : I. Lutter contre l'impunité (contexte/enjeux) II. Prouver et qualifier le crime (procédure/enjeux/dire la vérité, preuves...) III. Une justice des vainqueurs ? (point de vue de l'autrice sur les responsabilités des grandes puissances - ONU/OTAN - et la nécessité de « révéler la vérité », donc de les traduire aussi en justice)
Rédiger la conclusion	Dans la conclusion, répondez à la problématique du sujet. **Exemple de conclusion**

ENTRAÎNEZ-VOUS

Nouveau sujet — **Les tribunaux *gacaca* : juger le génocide** (docs 1 et 2 p. 206-207)

BAC Dissertation

SUJET BAC

La justice face aux crimes de masse depuis les années 1990

LES TERMES DU SUJET À ANALYSER	LES CONNAISSANCES À MOBILISER	UN EXEMPLE DE PROBLÉMATIQUE ET DE PLAN
La justice = au sens strict, institutions chargées d'appliquer le droit. Justice pénale = sanction des infractions. Échelles : internationale (TPI, CPI, tribunaux spéciaux), nationale, locale (ex : *gacaca*). **Crimes de masse** = massacres de populations civiles ; crimes internationaux (génocide, crime contre l'humanité...). **face aux** = « en face de, confronté à ». Ici : comment la justice se saisit (et à quelle échelle) de ces crimes. **depuis les années 1990** = des années 1990 à nos jours. Années 1990 : mise en place des TPI par l'ONU.	**Jalon** Les tribunaux *gacaca* face au génocide des Tutsi p. 206 **Jalon** Construire une justice face aux crimes de masse : le TPIY p. 208 **Points de vue** La justice du TPIY : une « justice des vainqueurs » ? p. 210 **Introduction du thème 3** Les notions de crime contre l'humanité et de génocide p. 182 **Histoire T^le^** Nouveaux rapports de puissance et enjeux mondiaux (thème 4) **Repères chronologiques :** voir p. 208	**Problématique :** Comment la justice s'est-elle saisie des crimes de masse depuis les années 1990, de l'échelle internationale à l'échelle locale ? **Plan :** I. La justice pour pallier l'impuissance de la communauté internationale et endiguer la guerre II. Dire le vrai, juger le crime : la procédure judiciaire III. Réconcilier et refonder ?

Méthode générale de la dissertation p. 22

Chapitre 9

Objet de travail conclusif

L'histoire et les mémoires du génocide des juifs et des Tsiganes

- **Dans le chapitre 7**, vous avez interrogé les relations entre les mémoires et l'histoire des conflits. Comment se souvient-on des conflits ? Comment les commémorer ? En quoi l'histoire contribue-t-elle à apaiser les tensions mémorielles ? Sujets sensibles ayant entraîné de vifs débats politiques, les exemples des causes de la Première Guerre mondiale ainsi que des mémoires de la guerre d'Algérie vous ont permis d'étudier ces questions.

- **Dans le chapitre 8**, vous avez étudié comment la justice tente, à différentes échelles, de traduire devant des tribunaux les responsables de crimes de masse et ainsi de contribuer à la reconstruction des sociétés et États. Si, à partir des années 1970, une justice transitionnelle se met en place, les crimes commis dans les années 1990 en Yougoslavie et au Rwanda accélèrent l'institutionnalisation d'une justice pénale internationale.

- **Dans ce chapitre**, vous étudierez comment le génocide des juifs et des Tsiganes s'est inscrit dans la mémoire collective de la Seconde Guerre mondiale en Europe et aux États-Unis. Depuis les années 1970, l'hommage patriotique aux combattants morts à la guerre a fait place à un devoir universel de mémoire, célébrant les droits de l'Homme et la tolérance.

Comment les mémoires du génocide des juifs et des Tsiganes se sont-elles transmises d'une génération à l'autre depuis 1945 ?

Textes DYS
TOUS LES TEXTES EN VERSION DYS
lyceen.nathan.fr/geopolitiqueterm

SOMMAIRE

Auschwitz, lieu de mémoire

Des jeunes visitent le camp d'Auschwitz (Pologne) le 26 janvier 2019. La date du 27 janvier, anniversaire de la libération de ce camp en 1945, a été choisie en 2002 par le Conseil de l'Europe et en 2005 par l'ONU comme la Journée de la mémoire de l'Holocauste et de la prévention des crimes contre l'humanité dans les établissements scolaires.

Cours

Entre la mémoire et l'oubli (années 1940-1960)

JALON p. 222-223
JALON p. 224-225
JALON p. 226-227

Podcast Cours à écouter

Pourquoi la singularité des génocides des juifs et des Tsiganes n'a-t-elle été que tardivement prise en compte ?

REPÈRE

Shoah/Holocauste
À partir des années 1970, le terme « holocauste », qui désigne en Grèce antique un sacrifice où la victime est entièrement brûlée, se diffuse surtout dans le monde anglo-saxon pour désigner la politique nazie d'extermination. Il est concurrencé en France par le mot « Shoah » (« catastrophe » en hébreu), qui souligne la spécificité du génocide des juifs.

REPÈRE

Le *Journal d'Anne Frank*
Originaire d'une famille allemande réfugiée à Amsterdam, Anne Frank est déportée et assassinée au camp de Bergen-Belsen, à l'âge de 16 ans. Publié par son père en 1947, le *Journal d'Anne Frank* est porté au théâtre et au cinéma aux États-Unis dès les années 1950. Traduit en 70 langues, son succès ne s'est jamais démenti.

VOCABULAIRE

Diaspora : ensemble des communautés juives dispersées dans le monde, vivant en dehors de l'État d'Israël.

Génocide : voir p. 182

Guerre des Six-Jours : voir p. 154

Imprescriptibilité : voir p. 202

Service central d'enquête sur les crimes nationaux-socialistes : organisme judiciaire établi à Ludwigsburg (RFA) en 1958. Ses équipes spécialisées sont chargées d'enquêter dans les pays de l'Est où les crimes ont été commis et de traduire leurs responsables devant les tribunaux allemands.

I La découverte des génocides

A Des déportés parmi d'autres

- **Le retour des déportés et la découverte de l'horreur des camps nazis sont un choc pour l'opinion d'après-guerre.** Les déportés raciaux ne sont toutefois pas distingués des déportés politiques. Les juifs rescapés ne revendiquent pas un statut à part. Leurs associations se donnent pour objectif premier l'entraide, et, en Europe de l'Est surtout, l'émigration vers la Palestine.

- **Le sort des Tsiganes pendant la guerre rencontre, quant à lui, une profonde indifférence.** Il demeure longtemps méconnu car il résulte de persécutions dispersées et localisées, ce qui a longtemps masqué la réalité du **génocide**. En France, 6 000 « nomades » ont été internés par Vichy mais n'ont pas été déportés ; le dernier camp n'est fermé qu'en 1946. Les discriminations à l'encontre des Tsiganes persistent alors partout en Europe.

B Des témoignages nombreux mais peu entendus

- **Les survivants ont très tôt cherché à réunir preuves et témoignages sur le génocide des juifs.** Dès 1943, Isaac Schneersohn crée le Centre de documentation juive contemporaine (CDJC) à Grenoble. Les premiers témoignages ne rencontrent toutefois qu'un faible écho. Paru dès 1947, *Si c'est un homme* de Primo Levi ne sort de l'ombre que lors de sa réédition, en 1958. Jalon p. 226

- **La commémoration de la Seconde Guerre mondiale glorifie avant tout l'action des combattants et des résistants.** Les juifs eux-mêmes préfèrent s'identifier aux combattants de la révolte du ghetto de Varsovie (1943) plutôt qu'aux victimes de la déportation. En 1951, l'État d'Israël institue ainsi la « Journée de l'**Holocauste** et de l'Héroïsme » (*Yom Hashoah*). En France, les responsabilités de Vichy et de l'administration française dans la déportation des juifs sont éludées.

II Une lente prise de conscience

A Les premières manifestations du souvenir

- **Dès les années 1950, la littérature et le cinéma contribuent à diffuser le souvenir de l'extermination des juifs.** Le ***Journal d'Anne Frank***, jeune juive d'origine allemande installée aux Pays-Bas, déportée à Auschwitz et morte à Bergen-Belsen, connaît alors un immense succès international. Réalisé en 1956 par Alain Resnais, *Nuit et Brouillard* est le premier documentaire consacré à l'univers concentrationnaire nazi. Le mot « juif » n'y est toutefois prononcé qu'une fois et l'image d'un policier français gardant l'entrée du camp de Pithiviers, où des juifs avaient été internés, est censurée.

- **Des lieux de mémoire consacrés à la Shoah voient le jour.** Le premier d'entre eux, le mémorial du Martyr juif inconnu, est érigé à Paris en 1956. Le mémorial *Yad Vashem* est édifié l'année suivante à Jérusalem. Il devient un vaste musée dédié à la Shoah dans les années 1990.
Jalon p. 222-223, **Jalon** p. 226-227

B Des réparations timides et incomplètes

● **La République fédérale d'Allemagne amorce dès les années 1950 un processus de réparations envers les victimes juives.** En 1952, elle s'engage à verser des indemnités à l'État d'Israël et aux juifs de la **diaspora**. Le gouvernement allemand refuse cependant d'accorder des réparations aux Tsiganes, sous prétexte qu'ils auraient été persécutés comme « asociaux » et non au titre des lois raciales.

● **Bon nombre de criminels nazis échappent encore à la justice.** Dans les années 1950, la société allemande, encore traumatisée par la guerre, n'est pas prête à faire face à son passé. La création, en 1958, du **Service central d'enquête sur les crimes nationaux-socialistes** de Ludwigsburg permet de nouvelles enquêtes à l'encontre d'anciens nazis. En 1961, le juif autrichien Simon Wiesenthal, survivant de la Shoah, fonde à Vienne un centre de documentation chargé de traquer les criminels en fuite.

III Le réveil de la mémoire juive

A L'ère du témoin

● **Le procès Eichmann à Jérusalem en 1961 marque un tournant dans l'affirmation d'une mémoire spécifiquement juive de la Seconde Guerre mondiale.** Contrairement au procès de Nuremberg qui avait privilégié la procédure écrite, le procès Eichmann, l'un des principaux responsables SS de la déportation des juifs, est construit autour de la déposition de 111 témoins. Les audiences sont retransmises par les télévisions du monde entier.

● **Les témoins deviennent les principaux porteurs de la mémoire.** Les procès des criminels nazis ont désormais une dimension pédagogique auprès des nouvelles générations. En RFA, grâce au procureur général Fritz Bauer, d'anciens responsables SS d'Auschwitz sont jugés à Francfort en 1964. La même année, la France adopte une loi sur l'**imprescriptibilité** des crimes contre l'humanité.

Jalon p. 224-225

B De nouveaux enjeux mémoriels

● **Après la guerre des Six-Jours de 1967, la mémoire de la Shoah devient constitutive de l'identité juive au sein de la diaspora.** Cette dernière se mobilise en effet pour défendre l'État d'Israël, dont l'existence n'est pas reconnue par ses voisins arabes. Aux États-Unis, la transmission du souvenir de « l'Holocauste » devient une priorité des organisations juives.

● **Avec l'arrivée de nouvelles générations, le regard des sociétés sur leur histoire se modifie.** En 1964, la pièce du dramaturge allemand Rolf Hochhuth, *Le Vicaire*, dénonçant le silence du Vatican pendant la guerre sur le sort des juifs, connaît un grand retentissement en Europe et aux États-Unis. En France, le mythe d'une nation majoritairement résistante, entretenu depuis la fin de la guerre, s'effondre après la mort du général de Gaulle : les Français s'interrogent davantage sur le régime de Vichy et la collaboration.

FICHES DE LECTURE

Annette Wieviorka, *L'Ère du témoin,* Pluriel, 2013, 192 p., chapitre II, « L'avènement du témoin ». L'historienne montre l'importance croissante du témoignage des survivants dans la transmission de la mémoire de la Shoah.

François Azouvi, *Le Mythe du grand silence. Auschwitz, les Français, la mémoire,* Gallimard, « Folio Histoire », 2015, 695 p., chapitre II « Le génocide mis en film et en roman ». Dans cet ouvrage, l'auteur explique que selon lui, les Français n'ont pas occulté l'extermination des juifs au lendemain de la guerre.

Les victimes des génocides des juifs et des Tsiganes

50 % **des juifs** vivant en Europe en 1939

6 000 000 victimes[1]

25 % **des Tsiganes** vivant en Europe en 1939

200 000 à 250 000 victimes[1]

[1] Le nombre de victimes est difficile à établir avec précision, en raison des incertitudes sur l'effectif des juifs et des Tsiganes vivant en Europe avant la guerre.

RESSOURCES

Alain Resnais, *Nuit et Brouillard,* 1956, 32'. Le titre de ce documentaire est emprunté au décret *Nacht und Nebel* édicté en 1941 par les autorités allemandes pour éliminer les opposants au IIIe Reich. Il ne visait pas particulièrement les juifs.

Henriette Asséo, Idit Bloch et Juliette Jourdan, *Mémoires tsiganes, l'autre génocide,* 2011, 75'. Ce documentaire évoque le génocide des Tsiganes à partir d'images d'archives et de témoignages de survivants.

Extraits vidéo du procès Eichmann, d'après les images d'époque filmées par le cinéaste américain Leo Hurwitz, 39'02".
www.youtube.com/watch?v=Qwide7UqmBs

Ressources complémentaires

Cours

JALON p. 222-223
JALON p. 224-225
JALON p. 226-227
POINTS DE VUE p. 228-229

Podcast Cours à écouter

« Est-il important d'enseigner la Shoah aux jeunes générations afin d'éviter que cela ne se reproduise ? »

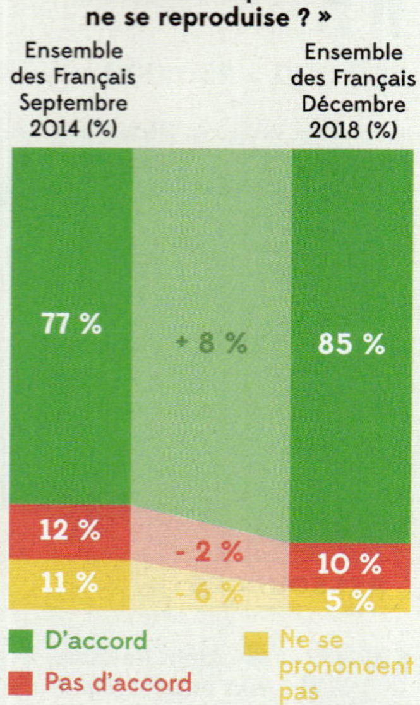

Source : IFOP pour la Fondation Jean-Jaurès, décembre 2018.

VOCABULAIRE

Crime contre l'humanité : voir p. 182

Devoir de mémoire : expression qui se diffuse dans les années 1990, désignant l'obligation morale de commémorer les victimes d'un événement dont la connaissance et la transmission sont jugées nécessaires pour tirer les leçons du passé.

« Justes » : titre attribué depuis 1953 par le mémorial *Yad Vashem* de Jérusalem aux personnes non juives (« Justes parmi les nations ») ayant sauvé des juifs de l'extermination nazie. Plus de 4 000 Français l'ont reçu à ce jour.

Un devoir universel de mémoire (des années 1970 à nos jours)

En quoi la Shoah a-t-elle fait naître l'exigence d'un devoir de mémoire ?

I Le siècle des génocides

A La mémoire prédominante de la Shoah

● **Depuis les années 1970, la commémoration des victimes de la Shoah prend le pas sur celle des combattants et des résistants de la Seconde Guerre mondiale.** À l'initiative du Conseil de l'Europe (2002), puis de l'ONU (2005), une Journée internationale dédiée à la mémoire des victimes de l'Holocauste est célébrée le 27 janvier, date anniversaire de la libération d'Auschwitz. Ce camp est lui-même devenu le haut lieu d'un « tourisme mémoriel » (2 millions de visiteurs en 2018).

● **La mémoire de la Shoah s'est mondialisée et américanisée.** En 1977, la série télévisée américaine *Holocaust*, croisant le destin de deux familles dans l'Allemagne nazie, connaît des audiences spectaculaires aux États-Unis et en Allemagne. Le film de Steven Spielberg, *La Liste de Schindler* (1993), est vu par 65 millions de foyers américains à la télévision en 1997 : c'est la plus forte audience réalisée par un programme non sportif aux États-Unis.

Jalon p. 226-227

B Le génocide des Tsiganes : la catastrophe invisible

● **Les Tsiganes ont éprouvé plus de difficultés à obtenir la reconnaissance de « leur » génocide.** À l'initiative du Conseil central des **Sinti** et des **Roms**, créé en Allemagne en 1982, le chancelier Helmut Schmidt reconnaît que les Tsiganes ont été victimes d'un génocide, ce que certains historiens contestaient encore. Un mémorial aux Sinti et Roms d'Europe assassinés est inauguré à Berlin en 2012.

Jalon p. 222-223

● **Les ouvrages consacrés à l'histoire du génocide des Tsiganes sont cependant encore peu nombreux.** En France, il faut attendre 2016 pour que, par la voix du président de la République François Hollande, la France reconnaisse ses responsabilités dans l'internement des Tsiganes durant la Seconde Guerre mondiale. À cette occasion, une stèle commémorative est inaugurée à Montreuil-Bellay (Maine-et-Loire), où 4 000 Tsiganes furent internés de 1940 à 1946.

II De la reconnaissance à la repentance

A Les responsabilités de l'État français

● **Les gouvernants français ont longtemps refusé de reconnaître la responsabilité de l'État français dans la déportation des juifs.** François Mitterrand a ainsi toujours considéré que la République n'était pas responsable des actes du régime de Vichy. Il est toutefois le premier président à assister, le 16 juillet 1992, à la commémoration de la **rafle du Vel'd'Hiv**.

● **En 1995, Jacques Chirac lève les ambiguïtés du discours officiel.** À l'occasion de la commémoration de la rafle, il déclare que « la France, ce jour-là, accomplissait l'irréparable ». Mais il évoque également les Français qui ont sauvé des vies juives, les **« Justes parmi les nations »**, dont la mémoire est honorée désormais le 16 juillet.

Points de vue p. 228-229

B Réparations et indemnisations

● **Des gestes de repentance symboliques ont été adressés aux victimes de la Shoah.** Premier chancelier allemand à se rendre en Pologne, en 1970, Willy Brandt s'agenouille devant le mémorial aux résistants juifs du ghetto de Varsovie. Dans un « acte de repentance » en 1998, l'Église catholique reconnaît ses responsabilités dans la diffusion de l'antisémitisme.

● **Les associations juives se sont mobilisées pour que soient jugés les criminels nazis et leurs complices.** C'est le but de l'Association des fils et filles de déportés juifs de France, fondée par Beate et Serge Klarsfeld en 1979. Les procès pour **crimes contre l'humanité** en France, notamment celui du haut fonctionnaire Maurice Papon en 1997, établissent la complicité d'une partie de l'administration française dans les déportations. Jalon p. 224-225

● **Bien après la RFA, les banques suisses ont dû, sous la pression des États-Unis, restituer les fonds ayant appartenu à des juifs disparus.** À la suite du rapport de la commission Mattéoli sur la spoliation des juifs de France, en 2000, le gouvernement français institue des indemnisations pour les orphelins des juifs déportés. La Fondation pour la mémoire de la Shoah est alors créée, présidée par Simone Veil.

III Transmettre la mémoire des génocides

A Historiens et témoins

● **La Shoah et sa mémoire sont devenus des objets d'histoire à part entière.** En 1961, l'historien américain Raul Hilberg eut du mal à publier sa thèse sur *La Destruction des juifs d'Europe*, devenue depuis une référence sur le sujet. De nos jours, plus d'une centaine d'institutions se consacrent à l'étude de la Shoah rien qu'aux États-Unis.

● **Chercheurs et enseignants disposent à présent d'innombrables témoignages publiés ou enregistrés.** Les survivants eux-mêmes ont été de plus en plus sollicités pour intervenir dans les écoles. Le cinéaste Steven Spielberg lance en 1994 la Fondation pour l'histoire visuelle des survivants de la Shoah : 50 000 interviews de survivants ont été collectées depuis dans 56 pays.

B Pourquoi se souvenir ?

● **Le devoir de mémoire s'est imposé contre l'antisémitisme et le négationnisme.** L'enseignement de la Shoah participe ainsi de l'éducation à la citoyenneté. Les appels répétés au devoir de mémoire n'ont toutefois empêché ni la résurgence de l'antisémitisme, ni de nouveaux crimes de masse en ex-Yougoslavie ou au Rwanda.
Histoire Tle Nouveaux rapports de puissance et enjeux mondiaux (thème 4)

● **La mémoire de la Shoah offre néanmoins un modèle à toutes les victimes en quête de réparation historique.** En 1998, les Arméniens ont obtenu des autorités françaises la reconnaissance officielle du génocide de 1915. En 2001, la loi Taubira qualifie l'esclavage de crime contre l'humanité.

FICHES DE LECTURE

Michael Stewart, « Une catastrophe invisible. La Shoah des Tsiganes », revue *Terrain* n° 54, mars 2010. L'anthropologue analyse pourquoi le génocide dont les Tsiganes ont été les victimes a été longtemps occulté dans la mémoire européenne.
https://journals.openedition.org/terrain/13989

Éric Conan, Henry Rousso, *Vichy, un passé qui ne passe pas*, Pluriel, 2013, chap. 1 « Le Vél' d'Hiv ou la commémoration introuvable ». Une analyse, entre autres, des polémiques provoquées en France au sujet de la commémoration de la rafle du Vél' d'Hiv.

VOCABULAIRE

Négationnisme : négation de l'existence des chambres à gaz et du génocide des juifs par ceux qui prétendent « réviser » l'histoire et se qualifient eux-mêmes de « révisionnistes ».

Rafle du Vel d'Hiv : arrestation par la police française de 13 152 juifs vivant en région parisienne les 16 et 17 juillet 1942. Ils furent regroupés à Paris au vélodrome d'Hiver, puis transférés à Drancy, d'où ils furent déportés à Auschwitz.

Repentance : acte par lequel une institution (État, Église...) reconnaît officiellement une faute commise dans le passé.

Sinti et Roms : nom des deux principales communautés regroupant les Tsiganes, cette dernière appellation ayant en Allemagne une connotation péjorative qu'elle n'a pas en France.

RESSOURCES

Claude Lanzmann, *Shoah*, 1985. Film documentaire de 570 min, constitué pour l'essentiel de témoignages de survivants. Il existe une version composée de 6 extraits (173').

« L'Internement des Nomades. Une histoire française (1940-1946) », site d'une exposition présentée au Mémorial de la Shoah à Paris. Elle retrace le drame des 6 700 Nomades internés en France de 1940 à 1946.
http://expo-nomades.memorialdelashoah.org/expositions.html

Philippe Picard, *Klaus Barbie, un procès pour mémoire*, 2017, 1 h 11'. Documentaire à partir des images filmées du premier procès pour crime contre l'humanité en France.
www.ina.fr/video/CPD17003390/klaus-barbie-un-proces-pour-memoire-video.html

Ressources complémentaires

Jalon

Lieux de mémoire du génocide des juifs et des Tsiganes

COURS p. 218-219

Les lieux de mémoire du génocide des juifs et des Tsiganes sont restés peu nombreux jusqu'aux années 1970. Depuis, leur multiplication a résulté de la mobilisation des associations de victimes et de leurs descendants. Elle témoigne aussi, au sein des opinions publiques américaine et européenne, de l'affirmation d'un devoir de mémoire.

Quelles fonctions les mémoriaux du génocide des juifs et des Tsiganes remplissent-ils aujourd'hui ?

1 Contre l'intolérance : le musée de l'Holocauste de Washington

Nous sommes ici rassemblés pour célébrer l'inauguration de ce musée de l'Holocauste. Nous le faisons afin de nous assurer que l'Holocauste demeurera toujours comme une pointe acérée dans la mémoire collective de chaque nation, mais plus particulièrement dans celle des États-Unis qui, en ce moment de l'histoire, ont une responsabilité si particulière. Nous le faisons afin, dans une très modeste mesure, d'acquitter notre dette envers les millions de morts que nos nations n'ont pas sauvés, n'ont pas voulu ou n'ont pas pu sauver. Nous le faisons pour contribuer à ce que les jeunes générations soient instruites des dangers que font courir les despotes antidémocratiques, les idéologies racistes et les haines xénophobes [...].

Parmi les dirigeants qui nous ont rejoints aujourd'hui, nombre d'entre eux viennent de pays qui accomplissent d'audacieuses transitions vers la démocratie [...]. Le musée de l'Holocauste sera là pour nous rappeler constamment que, parmi les nombreuses exigences de la démocratie, les plus impératives peut-être sont de renforcer la tolérance envers les différences ethniques, raciales et religieuses, de renforcer la liberté religieuse, les droits de l'individu et le sens des responsabilités civiques ; que chacun de nous est responsable du bien-être de tous [...].

Nous savons, bien sûr, que la nouvelle Europe n'est pas encore débarrassée de l'ancienne barbarie et que les horreurs de notre époque, comme le massacre d'innocents en Bosnie, n'ont pas disparu. Cependant, l'une des leçons éternelles que dispense avec force ce musée est que le combat contre les ténèbres ne cessera pas et que le besoin d'être vigilant ne disparaîtra jamais.

Discours du président des États-Unis Bill Clinton pour l'inauguration du musée de l'Holocauste de Washington, 21 avril 1993.

Étude critique de documents

→ **Quelle signification le président Clinton donne-t-il à l'ouverture du musée de l'Holocauste de Washington ?**

2 Berlin, ville mémoire des génocides

Étude critique de documents

a. Conçu par l'architecte américain Peter Eisenmann, le Mémorial aux juifs assassinés est édifié en bordure du Tiergarten. Il est inauguré en 2005 pour le 60e anniversaire de la fin de la guerre.

b. Conçu par l'architecte israélien Davi Karavan, le mémorial aux Sinti et Roms d'Europe assassinés pendant le nazisme a été inauguré par la chancelière Angela Merkel en 2012. Il est édifié dans le Tiergarten, à proximité du Mémorial aux juifs assassinés et face au Parlement allemand.

→ **En quoi la construction récente de ces deux mémoriaux à Berlin est-elle hautement symbolique ?**

③ Conflits mémoriels à Auschwitz

En 1984, le gouvernement polonais autorise l'installation de carmélites, religieuses catholiques, à Auschwitz. Dans une lettre au nonce apostolique (représentant du pape) à Paris, Théo Klein, président du Conseil représentatif des Institutions juives de France (CRIF), proteste contre cette installation.

Quelle que soit l'intention qui a conduit à cette initiative, et quels que soient les sentiments qui animent celles qui se vouent ainsi à la prière et, peut-être, à la repentance, notre devoir est d'attirer Votre Haute Attention sur le très profond malaise ressenti par notre Communauté. Auschwitz est devenu le haut lieu de la Shoah. D'autres, nous le savons, ont souffert, ont été meurtris et assassinés par le nazisme, mais c'est le martyre incommensurable des juifs qui a marqué ce lieu du signe de l'indicible souffrance d'hommes, de femmes et d'enfants, abandonnés par l'humanité à la technologie de la mort industrielle. Rien ne peut effacer le fait que c'est eux qui sont morts là-bas, parce qu'ils étaient juifs et – parce qu'ils l'étaient – dans l'indifférence des gouvernements et des hiérarchies religieuses. [...] Que chacun vienne prier ou méditer selon sa croyance, selon son rite, selon son cœur, selon sa conscience, sur cette terre gorgée de vies perdues. Ne laissez pas jeter une ombre, fût-elle celle de la Croix[1], sur le champ immense de notre inapaisable douleur.

Lettre de Théo Klein à Son Excellence Angelo Felici, 13 mars 1986, dans Théo Klein, *L'Affaire du Carmel d'Auschwitz*, Éditions Jacques Bertoin, 1991.

1. Les carmélites ont déménagé en 1993, mais la croix installée devant le bâtiment est toujours en place.

→ **Pourquoi l'installation d'un couvent de carmélites à Auschwitz a-t-elle soulevé une vive polémique entre la communauté juive et l'Église catholique ?**

④ Le mémorial de la Shoah à Paris

Le mémorial de la Shoah a été inauguré en 2005 sur le site du mémorial du Martyr juif inconnu, construit dans la capitale dès 1956. Parmi les adjonctions à l'ancien monument : un mur où sont gravés les noms des 76 000 juifs de France déportés et assassinés.

→ **Pourquoi avoir conçu le mémorial parisien autour d'un mur des noms ?**

Inauguration des principaux mémoriaux dans le monde

1957	Mémorial *Yad Vashem* à Jérusalem
1967	Mémorial d'Auschwitz
1993	Musée mémorial américain de l'Holocauste à Washington
1994	Maison d'Izieu, mémorial des enfants juifs exterminés
2005	Mémorial aux juifs assassinés d'Europe à Berlin Mémorial de la Shoah à Paris sur le site du mémorial du Martyr juif inconnu (1956)
2012	Mémorial aux Sinti et Roms d'Europe assassinés à Berlin

VOCABULAIRE

Lieu de mémoire : élément matériel (lieu de bataille, monument...) ou immatériel (œuvre littéraire, institution...) à partir duquel un groupe (national, religieux...) s'identifie à un passé commun (souvent un événement traumatique ou fondateur) et cherche à en perpétuer le souvenir. Cette notion a été popularisée par l'historien Pierre Nora.

EN AUTONOMIE VERS LE BAC

Mise en relation des documents

1. Où et quand des mémoriaux des génocides ont-ils été construits ? docs 1, 2 et 4

2. Quels types de monuments a-t-on conçu pour transmettre la mémoire des génocides ? docs 1, 2 et 4

BAC Vers l'écrit ▸ Dissertation

Sujet : « La transmission de la mémoire des génocides des juifs et des Tsiganes de 1945 à nos jours »

Rédigez en 15 minutes un plan détaillé de la dernière partie de cette dissertation, consacrée au réveil des mémoires depuis les années 1970.

BAC Vers le grand oral

Préparez une présentation de 5 minutes à l'oral de l'un des mémoriaux des génocides des juifs et des Tsiganes, accompagnée d'un diaporama.

▸ Les autres élèves, dans le rôle du jury, vous posent ensuite des questions pendant 10 minutes.

Jalon Juger les crimes nazis après Nuremberg

COURS p. 220-221

Depuis le procès Eichmann en 1961, la traque des criminels nazis et de leurs complices s'est intensifiée. Les crimes de guerre ayant été prescrits, les inculpés ne peuvent plus être jugés que pour crimes contre l'humanité, c'est-à-dire pour leur implication dans la déportation et l'assassinat des juifs et des Tsiganes européens. L'apport réel de ces procès à la connaissance historique de la Shoah fait néanmoins débat.

Quel a été le rôle des procès pour crimes contre l'humanité dans la transmission de la mémoire de la Shoah ?

1 Le « Nuremberg du peuple juif » : le procès Eichmann

Premier ministre de l'État d'Israël, David Ben Gourion est interviewé en juin 1960, alors qu'il effectue une visite en France.

La mise en jugement du criminel Eichmann sera le Nuremberg du peuple juif, qui a été privé à la libération du droit de faire le procès de ses bourreaux [...]. La tragédie juive sous l'hitlérisme ne peut être comparée au sort des peuples européens qui ont vécu sous la botte nazie. On a voulu nous exterminer jusqu'au dernier nouveau-né. Or à Nuremberg ce sont les procureurs américains, anglais ou français qui ont prononcé les réquisitoires, et les représentants du peuple juif n'ont été que les témoins passifs. Aucun châtiment ne pourra jamais être à la mesure des crimes d'Eichmann, mais celui-ci nous servira à faire toute la lumière sur le fameux plan de Hitler de « résoudre » le problème juif par le génocide [...]. Eichmann sera jugé en Israël par un tribunal purement israélien et selon la loi israélienne votée en 1950 tout spécialement à l'intention des bourreaux nazis. Nous ne lâcherons pas notre proie. En revanche, nous donnerons à ce criminel de guerre toutes les garanties d'un procès équitable. Il pourra se faire défendre par des avocats étrangers, même des Allemands, à condition que ces derniers ne soient pas d'anciens nazis. L'instruction sera menée minutieusement et ne se terminera vraisemblablement pas avant décembre prochain. Le procès à proprement parler, qui durera plusieurs mois, sera public.

David Ben Gourion, propos recueillis par Éric Rouleau, *Le Monde*, 21 juin 1960.

REPÈRE

Le procès Eichmann
Organisé à Jérusalem en 1961, ce procès fait comparaître l'un des principaux responsables de la déportation des juifs européens. Adolf Eichmann s'était réfugié en Argentine après la guerre ; il est enlevé par les services secrets israéliens en 1960 pour être jugé par l'État hébreu. Condamné à mort, il est pendu en 1962.

VOCABULAIRE

Crime contre l'humanité : voir p. 182

→ **Pourquoi le procès Eichmann est-il si important pour Israël et le peuple juif ?**

REPÈRE

Le procès Barbie
Ancien chef de la Gestapo de Lyon, Klaus Barbie est jugé en 1987 pour crimes contre l'humanité. Il est condamné à la prison à perpétuité, pour la déportation des 44 enfants juifs de la maison d'Izieu. Il meurt en prison en 1991.

2 Le procès Barbie : la parole aux victimes

Deux des mères des enfants d'Izieu déportés par Klaus Barbie, Ita Halaunbrenner et Fortunée Chouraki, arrivent le 2 juin 1987 au Palais de justice de Lyon pour témoigner, accompagnées de Beate Klarsfeld (à gauche).

→ **Pourquoi la déposition des témoins joue-t-elle un rôle essentiel lors d'un procès comme celui de Klaus Barbie ?**

3 La justice et l'histoire

Ancienne déportée à Auschwitz et à Bergen-Belsen, ministre des Affaires sociales à cette époque, Simone Veil s'exprime au sujet du procès pour crime contre l'humanité intenté contre l'ancien milicien Paul Touvier.

J'ai toujours pensé que le travail des historiens apporterait plus que des procès tardifs [...]. La dramatisation qui intervient lors d'un procès [...] a sans doute un effet émotionnel plus grand. Mais, en tant qu'ancien magistrat, je reste perplexe quant aux moyens et à la valeur d'exemplarité d'une justice qui intervient longtemps après les crimes, alors que les témoins n'ont plus toujours des souvenirs très précis, que les magistrats et les jurés ont du mal à comprendre le contexte des faits incriminés. Même Touvier a aujourd'hui l'air d'un homme âgé qui peut paraître pitoyable et qui fait oublier l'homme jeune et... impitoyable. Mais, dans ce cas, ce qui rend le personnage fidèle à ce qu'il était, c'est qu'il a lui-même provoqué ce procès. [...]. Il recherchait une restitution de tous ses droits sans avoir jamais exprimé le moindre sentiment de culpabilité ou de repentir. Je reste cependant réservée quant à la notion d'imprescriptibilité, même pour des crimes contre l'humanité.

Entretien de Simone Veil accordé au *Figaro*, 25 mars 1994

Entretien complet

REPÈRE

Le procès Touvier
Ancien chef de la Milice à Lyon, Paul Touvier est arrêté à Nice en 1989 après une longue cavale durant laquelle il a bénéficié de l'appui de certains milieux ecclésiastiques. Condamné en 1994 à la réclusion à perpétuité pour l'exécution de 7 otages juifs, il meurt à la prison de Fresnes en 1996.

→ **Pour quelles raisons Simone Veil relativise-t-elle la contribution des procès pour crimes contre l'humanité à la connaissance historique ?**

4 Faut-il encore juger des criminels nazis ?

Depuis 2009, les tribunaux allemands ont élargi aux simples gardiens de camps le chef d'accusation de complicité de meurtre. Des procédures ont ainsi été engagées contre des personnes très âgées. Serge Klarsfeld, qui combat l'impunité des anciens criminels nazis, donne ici son sentiment sur ces procès tardifs.

Question : Deux gardiens d'Auschwitz passent devant les tribunaux. À quoi sert-il de les juger après si longtemps ?

Serge Klarsfeld : Ceux qui restent à juger aujourd'hui avaient moins de 25 ans à l'époque, ils se trouvaient tout en bas de la hiérarchie. Les crimes qu'ils ont commis n'ont pas été documentés de la même manière que ceux des responsables. [...]

Question : Mais ces procès n'ont-ils pas une valeur symbolique?

Serge Klarsfeld : On ne juge pas les symboles, mais d'éventuels coupables. L'intérêt de ces procès est d'entretenir la mémoire de la Shoah. Mais ils n'ajoutent que peu de choses à la connaissance que nous avons de cette période de l'Histoire. Au contraire des procès que nous avons initiés et qui ont permis de dévoiler des pans entiers de l'entreprise génocidaire. Nuremberg a ouvert la voie, le procès Eichmann a suivi. Puis ceux auxquels nous avons contribué : celui de Maurice Papon, de René Bousquet, de Paul Touvier, chacun d'entre eux illustre une page de la Shoah. Ils ont permis de rassembler une documentation gigantesque. Les instructions ont duré des années pour établir les faits, pour dresser des rapports détaillés qui représentent une matière fantastique pour les historiens.

« Chaque procès a dévoilé une page de la Shoah », entretien avec Serge et Beate Klarsfeld, *Le Temps*, 9 mars 2016.

→ **Pourquoi Serge Klarsfeld émet-il des réserves sur ces procès récents en Allemagne ?**

Les procès de criminels nazis et de leurs complices après Nuremberg

1954	Condamnation en France des officiers SS Helmut Knochen et Carl Oberg, libérés par le général de Gaulle en 1962
1961	Procès Eichmann à Jérusalem
1963-1965	Procès à Francfort de 22 responsables du camp d'Auschwitz
1987	Procès à Lyon de Klaus Barbie
1994	Procès de l'ancien milicien Paul Touvier
1997-1998	Procès de Maurice Papon
2015	Procès en Allemagne d'Oskar Gröning, surnommé « le comptable » d'Auschwitz, âgé de 95 ans
2019	Procès à Hambourg de Bruno Dey, 93 ans, ancien gardien SS du camp de Stutthof (Pologne)

EN AUTONOMIE VERS LE BAC

Mise en relation des documents

1. Pourquoi était-il important de continuer à juger les crimes nazis après le procès de Nuremberg ? docs 1, 2 et 4

2. Quelle contribution les procès pour crimes contre l'humanité ont-ils apporté à la connaissance de l'histoire des génocides ? docs 1, 3 et 4

BAC Vers l'écrit ▸ Dissertation

Sujet : « Le jugement des criminels nazis et de leurs complices de 1945 à nos jours »

En 30 minutes, analysez le sujet puis rédigez une introduction présentant ses différents enjeux.

BAC Vers le grand oral

Identifiez les 3 points clés à développer pour répondre en 5 minutes, à l'oral, à la question introductive de ce jalon.

Jalon Le génocide dans la littérature et le cinéma

COURS p. 218-219
COURS p. 220-221

Nombreuses sont les œuvres littéraires consacrées à la Shoah dès les années 1950, qu'il s'agisse de témoignages ou de fictions romancées. En revanche, il faut attendre la fin des années 1970 pour que le cinéma l'évoque plus largement, jusqu'à faire l'objet de grandes productions américaines diffusées dans le monde entier.

Comment le génocide a-t-il été abordé dans la littérature et le cinéma depuis la fin de la Seconde Guerre mondiale ?

1 Le succès tardif de *Si c'est un homme*

On a écrit par le passé que les livres, comme les êtres humains, ont eux aussi leur destin, imprévisible et différent de celui que l'on attendait et souhaitait pour eux. Ce livre a connu un étrange destin. Sa naissance remonte à [une] époque lointaine [...]. Le besoin de raconter était en nous si pressant que ce livre, j'avais commencé à l'écrire là-bas, dans ce laboratoire allemand[1], au milieu du gel, de la guerre et des regards indiscrets, et tout en sachant bien que je ne pourrais pas conserver ces notes griffonnées à la dérobée, qu'il me faudrait les jeter aussitôt car elles m'auraient coûté la vie si on les avait trouvées sur moi.

Mais j'ai écrit ce livre dès que je suis revenu et en l'espace de quelques mois, tant j'étais travaillé par ces souvenirs. Refusé par quelques éditeurs importants, le manuscrit fut finalement accepté en 1947 par la petite maison d'édition que dirigeait Franco Antonicelli : il fut tiré à 2 500 exemplaires, puis la maison ferma et le livre tomba dans l'oubli, peut-être aussi parce que en cette dure période d'après-guerre les gens ne tenaient pas beaucoup à revivre les années douloureuses qui venaient de s'achever. Le livre n'a pris un nouveau départ qu'en 1958, lorsqu'il a été réédité chez Einaudi[2], et dès lors l'intérêt du public ne s'est jamais démenti. Il a été traduit en six langues et adapté à la radio et au théâtre.

Les enseignants et les élèves l'ont accueilli avec une faveur qui a dépassé de beaucoup l'attente de l'éditeur et la mienne.

Primo Levi, *Si c'est un homme,* appendice écrit en 1976 pour l'édition scolaire de l'ouvrage, Julliard, 1987.

1. Chimiste, Primo Levi était détenu à Monowitz, l'usine de caoutchouc synthétique d'IG Farben à Auschwitz.
2. Grande maison d'édition italienne.

→ **En quoi la diffusion du livre de Primo Levi est-elle révélatrice de l'évolution de la mémoire de la Shoah depuis la fin de la guerre ?**

2 La Shoah en bande dessinée

La bande dessinée *Maus* met en images le témoignage du père du dessinateur, survivant d'Auschwitz. Les juifs sont représentés en souris et les nazis en chats. L'ouvrage a obtenu le prix Pulitzer en 1992. Dans cet extrait, l'auteur fait part à son épouse des doutes sur son projet.

Art Spiegelman, *Maus*, 1980-1991.

Art Spiegelman, *Maus : L'intégrale,*

→ **Pourquoi l'auteur émet-il des doutes sur son projet ?**

③ *Shoah* (1985) : le « défi » de Claude Lanzmann

J'avais vu *Nuit et Brouillard*, lu Primo Levi [...], cent autres livres ou monographies, je passais des heures avec des survivants, des rescapés [...]. J'apprendrai plus tard qu'il faut déjà posséder un grand savoir pour être capable d'interroger, je n'en savais alors vraiment pas assez. Tous les récits, les témoignages que je recueillais, même les plus déchirants, s'arrêtaient autour de quelque chose de central que j'avais du mal à appréhender. Les commencements – l'arrestation, les rafles, le piège, le « transport », la promiscuité, la puanteur, la soif, la faim, la tromperie, la violence, la sélection à l'arrivée au camp – se ressemblaient tous et on était très vite dans la routine atroce de la vie concentrationnaire. Il n'était pas question que mon film négligeât tout cela, mais l'essentiel manquait : les chambres à gaz, la mort dans les chambres à gaz, dont personne n'était jamais revenu pour en donner la relation. Le jour où je le compris, je sus que le sujet de mon film serait la mort même, la mort et non pas la survie, contradiction radicale puisqu'elle attestait en un sens l'impossibilité de l'entreprise dans laquelle je me lançais [...]. Mon film devait relever le défi ultime : remplacer les images inexistantes de la mort dans les chambres à gaz.

Claude Lanzmann, *Le Lièvre de Patagonie. Mémoires*, Gallimard, 2009.

→ **À quelles difficultés Claude Lanzmann s'est-il heurté pour bâtir son film ?**

④ Un héros hollywoodien : Oskar Schindler

L'industriel allemand Oskar Schindler sauva la vie de 1 200 juifs pendant la Seconde Guerre mondiale. Il est l'un des « Justes parmi les nations », titre décerné par le mémorial *Yad Vashem* de Jérusalem. Le cinéaste américain Steven Spielberg lui a consacré un film en 1993.

→ **En quoi le succès de ce film reflète-t-il l'évolution de la mémoire du génocide aux États-Unis et en Europe ?**

⑤ Une reconstitution ultraréaliste : *Le Fils de Saul* de Laszlo Nemes

Co-écrit par Laszlo Nemes et Clara Royer, Le Fils de Saul *évoque deux journées de la vie d'un détenu juif hongrois dans les chambres à gaz d'Auschwitz-Birkenau.*

Question : Avez-vous réalisé votre film contre certaines représentations des camps au cinéma ?
Laszlo Nemes : Moi, oui. C'est très clair. Si *Shoah*, de Lanzmann, n'a eu de cesse de nous nourrir, la plupart des films de fiction réalisés sur ce sujet montrent combien il est facile de verser dans l'irrespect. En faisant monter les enchères visuelles, en cherchant à montrer toujours plus [...].
Clara Royer : Nous nous sommes interdit certaines choses. Le sensationnalisme, le pathétique facile... Pas question, par exemple, de filmer les déportés en train de mourir dans les chambres à gaz. C'est une impossible reconstitution. Et puis, notre personnage, Saul, ne voit plus l'horreur qui l'entoure. Nous montrons une vision volontairement parcellaire du camp et de ses rouages. La vision de Saul. C'est au spectateur de reconstituer, à l'aide de son imagination, les images manquantes.
Laszlo Nemes : Avec le chef opérateur, Mátyás Erdély, nous avions même défini une liste de principes à respecter. Le film ne pourrait pas être beau.

Entretien avec Laszlo Nemes et Clara Royer, *Télérama*, 4 novembre 2015.

→ **Quelle ligne de conduite les auteurs ont-ils adoptée pour réaliser leur film sur un camp d'extermination ?**

EN AUTONOMIE VERS LE BAC

Mise en relation des documents

1. En quoi la littérature et le cinéma témoignent-ils de l'intérêt accordé à la mémoire de la Shoah depuis la fin de la Seconde Guerre mondiale ? docs 1, 2 et 4

2. À quelles difficultés l'évocation de la Shoah au cinéma se heurte-t-elle ? docs 3 à 5

BAC Vers l'écrit ▸ Étude critique

Sujet : « La représentation de la Shoah au cinéma des années 1980 à nos jours »

En 15 minutes, analysez les documents 3, 4 et 5 et relevez les informations qui permettent de répondre à ce sujet.

BAC Vers le grand oral Activité guidée

Présentez en 5 minutes une œuvre littéraire ou un film de votre choix, évoquant le génocide des juifs ou des Tsiganes.

Points de vue GRAND ORAL

Fallait-il reconnaître la responsabilité de la France dans la déportation des juifs ?

1 Une « faute irréparable »

Le point de vue d'un homme d'État

Il est, dans la vie d'une nation, des moments qui blessent la mémoire, et l'idée que l'on se fait de son pays. [...] Il est difficile de les évoquer, aussi, parce que ces heures noires souillent à jamais notre histoire, et sont une injure à notre passé et à nos traditions. Oui, la folie criminelle de l'occupant a été secondée par des Français, par l'État français. Il y a cinquante-trois ans, le 16 juillet 1942, 450 policiers et gendarmes français, sous l'autorité de leurs chefs, répondaient aux exigences des nazis. [...] La France, patrie des Lumières et des Droits de l'Homme, terre d'accueil et d'asile, la France, ce jour-là, accomplissait l'irréparable. Manquant à sa parole, elle livrait ses protégés à leurs bourreaux. [...]

Certes, il y a les erreurs commises, il y a les fautes, il y a une faute collective. Mais il y a aussi la France, une certaine idée de la France, droite, généreuse, fidèle à ses traditions, à son génie. Cette France n'a jamais été à Vichy. Elle n'est plus, et depuis longtemps, à Paris. Elle est dans les sables libyens et partout où se battent des Français libres. Elle est à Londres, incarnée par le général de Gaulle. Elle est présente, une et indivisible, dans le cœur de ces Français, ces « Justes parmi les nations » qui, au plus noir de la tourmente, en sauvant au péril de leur vie, comme l'écrit Serge Klarsfeld, les trois quarts de la communauté juive résidant en France, ont donné vie à ce qu'elle a de meilleur. Les valeurs humanistes, les valeurs de liberté, de justice, de tolérance qui fondent l'identité française et nous obligent pour l'avenir.

Allocution du président de la République Jacques Chirac, prononcée lors des cérémonies commémorant la grande rafle des 16 et 17 juillet 1942, 16 juillet 1995.

Jacques Chirac (1932-2019) est Président de la République de 1995 à 2007.

REPÈRE

La commémoration de la Rafle du Vel' d'Hiv'
En 1993, le président François Mitterrand décide de commémorer la Rafle du Vel' d'Hiv' du 16 juillet 1942 en instituant une « Journée nationale à la mémoire des victimes des persécutions racistes et antisémites commises sous l'autorité de fait dite "gouvernement de l'État français" (1940-1944) ». En 2000, elle est renommée « Journée nationale à la mémoire des victimes des crimes racistes et antisémites de l'État français et d'hommage aux "Justes" de France ».

Accompagné de Simone Veil, présidente de la Fondation pour la mémoire de la Shoah, Jacques Chirac préside une cérémonie d'hommage aux Justes de France le 18 janvier 2007 au Panthéon.

2 Une « confusion détestable »

Le point de vue d'un juriste

Au nom de quoi est-ce que la République viendrait demander pardon des crimes qu'elle n'a pas commis et dont elle a été d'une certaine manière la victime ? On a une idéologie totalement antirépublicaine, les principes de la République sont abolis, et le président qui incarne la République vient demander pardon ? Là c'est le juriste qui parle, mais c'est un contresens absolu. Nous républicains, nous n'avons rien à voir avec le régime de Vichy. La République ne peut pas demander pardon au nom de l'assassin de la République. Donc, c'est une démarche de confusion et détestable. C'est Klarsfeld qui a écrit pour partie le discours de Chirac, et à un moment donné, on glisse les mots « la France a commis l'irréparable » qui sont des mots à mes yeux irréparables... Moi je n'assimilerai jamais la France à ces gredins. Politiquement, c'est Chirac qui avait raison. Mais historiquement, je considère que c'est une erreur, et à ce jour encore... Chirac ne s'est pas rendu compte qu'il légitimait le maréchal Pétain et son gouvernement ; il en faisait la France, le contraire de ce que disait le général de Gaulle. Pour un gaulliste, c'était quelque chose d'hallucinant de faire ça, et il l'a fait parce qu'il a cédé à la pression des activistes menés par Serge Klarsfeld.

Robert Badinter, entretien avec Sébastien Ledoux, *Le Devoir de mémoire. Une formule et son histoire*, CNRS Éditions, 2016, p. 299.

Robert Badinter (né en 1928), dont les parents sont morts en déportation en 1942-1943, fait une carrière d'avocat. Ministre de la Justice en 1981, il fait voter l'abolition de la peine de mort. Il est Président du Conseil constitutionnel de 1986 à 1995.

Le 16 juillet 1992, Robert Badinter apostrophe des participants à la cérémonie de commémoration de la rafle du Vel' d'Hiv qui ont hué François Mitterrand.

3 Une exigence démocratique

Le point de vue d'une philosophe

En France, la république démocratique de 1945 devait-elle s'excuser pour les crimes de Vichy ? [...] Une « certaine idée de la France » a permis au général de Gaulle d'identifier la nation à la seule France libre. Mais, dans la mesure où le régime de Vichy fut issu d'un vote légal de l'Assemblée républicaine, dans la mesure où nombre de ses institutions et de ses législations furent malgré tout conservées, il appartenait bien aux générations suivantes d'évoquer et de critiquer le passé national. De cette habitude nouvelle, prise par des gouvernants dont personne ne peut soupçonner la complicité avec les dictatures qui les ont précédés, de se sentir comptable du passé, il faut retenir ceci : que les États démocratiques, et eux seuls, élargissent leur sentiment de responsabilité à l'égard de l'histoire et des peuples. Qu'ils n'accordent pas une prééminence absolue au droit de l'État mais le soumettent au contraire à un droit plus haut, celui de l'humanité : les droits de l'homme. C'est parce que nous reconnaissons que les États et les peuples sont, comme les individus, pris dans la finitude et la liberté, que nous estimons qu'ils doivent faire retour sur eux-mêmes, et, s'il le faut, avouer leurs fautes et demander pardon.

Blandine Kriegel, « Pardon et crime d'État », *L'Histoire* n° 193, novembre 1995.

Blandine Kriegel (née en 1943), fille d'un résistant communiste, est spécialiste de philosophie politique.

CONSTRUIRE SON POINT DE VUE

Découvrez les documents

1. Dans quelle mesure l'attitude du président Jacques Chirac tranche-t-elle avec celle de son prédécesseur ? doc 1

2. Pourquoi les autorités françaises ont-elles longtemps refusé de reconnaître les responsabilités de la France dans la déportation des juifs ? docs 1 et 2

Développez des arguments

3. Comment expliquez-vous la controverse suscitée par le discours de Jacques Chirac ? docs 2 et 3

4. Pourquoi les démocraties sont-elles les seules à pouvoir assumer les fautes du passé ? doc 3

5. Dans quelle mesure le discours de 1995 a-t-il permis d'apaiser les conflits mémoriels liés à l'existence du régime de Vichy ? docs 1 et 3

Présentez votre point de vue ORAL

6. À l'oral, en 5 minutes, répondez à la problématique « Fallait-il reconnaître la responsabilité de la France dans la déportation des juifs ? » en présentant plusieurs arguments.

BAC

L'histoire et les mémoires du génocide des juifs et des Tsiganes

Podcast Synthèse à écouter

EXO Exercices interactifs

DATES CLÉS

1945-1946 Procès de Nuremberg

1947 *Journal* d'Anne Frank

1961 Procès Eichmann à Jérusalem

1987 Procès Barbie en France

1995 Discours de Jacques Chirac à l'occasion de l'anniversaire de la rafle du Vel' d'Hiv

1997 *La Liste de Schindler*, de Steven Spielberg

2012 Inauguration du mémorial aux Sinti et Roms à Berlin

SUJETS BAC

Dissertation

- « La transmission de la mémoire du génocide des juifs et des Tsiganes de 1945 à nos jours » p. 223
- « Le jugement des criminels nazis et de leurs complices de 1945 à nos jours » p. 225
- « La Shoah dans la littérature et le cinéma depuis 1945 » p. 232
- « La société française et la Shoah de 1945 à nos jours » p. 233

Étude critique de documents

- « Les lieux de mémoire de la Shoah » p. 222
- « La représentation de la Shoah au cinéma des années 1980 à nos jours » p. 227
- « Les procès pour crimes contre l'humanité en France » p. 233

SYNTHÈSE

I Des victimes parmi d'autres

● **En dépit de l'horreur suscitée par la découverte des camps de concentration en 1945, le sort des juifs et des Tsiganes n'est pas distingué des autres victimes de la terreur nazie.** La mémoire de la Seconde Guerre mondiale prend appui sur la célébration de la victoire des Alliés et la glorification de ses héros, combattants et résistants.

● **Une lente prise de conscience s'opère néanmoins dès les années 1950.** La Shoah commence à être évoquée au cinéma et dans des œuvres littéraires. Bien que bon nombre de criminels nazis échappent encore à la justice, la République fédérale d'Allemagne verse des réparations financières aux victimes juives.

Jalon p. 226

II Le réveil des mémoires

● **Le procès Eichmann à Jérusalem en 1961 marque un tournant dans l'affirmation d'une mémoire juive de la guerre.** Le témoignage des survivants devient alors l'un des principaux modes de transmission de la mémoire de la Shoah. Après la guerre des Six-Jours, les communautés juives se mobilisent pour faire reconnaître la singularité du génocide.

● **En Europe comme aux États-Unis, les opinions sont davantage sensibilisées au drame des victimes.** Après avoir été longtemps occultée, la responsabilité du régime de Vichy dans la déportation des juifs est désormais reconnue. Les poursuites judiciaires à l'encontre des criminels nazis et de leurs complices sont relancées. En 1987, la capture de Klaus Barbie donne lieu à la tenue du premier procès pour crime contre l'humanité en France.

Jalon p. 224

III Un devoir universel de mémoire

● **Depuis les années 1970, la mémoire de la Seconde Guerre mondiale s'est recentrée sur l'évocation de la Shoah.** Le cinéma et la télévision contribuent à la mondialisation et à l'américanisation de sa mémoire. De nombreux musées et mémoriaux, ainsi que des centres de recherches historiques, lui sont désormais dédiés. La Shoah fait l'objet d'un calendrier spécifique de commémorations, comme le 27 janvier, date de la Journée internationale à la mémoire des victimes de l'Holocauste, adoptée par l'ONU en 2005.

Jalon p. 226, **Jalon** p. 222

● **Au nom du devoir de mémoire, les gestes de reconnaissance et de repentance envers les victimes se sont multipliés.** En 1995, le président Jacques Chirac accepte de reconnaître la responsabilité de la France, et non plus seulement du régime de Vichy, dans la déportation des juifs. La mémoire de la Shoah est devenue un modèle pour d'autres groupes de victimes de l'Histoire en quête de réparation historique ; ainsi pour les Tsiganes, dont le génocide n'a obtenu qu'une reconnaissance mémorielle tardive.

Points de vue p. 228

QCM

1 Quel livre évoquant la Shoah a connu un succès international dès les lendemains de la guerre ?

- A Primo Levi, *Si c'est un homme*
- B Anne Frank, *Journal*
- C Elie Wiesel, *La Nuit*

2 Quel procès a fait défiler à la barre de nombreux survivants de la Shoah pour la première fois ?

- A Le procès Eichmann
- B Le procès de Nuremberg
- C Le procès Barbie

3 Dans quelle ville le premier mémorial de la Shoah a-t-il été édifié ?

- A Jérusalem
- B New York
- C Paris

4 Quel est le film entièrement construit autour du témoignage de survivants des camps d'extermination ?

- A *Nuit et Brouillard* d'Alain Resnais
- B *Shoah* de Claude Lanzmann
- C *La Liste de Schindler* de Steven Spielberg

5 Quel est le seul haut fonctionnaire français à avoir été condamné pour complicité de crime contre l'humanité ?

- A René Bousquet
- B Paul Touvier
- C Maurice Papon

MOTS CLÉS

Devoir de mémoire : p. 220
Repentance : p. 221
Génocide : p. 182
Shoah/Holocauste : p. 218

COMPRENDRE AUTREMENT

L'histoire et les mémoires du génocide des juifs et des Tsiganes

Entre la mémoire et l'oubli

- La singularité des génocides encore mal prise en compte
- Des témoins survivants peu écoutés
- Des réparations encore modestes envers les victimes
- Des criminels nazis peu inquiétés
- Création des premiers lieux de mémoire à Paris et à Jérusalem
- Une lente prise de conscience grâce à la littérature et au cinéma

Lieux de mémoire du génocide des juifs et des Tsiganes p. 222

Le génocide dans la littérature et le cinéma p. 226

Le réveil des mémoires

- Le tournant du procès Eichmann en 1961
- Entrée dans « l'ère du témoin »
- Mobilisation des communautés juives après la guerre des Six-Jours
- Nouvelles controverses en France sur le rôle du régime de Vichy
- Grands procès pour crimes contre l'humanité en Allemagne et en France
- *Shoah* de Claude Lanzmann

Juger les crimes nazis après Nuremberg p. 224

Le génocide dans la littérature et le cinéma p. 226

Un devoir universel de mémoire

- Une mémoire de la Seconde Guerre mondiale recentrée sur les souffrances des victimes
- Mondialisation et américanisation de la mémoire de la Shoah
- Le génocide des Tsiganes sort de l'oubli
- Multiplication des lieux de mémoire et des commémorations
- Repentances, réparations symboliques et matérielles pour les victimes des génocides
- Le « devoir de mémoire »

Lieux de mémoire du génocide des juifs et des Tsiganes p. 222

Fallait-il reconnaître la responsabilité de la France dans la déportation des juifs ? p. 228

BAC ▸ Dissertation

SUJET BAC

La Shoah dans la littérature et le cinéma depuis 1945

- Shoah : À définir : voir Repère p. 218
- littérature : Roman, journal intime, bande-dessinée
- cinéma : Fiction, documentaire
- depuis 1945 : 1945 = fin de la Seconde Guerre mondiale ; découverte des camps d'extermination

MÉTHODE / APPLICATION

ÉTAPE 1 ANALYSER LE SUJET ET FORMULER UNE PROBLÉMATIQUE

Méthode

▸ **Définissez les mots clés, l'échelle, l'espace concerné, la période, le cadre chronologique**

▸ **Dégagez les enjeux du sujet et une problématique : il s'agit d'une question clé posée par le sujet et à laquelle votre dissertation répondra**

Application

▸ Analysez le sujet en vous aidant du modèle ci-dessus.

▸ Dégagez les enjeux du sujet.

Exemple : Le sujet invite à s'interroger sur les finalités de la représentation du génocide juif dans différents genres littéraires et cinématographiques.

▸ Formulez une problématique.

Exemple : Comment la représentation de la Shoah dans la littérature ou au cinéma peut-elle témoigner de l'histoire du génocide et en transmettre la mémoire ?

ÉTAPE 2 MOBILISER LES CONNAISSANCES

Méthode

▸ **Notez, sur un brouillon, les connaissances personnelles nécessaires pour répondre au sujet (notions, exemples, précis, dates, statistiques)**

▸ **Faites des liens avec les programmes de spécialité 1re, d'histoire et de géographie**

▸ **Vérifiez que les informations retenues sont en rapport avec le sujet**

▸ **Prévoyez éventuellement un schéma/un croquis illustrant une notion ou une partie de la dissertation (ce n'est pas obligatoire)**

Application

▸ **Exercice** Complétez le tableau ci-dessous pour mobiliser vos connaissances :

Tableau à compléter

Genre littéraire ou inématographique	Exemples	Intérêt/apport au service de la mémoire	Difficultés / critiques
Film de fiction	*La Liste de Schindler* (Spielberg, 1993) ; *Shoah* (Lanzmann, 1985)	Critères d'authenticité validés par des connaissances historiques	– Subjectivité des choix du réalisateur – Comment dire l'indicible ?
Bande dessinée	*Maus* (Art Spiegelman, 1980)	Vecteur de la connaissance de la Shoah après des jeunes	– Évocation indirecte, représentation allégorique – Comment représenter l'horreur ?
…………..	…………..	…………..	…………..

Conseil Pensez à utiliser tous types de supports de connaissances.

Cours p. 218, **Cours** p. 220, **Jalon** p. 226

ÉTAPE 3 CONSTRUIRE UN PLAN ET ORGANISER LES CONNAISSANCES

Méthode

▸ **À partir de l'analyse du sujet, de la problématique et de vos connaissances, dégagez deux ou trois thèmes ou idées majeures qui formeront les parties du plan**

Application

▸ Dégagez les parties du plan en vous appuyant sur l'analyse du sujet (étape 1) puis classez, dans chaque sous-partie, les connaissances et les exemples que vous avez sélectionnés pour répondre au sujet lors de l'étape 2.

Plan à compléter

- Identifiez les thèmes secondaires qui constitueront les sous-parties
- Classez les connaissances dans chaque sous-partie
- Si un schéma vous semble pertinent pour illustrer une partie, construisez sa légende

Exemple :
I. Témoigner de la réalité de la Shoah et en diffuser le souvenir
1. Le récit du vécu : les écrits des rescapés des camps
2. L'évidence d'une vérité historique : les images d'archive, les films documentaires
II. Recréer pour perpétuer la mémoire de la Shoah
1. La mise en image de l'indicible : les films de fiction
2. La pédagogie du génocide : la BD

ÉTAPE 4 RÉDIGER LA DISSERTATION

a. Rédiger l'introduction

- **Rédigez une phrase d'accroche**
- **Présentez le sujet et formulez la problématique**
- **Annoncez le plan**

- Rédigez une introduction.

Exemple de phrase d'accroche : Claude Lanzmann disait, en parlant de son film *Shoah* : « le titre du film est devenu, en de nombreuses langues, le nom même de l'événement dans son absolue singularité ».

b. Rédiger le développement

- Rédigez les parties de la dissertation en suivant le plan défini.
- Faites une phrase de transition entre chaque partie.

c. Rédiger la conclusion

- **Faites la synthèse des idées principales**

- Rédigez une conclusion répondant à la problématique du sujet.

Exemple : Le cinéma et la littérature ont associé la réalité historique, notamment par l'intermédiaire des témoignages, et la fiction dans leurs représentations du génocide juif. En créant des références visuelles, en faisant partager des émotions, ils ont contribué à rendre vivante la mémoire de la Shoah auprès de toutes les générations.

ENTRAÎNEZ-VOUS

Nouveau sujet

- **La société française et la Shoah de 1945 à nos jours**

BAC ▸ Étude critique de documents

SUJET BAC

Les procès pour crimes contre l'humanité en France

Doc 1 Texte « La justice et l'histoire » doc 3 p. 225
Doc 2 Texte « Faut-il encore juger des criminels nazis ? » doc 4 p. 225

Consigne : En confrontant les deux documents, vous vous interrogerez sur ce qu'apportent les procès à la connaissance historique des crimes contre l'humanité commis en France sous l'occupation allemande.

LES QUESTIONS À SE POSER

- Quels sont les mots clés du sujet et de la consigne ?
- Quels sont les thèmes abordés dans les documents en rapport avec le sujet ?
- Quelle problématique peut être énoncée à partir du sujet, de la consigne et des thèmes abordés par les documents ?

LES CONNAISSANCES À MOBILISER

Introduction du thème 3 p. 178-183, **Cours** p. 218-219, **Cours** p. 220-221, **Jalon** p. 225

Notions : crime contre l'humanité, Shoah, imprescriptibilité.

Personnalités : Simone Veil, Serge Klarsfeld ; les personnes citées (Adolf Eichmann, Maurice Papon, René Bousquet, Paul Touvier).

CONSEILS POUR L'ÉTUDE CRITIQUE

- Montrez que Simone Veil exprime des doutes ; relevez-les et expliquez-en les raisons.
- Expliquez la différence que fait Serge Klarsfeld entre les procès tardifs des gardiens d'Auschwitz et les autres procès qu'il cite.
- Mettez les documents en relation : Simone Veil, ancienne déportée, et Serge Klarsfeld, fils de déporté, expriment des points de vue différents sur les procès tardifs.

Méthode générale de l'étude critique de documents p. 24

Révisions Histoire et mémoires

Thème 3

SYNTHÈSE

Synthèse à écouter

I Histoire, mémoires et justice : des relations complexes

- **L'histoire et la mémoire sont deux voies d'accès au passé qui obéissent à des logiques différentes tout en étant complémentaires.** Alors que la mémoire entretient un rapport sélectif et affectif au passé, l'histoire vise à en produire une connaissance distanciée. Mais plutôt que de s'opposer, les deux s'articulent et se nourrissent : témoignages et revendications mémorielles amènent notamment les historiens à renouveler leurs investigations.

- **Des groupes porteurs de mémoire peuvent demander justice et réparation, au risque d'une mise en concurrence des victimes.** Alors que l'évocation de la Shoah est devenue centrale dans les représentations, d'autres mémoires collectives, comme celle des Tsiganes, se sont également construites en lien avec les persécutions subies sous le nazisme. L'idée d'une concurrence nous rappelle surtout que la mémoire s'inscrit dans les enjeux présents.

- **Dans l'espace public, la parole des historiens se retrouve elle-même concurrencée.** Romans, films, ou lieux de mémoires, sont autant de vecteurs de l'expression de mémoires parfois conflictuelles et douloureuses. Or, le travail de l'historien, par l'écriture d'une histoire commune et la lutte contre le déni, peut précisément permettre à ces mémoires de cohabiter et participer à leur apaisement.

II Histoire, mémoires et justice : enjeux et débats contemporains

- **Après les tragédies du XXe siècle, l'idée du « plus jamais ça » s'est imposée avec la conviction que le devoir de mémoire permettrait d'en prévenir la répétition.** Les débats sur les causes de la Première Guerre mondiale ou la difficile reconnaissance du génocide des Arméniens montrent toutefois que l'histoire peut être instrumentalisée par des usages politiques et que l'injonction à se souvenir est, à elle seule, impuissante à construire des sociétés pacifiées.

- **La justice, sollicitée pour examiner et sanctionner les crimes de masse, participe également du travail de mémoire.** En offrant une reconnaissance aux victimes et en leur permettant de venir raconter leur histoire, elle est parfois considérée comme une voie vers la réconciliation. Mais ces procès « pour l'histoire » n'ont pas forcément de pouvoir de prévention des crimes de masse. Reste l'espoir de pouvoir, un jour, les endiguer.

- **L'apport de cette justice à la connaissance historique fait débat.** Les procès de Nuremberg, comme celui d'Eichmann ou devant les TPI et *gacaca*, ont incontestablement participé à une prise de conscience collective des tragédies. Ils ont également fourni une masse de documents aux historiens qui nourrissent leurs travaux. Mais là où le juge doit délivrer une sentence définitive, l'historien, lui, inscrit son travail dans une recherche et un questionnement qui reste ouvert au renouvellement.

NOTIONS CLÉS

Crime contre l'humanité : p. 182

Devoir de mémoire : p. 182

Gacaca : p. 206

Génocide : p. 182

Histoire : p. 182

Histoire officielle : p. 188

Imprescriptibilité : p. 202

Justice pénale internationale : p. 202

Justice transitionnelle : p. 202

Loi mémorielle : p. 182

Mémoire : p. 182

Repentance : p. 221

Shoah/Holocauste : p. 218

EXEMPLES DE SUJETS SUR LE THÈME

DISSERTATION

Les conflits et tragédies du XXe siècle dans les mémoires collectives

Programme

Chapitres 7 et 9

Notions

Devoir de mémoire, lois mémorielles, histoire officielle, génocide, Shoah, imprescriptibilité, repentance

Conseils

- Caractérisez la place des génocides des juifs et des Tsiganes dans la mémoire collective de la Seconde Guerre mondiale.
- Expliquez pourquoi les mémoires de la décolonisation sont encore douloureuses et sujettes à polémiques.

Autre sujet possible

- L'historien et le juge face aux crimes de masse

QUESTION — GRAND ORAL

Comment les mémoires aident-elles à écrire l'histoire des conflits ?

Liens avec le programme

HGGSP Term Thème 3 « Histoire et mémoires »

Domaine d'études supérieures

Relations internationales, sciences politiques, histoire, droit, journalisme

Croisement avec d'autres disciplines de spécialité

- Humanité, littérature et philosophie
- Droit et grands enjeux du monde contemporain (option)

Conseils pour ces questions

Autre question possible

- L'histoire peut-elle apaiser les mémoires blessées ?

POUR ALLER PLUS LOIN

Références en +

Dans l'ombre de Charonne, Alain et Désirée Frappier, Mauconduit, 2015.

Une BD qui retrace jour par jour la préparation, puis le déroulé de la manifestation de Charonne et de sa répression à travers le regard de Maryse, adolescente de 17 ans.

Hors-la-loi, de Rachid Bouchareb, 2010.

Un film qui retrace l'itinéraire de trois frères algériens vivant en France pendant la guerre d'Algérie.

Chapitre 7

Les Tambours de Srebrenica, de Philippe Lobjois, Eliott Raimbeau, Nouveau Monde Graphic, 2019.

Un jeune enquêteur français, détaché auprès du TPIY pour faire la lumière sur les massacres commis à Srebrenica.

Sometimes in April, de Raoul Peck, 2004.

À travers le destin de deux frères, un récit bouleversant où s'imbriquent le passé et le présent, l'histoire du génocide et du processus judiciaire, du TPIR aux tribunaux *gacaca*.

Chapitre 8

Les Disparus, de Daniel Mendelsohn, Flammarion, 2007.

Dans cet essai autobiographique, l'auteur part en quête de l'histoire des membres de sa famille qui, demeurés en Galicie pendant la guerre, n'ont jamais plus donné signe de vie.

La Femme au tableau, de Simon Curtis, 2015.

L'histoire vraie de Maria Altmann, juive autrichienne émigrée aux États-Unis, qui parvint à récupérer le portrait de sa tante, Adèle Bloch-Bauer, peint par Gustav Klimt et confisqué par les nazis.

Chapitre 9

BAC ▸ Grand oral

▸ Méthode générale **p. 26**

ÉTAPE 1 CHOISIR SA QUESTION

Voir les critères de choix et de formulation d'une question p. 98

La justice peut-elle « réparer » l'histoire ?

D'autres exemples de questions liées à ce thème p. 235

Conseil

Ne vous compliquez pas la vie : vous avez le droit de choisir des questions simples !

ÉTAPE 2 PRÉPARER SON INTERVENTION ORALE

▸ **SE DOCUMENTER**

Voir p. 174 comment choisir des sources pertinentes en lien avec votre question.

▸ Aidez-vous du manuel pour faire un premier point sur la question.

Exemple

Chapitre 8 Cours Juger, réparer, réconcilier p. 202

Chapitre 8 Jalon Construire une justice internationale face aux crimes de masse p. 208

Chapitre 9 Jalon Juger les crimes nazis après Nuremberg p. 224

Conseil

Conservez vos sources afin de les citer lors du grand oral.

Sources utiles pour cette question

▸ **ORGANISER VOTRE RÉPONSE**

EN INTRODUCTION

▸ Accrochez l'attention du jury.

▸ Expliquez pourquoi vous avez choisi cette question.

ORGANISEZ VOTRE PLAN

▸ Formulez 2 ou 3 idées majeures reprenant les grands thèmes issus de votre travail de recherche.

EN CONCLUSION

▸ Vous pouvez profiter de la conclusion pour « tendre une perche au jury », en posant par exemple une autre question. Réfléchissez alors à ce que vous répondrez pour ne pas être pris au dépourvu.

Exemple : Les juges et les avocats des procès contre les criminels de guerre et les génocidaires font-ils l'histoire ?

ÉTAPE 3 PRÉPARER LE SUPPORT À REMETTRE AU JURY

Même s'il n'est ni obligatoire ni évalué, prenez le temps de remettre un support au jury. Il prouvera la qualité de votre préparation.

Exemples de support

Exemple de support : plan détaillé + bibliographie

I. La justice établit une vérité d'un point de vue juridique

→ **A.** Les dilemmes du droit commun : l'abstraction technique du droit pour juger la monstruosité de crimes hors du commun (procès Barbie, Touvier)

→ **B.** L'exception des grands procès internationaux : le crime contre l'humanité, juger au nom d'une conscience universelle (Nuremberg, Tokyo)

Conseil

Préparez ce support manuscrit à l'avance. Reproduisez-le durant la préparation. Cela clarifiera vos idées avant la présentation.

II. La justice permet d'apaiser les mémoires

A. La connaissance des faits jugés et la condamnation permettent la reconnaissance des victimes

B. Les grands procès permettent la réconciliation nationale (devoir de mémoire /lois mémorielles)

III. Mais cette judiciarisation ne répare pas les préjudices de l'histoire

A. L'impossible oubli de l'horreur subie

B. Les « oublis » politiques de l'histoire (assignation de l'État français par la justice martiniquaise : controverses autour de la loi Taubira et les mémoires de l'esclavage)

Indications bibliographiques

Antoine Garapon, *Peut-on réparer l'histoire ? Colonisation, esclavage, Shoah*, Odile Jacob, 2008.
René Rémond, « L'Histoire et la loi », *Études*, n° 4046, juin 2006.
Danièle Lochak, « Le droit, la mémoire, l'histoire », *Revue des droits de l'homme*, n° 2, 2012.
Madeleine Rebérioux, « Le génocide, le juge et l'historien », *L'Histoire* n° 138, novembre 1990.

Astuce

Vous pouvez choisir d'écrire sur votre support un élément que vous ne citerez pas pendant votre présentation. Le jury pourrait rebondir dessus pendant l'entretien.

ÉTAPE 4 PRÉSENTER LA RÉPONSE À LA QUESTION DEVANT LE JURY

Rendez-vous p. 28 pour des conseils détaillés sur cette étape importante.

- **Exercice : jeu de rôle**
- Texte « Faut-il encore juger des criminels nazis ? » doc 4 p. 225. Vous prenez le rôle de Serge Klarsfeld ; un camarade celui du journaliste qui vous questionne.
- Vous devez faire ressortir les mots clés et les temps forts de votre interview.

Conseil

Parlez de manière audible. Attirez et gardez l'attention en variant votre débit en fonction de vos propos. Utilisez vos mains pour appuyer ce que vous dites.

ÉTAPE 5 PRÉPARER LA DISCUSSION AVEC LE JURY

- Anticipez les questions du jury et préparez-vous à y répondre. Entraînez-vous pour développer votre capacité d'argumentation.

Grille d'évaluation pour l'entretien

- **Exercice : préparez une courte réponse argumentée aux questions suivantes :**

– Les juges et les avocats des procès contre les criminels de guerre et les génocidaires font-ils l'histoire ?
– L'historien doit-il témoigner dans un procès pour crime contre l'humanité ?.

- Faites des liens avec les autres disciplines.

Exemples pour cette question

- Lien avec la philosophie : la notion de justice
- Lien avec l'histoire T^le^ : les bases d'un nouvel ordre international » (thème 2), la mise en place d'une justice internationale (thème 4)
- Liens avec Humanités, littérature et philosophie : l'humanité en question, « Histoire et violence »

Conseil

Vous pouvez donner votre avis personnel dans vos réponses ; étayez-le avec des arguments solides.

Conseil

Ne négligez pas les exemples ! C'est ce qui permet de rendre l'exposé vivant.

ÉTAPE 6 ÉCHANGER SUR SON PROJET D'ORIENTATION

« En quoi la question que vous avez choisie éclaire vos choix d'orientation, voire votre projet professionnel ? »

Quelles études en lien avec cette question ?
Cette question intéressera les élèves qui veulent s'orienter vers des études de droit, de relations internationales, de sciences politiques, d'histoire.

- Exemple de formation : l'université Paris 2 propose un Master 2 « Justice pénale internationale ».

Conseil

Exprimez votre motivation en vous appuyant sur votre Projet de formation motivé.

Thème 4

Identifier, protéger et valoriser le patrimoine : enjeux géopolitiques

Relevant d'abord du domaine des beaux-arts, la notion de patrimoine s'est progressivement élargie en intégrant le patrimoine naturel, puis immatériel. Trace du passé, il constitue aussi un support d'identité dont les usages sociaux et politiques sont multiples. Parce qu'il suscite convoitises et tensions, il fait l'objet d'une protection à l'échelle étatique comme à l'échelle mondiale.

Le Machu Picchu, un patrimoine naturel et culturel menacé par le tourisme de masse

Situé à 2 430 m d'altitude dans les Andes, au Pérou, le sanctuaire historique inca de Machu Picchu a été classé par l'UNESCO au patrimoine mondial. Victime de son succès, le site est menacé par une fréquentation qui a dépassé en 2018 le million et demi de visiteurs.

SOMMAIRE

Découvrir

Construction et élargissement de la notion de patrimoine

Entendu dans un sens économique, le patrimoine désigne un ensemble de biens mobiliers ou immobiliers hérités et à transmettre. D'un point de vue culturel, ce terme englobe donc au départ les œuvres d'art et les monuments. Depuis la Renaissance, la notion de patrimoine s'est étendue à des éléments naturels et immatériels.

A Du cabinet de curiosités au musée

1 Un exemple de patrimoine privé : un cabinet de curiosités au XVIIe siècle

Frans II Francken, *Cabinet d'un particulier*, 1625, Kunsthistoriches museum, Vienne (Autriche).

→ **Quels sont les éléments visibles qui constituent le patrimoine de ce particulier ?**

VOCABULAIRE

Patrimoine : ensemble de biens dignes d'intérêt, à conserver et à transmettre.

Patrimoine culturel : ensemble de biens matériels ou immatériels construits par l'homme et considérés comme constitutifs de son identité.

Patrimoine culturel immatériel : introduite en 2003 par la convention de l'UNESCO, cette notion élargit le périmètre traditionnel du patrimoine pour y inclure rituels, jeux, savoir-faire artisanaux, espaces de sociabilité, pratiques alimentaires ou arts du spectacle.

Patrimoine naturel : ensemble des biens dont l'existence, la production et la reproduction sont le résultat de l'activité de la nature, même si les objets qui le composent subissent des modifications du fait de l'Homme (selon l'UNESCO).

2 Le British Museum, premier musée national public du monde

Gravure du XIXe siècle représentant une visite au département des Antiquités égyptiennes du British Museum à Londres.

→ **Comment et où le patrimoine égyptien est-il ici exposé ?**

B Le patrimoine, une notion de plus en plus large

3 La nature, un patrimoine de l'humanité

Affiche de l'exposition « Récifs coralliens du patrimoine mondial de l'UNESCO », Aquarium de Paris, 2017.

→ **Quel type de patrimoine promeut cette affiche ?**

4 La musique, un exemple de patrimoine culturel immatériel

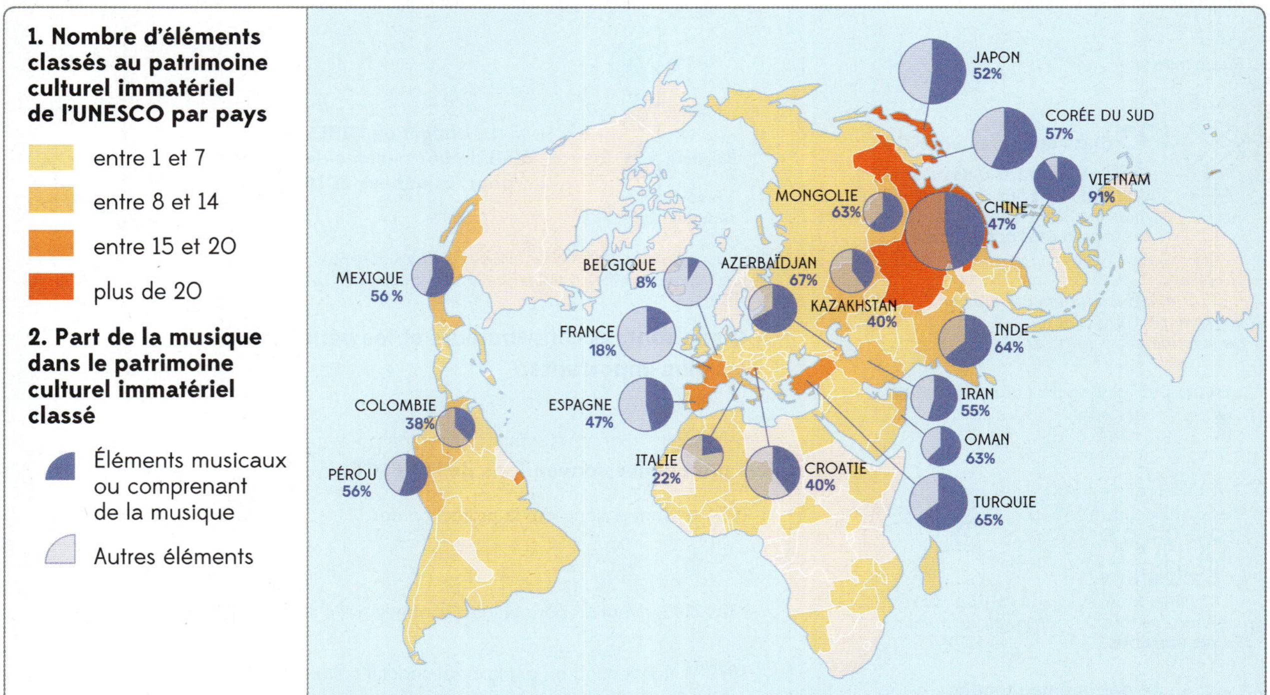

Source : C. Grandjean, M. Grandjean, dans E. Broclain, B. Haug, P. Patrix, « Introduction. Musique : patrimoine immatériel ? », *Transposition*, octobre 2019 [en ligne], données UNESCO 2018.

→ **Comment le patrimoine culturel immatériel mondial est-il réparti ?**

FAIRE LE POINT

Montrez que la notion de patrimoine est une construction historique qui s'est progressivement étendue.

Découvrir

Le « patrimoine mondial » de l'UNESCO

Organisation internationale créée en 1945 par l'ONU, l'UNESCO s'est très tôt engagée dans la protection du patrimoine culturel. En 1972, la Convention du patrimoine mondial dresse, à partir de plusieurs critères, une liste de sites emblématiques du patrimoine mondial, d'abord culturels puis naturels. Le patrimoine culturel immatériel est défini en 1997.

A Qu'est-ce que l'UNESCO ?

L'UNESCO en bref

United Nations Educational, Scientific and Cultural Organization

Depuis quand ?
16 novembre 1945

Pourquoi ?
Parce que le rétablissement de la paix passe aussi par les échanges culturels entre les nations.

Où ?
Siège à Paris.

Qui ?
193 **États membres en 2019**
En 2017, les États-Unis et Israël quittent l'UNESCO, mais les États-Unis conservent le statut d'État observateur.

Mission
Instaurer la paix par la coopération en matière d'éducation, de science et de culture.

Langues officielles de communication :
français *anglais*

Principes généraux de fonctionnement
Conférences générales tous les deux ans
1 voix par pays (principe appliqué à l'ONU)

Le patrimoine mondial selon l'UNESCO en 2019
1 121 biens inscrits
869 sites culturels
213 sites naturels
39 sites mixtes
549 éléments au patrimoine culturel immatériel

1 Contributeurs et bénéficiaires de l'UNESCO

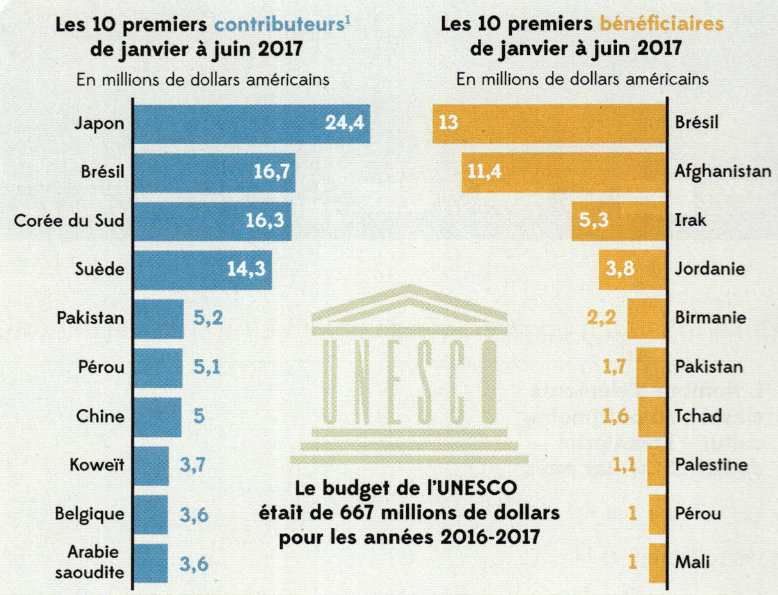

[1] Hors contributions obligatoires utilisées pour les dépenses de fonctionnement (245,6 millions) et fonds spéciaux (70,3 millions).

Source : UNESCO, 2017.

→ **Quels sont les contributeurs et les bénéficiaires les plus importants ?**

Les principales conventions de l'UNESCO

- 1954 Convention pour la protection des biens culturels en cas de conflit armé
- 1970 Convention pour la lutte contre le trafic illicite des biens culturels
- 1972 Convention du patrimoine mondial culturel et naturel
- 2001 Convention pour la protection du patrimoine culturel subaquatique (épaves, vestiges engloutis...)
- 2003 Convention pour la sauvegarde du patrimoine culturel immatériel
- 2005 Convention pour la protection et la promotion de la diversité des expressions culturelles

B Le patrimoine mondial

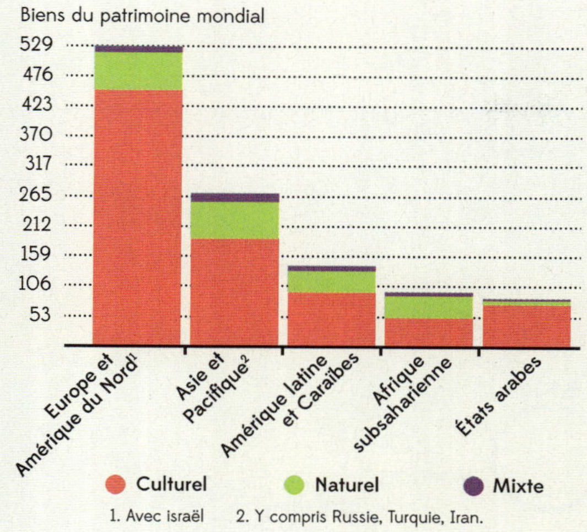

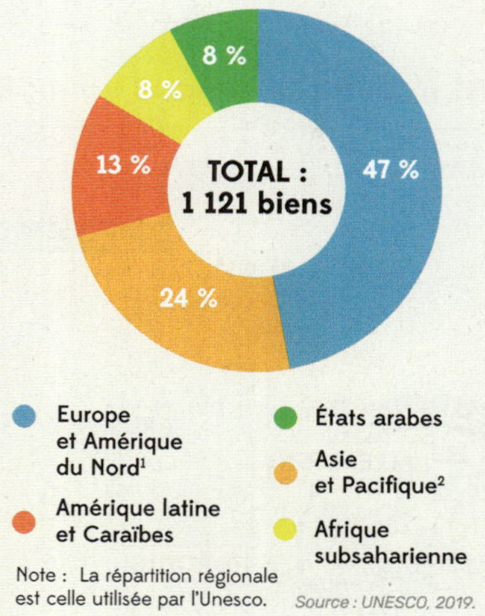

2 Un patrimoine mondial spatialement concentré

→ **Quelles régions du monde concentrent le plus de biens du patrimoine mondial ?**

3 Les critères de classement au patrimoine mondial

Depuis 2005, l'UNESCO utilise 10 critères pour sélectionner les biens classés au patrimoine mondial.

(i) Représenter un chef-d'œuvre du génie créateur humain.

(ii) Témoigner d'un échange d'influences considérable pendant une période donnée ou dans une aire culturelle déterminée, sur le développement de l'architecture ou de la technologie, des arts monumentaux, de la planification des villes ou de la création de paysages.

(iii) Apporter un témoignage unique ou du moins exceptionnel sur une tradition culturelle ou une civilisation vivante ou disparue.

(iv) Offrir un exemple éminent d'un type de construction ou d'ensemble architectural ou technologique ou de paysage illustrant une ou des périodes significative(s) de l'histoire humaine.

(v) Être un exemple éminent d'établissement humain traditionnel [...].

(vi) Être directement ou matériellement associé à des événements ou des traditions vivantes, des idées, des croyances ou des œuvres artistiques et littéraires ayant une signification universelle exceptionnelle [...].

(vii) Représenter des phénomènes naturels ou des aires d'une beauté naturelle et d'une importance esthétique exceptionnelles.

(viii) Être des exemples éminemment représentatifs des grands stades de l'histoire de la terre [...].

(ix) Être des exemples éminemment représentatifs de processus écologiques et biologiques en cours dans l'évolution et le développement des écosystèmes [...].

(x) Contenir les habitats naturels les plus représentatifs et les plus importants pour la conservation *in situ* de la diversité biologique [...].

UNESCO, fr.unesco.org, 2020.

→ **Quel est le point commun de chacun des critères de classement ?**

Patrimoine naturel
Le parc national du Grand Canyon (États-Unis)
Inscrit depuis 1979 : critères (vii), (viii), (ix), (x)
whc.unesco.org/fr/list/75/

Patrimoine culturel
Le site de Bagan (Myanmar)
Inscrit depuis 2019 : critères (iii), (iv), (vi)
whc.unesco.org/fr/nouveauxbiens/

Patrimoine mixte
Le Mont Athos (Grèce)
Inscrit depuis 1988 : critères (i), (ii), (iv), (v), (vi), (vii)
whc.unesco.org/fr/list/454

FAIRE LE POINT

Décrivez et expliquez les inégalités de répartition du patrimoine mondial de l'UNESCO.

Découvrir Le patrimoine dans le monde

Le patrimoine dans le monde : enjeux géopolitiques

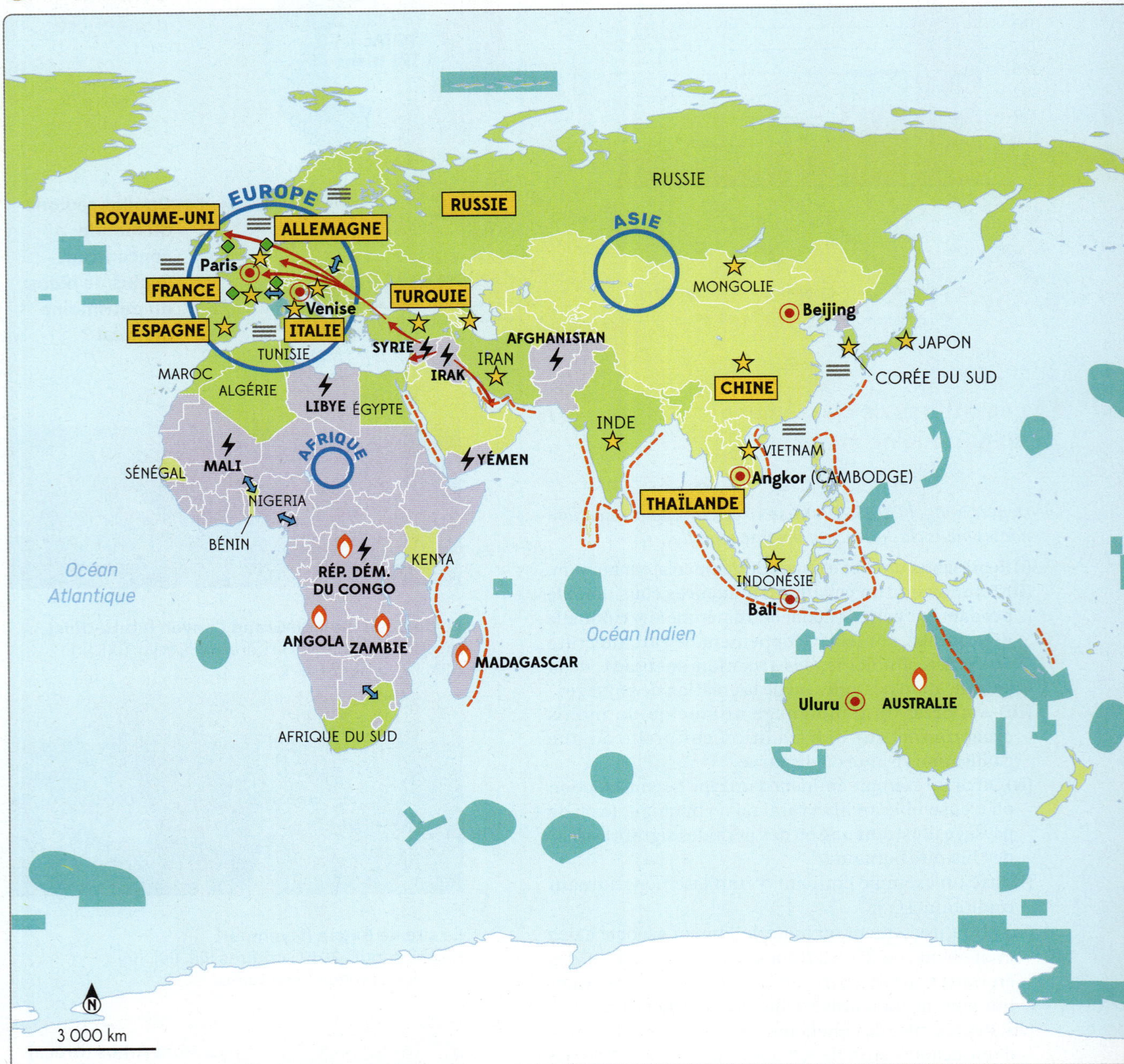

1. Des territoires et des sociétés inégalement exposés aux politiques de patrimonialisation

- États disposant de politiques de patrimonialisation
- États se dotant de politiques de patrimonialisation
- États en voie de développement dont les politiques de patrimonialisation sont inexistantes ou peu présentes
- Nombre de sites inscrits au patrimoine mondial de l'UNESCO

2. Les enjeux de la valorisation et de la protection

- FRANCE Principales destinations touristiques
- Principaux pays de patrimoine immatériel (> 10 pratiques recensées)
- Principales aires marines protégées
- Coopérations transfrontalières : parcs pour la paix
- Siège des principales ONG agissant pour la protection du patrimoine mondial

3. Les facteurs de vulnérabilité du patrimoine : conflits et tensions

- Régions en guerre et/ou sites en péril
- Zones de biodiversité victimes d'incendies
- Routes du trafic mondial d'antiquités
- Principaux sites exposés au surtourisme
- Pollutions et dégradations importantes du patrimoine écologique
- Principales barrières de corail menacées

REPÈRE

Principales ONG de défense du patrimoine

Patrimoine naturel

- **WWF** (World Wildlife Fund ou Fonds mondial pour la nature) : créée en 1961 par des biologistes britanniques pour défendre le patrimoine naturel, cette ONG rassemble plus de 6 millions de personnes dans plus de 100 pays, son siège est en Suisse.
- **Greenpeace :** créée en 1971 au Canada, cette ONG écologiste prône des actions médiatisées au nom de la protection de l'environnement. Présente dans plus de 55 pays. Son siège est à Amsterdam (Pays-Bas).
- **WCS** (Wildlife conservation society, ou Société pour la conservation de la vie sauvage) : Chapitre 15 p. 367

Patrimoine culturel

- **Patrimoine sans frontières :** créée en 1992 à Paris, cette ONG intervient après des crises pour défendre le patrimoine matériel ou immatériel menacé.
- **Europa Nostra :** créée en 1963 pour répondre à l'origine aux menaces pesant sur Venise, cette association promeut aujourd'hui le patrimoine culturel européen.

VOCABULAIRE

Aire marine protégée : espace géographique marin délimité afin d'assurer à long terme la conservation de la faune, de la flore et des éléments culturels qui y sont associés

Parc pour la paix : concept promu dans les années 1980 par l'Union internationale pour la conservation de la nature (UICN) désignant une zone transfrontalière sur laquelle la coopération environnementale entre États est envisagée comme un instrument au service de la paix.

REPÈRE

Patrimoine en péril

Ce statut défini par l'UNESCO désigne un bien du patrimoine mondial menacé par des dangers imminents, comme la dégradation des matériaux d'un monument, le déclin de la faune et de la flore (situation de « péril prouvé ») ou confronté à des menaces graves laissant présager une dégradation du site (situation de « mise en péril »).
https://whc.unesco.org/fr/158/

FAIRE LE POINT

1. Où se situent les menaces qui pèsent sur le patrimoine mondial ?

2. Comment se répartissent les politiques de patrimonialisation ?

3. Comment se répartissent les espaces protégés ?

Repères Qu'est-ce que le patrimoine ?

1 Identifier le patrimoine

- Identifier le patrimoine, c'est reconnaître des critères qui le caractérisent et en font un objet, un lieu ou encore une pratique digne d'être conservé et transmis aux générations futures. Cela constitue l'aboutissement du processus de patrimonialisation. Avant le XIXe siècle, le patrimoine culturel comprend exclusivement les productions des beaux-arts (architecture, sculpture, peinture et dessin). Ce patrimoine s'expose en ville pour les monuments remarquables et dans les musées pour les autres œuvres d'art. La création du premier parc national aux États-Unis au XIXe siècle fait de la nature un élément du patrimoine de l'humanité.

- À partir du XXe siècle, le patrimoine s'est progressivement diversifié en englobant l'architecture industrielle, le patrimoine rural (habitat traditionnel, costumes folkloriques, etc.), mais aussi le patrimoine contemporain (comme la Pyramide du Louvre inaugurée en 1988). Au début du XXIe siècle, l'UNESCO propose de classer certains éléments culturels dans le patrimoine culturel immatériel de l'humanité.

Concert lors du Bob Marley One Love Festival, Durban (Afrique du Sud), 3 février 2019. Le reggae jamaïcain a été classé au patrimoine culturel immatériel de l'humanité en 2018.

2 Protéger le patrimoine

- Différents corps de métiers participent à la protection et à la diffusion du patrimoine auprès du public. En France, l'architecte en chef des monuments historiques recense et protège le patrimoine architectural. Expert en histoire de l'art, le conservateur ou la conservatrice du patrimoine a pour mission d'assurer la pérennité des œuvres d'art tout en les rendant accessibles au public. La protection peut parfois entrer en conflit avec la mise à disposition du public.

- Mais la protection du patrimoine n'est pas réservée aux seuls professionnels. Engagés dans des associations (WWF, Patrimoine sans frontières...), des millions de bénévoles agissent à travers le monde pour la défense du patrimoine naturel ou culturel. À l'échelle locale, des personnes se mobilisent tous les jours pour défendre leur patrimoine menacé (édifice menacé de ruines, culture minoritaire, environnement sous pression...).

En 2019, Cinzia Pasquali restaure *Saint Jean-Baptiste – Bacchus* (1510-1515), un célèbre tableau réalisé par l'atelier de Léonard de Vinci, conservé au Louvre.

3 Valoriser le patrimoine

- Valoriser le patrimoine, c'est lui donner de la valeur soit en le vendant sur le marché de l'art (valeur économique), soit en l'exposant au public (valeur culturelle). Les maisons de vente aux enchères et les commissaires-priseurs ont pour fonction d'assurer la vente de biens patrimoniaux (voitures de collection, bâtiments, œuvres ou objets d'art, etc.).

- Mais la valorisation du patrimoine passe également par sa mise à disposition au public. Différents métiers s'y emploient, notamment dans les musées : les scénographes d'exposition sont chargés de faciliter la découverte d'un patrimoine artistique par les visiteurs, les médiatrices ou médiateurs du patrimoine mettent au point des outils pour rendre la connaissance du patrimoine accessible. Au sein des industries culturelles (édition, musique, cinéma, spectacle vivant...), certains métiers valorisent le patrimoine en en faisant un bien économique.

En 2019, le nouveau musée national du Qatar, surnommé « La Rose des sables », a été inauguré à Doha pour valoriser le patrimoine qatari.

QCM

1 La majorité du patrimoine culturel mondial se concentre :

- A En Europe et en Amérique du Nord
- B En Asie et en Afrique
- C En Europe et en Asie
- D En Amérique du Nord et en Océanie

2 À l'origine, la notion de patrimoine désigne :

- A le pays auquel on est attaché
- B une œuvre d'art présente dans un musée
- C des biens hérités et à transmettre
- D la création d'un musée

3 L'UNESCO est :

- A Une organisation internationale
- B Une organisation non gouvernementale
- C Une association française de défense du patrimoine
- D Une organisation européenne

4 La liste du patrimoine mondial de l'humanité a été créée par :

- A La France
- B Les États-Unis
- C L'UNESCO
- D Le Royaume-Uni

5 Une de ces propositions n'appartient pas au patrimoine culturel immatériel de l'humanité. Laquelle ?

- A Le tango (danse) en Argentine et en Uruguay
- B Le festival des cerises de Sefrou au Maroc
- C Le parc naturel du Yellowstone aux États-Unis
- D L'artisanat traditionnel du çini en Turquie (carreaux de faïence et céramique)

Entrer dans le thème

Chapitre 10 Usages sociaux et politiques du patrimoine p. 248

Le patrimoine est une construction sociale qui s'inscrit dans une histoire longue depuis l'Antiquité. D'abord considéré comme un héritage, il désigne progressivement un bien commun à transmettre et à protéger, source parfois de débats et de conflits.

▸ Comment le patrimoine a-t-il été progressivement défini et utilisé depuis l'Antiquité ?

Chapitre 11 La préservation du patrimoine, entre tensions et concurrences p. 266

Facteur de développement économique, le patrimoine peut être menacé par un afflux trop important de touristes. À l'échelle mondiale, le patrimoine est au cœur des conflits et peut connaître des destructions en temps de guerre comme en temps de paix.

▸ Comment protéger le patrimoine face aux risques de dégradation et de conflits ?

Chapitre 12 La France et le patrimoine, des actions majeures de valorisation et de protection p. 282

À l'origine d'une forme de conscience patrimoniale nationale, la Révolution française permet l'émergence des premiers musées publics. Les acteurs du patrimoine se multiplient (État puis collectivités et acteurs privés) et des débats apparaissent.

▸ Quels sont les enjeux de la valorisation et de la protection du patrimoine en France ?

Chapitre 10

Usages sociaux et politiques du patrimoine

Le patrimoine est une construction sociale qui rassemble les hommes et les femmes à différentes échelles (régionale, nationale, mondiale), mais qui peut aussi les diviser. Souvent instrumentalisé par le pouvoir politique, le patrimoine est au centre de conflits et de débats dans le monde d'aujourd'hui.

Comment le patrimoine a-t-il été progressivement défini et utilisé depuis l'Antiquité ?

Textes DYS
TOUS LES TEXTES EN VERSION DYS
lyceen.nathan.fr/geopolitiqueterm

SOMMAIRE

L'Arabie saoudite s'ouvre au tourisme en faisant connaître son patrimoine préislamique

Des touristes posent devant la façade sculptée d'une tombe nabatéenne sur le site d'Al-Hijr (Madain Salih), dans la vallée d'Al-'Ulâ, à l'occasion d'un meeting aérien, le 31 janvier 2017.

Cours

CARTE p. 244-245
JALON p. 254-255

Podcast Cours à écouter

Le patrimoine, une construction sociale en évolution

Comment le patrimoine est-il progressivement devenu un bien social commun ?

I L'émergence d'une conscience patrimoniale

A Un bien à transmettre

- **Étymologiquement, le mot « patrimoine » renvoie à l'héritage paternel.** En latin, *patrimonium* désigne les biens et droits hérités du père. À l'origine, le patrimoine est donc un bien privé qui se transmet d'une génération à l'autre au sein d'une famille. Quand il s'agit d'une famille régnante, la notion de patrimoine prend une dimension étatique. À Rome, le « patrimoine de César » désigne ainsi les biens de l'État par opposition à la fortune privée de l'Empereur.

- **Depuis l'Antiquité, la religion est une source majeure de patrimonialisation.** Les temples grecs antiques abritaient des offrandes (statues…) considérées comme la propriété des dieux. Chaque cité veillait sur ses sanctuaires comme un patrimoine commun à défendre. Les plus grands sanctuaires, comme Olympie et Delphes, constituaient le patrimoine de tous les Grecs, la religion contribuant ainsi à définir une identité grecque au-delà des conflits entre les cités.

B Un patrimoine essentiellement artistique

- **L'idée de patrimoine s'affirme au Moyen Âge à travers l'Église et le roi.** Les églises, et tous les biens qu'elles abritent (reliques des saints, objets précieux), sont un patrimoine commun à toute la chrétienté et protégé par l'Église catholique. Les palais, les emblèmes du pouvoir (couronne, sceptre), les archives constituent dans chaque pays le patrimoine royal.

- **La Renaissance favorise une conscience patrimoniale.** En 1462, le pape Pie II décide de protéger les antiquités romaines, que les humanistes exaltent comme un modèle pour l'art. En 1471, le pape Sixte IV offre sa collection d'antiquités à la ville de Rome en créant les musées du Capitole. Le **mécénat** des princes et des riches bourgeois permet la création de collections artistiques majeures, comme celle des Médicis qui est à l'origine du musée des Offices à Florence.

II La construction progressive du patrimoine

A L'élargissement du patrimoine

- **En parcourant le monde, les Européens étendent leur patrimoine.** À partir du XVIe siècle, les collections privées, parfois présentées dans des « cabinets de curiosités », intègrent des objets exotiques venus du Nouveau Monde. La colonisation permet aux Européens de prélever et de rapporter en Europe le patrimoine d'autres civilisations, ce qui est aujourd'hui dénoncé comme un pillage.

- **La Révolution française renforce le rôle patrimonial de l'État.** Les biens du clergé et ceux des nobles émigrés sont confisqués et deviennent patrimoine national. Le **vandalisme** conduit l'État à prendre les premières mesures de conservation, comme l'ouverture en 1793 du Museum central des arts dans l'ancien palais du Louvre. Ailleurs en Europe, d'autres musées d'art sont inaugurés, tel le musée du Prado à Madrid en 1819.

Chapitre 12 p. 286-289

VOCABULAIRE

Griot : musicien ambulant et conteur dans les pays d'Afrique de l'Ouest.

ICOM *(International Council of Museums)* : ONG créée en 1947 regroupant des professionnels de musées du monde entier.

ICOMOS *(International Council on Monuments and Sites)* : ONG créée en 1965, regroupant des professionnels du patrimoine du monde entier et ayant pour mission la préservation des monuments et sites historiques à l'échelle mondiale.

Imprescriptibilité : voir p. 252

Inaliénabilité : voir p. 252

Mécénat : soutien financier apporté à des artistes pour la création d'œuvres d'art ; du nom de Mécène (68-8 avant notre ère), un proche de l'empereur Auguste, qui consacra sa fortune à la promotion des arts.

Patrimonialisation : processus faisant d'un bien naturel ou culturel (matériel ou immatériel) un bien à conserver et à transmettre aux générations futures.

Vandalisme : utilisé pour la première fois par l'abbé Grégoire en 1794, le terme dénonce la destruction des symboles d'Ancien Régime dans les églises ou les châteaux (du nom des Vandales, envahisseurs germaniques réputés pour leurs destructions au Ve siècle).

B Une définition réglementaire du patrimoine

- **Au XIXe siècle sont créées les premières institutions et lois patrimoniales.** En France, l'État identifie un patrimoine à protéger et forme des spécialistes (École des Chartes en 1821, du Louvre en 1882). Les premières lois de protection sont prises parce que monuments et paysages sont menacés par l'industrialisation. Après le Danemark (1861) ou le Japon (1871), la loi de 1913 en France pose les principes du droit du patrimoine : **inaliénabilité** et **imprescriptibilité** pour les œuvres d'art. La notion de patrimoine s'étend à la nature quand le Congrès des États-Unis fait de la région de Yellowstone, en 1872, le premier « parc national ».

Chapitre 12 p. 286-289, **Chapitre 15** p. 358-359

- **La définition européenne du patrimoine est contestée.** Elle ne tient pas compte des traditions orales, comme celle des **griots** en Afrique, ou d'autres approches culturelles. En 1994, au Japon, le document de Nara définit l'authenticité d'un bâtiment par son emplacement : un temple, par exemple, reste ainsi authentique quel que soit le nombre de ses restaurations. En Afrique de l'Ouest, certains édifices en pisé sont refaits après chaque saison des pluies, comme la mosquée de Djenné au Mali (**Chapitre 11** p. 272). Par ailleurs, la notion de **matrimoine** est aujourd'hui mise en avant pour valoriser le rôle des femmes.

REPÈRE

Le matrimoine
Construit par analogie avec « patrimoine », ce terme est popularisé dans les années 2010 pour désigner les biens culturels conçus par des femmes. Depuis 2015, des Journées du matrimoine sont organisées par une association pour faire connaître le travail des artistes femmes.

Carte du matrimoine parisien

III Des patrimoines nationaux au patrimoine mondial

A Des patrimoines ferments d'identité

- **La construction de l'État-nation coïncide avec la valorisation du patrimoine national.** Ainsi, le roi des Français Louis-Philippe ôte au château de Versailles sa qualité de résidence royale pour en faire un musée d'histoire de France inauguré en 1837.

Jalon p. 254-255

- **La défense des patrimoines locaux forge l'identité de communautés.** Depuis 2008, l'article 75 de la Constitution précise que « les langues régionales appartiennent au patrimoine de la France ». À l'échelle mondiale, la défense des patrimoines locaux est un enjeu fort d'identité pour les minorités ethniques, tels les Indiens du Canada.

B La notion de patrimoine mondial

- **Une gouvernance mondiale se met en place.** Après la création de l'UNESCO en 1945, des ONG comme l'**ICOM** (1947) ou l'**ICOMOS** (1965) sont fondées pour préserver et promouvoir le patrimoine culturel et naturel à l'échelle mondiale. En 1972, la Convention de l'UNESCO sur le patrimoine naturel et culturel établit une liste mondiale de sites à préserver.

- **La notion de patrimoine s'élargit.** Créée en 1948, l'UICN (Union internationale pour la protection de la nature) regroupe des États, des agences gouvernementales et des ONG pour conserver la biodiversité, désormais considérée comme un patrimoine à part entière : on peut parler d'une patrimonialisation du vivant. En 2003, l'UNESCO étend le patrimoine culturel au patrimoine dit immatériel.

Introduction du thème 4 p. 240-245

FICHES DE LECTURE

Christian Hottin et Yann Potin, « Le Patrimoine, pourquoi ? comment ? jusqu'où ? », dans *La Documentation photographique*, n° 8099, mai-juin 2014, p. 2 à 16. Une présentation synthétique des différentes formes du patrimoine et ses usages.

Lionel Prigent, « L'inscription au patrimoine mondial de l'UNESCO, les promesses d'un label ? », dans *Revue internationale et stratégique*, n° 90, Armand Colin, 2013/2, p. 127-135. L'auteur analyse les usages socio-économiques du patrimoine mondial.

RESSOURCES

Ressources complémentaires

Jean-Michel Leniaud, *Les Archipels du passé. Le patrimoine et son histoire*, 2002, Fayard, 374 p. Une histoire du patrimoine en France.

Le glossaire en ligne consacré au patrimoine sur le site *Géoconfluences*. Le site de géographie de l'ENS Lyon détaille les différents types de patrimoine et propose une sitographie associée.
http://geoconfluences.ens-lyon.fr/glossaire/patrimoine

Podcasts « Histoire du patrimoine : les aléas d'un héritage commun », *La Fabrique de l'histoire*, France Culture, 20-23 mai 2019. 4 épisodes de 52 minutes consacrés à l'histoire de la notion de patrimoine, ses processus et ses enjeux contemporains.
www.franceculture.fr/emissions/series/histoire-du-patrimoine-la-construction-dun-heritage-universel

Cours Le patrimoine, usages et conflits

CARTE p. 244-245
JALON p. 254-255
JALON p. 256-257
POINTS DE VUE p. 258-259
POINTS DE VUE p. 260-261

Podcast Cours à écouter

Pourquoi le patrimoine et ses usages peuvent-ils être sources de conflits ?

I Le patrimoine instrumentalisé

A Le patrimoine, outil idéologique

- **Le patrimoine est utilisé par les régimes totalitaires du XXᵉ siècle.** Entre 1926 et 1938, Mussolini ordonne des travaux à Rome pour mettre en valeur le forum. Il présente en effet l'Italie fasciste comme un nouvel Empire romain. La propagande nazie utilise l'art gothique pour faire du IIIᵉ Reich l'héritier de l'Empire germanique du Moyen Âge qui s'est étendu vers l'Est aux dépens des Slaves.

- **Le patrimoine peut être effacé à des fins politiques.** Ainsi, au Japon, l'ère Meiji (1868-1912) inaugure la modernisation du pays avec la mise en valeur d'un patrimoine autochtone, fondé sur la religion shinto, au détriment des traces du bouddhisme chinois considéré comme étranger. En Chine, la révolution culturelle de Mao Zedong (1966-1968) s'en prend aux traces de la culture traditionnelle chinoise considérée comme rétrograde.

B Le patrimoine, objet de discorde

- **Le patrimoine est source de conflits mémoriels.** Construit par un régime politique pour servir son idéologie, le patrimoine monumental peut devenir source de discorde sous un autre pouvoir. En Espagne, le *Valle de los Caídos*, sanctuaire franquiste construit entre 1942 et 1959 près de Madrid, devient problématique pour la démocratie qui veut se réconcilier avec son passé.

- **La célébration du patrimoine peut susciter de vives polémiques.** Ainsi, en 2011, le ministère de la Culture avait prévu de célébrer le cinquantième anniversaire de la mort de l'écrivain Louis-Ferdinand Céline. Ce projet a été annulé, des voix s'étant élevées pour expliquer que la République ne pouvait rendre hommage à l'auteur de textes antisémites. De même, inscrite en 2011 à l'inventaire du patrimoine culturel immatériel de la France, la corrida en est retirée en 2015, après une longue bataille juridique.

II Le patrimoine convoité

A Le patrimoine, un enjeu de puissance

- **Le patrimoine est un outil diplomatique au service de la puissance.** Le panda étant classé « trésor national » en Chine, le prêt d'un couple de ces animaux à la France en 2012 constitue un geste symbolique fort, au point de parler de « diplomatie du panda ». Les monuments patrimoniaux servent de cadres aux rencontres diplomatiques. Ainsi, de Gaulle réhabilite le château de Versailles à partir de 1961 pour accueillir les chefs d'État étrangers.

Jalon p. 254-255

- **Le patrimoine est un atout pour les pays émergents.** Dans les États du golfe Arabo-Persique ou en Chine, des musées sont inaugurés en s'appuyant notamment sur l'expertise française en matière de **muséographie**. Depuis 2017, le Louvre Abu Dhabi, construit par l'architecte français Jean Nouvel, ambitionne d'attirer plus de touristes aux Émirats arabes unis pour diversifier une économie trop dépendante du pétrole. Depuis 2018, l'Arabie saoudite ouvre le site nabatéen d'Al-'Ulâ au tourisme pour valoriser son patrimoine historique et naturel avec l'aide des spécialistes français.

VOCABULAIRE

Charte de Venise : texte rédigé en 1964 par des professionnels du patrimoine, des architectes et des ingénieurs, qui fournit aux États un cadre international pour la préservation et la restauration des bâtiments anciens (voir p. 261).

Imprescriptibilité : caractère de ce qui ne peut être ni prescrit, ni supprimé, sans condition de temps ou de lieu. L'imprescriptibilité du patrimoine signifie que celui-ci peut à tout moment être revendiqué par un musée en cas de vol, par exemple.

Inaliénabilité : caractère de ce qui ne peut être cédé ou vendu.

Muséographie : ensemble des techniques de mise en valeur des collections au sein d'un musée.

B Le patrimoine, un enjeu économique

- **Le patrimoine se monnaie sur un marché de l'art mondialisé.** Les principales maisons de vente aux enchères (Sotheby's, Christie's, Artcurial) se partagent un marché très lucratif. En 2017, un tableau de Léonard de Vinci (*Salvator Mundi*) a été acheté pour 382 millions d'euros chez Christie's à New York. Les voitures de collection représentent cependant la majeure partie des ventes aux enchères en valeur.

- **Le patrimoine fait aussi l'objet d'un commerce illicite.** Les objets d'art suscitent la convoitise de revendeurs pour qui le recel d'œuvres d'art est une source de revenus. En 2015, le trafic illégal d'antiquités a permis à l'organisation terroriste Daech de financer en partie la guerre en Syrie et en Irak.

Répartition géographique des ventes d'objets d'art dans le monde (2016)

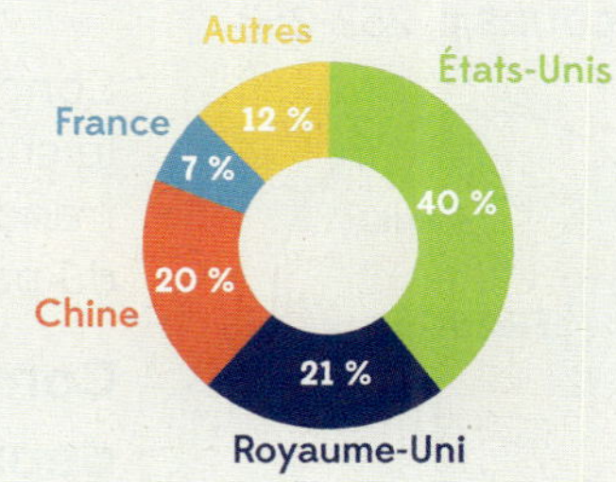

Montant total des ventes d'objets d'art en 2016 : 56,6 milliards de dollars

Source : d'après Arts Economics, 2017.

III Le patrimoine en débat

A La question de la restauration du patrimoine bâti

- **La restauration à l'identique est encouragée par la charte de Venise de 1964.** Proposant de restaurer les bâtiments « dans le dernier état connu », ce traité international n'a en réalité aucune valeur contraignante pour les États. Certains projets de restauration créatifs suscitent ainsi des polémiques, comme pour le toit et la flèche de la cathédrale Notre-Dame de Paris, détruits par un incendie les 15 et 16 avril 2019.

Points de vue p. 260-261

- **Reconstruire le patrimoine détruit suscite des polémiques.** À Berlin, le Palais du peuple de l'ex-RDA est démoli entre 2006 et 2008. Cette disparition est vue par certains Berlinois de l'Est comme l'effacement de leur mémoire. En lieu et place de ce palais, le château des Hohenzollern (endommagé par la guerre et rasé par la RDA en 1950) a été reconstruit et inauguré en 2020. Une seule des quatre façades n'a pas été restituée à l'identique pour rappeler qu'il s'agit d'une reconstruction moderne.

B La question de la restitution des œuvres d'art

- **Acquises lors de guerres ou de pillages, certaines œuvres d'art sont parfois restituées à la demande de leurs propriétaires.** En 1998, 44 États signent la déclaration de Washington s'engageant à restituer les œuvres d'art volées par les nazis aux descendants des juifs spoliés pendant la guerre.

- **Mais la majeure partie des demandes de restitution provient d'États.** Ainsi, Athènes réclame au British Museum de Londres les frises du Parthénon emportées par Lord Elgin au XIXe siècle. En France, le rapport Savoy-Sarr (2018), qui invite à restituer aux États d'Afrique des œuvres d'art volées lors de guerres coloniales, crée la polémique, car restituer les œuvres serait contraire aux principes d'**inaliénabilité** et d'**imprescriptibilité** du patrimoine français.

Jalon p. 256-257, **Points de vue** p. 258-259

FICHES DE LECTURE

Dominique Poulot, *Patrimoine et musées. L'Institution de la culture,* Hachette supérieur, « Carré Histoire », 2019 (2e édition).
Le chapitre 10 (p. 198-226), intitulé « Un nouveau patrimoine », explore l'extension du champ du patrimoine depuis les années 1960.

Corinne Hershkovitch, « La restitution des biens culturels. Fondements juridiques, enjeux politiques et tendances actuelles », dans *Ethnologies, géopolitique, conflits et patrimoine*, vol. 39, n° 1, 2017, p. 103-121. Une mise au point historique et juridique sur la question de la restitution par une avocate spécialiste.
www.erudit.org/fr/revues/ethno/2017-v39-n1-ethno03943/1051053ar.pdf

RESSOURCES

Ressources complémentaires

Podcasts « Entre spoliation et restitution, cet étrange désir de posséder les œuvres d'art », *LSD La Série Documentaire*, France Culture, 29 janv.-1er fév. 2018. Quatre documentaires de 55 minutes portant sur les œuvres au cœur des conflits (volées, détruites, muséifiées, restituées).
www.franceculture.fr/emissions/series/cet-etrange-desir-de-posseder-les-oeuvres-dart

« L'évolution de la protection du patrimoine au Japon depuis 1950 : sa place dans la construction des identités régionales », *Ebisu, Études japonaises*, n° 52, 2015, p. 21-46 (en ligne). Un article pour comprendre les spécificités de la protection du patrimoine au Japon.
https://journals.openedition.org/ebisu/1576

« Notre-Dame de Paris à travers les siècles », *Lumni*, 2019, 5'52''. Une courte vidéo expliquant en images de synthèse la restauration de Notre-Dame de Paris tout au long du XIXe siècle.
www.lumni.fr/video/la-grande-restauration-de-notre-dame-1843-1867

Jalon Réaménager la mémoire : les usages de Versailles de l'Empire à nos jours

COURS p. 250-251
COURS p. 252-253

Conçu sous Louis XIV pour devenir le symbole de la monarchie absolue, le château de Versailles est un temps abandonné durant la Révolution française. Repris en main par l'État à partir de Napoléon Ier, ce haut lieu du patrimoine français a connu de multiples usages.

Comment Versailles a-t-il été utilisé par le pouvoir politique depuis le Premier Empire ?

1 Le château devient musée national

En 1837, la galerie des Batailles du château de Versailles devient un musée d'Histoire de France. Montalivet, intendant du roi Louis-Philippe, présente ce projet.

Consacrer l'ancienne demeure de Louis XIV à toutes les gloires de la France, rassembler dans son enceinte tous les grands souvenirs de notre histoire, tel fut le projet immédiatement conçu par Sa Majesté [...]. Le roi donna l'ordre de rechercher dans les dépôts de la Couronne et dans les résidences royales toutes les peintures, statues, bustes ou bas-reliefs représentant des faits ou des personnages célèbres de nos annales en même temps que tous les objets qui offriraient un caractère historique [...]. On mit enfin le même soin à recueillir tout ce qui avait été produit par la peinture et la sculpture moderne. [...] Le roi a [commandé] à nos artistes distingués un nombre considérable de tableaux, de statues et de bustes destinés à compléter le magnifique ensemble de toutes les illustrations de la France.

Camille de Montalivet, *Recherches statistiques sur les galeries historiques du palais de Versailles*, Journal des travaux de la société française de statistique universelle, vol. 5, n° 1, 1839.

Étude critique de documents

→ **Comment et pourquoi le château de Versailles est-il devenu un musée ?**

Versailles en quelques dates

1631-1634	Construction d'un premier château sous Louis XIII
1655-1710	Agrandissements successifs du château sous Louis XIV
6 oct. 1789	Louis XVI et Marie-Antoinette contraints de quitter Versailles pour Paris
1793-1794	Vente aux enchères d'une partie des meubles du château
1809	Napoléon fait remettre en état le château (Grand et Petit Trianon)
1837	Le château devient un musée d'histoire de France
1862	Le château est classé monument historique
1871	Proclamation de l'Empire allemand dans la galerie des Glaces
1919	Signature du traité de Versailles au château
1995	Création de l'établissement public du château, du musée et du domaine national de Versailles

2 La galerie des Glaces, miroir du pouvoir

Anton von Werner, *La Proclamation de l'Empire allemand le 18 janvier 1871*, 1885, huile sur toile (167 x 202 cm), musée Bismarck, Friedrichsruh (Allemagne).

William Orpen, *La Signature de la paix dans la galerie des Glaces le 28 juin 1919*, Londres, Imperial War Museum.

Animation

→ **Confrontez ces deux tableaux : pourquoi montrent-ils que la galerie des Glaces est un lieu de pouvoir ?**

3 Versailles entre usages publics et usages privés

1 Galerie des Batailles
2 Chapelle royale
3 Galerie haute
4 Grand appartement du Roi
5 Galerie des Glaces
6 Grand appartement de la Reine
7 Opéra
8 Hémicycle
9 Grand Trianon
10 La Lanterne
Limites du domaine national

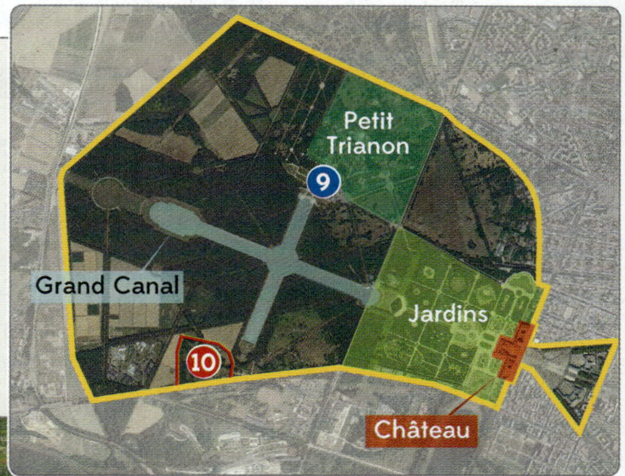

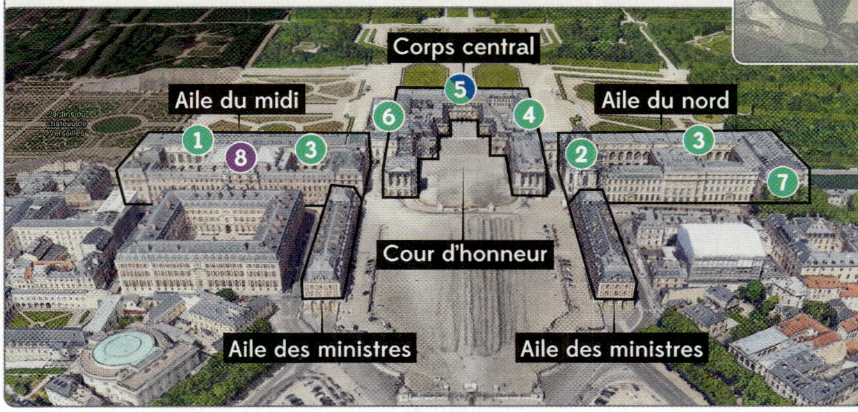

Parties ouvertes au public
Parties réservées au Congrès
Parties réservées aux réceptions officielles des chefs d'État
Résidence présidentielle

→ **Quels sont les différents usages du domaine de Versailles ?**

4 Versailles, lieu de rencontre diplomatique

Visite de la galerie des Batailles lors d'une réunion entre le président russe Vladimir Poutine et le président français Emmanuel Macron, 29 mai 2017.

→ **Pourquoi le président français accompagne-t-il son homologue russe dans cette salle ?**

Étude critique de documents

EN AUTONOMIE VERS LE BAC

Mise en relation des documents

1. Quels sont les usages du château de Versailles en tant que musée ? docs 1, 3 et 4

2. En quoi le château de Versailles est-il un lieu de pouvoir ? docs 2, 3 et 4

BAC Vers l'écrit ▸Dissertation

Sujet : « Les usages du patrimoine »

Après avoir analysé le sujet et élaboré une problématique, proposez un plan détaillé pour cette dissertation.

BAC Vers le grand oral

Réalisez un diaporama qui montre les différents usages de Versailles depuis le XIXe siècle.

▸Pensez à sélectionner des images libres de droit : pour cela, vous pouvez accéder au portail *Éduthèque* qui propose une liste de partenaires culturels (château de Versailles, BNF, etc.)

▸Présentez ce diaporama à l'oral. Les autres élèves, dans le rôle du jury, vous posent ensuite des questions pendant 10 minutes : demandes de précisions, définition du vocabulaire, liens avec le cours…

Jalon

Un conflit de patrimoine : les frises du Parthénon depuis le XIXe siècle

COURS p. 250-251
COURS p. 252-253

Réalisées au Ve siècle avant notre ère, les frises du Parthénon ont été prélevées sur le site de l'Acropole d'Athènes entre 1801 et 1803. Rapportées à Londres pour être vendues au British Museum, ces sculptures sont depuis lors l'objet d'un conflit de patrimoine. La question de leur restitution reste centrale pour les Grecs, pour qui elles constituent un symbole national.

Pourquoi les frises du Parthénon sont-elles l'objet d'un conflit de patrimoine depuis le XIXe siècle ?

1 Lord Elgin, « un spoliateur »

Après un séjour à Athènes, l'écrivain anglais Byron publie en 1811 un pamphlet contre Lord Elgin intitulé La Malédiction de Minerve. *Il y décrit un rêve dans lequel la déesse Pallas Athéna (Minerve pour les Romains) s'adresse à lui.*

« Mortel, » me dit-elle, « la rougeur qui couvre ton visage m'annonce que tu es Anglais, nom autrefois glorieux d'un peuple le premier en puissance et en liberté, descendu aujourd'hui dans l'estime du monde, mais surtout dans la mienne ; désormais on trouvera Pallas à la tête de ses ennemis. Veux-tu savoir le motif de ce mépris ? Jette les yeux autour de toi. Ici, survivant à la guerre et à l'incendie, j'ai vu expirer successivement plusieurs tyrannies. J'ai échappé aux ravages des Turcs et des Goths[1], mais il a fallu que ton pays envoyât ici un spoliateur qui les surpassât tous. Regarde ce temple vide et profané : compte les débris qui lui restent encore ; ceux-ci furent placés par Cécrops[2] ; ceux-là furent ornés par Périclès [...]. Ainsi lorsque le lion abandonne sa proie, le loup arrive après lui ; puis vient le lâche et vil chacal : les premiers dévorent la chair et le sang de la victime, le dernier se contente de ronger les os en toute sécurité. »

Lord Byron, *La Malédiction de Minerve*, 1811.

1. Allusion aux Wisigoths qui ont pillé Athènes en 396 et Rome en 410.
2. Fondateur mythique d'Athènes.

→ **Comment Lord Elgin est-il présenté dans ce texte ?**

2 Les propos polémiques du directeur du British Museum

Dans une interview accordée au quotidien grec *Ta Nea*, le directeur du British Museum, Hartwig Fischer, a suscité une vive polémique en estimant que la prise des marbres d'Elgin était « un acte créatif ». Entreposées à Londres, nombreux sont ceux, à commencer par les Grecs, à estimer que ces œuvres ont été volées par le Royaume-Uni. Dans cet entretien, le directeur du musée a été interrogé sur un éventuel retour de ces marbres en Grèce. Selon lui, il n'en n'est pas question, puisque le musée offrirait une approche différente dans la façon d'interagir avec le marbre, « puisque les objets sont placés dans un nouveau contexte ». [...] De son côté, la ministre de la Culture grecque, Myrsini Zorba, a condamné samedi dernier une « mentalité de gestion étroite et cynique ». Elle poursuit : « Il est regrettable d'entendre cela de la part du directeur du British Museum, historien de renom. Ses remarques dégradent un héritage culturel d'une valeur universelle inestimable à une simple vente en bourse. »

Alexandre Bernard, *Le Figaro*, 31 janvier 2019.

→ **Quels sont les arguments pour et contre le retour des frises du Parthénon à Athènes ?**

3 Le musée de l'Acropole à Athènes

Inauguré en 2009 au pied de l'Acropole, ce musée permet d'observer des copies de la frise des Panathénées et quelques rares originaux dans leur disposition d'origine.

→ **Pourquoi le contexte d'exposition des frises à Athènes est-il une façon de revendiquer les frises du Parthénon exposées à Londres ?**

4 Les marbres de la discorde

Le 26 septembre 2017, l'APOEL Nicosie reçoit le club anglais de Tottenham pour un match de Ligue des Champions. Les supporters chypriotes brandissent une banderole : « Rendez-nous les marbres ! » Nicosie est la capitale de la République de Chypre, dont la population est grecque.

→ **Pourquoi les supporters chypriotes ont-ils affiché cette banderole ?**

REPÈRES

Les frises du Parthénon
Sculptée par Phidias et son atelier entre 442 et 438 avant notre ère, la frise « intérieure » orne les murs du temple et représente la procession des Athéniens en l'honneur de leur déesse protectrice, Athéna (« frise des Panathénées »). La décoration sculptée du Parthénon comprenait aussi les deux frontons et la « frise extérieure » composée de métopes, bas-reliefs situés au-dessus de la colonnade.

Les « marbres Elgin »
Thomas Bruce, comte d'Elgin, ou Lord Elgin (1766-1841), fut ambassadeur en Turquie entre 1799 et 1802. Il usa de son statut de diplomate pour obtenir l'autorisation d'accéder au Parthénon et ainsi s'emparer des bas-reliefs. La Grèce faisait alors partie de l'Empire ottoman. Elgin fit retirer, entre 1801 et 1803, 156 plaques de la frise intérieure, 12 statues des frontons et 13 métopes.

5 L'UNESCO pour le retour des frises du Parthénon

Cela dure depuis plus de trente ans. En 1983, l'actrice Melina Mercouri, alors ministre de la Culture, avait demandé officiellement le retour à Athènes des frises orientales du Parthénon, conservées par le British Museum de Londres. Cette requête qui pouvait à première vue sembler légitime est pourtant restée lettre morte. Aujourd'hui, c'est sous l'égide de l'UNESCO qu'une nouvelle campagne de mobilisation voit le jour. Elle vise à ramener ce trésor emblématique de l'art hellénique à Athènes. Ioannis Maronitis, la cheville ouvrière de la délégation grecque et le président de la section de l'UNESCO, qui possède ses bureaux au Pirée, a légitimé cette nouvelle demande : « Les Grecs, mais pas seulement, tous les citoyens du monde sensibles aux questions de justice et de patrimoine doivent soutenir le retour des frises du Parthénon ». Depuis 1983, l'argument du British Museum pour continuer de détenir les frises du Parthénon reposait sur l'incapacité supposée des Grecs à conserver décemment ces trésors du patrimoine de l'humanité. L'ouverture d'un musée ultra-moderne en 2009 sur l'Acropole rend obsolète le plaidoyer anglais. [...]

Bertrand Guyard, « L'UNESCO demande le retour des frises du Parthénon », *Le Figaro*, 8 octobre 2014.

→ **Pourquoi l'UNESCO s'engage-t-elle en faveur du retour des frises en Grèce ?**

EN AUTONOMIE VERS LE BAC

Mise en relation des documents

1. Pourquoi les frises du Parthénon sont-elles disputées entre la Grèce et le Royaume-Uni ? docs 1, 2 et 4

2. Quels sont les acteurs du patrimoine qui participent au débat sur la restitution des frises du Parthénon ? docs 2 à 5

BAC Vers l'écrit ▸ Étude critique de documents

Sujet : « Conflits de patrimoine : les frises du Parthénon »

Contextualisez les documents 4 et 5, puis reliez-les au sujet et entre eux. Montrez qu'ils permettent de comprendre le conflit suscité par l'emplacement actuel des frises du Parthénon, en particulier ses acteurs et ses enjeux.

BAC Vers le grand oral

Débattez sur la restitution des frises du Parthénon à Athènes.

▸ Formez 3 groupes : le premier défend la restitution, le deuxième s'y oppose, le dernier observe.

▸ Les premiers groupes débattent : chacun a 5 minutes pour exposer son point de vue.

▸ À l'issue du débat, les auditeurs désignent le groupe le plus convaincant et expliquent pourquoi.

Points de vue GRAND ORAL

Faut-il rendre des œuvres d'art aux États africains ?

1 La statue du dieu Gou exposée au musée du Louvre

Pavillon des Sessions, 30 septembre 2014.

La statue du dieu Gou

1850 L'artiste béninois Akati Ekplékendo réalise une statue en fer dédiée à Gou, le dieu de la guerre.

1894 La statue est prise par l'armée française à Ouidah (actuel Bénin) à l'issue d'une bataille. L'œuvre est exposée au musée d'Ethnographie à Paris (ancêtre du musée de l'Homme).

2000 La statue intègre la collection d'arts premiers ouverte au Pavillon des Sessions du musée du Louvre.

2016 Le ministre des Affaires étrangères béninois, Aurélien Agbénonci, demande au président français Emmanuel Macron la restitution de la statue.

REPÈRE

Le rapport Savoy-Sarr

Remis en novembre 2018 par l'économiste sénégalais Felwine Sarr et l'historienne de l'art française Bénédicte Savoy, ce rapport est intitulé *Restituer le Patrimoine africain : vers une nouvelle éthique relationnelle.* Il préconise la restitution à l'Afrique du patrimoine africain issu des guerres de conquêtes coloniales mais aussi issu de dons ou de ventes durant l'époque coloniale.

2 Faire circuler les œuvres

Le point de vue d'un directeur de musée français

La meilleure réponse à la nécessaire réappropriation par les Africains de leur patrimoine est le soutien à de nouveaux musées et une large « circulation » des œuvres, plutôt que des restitutions importantes comme préconisées dans [le] rapport [Savoy-Sarr], estime le président du musée du Quai Branly [Stéphane Martin]. [...] S'il reconnaît un intéressant travail historique, M. Martin regrette les conclusions du rapport, établissant selon lui que « tout ce qui a été collecté, acheté dans le cadre colonial est touché par l'impureté du crime colonial ». [...] Seraient ainsi susceptibles d'être restitués « les dons aux musées provenant des personnes liées à la colonisation (administrateurs, médecins, militaires) et ceux de leurs descendants, et surtout tout ce qui a été collecté par des expéditions scientifiques ». Il y a eu des cadeaux faits librement, ajoute-t-il, citant ceux des grands chefs du Cameroun à un médecin, Pierre Harter, qui avait soigné leurs familles de la lèpre.

Un autre point le chiffonne : l'idée d'une « commission mixte » pour chaque demande de restitution déposée par un État. « En droit français, ce serait une très grande innovation qu'un État étranger soit à parité avec la nation française pour déterminer ce qui est à juste titre ou pas dans son patrimoine ». [...] À côté des restitutions, « d'autres moyens sont à mettre en œuvre qui passent par les musées », poursuit-il. Il suggère « l'aide à la construction de nouveaux lieux, le travail avec les collectionneurs privés, les fondations ».

AFP, « Art africain : faire circuler les œuvres plutôt que de les restituer », *Le Point*, 27 novembre 2018 [en ligne].

3 Aller vers la restitution des œuvres

Le point de vue du gouvernement sénégalais

Le ministre de la Culture, Abdou Latif Coulibaly, a jugé mardi « positif » le rapport de l'économiste sénégalais Felwine Sarr et de l'historienne française Bénédicte Savoy sur la restitution des biens culturels africains. « Le Sénégal prend acte et considère positif le rapport qui va dans le sens d'une victoire. Notre pays est attentif [...] à la suite qui sera donnée au rapport présenté », a dit M. Coulibaly lors d'une conférence de presse qu'il a donnée conjointement avec le directeur général du Musée des civilisations noires, Hamady Bocoum. « Le Sénégal est disposé à trouver des solutions avec la France », en vue d'une restitution de ses œuvres d'art, au cas où il y en a qui se trouvent dans ce pays, a-t-il ajouté. Abdou Latif Coulibaly affirme que « toutes les œuvres identifiées comme la propriété du Sénégal, que la France voudrait bien nous prêter », seront réceptionnées par le musée des Civilisations noires, qui sera inauguré à Dakar le 6 décembre prochain. Il s'agira d'une « restitution définitive » ou d'un « prêt » des biens culturels, de la France vers le Sénégal, selon M. Coulibaly.

Ministère de la Culture et de la Communication du Sénégal, www.culture.gouv.sn, 28 nov. 2018 [en ligne], consulté en janv. 2020.

4 Inauguration du musée du Quai Branly en 2006

Le président français Jacques Chirac fait visiter au secrétaire général de l'ONU, le Ghanéen Kofi Annan, les collections africaines du musée du Quai Branly.

Les collections publiques en France contiennent 90 000 œuvres du patrimoine africain

70 000 œuvres au musée du Quai Branly - Jacques Chirac (Paris)

20 000 œuvres dans les musées régionaux

5 Concilier le local et l'universel

Le point de vue d'un historien de l'art

L'annonce, vendredi 23 novembre, par Emmanuel Macron de la restitution de 26 œuvres d'art au Bénin marque un pas décisif dans la recherche de solutions justes à l'égard des pays autrefois colonisés par la France, et dans la perception que nous pouvons avoir aujourd'hui de la place du patrimoine originaire d'Afrique subsaharienne au sein de nos musées. Elle invite les historiens de l'art (conservateurs, universitaires et chercheurs) à une mobilisation sans précédent – qui recueille aujourd'hui un large assentiment – pour accompagner un mouvement de restitutions raisonnées par une amplification des connaissances sur l'art africain et une meilleure diffusion de celles-ci. [...] C'est ainsi que l'on pourra sortir de la polarisation dangereuse qui oppose aujourd'hui les tenants d'un essentialisme identitaire (pour qui les objets doivent tous rentrer « chez eux ») et les partisans de la domination acquise (pour qui les objets doivent rester « chez nous »). [...] Force est de constater que, du fait de la colonisation, avec une responsabilité particulière de la France, l'Afrique subsaharienne a perdu la plus grande partie des œuvres d'art qui y avaient été créées au cours des siècles, sans pouvoir non plus créer des musées à vocation universelle. La prise en compte pratique et pragmatique de cette situation propre à l'Afrique subsaharienne ne saurait cependant constituer celle-ci en complète exception. Il s'agit de faire droit à la fois au local et à l'universel, qui sont les deux pôles entre lesquels se déroule l'histoire de toutes les œuvres d'art.

Éric de Chassey (directeur de l'INHA, Institut national d'histoire de l'art), tribune parue dans *Le Monde*, 28 novembre 2018.

CONSTRUIRE SON POINT DE VUE

Découvrez les documents

1. Quelles ont été les conséquences de la colonisation pour l'art africain ? docs 1, 2 et 4
2. Que propose Stéphane Martin qui évite aux musées français de restituer définitivement des œuvres d'art aux Africains ? doc 2
3. Quelles solutions sont envisageables pour la circulation des œuvres d'art ? docs 3 et 5

Développez des arguments

4. Quels sont les arguments favorables à la restitution des œuvres d'art ? docs 3 et 5
5. Quels sont les arguments opposés à la restitution ? doc 2
6. Quelle serait la solution de compromis ? docs 2, 3 et 5

Présentez votre point de vue ORAL

7. À l'oral, en 5 minutes, répondez à la problématique « Faut-il rendre des œuvres d'art aux États africains ? » en présentant plusieurs arguments.

Points de vue GRAND ORAL

Faut-il restaurer Notre-Dame de Paris à l'identique ?

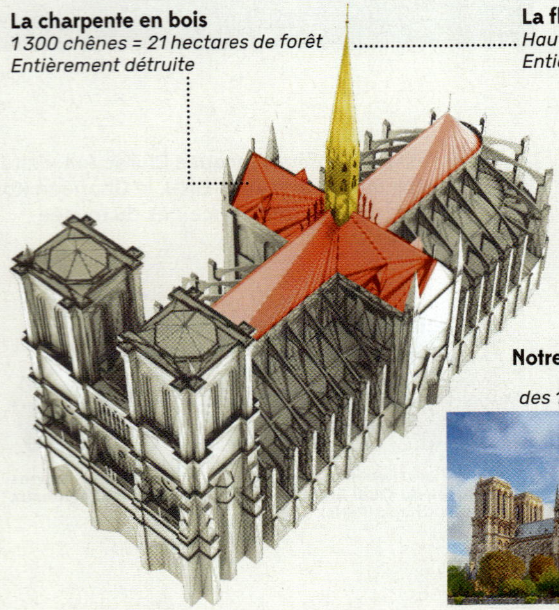

Notre-Dame de Paris *avant l'incendie des 15 et 16 avril 2019.*

Notre-Dame de Paris avant l'incendie des 15 et 16 avril 2019

La cathédrale Notre-Dame de Paris

- 1160-1245 : Construction de la cathédrale gothique
- 1793 : Destruction des statues des rois de la façade
- 1845-1864 : Restauration menée par E. Viollet-le-Duc et J.-B. Lassus (construction de la flèche)
- 2018 : Débuts de travaux sur la charpente, la toiture et la flèche
- 15 et 16 avril 2019 : Un incendie détruit la charpente et la flèche et perce la voûte
- 29 juillet 2019 : Loi pour la restauration et la conservation de la cathédrale Notre-Dame de Paris afin de centraliser les dons et création d'un EPIC (établissement public d'intérêt culturel) pour suivre le chantier

1 « Une restauration qui ne soit pas datable »

Le point de vue de l'architecte en chef des monuments historiques

L'architecte chargé de la restauration de Notre-Dame de Paris, Philippe Villeneuve, a appelé mardi dans un entretien au *Figaro* à refaire la flèche de la cathédrale de Paris « à l'identique », malgré le souhait du président Emmanuel Macron de voir « une reconstruction inventive ». « Pour moi, non seulement il faut refaire une flèche, mais il faut la refaire à l'identique, afin justement qu'elle ne soit pas datable », a déclaré Philippe Villeneuve, architecte en chef des monuments historiques, responsable de la restauration de la cathédrale depuis 2013. « Nous sommes par ailleurs tenus par la charte de Venise, qui impose que l'on restaure les monuments historiques dans le dernier état connu », a souligné l'architecte en référence au traité international de 1964 sur la restauration des monuments.

Le président Emmanuel Macron s'est prononcé, lui, pour « une reconstruction inventive » qui s'inspirerait de « ce qu'avait fait Viollet-Le-Duc en son temps » tout en privilégiant « une alliance de la tradition et de la modernité, une audace respectueuse ». Or, pour l'architecte, « la grande force du chef-d'œuvre d'Eugène Viollet-Le-Duc, c'est qu'il n'était pas datable. Il s'intégrait à un chef-d'œuvre médiéval du XIIIe siècle. C'est cela qu'il faut retrouver ». [...]

AFP/L'Express, « Restauration de Notre-Dame : l'architecte en chef veut refaire la flèche "à l'identique" », *L'Express*, 5 juin 2019 [en ligne].

2 L'avis des Français

Une approche statistique

Concernant la reconstruction de la cathédrale Notre-Dame de Paris, êtes-vous plutôt favorable à une restauration à l'identique ou à un « geste architectural[1] ? »

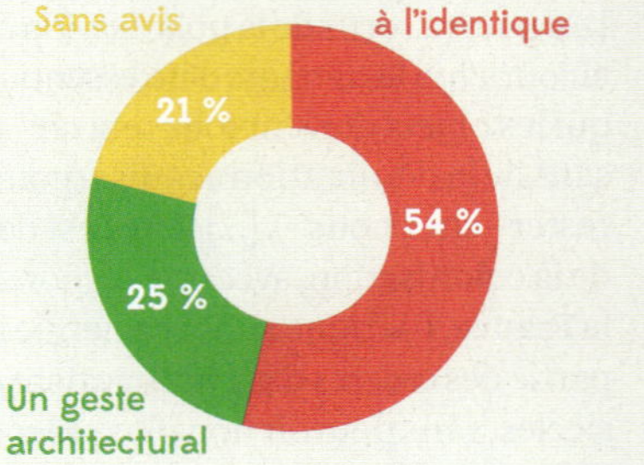

[1] Une restauration prenant des libertés par rapport aux anciens plans de la cathédrale.

Source : sondage YouGov pour le Huffpost et CNews réalisé du 26 au 29 avril 2019.

Vidéo
« Une nouvelle Notre-Dame ? » Des arguments opposés dans l'extrait d'un journal télévisé

3 Repenser Notre-Dame de Paris

Le point de vue de deux architectes contemporains

Créateur de projets contemporains [...], Jean-Michel Wilmotte n'encourage pas un mimétisme historique, et privilégie une évolution des techniques avec leur temps. « On n'est pas obligé de réutiliser le plomb, qui est un matériau très lourd, développe-t-il. On n'est pas obligé de réutiliser le chêne, sachant que la charpente est au-dessus d'une voûte et qu'elle ne sera pas visible de l'intérieur de la cathédrale. » [...] Jean-Michel Wilmotte envisage également une couverture en titane, bien plus léger que le plomb de l'ancienne toiture. Jean-Michel Wilmotte considère ainsi que « le patrimoine est vivant et doit évoluer ». « Ce que j'aime dans l'architecture, c'est la stratification des époques qui se superposent, affirme-t-il. Cela montre l'air du temps à chaque fois, traduit par l'architecture. » Dominique Perrault, concepteur du site François-Mitterrand de la Bibliothèque nationale de France et du nouvel hippodrome de Longchamp, est du même avis. [...] Le mot d'ordre des deux architectes semble être le futur. « Cela nous encourage à réenvisager notre relation au patrimoine [...] » écrit Dominique Perrault. Pour Jean-Michel Wilmotte, il serait « très intéressant de conserver par endroits les traces de cet incendie, pour qu'il puisse rentrer dans l'Histoire comme une fresque. »

Thomas Hermans, « Reconstruire Notre-Dame en cinq ans est possible selon les architectes Wilmotte et Perrault », *LeFigaro.fr*, 18 avril 2019 [en ligne].

4 Un projet de reconstruction

L'architecte Alexandre Chassang imagine une flèche en verre à la place de celle conçue par Viollet-le-Duc.

5 La charte de Venise

Le point de vue des spécialistes du patrimoine

Adopté par le IIe Congrès international des architectes et des techniciens des monuments historiques réunis à Venise, en 1964, ce texte fait des recommandations, non contraignantes, pour les États.

Article 9. La restauration est une opération qui doit garder un caractère exceptionnel. Elle a pour but de conserver et de révéler les valeurs esthétiques et historiques du monument et se fonde sur le respect de la substance ancienne et de documents authentiques. Elle s'arrête là où commence l'hypothèse [...]. La restauration sera toujours précédée et accompagnée d'une étude archéologique et historique du monument.

Article 10. Lorsque les techniques traditionnelles se révèlent inadéquates, la consolidation d'un monument peut être assurée en faisant appel à toutes les techniques modernes de conservation et de construction dont l'efficacité aura été démontrée par des données scientifiques et garantie par l'expérience. [...]

Article 12. Les éléments destinés à remplacer les parties manquantes doivent s'intégrer harmonieusement à l'ensemble, tout en se distinguant des parties originales, afin que la restauration ne falsifie pas le document d'art et d'histoire.

Extraits de la *Charte internationale sur la conservation et la restauration des monuments et des sites*, dite « Charte de Venise », 1964.

CONSTRUIRE SON POINT DE VUE

Découvrez les documents

1. Quels sont les points de vue qui s'opposent et de quels types d'acteurs proviennent-ils ? docs 1 à 3
2. Quels sont les projets possibles pour la restauration de Notre-Dame de Paris ? docs 1, 3 et 4
3. Expliquez le point de vue défendu par la charte de Venise. docs 1 et 5

Développez des arguments

4. Quels sont les arguments favorables à la restauration à l'identique ? docs 1 et 5
5. Quels sont les arguments favorables à une recréation ? docs 3 et 4

Présentez votre point de vue ORAL

6. À l'oral, en 5 minutes, répondez à la problématique « Faut-il restaurer Notre-Dame de Paris à l'identique ? » en présentant plusieurs arguments.

Révisions

Les usages sociaux et politiques du patrimoine

Podcast Synthèse à écouter

EXO Exercices interactifs

SYNTHÈSE

I Les usages sociaux du patrimoine

- **Le patrimoine est, au premier sens du terme, un bien à transmettre.** Le terme s'applique d'abord dans le cadre privé, désignant les biens hérités de la famille et qui sont à transmettre aux générations suivantes. Mais il prend un sens public, plus large, quand il s'agit d'une famille régnante (dont le patrimoine correspond donc à celui de l'État), ou quand il s'agit de biens appartenant aux dieux (Grèce antique) ou à l'Église (Chrétienté médiévale). Une conscience patrimoniale se développe à partir de la Renaissance, grâce à la valorisation des antiquités et au mécénat.

- **Le patrimoine se définit progressivement du XVIe au XIXe siècle.** En colonisant le monde, les Européens s'emparent du patrimoine d'autres civilisations. Le rôle de l'État dans la constitution d'un patrimoine national s'accentue avec la Révolution française. Au XIXe siècle, le patrimoine est défini par de nouvelles lois qui le rendent inaliénable et imprescriptible. Les États-Unis étendent la notion de patrimoine à la nature avec la création des premiers parcs nationaux (Yellowstone en 1872). Cette définition occidentale du patrimoine est contestée, parce qu'elle ne cadre pas avec d'autres cultures ou qu'elle néglige le rôle des femmes.

- **Au XXe siècle émerge la notion de patrimoine mondial.** La construction des identités – nationale, ethnique, régionale – se fait souvent par la valorisation du patrimoine. Dans la seconde moitié du XXe siècle, l'UNESCO et diverses ONG font émerger un patrimoine naturel et culturel à l'échelle mondiale, en établissant une liste de sites à protéger. Le patrimoine culturel est étendu en 2003 à la notion de patrimoine immatériel.

Jalon Un conflit de patrimoine : les frises du Parthénon depuis le XIXe siècle p. 256

Chapitre 12 Jalon La gestion du patrimoine français : évolution d'une politique publique p. 288

Chapitre 15 Jalon L'environnement aux États-Unis depuis le XIXe siècle p. 362

II Les usages politiques du patrimoine

- **Le patrimoine peut être instrumentalisé à des fins politiques.** À différentes périodes, il a pu être mis au service d'une idéologie ou d'un pouvoir, notamment au XXe siècle par les régimes totalitaires. Parfois aussi, le patrimoine peut être effacé pour construire une identité en adéquation avec un régime politique en place. C'est le cas au Japon au début de l'ère Meiji lorsque certains éléments du patrimoine bouddhiste sont détruits. Le patrimoine peut engendrer des conflits, quand il s'agit de gérer l'héritage d'un régime précédent ou de commémorer un auteur controversé.

- **Le patrimoine est un enjeu de puissance.** La « diplomatie du panda » de la Chine ou l'organisation par la France de sommets politiques au château de Versailles montrent que le patrimoine est un outil géopolitique. Les pays émergents valorisent leur patrimoine pour accroître leur prestige et leurs revenus touristiques. Le patrimoine constitue un marché très important pour les grandes maisons de vente aux enchères. Mais le patrimoine fait aussi l'objet d'un commerce illicite et participe à une forme de mondialisation grise (blanchiment d'argent, financement d'organisations terroristes, etc.).

SUJETS BAC

Dissertation

- « Les usages du patrimoine » p. 255
- « Les usages sociaux du patrimoine » p. 265

Étude critique de documents

- « Réaménager la mémoire de Versailles » p. 254-255
- « Conflits de patrimoine : les frises du Parthénon » p. 257
- « Le patrimoine instrumentalisé » p. 264

● **Le patrimoine est aujourd'hui au centre de nombreux débats.** La restauration du patrimoine bâti doit se faire à l'identique selon les défenseurs de la charte de Venise (1964), d'une manière créative selon d'autres. Si tout le monde pense que les œuvres d'art volées doivent être restituées, il reste à préciser la définition du vol. Le terme doit-il s'appliquer aux frises du Parthénon transférées à Londres au début du XIXe siècle et à toutes les œuvres africaines apportées en Europe par les colonisateurs ?

Jalon Réaménager la mémoire : les usages de Versailles de l'Empire à nos jours p. 254

Points de vue Faut-il restaurer Notre-Dame de Paris à l'identique ? p. 260

Jalon Un conflit de patrimoine : les frises du Parthénon depuis le XIXe siècle p. 256

Points de vue Faut-il rendre des œuvres d'art aux États africains ? p. 258

VOCABULAIRE

Patrimonialisation : p. 250

Inaliénabilité : p. 252

Imprescriptibilité : p. 252

Patrimoine immatériel : p. 240

COMPRENDRE AUTREMENT

Usages sociaux et politiques du patrimoine

Usages sociaux

Transmettre un héritage

› Biens mobiliers (tableaux, sculptures, arts décoratifs, etc.)

› Biens immobiliers (monuments) civils et religieux

Asseoir son pouvoir

› Mécénat

› Dépenses somptuaires (achat d'objets d'art, constructions, fêtes)

› Prise du patrimoine d'autres civilisations

Forger une identité

› Patrimoine national

› Patrimoine culturel étendu au patrimoine immatériel

› Patrimoine naturel

Usages politiques

Le patrimoine instrumentalisé

› Au service d'une idéologie

› Effacé au nom d'un régime politique

Le patrimoine, source de puissance

› Un enjeu diplomatique

› Un enjeu économique et touristique

› Un objet de trafics

Le patrimoine, objet de conflits

› Controverses et débats (restauration, usages)

› Conflits de patrimoine (patrimoine spolié, patrimoine revendiqué)

Réaménager la mémoire : les usages de Versailles de l'Empire à nos jours p. 254

Faut-il rendre des œuvres d'art aux États africains ? p. 258

Conflits de patrimoine : les frises du Parthénon depuis le XIXe siècle p. 256

Faut-il restaurer Notre-Dame de Paris à l'identique ? p. 260

BAC ▸ Étude critique de documents

SUJET BAC

Le patrimoine instrumentalisé

Consigne **Vous analyserez de manière critique l'apport de ces documents à la question des usages politiques du patrimoine.**

Le saccage du site antique de Palmyre par le groupe terroriste Daech

Trois mois après la prise par l'organisation État islamique (EI)[1] de Palmyre[2], [...] les premières annonces de destructions majeures commencent à arriver. Le directeur des antiquités et des musées de Syrie, Maamoun Abdulkarim, a déploré dimanche 23 août l'anéantissement à l'explosif du petit temple de Baalshamin, un des joyaux du site antique. Sa cella, partie close, a été détruite et ses colonnes se sont effondrées. [...] Ce saccage n'est que le dernier épisode d'une destruction systématique du patrimoine préislamique sur le territoire contrôlé par l'EI. En février, le groupe avait détruit des trésors du musée de Mossoul et du site antique voisin de Ninive, dans le nord de l'Irak. En mars, il s'en prenait à la ville parthe d'Hatra, toujours en Irak, et le mois suivant aux vestiges de la capitale assyrienne de Nimrod. Ces destructions obéissent à un objectif politique : l'EI s'attache à fonder un État inspiré par le salafisme[3], une vision de l'islam revenant aux sources purifiées et fantasmées de cette religion [...]. Avant l'islam : le désert, proclame ainsi l'EI. Le groupe utilise également ces destructions pour renvoyer à son impuissance la coalition internationale menée par les États-Unis [...]. Les vestiges transportables sont revendus discrètement à l'étranger par le truchement de réseaux de contrebande. [...]

Louis Imbert et Florence Évin, *Le Monde*, 29 août 2015 [en ligne].

1 Organisation terroriste, militaire et politique, d'idéologie salafiste jihadiste ayant proclamé le 29 juin 2014 l'instauration d'un califat sur les territoires sous son contrôle.

2 Patrimoine mondial de l'UNESCO.

Cibles de la guerre

Objectifs idéologiques et politiques

3 Mouvement religieux ultra-conservateur de l'islam, prônant un retour aux pratiques en vigueur dans la communauté musulmane à l'époque du prophète Mahomet et la « rééducation morale » des musulmans.

Expliquez la phrase encadrée en faisant le lien avec la destruction de Palmyre.

Motivations financières

Une d'un hebdomadaire illustré parmi les plus lus en Italie.
▸ Importance de l'événement.

Monument édifié pour Victor-Emmanuel II, premier roi de l'Italie unifiée. Utilisé par Mussolini pour sa propagande.

« La gloire monumentale de Rome »

Vestiges du forum romain antique (forum de Trajan), support de la propagande idéologique.

Bâtiment ancien. Habitat populaire.

Mussolini, le Duce.
▸ Quel est le sens de cette mise en scène ?

2 Mussolini donnant les premiers coups de pioche des travaux sur le forum romain

« Le Duce donne le premier coup de pioche pour libérer l'espace destiné au palais Littorio, qui dans quatre ans, en face de la gloire monumentale de Rome, symbolisera la puissance de l'Italie fasciste. »

Une du journal fasciste *Le Courrier du dimanche*, 3 mars 1935.

MÉTHODE	APPLICATION
ÉTAPE 1 ANALYSER LE SUJET ET LA CONSIGNE	
Définir les termes du sujet	Définissez le terme « instrumentalisé ».
Définir le cadre géographique et/ou les limites chronologiques	Quelle problématique le sujet et sa consigne suggèrent-ils ?
Dégager la question clé posée par le sujet	**Exemple** : Comment le patrimoine peut-il être utilisé à des fins politiques ?
ÉTAPE 2 ANALYSER ET CRITIQUER LES DOCUMENTS	
Identifier les documents	Quelles sont la nature, la source et la date des documents ? *Conseil* Prêtez attention à la date des documents.
Dégager le sens général des documents	Identifiez l'idée générale des documents. **Exemple** : Le patrimoine est instrumentalisé à des fins politiques et idéologiques
Sélectionner, confronter et expliquer les informations	*Conseil* Pensez à confronter les informations des deux documents. Explicitez ces informations à l'aide de vos connaissances.
Exercer un regard critique – Interrogez-vous sur la source et posez-vous des questions sur le(s) document(s) – Montrez l'intérêt/les limites du (des) document(s) au regard du sujet	Montrez le rôle de la médiatisation de ces événements dans l'instrumentalisation du patrimoine. Montrez les objectifs de l'instrumentalisation du patrimoine. **Exemple** : En Italie, Mussolini détruit les bâtiments qu'il considère sans valeur, mais conserve les vestiges de l'Empire romain antique auquel la Rome fasciste fait écho. Au Proche-Orient, l'État islamique détruit les lieux et symboles du polythéisme antique, antithèse de son idéologie religieuse, pour en occulter l'existence.
ÉTAPE 3 RÉDIGER L'ÉTUDE CRITIQUE DE DOCUMENT(S)	
Rédiger l'introduction	Rédigez une courte introduction à partir de ce que vous avez dégagé lors des étapes 1 et 2.
Rédiger l'étude de manière organisée	Rédigez une réponse organisée pour répondre au sujet. Plan possible : I. La médiatisation, une condition de l'instrumentalisation du patrimoine II. Le patrimoine, un outil de propagande III. Le patrimoine, une cible de guerre
Rédiger la conclusion	Dans votre conclusion, répondez à la problématique du sujet.

Guidage détaillé à télécharger

BAC ▸ Dissertation

SUJET BAC

Les usages sociaux du patrimoine

LES TERMES À ANALYSER	LES CONNAISSANCES À MOBILISER	PROBLÉMATIQUE ET PLAN POSSIBLES
« **Les usages sociaux** » : utilisations que les sociétés font du patrimoine et les relations qu'elles entretiennent avec lui. « **Patrimoine** » : héritage commun protégé, conservé, mis en valeur et transmis.	**Introduction thème 4** p. 238-247 **Cours** p. 250 ; **Jalon** p. 254 ; **Points de vue** p. 258 **Chapitre 12 Cours** p. 286 ; **Jalon** p. 290 ; **Jalon** p. 292 **Notions :** patrimoine, patrimoine culturel, patrimoine immatériel	**Problématique** : Comment l'utilisation du patrimoine témoigne-t-il du rapport des sociétés au passé et à la culture ? **Plan :** **I.** Un outil d'affirmation de la puissance (Église,pouvoir royal, patrimoine spolié) **II.** Un ferment des identités (lieux symboliques du pouvoir, lieux des mémoires...)

Méthode générale de la dissertation p. 22

Chapitre 11

La préservation du patrimoine, entre tensions et concurrences

Le patrimoine peut être un vecteur de développement. Sa valorisation favorise l'attractivité touristique et, en retour, la fréquentation touristique incite à le protéger. La patrimonialisation est au cœur des politiques culturelles des territoires mais elle peut s'avérer facteur de concurrences et d'accroissement des inégalités. En période de conflit, le patrimoine est souvent menacé et instrumentalisé.

Comment protéger le patrimoine face aux risques de dégradation et de conflits ?

Textes DYS
TOUS LES TEXTES EN VERSION DYS
lyceen.nathan.fr/geopolitiqueterm

SOMMAIRE

Les temples d'Angkor face au tourisme de masse

Classé à l'UNESCO depuis 1992, le site d'Angkor (ici en 2004) date de l'Empire khmer (IXe-XVe siècles). Confronté à l'érosion, il doit aussi faire face au surtourisme (2,2 millions de visiteurs en 2019), tandis que les habitants des villages voisins demeurent en marge des retombées économiques.

Cours

La préservation du patrimoine, entre tensions et concurrences

JALON p. 270-271
JALON p. 272-273
JALON p. 274-275
POINTS DE VUE p. 276-277

Podcast Cours à écouter

Pourquoi la valorisation et la protection du patrimoine sont-elles sources de tensions ?

I Patrimoine et tourisme : une relation ambivalente

A Le tourisme : une vertu pour le patrimoine ?

- **Au XIXe siècle, patrimoine et tourisme ont émergé en interaction.** Le patrimoine a contribué au développement touristique en Europe (Rome, Naples). Réciproquement, l'intérêt des touristes a amorcé la **patrimonialisation** d'espaces naturels (Alpes, Rocheuses), de biens culturels (Venise, Bruges) et immatériels (carnavals, chants, danses).

- **La valorisation du patrimoine peut être facteur de développement économique.** Elle favorise l'émergence de services (hébergement, restauration, boutiques) qui génèrent des bénéfices pour les habitants. Le tourisme offre aussi une stratégie de reconversion pour des territoires en difficulté (port de Gênes, bassin minier du Nord-Pas-de-Calais). Ses retombées économiques permettent l'entretien du patrimoine.

Chapitre 12 p. 282-297

B Le tourisme : une menace pour le patrimoine ?

- **Le tourisme met parfois le patrimoine en danger.** Les dégradations liées au tourisme de masse peuvent altérer la conservation patrimoniale (cité de Pétra en Jordanie, plage de Maya Bay en Thaïlande). Le patrimoine immatériel pâtit de la **folklorisation** (conteurs à Marrakech) et du non-respect des lieux sacrés (mont Uluru en Australie). De nombreuses municipalités légifèrent pour canaliser le surtourisme (Venise, Dubrovnik) et certains États cherchent à concilier tourisme et respect de la nature (Costa Rica, Rwanda).

- **La mise en tourisme du patrimoine peut accroître les inégalités.** La hausse des prix affecte les habitants des centres historiques (Prague, Barcelone). À Lalibela (Éthiopie), les autorités ont chassé les mendiants vivant autour des églises, afin d'accueillir les touristes occidentaux. Dans de nombreux pays, des agences locales militent pour qu'au contraire la valorisation touristique du patrimoine profite aux locaux (Colombie, Cambodge).

Jalon p. 274-275

II Urbanisation, développement économique et patrimoine : entre concurrence et complémentarité

A L'urbanisation : une mise en péril du patrimoine ?

- **L'urbanisation transforme certains héritages patrimoniaux.** L'UNESCO a ainsi placé Liverpool et Vienne sur la liste du patrimoine en péril suite à des projets architecturaux modernes dans leurs centres historiques. La réhabilitation des docks de Lisbonne montre cependant que des compromis sont possibles entre **rénovation** et patrimonialisation.

- **La « patrimondialisation » est mise au service des politiques culturelles des métropoles.** Les pouvoirs publics inaugurent de nouveaux musées (Louvre

REPÈRE

La patrimondialisation
Ce concept a été forgé par la géographe Maria Gravari-Barbas pour désigner les interactions entre mondialisation et patrimoine.

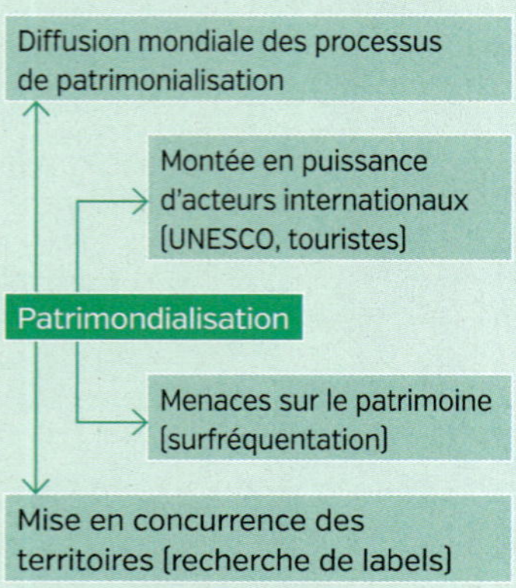

VOCABULAIRE

Folklorisation : standardisation des pratiques culturelles (croyances, contes, rites, fêtes) afin de les exposer à un regard extérieur (spectacles pour touristes, écomusées).

Gentrification : processus de transformation et d'appropriation d'un ancien quartier populaire par une population aisée.

Muséalisation : mise en exposition de l'espace urbain (illumination du patrimoine, panneaux explicatifs, circuits de visite).

Abu Dhabi) et financent des festivals valorisant les friches urbaines reconverties (Berlin). La concurrence entre métropoles entraîne l'accentuation des politiques de **muséalisation**, de **muséification** (Prague), ou de mise en art des espaces publics.

B Le patrimoine au service du développement économique ?

● **La patrimonialisation accentue les inégalités urbaines.** La démolition des vieux quartiers à Pékin reflète une valorisation du patrimoine des élites aux dépens de la mémoire des classes populaires. Dans ce contexte, la **gentrification** des centres historiques réhabilités est à la fois un facteur et une conséquence de la patrimonialisation (Marseille, Valparaiso).

● **La dégradation du patrimoine au profit d'intérêts économiques est facteur de tensions.** L'exploitation des ressources au sein de milieux fragiles constitue l'un des principaux facteurs de conflits d'usages (barrages au Chili). En Australie, le projet minier Carmichael, qui menace potentiellement les écosystèmes marins, a fait l'objet d'une longue bataille judiciaire.

VOCABULAIRE

Muséification : spécialisation de certains espaces patrimonialisés dans des fonctions touristiques au détriment des autres fonctions urbaines.

Patrimonialisation : voir p. 250

Rénovation urbaine : voir p. 270

III Destruction et protection du patrimoine : des enjeux géopolitiques

A La destruction du patrimoine en temps de guerre

● **Le patrimoine subit les dommages collatéraux des conflits.** Ce fut le cas de certaines villes lors des guerres mondiales (Reims, Dresde) et au Moyen-Orient dans les années 2010 (Alep, Sanaa). Le patrimoine naturel est aussi concerné. En Afrique, la difficile application des mesures de protection en temps de guerre rend la biodiversité vulnérable au braconnage (trafic d'ivoire en République démocratique du Congo).

● **Le patrimoine est aussi la cible d'une violence symbolique.** Le bombardement de la bibliothèque de Sarajevo par les nationalistes serbes en 1992 visait à attaquer le cosmopolitisme de la Bosnie-Herzégovine. La destruction par les islamistes de sites classés à l'UNESCO (bouddhas de Bamiyan en 2001 en Afghanistan, sites antiques en Irak et en Syrie en 2015) revient à cibler le Patrimoine mondial de l'humanité en tant que notion occidentale.

Points de vue p. 276-277

B Destructions et patrimonialisations en temps de paix

● **Même en temps de paix, certaines démolitions revêtent une portée idéologique.** La destruction des lieux de culte de Bucarest (Roumanie), sous le régime communiste de Ceausescu (1967-1989), témoigne d'une volonté d'effacer les héritages du passé pour instaurer un nouvel ordre social. Le débat contemporain sur le devenir de statues de personnages historiques esclavagistes aux États-Unis montre que le patrimoine peut exacerber les tensions entre communautés.

● **La patrimonialisation peut aussi être au service de la paix.** La mise en valeur de l'architecture héritée de l'esclavage à Bristol (Royaume-Uni), des mémoires de la Shoah et de la guerre froide à Berlin ont eu pour objectif l'apaisement des tensions. L'aménagement récent de certains parcs naturels transfrontaliers vise à renforcer la coopération environnementale et touristique entre anciens pays ennemis (Argentine/Chili, Mozambique/Afrique du Sud).

RESSOURCES

Podcast « Les nouvelles batailles culturelles. Irak, Syrie, Yémen : le patrimoine sous les bombes », émission *Cultures Monde*, France Culture, 28 nov. 2018, 59'. Les enjeux de la démolition et de la reconstruction.
www.franceculture.fr/emissions/cultures-monde/culturesmonde-du-mercredi-28-novembre-2018

Aurélien Delpirou *et al.*, *Atlas historique de Rome*, Autrement, 2013.
Une analyse géohistorique de la capitale italienne, entre conservation et nouvel urbanisme.

Vidéo, « Un été à Venise », *Envoyé Spécial*, France 2, 13 sept. 2018, 33'24''.
Les conséquences du surtourisme sur le patrimoine vénitien.
www.francetvinfo.fr/monde/italie/video-un-ete-a-venise_2933959.html

« Patrimoines et revitalisation », revue *Urbanisme*, hors-série n° 69, septembre 2019.
Une réflexion sur le patrimoine mis au service de l'attractivité des centres anciens.

Ressources complémentaires

FICHES DE LECTURE

Marie Bridonneau, « Mondialisation, patrimoine et tourisme en Éthiopie : la petite ville sacrée de Lalibela », *Géoconfluences*, janvier 2017 [en ligne].
Un article sur les effets contrastés de la patrimonialisation, entre développement, tensions et exclusion.
http://geoconfluences.ens-lyon.fr/informations-scientifiques/dossiers-regionaux/afrique-dynamiques-regionales/corpus-documentaire/mondialisation-patrimoine-tourisme-lalibela

Maximiliano Soto, « Les paradoxes de la mise en valeur des *ascensores* (funiculaires) de Valparaiso : le conflit entre patrimonialisation matérielle et immatérielle », *L'Homme & la Société*, n° 191, 2014/1, p. 139 à 156 [en ligne].
La gestion patrimoniale de la ville de Valparaiso interrogée à partir d'un de ses principaux biens patrimoniaux.
www.cairn.info/revue-l-homme-et-la-societe-2014-1-page-139.htm

Jalon Paris, entre protection et nouvel urbanisme

COURS p. 268-269

Les phases successives de l'urbanisation ont façonné les paysages parisiens et la mise en scène de la ville autour de son fleuve. Le patrimoine, facteur d'attractivité touristique, est menacé par le développement économique. Défenseurs du patrimoine et détracteurs de la ville-musée s'opposent.

Comment concilier l'urbanisation et le développement économique de Paris avec la protection de son patrimoine ?

1 Patrimoine et nouvel urbanisme à Paris

Carte interactive

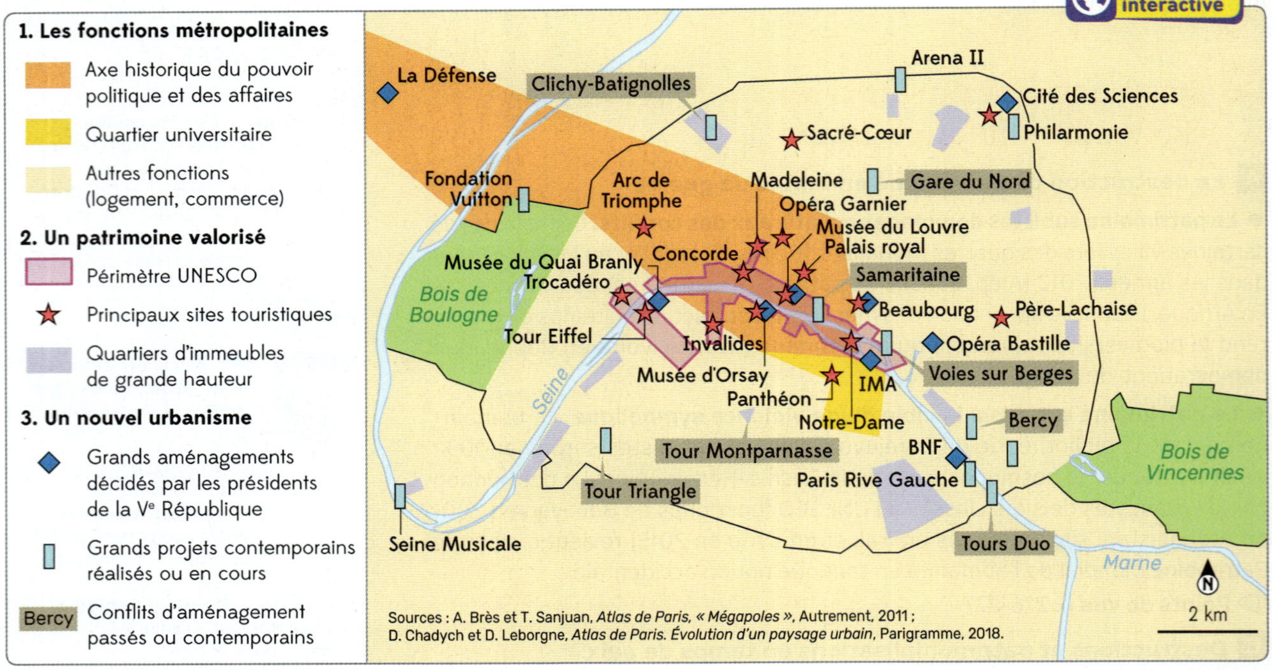

Sources : A. Brès et T. Sanjuan, *Atlas de Paris, « Mégapoles »*, Autrement, 2011 ; D. Chadych et D. Leborgne, *Atlas de Paris. Évolution d'un paysage urbain*, Parigramme, 2018.

→ **Quelles sont les zones les plus patrimonialisées, et celles où le renouvellement urbain est le plus marqué ?**

2 Clichy-Batignolles : une opération de renouvellement urbain

Le regard de deux historiennes

La réhabilitation du quartier Clichy-Batignolles [...] s'est échelonnée de 2006 à 2020 [...]. Pour la réaliser, la Ville a acheté une partie des terrains détenus par la SNCF et par Réseau ferré de France. [...]. Immeubles de bureaux et activités commerciales se succèdent le long des voies ferrées de la gare Saint-Lazare et du périphérique. Ces bâtiments protègent ainsi le cœur du quartier des bruits de la circulation ferroviaire ou automobile et bénéficient de la proximité des transports en commun [...]. Le patrimoine a été préservé, comme le Pavillon de l'Horloge (ancien octroi), la Forge (anciennes écuries) datant de 1852 et la halle en charpente mixte (bois, fonte et fer) du quai n° 3 de l'ancienne gare de marchandises des Batignolles, érigée vers 1840-1843 [...]. En face du parc, les Ateliers Berthier construits en 1895 par Charles Garnier pour abriter la fabrication des décors de l'Opéra de Paris ont été transformés en salle de spectacle. [...] Le secteur a aussi été rénové avec la création de la cité judiciaire en 2017-2018. Celle-ci comprend l'immeuble de la Direction régionale de la Police judiciaire [...], le nouveau Palais de justice et la maison de l'ordre des avocats, ces deux derniers établissements étant signés Renzo Piano.

Danielle Chadych et Dominique Leborgne, *Atlas de Paris. Évolution d'un paysage urbain*, Parigramme, 2018.

Danielle Chadych et **Dominique Leborgne** sont historiennes. Spécialistes de l'histoire de Paris, elles ont longtemps été responsables du musée Carnavalet (musée de l'histoire de Paris).

VOCABULAIRE

Rénovation (urbaine) : démolition partielle ou totale du bâti existant dans un quartier d'habitation.

Réhabilitation : restauration d'un bâtiment, sans destruction.

→ **Quels ont été les enjeux contradictoires de l'aménagement du quartier Clichy-Batignolles ?**

3 L'axe historique du pouvoir à Paris

L'instauration d'un plafond de hauteur pour les bâtiments dans le centre historique de la capitale explique que la *skyline* de Paris soit moins dominée par les tours que celles des autres villes mondiales.

① Le Louvre (1546-1880 ; musée depuis 1793) ; ② Pyramide du Louvre (1985-1989) ; ③ Jardin des Tuileries (XVIe s.) ; ④ Place de la Concorde (XVIIIe s.) ; ⑤ Avenue des Champs-Élysées (XVIIe-XVIIIe s.) ; ⑥ La Défense (depuis les années 1960)

→ **Comment ce paysage reflète-t-il un compromis entre patrimonialisation et modernisation ?**

4 Un nouvel urbanisme critiqué

Le regard d'un philosophe

À Paris, la maire [...] attribue à la tour Triangle, propriété d'Unibail[1], située dans l'enceinte du parc des expositions à la porte de Versailles, le label « Jeux olympiques » (des pongistes y dormiront, paraît-il), qui échappe ainsi aux recours juridiques déposés par les associations de riverains. [...] Le saccage de la capitale semble bien engagé : édification de gratte-ciel [...], altération des quais de Seine, surélévation des immeubles, en particulier ceux qui ornent les angles des rues, surdensification des nouveaux quartiers (Seine Rive Gauche, Batignolles-Clichy...), le tout sans vision d'ensemble, sans respect de continuité avec le passé et surtout sans se préoccuper des attentes des Parisiens. [...] Chacun de ces projets s'attire les foudres d'une ou de plusieurs associations qui élaborent des contre-propositions mais peinent à se faire entendre [...]. Les arguments mobilisés sont toujours les mêmes : pourquoi ajouter des mètres carrés de bureaux dans une ville qui en compte déjà trop ? Qu'apportent ces mastodontes à l'économie du quartier ? Comment amortir l'arrivée de milliers de salariés chaque jour ? Pourquoi ne pas privilégier de nouveaux parcs et jardins publics dans ces environnements urbains déjà denses ?

Thierry Paquot, *Désastres urbains. Les villes meurent aussi*, La Découverte, « Poche/Essais », 2019.

1. Entreprise spécialisée dans l'immobilier commercial (bureaux, centres commerciaux).

Étude critique de documents

→ **Quels sont les acteurs participant à l'aménagement de la capitale ?**

EN AUTONOMIE VERS LE BAC

Mise en relation des documents

1. Quels sont les caractéristiques et les facteurs de la richesse patrimoniale de Paris ? docs 1 à 3

2. Quels compromis ont été trouvés pour tenter de concilier développement économique, urbanisme et protection du patrimoine parisien ? docs 1 à 4

BAC Vers l'écrit ▸**Dissertation**

Sujet : « Urbanisation, développement économique et préservation du patrimoine »

Rédigez une introduction énonçant les enjeux de ce sujet, et sa problématique.

BAC Vers le grand oral

Débattez autour de la protection du patrimoine à Paris.

- Choisissez l'un des exemples cités dans les documents.
- Formez 3 groupes : l'un est en faveur de ce projet, l'autre en sa défaveur. Le dernier groupe forme le jury.
- Chaque groupe a 5 minutes pour exposer ses arguments. Le jury désigne ensuite le plus convaincant et explique pourquoi.

Jalon

Le patrimoine du Mali : un enjeu géopolitique entre destruction, protection et restauration

COURS p. 268-269

Le Mali présente un riche patrimoine matériel et immatériel, notamment issu du rôle historique de certaines villes dans la diffusion de l'islam et le commerce transsaharien. Cet héritage constitue un véritable ciment identitaire. Cependant, il fait aussi l'objet de représentations divergentes voire conflictuelles entre acteurs locaux et internationaux.

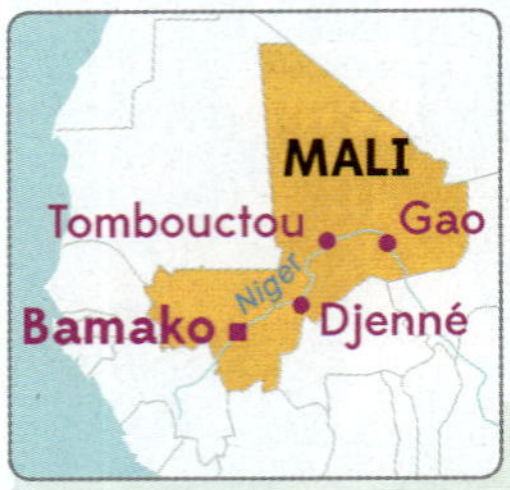

Pourquoi le patrimoine est-il un objet de concurrence et de tensions au Mali ?

1 Le crépissage annuel de la mosquée de Djenné

Chaque année, une journée est consacrée au crépissage de la mosquée de Djenné par la population locale. Il s'agit de lutter contre l'érosion du bâtiment en terre crue due à la pluie et au vent.

→ **Pourquoi peut-on affirmer que l'entretien de ce bâtiment répond à la fois à des objectifs matériels et sociaux ?**

2 Les acteurs locaux et la protection du patrimoine

Le regard de géographes

À Djenné, la mosquée apparaît [...] porteuse d'enjeux pour une communauté d'habitants qui se définit d'abord comme musulmane [...]. L'islam comme culture est perçu comme un socle fondateur [...] qui permet à la mémoire collective de tester la cohésion sociale nécessaire à l'entretien de la mosquée pendant sa réfection annuelle. [...] Les manifestations festives sont un moyen très efficace de mobilisation collective et de convivialité. [...] Un certain nombre de ces manifestations se déroulent autour de bâtiments qui structurent fortement les espaces. Il en est ainsi par exemple de la mosquée de Djenné, des trois plus anciennes mosquées de Tombouctou [...], mais aussi à Gao du Tombeau des Askia, autour duquel les jeunes se sont mobilisés pour en assurer la protection pendant l'invasion djihadiste. [...] À Djenné, les savoirs maraboutiques ésotériques sont aussi désignés par de nombreux habitants comme un patrimoine immatériel à préserver. [...] Quant aux manuscrits anciens, [...] de nombreux acteurs nationaux et internationaux se mobilisent pour leur sauvegarde et des cris d'alarme ont été lancés lors de leur mise en péril par les islamistes. Ils sont une source de références inestimables, par exemple sur les savoir-faire en termes de régulations des conflits.

Soufian Al Karjousli, Diama Cissouma Togola et Anne Ouallet, « Diversité, conflictualités et sociabilités au cœur de la patrimonialisation de l'islam au Mali », dans Jospeh Brunet-Jailly et *al.*, *Le Mali contemporain*, IRD Éditions, 2014.

CONTEXTE

Les islamistes d'Ansâr ed-Din appartiennent au **salafisme**, un mouvement religieux rigoriste qui rejette les autres courants de pensée de l'islam. Il réprime notamment le culte des **marabouts**, guides religieux considérés comme des hommes saints en Afrique du Nord et de l'Ouest. Les marabouts se livrent à des interprétations plus ouvertes du Coran et les **mausolées** où ils sont enterrés font l'objet d'une vénération particulière.

→ **Quels sont les différents types de patrimoine évoqués dans ce texte ? Quels rôles jouent-ils aux yeux de la population locale ?**

3 La destruction des mausolées de Tombouctou

En 2012, des groupes islamistes s'emparent d'une partie de Tombouctou et détruisent plusieurs mausolées de la ville classés au patrimoine mondial de l'UNESCO.

Caricature de Chappatte parue dans *Le Temps*, 3 juillet 2012.

→ **Recherchez à quelle célèbre citation renvoie le texte de la bulle. Quel point de vue le dessinateur a-t-il cherché à exprimer ?**

4 Une analyse de la destruction du patrimoine par les djihadistes

Le regard de géographes

La destruction des symboles montrant à la fois l'enracinement local des cultures et la reconnaissance internationale par le label du patrimoine mondial de l'UNESCO est l'expression la plus visible d'une volonté de gommer toute appartenance particulière. [...] Au Mali, le porte-parole d'Ansâr ed-Din a très clairement expliqué que le passage à l'action rapide des combattants islamistes pour la destruction des mausolées de Tombouctou avait été motivé par l'inscription des biens classés de Tombouctou sur la liste du patrimoine mondial en péril, inscription à laquelle l'UNESCO avait procédé quelques jours avant le saccage. Ces destructions sont des manifestations tragiques nées d'un refus de reconnaître un patrimoine hérité localement.

Soufian Al Karjousli, Diama Cissouma Togola et Anne Ouallet, « Diversité, conflictualités et sociabilités au cœur de la patrimonialisation de l'islam au Mali », dans Jospeh Brunet-Jailly et *al.*, *Le Mali contemporain*, IRD Éditions, 2014.

→ **Pourquoi peut-on dire que la destruction du patrimoine répond à des enjeux géopolitiques locaux et mondiaux ?**

5 Les différentes conceptions du patrimoine à Tombouctou

Le regard d'une ethnologue

À partir de 1988, date de classement des trois mosquées et seize mausolées, l'UNESCO apparaît, avec l'État malien, comme acteur à part entière du patrimoine de Tombouctou. [...] Désormais, aucune intervention sur les sites n'est envisageable sans l'accord préalable de l'UNESCO. [...] Parallèlement, la population qui finançait ces travaux [...] a été sensibilisée aussi sur sa participation considérée comme « une prise d'assaut » des sites jugée dangereuse par les tenants de la conservation. Cependant, l'UNESCO ne finance que les travaux d'intervention ponctuelle d'envergure. [...] Bien que sa participation à la vie des sites n'ait jamais cessé d'être sollicitée, la majorité de la population s'est tout de même sentie exclue de cette gestion collective [...]. Les biens culturels classés de Tombouctou [...] sont patrimoine pourtant dès lors qu'ils ont échappé à l'oubli, à la désuétude ou à la destruction. Ils le sont encore plus pour leur dimension religieuse qui en fait des sites sacrés plutôt que pour leur valeur patrimoniale.

Traoré Hadizatou, « Le bien culturel de Tombouctou, une patrimonialisation discutée ? Conditions locales de réception de la notion de patrimoine de type UNESCO », *L'Année du Maghreb*, 19, 2018.

→ **Quelles sont les limites à l'action de l'UNESCO ?**

EN AUTONOMIE VERS LE BAC

Mise en relation des documents

1. Pourquoi la restauration est-elle un facteur de tension entre les différents acteurs de la protection du patrimoine malien ? docs 1, 2 et 5

2. Comment interpréter la destruction des mausolées de Tombouctou par les jihadistes ? docs 3 et 4

BAC Vers l'écrit ▸ Étude critique de documents

Sujet : « La destruction, la protection et la restauration du patrimoine : des enjeux géopolitiques »

Rédigez une introduction présentant les documents 2 et 3 et leur intérêt pour traiter ce sujet.

BAC Vers le grand oral

Préparez un exposé de 5 minutes sur un élément du patrimoine malien.

▸ Choisissez l'un des exemples évoqués dans les documents (mosquée de Djenné, manuscrits de Tombouctou, mausolées...).

▸ Imaginez 2 questions que le jury pourrait vous poser et préparez leur réponse.

Consignes détaillées de l'activité

Jalon Venise, entre valorisation touristique et protection du patrimoine

COURS p. 268-269

La forte croissance touristique de Venise génère de multiples problèmes socio-économiques et environnementaux. Attachés à leur patrimoine et à un certain art de vivre, les Vénitiens dénoncent une saturation de la fréquentation de leur ville. La municipalité a pris des mesures de régulation des flux et des pratiques touristiques.

Quelles sont les limites de la valorisation du patrimoine à Venise ?

1 Deux siècles d'évolution du tourisme

Le regard de géographes

Venise avait largement perdu de son rayonnement au XIXe siècle, quand sa position sur les itinéraires du Grand Tour[1] lui permit de renouveler sa centralité : d'un côté, on déplorait la décadence d'une ville auparavant magnifique, de l'autre, on trouvait la ville ruinée attractive aux yeux des touristes. [...] Ainsi, la patrimonialisation s'est appuyée sur les traces matérielles d'un ancien prestige et nourrit et se nourrit du tourisme. [...] Cette importance du tourisme fait émerger des tensions puisque différents acteurs interviennent avec des intérêts contradictoires : l'intérêt soutenu des touristes [...] se heurte aux intérêts des autorités qui s'inquiètent de la vulnérabilité de la ville (passage des paquebots de croisière pouvant participer voire aggraver les processus d'érosion des bâtis ; inondations fréquentes (*acqua alta*), encombrements extrêmes des sites à certains moments de l'année). L'économie de l'hébergement, qui profite de la demande, exerce une pression sur le marché locatif. Il s'agit donc de problèmes écologiques, économiques et politiques qui se cristallisent à travers le tourisme, avec récemment des mouvements anti-touristiques (slogan : « *Tourists, you are not welcome* »). Ainsi, [...] la gentrification [...] peut prendre une forme exacerbée dans la ville touristifiée.

Mathis Stock et al., *Les Enjeux contemporains du tourisme. Une approche géographique*, PUR, 2017.

1. Nom donné au voyage qu'effectuaient pendant plusieurs années certains jeunes aristocrates britanniques, allemands, néerlandais... à travers l'Europe afin de parfaire leur éducation.

→ **Quelles mutations les relations entre tourisme et patrimoine à Venise ont-elles connu ?**

2 Une manifestation contre les bateaux de croisière en 2015

→ **Décrivez cette photographie et expliquez ce qu'elle montre.**

3 L'évolution de la population et des touristes à Venise

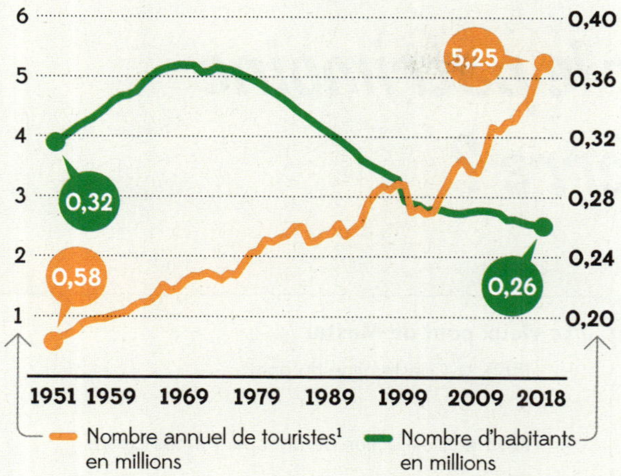

1. Ne comptabilise que le nombre de touristes ayant séjourné au moins une nuit sur la commune. Or, la majorité des touristes visite la ville à la journée, sans y dormir. La municipalité estime à près de 30 millions le nombre de visiteurs total à Venise en 2018.

Source : Commune de Venise, Service de statistiques et de recherche, 2019.

→ **Comment la croissance démographique et touristique de Venise évolue-t-elle ?**

4 Les mesures prises par la municipalité

Instaurer un quota de visiteurs, contrôler les locations de logement, créer une nouvelle taxe ou fermer complètement l'accès à un site... Là où la fréquentation touristique exaspère les habitants et menace le patrimoine et l'environnement, les autorités locales doivent forcer la vis. Certains lieux voient leur nombre de visiteurs s'envoler au-delà de leur capacité d'accueil, poussant des locaux à rejoindre des mouvements anti-touristes comme à Venise. En juin dernier, les images d'un paquebot heurtant un quai et un bateau-mouche dans le port de San Basilio ont à nouveau exaspéré les Vénitiens. Ces navires de croisière [...] sont au centre du mouvement anti-touristes initié par une partie des 50 000 habitants qui se sentent toujours plus dépossédés de leur ville. L'obligation d'accoster à l'écart de la place Saint-Marc, à l'étude depuis plusieurs années, n'est toujours pas appliquée. Néanmoins, le gouvernement italien a annoncé le 7 août que les paquebots seront progressivement déroutés hors du centre-ville [...]. Déjà menacée par la montée des eaux, Venise voit ses fondations sous-marines fragilisées à chaque passage de paquebot. Dès le 1er septembre, les touristes qui ne dorment pas à Venise devront s'acquitter d'une « taxe de débarquement » de 3 à 10 euros selon la période de l'année. L'ouverture de nouveaux hôtels et restaurants *fast food* est désormais interdite.

Jean-Marc De Jaeger, « Les mesures de 12 destinations contre le surtourisme », *Le Figaro*, 13 août 2019.

→ **Comment la municipalité répond-elle aux conséquences de la forte fréquentation touristique sur le patrimoine de Venise ?**

5 Une affiche à destination des touristes

Source : Municipalité de Venise, 2019.

→ **Quelles pratiques ont été interdites par la municipalité pour protéger le patrimoine de Venise ?**

EN AUTONOMIE VERS LE BAC

Mise en relation des documents

1. Quel lien peut-on établir entre l'évolution du tourisme et celle de la population résidente à Venise ? docs 1, 2 et 3

2. Quels types de solution ont été trouvés pour tenter de concilier développement économique et protection du patrimoine vénitien ? docs 4 et 5

BAC Vers l'écrit ▸Dissertation

Sujet : « Le tourisme culturel, entre valorisation et protection »

Élaborez un plan détaillé pour ce sujet.

BAC Vers le grand oral

Préparez un exposé sur un site patrimonial et touristique de Venise : la basilique Saint-Marc, le Rialto, la Fenice ou le canal de la Giudecca.

▸ Menez une recherche documentaire large sur celui-ci : articles de presse, émissions de radio, manuels universitaires sur le tourisme.

▸ Après avoir exposé les menaces pesant sur ce patrimoine, vous présenterez les solutions mises en œuvre pour le protéger.

▸ Un jury d'élèves est chargé d'évaluer votre prestation.

Grille d'évaluation à télécharger

Points de vue

GRAND ORAL

Peut-on sauver le patrimoine des pays en guerre ?

1 Le pont de Mostar (Bosnie-Herzégovine)

Ce pont a été détruit le 9 novembre 1993 par l'armée croate au cours de la guerre en Bosnie-Herzégovine (1992-1995) qui éclata à la fin de la guerre froide. Elle opposa les Bosniaques musulmans, les Croates de Bosnie et les Serbes de Bosnie. **Chapitre 8** p. 205

① Quartier à majorité bosniaque et musulmane
② Quartier à majorité croate et catholique

Le vieux pont de Mostar

- 1565 Construction du pont
- 1993 Destruction du pont par l'armée croate
- 2002-2004 Reconstruction du pont
- 2005 Inscription au patrimoine mondial de l'UNESCO

2 Une défense technologique, diplomatique et juridique

Le point de vue d'un historien

Grâce aux nouvelles technologies de traitement de l'image, les destructions ne peuvent plus être ce qu'elles étaient. [...] En effet, la numérisation des écrits, des images et des sites ainsi que la virtualisation des musées permettent de dépasser l'absence et de conjurer la perte. [...] Grâce à une imprimante 3D, des copies grandeur nature de l'Arche de Palmyre ont été réalisées. [...] Sous l'impulsion de Paris et d'Abu Dhabi (2016), une conférence internationale sur « le patrimoine en danger » a réuni des représentants d'une quarantaine d'États et d'institutions privées qui approuvent la création d'un fonds financier et d'un réseau de refuges pour protéger le patrimoine en période de conflit [...]. Depuis peu, on a compris que l'on pouvait mobiliser la justice internationale pour punir les auteurs de « crimes » contre le Patrimoine[1]. [...] Ainsi, la Cour pénale internationale (CPI) a rendu en 2016 un jugement historique contre [...] le djihadiste malien qui a reconnu avoir détruit des mausolées protégés à Tombouctou en 2012 [...]. L'ONU a imaginé des actions qui se situent aussi au niveau de l'encadrement juridique. Une résolution de 2015, appelant à protéger et défendre le patrimoine culturel contre le pillage, le trafic et les destructions dans toutes les zones de conflit, [...] encourage les États membres à proposer des listes de groupes impliqués dans ces méfaits ainsi que des inventaires du patrimoine. [...]

Robert Belot, « Maltraitance patrimoniale et désordre géopolitique au début du troisième millénaire », *Ethnologies*, 39, n° 1, 2017.

1. Depuis 2017, le Conseil de sécurité de l'ONU définit comme « crime de guerre » la destruction volontaire du patrimoine culturel au cours d'un conflit.

3 Un concert après la libération du site antique de Palmyre (Syrie) par l'armée russe

Concert donné par l'orchestre de Saint-Pétersbourg, le 5 mai 2016.

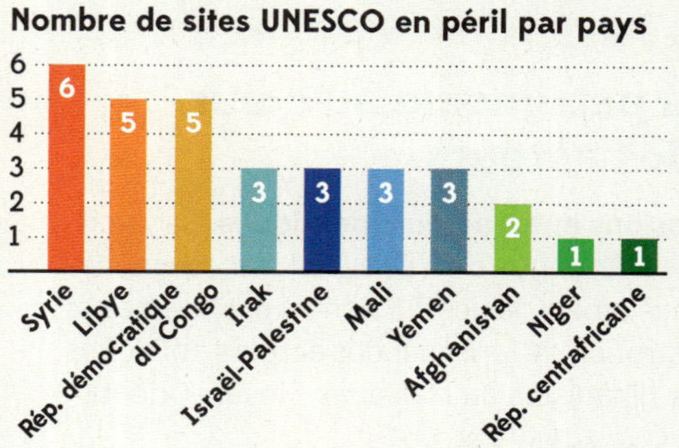

Source : UNESCO, 2020.

4 Une exposition sur le patrimoine des pays en guerre

Des partenariats entre acteurs publics et entreprises privées permettent de proposer des versions numérisées en réalité virtuelle de quelques hauts lieux du patrimoine mondial en péril.

Source : Institut du Monde arabe, 2019.

5 Faut-il reconstruire les bouddhas de Bamiyan[1] ?

Le regard d'un archéologue et d'un historien de l'art

Quel est le meilleur moyen d'honorer les bouddhas sacrifiés ? La noble cause inspire deux écoles concurrentes : les tenants du *statu quo* contre les « reconstructeurs ». « Il faut garder ces deux niches vides afin que la nouvelle génération sache comment l'ignorance a un jour gagné dans ce pays », affirme Zamaryalaï Tarzi [archéologue]. La philosophie du message n'est pas tout : les partisans du *statu quo* font valoir la difficulté pratique d'une éventuelle reconstruction. Le « matériau original » exigé par la charte de Venise[2] n'est pas le moindre de ces obstacles. La destruction de 2001 n'a laissé qu'un éboulis de fragments épars.

Michael Petzet [historien de l'art] [...] multiplie les déclarations en faveur de la reconstruction, en tout cas pour le petit bouddha. L'idée de laisser la niche du grand bouddha vide mais de « réassembler » le petit bouddha est bien accueillie par les habitants. Leur arrière-pensée est aussi de doper l'économie du tourisme. [...] Dans ce débat autour de la reconstruction, l'UNESCO a adopté un prudent « ni-ni » [...]. « Si le réassemblage partiel » du petit bouddha « devait être considéré », une solide étude technique et scientifique devrait être préalablement menée.

Frédéric Bobin, « Les bouddhas de Bamiyan cherchent une autre vie », *Le Monde*, 10 nov. 2014 [en ligne].

1. Site antique situé en Afghanistan composé de statues monumentales détruites par le régime islamiste des Talibans en 2001.
2. Traité international (1964) fixant un cadre strict à la restauration du patrimoine, en préconisant le respect de l'authenticité des sites originels plutôt que la reconstruction.

CONSTRUIRE SON POINT DE VUE

Découvrez les documents

1. Pourquoi le pont de Mostar a-t-il été reconstuit ? doc 1
2. Quelle signification peut-on donner au concert organisé sur le site de Palmyre ? doc 3
3. Qui sont les principaux acteurs de la sauvegarde du patrimoine des pays en guerre ? docs 2 à 5

Développez des arguments

4. Pourquoi la protection et la destruction du patrimoine en temps de guerre ont-elles une portée symbolique ? docs 1, 2 et 4
5. Comment la sauvegarde du patrimoine des pays en guerre a-t-elle évolué ? docs 2, 4 et 5
6. Quels sont les différents points de vue sur la reconstruction du patrimoine détruit ? docs 4 et 5

Présentez votre point de vue ORAL

7. À l'oral, en 5 minutes, répondez à la problématique « Comment sauver le patrimoine des pays en guerre ? » en présentant plusieurs arguments.

Révisions

La préservation du patrimoine, entre tensions et concurrences

Podcast Synthèse à écouter

EXO Exercices interactifs

SYNTHÈSE

I La préservation du patrimoine au cœur de tensions entre les acteurs

- **Le patrimoine est source de tensions entre acteurs politiques.** Sa valorisation peut être mise au service de l'affirmation d'un pouvoir (grands aménagements présidentiels à Paris). Parallèlement, la destruction du patrimoine est parfois utilisée comme une démonstration de force par des acteurs politiques en quête de visibilité internationale (jihadistes au Mali et au Moyen-Orient).

- **La patrimonialisation alimente aussi les tensions entre acteurs politiques et habitants.** Le déguerpissement des mendiants, organisé par les autorités à Lalibela (Éthiopie), ou l'ingérence de l'UNESCO dans la restauration de certains bâtiments religieux (Mali) montrent que la gestion du patrimoine peut conduire à l'exclusion des populations locales.

- **Le patrimoine est un objet de concurrence entre usagers d'un même territoire.** La patrimonialisation des centres historiques peut entraîner l'éviction des habitants au profit des touristes (tourisme de masse à Venise) ou des classes sociales aisées (gentrification à Marseille). Ces pressions sur le patrimoine conduisent certains acteurs publics à légiférer pour mieux l'encadrer, comme à Venise.

Jalon p. 270, **Jalon** p. 272, **Jalon** p. 274

II Les multiples facteurs des tensions et concurrences liées au patrimoine

- **La valeur symbolique du patrimoine en fait la cible de tensions politiques.** Il peut ainsi être visé en tant qu'incarnation de valeurs ennemies. Sa destruction est un moyen de nier la mémoire d'un groupe social ou d'une période historique pour instaurer un nouvel ordre social (Mali, Syrie, Irak).

- **Les usages économiques du patrimoine font aussi l'objet de concurrences.** L'aménagement de barrages au Chili ou de projets miniers en Australie met en danger le patrimoine naturel. Le nouvel urbanisme (Paris) ou les excès du tourisme (usure à Petra, incivilités à Venise) peuvent aussi dégrader les héritages patrimoniaux.

- **Les fonctions sociales et culturelles du patrimoine favorisent aussi certaines tensions.** La folklorisation des pratiques traditionnelles (conteurs à Marrakech) et la profanation de lieux sacrés (Uluru en Australie) témoignent des dommages que le surtourisme peut provoquer sur le patrimoine immatériel. La démolition des vieux quartiers de Pékin reflète la faible valorisation du patrimoine populaire.

Jalon p. 272, **Jalon** p. 274, **Points de vue** p. 276

III La préservation du patrimoine : un vecteur de coopération

- **La patrimonialisation fait l'objet de coopérations entre différents acteurs.** Elle résulte d'une concertation entre des acteurs partageant des objectifs de préservation (UNESCO, États, collectivités locales, associations). Les scientifiques

SUJETS BAC

Dissertation

- « Urbanisation, développement économique et préservation du patrimoine » p. 271
- « Le tourisme culturel, entre valorisation et protection » p. 275
- « Valoriser et protéger le patrimoine : entre coopération et conflit » p. 280
- « Les usages économiques du patrimoine : enjeux et dynamiques » p. 281

Étude critique de documents

- « Patrimoine et nouvel urbanisme : entre valorisation et protection » p. 271
- « La destruction, la protection et la restauration du patrimoine : des enjeux géopolitiques » p. 273
- « Patrimoine et développement économique : entre valorisation et tensions » p. 270 et 274

(historiens, archéologues) contribuent aussi à la restauration du patrimoine, voire à sa reconstruction à l'aide des nouvelles technologies (Syrie).

- **La protection du patrimoine résulte de ces coopérations.** La reconstruction du pont de Mostar et la mise en valeur des mémoires de la Shoah et de la guerre froide à Berlin symbolisent la paix retrouvée après de longs conflits. L'aménagement de parcs naturels transfrontaliers permet de renforcer la coopération entre anciens pays ennemis (Andes, Afrique australe).

- **La valorisation du patrimoine favorise le développement des territoires.** Le tourisme génère des retombées économiques contribuant à l'entretien du patrimoine. Ce dernier est aussi une ressource au service de politiques culturelles (aménagement des espaces publics, musées).

Jalons p. 270 à 275, **Points de vue** p. 276
Chapitre 10 Jalon p. 254, **Chapitre 12** p. 282-297

MOTS CLÉS

Gentrification : p. 268
Muséalisation : p. 268
Muséification : p. 269
Patrimondialisation : p. 250
Réhabilitation : p. 270
Rénovation : p. 270

COMPRENDRE AUTREMENT

Le patrimoine : un vecteur de développement

Émergence en interaction du patrimoine et du tourisme
- Évolution historique simultanée (Venise p. 274)
- Le patrimoine, moteur de développement touristique
- Le tourisme, facteur de patrimonialisation

La valorisation du patrimoine, facteur de développement
- Financement de l'entretien du patrimoine par le tourisme
- Ressource pour la reconversion des territoires
- Vecteur de coopérations entre acteurs

Le développpement économique : un danger pour le patrimoine
- Atteintes au patrimoine naturel : conflits d'usages
- L'urbanisation, facteur potentiel de standardisation (Paris p. 270)
- Tourisme de masse : risque de dégradations

Le patrimoine : objet de tensions et de concurrences

Des choix idéologiques
- Patrimonialisation ou démolition au service d'un nouvel ordre social (Mali p. 272)
- Valorisation ou négation de la mémoire (période, groupe social)
- Des choix porteurs d'inégalités

La valorisation du patrimoine, facteur de tensions
- La valorisation par le tourisme : un risque d'exclusion
- Risque de gentrification (centres historiques)
- Mesures pour concilier patrimonialisation et développement (Venise p. 274)

Le patrimoine, cible d'une violence symbolique
- Destruction symbolique (valeurs ou mémoires ennemies)
- Dommages collatéraux des conflits (p. 276)
- La patrimonialisation, outil de paix et de réconciliation

BAC ▸ Dissertation

SUJET BAC

Valoriser et protéger le patrimoine : entre coopération et conflits

- **Valoriser** : Mettre en valeur ▸ dans quel but ?
- **protéger** : Défendre contre toute atteinte. ▸ pour quelles raisons ?
- **patrimoine** : Ensemble de biens conservés pour être transmis ▸ quel type de patrimoine ?
- **coopération** : Participation à une œuvre commune ▸ quels sont les intérêts en jeu ?
- **conflits** : Opposition, contestation ▸ quels sont les intérêts en jeu ?

MÉTHODE / **APPLICATION**

ÉTAPE 1 ANALYSER LE SUJET ET FORMULER LA PROBLÉMATIQUE

Méthode

▸ **Définissez les mots clés, l'échelle, l'espace concerné, la période, le cadre chronologique**

▸ **Dégagez les enjeux du sujet et un fil conducteur constituant une problématique (question clé posée par le sujet et à laquelle votre dissertation répondra)**

Application

▸ Analysez le sujet en vous aidant des indications ci-dessus.

Conseil Interrogez-vous sur le sens et les enjeux du sujet.

Exemple : La mise en valeur et la protection des biens et sites culturels, ainsi que du patrimoine architectural servent des intérêts divers, mais sont également source de tensions, voire de conflits.

▸ Dégagez une problématique.

Exemple : quels sont les enjeux de la valorisation et de la protection du patrimoine ?

ÉTAPE 2 MOBILISER SES CONNAISSANCES

Méthode

▸ **Notez au brouillon les connaissances nécessaires pour répondre au sujet**

▸ **Faites des liens avec les programmes de spécialité 1re, d'histoire et de géographie**

▸ **Prévoyez éventuellement un schéma/un croquis pour illustrer une partie de la dissertation (ce n'est pas obligatoire)**

Application

▸ Notez vos connaissances sur les différents aspects du sujet.

Conseil Pensez aux notions liées au sujet et à des exemples précis.

Introduction du thème 4 p. 240-247
Cours p. 268 ; **Jalons** p. 270, p. 272, p. 274

▸ Interrogez-vous sur l'utilité d'un croquis pour illustrer une notion ou une partie de la dissertation.

ÉTAPE 3 CONSTRUIRE UN PLAN ET ORGANISER SES CONNAISSANCES

Méthode

▸ **À partir de l'analyse du sujet, de la problématique et de vos connaissances, dégagez deux ou trois thèmes ou idées majeures qui formeront les parties du plan**

▸ **Identifiez les thèmes secondaires qui constitueront les sous-parties**

▸ **Classez les connaissances dans chaque sous-partie**

▸ **Si un schéma vous semble pertinent pour illustrer une partie de la dissertation, construisez sa légende**

Application

▸ **Exercice**
Quel est l'intérêt du modèle ci-dessous pour organiser les connaissances ?

- **I.** Sauvegarde et valorisation du patrimoine, vecteur de développement
  - **A.** Intérêts économiques
    - Développement du tourisme — Reconversion urbaine
    - Retombées économiques — Développement des territoires
  - **B.** Intérêts culturels
    - Politiques culturelles — Vitrine du pouvoir de l'État ou des métropoles
    - Devoir mémoriel — Portée symbolique

En suivant ce modèle, organisez les connaissances de la 2e partie intitulée « Le patrimoine génère des tensions ».

ÉTAPE 4 RÉDIGER LA DISSERTATION

a. Rédiger l'introduction

- Rédigez une phrase d'accroche
- Présentez le sujet en précisant le sens des termes
- Formulez la problématique
- Annoncez le plan

- Rédigez une introduction présentant le sujet, la problématique et le plan.

Exemple :
Au sens strict du terme, le patrimoine se définit comme un ensemble de biens hérités et à transmettre. Cette notion s'applique de façon plus large aux beaux-arts, à l'architecture, à la culture immatérielle, aux sites naturels. La mise en valeur et la défense du patrimoine témoignent de l'importance qu'il revêt pour la promotion du tourisme et des territoires. Vecteur de développement, le patrimoine peut également être l'objet de tensions et de concurrences entre acteurs spatiaux.
Quels sont les enjeux de la valorisation et de la protection du patrimoine ?
Nous montrerons que la sauvegarde et la valorisation du patrimoine servent des intérêts économiques et culturels, puis que le patrimoine contribue à créer des tensions.

b. Rédiger le développement et éventuellement intégrer un schéma

- Chaque partie contient :
  - la formulation du thème de la partie ;
  - 2 ou 3 sous-parties présentant chacune une idée importante du thème, les explications et les exemples.

- En vous appuyant sur votre travail au brouillon (étape 3), rédigez un paragraphe argumenté pour chaque partie du plan : vous y développerez les idées importantes, les explications et un ou deux exemples précis.

Conseil Rédigez une phrase de transition entre chaque partie du développement.

c. Rédiger la conclusion

- Faites la synthèse des idées principales

- Rédigez une conclusion répondant à la problématique.

ENTRAÎNEZ-VOUS

Nouveau sujet ▶ **Les usages économiques du patrimoine : enjeux et dynamiques**

BAC ▶ Étude critique de documents

SUJET BAC

Patrimoine et développement économique : entre valorisation et tensions

Doc 1 Carte « Patrimoine et nouvel urbanisme à Paris » doc 1 p. 270

Doc 2 Texte « Deux siècles d'évolution du tourisme » doc 1 p. 274

Consigne : En analysant et confrontant les documents, vous montrerez que les rapports entre le patrimoine et le développement économique peuvent être ambivalents.

LES QUESTIONS À SE POSER

- Quels sont les mots clés du sujet et de la consigne ?
- Quels sont les thèmes abordés dans les documents en rapport avec le sujet ?
- Quelle problématique peut être énoncée à partir du sujet, de la consigne et des thèmes abordés par les documents ?

LES CONNAISSANCES À MOBILISER

Introduction du thème 4 Qu'est-ce que le patrimoine ? p. 238-247

Chapitre 10 Usages sociaux et politiques du patrimoine p. 248-263

Chapitre 11 La préservation du patrimoine, entre tensions et concurrences p. 266-281

Chapitre 12 La France et le patrimoine p. 282-297

Notions : muséification, patrimonialisation, gentrification, rénovation urbaine, réhabilitation

CONSEILS POUR L'ÉTUDE CRITIQUE

- Dégagez et expliquez les liens entre :
  - tourisme et développement économique ;
  - mise en valeur du patrimoine et réhabilitation/rénovation urbaine.
- Expliquez les sources de tensions.
- Mettez en relation les documents : mise en tourisme du patrimoine des centres historiques, gentrification, accroissement des inégalités.
- Dégagez des éléments d'analyse critique, par exemple les finalités différentes de la patrimonialisation (vitrine du pouvoir pour Paris ; attraction touristique pour Venise).

Méthode générale de l'étude critique de documents p. 24

Chapitre 12

Objet de travail conclusif

La France et le patrimoine, des actions majeures de valorisation et de protection

• **Dans le chapitre 10,** vous avez abordé les usages sociaux et politiques du patrimoine. D'abord circonscrit aux beaux arts, il s'est progressivement étendu à la nature et au patrimoine immatériel. Avec l'émergence des États-nations, il est devenu un bien collectif à protéger et à transmettre. Instrumentalisé à des fins politiques, le patrimoine est au cœur de conflits et de débats.

• **Dans le chapitre 11,** vous avez étudié les enjeux géopolitiques de la préservation du patrimoine. Le patrimoine peut faire l'objet de représentations divergentes : sa destruction, mais aussi sa protection et sa restauration, s'avèrent souvent sources de conflits. La patrimonialisation se heurte par ailleurs à des dynamiques et à des usages concurrents (tourisme, urbanisation) qui sont aussi facteurs de tensions.

• **Dans ce chapitre,** vous allez analyser les actions de valorisation et de protection du patrimoine en France. Le patrimoine est aujourd'hui une composante majeure des politiques d'aménagement des territoires. Parfois source de conflits, la protection du patrimoine est aussi un vecteur de développement et de rayonnement pour la France.

Quels sont les enjeux de la valorisation et de la protection du patrimoine en France ?

Textes DYS
TOUS LES TEXTES EN VERSION DYS
lyceen.nathan.fr/geopolitiqueterm

SOMMAIRE

Le centre culturel Tjibaou à Nouméa (Nouvelle-Calédonie)

Cet espace culturel a été inauguré en 1998 pour promouvoir la culture kanake. Œuvre de l'architecte Renzo Piano, il s'inspire de l'architecture des cases traditionnelles locales. Il a été classé Monument historique dès 2003.

Valorisation et protection du

1 Les biens inscrits au patrimoine mondial par l'UNESCO en France (2019)

Carte interactive

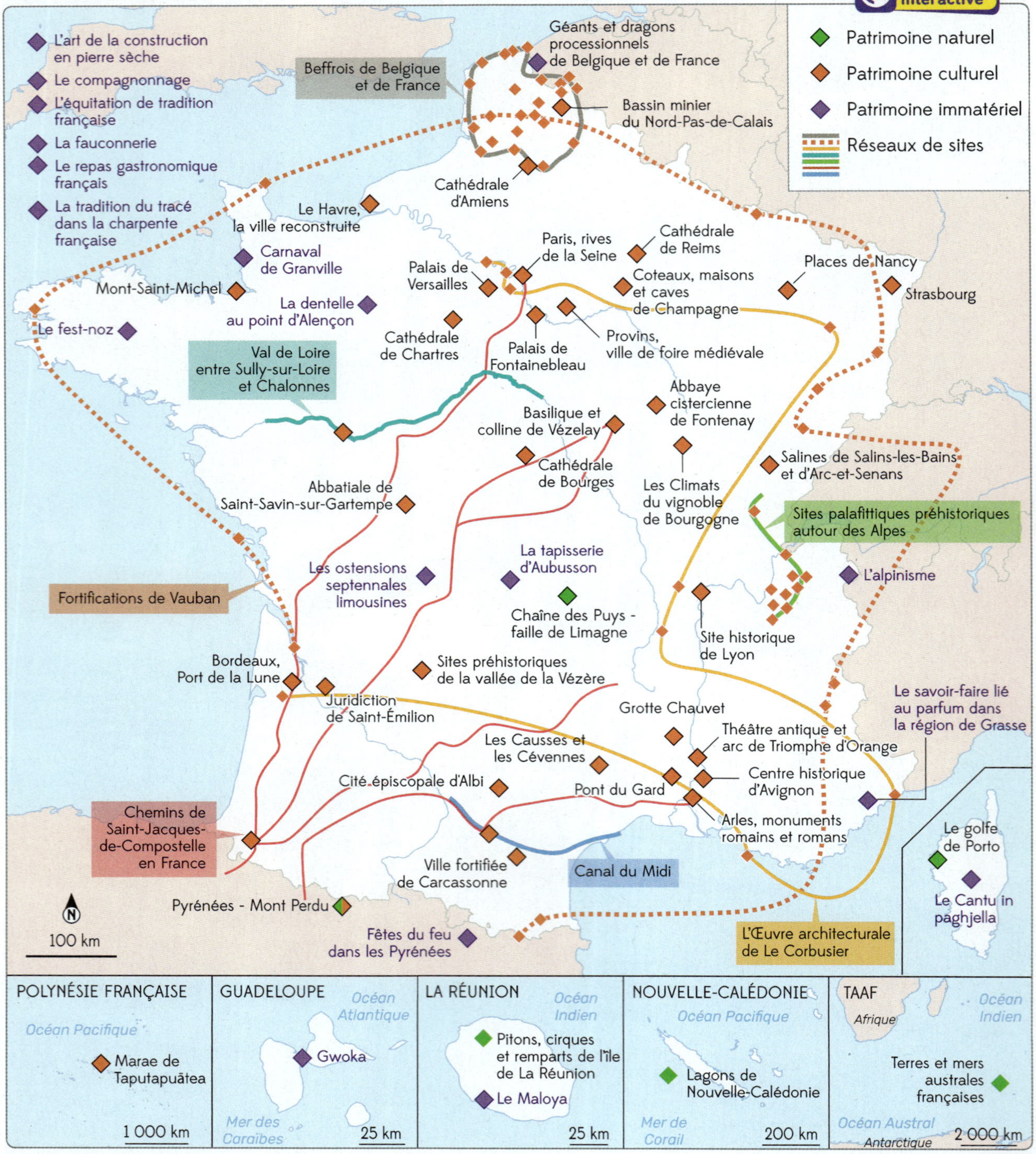

QUESTIONS

1. **Quels sont les types de patrimoine les plus fréquemment classés par l'UNESCO en France ?** carte 1

2. **Quels sont les milieux les plus concernés par des mesures de protection du patrimoine naturel ? Pourquoi, selon vous ?** carte 2

3. **Qui sont les acteurs de la protection du patrimoine en France ?** cartes 1 et 2

patrimoine en France

2 La protection du patrimoine naturel en France

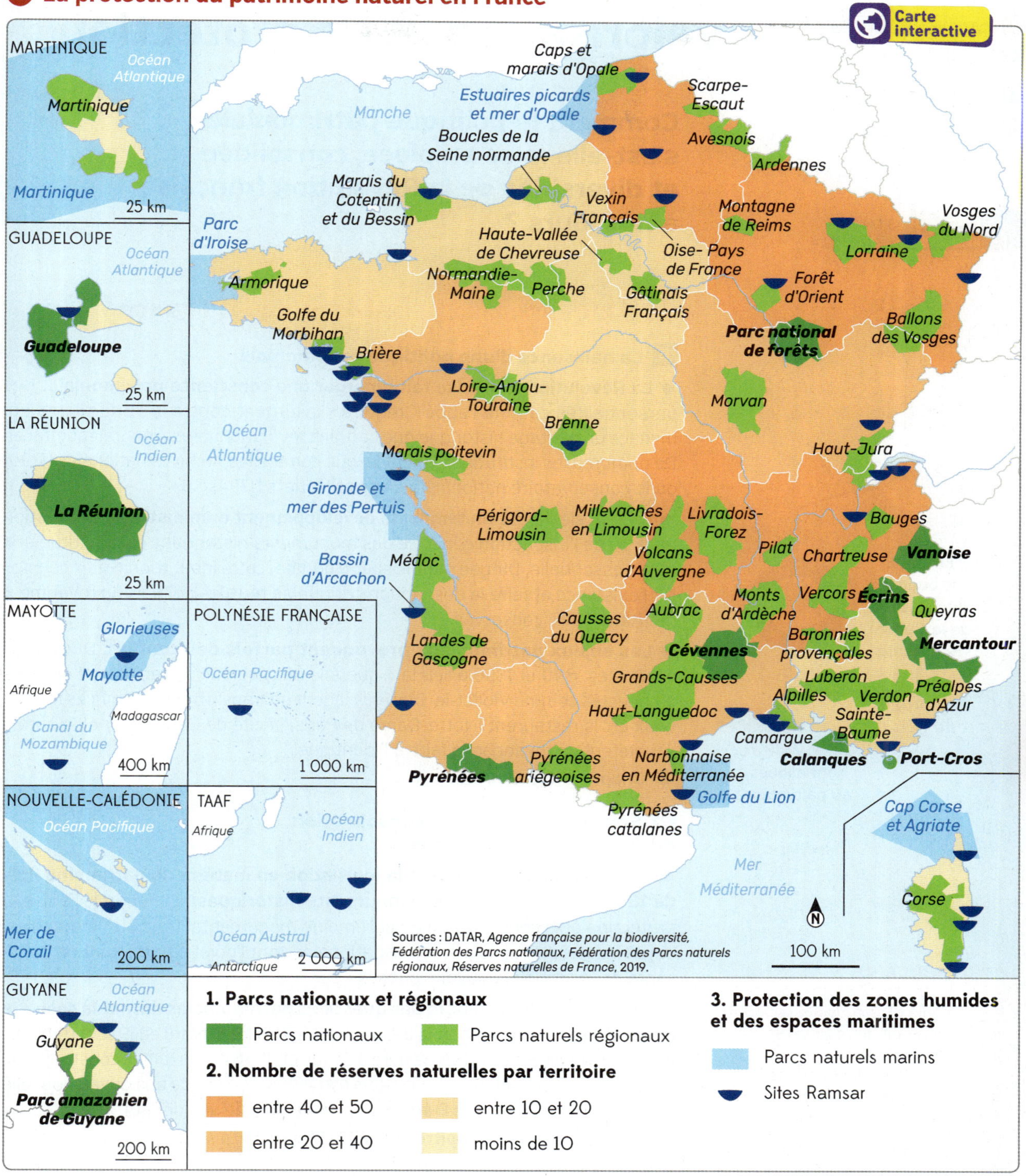

VOCABULAIRE

Parc national : territoire sous tutelle de l'État dont la mission est de protéger le patrimoine naturel et culturel tout en assurant le développement local.

Parc naturel régional : territoire régi par une charte et géré par des représentants des communes, des départements et des régions, autour d'un projet de conservation et de développement local. La protection y est moins stricte que dans un parc national.

Réserve naturelle : espace protégé pour préserver et gérer des ressources naturelles remarquables ou menacées (faune, flore, minéraux, fossiles, paysages, milieux).

Sites Ramsar : zones humides (marais, lacs…) bénéficiant d'un périmètre de protection en raison de l'originalité et de la fragilité de leur biodiversité.

Cours

La France et le patrimoine, des actions majeures de valorisation et de protection

CARTES p. 284-285
JALON p. 288-289
JALON p. 290-291
JALON p. 292-293
POINTS DE VUE p. 294-295

Podcast Cours à écouter

VOCABULAIRE

Décentralisation (lois de) : lois transférant des pouvoirs décisionnaires et des compétences administratives de l'État vers les collectivités territoriales.

Label : marque ou distinction attestant qu'un produit, un service ou un site respectent un certain nombre de normes de qualité définies réglementairement.

Mécénat : voir p. 250

Patrimonialisation : voir p. 250

UNESCO : voir p. 242

Vandalisme : voir p. 250

Comment la politique patrimoniale s'est-elle mise en place, consolidée et diversifiée de la Révolution française à nos jours ?

I Une histoire du patrimoine en France

A La naissance d'une politique patrimoniale

- **La Révolution française fait émerger une conscience patrimoniale.** Des personnalités comme l'abbé Grégoire s'insurgent contre le **vandalisme** qui menace un héritage historique que certains révolutionnaires voudraient effacer. De nombreuses institutions voient le jour, comme les Archives nationales (1790) ou le conservatoire national des Arts et Métiers (1794).

- **Le XIXe siècle est un temps de développement administratif.** La création en 1830 de l'Inspection générale des monuments historiques en constitue une étape essentielle. Dirigée par Prosper Mérimée, cette institution doit « constater l'existence et faire la description critique de tous les édifices du royaume » méritant d'être conservés.

- **Les enjeux patrimoniaux provoquent parfois des conflits.** Durant les décennies 1840 et 1850 a lieu la « querelle du gothique » : tandis que certains architectes comme Viollet-le-Duc envisagent de transformer les édifices médiévaux qu'ils restaurent (Notre-Dame de Paris, la cité de Carcassonne), d'autres souhaitent en revanche le faire à l'identique.

Chapitre 10 p. 250-251

B Sous la République, la consolidation de la politique patrimoniale

- **La IIIe République renforce la législation en matière de patrimoine (lois de 1887 puis de 1913 sur les Monuments historiques).** La loi de 1913 vise la protection et la conservation du patrimoine monumental français (immeubles, objets). Les collections privées et nationales sont l'objet d'une attention croissante de la part des pouvoirs publics.

- **Le grand public s'empare des questions patrimoniales durant la seconde moitié du XXe siècle.** À Paris, la destruction des Halles Baltard en 1971, la transformation en musée de l'ancienne gare d'Orsay en 1986 ou certaines constructions initiées sous la présidence de François Mitterrand (pyramide du Louvre, nouvelle Bibliothèque nationale de France) soulèvent ainsi de vifs débats.

Jalon p. 288-289, **Chapitre 11** p. 270-271

II Actions et acteurs du patrimoine

A L'élargissement de la notion de patrimoine

- **En 1964, le ministère des Affaires culturelles d'André Malraux crée l'Inventaire.** Ce service doit recenser et faire connaître le patrimoine de tous les cantons de France. À partir des années 1980, le ministère de la Culture étend son action à la photographie, à l'ethnologie, à l'art contemporain, mais aussi au patrimoine industriel.

● **Au patrimoine matériel s'ajoutent les patrimoines naturel puis immatériel.** Cet élargissement favorise la protection et la valorisation de sites comme le vignoble de Bourgogne, les volcans d'Auvergne ou les quartiers du Havre construits par Auguste Perret après la Seconde Guerre mondiale.

Jalon p. 292-293

B Une multiplicité d'acteurs

● **L'État a longtemps été l'unique producteur de patrimoine, mais depuis les années 1980, les acteurs se multiplient.** En 1983, les **lois de décentralisation** répartissent les compétences en matière patrimoniale entre les communes, les départements et les régions.

● **Le mécénat, permettant à des acteurs privés (particuliers, entreprises) de s'impliquer dans le patrimoine, se développe.** Il fait parfois pleinement partie de la stratégie des mécènes. Le groupe LVMH multiplie par exemple ses domaines d'intervention (mode, artisanat, vignoble) en finançant des initiatives et en défendant des savoir-faire.

● **La gestion du patrimoine français s'opère à plusieurs échelles.** De l'échelle locale (commune) à l'échelle mondiale (**UNESCO**), les acteurs de la gestion sont multiples et leurs capacités de financement varient fortement.

Jalon p. 288-289, **Jalon** p. 290-291,
Introduction du thème 4 p. 242-243

III Le patrimoine, facteur de valorisation des territoires et des entreprises

A Stratégies patrimoniales

● **La patrimonialisation est au cœur des stratégies de développement des territoires.** De grands musées parisiens ont permis à des territoires en désindustrialisation de se renouveler en y installant un établissement (Centre Pompidou de Metz, musée du Louvre-Lens).

● **À la mondialisation accélérée s'oppose la volonté de sauvegarder des éléments culturels traditionnels.** Les lavoirs des villages ou les enclos paroissiaux bretons sont par exemple l'objet de mesures patrimoniales de restauration et de protection.

● **Les labels sont de plus en plus utilisés par les entreprises et les territoires pour leur promotion.** Depuis 2006, le label « Entreprise du patrimoine vivant » (EPV), attribué par le ministère de l'Économie, valorise « un savoir-faire rare, renommé ou ancestral, reposant sur la maîtrise de techniques traditionnelles ou de haute technicité et circonscrit à un territoire ». Les labels de l'UNESCO sont également très convoités.

B Le patrimoine, facteur d'attractivité

● **Le patrimoine est un moteur de développement et un facteur d'attractivité touristique.** Bombardé en 1940, le chœur de l'église de Bourbourg (Nord) a été rénové au début du XXIe siècle en y intégrant le travail d'un sculpteur contemporain, Anthony Caro. Fleuron du tourisme français, le mont Saint-Michel accueille chaque année plus de 3 millions de visiteurs.

● **Le patrimoine français est un facteur de rayonnement à l'échelle mondiale.** La France est en effet la première destination touristique internationale, avec 90 millions de visiteurs en 2018.

● **La question de la fréquentation des sites interroge la pertinence des politiques patrimoniales.** Des critiques s'élèvent contre la surfréquentation de certains sites, tel le massif du Mont-Blanc, victime de dégradations environnementales. De nombreux sites connaissent à l'inverse une faible attractivité.

Jalon p. 292-293, **Chapitre 11** p. 268-269

FICHES DE LECTURE

Françoise Benhamou, *Économie du patrimoine culturel*, La Découverte, 2019 (2e édition), 128 p. Pour définir la notion de patrimoine et s'interroger sur les politiques patrimoniales.

Gérard Derèze, « De la culture populaire au patrimoine immatériel », *Hermès, La Revue*, n° 42, 2005/2. Pour réfléchir sur la culture populaire et l'élargissement du patrimoine.
www.cairn.info/revue-hermes-la-revue-2005-2-page-47.htm

RESSOURCES

Marie-Anne Sire, *La France du patrimoine. Les choix de la mémoire*, Gallimard « Découvertes », 2005, 144 p. Cet ouvrage très illustré retrace la genèse du patrimoine en France et les choix qu'elle a impliqués.

Le site de l'Atlas des patrimoines. Ce site du ministère de la Culture permet, grâce à une carte interactive, de visualiser les données culturelles et patrimoniales en France.
http://atlas.patrimoines.culture.fr/atlas/trunk/

Podcast « Qui doit sauver le patrimoine ? », *Entendez-vous l'éco ?*, France Culture, 14 sept. 2018, 59'. Une émission qui interroge l'engagement de l'État, avec trois spécialistes et défenseurs du patrimoine.
www.franceculture.fr/emissions/entendez-vous-leco/le-patrimoine-culturel-francais-un-tresor-mal-exploite

Ressources complémentaires

Jalon La gestion du patrimoine français : évolutions d'une politique publique

COURS p. 286-287

POINTS DE VUE p. 294-295

La période qui s'ouvre dans les années 1960 marque une évolution dans la gestion du patrimoine français, à mesure que l'intérêt du public s'accroît et que la notion de patrimoine s'élargit. Des institutions spécifiques sont créées, accompagnées d'une série de lois. Aux côtés de l'État, les acteurs impliqués se multiplient.

Que révèle l'évolution des politiques patrimoniales en France des années 1960 à nos jours ?

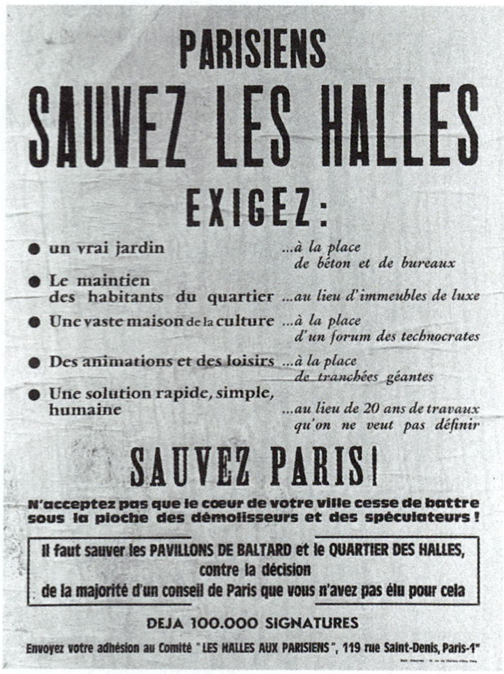

1 Quand l'opinion s'empare d'une question patrimoniale : le cas des Halles Baltard

Situées au cœur de Paris, les Halles construites par Victor Baltard en 1852 permettaient le ravitaillement de la population. À la fin des années 1960, l'annonce de leur destruction soulève une vive contestation.

Affiche de 1971 contre la démolition des halles centrales de Paris.

→ **Quels arguments sont mobilisés par les opposants à la destruction des Halles Baltard ?**

VOCABULAIRE

Mécénat : voir p. 250

2 L'élargissement de la notion de patrimoine dans les années 1980

De 1981 à 1985, l'augmentation importante de ses moyens et l'introduction de méthodes nouvelles de travail ont à la fois permis d'élargir les connaissances, d'aborder le patrimoine sous des aspects jusqu'ici peu familiers (ethnologie, photographie, patrimoine industriel, architecture de la fin du XIXe et du XXe siècles) et de développer un effort sans précédent de présentation et d'explication au public, portant à la fois sur ces « nouveaux patrimoines » et les domaines plus familiers des monuments historiques et de l'archéologie. À travers ce vaste travail d'inventaire du Patrimoine de la France s'estompe peu à peu la distinction entre arts majeurs et arts mineurs[1] au profit d'un même souci de connaissance, de préservation et de découverte.

« Le patrimoine », brochure du ministère de la Culture, 1986.

1. Longtemps la peinture, la sculpture et l'architecture ont été réputées « arts majeurs », l'expression « arts mineurs » désignant les formes d'art plus proches de l'artisanat (tapisserie, orfèvrerie, bijouterie...).

→ **Quels élargissements la notion de patrimoine connaît-elle au début des années 1980 ?**

La politique patrimoniale en France en quelques dates

- 1964 **Création de l'Inventaire**, institution qui a pour mission de « recenser, étudier et faire connaître les éléments du patrimoine qui présentent un intérêt culturel, historique ou scientifique »
- 1983 **Lois de décentralisation** répartissant les compétences en matière patrimoniale entre les communes, les départements et les régions
- 2001 **Loi sur l'archéologie préventive** imposant un diagnostic archéologique avant toute opération d'aménagement afin de ne pas détruire un patrimoine
  Création de l'Institut national de recherches archéologiques préventives (INRAP)

3 L'importance croissante du mécénat

Campagne de communication du Centre des monuments nationaux en faveur du mécénat, janvier 2017.

→ **Quelles sont les multiples conséquences de ce type de campagne ?**

4 Le temps de l'archéologie préventive

En 2013, lors d'un diagnostic effectué à Orchies (en banlieue lilloise) où un immeuble doit être construit, quatre statues du XVIe siècle sont découvertes et exhumées par les agents de l'INRAP. Les « Belles du Nord » sont présentées au Palais des Beaux-Arts de Lille depuis septembre 2016.

→ **Quelle institution et quelle loi ont permis d'exhumer ces chefs-d'œuvre ?**

5 Un désengagement patrimonial de l'État ?

Depuis le mouvement de déconcentration des années 2000, une majorité de monuments historiques n'appartient plus à l'État mais aux collectivités territoriales (51 %) ou aux propriétaires privés (46 %). Aidées de l'État central, les échelles inférieures, dont les communes, doivent donc soutenir leur patrimoine local. [...] Ces différentes ressources permettent-elles de préserver le patrimoine ? Assurément non : il y aurait, selon plusieurs sources, environ 2 000 monuments historiques en péril ou partiellement en péril. [...] Pour autant, le développement récent des aides des acteurs privés vient compléter le travail public. [...] Certaines données soulignent leur développement exponentiel ces dernières années : par exemple, le mécénat d'entreprises s'est considérablement renforcé, passant de 945 millions de dons déclarés en 2010 à près de 2 milliards en 2017 [...]. Un quart de ces dons partent dans le domaine « Culture et patrimoine », en forte hausse. Une évolution confortée par les évolutions législatives, comme la fameuse défiscalisation dont peuvent bénéficier les individus et groupes privés. La puissance publique a parfois aussi recours à l'affichage publicitaire (50 millions d'euros), et a organisé le récent loto du patrimoine, qui a rapporté 21 millions d'euros en 2018, selon le ministère de la Culture.

Luc Lenoir, Wladimir Garcin-Berson, « Les vrais chiffres du budget consacré à notre patrimoine par l'État », *Le Figaro*, 20 avril 2019.

→ **Quelles sont les manifestations et les conséquences du désengagement de l'État dans la gestion du patrimoine ?**

EN AUTONOMIE VERS LE BAC

Mise en relation des documents

1. Quelles évolutions la politique patrimoniale connaît-elle en France ? docs 1, 2, 4 et 5

2. Quels sont les acteurs concernés par le patrimoine en France et comment s'impliquent-ils dans sa gestion ? docs 1, 3, 4 et 5

BAC Vers l'écrit ▸ Étude critique de documents

Sujet : « Les acteurs du patrimoine »

À partir des documents 3 et 5, montrez que les acteurs du patrimoine sont toujours plus nombreux et présentez les problématiques liées à cette évolution.

BAC Vers le grand oral Aide pour l'activité

Organisez un débat sur l'implication grandissante des partenaires privés dans la gestion du patrimoine.

▸ Un groupe redoute cette évolution, un deuxième l'encourage. Chacun a 5 minutes pour présenter ses arguments.

▸ Un troisième groupe, dans le rôle du jury, désigne le plus convaincant et explique pourquoi.

Jalon

Le bassin minier du Nord-Pas-de-Calais : entre patrimonialisation et reconversion

COURS p. 286-287
POINTS DE VUE p. 294-295

Après trente années de désindustrialisation et d'effacement des traces de son passé minier, le Nord-Pas-de-Calais fait l'objet, depuis les années 2000, d'une revalorisation de sa mémoire ouvrière. Inscrit en 2012 au patrimoine mondial de l'UNESCO, cet héritage culturel et paysager est désormais mis au service de la reconversion et du développement local.

Comment la valorisation et la protection du patrimoine contribuent-elles à la reconversion de ce bassin minier ?

1 La reconversion du site minier de Loos-en-Gohelle

Croquis interactif | Étude critique de documents

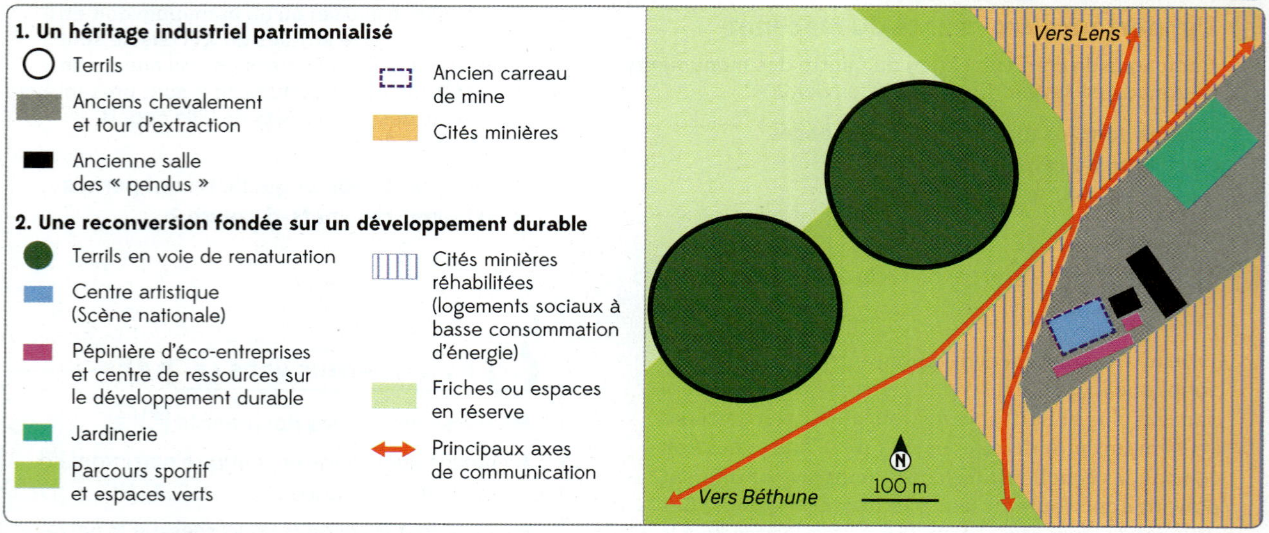

→ **Comment l'héritage minier a-t-il été valorisé sur ce site ?**

2 L'inscription du bassin minier au patrimoine mondial

Le Bassin minier du Nord-Pas-de-Calais témoigne de manière exceptionnelle des échanges d'idées et d'influences à propos des méthodes d'exploitation des filons charbonniers souterrains, de la conception de l'habitat ouvrier et de l'urbanisme, ainsi que des migrations internationales qui ont accompagné l'industrialisation de l'Europe.

Les paysages [...] offrent un exemple éminent du développement à grande échelle de la mine de houille [...]. Il s'agit d'un espace structuré par un urbanisme, des constructions industrielles spécifiques et les reliquats physiques de cette exploitation.

Les événements sociaux, techniques et culturels [...] illustrent de manière unique et exceptionnelle la dangerosité du travail de la mine et l'histoire de ses grandes catastrophes (Courrières). Ils témoignent de l'évolution des conditions sociales et techniques de l'exploitation des houillères. Ils représentent un lieu symbolique majeur de la condition ouvrière et de ses solidarités, des années 1850 à 1990. Ils témoignent de la diffusion des idéaux du syndicalisme ouvrier et du socialisme.

UNESCO, 2019.

Chiffres clés

Le bassin minier du Nord-Pas-de-Calais

Ce site classé par l'UNESCO représente :

- **4 000 hectares de paysage**
- **353 biens remarquables** (corons, terrils, chevalements...)
- **5 % de la totalité du patrimoine minier régional**

→ **Quels éléments contribuent à la valeur patrimoniale du bassin minier du Nord-Pas-de-Calais ?**

VOCABULAIRE

Corons : habitations mitoyennes dans lesquelles vivaient les mineurs et leurs familles.

Carreau de mine : ensemble des installations de surface nécessaires à l'extraction du charbon.

3 Un ancien site minier à Arenberg (Nord) inscrit au patrimoine de l'UNESCO

La fosse Arenberg, de la compagnie des mines d'Anzin, en 2019.

① Lampisterie (lieu de stockage des lampes des mineurs) ② Salle des pendus (vestiaires) ③ Chevalement (tour d'extraction du charbon) ④ Cité minière (quartier d'habitations individuelles où étaient logés les mineurs)

→ **Quels sont les héritages du passé charbonnier présents dans ce paysage ?**

Étude critique de documents

4 La mise en tourisme d'un site minier

Brochure du Centre historique de Lewarde, 2019.

→ **Quels sont les objectifs du développement touristique sur cet ancien site minier ?**

EN AUTONOMIE VERS LE BAC

Mise en relation des documents

1. Quels sont les différents types d'héritages composant le patrimoine minier du Nord-Pas-de-Calais ? docs 1, 2 et 3

2. Pourquoi peut-on dire que la reconversion du Bassin minier et sa patrimonialisation sont complémentaires ? docs 1 et 4

BAC Vers l'écrit ▸ Dissertation

Sujet : « La gestion du patrimoine en France : entre héritages culturels et reconversion »

Élaborez un plan détaillé pour ce sujet. Mobilisez vos connaissances en vous aidant du cours et du contenu de cette double page.

BAC Vers le grand oral **Activité guidée**

Préparez une présentation orale de 5 minutes sur ce jalon.

▸ Identifiez 3 points clés à développer pour répondre à la question : « Comment la valorisation et la protection du patrimoine contribuent-elles à la reconversion du bassin minier du Nord-Pas-de-Calais ? »

Jalon

COURS p. 286-287

Le repas gastronomique français, facteur de rayonnement culturel et objet d'action diplomatique

Le repas gastronomique français a été classé, en 2010, au patrimoine culturel immatériel de l'humanité par l'UNESCO. Cet aboutissement permet une reconnaissance internationale de la gastronomie française, de ses chefs et tables prestigieuses, mais aussi celle d'un art de la table et d'un type de sociabilité largement partagés en France.

Comment la patrimonialisation de la gastronomie française favorise-t-elle le rayonnement de la France dans le monde ?

1 L'inscription au patrimoine culturel immatériel de l'humanité

C'est une première. Un comité intergouvernemental de l'UNESCO a choisi mardi 16 novembre d'inscrire le repas gastronomique des Français au patrimoine culturel immatériel de l'humanité. C'est [le Président] Sarkozy qui avait annoncé en 2008 le désir de la France de voir sa gastronomie sacrée par l'UNESCO. Il avait alors déclaré que la France pouvait s'enorgueillir d'avoir « la meilleure gastronomie au monde ». [...] Les experts de l'UNESCO ont estimé que le repas gastronomique à la française, avec ses rituels et sa présentation, remplissait les conditions pour rejoindre la « liste du patrimoine culturel immatériel de l'humanité ». Plus que le contenu des assiettes, le comité note que la gastronomie française relève d'une « pratique sociale coutumière destinée à célébrer les moments les plus importants de la vie des individus et des groupes ». « Les Français aiment se retrouver, bien boire et bien manger et célébrer un bon moment de cette façon. C'est une partie de nos traditions et une tradition bien vivante », a déclaré l'ambassadrice de France auprès de l'UNESCO, Catherine Colonna, lors de son intervention en séance.

« Le "repas gastronomique des Français" inscrit au patrimoine de l'humanité », *Le Monde/AFP*, 16 novembre 2010.

→ **Pour quelles raisons le repas gastronomique des Français est-il classé au patrimoine mondial de l'humanité ?**

VOCABULAIRE

Patrimoine culturel immatériel de l'UNESCO : voir p. 246

Repas gastronomique : « pratique sociale coutumière destinée à célébrer les moments les plus importants de la vie des individus et des groupes, tels que naissances, mariages, anniversaires, succès et retrouvailles. Il s'agit d'un repas festif dont les convives pratiquent, pour cette occasion, l'art du « bien manger » et du « bien boire ». Le repas gastronomique met l'accent sur le fait d'être bien ensemble, le plaisir du goût, l'harmonie entre l'être humain et les productions de la nature » (UNESCO).

Table étoilée : restaurant qui a reçu une ou plusieurs étoiles au guide Michelin, prestigieuse récompense pour les chefs restaurateurs.

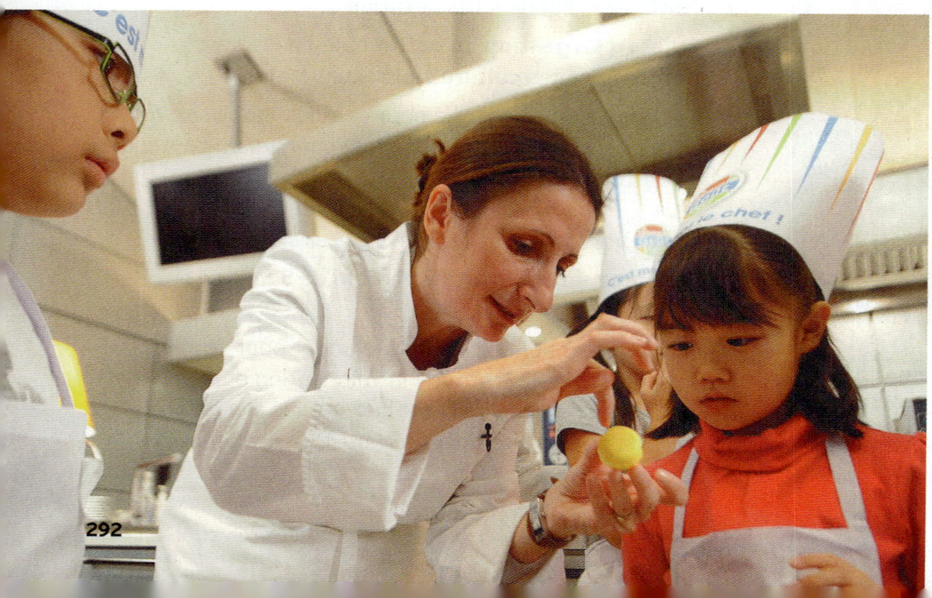

2 Le rayonnement de la gastronomie française

Atelier animé par la cheffe étoilée Anne-Sophie Pic dans une école de Tokyo, au Japon, lors de la Semaine du goût, le 19 octobre 2010.

→ **Décrivez cette scène. Comment rend-elle compte du rayonnement culturel de la gastronomie française ?**

3 L'importance croissante du mécénat

Campagne de communication du Centre des monuments nationaux en faveur du mécénat, janvier 2017.

→ **Quelles sont les multiples conséquences de ce type de campagne ?**

4 Le temps de l'archéologie préventive

En 2013, lors d'un diagnostic effectué à Orchies (en banlieue lilloise) où un immeuble doit être construit, quatre statues du XVIe siècle sont découvertes et exhumées par les agents de l'INRAP. Les « Belles du Nord » sont présentées au Palais des Beaux-Arts de Lille depuis septembre 2016.

→ **Quelle institution et quelle loi ont permis d'exhumer ces chefs-d'œuvre ?**

5 Un désengagement patrimonial de l'État ?

Depuis le mouvement de déconcentration des années 2000, une majorité de monuments historiques n'appartient plus à l'État mais aux collectivités territoriales (51 %) ou aux propriétaires privés (46 %). Aidées de l'État central, les échelles inférieures, dont les communes, doivent donc soutenir leur patrimoine local. [...] Ces différentes ressources permettent-elles de préserver le patrimoine ? Assurément non : il y aurait, selon plusieurs sources, environ 2 000 monuments historiques en péril ou partiellement en péril. [...] Pour autant, le développement récent des aides des acteurs privés vient compléter le travail public. [...] Certaines données soulignent leur développement exponentiel ces dernières années : par exemple, le mécénat d'entreprises s'est considérablement renforcé, passant de 945 millions de dons déclarés en 2010 à près de 2 milliards en 2017 [...]. Un quart de ces dons partent dans le domaine « Culture et patrimoine », en forte hausse. Une évolution confortée par les évolutions législatives, comme la fameuse défiscalisation dont peuvent bénéficier les individus et groupes privés. La puissance publique a parfois aussi recours à l'affichage publicitaire (50 millions d'euros), et a organisé le récent loto du patrimoine, qui a rapporté 21 millions d'euros en 2018, selon le ministère de la Culture.

Luc Lenoir, Wladimir Garcin-Berson, « Les vrais chiffres du budget consacré à notre patrimoine par l'État », *Le Figaro*, 20 avril 2019.

→ **Quelles sont les manifestations et les conséquences du désengagement de l'État dans la gestion du patrimoine ?**

EN AUTONOMIE VERS LE BAC

Mise en relation des documents

1. Quelles évolutions la politique patrimoniale connaît-elle en France ? docs 1, 2, 4 et 5

2. Quels sont les acteurs concernés par le patrimoine en France et comment s'impliquent-ils dans sa gestion ? docs 1, 3, 4 et 5

BAC Vers l'écrit ▸ Étude critique de documents

Sujet : « Les acteurs du patrimoine »

À partir des documents 3 et 5, montrez que les acteurs du patrimoine sont toujours plus nombreux et présentez les problématiques liées à cette évolution.

BAC Vers le grand oral Aide pour l'activité

Organisez un débat sur l'implication grandissante des partenaires privés dans la gestion du patrimoine.

▸ Un groupe redoute cette évolution, un deuxième l'encourage. Chacun a 5 minutes pour présenter ses arguments.

▸ Un troisième groupe, dans le rôle du jury, désigne le plus convaincant et explique pourquoi.

Jalon

Le bassin minier du Nord-Pas-de-Calais : entre patrimonialisation et reconversion

COURS p. 286-287
POINTS DE VUE p. 294-295

Après trente années de désindustrialisation et d'effacement des traces de son passé minier, le Nord-Pas-de-Calais fait l'objet, depuis les années 2000, d'une revalorisation de sa mémoire ouvrière. Inscrit en 2012 au patrimoine mondial de l'UNESCO, cet héritage culturel et paysager est désormais mis au service de la reconversion et du développement local.

Comment la valorisation et la protection du patrimoine contribuent-elles à la reconversion de ce bassin minier ?

1 La reconversion du site minier de Loos-en-Gohelle

Croquis interactif — Étude critique de documents

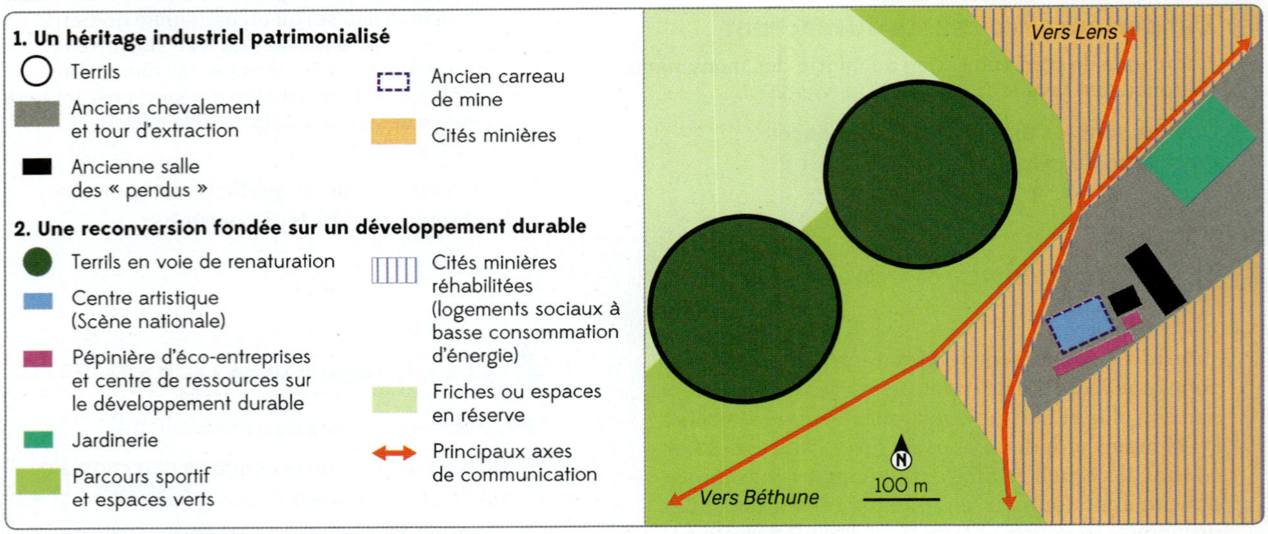

→ **Comment l'héritage minier a-t-il été valorisé sur ce site ?**

2 L'inscription du bassin minier au patrimoine mondial

Le Bassin minier du Nord-Pas-de-Calais témoigne de manière exceptionnelle des échanges d'idées et d'influences à propos des méthodes d'exploitation des filons charbonniers souterrains, de la conception de l'habitat ouvrier et de l'urbanisme, ainsi que des migrations internationales qui ont accompagné l'industrialisation de l'Europe.

Les paysages [...] offrent un exemple éminent du développement à grande échelle de la mine de houille [...]. Il s'agit d'un espace structuré par un urbanisme, des constructions industrielles spécifiques et les reliquats physiques de cette exploitation.

Les événements sociaux, techniques et culturels [...] illustrent de manière unique et exceptionnelle la dangerosité du travail de la mine et l'histoire de ses grandes catastrophes (Courrières). Ils témoignent de l'évolution des conditions sociales et techniques de l'exploitation des houillères. Ils représentent un lieu symbolique majeur de la condition ouvrière et de ses solidarités, des années 1850 à 1990. Ils témoignent de la diffusion des idéaux du syndicalisme ouvrier et du socialisme.

UNESCO, 2019.

Chiffres clés

Le bassin minier du Nord-Pas-de-Calais

Ce site classé par l'UNESCO représente :

- **4 000 hectares de paysage**
- **353 biens remarquables** (corons, terrils, chevalements...)
- **5 % de la totalité du patrimoine minier régional**

→ **Quels éléments contribuent à la valeur patrimoniale du bassin minier du Nord-Pas-de-Calais ?**

3 La gastronomie, un objet d'action diplomatique ?

La gastronomie, une affaire d'État ? « Oui », à en croire le ministère des Affaires étrangères. Jeudi 19 mars, à l'appel [du ministre] Laurent Fabius, le ban et l'arrière-ban des meilleurs chefs français et étrangers est convoqué pour la confection d'un déjeuner à la gloire de la cuisine française. Le clou de cette manifestation : un dîner d'exception à Versailles, dans la galerie des Batailles, concocté par six grands chefs étoilés, d'Alain Ducasse à Joël Robuchon, à l'intention de l'ensemble des ambassadeurs étrangers. Le même jour, l'opération-charme sera dupliquée dans les ambassades, consulats, restaurants de 150 pays où 1 300 chefs s'efforceront, avec un dîner à la française, de prouver que la gastronomie fait partie du patrimoine français. [...]

À l'époque du « *soft power* », la culture gastronomique fait partie de la boîte à outils d'une grande puissance. [...]

Quant à la gastronomie [...], elle sert de vitrine et de drapeau à une flopée de filières agro-alimentaires (160 milliards de chiffre d'affaires, premier secteur d'exportation), toutes créatrices de richesses et d'emplois. « Savourer la France » de Sydney à Tokyo comme le clame le Quai d'Orsay, c'est aussi conforter des emplois, développer des ventes à l'étranger – les licences d'importation des charcuteries françaises figuraient au « menu » des discussions lors de la visite en France du Président chinois Xi Jinping !

Jean-Gabriel Fredet, « La gastronomie, cette nouvelle arme de la diplomatie française », *Challenges*, 17 mars 2015.

→ **Comment la gastronomie française peut-elle participer au *soft power* de la France ?**

4 « Good France/Goût de France »

Lancée en février 2019, cette opération organise des événements visant à faire rayonner la gastronomie française dans le monde.

→ **Quelle image de la gastronomie et de la France cette affiche délivre-t-elle ?**

5 Le poids économique des produits français

Washington a menacé début décembre de surtaxer « jusqu'à 100 % » l'équivalent de 2,4 milliards de dollars de produits hexagonaux emblématiques, en représailles à l'imposition par la France d'une taxe de 3 % sur les grandes entreprises du numérique accusée de cibler surtout les géants américains du secteur – les « GAFA » comme Google, Amazon, Facebook et Apple. Seraient visés le champagne, des produits laitiers dont l'emblématique Roquefort, les sacs à main en cuir, les cosmétiques, la vaisselle en porcelaine ou encore les cocottes en fonte françaises, très prisées des gourmets américains. [...]

Depuis décembre, la France mène donc d'intenses négociations dans le cadre de l'Organisation de coopération et de développement économiques (OCDE) pour tenter d'éviter cette nouvelle salve de taxes douanières punitives américaines. Celles-ci s'ajouteraient aux taxes déjà appliquées en octobre dans le cadre du conflit commercial Airbus/Boeing, qui ont touché essentiellement les vins non pétillants de moins de 14 degrés d'alcool [...].

6Medias, « Un sursis pour les produits français menacés de surtaxe aux États-Unis ? », *Capital.fr*, 20 janvier 2020 [en ligne].

→ **Pourquoi la diplomatie américaine choisit-elle d'utiliser les produits français importés comme objet de représailles envers la France ?**

EN AUTONOMIE VERS LE BAC

Mise en relation des documents

1. Quelles peuvent être les conséquences du classement du repas gastronomique français au patrimoine culturel immatériel de l'UNESCO ? docs 1 à 5

2. Quels liens peut-on établir entre gastronomie et diplomatie ? docs 3 et 5

BAC Vers l'écrit ▸ Étude critique de documents

Sujet : « La reconnaissance d'un patrimoine culturel immatériel »

Relevez dans les documents 1 et 2 les éléments qui ont permis le classement du repas gastronomique français au patrimoine immatériel de l'UNESCO.

BAC Vers l'oral Activité guidée

Réalisez une affiche ou un schéma sur un élément classé au patrimoine culturel immatériel de l'UNESCO.

▸ En 5 minutes, présentez votre travail à l'oral devant la classe.

Points de vue GRAND ORAL

Faut-il patrimonialiser les grands ensembles ?

1 La démolition de la tour H du Petit Bard, grand ensemble de Montpellier, 14 avril 2014

Vieillis et dégradés, les grands ensembles sont souvent détruits pour laisser la place à de nouveaux logements, plus modernes et de taille plus petite. Cette destruction est décidée conjointement par les autorités et les organismes publics, propriétaires et gestionnaires de ces logements.

Une valorisation locale

MON QUARTIER A UNE HISTOIRE

Grand Ensemble de Beaulieu, patrimoine stéphanois

Construit entre 1953 et 1956 pour répondre à la crise du logement d'après-guerre, le Grand Ensemble de Beaulieu a reçu récemment le label "Patrimoine du XXe siècle".

Implanté sur le site remarquable de la colline de Beaulieu, face aux premiers contreforts du Pilat, l'Ensemble est une véritable réussite architecturale, grâce à sa beauté formelle et à la parfaite adaptation de son architecture au relief.

2 La patrimonialisation d'un grand ensemble à Saint-Étienne

Extrait de la plaquette « Quartiers Sud-Est, rénovation urbaine », Ville de Saint-Étienne, 2005.

3 Un patrimoine « encombrant » ?

L'analyse d'un géographe

Si l'on peut parler de patrimonialisation à propos des héritages de type grand ensemble, celle-ci est limitée, difficile et portée par des acteurs peu nombreux. Ceci permet de dire à la fois que la démolition a bel et bien produit un certain nombre de réactions et amorcé peut-être un changement de regard au-delà de la sphère des spécialistes, perceptible à la toute fin des années 2000. Mais le caractère « encombrant » de cet héritage, principalement lié au profil social de ses habitants, demeure bien visible à travers la faiblesse de la reconnaissance officielle. [...] Même si les acteurs impliqués dans la valorisation de cet héritage peuvent occuper des positions de forte légitimité (architectes, historiens de l'architecture...), ils restent en position minoritaire dans leur champ et en position de faiblesse par rapport aux acteurs politiques et économiques dominants (élus locaux, bailleurs sociaux...). [...] Par ailleurs, ces militants de la patrimonialisation des grands ensembles ne sont qu'exceptionnellement rejoints par les habitants, même lorsque ceux-ci s'opposent, sur d'autres arguments, à la politique de rénovation.

Vincent Veschambre, « Les grands ensembles français : un patrimoine encombrant en ce début de XXIe siècle », dans Géraldine Djament-Tran, Philippe San Marco, *La Métropolisation de la culture et du patrimoine*, Le Manuscrit, 2014.

4 La Cité radieuse (Marseille) inscrite au patrimoine de l'UNESCO en 2016

Une valorisation internationale

5 Le choix de la réhabilitation

Le point de vue d'un architecte

Jusqu'à présent, au remodelage a été préféré le concept de démolition-reconstruction [...]. Or, il faut noter que remodeler et transformer profondément coûte moins cher sur le plan symbolique, et moins cher sur le plan financier. Sur le plan symbolique, les habitants voient une partie de leur vie s'en aller en fumée [...] dans le cas des démolitions-reconstructions. Alors que dans le cas du remodelage, les habitants assistent à la mutation de l'endroit où ils habitent, en pouvant la plupart du temps rester dans le bâtiment ou parfois être relogés le temps de travaux dans le bâtiment, et revenir où ils étaient avec le sentiment d'un orgueil nouveau, sans disqualifier leur vie passée. L'une des phrases que l'on entend le plus de la part des habitants qui ré-emménagent dans leur logement remodelé est : « On est fier, on reçoit de nouveau chez nous ». Dans le cadre de démolitions-reconstructions, ce « chez nous » n'existe plus. [...] À l'époque, la démolition était même l'objet d'un spectacle. On regardait les tours s'effondrer à la télévision, et les vies s'effondrer avec cette violence symbolique.

Roland Castro, *Du Grand Paris à Paris en grand. Rapport de la mission confiée par M. le Président de la République à M. Roland Castro*, 31 juillet 2018.

Roland Castro (né en 1940) est un architecte français dont les réalisations et les travaux ont majoritairement porté sur l'habitat social dans les banlieues françaises.

REPÈRE

Les grands ensembles

Construits en France entre les années 1950 et 1970, ces quartiers de logements collectifs (barres, tours) sont caractéristiques de l'architecture moderne de l'époque. Ils sont apparus dans un contexte de forte croissance démographique (*baby boom*) et économique (Trente Glorieuses), d'exode rural, d'immigration et de reconstruction des quartiers détruits pendant la guerre. Par cette politique de construction de masse, l'État souhaitait également répondre à l'insuffisance de logements sociaux.

CONSTRUIRE SON POINT DE VUE

Découvrez les documents

1. Dans quel contexte les grands ensembles ont-ils été construits ? doc 2 et Repère

2. Quels sont les principaux acteurs de la gestion des grands ensembles ? docs 1, 2, 3 et 5

3. Pourquoi les grands ensembles véhiculent-ils parfois une image négative ? docs 1 et 3

Développez des arguments

4. Comment peut-on expliquer le choix de démolir certains grands ensembles ? docs 1 et 3

5. Quels compromis peuvent être trouvés pour préserver les grands ensembles de la démolition ? docs 2, 3, 4 et 5

6. Quels sont les objectifs de la patrimonialisation de certains grands ensembles ? docs 2, 4 et 5

Présentez votre point de vue ORAL

7. À l'oral, en 5 minutes, répondez à la problématique « Faut-il patrimonialiser les grands ensembles ? » en présentant plusieurs arguments.

Révisions

La France et le patrimoine, des actions majeures de valorisation et de protection

Podcast Synthèse à écouter

EXO Exercices interactifs

DATES CLÉS

1790 Création des Archives nationales

1830 Création de l'inspection générale des Monuments historiques.

1887 et 1913 Lois sur les monuments historiques

1964 Création de l'Inventaire

1982-1983 Lois de décentralisation

MOTS CLÉS

Décentralisation (lois de) : p. 286

Label : p. 286

Mécénat : p. 250

Patrimonialisation : p. 250

SUJETS BAC

Dissertation

- « La gestion du patrimoine en France : entre héritages culturels et reconversion » p. 291
- « Les enjeux du patrimoine pour la puissance française » p. 299

Étude critique de documents

- « Les acteurs du patrimoine » p. 289
- « Le passé minier et ses héritages : entre patrimonialisation et reconversion » p. 290-291
- « La reconnaissance d'un patrimoine culturel immatériel » p. 293
- « Processus et enjeux du classement au patrimoine mondial de l'UNESCO » p. 298

SYNTHÈSE

I Une action patrimoniale volontaire répondant à une demande sociale forte

- **Sous la Révolution française naît en France une première politique de protection du patrimoine.** Les destructions opérées par les révolutionnaires, au-delà de l'émoi qu'elles suscitent, conduisent à la naissance d'institutions comme les Archives nationales ou le conservatoire national des Arts et Métiers. Au XIXe siècle, à la suite de la création de l'Inspection générale des monuments historiques, se développe la connaissance du patrimoine national, mieux préservé à partir de la IIIe République (lois de 1887, de 1913).

- **Scientifiquement inventorié à partir de 1964 sous le ministère Malraux, le patrimoine suscite un intérêt croissant dans les années 1970-1980.** La mise en place des lois de décentralisation permet de faire des communes, mais aussi des départements et des régions des acteurs importants dans la protection et la mise en valeur du patrimoine. La notion de patrimoine évolue par ailleurs fortement à la fin du XXe siècle : au patrimoine matériel s'ajoutent le patrimoine naturel, puis immatériel.

Jalon La gestion du patrimoine français : évolutions d'une politique publique p. 288

- **Certaines questions divisent cependant régulièrement les spécialistes comme l'opinion publique.** Dès les années 1960, certains projets, comme celui de la destruction des Halles Baltard à Paris, provoquent des débats qui renforcent la conscience patrimoniale. Depuis, des menaces pour le patrimoine sont régulièrement soulignées, tels le surtourisme observé sur les sites les plus célèbres (Louvre, mont Blanc) ou le désengagement de l'État, laissant une place croissante au mécénat d'entreprises.

Jalon La gestion du patrimoine français : évolutions d'une politique publique p. 288

II Le patrimoine français, un vecteur de rayonnement

- **Le patrimoine est un important facteur de valorisation des territoires.** Il permet de dynamiser des régions rurales comme d'anciennes régions industrielles (reconversion du bassin minier du Nord-Pas-de-Calais) en créant de l'emploi, en soutenant le secteur touristique et, le cas échéant, les entreprises dont le savoir-faire traditionnel a été reconnu par l'obtention de labels (« Entreprises du patrimoine vivant »).

Chapitre 10 Jalon Le bassin minier du Nord-Pas-de-Calais : entre patrimonialisation et reconversion p. 290

- **Le patrimoine français participe au *soft power* de la France.** Ses musées, ses parcs naturels, son patrimoine culturel et immatériel constituent des facteurs d'attractivité (tourisme) et participent à son rayonnement mondial.

Cartes Valorisation et protection du patrimoine en France p. 284-285
Jalon Le repas gastronomique français, facteur de rayonnement culturel et d'action diplomatique p. 292
Chapitre 10 Jalon Les usages de Versailles de l'Empire à nos jours p. 254

QCM

1 Les lois de décentralisation de 1982-1983 ont constitué un tournant car…

- A la préservation et la valorisation du patrimoine ont été attribuées aux seules communes.
- B elles ont permis de déclasser un certain nombre de sites peu fréquentés.
- C elles ont réparti les compétences patrimoniales entre communes, départements et régions.

2 Le mécénat d'entreprise, dans le secteur du patrimoine, permet…

- A d'améliorer l'image de marque des entreprises.
- B d'installer le siège de l'entreprise dans de beaux bâtiments.
- C de revendre ces lieux à d'autres entreprises.

3 L'inscription au patrimoine culturel immatériel de l'UNESCO est obtenue…

- A quand le projet réunit la majorité des voix à l'Assemblée de l'ONU.
- B quand un site ou des pratiques sont rares, remarquables ou semblent menacés.
- C quand aucun des membres de l'ONU n'a voté contre le projet.

4 Le patrimoine archéologique français s'est enrichi grâce…

- A à la mise en place de nombreux musées archéologiques sur le territoire national.
- B à l'augmentation du nombre d'unités de recherche dans les universités.
- C au vote de la loi sur l'archéologie préventive et à la naissance de l'INRAP.

COMPRENDRE AUTREMENT

La France et le patrimoine, des actions majeures de valorisation et de protection

Le patrimoine, une notion sans cesse élargie

- **Sous la Révolution :** peur du vandalisme, volonté de préserver les monuments des destructions
- **XIXe-XXe siècle :** création d'institutions : Inspection générale aux Monuments historiques, Inventaire, etc.
- **Élargissement de la notion de patrimoine,** qui recouvre des œuvres, des sites ou des pratiques de plus en plus divers (patrimoine naturel, immatériel…)

La gestion du patrimoine français p. 288

Le bassin minier du Nord-Pas-de-Calais : entre patrimonialisation et reconversion p. 290

Le repas gastronomique français p. 292

Le patrimoine, des acteurs de plus en plus nombreux

- **L'État reste un acteur majeur du patrimoine**
- **Depuis les lois de décentralisation, rôle important des collectivités territoriales** (communes, départements, régions)
- **Rôle grandissant**

du mécénat (investissement des entreprises seules ou en collaboration avec l'État)

La gestion du patrimoine français p. 288

Le patrimoine, une question stratégique

- **Importance économique et culturelle du patrimoine dans le rayonnement de la France** (tourisme)
- **Certains sites restent pourtant menacés** par l'absence de financements suffisants
- **Rôle du patrimoine dans les relations internationales, dans la diplomatie** *(soft power)*

Le repas gastronomique français p. 292

Faut-il patrimonialiser les grands ensembles ? p. 294

BAC ‣ Étude critique de documents

SUJET BAC

Processus et enjeux du classement au patrimoine mondial de l'UNESCO

Consigne Après avoir présenté le document, vous analyserez les enjeux liés au classement d'un site au patrimoine mondial de l'UNESCO.

La chaîne des Puys, en Auvergne, classée par l'UNESCO au patrimoine mondial

Chapelet de 80 volcans « endormis » depuis au moins 8 000 ans en Auvergne, l'emblématique chaîne des Puys a été inscrite lundi 2 juillet 2018 au patrimoine mondial par l'UNESCO [...].

La candidature auvergnate, lancée il y a onze ans [par le conseil départemental], avait essuyé par deux fois un refus du comité de l'UNESCO après deux rapports défavorables de l'Union internationale pour la conservation de la nature (UICN). [...] L'ONG estimait que ses caractéristiques n'étaient « *pas uniques* » et semblaient « *égalées* », voire « *mieux représentées, dans d'autres sites du monde* » déjà inscrits au patrimoine mondial. Dans le collimateur de l'UICN également, les marques de présence humaine sur le site, remontant à l'Antiquité avec notamment un temple gallo-romain, [...] avec une antenne de télécommunication au sommet du puy de Dôme. [...] Depuis le dernier échec en 2016, le critère de la beauté esthétique a été écarté du dossier de classement et les porteurs du projet se sont attachés à recentrer la candidature sur son sous-sol et l'importance de son témoignage dans l'histoire de la Terre. Ils sont parvenus à convaincre qu'il constitue un « *théâtre géologique unique* » [...]. La candidature auvergnate a suscité localement une importante mobilisation, réunissant plus de 50 000 habitants, politiques, entreprises et personnalités publiques. [...] « *Il nous appartient désormais de préserver, valoriser et faire vivre ce patrimoine universel. Il doit servir de socle à un développement durable* », souligne le département.

Article écrit par l'Agence France Presse (AFP) et le magazine *Sciences et Avenir*, 3 juillet 2018.

MÉTHODE — APPLICATION

ÉTAPE 1 ANALYSER LE SUJET ET LA CONSIGNE

Méthode

- ‣ **Définir les termes du sujet**
- ‣ **Définir le cadre géographique et/ou les limites chronologiques**
- ‣ **Dégager la question clé posée par le sujet**

Application

Exemple : À partir de l'exemple de la chaîne des Puys en Auvergne, le sujet invite à interroger les enjeux du classement d'un site au patrimoine mondial de l'UNESCO.

Conseil Présentez l'UNESCO ; définissez la notion de « patrimoine mondial ».

ÉTAPE 2 ANALYSER ET CRITIQUER LE DOCUMENT

Méthode

‣ **Identifier les documents**
- Définissez la nature du document
- Analysez la source et la date

Application

- ‣ Quelles sont la nature et la source du document ?
- ‣ Pourquoi la date du document est-elle intéressante pour l'étude critique ?

Exemple : Il s'agit d'un article d'information paru sur le site Internet d'une revue de vulgarisation scientifique nationale le 3 juillet 2018, c'est-à-dire le lendemain de l'annonce de l'inscription de la chaîne des Puys au patrimoine mondial de l'UNESCO.

Méthode

‣ **Dégager le sens général du document**
Énoncez le thème principal du document et son idée générale

Application

‣ Identifiez le thème principal et l'idée générale du document.

Exemple :

Thème : le classement de la chaîne des Puys au patrimoine mondial de l'Unesco.

Idée générale : L'obtention du label Unesco est un processus complexe qui mobilise de nombreux acteurs et qui permet la valorisation du patrimoine naturel.

Sélectionner, confronter et expliquer les informations	Identifiez les acteurs, puis les critères du classement au patrimoine mondial et les contraintes qu'ils imposent. Définissez la notion de patrimonialisation à partir des éléments surlignés dans le document. Relevez les informations montrant l'élargissement de la notion de patrimoine. Expliquez les enjeux locaux de l'inscription de la chaîne des Puys à l'UNESCO. Explicitez les informations à l'aide de vos connaissances. **Introduction** p. 242-243 ; **Cours** p. 286-287 ; **Cartes** p. 284-285 *Conseil* Définissez les termes « ONG », « développement durable ».
Exercer un regard critique – Interrogez-vous sur la source et posez-vous des questions sur le document – Montrez l'intérêt/les limites du document au regard du sujet	Quel est l'intérêt du document ? **Exemple** : La source et la date du document ainsi que la mobilisation autour de la candidature auvergnate permettent d'évoquer l'importance de cet événement et de ses enjeux aux échelles locale et nationale.

ÉTAPE 3 RÉDIGER L'ÉTUDE CRITIQUE DU DOCUMENT

Rédiger l'introduction	Rédigez une courte introduction pour présenter le sujet, le document et la problématique.
Rédiger l'étude de manière organisée	Rédigez une réponse organisée en plusieurs parties pour répondre au sujet. **Exemple de plan**
Rédiger la conclusion	Dans une courte conclusion, répondez à la problématique du sujet. **Exemple** : Le cas de la chaîne des Puys illustre la mise en œuvre d'une politique de protection et de valorisation du patrimoine naturel et les enjeux qui en dépendent. Le classement au patrimoine mondial de l'UNESCO est un atout pour le développement économique, le rayonnement et l'attractivité des territoires à différentes échelles.

BAC Dissertation

SUJET BAC

Les enjeux du patrimoine pour la puissance française

LES TERMES À ANALYSER	LES CONNAISSANCES À MOBILISER	PROBLÉMATIQUE ET PLAN POSSIBLES
« **Patrimoine** » : ensemble de biens dignes d'intérêt, à conserver et à transmettre. « **Enjeux** » : objectifs à atteindre ; ce que l'on peut gagner en misant sur quelque chose. « **Puissance** » : moyens dont dispose un État pour s'assurer d'une influence durable à l'échelle de la planète en termes économiques, culturels et diplomatiques. « **Française** » : cadre géographique.	**Cours** p. 286, **Jalon** p. 292 **Chapitre 10** Usages sociaux et politiques du patrimoine p. 248-263 **Géographie Tᵉ** La France : un rayonnement international différencié et une inégale attractivité dans la mondialisation (thème 2) **Notions :** rayonnement, patrimoine culturel immatériel de l'humanité, diplomatie, *soft power*.	**Problématique possible :** Comment la France s'appuie-t-elle sur son patrimoine pour affirmer sa puissance ? **Plan possible :** **I.** Un enjeu de l'attractivité et du rayonnement du pays **II.** Un outil diplomatique au service de la puissance

Méthode générale de l'étude critique de documents p. 24

Révisions

Thème 4

Identifier, protéger et valoriser le patrimoine : enjeux géopolitiques

SYNTHÈSE

Synthèse à écouter

I Le patrimoine : une construction sociale, politique et historique

● **L'élargissement de la notion de patrimoine résulte d'une lente évolution historique.** Son sens de bien privé transmis entre individus remonte à l'Antiquité. En France, après la Révolution française, il devient un héritage culturel commun au service de la construction d'un État. Son sens s'étend à la nature à partir du XIXe siècle sous l'influence nord-américaine. L'idée de patrimoine mondial naît au XXe siècle et s'enrichit d'une valeur immatérielle à l'initiative d'États africains, asiatiques et océaniens.

● **La valeur politique et économique du patrimoine en fait un enjeu de pouvoir.** Outil idéologique, il peut être mis au service de l'affirmation d'un régime politique (château de Versailles) ou du rayonnement d'une puissance économique (gastronomie française). Longtemps associée aux élites, la patrimonialisation s'étend à de nouveaux groupes sociaux (grands ensembles en France).

II Des biens patrimoniaux, entre tension et protection

● **L'appropriation du patrimoine est parfois conflictuelle.** La restauration du patrimoine peut faire l'objet de conflits mémoriels ou culturels (édifices religieux au Mali). La question de la restitution des biens spoliés alimente aussi les tensions (frises du Parthénon, patrimoine africain). La valeur symbolique du patrimoine en fait aussi la cible de destructions, notamment en temps de guerre (guerres de Yougoslavie, jihadisme).

● **Sa préservation se heurte à différentes formes de dégradation et de tensions.** Le développement économique contribue parfois à l'altération du patrimoine. Le surtourisme peut être facteur d'incivilités, de dégradations (Venise, Pétra) ou de folklorisation. Le nouvel urbanisme est souvent critiqué par les défenseurs des héritages architecturaux (Paris). L'exploitation des ressources peut altérer le patrimoine naturel (Australie).

III La valorisation du patrimoine au service du développement

● **La patrimonialisation peut contribuer à l'aménagement des territoires.** Elle participe à l'attractivité des métropoles (Paris) ou à la reconversion de territoires en crise (bassin minier du Nord-Pas-de-Calais). Les évolutions de la gestion du patrimoine français témoignent d'une multiplication des acteurs participant à ces stratégies de développement (État, collectivités territoriales, entreprises).

● **La valorisation du patrimoine peut renforcer les inégalités.** La patrimonialisation entraîne parfois l'éviction des habitants des centres historiques au profit des touristes (Venise, Paris). Malgré la redéfinition de la gouvernance du patrimoine par l'UNESCO, les démarches de patrimonialisation sont parfois contestées par des acteurs locaux restés à l'écart de la prise de décision (Mali) ou des retombées économiques (Cambodge).

NOTIONS CLÉS

Imprescriptibilité : p. 252

Inaliénabilité : p. 252

Mécénat : p. 250

Muséalisation : p. 266

Muséification : p. 267

Patrimoine culturel immatériel : p. 240

Patrimoine naturel : p. 240

Patrimoine culturel : p. 240

Patrimondialisation : p. 266

Patrimonialisation : p. 250

Protection : p. 246

Réhabilitation : p. 268

Rénovation : p. 268

Valorisation : p. 246

EXEMPLES DE SUJETS SUR LE THÈME

DISSERTATION

Identifier, protéger et valoriser le patrimoine : enjeux géopolitiques

Programme

Chapitres 10 et 11

Notions

Patrimoine, patrimonialisation, inaliénabilité, imprescriptibilité

Conseils

- Montrez que le patrimoine fait naître ou renforce les identités.
- Expliquez comment le patrimoine peut être instrumentalisé à des fins politiques.
- Montrez que le patrimoine fait l'objet de rivalités, mais aussi de coopérations entre les États.

Autre sujet possible

- La valorisation et la protection du patrimoine : entre développement, concurrences et tensions

QUESTION GRAND ORAL

Comment la coopération internationale peut-elle préserver le patrimoine ?

Liens avec le programme

HGGSP Tᵉʳᵐ Thème 4 « Le patrimoine »

Domaine d'études supérieures

Relations internationales, culture, diplomatie

Croisement avec d'autres disciplines de spécialité

- LLCE
- SES

Autre question possible

- Le tourisme : atout ou menace pour le patrimoine ?

Conseils pour ces questions

POUR ALLER PLUS LOIN

Références en +

Chapitre 10

Rose Valland, capitaine beaux-arts, de Bouilhac, Catel, Polack, Dupuis, 2009.

Une bande dessinée pour comprendre la défense du patrimoine français par Rose Valland, attachée de conservation du Jeu de Paume, face aux nazis.

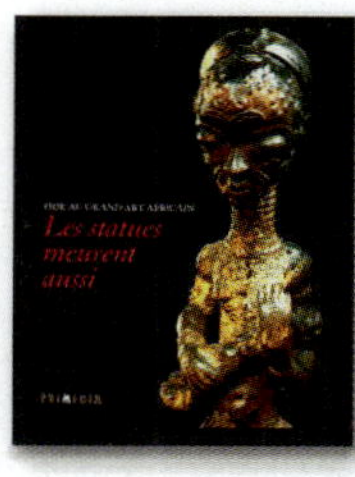

Les statues meurent aussi, de Chris Marker, Alain Resnais et Ghislan Cloquet, 1953 (30').

Ce documentaire pose les enjeux de la vision colonialiste de l'art africain.

Chapitre 11

Timbuktu, d'Abderrahmane Sissako, 2014.

L'arrivée des salafistes dans une ville-symbole, patrimoine de l'humanité.

Chronosquad, de Giorgio Albertini, Grégory Panaccione, Delcourt, 2016-2019 (tomes 1-5).

Cette BD de science-fiction où les Terriens voyagent dans le passé est aussi une réflexion sur les effets du tourisme de masse.

Chapitre 12

Le Repas Gastronomique des Français, de Loïc Bienassis, Francis Chevrier (dir.), Gallimard, 2015.

Un beau livre qui montre comment s'est construit ce patrimoine classé depuis 2010 au patrimoine immatériel de l'UNESCO.

« Centre Pompidou – ceci n'est pas un musée », documentaire de Jean-Marc Gosse, Morgane productions/Arte France, 2017, 52'.

Un documentaire sur la genèse et les débats liés à la construction du Centre Pompidou.

BAC **Grand oral**

Méthode générale p. 26

ÉTAPE 1 CHOISIR SA QUESTION

Voir les critères de choix et de formulation d'une question p. 98

Comment le patrimoine peut-il rendre un territoire attractif ?

D'autres exemples de questions liées à ce thème p. 301

ÉTAPE 2 PRÉPARER SON INTERVENTION ORALE

SE DOCUMENTER

Voir p. 174 comment choisir des sources pertinentes pour votre question.

- Aidez-vous du manuel pour faire un premier point sur la question.

Chapitre 12

Cours La France et le patrimoine, des actions majeures de valorisation et de protection p. 286

Jalon La patrimonialisation, entre héritage culturel et reconversion. Le bassin minier du Nord-Pas-de-Calais p. 290

Points de vue Faut-il patrimonialiser les grands ensembles ? p. 294

Astuce

Vous pouvez vous appuyer sur des exemples que vous connaissez dans votre région. Il sera plus facile pour vous d'en parler.

Sources utiles pour cette question

Exemples de sources pour répondre à cette question

Ouvrages	Laurent Sébastien Fournier, *Patrimoine et valorisation des territoires*, Éditions L'Harmattan, 2012 Xavier Greffe, *La Valorisation économique du patrimoine*, La Documentation française, 2003.
Publications et articles en ligne	Article « Patrimoine », *Géoconfluences* http://geoconfluences.ens-lyon.fr/glossaire/patrimoine Guy Di Méo. Processus de patrimonialisation et construction des territoires. Colloque « Patrimoine et industrie en Poitou-Charentes : connaître pour valoriser », sept. 2007. https://halshs.archives-ouvertes.fr/halshs-00281934/document Anke Matthys, « L'effet UNESCO sur le développement local », *Métropolitiques*, 17 septembre 2018. https://www.metropolitiques.eu/L-effet-UNESCO-sur-le-developpement-local.html Les sites internet des régions, des départements, des villes donnent accès à de nombreux exemples d'actions mettant en jeu le patrimoine et l'attractivité des territoires.

ORGANISER VOTRE RÉPONSE

EN INTRODUCTION

- Accrochez l'attention du jury en évoquant l'engouement actuel pour le patrimoine, avec par exemple le loto du patrimoine.
- Expliquez pourquoi vous avez choisi cette question.

ORGANISEZ VOTRE PLAN

- Formulez 2 ou 3 idées majeures reprenant les grands thèmes issus de votre travail de recherche.

Exemple de plan

I. La patrimonialisation crée, redéfinit ou renforce l'identité du territoire

II. Des politiques de développement socio-économique articulées autour du patrimoine

III. Le patrimoine, facteur d'attractivité touristique du territoire

Conseil

Appuyez-vous sur des arguments, des contre-arguments, des faits, des chiffres.

EN CONCLUSION

- Vous pouvez profiter de la conclusion pour « tendre une perche au jury », en proposant une ouverture sur l'actualité récente.

> **Exemple**
> Vous pouvez évoquer les débats sur la restauration de la cathédrale Notre-Dame de Paris ou la controverse du musée des Arts premiers avec la question de la restitution d'œuvres aux États africains. Points de vue p. 258 et 260

- Réfléchissez à ce que vous répondrez pour ne pas être pris au dépourvu.

ÉTAPE 3 PRÉPARER LE SUPPORT À REMETTRE AU JURY

Même s'il n'est ni obligatoire ni évalué, prenez le temps de remettre un support au jury. Il prouvera la qualité de votre préparation.

Exemples de support

- Réalisez un support manuscrit qui fait apparaître votre plan détaillé et les mots clés de votre exposé.

ÉTAPE 4 PRÉSENTER LA RÉPONSE À LA QUESTION DEVANT LE JURY

Rendez-vous p. 28 pour des conseils détaillés sur cette étape importante.

Faites une première bonne impression

- Dites un bonjour sonore et souriant en entrant ! Démarrez l'exposé avec énergie, regardez les jurys dans les yeux et gardez la même énergie durant toute la durée du grand oral.
- Pendant votre présentation, soyez attentifs à votre voix, votre posture et vos gestes.

Exercices de diction

Choisissez un court extrait de texte dans les chapitres du thème 4 du manuel.

- Lisez-le à haute voix en mimant les mots de manière exagérée, puis « répétez » les mêmes phrases uniquement avec les gestes.
- Travaillez vos voyelles : les voyelles sont les « petites voix » qui « sonnent avec les consonnes ». Elles sont les éléments les plus sonores de votre parole. Entraînez-vous, même de manière exagérée, à bien les appuyer et les prononcer.
- Faites des pauses ! Lisez le texte sans faire de pause entre les deux premières phrases, puis avec une pause d'une seconde entre les deux suivantes, puis deux secondes, puis trois secondes. Continuez ainsi jusqu'à la fin du texte.

ÉTAPE 5 PRÉPARER LA DISCUSSION AVEC LE JURY

Argumentez en utilisant les connecteurs logiques.

- **Exercice :**

Un camarade jouant le rôle de jury vous pose la question « Faut-il patrimonialiser les grands ensembles ? »
Répondez en utilisant les mots « car », « en effet », « donc », puis sans utiliser ces mots. Quelle différence cela fait-il ?

- Faites des liens avec les autres disciplines.

> Exemples pour cette question :
> - Lien avec la géographie Tle Thème 2 Dynamiques territoriales, coopérations et tensions dans la mondialisation, notamment la question spécifique sur l'attractivité de la France
> - Lien avec LLCER Anglais, thématique « Voyages, territoire et frontières », axe « Ancrage et héritage »

ÉTAPE 6 ÉCHANGER SUR SON PROJET D'ORIENTATION

« En quoi la question que vous avez choisie éclaire vos choix d'orientation, voire votre projet professionnel ? »

> Quelles études en lien avec cette question ?
> Cette question intéressera les élèves qui veulent s'orienter vers des études liées à la culture, mais aussi de géographie et aménagement du territoire.
> - Exemples de formations : de nombreuses universités (Amiens, Grenoble...) proposent une licence professionnelle mention « Protection et valorisation du patrimoine historique et culturel ». L'IUP de Limoges propose un Master professionnel « Valorisation du patrimoine et aménagement territorial ».

Conseil

Évitez de croiser les bras et souriez régulièrement.

Astuce

Vous avez le trac ? Visualisez un souvenir précis de réussite dans un exercice similaire antérieur, ou bien les encouragements ou compliments de votre entourage.

Conseil

Veillez toujours à enchaîner vos idées avec un raisonnement logique.

Grille d'évaluation pour l'entretien

Thème 5

L'environnement, entre exploitation et protection : un enjeu planétaire

Si les hommes exercent une influence sur leur environnement depuis la Préhistoire, ils n'en ont pris conscience que récemment. L'opinion publique s'inquiète aujourd'hui de la surexploitation des ressources naturelles ou des conséquences négatives du réchauffement climatique. Sa mobilisation conduit la plupart des États à s'engager dans une coopération internationale dans l'intérêt des générations futures.

Manifestation pour le climat à Montréal (27 septembre 2019)

Depuis 2019, à l'initiative de la Suédoise Greta Thunberg (qui tient ci-dessus la banderole, 2e depuis la droite), sont organisées partout dans le monde de grandes marches pour le climat, auxquelles participent de très nombreux jeunes.

SOMMAIRE

Découvrir

La notion d'environnement : une construction historique, sociale et politique

Omniprésente dans le monde contemporain, la notion d'environnement est pourtant récente puisqu'elle a fait son apparition au XIXe siècle, aux États-Unis. Elle désignait alors ce qui entoure l'homme. Son sens n'a cessé de s'affiner, à mesure que se sont affirmées les prises de conscience écologistes et l'idée d'une nécessaire action internationale en faveur de sa protection et de sa préservation.

1 Yellowstone, le premier parc national de l'histoire

Le premier parc national est fondé à Yellowstone, aux États-Unis, en 1872. Il protège des paysages naturels remarquables (montagnes, sites géothermiques) et abrite de nombreuses espaces animales protégées (grizzlis, coyotes, loups, bisons).

Affiche de 1938.

→ **Quels atouts du parc cette affiche valorise-t-elle ?**

2 Les premiers temps de l'écologie

Rachel Carson, une biologiste américaine, publie en 1963 un ouvrage qui fait grand bruit. Intitulé Printemps silencieux, *il dénonce, preuves à l'appui, les conséquences d'un pesticide chimique, le DDT, sur l'environnement et sur la santé humaine.*

[L'ornithologue Roy Barker] a décrit dans un ouvrage publié en 1958 le long enchaînement des faits qui lie le rouge-gorge aux ormes, par l'intermédiaire des vers. Les ormes sont traités [au DDT] au printemps, et souvent encore en juillet [...]. De puissants pulvérisateurs font pénétrer le poison par toutes les failles de l'écorce, et provoquent la mort non seulement des scarabées, mais de toutes sortes d'autres insectes, y compris les pollinisateurs et des prédateurs tels que les araignées. Le poison se dépose sur les feuilles et l'écorce en un film que les pluies n'arrachent pas. À l'automne, les feuilles tombent [...] puis entament leur lent processus de transformation en humus. Les vers de terre participent à cette opération [...]. Au printemps suivant, les rouges-gorges reviennent, les mangent, et le drame est consommé [...]. Le toxique ne tue pas tous les rouges-gorges, mais il entraîne une autre conséquence qui menace d'extinction la race entière tout aussi sûrement : c'est la stérilité !

Rachel Carson, *Printemps silencieux*, Plon, 1963.

→ **Quelle est la démonstration de Rachel Carson et quel but cherche-t-elle à atteindre en publiant ce livre ?**

VOCABULAIRE

Développement durable : mode de développement devant concilier la croissance économique, justifiée par l'impératif du développement humain et celui de la résorption des inégalités, et la préservation des ressources naturelles, afin de ne pas léser les générations futures.

Écologie : science qui étudie les relations des êtres vivants à leur milieu.

③ L'environnement, cause politique nationale

En France, René Dumont, un ancien agronome, est le premier candidat écologiste à se présenter à l'élection présidentielle, en 1974. Bien qu'il ne recueille qu'1,32 % des voix au premier tour, il marque l'opinion publique par le caractère décalé de sa campagne et ses déclarations.

→ **Comment René Dumont envisage-t-il la question environnementale ?**

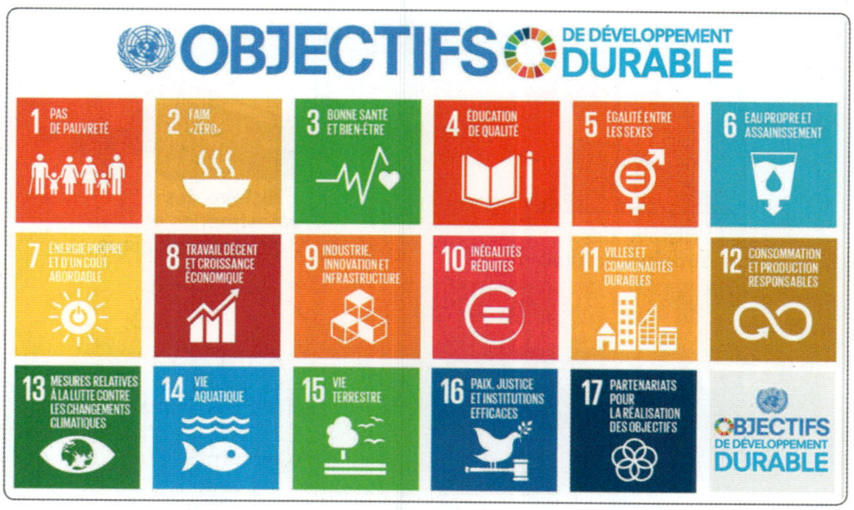

④ Les objectifs du développement durable

En 2015, l'ONU établit une liste de 17 objectifs de développement durable, qui doivent être atteints en 2030 et qui relèvent de la responsabilité de l'ensemble des États membres de l'organisation.

→ **Comment définir le développement durable ?**

REPÈRE

La notion d'environnement en France

En 1921, Paul Vidal de La Blache introduit le mot « environnement » dans le vocabulaire géographique [*Principes de géographie humaine*] : « Sous ce nom de *milieu* […], sous celui d'*environnement*, […] c'est toujours la même préoccupation qui s'impose à l'esprit, à mesure que se découvre davantage l'intime solidarité qui unit les choses et les êtres. L'homme fait partie de cette chaîne, […] actif et passif, sans qu'il soit facile de déterminer en la plupart des cas jusqu'à quel point il est soit l'un, soit l'autre ».

FAIRE LE POINT

De quelle manière la notion d'environnement s'est-elle progressivement enrichie entre le XIXe siècle et le début du XXIe siècle ?

Découvrir

Un regard sur l'histoire de l'environnement

L'environnement devient un objet d'histoire à partir des années 1970, au moment où, parallèlement, s'impose la nécessité de le préserver et de le protéger. C'est ainsi que naît l'histoire environnementale, aux États-Unis tout d'abord. Depuis cette date, elle s'est développée partout, notamment en France où elle constitue actuellement un champ de recherche fécond.

1 Les origines américaines de l'histoire environnementale

La première histoire environnementale revendiquée surgit au début des années 1970 aux États-Unis [...]. Dans un contexte académique dominé par l'histoire intellectuelle et politique, cette histoire environnementale naissante entend jouer le rôle qu'a pu avoir l'histoire économique et sociale dans d'autres pays, c'est-à-dire rompre avec les grands hommes et introduire une histoire plus matérielle. Mais, plus encore, il s'agit d'écrire une histoire « par en bas »[1], s'inspirant des études féministes et afro-américaines. Les éléments naturels sont considérés comme des oubliés de l'histoire officielle ; assujettis par les hommes, ce sont des dominés dont il faut faire entendre la voix. L'histoire environnementale est portée, de plus, par des revendications écologiques : dans la décennie 1970, les intellectuels états-uniens et les campus se mobilisent très fortement pour dénoncer les atteintes environnementales, faisant la jonction entre la tradition de la conservation de la nature, les formes de contre-expertise scientifique initiées par Rachel Carson dans sa dénonciation des pesticides, et les protestations contre la guerre du Vietnam et la lutte pour les droits civiques.

Jean-Baptiste Fressoz, Frédéric Graber, Fabien Locher, Grégory Quenet, *Introduction à l'histoire environnementale*, La Découverte, 2014.

1. L'histoire « par en bas » (*history from below*) est un courant historiographique désireux de rompre avec l'histoire des groupes dominants et d'envisager les phénomènes historiques du point de vue des gens ordinaires.

→ **Quelles sont les origines de l'histoire environnementale aux États-Unis ? Pourquoi peut-on dire que cette histoire a alors une forte connotation politique ?**

2 Les branches de l'histoire de l'environnement

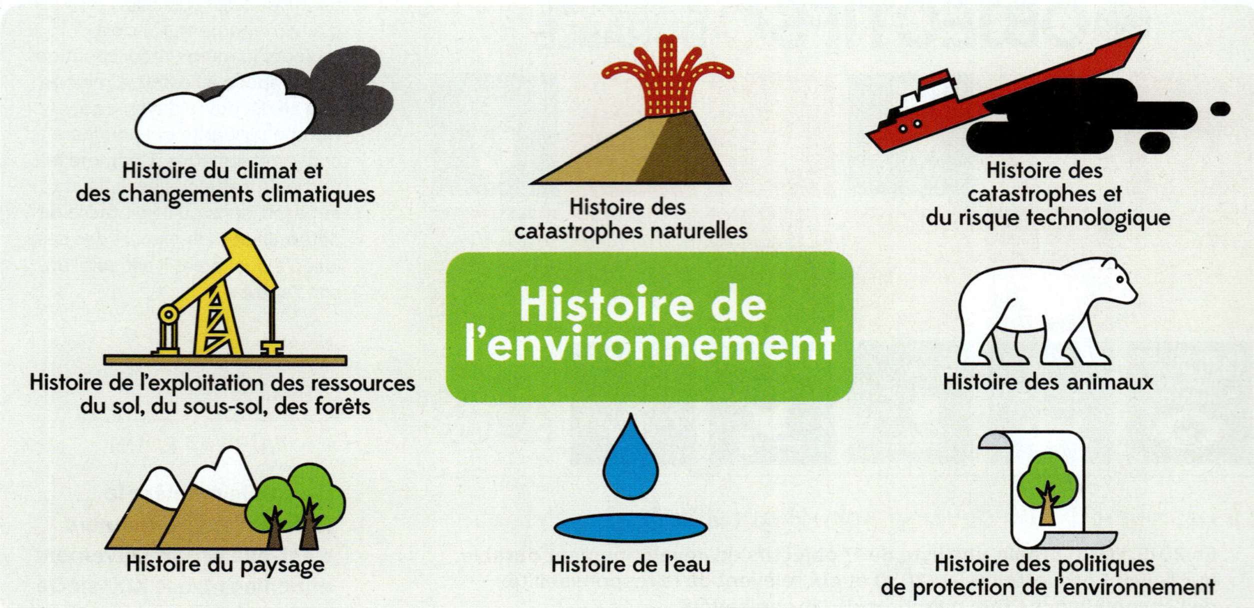

→ **Montrez que l'histoire environnementale couvre des champs de recherche très divers.**

3 Les méthodes de l'historien de l'environnement

Ce champ actuellement très dynamique est un lieu de rencontres et d'échanges entre sciences humaines et sciences dures : le croisement de sources historiques traditionnelles (mémoires, relevés de températures...) avec des données établies par des scientifiques (analyse des troncs d'arbres ou de carottes de glace...) permet d'établir les fluctuations climatiques de manière plus sûre que si une seule source était utilisée. Mais les méthodes et les approches des sciences humaines et des sciences dures suscitent également des malentendus. Là où les scientifiques cherchent à isoler un facteur particulier (le climat) pour en étudier les effets sur l'histoire humaine, nombre d'historiens refusent les liens de causalité trop directs et insistent sur la complexité des sociétés humaines et la variété des réponses aux stress climatiques.

Jean-Baptiste Mouhot, « L'histoire de l'environnement, une discipline en plein essor », *Sciences humaines*, novembre 2013.

→ **Quelle est la spécificité méthodologique de l'histoire environnementale ?**

4 L'archéologie glaciaire, source pour l'histoire du climat

a. Scientifiques du projet EPICA (*European Project for Ice Coring in Antarctica*), Projet européen pour le carottage de glace en Antarctique, à Dronning Maud Land, Antarctique. Les carottes de glace prélevées permettent d'étudier la composition de l'atmosphère au moment où la glace s'est formée. Cela permet notamment de mesurer l'évolution de la pollution atmosphérique à travers les âges.

b. Conservateur du National Ice Core Laboratory à Detroit, où les carottes glaciaires sont conservées par -36 °C.

→ **Pourquoi l'histoire du climat suppose-t-elle une collaboration entre historiens et scientifiques ?**

RESSOURCES

Fabien Locher, « L'histoire environnementale : origines, enjeux et perspectives d'un nouveau chantier », *Revue d'histoire moderne et contemporaine*, 2009, p. 7-38 [en ligne]. Rédigé par l'un des grands spécialistes de la question, un article traitant des origines et du développement de l'histoire de l'environnement.
www.cairn.info/revue-d-histoire-moderne-et-contemporaine-2009-4-page-7.htm

Site du RUCHE (Réseau universitaire de chercheurs en histoire environnementale). Ce site Internet réunit la communauté des chercheurs français spécialisés en histoire environnementale : annonce de colloques, de publications...
https://leruche.hypotheses.org/

FAIRE LE POINT

Proposez une définition de l'histoire de l'environnement.

Repères Qu'est-ce que l'environnement ?

1 Environnement

- À son origine au XIXe siècle, le terme d'environnement désignait ce qui entoure l'homme et était synonyme de milieu. La notion s'est ensuite enrichie. Parler d'environnement, c'est désormais s'intéresser aux relations et aux interactions qui existent entre les sociétés humaines et leurs milieux, à la manière dont elles en exploitent les ressources pour leur développement et dont elles en modifient les équilibres.
- Cette évolution est liée aux prises de conscience des conséquences néfastes des activités humaines sur la nature et sur le climat, et des dangers que cela constitue pour les générations futures.
- Courant historiographique fécond, l'histoire environnementale étudie l'histoire des relations entre les sociétés humaines et leurs milieux depuis les temps les plus anciens jusqu'à nos jours.

En mars 1978, l'Amoco Cadiz, un navire libérien transportant plus de 220 000 tonnes de pétrole, fait naufrage au large du Finistère en Bretagne. La marée noire s'étend sur près de 400 km de côtes.

2 Préservation et protection de l'environnement

- Depuis la Préhistoire, la nature offre aux sociétés humaines des ressources assurant leur développement : produits agricoles, animaux domestiqués, bois, ressources du sous-sol… Leur exploitation favorise la croissance démographique, ce qui se traduit par une pression croissante des sociétés sur leur environnement. Les équilibres en sont modifiés, ce qui altère la biodiversité et est parfois source de danger pour l'homme.
- Cette évolution conduit progressivement à l'idée d'une nécessaire protection de l'environnement. Celle-ci prend d'abord la forme d'une sanctuarisation de certains espaces naturels remarquables dans le cadre des parcs nationaux. Elle conduit ensuite au développement de la recherche sur les relations entre l'homme et son environnement et à la naissance de l'écologie. À partir des années 1970, la protection de l'environnement devient l'objet de combats politiques, à l'échelle nationale et internationale.

Le mont Fuji au Japon, classé au patrimoine mondial de l'UNESCO en 2013. Le paysage du sommet est protégé au sein du parc national Fuji-Hakone-Izu qui comprend les arbres de lave et les lacs Yamanaka et Kawaguchi.

3 Environnement et développement durable

- L'idée de développement durable apparaît pour la première fois dans le rapport Brundtland, présenté en 1987 à l'ONU. Elle postule la nécessité d'assurer le développement économique et social des sociétés humaines sans dégrader l'environnement et ce, dans l'intérêt des générations futures.
- Le développement durable étant un enjeu planétaire, sa mise en œuvre est orchestrée depuis la fin du XXe siècle par de grandes conférences internationales, portant sur toutes les questions relatives à l'environnement. Il revient ensuite aux États, mais aussi aux entreprises, de mettre en pratique les préconisations faites à l'échelle internationale.
- En dépit de l'urgence environnementale et climatique, la coopération internationale en matière de développement durable est difficile, car celui-ci peut être vu comme une limitation à la souveraineté des États.

La Semaine du développement durable est une manifestation européenne annuelle pour sensibiliser les populations à cette question. Elle donne lieu à l'organisation de nombreux événements.

QCM

1 Le premier parc naturel a été créé :

A en Europe au milieu du XXe siècle

B aux États-Unis à la fin du XIXe siècle

C aux États-Unis dans les années 1970

D en Europe à la fin du XIXe siècle

2 Dans le monde contemporain, la mise en œuvre des politiques visant à préserver l'environnement…

A relève de l'ONU.

B relève des États.

3 L'un des champs disciplinaires suivants ne relève pas de l'histoire de l'environnement :

A l'étude du climat

B l'étude de l'alimentation

C l'étude des risques technologiques et des pollutions

D l'étude des catastrophes naturelles et de leurs impacts

4 Les premières modifications apportées par les sociétés humaines à l'environnement :

A datent du XIXe siècle

B remontent à la Préhistoire

C ne peuvent être datées

5 À quoi renvoie l'idée de développement durable ?

A À un développement des sociétés humaines se faisant dans le respect de l'environnement et des intérêts des générations futures.

B À un développement des sociétés humaines s'inscrivant dans la longue durée.

Entrer dans le thème

Chapitre 13 Exploiter, préserver et protéger p. 312

Du Néolithique à nos jours, les sociétés humaines ont exercé une pression croissante sur les ressources naturelles afin d'assurer leur développement. Les conséquences de cette évolution les ont conduit à repenser leur relation à leur environnement.

▸ Comment les sociétés ont-elles progressivement pris conscience de la nécessité de protéger l'environnement ?

Chapitre 14 Le changement climatique : approches historique et géopolitique p. 334

Si l'on peut repérer dans l'histoire du climat des cycles climatiques résultant de causes naturelles, on observe actuellement un réchauffement climatique dû à l'activité humaine. Ses conséquences à long terme rendent nécessaire la mise en œuvre d'une coopération internationale.

▸ Comment les transformations du climat influencent-elles les sociétés ?

Chapitre 15 Les États-Unis et la question environnementale : tensions et contrastes p. 354

Entre exploitation des ressources, dégradation des milieux et mesures de protection, les États-Unis entretiennent une relation complexe avec l'environnement, ce qui a d'importantes conséquences à l'échelle internationale.

▸ Quels sont les enjeux nationaux et internationaux de la gestion de la question environnementale aux États-Unis ?

Chapitre 13

Exploiter, préserver et protéger

Du Néolithique jusqu'à nos jours, les sociétés humaines n'ont cessé d'intensifier la pression exercée sur leur environnement afin d'assurer leur développement. Elles en ont ainsi profondément modifié les équilibres, avec deux accélérations majeures au cours des révolutions néolithique et industrielle. Cette évolution les a conduites à repenser leur relation à l'environnement.

Comment les sociétés ont-elles progressivement pris conscience de la nécessité de protéger l'environnement ?

Textes DYS
TOUS LES TEXTES EN VERSION DYS
lyceen.nathan.fr/geopolitiqueterm

SOMMAIRE

Les conséquences environnementales de la révolution industrielle

La scierie de Villers-Cotterêts à la fin du XIXe siècle, équipée de machines à vapeur.
Ulysse Roy, *La Scierie de Villers-Cotterêts en 1889*, Musée municipal de Soissons.

L'homme et les ressources de la révolution néolithique

1 La révolution néolithique

Carte interactive

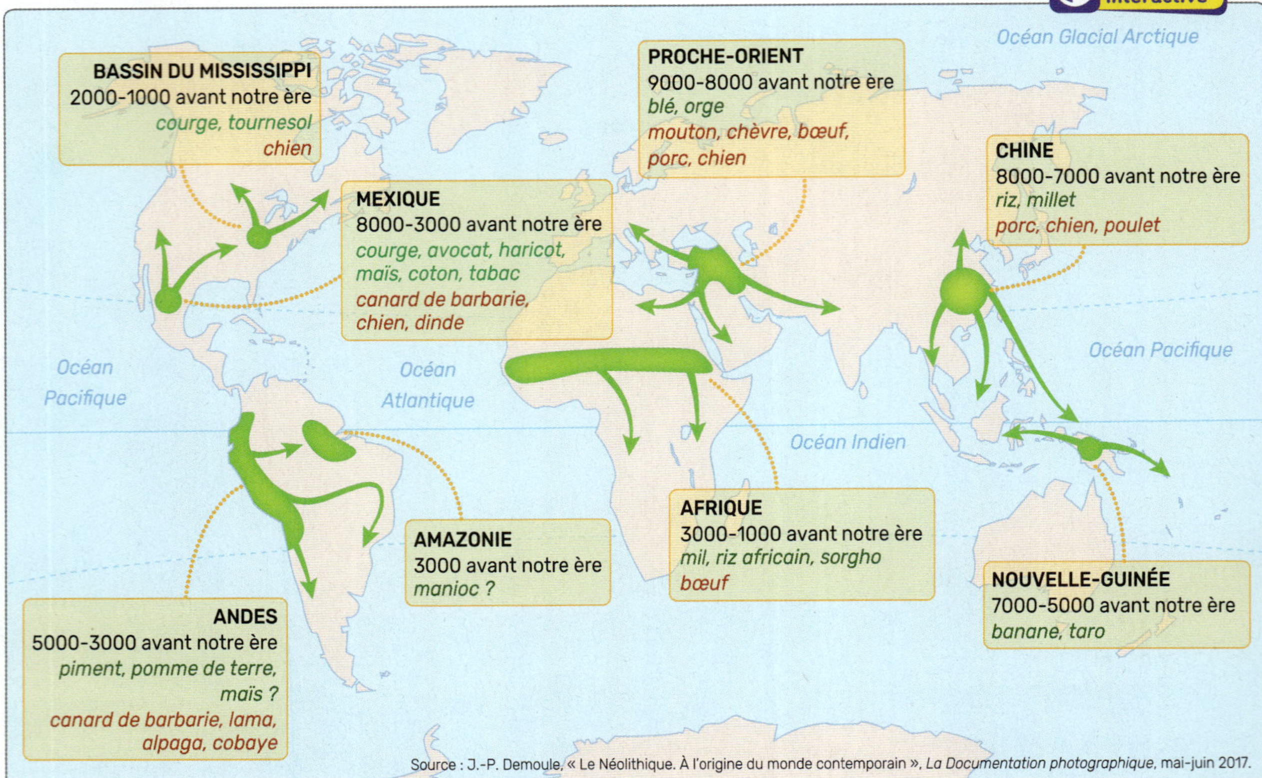

Source : J.-P. Demoule, « Le Néolithique. À l'origine du monde contemporain », *La Documentation photographique*, mai-juin 2017.

1. La diffusion de la révolution néolithique

- Foyers de la révolution néolithique
- Diffusion de la révolution néolithique

2. Les espèces domestiquées

- *maïs* Espèces végétales
- *chien* Espèces animales

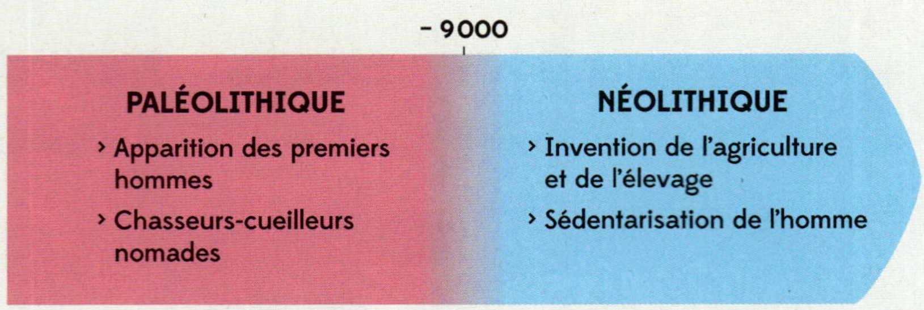

QUESTIONS

1. Quels sont les grands foyers de la révolution néolithique ? Quels sont ceux de la révolution industrielle ? cartes 1 et 2

2. Montrez que la révolution néolithique repose sur une modification du rapport des sociétés humaines aux ressources naturelles. carte 1

3. Sur quels types de ressources naturelles la révolution industrielle repose-t-elle ? carte 2

VOCABULAIRE

Paléolithique : première période de la Préhistoire, commençant il y a 3,3 millions d'années. Elle tire son nom de la pierre taillée, utilisée comme arme par les premiers hommes.

Néolithique : seconde période de la Préhistoire, commençant au Proche-Orient vers 9 000 avant notre ère. Elle tire son nom de la pierre polie, servant à fabriquer les armes et les premiers outils agricoles.

Révolution industrielle : processus d'intensification et d'extension des activités industrielles reposant sur des innovations technologiques et sur l'utilisation de nouvelles sources d'énergie.

naturelles, à la révolution industrielle

2 La révolution industrielle

Carte interactive

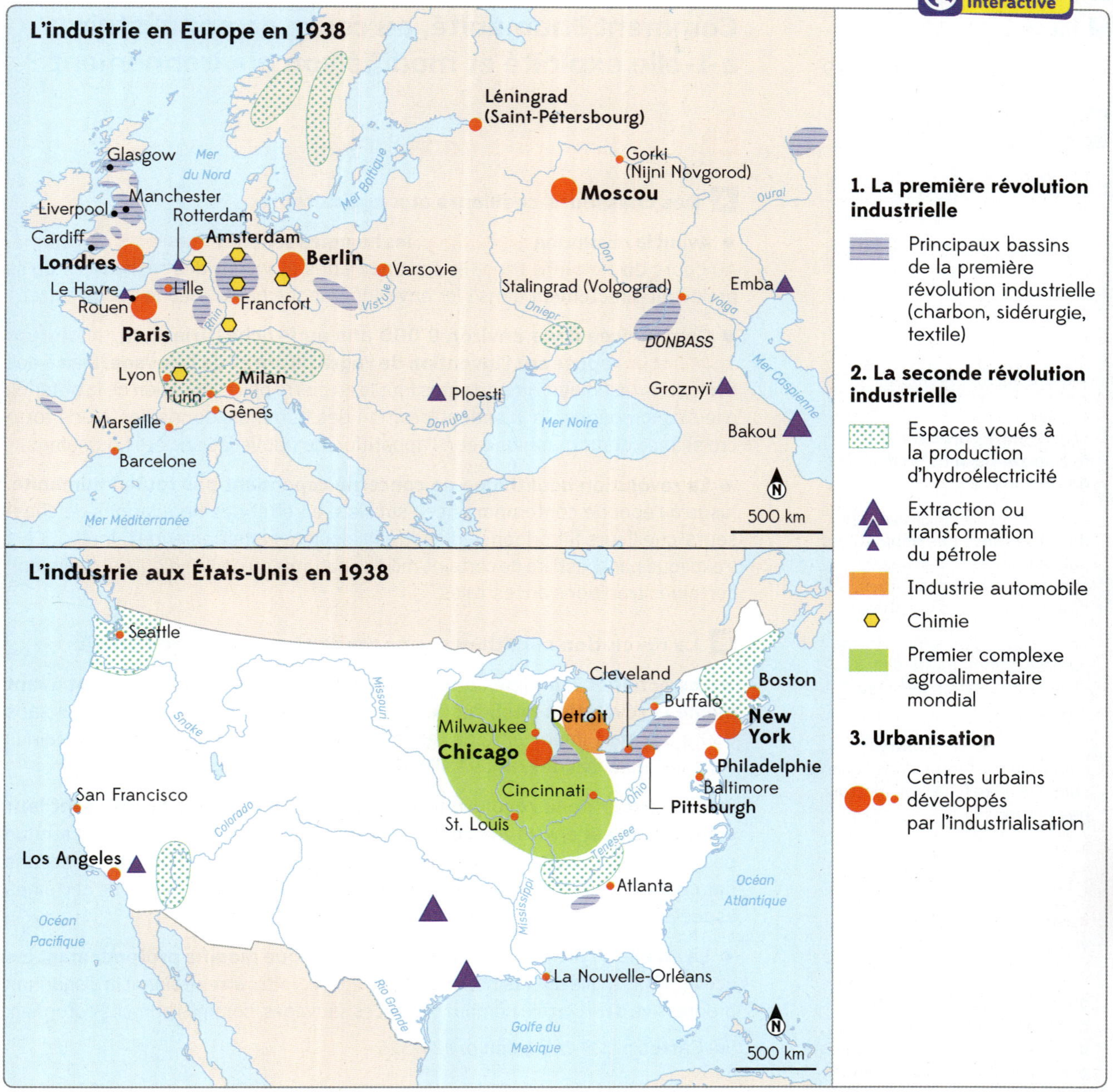

Sources d'énergie — Charbon — Pétrole et électricité

Vers 1780 — 1870-1880 — Vers 1960

Première révolution industrielle — **Deuxième révolution industrielle**

Secteurs d'activité — Sidérurgie, textile, chemin de fer — Moteur électrique, pétrochimie, automobile

REPÈRE

L'industrialisation au Japon

À la fin du XIXe siècle, le Japon s'impose comme le 3e foyer de l'industrialisation du monde, fondé sur l'extraction minière, l'essor de la sidérurgie et de la construction navale. Cette mutation de l'économie japonaise est impulsée par l'empereur Meiji (1867-1912), désireux de faire de son pays une grande puissance moderne.

Cours

Les sociétés face à leur environnement, de la Préhistoire à nos jours

CARTES p. 314-315
JALON p. 320-321
JALON p. 324-325
POINTS DE VUE p. 328-329

Podcast Cours à écouter

Comment l'humanité, au cours de son histoire, a-t-elle exploité et modifié son environnement ?

I La révolution néolithique

A Des chasseurs-cueilleurs aux agriculteurs

- **Avant la révolution néolithique, les hommes sont des chasseurs-cueilleurs.** Au cours du **Paléolithique**, ils sont nomades et vivent des ressources qu'ils prélèvent directement dans leur environnement (chasse, pêche et cueillette).

- **Commencée il y a environ 9 000 ans au Proche-Orient, la révolution néolithique repose sur l'invention de l'agriculture et de l'élevage.** Liée à des évolutions techniques importantes (outils en pierre polie, invention de la poterie), elle s'accompagne de la sédentarisation des hommes, donne lieu à une forte croissance démographique et à l'apparition de nouvelles sociétés humaines.

- **La révolution néolithique ne concerne cependant pas toute l'humanité.** Jusqu'à l'époque contemporaine, il subsiste en effet des populations de chasseurs-cueilleurs (aborigènes d'Australie, sociétés amérindiennes, Inuits). Cela s'explique par l'hostilité de certains milieux naturels ou par la volonté de maintenir certaines traditions ancestrales.

B La révolution néolithique, une révolution environnementale

- **Les activités humaines ont eu une influence sur l'environnement avant même la révolution néolithique.** Les hommes du Paléolithique portent sans doute une part importante de responsabilité dans la disparition de certaines espèces animales de grande taille, comme les mammouths.

- **À la faveur de la révolution néolithique, les hommes accroissent leur emprise sur leur environnement.** L'invention de l'agriculture est en effet rendue possible par la sélection de certaines plantes qu'ils regroupent et protègent dans des champs (orge, blé, riz, millet…), mais aussi par la domestication de certaines espèces animales (buffle, bœuf, porc, chien…).

- **Là où elle se produit, la révolution néolithique modifie profondément les écosystèmes.** Elle affecte notamment la **biodiversité**, en entraînant la disparition progressive d'un certain nombre d'espèces sauvages, comme l'aurochs européen.

Cartes p. 314-315, **Jalon** p. 324-325

II L'héritage néolithique, jusqu'aux temps modernes

A Une pression continue sur l'environnement

- **La révolution néolithique détermine durablement le rapport des hommes à la nature.** Jusqu'aux temps modernes, ils exercent sur elle une pression continue, qui trouve notamment sa source dans la croissance démographique. L'augmentation de la production agricole est rendue possible par l'extension des surfaces cultivées aux dépens de la nature sauvage. Cela suppose de nombreuses opérations de défrichement ainsi que la mise en culture de zones marécageuses.

- **Le développement de l'artisanat au Moyen Âge a également un impact sur l'environnement.** Il nécessite en effet une intensification des activités d'extraction minière et est à l'origine de formes de pollution, notamment dans les villes.

VOCABULAIRE

Biodiversité : diversité des formes de vie dans un milieu naturel donné.

Chasseurs-cueilleurs : mode de subsistance des populations paléolithiques, consistant à prélever leurs ressources directement dans la nature.

Écosystème : ensemble formé par une communauté d'êtres vivants en relation avec leur environnement.

Énergies fossiles : sources d'énergie présentes dans le sous-sol de la terre (charbon, pétrole, gaz naturel).

Néolithique : voir p. 314

Paléolithique : voir p. 314

Révolution industrielle : voir p. 314

Révolution néolithique : nom donné au passage du mode de vie paléolithique au mode de vie néolithique, rendu possible par l'apparition de l'agriculture et de l'élevage.

B Mondialisation et environnement

- **À partir du XVe siècle, les Européens se lancent à la conquête du monde.** Ils colonisent alors l'Amérique et une partie de l'Afrique. L'exploitation des ressources naturelles du Nouveau Monde relève souvent d'une économie destructrice, qui ne se soucie pas de leur renouvellement.

Chapitre 15 p. 358-359

- **Cette première mondialisation a des conséquences sur l'environnement en Europe.** La construction navale, par exemple, exerce une pression nouvelle sur les forêts. Quant à l'essor de la métallurgie, il se fait en lien avec le développement des activités d'extraction minière qui bouleversent les paysages.

Jalon p. 320-321

III La révolution industrielle et ses impacts environnementaux

A Une intensification de la pression sur les ressources naturelles

- **La révolution industrielle commence en Europe à la fin du XVIIIe siècle.** À des rythmes différents, elle gagne ensuite le reste du monde. Elle implique un recours intensif aux ressources naturelles du sol et du sous-sol.

- **La première révolution industrielle (fin du XVIIIe siècle-années 1870) marque l'essor des activités minières.** Elle nécessite en effet un essor spectaculaire de l'extraction du charbon et du fer, indispensables pour faire fonctionner les machines à vapeur, pour assurer le développement de la sidérurgie et celui des chemins de fer.

- **La seconde révolution industrielle (années 1880-années 1960) repose essentiellement sur le pétrole et l'électricité.** Elle conduit donc à l'utilisation massive des ressources en eau (hydroélectricité), au développement de l'extraction des **énergies fossiles**, ainsi qu'à l'essor de la production du caoutchouc, utilisé par l'industrie automobile.

B Les conséquences environnementales de la révolution industrielle

- **La révolution industrielle dégrade l'environnement par les pollutions qu'elle génère.** Elle altère la qualité des eaux et de l'air et provoque parfois des catastrophes environnementales, comme le *smog* de Londres, responsable de la mort de plusieurs milliers de personnes en 1952.

- **La croissance démographique qui accompagne la révolution industrielle produit une pression nouvelle sur la nature.** La modernisation de l'agriculture favorise l'extension des cultures aux dépens de la forêt et des espèces sauvages, comme le bison, victime de la conquête de l'Ouest et de la mise en culture des Grandes Plaines américaines au XIXe siècle. Au XXe siècle, le développement des pesticides affecte l'environnement par les pollutions qu'il génère.

- **La révolution industrielle s'accompagne d'une révolution des transports, qui a aussi des conséquences environnementales.** Au XXe siècle, elle favorise par exemple l'apparition d'un tourisme de masse peu respectueux des écosystèmes.

Cartes p. 314-315, **Jalon** p. 326-327,
Chapitre 15 p. 358-363, **Chapitre 11** p. 266-267

RESSOURCES

Jean-Baptiste Fressoz, Frédéric Graber, Fabien Locher, Grégory Quenet, *Introduction à l'histoire environnementale*, La Découverte, 2014, 128 p. Un ouvrage rédigé par les meilleurs spécialistes français de l'histoire de l'environnement.

Anne Lehoërff, *Préhistoires d'Europe : de Néandertal à Vercingétorix*, Belin, « Mondes anciens », 2016, 608 p. Une synthèse richement illustrée, permettant d'aborder la révolution néolithique en Europe.

Le site du ministère de la Culture consacré à l'archéologie en France. De grands sites néolithiques y sont présentés (mégalithes du Morbihan, Lattes en Languedoc, Assy-Romances...).
www.culture.fr/Multimedias/Grands-sites-archeologiques

« La construction navale », ressource multimédia du ministère de la Marine qui explique la construction d'un grand navire de guerre au temps de Colbert.
www.musee-marine.fr/programmes_multimedia/construction_navale/

Ressources complémentaires

FICHES DE LECTURE

Jean-Paul Demoule, « La révolution néolithique », *Sciences humaines*, n° 227, juin 2011 [en ligne]. Dans cet article, un grand spécialiste français de la Préhistoire aborde entre autres la question des impacts environnementaux de la révolution néolithique.

Valérie Chansigaud, *L'Homme et la nature. Une histoire mouvementée*, Delachaux et Niestlé, 2013, 280 p. L'évolution des relations des sociétés humaines à leur environnement depuis la Préhistoire. Voir le chapitre 5, « La déflagration de l'industrie au XIXe siècle ».

Cours De la maîtrise de la nature à la protection de l'environnement

CARTES p. 314-315
JALON p. 320-321
POINTS DE VUE p. 328-329

Podcast Cours à écouter

Comment les sociétés humaines ont-elles pris conscience de la nécessité de protéger leur environnement ?

VOCABULAIRE

Écologie : science qui étudie les relations des êtres vivants à leur milieu.

ONG (Organisation non gouvernementale) : association à but non lucratif, visant à défendre une cause d'intérêt général et ne relevant ni des États ni des institutions internationales.

Patrimoine naturel : voir p. 236

I Maîtriser la nature et l'environnement sous l'Ancien Régime

A Penser la nature et l'environnement sous l'Ancien Régime

- **Sous l'Ancien Régime, la nature sauvage suscite volontiers la crainte.** Les espaces naturels, comme les forêts et les montagnes, sont pensés comme inhospitaliers et dangereux, sources de peur. Les théories médicales, inspirées de l'héritage antique, considèrent que ce qui entoure l'homme, notamment l'air et l'eau, détermine sa santé.

- **Les sociétés ne se préoccupent pas de protéger la nature et l'environnement.** Il arrive que les pouvoirs prennent des mesures destinées à préserver ou à encadrer l'usage d'une ressource, mais cela ne relève pas de considérations **écologiques**. Par exemple, lorsque Louis XIV promulgue l'ordonnance qui réglemente l'usage des eaux et des forêts (1669), il cherche avant tout à fournir à la marine de guerre les ressources en bois dont elle a besoin.

Jalon p. 320-321

B L'idée de progrès et l'asservissement de la nature

- **Avec les Lumières s'impose l'idée que le progrès humain suppose un asservissement de la nature.** Il faut la maîtriser et l'exploiter au bénéfice des hommes, pour contribuer à leur bonheur et faire reculer la misère.

- **Au temps de l'industrialisation, les pouvoirs publics prennent des mesures destinées à faciliter l'exploitation de l'environnement.** Par exemple, le décret relatif aux manufactures polluantes, pris par Napoléon Ier en 1810, vise moins à limiter les nuisances industrielles qu'à instaurer une sorte de droit à polluer, contre une compensation financière (principe du « pollueur-payeur »).

REPÈRE

Le développement durable
Le rapport Brundtland (1987) présente le développement durable comme « un mode de développement qui répond aux besoins des générations présentes sans compromettre la capacité des générations futures de répondre aux leurs ».

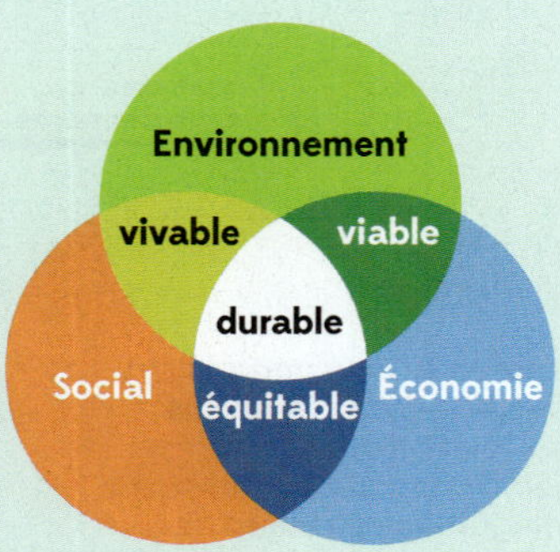

II Protéger la nature et l'environnement à partir du XIXe siècle

A Sanctuariser la nature et les paysages naturels

- **Au début du XIXe siècle, le mouvement romantique suscite un intérêt nouveau pour la nature.** Alors que s'affirment la civilisation industrielle et la modernité, la nature apparaît de plus en plus comme un lieu à préserver. Ce sentiment se renforce tout au long du siècle, à mesure que les promesses de bonheur liées à l'industrialisation sont déçues.

- **Ce sentiment de la nature conduit à la protection de certains espaces naturels remarquables.** Ainsi s'affirme l'idée de **patrimoine naturel**. Créé aux États-Unis en 1872, Yellowstone est le parc naturel le plus ancien. Les premières mesures sont également prises pour protéger certaines espèces menacées, comme le bison ou les baleines, victimes de la surchasse, et qui font l'objet de conventions internationales.

Chapitre 15 p. 358-359, p. 362-363

B Protéger l'environnement pour protéger les hommes

- **Au XIXe siècle, les nuisances générées par l'industrialisation soulèvent des réactions et des protestations toujours plus nombreuses.** Elles suscitent notamment le développement de l'hygiénisme, un mouvement qui milite en faveur du développement de pratiques visant à améliorer la santé (bains de mer, sports, promenades en montagne, etc.).

- **L'hygiénisme inspire des mesures de protection de l'environnement, prises souvent par les municipalités.** Elles visent par exemple à améliorer la qualité des eaux destinées à la consommation humaine (filtrage, création de systèmes d'adduction d'eau).

- **Au cours du XXe siècle, les prises de conscience environnementales et écologiques se font de plus en plus aiguës.** Des mesures sont prises pour garantir à la fois la santé humaine et la biodiversité, comme l'interdiction par certains pays du DDT, un pesticide responsable de la disparition de nombreuses espèces animales et suspecté d'être cancérigène (1970).

III De la protection de l'environnement au développement durable

A L'idée de développement durable

- **Au début des années 1970, l'épuisement des ressources en matières premières devient une crainte largement partagée.** Le détonateur est le rapport Meadows, fruit du travail de chercheurs américains, qui pointe en 1972 les dangers que la croissance économique et démographique fait peser sur la planète et sur l'humanité (pollution, appauvrissement des sols cultivables, épuisement des ressources énergétiques).

- **Ces réflexions débouchent progressivement sur l'idée du développement durable.** Le terme apparaît en 1987 dans le rapport Brundtland, émanant de la Commission mondiale sur l'environnement et le développement dépendant de l'ONU. Ce rapport préconise de concilier la croissance économique, justifiée par l'impératif du développement humain et la nécessaire diminution des inégalités sociales, et la préservation des ressources naturelles, afin de ne pas léser les générations futures.

B Le développement durable, un enjeu international

- **Le développement durable suppose une coopération internationale.** Depuis 1992, elle prend corps dans de grandes conférences, organisées régulièrement sous l'égide de l'ONU et rassemblant chefs d'État, représentants des **ONG** et des grandes entreprises. Visant à déterminer les priorités à respecter en vue de la réalisation du développement durable, elles portent sur des sujets très divers : la gestion durable des forêts, de l'eau, de l'énergie, le respect de la biodiversité, la protection des sols...

- **La mise en œuvre de ces préconisations relève des États.** Tous ne le font pas avec la même détermination, à l'instar des États-Unis, du Brésil ou encore de la Chine.

- **L'action des pouvoirs publics est relayée par des entreprises et des acteurs de la société civile.** Il existe ainsi de nos jours un grand nombre d'associations et d'ONG qui militent en faveur du développement durable (WWF, Action contre la faim...).

Chapitre 14 p. 346-347, **Chapitre 15** p. 366-367

FICHES DE LECTURE

Julie Le Gall, « Notion en débat : Anthropocène », *Géoconfluences*, 27 sept. 2017. Une géographe discute la notion d'anthropocène, qui rend compte de l'évolution récente des rapports entre l'homme et son environnement.
geoconfluences.ens-lyon.fr/informations-scientifiques/a-la-une/notion-a-la-une/anthropocene

Edwin Zaccai, *25 ans de développement durable, et après ?*, PUF, 2011, 240 p., conclusion p. 219-237. L'auteur fait un bilan des politiques engagées depuis les années 1990 en matière de développement durable.

RESSOURCES

François Gemenne (dir.), *Atlas de l'Anthropocène*, Presses de Sciences Po, 2019, 164 p. Un atlas mettant en évidence la crise écologique du monde contemporain.

Podcast sur l'ouvrage de Martine Chalvet, *Une histoire de la forêt*, 35', consacré à l'exploitation et la protection de la forêt en France.
www.franceculture.fr/emissions/du-jour-au-lendemain/martine-chalvet

Site de l'ONU sur les Objectifs de développement durable (ODD). Un site qui permet de comprendre concrètement les formes que le développement durable doit prendre d'ici 2030.
www.un.org/sustainabledevelopment/fr/objectifs-de-developpement-durable/

Podcast « Histoire du risque technologique », *La Tête au carré*, France Inter, 13 juin 2012, 34'. Ou comment les sociétés ont perçu la modernité industrielle, avec l'historien des sciences Jean-Baptiste Fressoz.
www.franceinter.fr/emissions/la-tete-au-carre/la-tete-au-carre-13-juin-2012

Ressources complémentaires

Jalon

Exploiter et protéger une ressource « naturelle » : la forêt française depuis Colbert

CARTES p. 314-315
COURS p. 316-317
COURS p. 318-319

La forêt française constitue une ressource essentielle pour la vie des populations. Si, de l'Ancien Régime à nos jours, ses usages ont considérablement changé, ils ont toujours rendu nécessaire une intervention de l'État, qui s'est chargé d'en encadrer l'utilisation et de la protéger.

Comment et pourquoi l'État prend-il en charge la gestion de la forêt, de l'Ancien Régime à nos jours ?

A La forêt française, de Colbert à la révolution industrielle

1 Louis XIV et la forêt française

Daniel Jousse, un juriste du XVIIIe siècle, revient sur l'ordonnance sur les eaux et forêts, promulguée en 1669 par Louis XIV sur les conseils de Colbert.

Les bois sont [...] une des plus belles productions de la nature, tant à cause de leur grande utilité pour la construction des bâtiments que pour les différents besoins des hommes. Il en est de même de la conservation du gibier dans les forêts, et de celle du poisson dans les rivières ; l'un et l'autre exigent pareillement toute l'attention du Souverain puisqu'ils sont une grande partie de la nourriture des hommes, et que la chasse, ainsi que la pêche, leur fournissent d'ailleurs un exercice et un amusement agréable.

[...]. C'est pour établir une loi générale sur cette matière que Louis XIV a fait rédiger l'ordonnance du mois d'août 1669.

Pour pouvoir mieux réussir dans la conservation des bois du royaume, nos souverains ne se sont pas bornés uniquement à ceux de leur domaine[1] [...] mais ils ont aussi porté leur attention sur ceux des ecclésiastiques, des communautés et même des particuliers ; sur tous lesquels ils ont cru devoir exercer un droit de police, en les assujétissant à de certaines règles dans la coupe de leurs bois, afin d'en mieux conserver l'espèce [...].

Daniel Jousse, *Commentaire sur l'ordonnance des eaux et forêts*, 1772.

1. Référence aux forêts royales, dont l'usage était réservé au roi et à la cour.

BIOGRAPHIE

Jean-Baptiste Colbert (1619-1683)

Surintendant des Bâtiments du roi puis, en 1665, contrôleur général des finances, Colbert devient en 1669 secrétaire d'État à la Marine. Il exerce ainsi une influence décisive sur les décisions économiques prises par le roi Louis XIV au cours des deux premières décennies de son règne.

→ **Quels sont les usages de la forêt au temps de Louis XIV et de Colbert ?**

2 L'arsenal de Toulon au temps de Colbert

Première planche de l'Album de Colbert, un album de gravures consacrées à la marine française commandé par Colbert en 1670.

→ **Quel usage du bois fait-on dans un arsenal ?**

3 La superficie de la forêt française

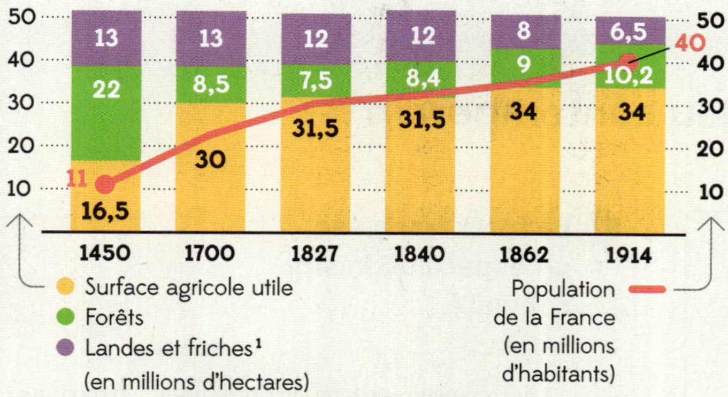

1. Formations végétales basses, composées notamment de bruyères et de fougères.

Source : G.-A. Morin, « *La continuité de la gestion des forêts françaises de l'Ancien Régime à nos jours* », Revue française d'administration publique, *2010.*

→ **Comment expliquer l'évolution de la surface de la forêt française, du Moyen Âge au début du XXe siècle ?**

4 Les dangers de la déforestation au XIXe siècle

Viollet-le-Duc, grand architecte du XIXe siècle, se passionnait aussi pour la géographie alpine. Dans ce texte, il dénonce la déforestation intensive, liée à l'industrialisation, qui dégrade l'environnement alpin en provoquant de graves inondations.

La nature, rigoureusement fidèle à ses lois [...], ne ressème pas la forêt que notre main imprudente a coupée, lorsque la roche nue apparaît et que la terre a été entraînée par les eaux de fonte et des pluies, ne rétablit pas la prairie dont notre imprévoyance a contribué à faire disparaître l'humus. Ces lois, loin d'en comprendre la merveilleuse logique, vous en détruisez l'économie ou tout du moins vous en gênez le cours ; tant pis pour vous, humains ! Mais alors ne vous plaignez pas si vos plaines sont ravagées, si vos villes sont rasées, et n'imputez pas vraiment ces désastres à une vengeance ou à un avertissement de la Providence. Car ces désastres, c'est en grande partie votre ignorance, vos préjugés, votre égoïsme qui en sont la cause.

« *Le Massif du Mont-Blanc*, Eugène Viollet-le-Duc, 1876 », dans Martine Chalvet, *Une histoire de la forêt*, « *L'Univers historique* », © Éditions du Seuil, 2011.

→ **Quelles sont ici les conséquences de la déforestation ?**

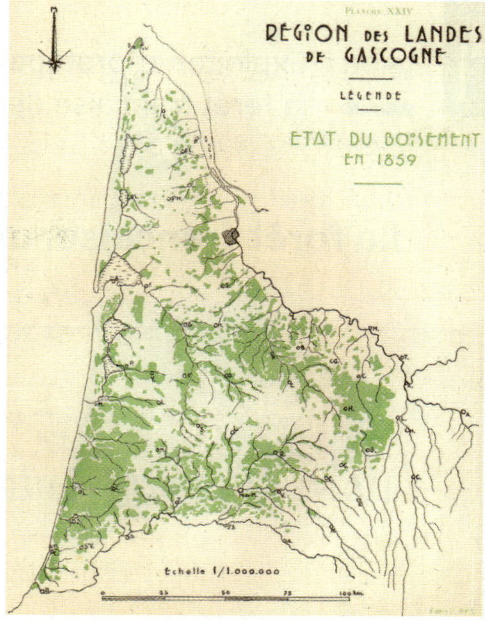

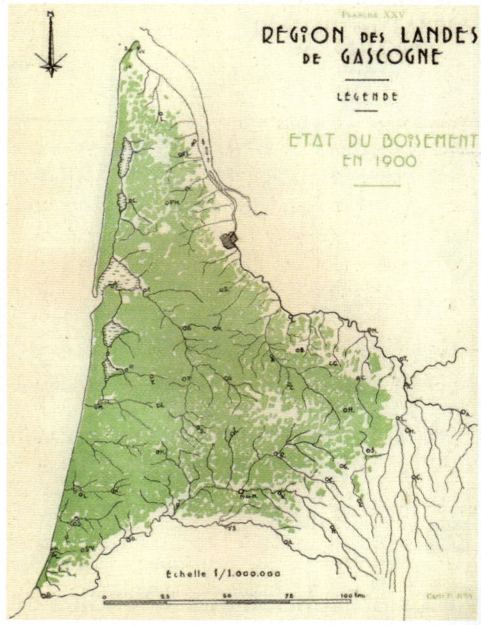

5 Une forêt créée par l'homme

En 1857, Napoléon III fait voter une loi pour assainir, assécher les landes de Gascogne et les transformer en forêt.

→ **Pourquoi peut-on dire que la forêt des Landes n'est pas naturelle ?**

EN AUTONOMIE VERS LE BAC

Mise en relation des documents

1. Quelles raisons expliquent l'intervention de l'État dans la gestion des forêts françaises, du XVIIe au XIXe siècle ? docs 1 à 5

2. Quelles formes l'intervention de l'État prend-elle dans la gestion de la forêt ? docs 1 et 5

BAC Vers l'écrit ▸ Étude critique de document

Sujet : « La protection de la forêt de Louis XIV à nos jours »

Analysez les documents 1 et 10 en lien avec ce sujet.

BAC Vers le grand oral Grille d'évaluation

Réalisez un exposé sur la « guerre des demoiselles » (1829-1832).

▸ Recherchez des informations sur cet événement. À l'oral, en 5 minutes, présentez-le et montrez comment il traduit une résistance des populations rurales face à la gestion des forêts par l'État.

▸ Deux élèves évaluent votre prestation.

B La forêt française, un enjeu contemporain

6 La prévention des incendies de forêt

Affiche produite par le ministère de la Transition écologique, le ministère de l'Intérieur et le ministère de l'Agriculture, avril 2019.

→ **Quelles sont les causes des incendies de forêts en France ? Pourquoi l'État intervient-il pour la prévention contre les feux de forêt ?**

7 La forêt française, un espace de loisirs convoité

Le regard d'une historienne

Le « trop-plein » en forêt suscite de nombreux conflits entre des usagers aux pratiques différentes, voire antagonistes. Les amateurs d'accrobranche, de VTT, de moto verte[1] et les flâneurs, les ramasseurs de champignons ou ceux qui promènent leur chien ne font pas forcément bon ménage. Héritiers du mouvement élitiste du début du siècle, les « grands randonneurs » prônent une admiration respectueuse de la « nature ». Ils se veulent esthètes et amateurs de botanique, tout en affichant un goût de l'effort et de la découverte. Ils n'éprouvent que mépris pour ces familles qui pique-niquent à côté du parking et troublent le calme des bois. Pour eux, la forêt doit rester un espace de découverte et de mystère. Il ne faut pas développer des équipements trop lourds qui viendraient renforcer l'artificialisation de leur chère « nature ». En revanche, les autres usagers viennent chercher dans les bois une évasion courte (2 heures environ). Ils ne veulent pas se lancer à la découverte des sentiers perdus. Bien au contraire, ils sont friands d'équipements de jeux, de sport et d'éducation. Ils apprécient les zones aménagées en parcs forestiers de loisirs.

Martine Chalvet, *Une histoire de la forêt*, © Éditions du Seuil, 2011.

1. Randonnées tout-terrain à moto.

Martine Chalvet est une historienne et universitaire française, spécialiste de l'histoire de l'environnement et des paysages.

→ **Quels problèmes soulève l'utilisation des forêts comme espaces de loisirs ?**

8 La forêt et l'avenir énergétique de la France

Structure de la consommation d'énergie primaire

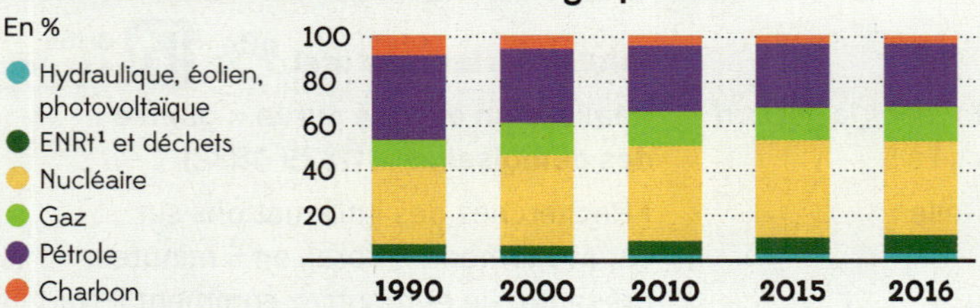

1. Énergies renouvelables thermiques : biomasse solide, biogaz, biocarburants, géothermie, solaire thermique, pompes à chaleur.
Champ : France métropolitaine.

Part des filières dans la production d'énergie primaire renouvelable en 2016

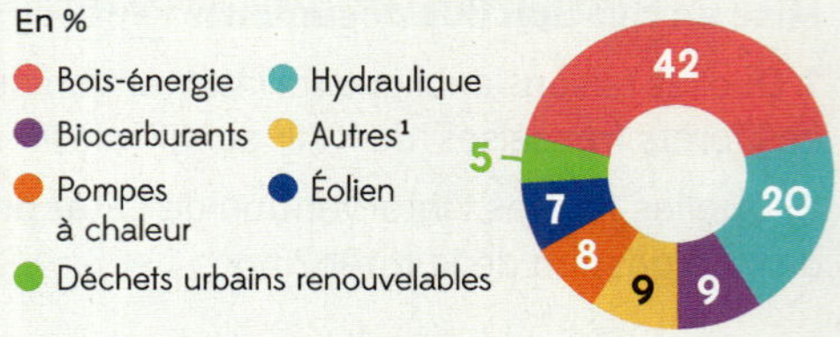

1. Biogaz, résidus agricoles, solaire thermique, géothermie, solaire photovoltaïque et énergies marines.

Source : SDES, Insee, 2019.

→ **Pourquoi l'exploitation des forêts constitue-t-elle un enjeu majeur pour l'avenir ?**

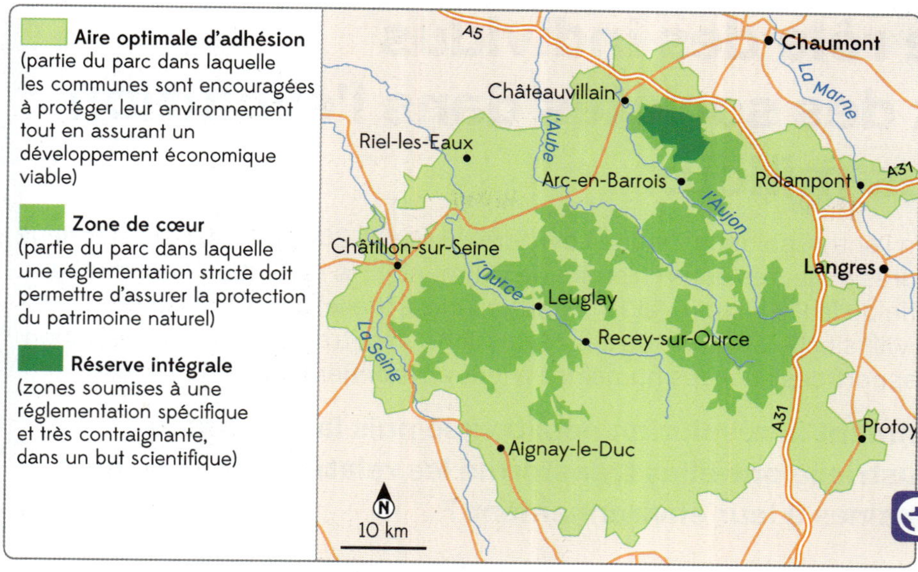

9 Le Parc national de forêts (2019)

Le 7 novembre 2019 a été officiellement créé le onzième parc national français, entre la Côte d'Or et la Haute-Marne. Il porte le nom de « Parc national de forêts » et relève de l'Agence nationale de la biodiversité.

→ **Comment le parc national permet-il de préserver la forêt ?**

Carte interactive

10 Les objectifs de la gestion des forêts par l'État

En 2001, le Parlement vote la loi définissant les objectifs de la politique forestière nationale.

La mise en valeur et la protection des forêts sont reconnues d'intérêt général. La politique forestière prend en compte les fonctions économique, environnementale et sociale des forêts et participe à l'aménagement du territoire, en vue d'un développement durable. Elle a pour objet d'assurer la gestion durable des forêts et de leurs ressources naturelles, de développer la qualification des emplois en vue de leur pérennisation, de renforcer la compétitivité de la filière de production forestière, de récolte et de valorisation du bois [...] et de satisfaire les demandes sociales relatives à la forêt.

La gestion durable des forêts garantit leur diversité biologique, leur productivité, leur capacité de régénération, leur vitalité et leur capacité à satisfaire, actuellement et pour l'avenir, les fonctions économique, écologique et sociale pertinentes, aux niveaux local, national et international, sans causer de préjudices à d'autres écosystèmes [...].

La politique forestière participe à l'élaboration et à la mise en œuvre d'autres politiques en matière notamment de développement rural, de défense et de promotion de l'emploi, de lutte contre l'effet de serre, de préservation de la diversité biologique, de protection des sols et des eaux et de prévention des risques naturels.

Article 1er de la loi d'orientation sur la forêt, 9 juillet 2001.

→ **Quels aspects de ce programme renvoient au développement durable ?**

VOCABULAIRE

Agence française pour la biodiversité (AFB) : établissement public dépendant du ministère de la Transition écologique, qui propose une expertise concernant la connaissance, la gestion et la préservation des espaces naturels.

Parcs nationaux : gérés par l'AFB depuis 2017, les parcs nationaux recouvrent des zones naturelles classées en raison de la richesse de leur faune et de leur flore. Il en existe actuellement 11, dont 3 en outre-mer.

Chapitre 12, carte p. 285

EN AUTONOMIE VERS LE BAC

Mise en relation des documents

1. Quels sont les usages actuels de la forêt française et quels risques cela fait-il peser sur elle ? docs 6, 7 et 8

2. Quelles actions les pouvoirs publics engagent-ils pour exploiter et préserver la forêt française ? docs 6, 9 et 10

BAC Vers l'écrit ▸Étude critique de documents

Suite à votre travail d'analyse effectué p. 321, proposez un plan pour votre étude critique de documents et rédigez-en l'introduction et la 1re partie.

BAC Vers le grand oral

Préparez un exposé de 5 minutes sur la gestion et la préservation de la forêt guyanaise.

▸Recherchez des informations sur l'exploitation de la forêt guyanaise, en partant d'articles de presse consacrés au projet de la Montagne d'Or et des ressources mises en ligne sur le site Géoconfluences (ENS de Lyon).

▸Présentez votre exposé devant la classe.

▸Les autres élèves, dans le rôle du jury, vous posent ensuite des questions pendant 10 minutes : demandes de précisions, définitions du vocabulaire employé, liens avec le cours...

Jalon Le rôle des individus et des sociétés dans l'évolution des milieux

CARTES p. 314-315
COURS p. 316-317
COURS p. 318-319

Selon l'anthropologue Claude Lévi-Strauss (1908-2009), il s'est produit deux ruptures majeures dans l'histoire de l'humanité : la révolution néolithique, à la fin de la Préhistoire, et la révolution industrielle, à partir de la fin du XVIIIe siècle. Chacune de ces révolutions s'est traduite par une évolution du rapport des sociétés humaines à leur environnement.

Comment la révolution néolithique puis la révolution industrielle ont-elles transformé les relations des sociétés humaines à leur environnement ?

A La révolution néolithique, une rupture ?

1 Qu'est-ce que la révolution néolithique ?

Le regard d'un archéologue

L'expression « révolution néolithique » est une image, et rien de plus. De fait, dans les quelques laboratoires où s'opéra cette transformation de la chasse à l'agriculture – Proche et Moyen-Orient, Chine, Mexique, Andes, Nouvelle-Guinée, Afrique sahélienne – le processus semble avoir été lent, progressif, insidieux. À terme, il déboucha sur ce qui fut l'un des tournants essentiels de l'humanité puisque cette autotransformation des sociétés allait ouvrir toutes grandes les portes de la ville, de l'écriture, de l'État. Venu moi-même de l'histoire, c'est en historien autant qu'en archéologue ruraliste que j'ai abordé l'étude de cette mutation capitale qui vit l'homme commencer d'artificialiser son environnement par la maîtrise de la matière vivante – végétale et animale –, initier une sédentarisation qui allait faire de lui un villageois puis un urbain, libérer des flux démographiques aboutissant à une progressive saturation d'un espace toujours plus anthropisé[1] [...].

Jean Guilaine, *Les Racines de la Méditerranée et de l'Europe*, Paris, Fayard, 2008.

1. Modifié par l'action de l'homme (*anthropos* en grec).

Jean Guilaine, professeur au Collège de France, est l'un des grands spécialistes français de la fin de la Préhistoire.

→ **En quoi le Néolithique a-t-il été le temps d'une « révolution » ?**

Animation

2 L'outillage néolithique

Gravure rupestre de Tanum, en Suède, réalisée entre 1 800 et 500 avant notre ère (pierre d'Aspeberget).

→ **Quelle scène est représentée sur cette gravure rupestre ?**

3 Espèces animales et révolution néolithique

Évolution de la consommation de viande sur le plateau suisse

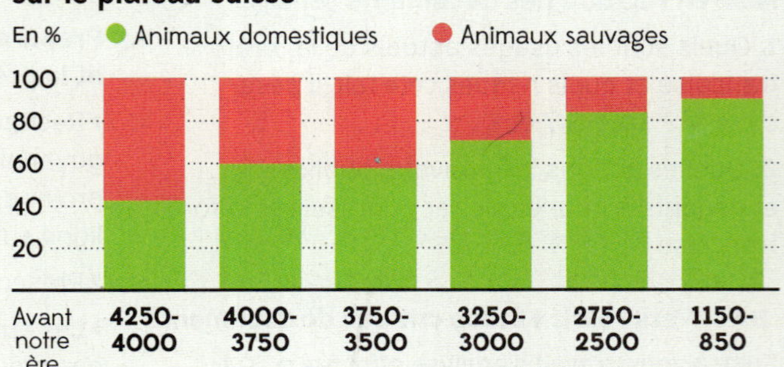

Source : J.-P. Demoule, « Le Néolithique. À l'origine du monde contemporain », La Documentation photographique, mai-juin 2017.

→ **Que montre ce diagramme ?**

4 La révolution néolithique en Amérique

Le regard d'un anthropologue et d'un archéologue

En cette région du monde, il y a beaucoup plus de « porosité » qu'ailleurs entre chasseurs-cueilleurs et agriculteurs.

Divers facteurs l'expliquent. Aujourd'hui encore, l'Européen qui se promène dans les champs cultivés d'Amérique du Sud tropicale (Équateur, Pérou, Colombie, Venezuela, Brésil, Guyanes) sera frappé par le mélange des plantes cultivées. Les champs ressemblent plus à des jardins qu'à des monocultures.

Ce système horticole fait penser à de petites forêts miniatures qui seraient cultivées et qui s'inscrivent dans la continuité de la véritable forêt (qui est, elle-même, fortement infléchie par l'homme, au moins en certains secteurs). Cela ne semble pas si éloigné que cela d'une logique de chasseurs-cueilleurs des régions forestières tropicales, gérant leurs ressources de cueillette.

Il faut ensuite rappeler que, pour avoir accès à des protéines animales, excepté dans les Andes, l'absence d'élevage empêche de renoncer à la chasse et à la pêche. Les agriculteurs ont donc dû rester des chasseurs.

Geoffroy de Saulieu, Alain Testart, « Naissance de l'agriculture. De nouveaux scénarios », *L'Histoire*, n° 387, mai 2013.

Alain Testard était un anthropologue français, spécialiste des chasseurs-cueilleurs. **Geoffroy de Saulin** est un archéologue français, spécialiste du continent américain.

→ **Quelles nuances ce texte apporte-t-il au concept de « révolution néolithique » ?**

VOCABULAIRE

Anthropisation : transformation d'espaces, d'écosystèmes ou de milieux naturels sous l'action de l'homme.

Chasseurs-cueilleurs : mode de subsistance des populations paléolithiques, consistant à prélever leurs ressources directement dans la nature.

An 2 du site, 2668 avant notre ère

An 4 du site, 2666 avant notre ère

An 9 du site, 2661 avant notre ère

5 Un village au Néolithique

Sur les bords du lac de Paladru (Isère), les archéologues ont retrouvé les restes d'un village néolithique remontant au IIIe millénaire avant notre ère.

→ **D'après ces dessins, quels furent les impacts de la révolution néolithique sur l'environnement humain ?**

EN AUTONOMIE VERS LE BAC

Mise en relation des documents

1. Comment, au cours de la révolution néolithique, les hommes modifient-ils leur environnement ? docs 1, 2, 3 et 5

2. Quelles sont les limites de la notion de « révolution néolithique » ? docs 1 et 4

BAC Vers l'écrit ▸Étude critique de document

Sujet : « Le Néolithique, une rupture dans les relations entre les hommes et leur environnement ? »

Dégagez le sens principal du document 1, puis listez et explicitez ses informations essentielles en vous aidant du cours et de vos connaissances personnelles.

BAC Vers le grand oral — Activité guidée

Réalisez un diaporama montrant comment l'archéologie permet de connaître la révolution néolithique et présentez-le à l'oral en 5 minutes.

▸Effectuez des recherches en vous aidant des ressources proposées dans le manuel numérique.

▸À l'issue de votre présentation, 3 élèves vous indiquent un mot clé qu'ils ont relevé : vous devez définir chacun d'entre eux.

B La révolution industrielle et l'environnement

6 La révolution industrielle selon Claude Lévi-Strauss

Le regard d'un ethnologue

Après une stagnation qui, en gros, s'étale sur deux mille ou deux mille cinq cents ans (du 1er millénaire avant l'ère chrétienne jusqu'au XVIIIe siècle environ), [la civilisation occidentale] s'est soudainement révélée comme le foyer d'une révolution industrielle dont, par son ampleur, son universalité et l'importance de ses conséquences, la révolution néolithique seule avait offert jadis un équivalent.

Deux fois dans son histoire, par conséquent, et à environ deux mille ans d'intervalle, l'humanité a su accumuler une multiplicité d'inventions orientées dans le même sens[1] ; et ce nombre, d'une part, cette continuité, de l'autre, se sont concentrés dans un laps de temps suffisamment court pour que des hautes synthèses techniques s'opèrent ; synthèses qui ont entraîné des changements significatifs dans les rapports que l'homme entretient avec la nature et qui ont, à leur tour, rendu possibles d'autres changements.

Claude Lévi-Strauss, *Race et histoire*, © UNESCO, 1952.

1. L'auteur fait ici référence aux principales inventions qui ont permis la révolution néolithique et la révolution industrielle : l'agriculture et l'élevage ; la machine à vapeur et le moteur à explosion.

Claude Lévi-Strauss (1908-2009) fut l'un des grands ethnologues et anthropologues français du XXe siècle. Il a profondément renouvelé ces sciences humaines en s'intéressant aux structures des sociétés.

→ **Quelles parentés Claude Lévi-Strauss établit-il entre la révolution néolithique et la révolution industrielle ?**

7 La révolution industrielle et la conquête de la nature

La ville de Blanzy connaît dans la première moitié du XIXe siècle un impressionnant essor économique et démographique, lié au développement de l'extraction minière et de diverses activités industrielles.

Ignace François Bonhomme, *Les Mines à ciel ouvert de Blanzy en Saône et Loire*, 1857, aquarelle sur papier, Conservatoire national des Arts et Métiers (Paris).

→ **Comment le peintre met-il en évidence les effets du développement industriel sur l'environnement ?**

8 Industrialisation et pollution des milieux naturels

J'ai dit que l'impureté du canal de Roubaix était un fléau pour tous les riverains et que la [rivière] Deûle se transformait en égout. Je maintiens cette appréciation [...]. En ce qui touche la Marque et le canal de Roubaix, je me demande si ce n'est pas un malheur public que cette rivière ne puisse plus, contre le vœu et la destination de la nature, non plus que les cours d'eau qui y aboutissent, satisfaire aux besoins domestiques d'une nombreuse population.

J'ajoute que la mortalité du poisson est annuelle sur le canal de Roubaix. Que maintes fois il m'est arrivé dans mes tournées d'être incommodé par les odeurs les plus fétides, surtout au passage des écluses, et qu'il est notoire que les bateliers ne naviguent qu'avec la répugnance la plus marquée. Les teintureries qui bordent la Marque déversent environ 20 litres d'eau de teinture à la seconde. MM. Lister et Holden déversent chaque jour dans une section stagnante 8 m³ d'eaux grasses en putréfaction. Sur la Deûle les plaintes sont continuelles depuis 1854. Ce ne sont pas les « poissons blancs » qui meurent. Les anguilles aussi. La navigation se fait au milieu de poissons morts et en décomposition et dans une eau gluante et visqueuse. La Deûle renouvelle seule les nombreux canaux d'Esquermes, Wazemmes, Lille. L'eau qui doit assainir la ville y arrive impure.

Rapport de l'ingénieur Meuche au préfet du Nord, 30 novembre 1857, dans Geneviève Massard-Guilbaud, *Histoire de la pollution industrielle. France, 1789-1914*, Éditions de l'EHESS, 2010.

→ **D'après ce texte, comment l'industrialisation affecte-t-elle l'environnement des populations ?**

9 Industrialisation et ressources énergétiques : l'exemple du charbon

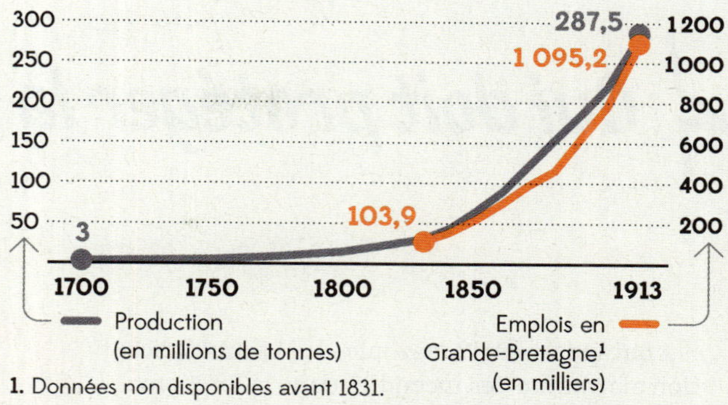

1. Données non disponibles avant 1831.

Source : O. Outram, N. Fishman, « Le Roi Charbon et ses sujets turbulents », dans X. Daumalin, S. Daviet, P. Mioche (dir.), Territoires européens du charbon, des origines aux reconversions, *Publications de l'Université de Provence, 2006.*

→ **Quel est l'effet de l'industrialisation sur l'exploitation du charbon ? Quelles conséquences sociales pouvez-vous observer ?**

10 Industrialisation et réchauffement climatique

Teneurs en CO_2 de l'atmosphère (en ppmv[1])

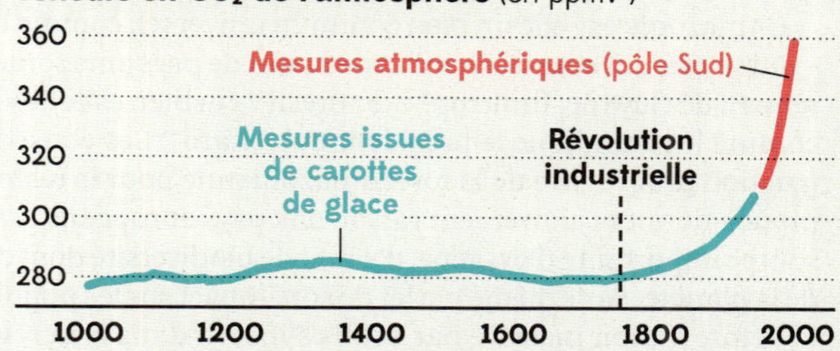

1. Partie par million en volume (unité de mesure de concentration).

Note : le CO_2 est le principal gaz à effet de serre (voir p. 337) produit par l'homme.

Source : Planet-Terre, ENS Lyon, 2017.

→ **Quelles conséquences de l'industrialisation sur l'environnement ce diagramme fait-il apparaître ?**

EN AUTONOMIE VERS LE BAC

Mise en relation des documents

1. Quelle nouvelle relation de l'homme à la nature la révolution industrielle établit-elle ? docs 6, 7 et 9

2. Quelles conséquences la révolution industrielle a-t-elle sur l'environnement humain ? docs 6, 7, 8 et 10

BAC Vers l'écrit ▸ Dissertation

Sujet : « La révolution industrielle : une rupture dans l'histoire des relations de l'homme à son environnement »

Analysez ce sujet en vous aidant de ce que vous avez appris dans cette double page, puis proposez une problématique.

BAC Vers le grand oral

Préparez un exposé de 5 minutes sur les réponses apportées en France au XIXe siècle aux conséquences de l'industrialisation sur l'environnement.

▸ Pour vous aider, recherchez des informations sur l'hygiénisme dans la France du XIXe siècle : qui sont-ils ? Quelles mesures préconisent-ils ? Leur action a-t-elle des effets concrets ?

▸ Entraînez-vous à utiliser un vocabulaire spécifique et précis. Assurez-vous également d'être en mesure de définir toutes les notions que vous citerez dans votre présentation.

Points de vue GRAND ORAL

4 Qui doit protéger la forêt amazonienne ?

1 La forêt amazonienne, au cœur d'une crise diplomatique (2019)

Le point de vue d'un grand quotidien français

À qui appartient l'Amazonie ? [...] La multiplication alarmante des incendies dans la forêt amazonienne, ces dernières semaines, a donné une nouvelle acuité à cette interrogation. [...] La crise a pris un tour diplomatique. À la veille de l'ouverture du sommet du G7[1] à Biarritz, samedi 24 août, auquel le président brésilien[2] n'est pas convié, Emmanuel Macron s'est emparé de l'affaire. « Notre maison brûle, a-t-il tweeté. Littéralement. L'Amazonie, poumon de la planète qui produit 20 % de notre oxygène, est en feu. » Qualifiant les incendies de « crise internationale », le président français a indiqué son intention de mettre « cette urgence » au menu du G7. M. Bolsonaro s'est indigné, par retour de Tweet, de cette posture « colonialiste » consistant à traiter des affaires d'autres pays en dehors de leur présence. L'Allemagne et le Canada, membres du G7, et le secrétaire général de l'ONU, Antonio Guterres, qui y participe, ont appuyé l'initiative de la France [...].

L'Amazonie est-elle un bien commun universel, comme l'affirme la France – qui se prévaut accessoirement du statut de pays amazonien grâce au département de Guyane, limitrophe du Brésil ? Ou bien est-elle « à nous, le Brésil », comme le revendique le président Bolsonaro ? Les conséquences de la destruction progressive de la forêt amazonienne pour le reste des habitants du monde donnent clairement raison aux pays européens : l'Amazonie est une source importante d'oxygène, d'eau et de biodiversité dont dépend l'ensemble de la planète. Sans même parler de son impact sur les populations indigènes, la déforestation massive par brûlis s'inscrit dans le dérèglement global du système climatique.

Éditorial paru dans *Le Monde*, 24 août 2019.

1. Réunion régulière des chefs d'États des sept premières puissances du monde, pour discuter des questions économiques internationales. N'y figurent que des puissances européennes ainsi que les États-Unis et le Canada.
2. Jair Bolsonaro a été élu président du Brésil en 2018. Il est classé à l'extrême-droite de l'échiquier politique brésilien.

2 Un incendie de forêt au Brésil, novembre 2014

Les incendies sont allumés par des agriculteurs qui veulent faire reculer la forêt pour mettre en culture de nouvelles terres, selon la technique du brûlis.
① Forêt dense
② Forêt incendiée
③ Forêt récemment défrichée
④ Ancienne parcelle de forêt transformée en zone de pâturage

Le point de vue d'une partie de la société civile

3 Manifestation en Inde contre la déforestation en Amazonie

Le 26 août 2019, de jeunes manifestants se dirigent vers le Consulat du Brésil à Calcutta pour protester contre la politique de Jair Bolsonaro en Amazonie en faveur de la déforestation. Ce mouvement rallie une opposition à d'autres politiques similaires (ici, l'abattage massif de plusieurs milliers d'arbres au Bangladesh, sur la route de Jessore, pour construire une autoroute).

4 La politique de Jair Bolsonaro en Amazonie

La forêt amazonienne est actuellement au cœur des préoccupations. Le « poumon vert » de la planète prend feu depuis maintenant plusieurs semaines, sans que cela pèse sur Jair Bolsonaro. Après l'avoir refusée, la présidence brésilienne a finalement accepté l'aide d'urgence proposée par les pays du G7 qui ont promis de débloquer d'urgence 20 millions de dollars pour envoyer des avions bombardiers d'eau supplémentaires. Après des semaines sans réaction, sous la pression internationale, le Brésil est entré en action dimanche 25 août en envoyant deux avions C-130 Hercules pouvant contenir des dizaines de milliers de litres d'eau. L'ampleur des incendies est favorisée par l'accélération de la déforestation sous le gouvernement de Jair Bolsonaro qui encourage les cultures et l'élevage bovin dans la plus grande forêt tropicale de la planète. La déforestation de la partie brésilienne de l'Amazonie a en effet augmenté de 88% en juin par rapport à il y a un an. Bolsonaro s'est engagé à favoriser le développement de l'Amazonie en l'ouvrant davantage aux investissements agricoles et miniers.

Clémence Barral, « Politique économique, sécurité, environnement : à quoi ressemble le Brésil de Bolsonaro ? », *Le Figaro*, 28 août 2019 [en ligne].

5 La mise en cause de la déforestation

Le point de vue des ONG

De nombreuses ONG et leaders indigènes[1] dénoncent le fait que la déforestation a repris de plus belle depuis l'arrivée au pouvoir du président d'extrême droite Jair Bolsonaro [...]. Le rapport publié jeudi par l'ONG Global Forest Watch (GFW) faisant état d'inquiétudes sur « la façon dont l'affaiblissement des lois environnementales et leur application sous la nouvelle administration du Brésil affectera la perte de forêt » [...]. Un autre rapport, de l'ONG Amazon Watch, a dénoncé le fait que de nombreuses entreprises européennes et nord-américaines achetaient des produits issus de la déforestation, comme du bois illégal ou du soja. L'ONG cite également des leaders indigènes appelant les consommateurs étrangers à boycotter les produits de l'agro-négoce[2] brésilien.

Dépêche AFP, 25 avril 2019.

1. Chefs des tribus amazoniennes.
2. Commerce international des produits de l'agriculture.

CONSTRUIRE SON POINT DE VUE

Découvrez les documents

1. Comment expliquer les incendies de forêts en Amazonie ? docs 2, 4 et 5
2. Quels problèmes environnementaux ces incendies posent-ils ? docs 1, 4 et 5
3. Quels problèmes géopolitiques ces incendies posent-ils ? docs 1, 3 et 4

Développez des arguments

4. Quels sont les arguments utilisés en faveur d'une gestion internationale de la forêt amazonienne ? docs 1, 4 et 5
5. Pourquoi les Brésiliens s'opposent-ils à une gestion internationale de la forêt amazonienne ? docs 1 et 2

Présentez votre point de vue ORAL

6. À l'oral, en 5 minutes, répondez à la problématique « Qui doit protéger la forêt amazonienne ? » en présentant plusieurs arguments.

Révisions

Exploiter, préserver et protéger l'environnement

Podcast Synthèse à écouter

EXO Exercices interactifs

DATES CLÉS

Vers 9 000 avant notre ère
Début de la révolution néolithique (Proche-Orient)

Fin du XVIIIe siècle
Début de la révolution industrielle

1872 Création du premier parc naturel à Yellowstone

1987 Rapport Brundtland sur le développement durable

1992 Premier Sommet de la Terre (Conférence de Rio)

2012 Sommet Rio+20

SUJETS BAC

Dissertation

- « La révolution industrielle : une rupture dans l'histoire des relations de l'homme à son environnement » p. 327
- « Progrès technique et environnement, du Néolithique à nos jours » p. 332
- « Les sociétés et la protection de l'environnement depuis le XIXe siècle » p. 333

Étude critique de documents

- « La protection de la forêt de Louis XIV à nos jours » p. 321-323
- « Le Néolithique, une rupture dans les relations entre les hommes et leur environnement ? » p. 325
- « La gestion de la forêt et ses enjeux » p. 333

SYNTHÈSE

I Une exploitation de l'environnement par l'homme de plus en plus intensive

- **À la fin de la Préhistoire, la révolution néolithique constitue une première rupture dans la relation des hommes à leur environnement.** Là où elle se produit, elle transforme les anciens chasseurs-cueilleurs nomades du Paléolithique en agriculteurs sédentaires. Des progrès techniques, comme l'invention de la pierre taillée et de la poterie, accompagnent la domestication de certaines espèces animales et la sélection de certaines espèces végétales : ainsi naissent l'élevage et l'agriculture. Cela transforme profondément les sociétés humaines, produit une croissance démographique tout en ayant des impacts très forts sur la biodiversité et sur les écosystèmes.

Jalon Le rôle des individus et des sociétés dans l'évolution des milieux p. 324

- **L'économie de production née au Néolithique perdure jusqu'à la fin du XVIIIe siècle.** Ses effets sur l'environnement se renforcent progressivement, à mesure que la croissance démographique s'affirme, nécessitant une extension permanente des cultures aux dépens de la forêt et un développement de l'artisanat. Le phénomène s'étend lorsqu'à partir du XVe siècle, les Européens se lancent à la conquête du Nouveau Monde où ils mettent parfois en place des formes d'économie destructrice.

Jalon La forêt française depuis Colbert p. 320

- **Les révolutions industrielles de la fin du XVIIIe siècle aux années 1960 constituent une deuxième rupture dans les relations de l'homme à son environnement.** Le progrès technique et le développement des activités de production imposent en effet un recours accru aux ressources énergétiques : le charbon, tout d'abord, puis le pétrole et l'eau, dans un second temps. Elles prennent également la forme d'une modernisation de l'agriculture qui fait reculer la nature sauvage. Elles génèrent enfin des pollutions diverses qui altèrent la qualité de l'environnement et affectent gravement la santé humaine.

Jalon Le rôle des individus et des sociétés dans l'évolution des milieux p. 326

II La lente affirmation des préoccupations environnementales

- **Avant la révolution industrielle, il n'existe pas réellement de conscience environnementale.** La nature, souvent perçue comme hostile, est mise au service des besoins des sociétés humaines. Elle ne fait pas l'objet de mesures de protection, mais simplement de mesures de gestion par les pouvoirs qui veulent en organiser l'exploitation. Avec les Lumières au XVIIIe siècle et le premier âge de l'industrialisation s'affirme même l'idée d'un nécessaire asservissement de la nature, au nom des intérêts de l'humanité.

- **Les premières prises de conscience environnementales s'affirment au XIXe siècle.** Certains, en réaction avec le progrès technique porté par la révolution industrielle, se mettent à penser la nature comme un refuge, dont il convient de sanctuariser les espaces les plus remarquables. C'est l'origine des parcs naturels et des premières mesures de protection des espèces animales menacées. D'autres, comme les hygiénistes, s'inquiètent des conséquences de l'industrialisation sur la santé humaine et conçoivent dans cette optique la nécessité d'une protection de l'environnement.

Jalon Le rôle des individus et des sociétés dans l'évolution des milieux p. 326
Chapitre 15 Jalon L'environnement aux États-Unis depuis le XIXe siècle p. 364

- **À la fin du XXe siècle, la protection de l'environnement prend la forme du développement durable.** Face à la crainte d'un épuisement des ressources naturelles, celui-ci vise à concilier la protection de l'environnement avec la nécessité du développement humain, la résorption des inégalités et les intérêts des générations futures. Plusieurs types d'acteurs sont impliqués. À l'échelle internationale, de grandes conférences sont organisées sous l'égide de l'ONU, afin de définir les grandes lignes des actions à mener. La mise en œuvre de ces actions relève de la compétence des États et d'autres acteurs sociaux, comme les grandes entreprises et les ONG.

Jalon La forêt française depuis Colbert p. 322
Jalon Le rôle des individus et des sociétés dans l'évolution des milieux p. 326
Points de vue Qui doit protéger la forêt amazonienne ? p. 328
Chapitre 14 Le climat, enjeu des relations internationales p. 346

MOTS CLÉS

Biodiversité : p. 316
Développement durable : p. 318
Écologie : p. 318
Écosystème : p. 316

COMPRENDRE AUTREMENT

Exploiter, préserver, protéger

Paléolithique *(jusque vers -10 000)*	**À partir de la révolution néolithique** *(de -8000 env. au XVIIIe siècle)*	**Des révolutions industrielles à nos jours** *(depuis la fin du XVIIIe siècle)*
› Les hommes prélèvent dans la nature ce dont ils ont besoin pour leur subsistance (chasseurs-cueilleurs). **➜ Recul de la mégafaune**	› Les hommes domestiquent leur environnement, dont ils transforment les ressources pour se nourrir et pour développer l'artisanat et les premières formes d'industrie. **➜ Recul de la biodiversité et de la forêt** **➜ Premières actions publiques pour gérer les ressources sensibles**	› Les hommes intensifient l'exploitation des ressources naturelles pour augmenter la production industrielle et nourrir une population en forte croissance. **➜ Recul de la biodiversité, pollutions et altérations de la qualité de l'environnement** **➜ Premières actions publiques pour gérer les ressources sensibles**
La forêt française depuis Colbert p. 320	De la révolution néolithique à la révolution industrielle p. 314 La forêt française depuis Colbert p. 320 Le rôle des individus et des sociétés dans l'évolution des milieux p. 324	De la révolution néolithique à la révolution industrielle p. 314 La forêt française depuis Colbert p. 320 Le rôle des individus et des sociétés dans l'évolution des milieux p. 324 Qui doit protéger la forêt amazonienne ? p. 328

BAC ▸ Dissertation

SUJET BAC

Progrès technique et environnement, du Néolithique à nos jours

Progrès technique	et	environnement	du Néolithique à nos jours
Innovations permettant d'améliorer la production	Indique qu'il faut établir un lien entre les deux notions	Combinaison des éléments naturels et socio-économiques qui constituent le cadre et les conditions de vie d'un individu, d'une population, d'une communauté à différentes échelles spatiales	Cadre chronologique : depuis plus de 10 000 ans Néolithique : période allant de l'apparition de l'agriculture à celle de l'écriture

MÉTHODE	APPLICATION
ÉTAPE 1 ANALYSER LE SUJET ET FORMULER LA PROBLÉMATIQUE	
▸ **Définissez les mots clés, l'échelle, l'espace concerné, la période, le cadre chronologique.**	▸ Analysez le sujet en vous aidant des indications ci-dessus. ▸ Dégagez l'intérêt du sujet. **Exemple** : il s'agit de montrer comment, par les innovations techniques et l'évolution des modes de production, les sociétés ont exploité les ressources et transformé leur environnement depuis l'invention de l'agriculture.
▸ **Dégagez les enjeux du sujet et un fil conducteur formant une problématique**	▸ Formulez la problématique. **Exemple** : Comment le progrès technique a-t-il transformé l'environnement ?
ÉTAPE 2 MOBILISER SES CONNAISSANCES	
▸ **Notez, sur un brouillon, les connaissances personnelles en lien avec le sujet** ▸ **Faites des liens avec les programmes de spécialité 1re, d'histoire et de géographie** ▸ **Vérifiez que les informations retenues sont en rapport avec le sujet** ▸ **Prévoyez éventuellement un schéma/un croquis illustrant une partie de la dissertation**	▸ Notez vos connaissances sur les différents aspects du sujet : les progrès techniques, les périodes concernées, leur impact sur les sociétés et leur environnement, les notions à utiliser. **Exemple** : Néolithique → sélection des plantes, fabrication d'outils en pierre polie, domestication de certains animaux → invention de l'agriculture et de l'élevage → sédentarisation des sociétés → notion d'environnement **Cours** p. 316, **Jalon** p. 324-327 **Chapitre 15 Jalon** p. 362-365, **Points de vue** p. 368
ÉTAPE 3 CONSTRUIRE UN PLAN ET ORGANISER SES CONNAISSANCES	
▸ **À partir de l'analyse du sujet, de la problématique et de vos connaissances (étapes 1 et 2), dégagez deux ou trois thèmes ou idées majeures qui formeront les parties du plan** ▸ **Identifiez les thèmes secondaires (sous-parties)** ▸ **Classez les connaissances dans chaque sous-partie** ▸ **Si un schéma vous semble pertinent pour illustrer une partie de la dissertation, construisez sa légende**	▸ **Exercice** Classez vos connaissances dans le plan suivant : **1.** Du Néolithique jusqu'au XVIIIe siècle : une transformation des paysages et de l'environnement **2.** Les révolutions industrielles, de la fin du XVIIIe siècle à nos jours : une pression accrue sur les ressources et la dégradation de l'environnement ▸ **Exercice** Réalisez la légende d'un schéma intitulé « L'impact de la révolution néolithique sur l'environnement humain » : – déterminez un figuré pour chaque élément suivant : bâti ; rivière ; forêt ; palissade ; cultures ; extension du bâti ; recul de la forêt ; – organisez la légende : 1. Le site d'implantation du village ; 2. Le développement et les conséquences de l'implantation humaine. *Conseil* Reportez-vous au document 5 « Un village au Néolithique » p. 325 et réfléchissez à un schéma possible pour illustrer l'impact de la révolution néolithique sur l'environnement humain.

ÉTAPE 4 RÉDIGER LA DISSERTATION	
a. Rédiger l'introduction	▸ Rédigez une introduction présentant le sujet, la problématique et le plan.
b. Rédiger le développement et éventuellement intégrer un schéma ▸ **Chaque partie contient :** – la formulation du thème de la partie ; – 2 ou 3 sous-parties présentant chacune une idée importante du thème, les explications et les exemples.	▸ En vous appuyant sur votre travail au brouillon (étape 3), rédigez les parties du plan : commencez chaque partie par une phrase annonçant son idée principale, puis rédigez deux ou trois sous-parties développant chacune une idée secondaire, des explications et un ou deux exemples précis. *Conseil* Rédigez une phrase de transition entre chaque partie du développement. Exemple de transition : Du Néolithique à la fin de l'époque moderne, les activités humaines ont peu à peu transformé les paysages et les milieux de vie. À partir de la fin du XVIIIe siècle, l'accélération du progrès technique aggrave la pression des sociétés sur l'environnement. ▸ **Exercice** Sur le fond de carte fourni, réalisez le schéma que vous avez prévu accompagné de sa légende. Schéma à compléter
c. Rédiger la conclusion ▸ **Faites la synthèse des idées principales**	▸ Rédigez une conclusion répondant à la problématique.

ENTRAÎNEZ-VOUS

Nouveau sujet ▸ **Les sociétés et la protection de l'environnement depuis le XIXe siècle**

BAC ▸ Étude critique de documents

SUJET BAC

La gestion de la forêt et ses enjeux

Doc 1 Texte « La politique de Jair Bolsonaro en Amazonie » doc 4 p. 329

Doc 2 Carte « Le parc national de forêts » doc 9 p. 323

Consigne : En analysant et en confrontant les documents, vous montrerez quels enjeux économiques et environnementaux sont liés à la gestion des forêts dans le monde.

LES QUESTIONS À SE POSER	LES CONNAISSANCES À MOBILISER	CONSEILS POUR L'ÉTUDE CRITIQUE
▸ Quels sont les mots clés du sujet et de la consigne ? ▸ Quels sont les thèmes abordés dans les documents en rapport avec le sujet ? ▸ Quelle problématique peut être énoncée à partir du sujet, de la consigne et des thèmes abordés par les documents ? ▸ Les deux documents soulèvent-ils les mêmes questions ou renvoient-ils à des enjeux différents ?	**Chapitre 13 Jalon** p. 320-323 ; **Points de vue** p. 328-329 **Notions :** anthropisation, écologie, patrimoine naturel, développement/développement durable, parc national, forêt domaniale (forêt appartenant à l'État et dont la gestion est strictement encadrée ordonnance sur les eaux et forêts, doc 1 p. 320), réserve intégrale, G7.	▸ Distinguez les enjeux économiques (activités agricoles, exploitation, développement économique) et environnementaux (biodiversité/réserve biologique intégrale, patrimoine naturel, déforestation, « poumon vert de la planète »). ▸ Mettez en relation les documents : deux conceptions opposées de la forêt (exploitée sans préoccupation de protection/gérée, objet de préservation). ▸ Dégagez des éléments d'analyse critique : relevez des enjeux à différentes échelles, locale (« communes encouragées à protéger leur environnement »), nationale (forêts domaniales et parcs nationaux ; « partie brésilienne de l'Amazonie » ; pensez aussi à la partie française de l'Amazonie, en Guyane) et internationale (« poumon vert de la planète » ; pression internationale ; intervention du G7).

Méthode générale de l'étude critique de documents p. 24

Chapitre 14

Le changement climatique : approches historique et géopolitique

Si les cycles climatiques constituent un phénomène ancien et naturel, un changement climatique lié aux activités humaines s'observe. Ses conséquences sur les sociétés sont multiples. Depuis les années 1970-1980, avec la prise de conscience mondiale de l'accélération du réchauffement planétaire, le climat est devenu un enjeu géopolitique qui nécessite la mise en place d'une coopération internationale.

Comment les transformations du climat influencent-elles les sociétés ?

Textes DYS
TOUS LES TEXTES EN VERSION DYS
lyceen.nathan.fr/geopolitiqueterm

SOMMAIRE

Les effets du changement climatique au Bangladesh

En raison de sa localisation géographique et de sa très forte densité de population, le Bangladesh est l'un des pays les plus touchés par les conséquences du réchauffement climatique. Les inondations et l'augmentation de la fréquence des sécheresses poussent un grand nombre d'habitants à quitter leurs foyers.

Cartes

Le changement climatique :

1 Changement climatique et migrations

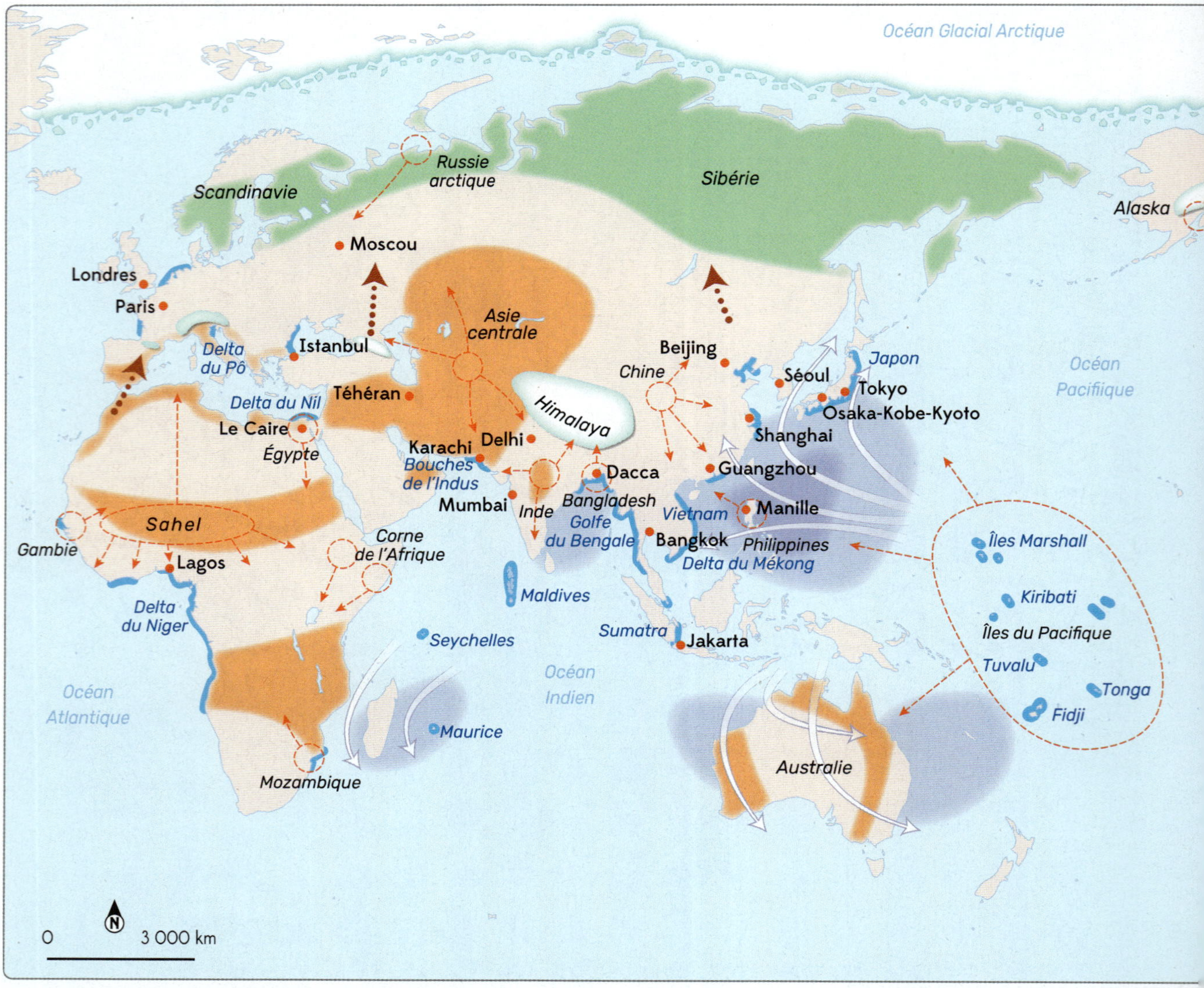

REPÈRE

L'effet de serre

Ce phénomène physique consiste en l'élévation de la température atmosphérique, provoquée par l'absorption et la réémission vers le sol des rayonnements infrarouges produits par la terre. Ce phénomène est lié à une certaine concentration dans l'atmosphère de **gaz à effet de serre (GES)**, qui ont la particularité d'être opaques au rayonnement infrarouge. Ces gaz sont pour l'essentiel la vapeur d'eau et surtout le méthane et le dioxyde de carbone (**CO_2**) produits très massivement par les activités humaines (consommation de carbone fossile, fabrication de ciment).

QUESTIONS

1. Quelles sont les principales transformations climatiques prévues par les scientifiques au XXIe siècle ? carte 1

2. Où sont localisés les principaux foyers potentiels de départ des migrants environnementaux ? Où se rendraient-ils principalement ? carte 1

3. Quels sont les cinq principaux émetteurs de CO_2 ? carte 2

causes et conséquences

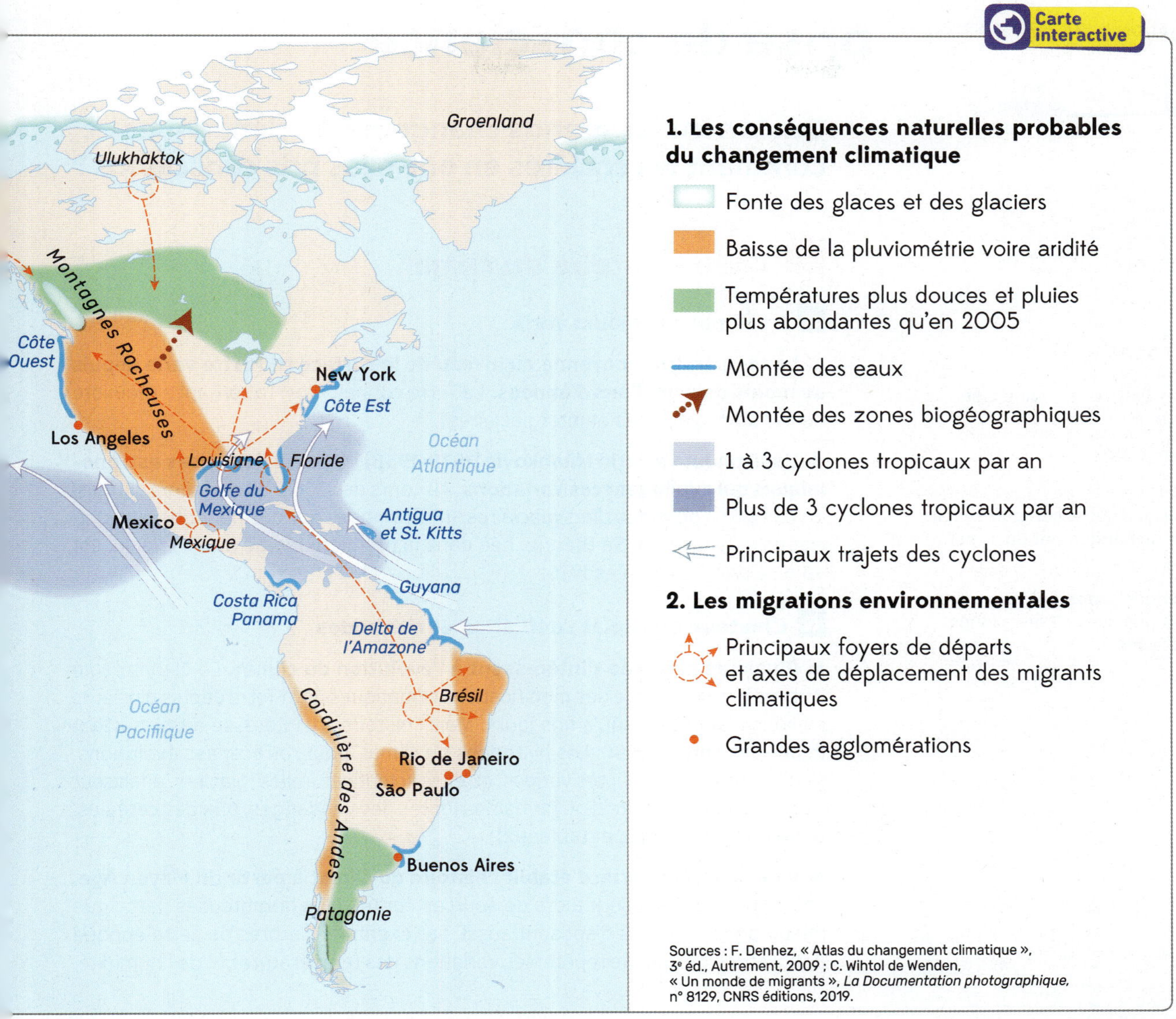

Sources : F. Denhez, « Atlas du changement climatique », 3e éd., Autrement, 2009 ; C. Wihtol de Wenden, « Un monde de migrants », *La Documentation photographique*, n° 8129, CNRS éditions, 2019.

2 La production de CO_2 dans le monde

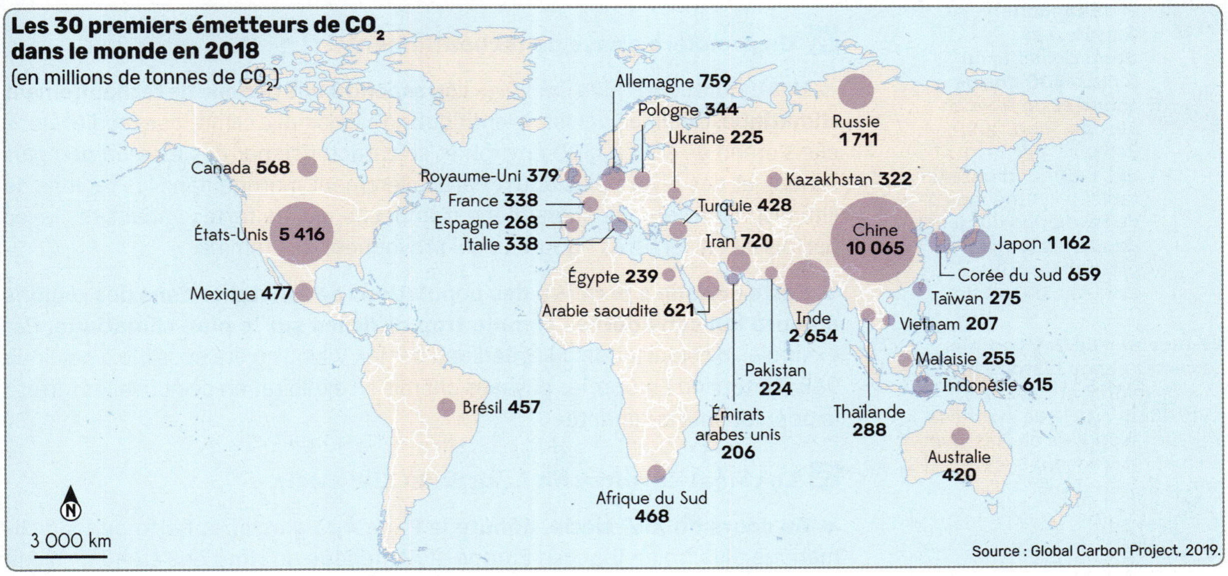

Source : Global Carbon Project, 2019.

Cours

Histoire du changement climatique et d'une lente prise de conscience

JALON p. 342-345

Podcast Cours à écouter

Quels sont les grands changements climatiques et comment les sociétés en ont-elles pris conscience ?

VOCABULAIRE

Effet de serre : voir p. 336

Gaz à effet de serre (GES) : voir p. 337

Optimum climatique médiéval : période qui se caractérise par un réchauffement du climat.

Petit Âge glaciaire (PAG) : période climatique caractérisée par une série d'hivers longs et froids.

I Faire l'histoire du climat

A Le climat a toujours varié

● **La température moyenne au niveau de la surface terrestre varie depuis au moins deux millions d'années.** La Terre connaît ainsi l'alternance régulière de périodes glaciaires et interglaciaires.

● **L'astronome Milutin Milanković (1879-1958) identifie des cycles astronomiques qui expliquent ces variations.** Au cours des 700 000 dernières années, on compte 4 périodes dites glaciaires, interrompues par des périodes interglaciaires plus courtes. Sa théorie, née dans la première moitié du XXe siècle, est admise dans les années 1970.

B L'histoire du climat : définition et méthodes

● **Plusieurs sciences s'intéressent à l'évolution du climat.** La climatologie d'abord permet l'étude des modifications climatiques de la Terre depuis plusieurs millions d'années jusqu'à nos jours. Mais l'histoire s'y intéresse aussi, surtout depuis les années 1980. Les historiens du climat, pour retracer ses évolutions, s'appuient sur des sources variées, qu'elles soient naturelles (glaciers, épaisseur des anneaux des arbres) ou humaines (dates des vendanges, prix des céréales, témoignages, images et tableaux).

● **Il devient plus facile d'établir l'histoire du climat à partir du Moyen Âge.** Les historiens disposent alors de sources écrites plus nombreuses parce que mieux préservées. Ils disposent aussi, par exemple, d'arbres de cette époque dont l'étude permet de repérer les variations des températures et de l'humidité.

II Le climat de l'an mil au XVIIIe siècle

A Un première phase de réchauffement

● **L'optimum climatique médiéval correspond à une période de réchauffement climatique.** Qualifiée par les scientifiques d'« anomalie climatique médiévale », elle s'étend de 900 à 1300 environ et se caractérise par des étés un peu plus chauds et des hivers plus doux. Particulièrement marqué dans les régions de l'hémisphère Nord, ce phénomène n'empêche pas de fortes variabilités, avec parfois des hivers très rigoureux qui provoquent des famines.

● **Cette période a permis à des populations de s'installer dans des régions aujourd'hui considérées comme trop difficiles sur le plan climatique.** Par exemple, la colonisation du Groenland par les Vikings a été possible à partir de 985. Partout en Europe, les paysans ont mis en exploitation de nouvelles terres ; la population a augmenté.

B Le climat se rafraîchit à partir du XIVe siècle

● **Au cours du XIVe siècle, débute le Petit Âge glaciaire.** Cette période climatique plus froide touche l'Europe et l'Amérique du Nord et s'étend jusqu'au

FICHES DE LECTURE

Emmanuel Garnier, *Les Dérangements du temps, 500 ans de chaud et de froid en Europe*, Plon, 2009, 245 p., 2e partie (p. 51-66). L'auteur dresse un tableau synthétique de l'évolution du climat depuis les temps protohistoriques jusqu'au XIXe siècle.

Emmanuel Le Roy Ladurie, « Le climat et son histoire », *Revue de la BNF*, n° 36, 2010/3 [en ligne]. Un article de synthèse par un des pionniers de l'histoire du climat en France.
www.cairn.info/revue-de-la-bibliotheque-nationale-de-france-2010-3-page-5.htm

milieu du XIXe siècle. Marquée par des étés plus frais, plus humides et des hivers plus neigeux, elle correspond aussi à une avancée importante des glaciers. Au cours de cette longue période, les variabilités sont également très fortes : la première moitié du XVIe siècle semble ainsi meilleure que le très difficile XVIIe siècle.

● **Ce refroidissement a des conséquences sur les sociétés.** Lorsque les étés sont froids et très humides, les récoltes sont minces, ce qui provoque une augmentation du prix des céréales et des crises alimentaires. En 1375, une famine provoquée par le froid et la pluie s'abat sur l'Europe. Les pluies plus nombreuses provoquent parfois des inondations et des épidémies qui engendrent des pics de mortalité.

Jalon p. 342-345

Variations de température en °C (8000 avant notre ère-1950)

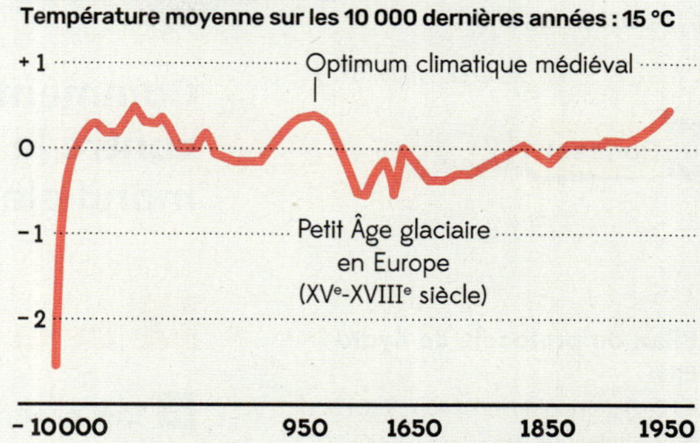

Source : ENS, 2013.

III Les fluctuations du climat depuis le XIXe siècle

A L'augmentation générale des températures et ses effets

● **Le changement climatique que nous connaissons aujourd'hui se caractérise à la fois par sa rapidité et sa brutalité.** Depuis la fin du XIXe siècle, la température moyenne à la surface de la Terre augmente. La décennie 2002-2011 est la période de 10 années consécutives la plus chaude depuis 1850, date des premières mesures instrumentales. En 2016, la température moyenne sur la Terre était supérieure d'environ 1 à 1,5 degrés aux températures moyennes de l'ère préindustrielle.

● **Cette hausse des températures a des conséquences importantes sur le climat.** La vie et les activités des hommes sont bouleversées : réchauffement et élévation du niveau des océans, fonte des glaces, augmentation des pluies et des sécheresses, amplification des phénomènes météorologiques extrêmes (tempêtes). En 2005, le terme de « réfugié de l'environnement » est utilisé pour la première fois dans un rapport de l'ONU. On estime le nombre de « migrants climatiques » à 250 millions d'individus d'ici 2050.

Points de vue p. 348-349

B Un réchauffement d'origine anthropique

● **Les scientifiques lancent l'alerte.** En 1958, le scientifique américain Charles Keeling observe que l'augmentation de la concentration de gaz carbonique dans l'atmosphère est liée à l'activité humaine. À la fin des années 1970, les scientifiques évoquent les rejets de CO_2 comme cause probable du réchauffement climatique. Cette prise de conscience pousse la communauté internationale à réagir.

● **Avec l'industrialisation qui débute au XIXe siècle, les activités humaines s'avèrent être en particulier responsables d'une aggravation de l'effet de serre.** Cette aggravation est liée à l'augmentation de la concentration de **gaz à effet de serre** (GES) naturellement présents dans l'atmosphère, parmi lesquels le dioxyde de carbone (CO_2). **Le CO_2 est le premier responsable de cet effet de serre additionnel, et donc du réchauffement climatique.** Si certains phénomènes naturels comme les éruptions volcaniques et les feux de forêts peuvent augmenter sa concentration dans l'atmosphère, ce sont bien les activités humaines, avec l'utilisation de carbone fossile (pétrole, gaz naturel et charbon) ou encore la fabrication du ciment, qui provoquent essentiellement cette augmentation.

RESSOURCES

Podcast « Les grandes crises climatiques : 1816, l'année sans été », *La Fabrique de l'histoire*, France Culture, 17 sept. 2015, 52'. L'impact de l'éruption du volcan Tambora sur le climat européen.
www.franceculture.fr/emissions/la-fabrique-de-l-histoire/les-grandes-crises-climatiques-44-1816-l-annee-sans-ete

Podcast « Quand l'homme s'adapte au climat : l'exemple du Petit Âge glaciaire », *La Fabrique de l'histoire*, France Culture, 18 janv. 2019, 52'. Différents spécialistes expliquent comment les hommes s'adaptent aux variations du climat.
www.franceculture.fr/emissions/la-fabrique-de-lhistoire/le-petit-age-glaciaire-les-variations-climatiques-du-passe

Jean-Baptiste Fressoz, « Climat : l'homme entre en scène », entretien paru dans la revue *L'Histoire*, n° 415, septembre 2015. Un point sur l'influence de l'homme sur le climat par un historien spécialiste de l'histoire environnementale.
www.lhistoire.fr/climat-lhomme-entre-en-sc%C3%A8ne

Ressources complémentaires

Cours

CARTES p. 336-337
JALON p. 346-347
POINTS DE VUE p. 348-349

Podcast Cours à écouter

Bilan du protocole de Kyoto
En %

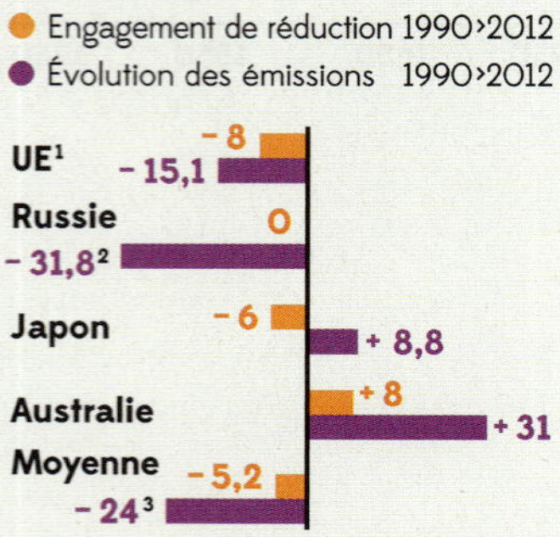

1. 15 États en 1997.
2. La Russie (ex-URSS) connaît une très grave crise économique après 1991.
3. Ce chiffre ne prend pas en compte les États non signataires comme les États-Unis et le Canada.

Source : ONU.

Principaux pays émetteurs de CO_2[1] en 2017
En millions de tonnes

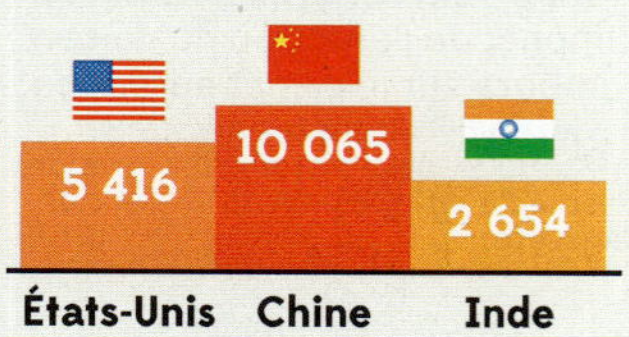

1. Le CO_2 est le principal gaz à effet de serre.

Source : Global Carbon Project, 2019.

VOCABULAIRE

Conférences des parties (COP) : réunions annuelles des États signataires de la CNUCC depuis 1992.

Convention-cadre des Nations unies sur le changement climatique (CCNUCC) : convention née au cours du troisième Sommet de la Terre à Rio en 1992 et qui a pour objectif de limiter les émissions de gaz à effet de serre.

Quelles politiques pour lutter contre le changement climatique ?

Comment mettre en place une politique de lutte contre le réchauffement planétaire à l'échelle mondiale ?

I De la prise de conscience mondiale à l'action

A Les premières réunions internationales

- **Il faut attendre 1972 et la première Conférence des Nations unies sur l'environnement pour que sa protection soit énoncée comme priorité internationale.** C'est à Stockholm qu'est créé le Programme des Nations unies pour l'environnement (PNUE).

- **La première Conférence mondiale sur le climat se tient en 1979.** Elle fait l'état des lieux des connaissances sur le climat, et sur l'impact de sa variabilité et de son évolution sur les sociétés humaines.

B Le rôle du GIEC

- **En 1988, le PNUE et l'Organisation météorologique mondiale (OMM) donnent naissance au Groupe d'experts intergouvernemental sur l'évolution du climat (GIEC).** Cet organisme intergouvernemental est fondé sur l'idée d'une coopération entre des scientifiques et des représentants gouvernementaux de chaque État membre.

- **La mission du GIEC est d'évaluer les risques liés au changement climatique.** Pour cela, il réalise un état des lieux de la recherche et des connaissances sur les différents aspects du changement climatique. Ses rapports réguliers sont les documents de référence des conférences internationales sur le climat.

II La mise en place d'une coopération internationale (années 1980-années 2010)

A La naissance de la CCNUCC

- **La lutte contre le réchauffement climatique n'est envisageable qu'à l'échelle de la planète.** Elle nécessite une coopération efficace entre tous les États. La Convention-cadre des Nations unies sur les changements climatiques (**CCNUCC**) constitue le premier traité international sur le climat. Ratifiée en 1992 par la quasi-totalité des pays, elle comprend des principes innovants comme la responsabilité commune mais différenciée des États selon leur niveau de développement ; elle consacre le rôle des **ONG** environnementales qui proposent des solutions concrètes.

- **Elle est complétée par des protocoles.** Ces derniers sont discutés lors des Conférences des parties (**COP**), réunions annuelles des États ayant ratifié la Convention. Les COP font le point sur l'avancement du processus et déterminent les mesures à prendre.

B Le protocole de Kyoto (1997)

- **Le protocole de Kyoto, premier traité international à fixer des obligations, est signé en 1997, au cours de la COP3.** Il tente de répondre au défi climatique en imposant aux pays industrialisés de réduire leurs émissions de gaz à effet de serre de 5,2 % entre 2008 et 2012 par rapport à 1990. Pour être mis en œuvre, le protocole devait être ratifié par 55 pays industrialisés produisant 55 % des émissions globales de CO_2 en 1990. Entré en vigueur en 2015, il est aujourd'hui ratifié par 195 pays. Ses objectifs ont été atteints avec une réduction supérieure à 20 % masquant de fortes disparités d'un État à l'autre [**Bilan du protocole de Kyoto,** p. 340].

● **Toutefois, certains pays ont fait défaut.** En 1997, le Sénat américain vote à l'unanimité son refus du protocole de Kyoto. Les États-Unis contestent l'absence d'obligation pour les pays en développement pourtant amenés à devenir de gros émetteurs. En 2011, le Canada se retire en raison d'un coût jugé excessif pour son économie.

Jalon p. 346-347

III L'accord de Paris et les enjeux géopolitiques actuels

A Un accord ambitieux

● **En 2015 se réunit à Paris la COP21, dont le but est de parvenir à un nouvel accord universel.** Il engagerait, à partir de 2020, l'ensemble des États et particulièrement les plus grands émetteurs de CO_2 que sont la Chine et les États-Unis.

● **L'accord de Paris, entré en vigueur dès novembre 2016, est universel et fondé sur la différenciation.** Son objectif est de limiter la hausse des températures à 2 °C par rapport à l'ère préindustrielle et de s'efforcer de la contenir à 1,5 °C. Chaque État doit prendre des engagements à la hauteur de ses responsabilités.

● **L'accord cherche à établir une répartition juste des efforts entre pays industrialisés, pays émergents et pays pauvres.** Les premiers, considérés comme responsables historiques du réchauffement, se sont engagés à débloquer chaque année 100 milliards de dollars à destination des pays en développement d'ici à 2020 pour les aider dans leur transition. Ce montant est destiné à augmenter dans les années à venir. Cependant, le 1er juin 2017, le président Donald Trump annonce le retrait des États-Unis de l'accord de Paris jugé trop contraignant pour l'économie américaine.

Chapitre 15 p. 366-367

B Des enjeux différents selon le niveau de développement

● **Pour les pays industrialisés, les enjeux sont économiques et politiques.** Il s'agit de changer de mode de production et de consommation tout en assurant leur sécurité énergétique. Dans ces pays, les mobilisations de l'opinion publique sont aussi très massives en faveur d'une réduction des émissions.

● **Dans les pays en développement rapide, les émissions sont en forte croissance.** Ces pays, comme la Chine ou l'Inde, sont souvent touchés par les conséquences du réchauffement climatique. Ils ont donc intérêt à contrôler la hausse des températures mais, très peuplés et se développant vite, ils sont désormais les principaux émetteurs de gaz à effet de serre.

● **Les pays les moins avancés sont les plus vulnérables.** Situés dans des zones qui subissent de forts impacts [montée des eaux pour les États insulaires], ils sont aussi trop fragiles économiquement pour assumer les efforts de réduction d'émission. L'enjeu est donc de savoir comment les pays riches, qui maîtrisent les technologies et les capitaux, peuvent les accompagner dans leur politique de lutte contre le réchauffement climatique.

Jalon p. 346-347, **Points de vue** p. 348-349
Géo 2e Thème 1 « Sociétés et environnement : des équilibres fragiles »

VOCABULAIRE

Différenciation : principe qui vise, dans un objectif d'équité, à demander aux États des efforts correspondant à leurs capacités et à leurs responsabilités.

Groupe d'experts intergouvernemental sur l'évolution du climat (GIEC) : groupe d'experts chargés de fournir des données scientifiques sur le réchauffement climatique.

ONG : voir p. 356

FICHES DE LECTURE

François Gemenne, ***Géopolitique du climat, négociations, stratégies, impacts,*** Armand Colin, 2e édition, 2015, 240 p., chapitre 5. Une présentation des mécanismes de la coopération internationale.

Imène Ajala, « Le changement climatique, le protocole de Kyoto et les relations transatlantiques », *Politique étrangère*, 2009/1, p. 103-116 [en ligne]. Une présentation des enjeux du protocole et de l'ambiguïté de la politique des États-Unis.
www.cairn.info/revue-politique-etrangere-2009-1-page-103.htm

RESSOURCES

François-Marie Bréon, Gilles Luneau, ***Atlas du climat. Face aux défis du réchauffement,*** Autrement, 2018, 2e édition, 96 p. Le rôle de l'homme, et l'impact du réchauffement climatique en cartes.

Dossier « Réfugiés climatiques en détresse », *Causes communes*, n° 88 avril 2016, La Cimade. Des points de vue croisés sur la situation des déplacés climatiques.

Ressources complémentaires

Jalon

Les fluctuations climatiques et leurs effets : l'évolution du climat en Europe du Moyen Âge au XIXe siècle

COURS p. 338-339

Depuis le Moyen Âge, en Europe, les historiens du climat constatent, à l'aide de sources multiples et variées, une période de léger réchauffement entre le Xe et le XIIIe siècles, à laquelle succède entre le XIVe siècle et le milieu du XIXe siècle une baisse globale des températures. Ces variations ont des conséquences sur les populations et leurs activités.

Quelles sont les fluctuations du climat en Europe depuis le Moyen Âge et leurs effets sur les sociétés ?

A Les fluctuations climatiques en Europe du Moyen Âge au XIXe siècle

1 L'évolution des températures dans l'hémisphère Nord

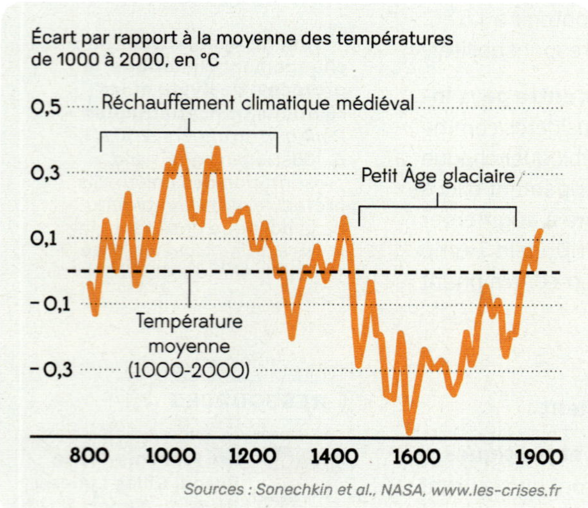

→ **Quelles sont les principales fluctuations du climat entre le Moyen Âge et 1900 ?**

VOCABULAIRE

Optimum climatique médiéval : période marquée par un réchauffement du climat qui s'étend de 90 à 1300 environ. Elle se caractérise par des étés un peu plus chauds et des hivers plus doux.

Petit Âge glaciaire : période climatique caractérisée par une série d'hivers longs et froids. Apparue au cours du XIVe siècle en Europe et en Amérique du Nord, elle s'étend jusqu'au milieu du XIXe siècle, avec un pic d'intensité au XVIIe siècle.

2 Les outils de l'historien pour faire l'histoire du climat

Ils sont de deux ordres : les archives humaines directes (comme les témoignages) ou indirectes (les dates de vendanges), mais aussi les archives naturelles. Les deux cohabitent et l'historien se doit de les combiner autant que possible. [...] En Suisse, le glacier de Grindelwald constitue un excellent repère de l'évolution du climat dans la région de Berne. Des gravures du milieu du XVIIe siècle attestent la proximité de communautés humaines menacées par son avancée. Et, de fait, des bourgs ont disparu. [...]

Quand il préparait sa thèse sur les paysans du Languedoc, Emmanuel Le Roy Ladurie s'est servi des travaux du climatologue Marcel Garnier, lequel, expert en phénologie[1], avait amassé une série de dates sur les débuts des vendanges dans les domaines viticoles. À partir de ces relevés, l'historien a pu produire des graphiques [...]. Il s'est également appuyé sur la dendrochronologie[2], très développée aux États-Unis, qui permet d'estimer des datations par l'observation des anneaux des arbres. On peut aussi classer dans les archives naturelles l'observation des stalactites grâce à laquelle on évalue l'abondance des précipitations dans les grottes et les souterrains.

« Le climat a une influence sur l'histoire », Geoffrey Parker, *L'Histoire*, n° 406, décembre 2014.

1. Étude scientifique des variations du développement déterminées par le climat dans le monde vivant.
2. Étude des cernes des troncs des vieux arbres qui permet de reconstituer les températures des derniers millénaires.

→ **Quelles sont les différentes sources dont dispose l'historien pour faire l'histoire du climat ?**

3 Un réchauffement climatique au Moyen Âge

Le regard d'un historien français

Les années 900 à 1300 se caractérisent par ce que les glaciologues et les historiens appellent le « petit optimum médiéval » (POM), que les scientifiques qualifient d'« anomalie climatique médiévale ». Il s'agit d'une période un tout petit peu plus douce, peut-être comparable sur le plan climatique à celle que l'on a connue dans les années 1930 et 1940. Le POM reste néanmoins marqué comme toujours par une forte variabilité : le relatif réchauffement de l'atmosphère n'empêche pas de redoutables famines, des hivers très rigoureux, etc. Les étés sont simplement un peu plus chauds en moyenne, et les hivers un peu plus doux. On imagine que cela a dû être favorable à l'agriculture, mais on entre là dans un domaine encore mal connu.

Au cours du XIVe siècle, le climat se rafraîchit nettement. Le glacier d'Aletsch avance à raison de 40 mètres par an à certains moments, ce qui suggère une succession d'étés très frais et d'hivers très neigeux. L'année 1315 est marquée par une famine exceptionnelle – qui sonne, pour les médiévistes, la fin du beau Moyen Âge.

Emmanuel Le Roy Ladurie, « Climat : le regard de l'historien », *Regards croisés sur l'économie*, n° 6, 2009/2.

Étude critique de documents

Emmanuel Le Roy Ladurie (né en 1929) est un historien reconnu, précurseur de l'histoire du climat depuis l'an 1000.

→ **Quelles sont les principales caractéristiques du réchauffement climatique médiéval ?**

4 La peinture hollandaise et le Petit Âge glaciaire

Alexis Metzger, géohistorien, utilise les scènes d'hiver dans la peinture hollandaise pour ses recherches sur l'histoire du climat. Ce tableau représente pour la première fois le thème de l'hiver dans un grand format.

Pieter Bruegel l'Ancien, *Chasseurs dans la neige*, 1565, huile sur bois, 117 x 162 cm, Musée d'histoire de l'art de Vienne (Autriche).

→ **De quelles caractéristiques du Petit Âge glaciaire cette peinture témoigne-t-elle ?**

5 Les conséquences de deux éruptions du XIXe siècle

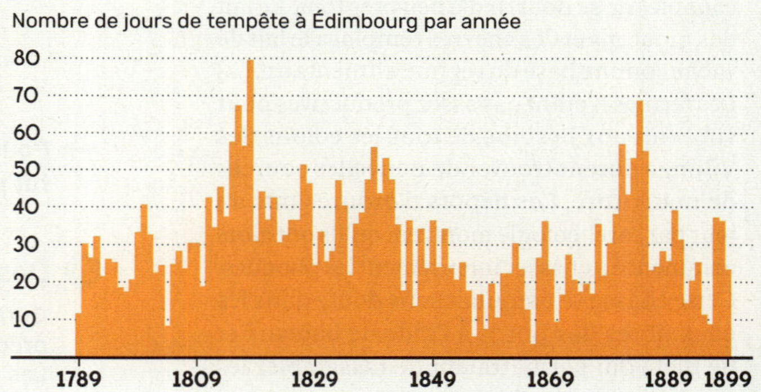

Source : Gillen D'Arcy Wood, L'Année sans été, La Découverte, 2016.

Les éruptions des volcans Tambora (1815) et Krakatoa (1883) provoquent des perturbations du climat.

→ **Quelles conséquences peut-on observer sur le climat d'Édimbourg dans les années qui suivent les éruptions ?**

EN AUTONOMIE VERS LE BAC

Mise en relation des documents

1. Quelles sont les différentes sources utilisées pour faire l'histoire du climat ? docs 2, 4, 5

2. Montrez à partir des documents que ces fluctuations s'observent à la fois sur un temps long et sur un temps court. docs 1, 3, 4 et 5

BAC Vers l'écrit ▸ Dissertation (1/2)

Sujet : « Les fluctuations climatiques en Europe entre le Moyen Âge et le XIXe siècle »
Analysez ce sujet (aidez-vous de ce jalon et du cours), puis proposez une problématique et un plan détaillé.

BAC Vers le grand oral

Listez les 3 points clés à développer si vous devez présenter en 5 minutes à l'oral les effets des fluctuations climatiques sur les sociétés européennes depuis le Moyen Âge.

B Les conséquences des fluctuations climatiques sur les hommes et leurs activités

6 Les Vikings s'adaptent au changement climatique

Les Vikings, arrivés au Groenland aux alentours de l'an 1000, y ont fondé deux colonies florissantes. Celles-ci disparaissent totalement dans la première moitié du XVe siècle.

[...] Très rapidement après l'arrivée des hommes du Nord sur les « terres vertes », les conditions climatiques se sont détériorées, les forçant à relever un certain nombre de défis. Les tempêtes ont redoublé de violence. L'approvisionnement en foin pour nourrir les porcs et les vaches en hiver devint difficile et convainquit les agriculteurs de passer à l'élevage de moutons. Là où les pâturages régressaient, les enclos se peuplèrent de chèvres, des animaux capables de se nourrir d'à peu près tout. Le lait des moutons et des chèvres remplaça le lait de vache comme base du régime alimentaire. [...] Les fermes n'étant pas assez productives pour subvenir aux besoins de tous les colons, les Vikings durent trouver de nouvelles sources de nourriture. Les dépôts d'ordures mis au jour par l'archéologie montrent qu'ils ont alors commencé à chasser intensément les phoques. Cette chasse se déroulait sans doute dans les eaux libres des fjords à l'aide de bateaux et de filets qui permettaient de rassembler les animaux avant de les harponner.

Zach Zorich, « L'énigme des Vikings du Groenland », *Pour la science*, n° 490, 25 juillet 2018 [en ligne].

→ **Comment les Vikings se sont-ils adaptés à l'évolution brutale du climat au Groenland ?**

7 L'hiver 1709 en Languedoc

On n'a jamais vu de mémoire d'homme une année plus cruelle ni plus malheureuse que l'année 1709 ; il fit un froid si rigoureux à diverses reprises, qui dura du 10 ou 11 du mois d'octobre 1708 jusqu'au mois de février 1709, qu'il y eut plusieurs personnes qui moururent et surtout celles qui étaient avancées en âge ; toute la récolte du blé périt, et presque tous ceux qui avaient semé ressemèrent les terres qui n'en furent pas plus abondantes, parce que, comme j'ai déjà dit, le froid vint à plusieurs reprises ; la seconde récolte se vit autant incommodée du froid que la première [...]. Et tout le peuple s'étant trouvé dans une grande disette[1] du blé, les menus grains [...] se vendirent à prix excessif [...]. La rigueur de la saison ne s'étendit pas seulement sur les blés mais encore sur toute sorte d'arbres : nos oliviers qui nous donnaient la meilleure rente[2] de l'année cessèrent et moururent jusqu'à la racine.

Jean-Henri Haguenot, Livre de raison, année 1709.

1. Manque. 2. Revenu

→ **Pourquoi peut-on dire que l'hiver 1709 fut particulièrement difficile ?**

8 Des populations affamées à secourir

Durant l'hiver 1708-1709, une vague de froid sans précédent s'abat sur l'Europe et détruit les plantations. Les récoltes du printemps sont catastrophiques, ce qui entraîne une famine. D'Aguesseau (1668-1751) prend des mesures d'urgence pour ravitailler les villes.

Henri François d'Aguesseau sauve la France pendant la famine de 1709, aquatinte du XVIIIe siècle (26,6 x 21,9 cm), auteur inconnu.

→ **Décrivez ce document. Quelle action met-il en valeur ?**

Étude critique de documents

9 La prise en charge des populations

Le 8 juin 1783, l'éruption du volcan islandais Laki provoque des phénomènes climatiques extrêmes au cours de l'hiver 1783-1784 en Europe.

Le regard d'un historien

[...] Les inondations de 1784 ont un coût socio-économique très lourd, véritable défi lancé aux autorités de l'époque. En cela, l'événement fut véritablement un tournant en matière d'implication des pouvoirs publics.

Les mesures prises en France furent aussi un moyen nouveau de renforcer la monarchie. [...] Face à l'ampleur des inondations qui touchent le nord du pays, force est de constater que le pouvoir royal innove totalement en matière d'aide aux victimes en débloquant une somme exceptionnelle de trois millions de livres. [...] Jamais jusque-là la monarchie n'avait réalisé un tel effort financier étendu à l'ensemble du royaume. [...].

Si dans le royaume de France le choix de l'intervention post-catastrophique l'emporte [...], une approche à la fois plus réactive et plus durable s'impose chez nos voisins afin de tirer les leçons du désastre. Dans l'empire habsbourgeois [...], les autorités fournirent également une réponse rapide et efficace [...]. [...] Tous les moyens techniques et humains furent mis en œuvre pour secourir ou préserver les populations : des canons de l'artillerie pour briser la glace à l'acheminement des vivres par les mêmes militaires.

Emmanuel Garnier, *Les Dérangements du temps, 500 ans de chaud et de froid en Europe*, Plon, 2010.

Emmanuel Garnier est un historien des évolutions climatiques et des catastrophes naturelles.

→ **Comment les populations ont-elles été secourues ?**

10 La Grande Famine en Irlande

Enfants cherchant des pommes de terre pendant la Grande Famine en Irlande (1845-1852), provoquée par le mildiou (maladie due à un champignon) qui se développe à la faveur d'un été particulièrement humide et venteux.

Gravure extraite de *L'Illustration*, n° 209, vol. VIII, 27 février 1847.

→ **Quel effet direct les aléas climatiques ont-ils sur les populations les plus vulnérables ?**

11 Fluctuations climatiques et crise politique

Le regard d'un historien

Un grand froid ou une sécheresse sévère entraînant une calamité frumentaire[1], donc de hauts risques alimentaires, et voilà toute une population exposée à de terribles périls [...]. L'agriculture cesse alors d'être productive et le prix des denrées monte en flèche. [...]

Ces crises entraînent aussi des révoltes urbaines et paysannes contre la vie chère ou le manque de nourriture, voire des révolutions, car, en situation de détresse, il n'est rien que l'homme ne fasse pas. Le XVIIe siècle, révolution anglaise en tête, n'a-t-il pas été le siècle où ont flambé frondes et rébellions ? Les révoltes de Naples et de Sicile en 1647 en sont un très bon exemple : alors que survient l'une des plus calamiteuses récoltes frumentaires du XVIIe siècle, le vice-roi d'Espagne décide d'augmenter les taxes sur les fruits. Le 7 juillet, en apprenant cette décision, les Napolitains enclenchent une insurrection.

Geoffrey Parker, « Le climat a une influence sur l'histoire », *L'Histoire*, n° 406, décembre 2014.

1. Catastrophe alimentaire.

→ **Quels conséquences politiques les fluctuations climatiques peuvent-elles avoir ?**

EN AUTONOMIE VERS LE BAC

Mise en relation des documents

1. De quelles manières les hommes sont-ils touchés par les fluctuations du climat ? docs 6, 7, 8, 10 et 11
2. Comment les sociétés s'adaptent-elles aux fluctuations du climat ? docs 6, 8, 9

BAC Vers l'écrit ▸ Dissertation (2/2)

Suite à votre travail d'analyse et d'élaboration du plan détaillé (p. 343), rédigez l'introduction et le contenu d'une sous-partie intitulée « Les catastrophes climatiques nécessitent l'intervention des États ».

BAC Vers le grand oral Activité guidée

Préparez une présentation de 5 minutes à l'oral sur l'hiver 1709 en France et ses effets sur la société.

▸ Distinguer les conséquences directes du climat et les réactions des sociétés et de l'État.

▸ Un groupe d'élèves, dans le rôle du jury, vous pose ensuite des questions pendant 10 minutes.

Jalon

COURS p. 336-337

Le climat, enjeu des relations internationales : les accords internationaux

La lutte contre le réchauffement climatique global ne peut s'envisager qu'à l'échelle mondiale et nécessite une coopération internationale. Les négociations entreprises dans les années 1980 et la ratification des principaux accords constituent de véritables enjeux diplomatiques.

Pourquoi et comment le climat est-il devenu un enjeu des relations internationales ?

1 La création de la CCNUC

Le regard d'un politiste

Les négociations en vue de la conclusion d'un traité international sur le climat commencèrent en 1990, et se conclurent au Sommet de la Terre de Rio de Janeiro en 1992. [...]

La CCNUCC constitue le tout premier accord international sur le climat. Son modèle est celui d'une convention-cadre, qui n'établit que des obligations très générales pour les États signataires, mais est appelée à être complétée d'une série d'annexes (les protocoles additionnels, comme celui de Kyoto) qui préciseront les engagements des différentes parties. Bien qu'elle n'inclue pas d'objectifs quantifiés de réductions des émissions de gaz à effet de serre, la Convention définit néanmoins un certain nombre de principes, d'objectifs et d'institutions.

L'objectif principal de la Convention est la stabilisation de la concentration atmosphérique des gaz à effet de serre [...]. Sous la pression des États-Unis, suivis par une série d'autres pays, la Convention n'impose à ce stade aucune obligation aux parties.

François Gemenne, *Géopolitique du climat, négociations, stratégies, impacts*, Armand Colin, 2015.

François Gemenne est chercheur en sciences politiques, spécialiste des questions de géopolitique et d'environnement.

→ **Quels sont les objectifs de la CNUCC ?**

Prise de conscience et action

- 1972 Premier Sommet de la Terre (Stockholm) : Programme des Nations unies pour l'environnement (PNUE)
- 1979 Première conférence mondiale sur le climat
- 1988 Création du GIEC
- 1990 1er rapport du GIEC
- 1992 3e Sommet de la Terre (Rio) : adoption de la Convention cadre des Nations unies sur le changement climatique (CCNUCC)
- 1997 COP3 et signature du protocole de Kyoto
- 2015 COP21 (Paris)

2 Les ratifications du protocole de Kyoto (1998-2012)

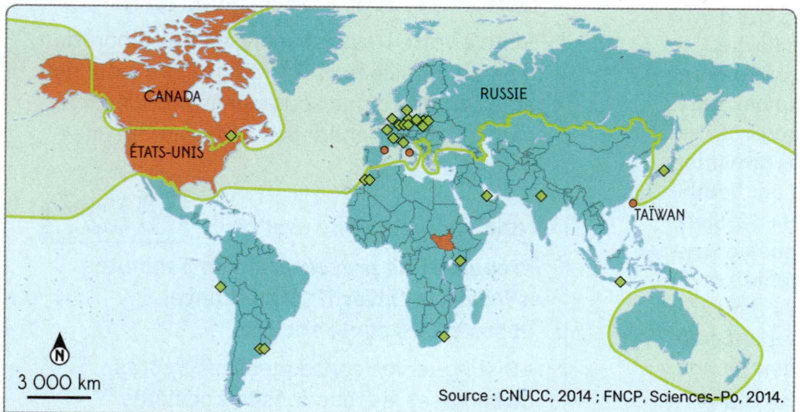

- Ratifié
- Non ratifié ou retiré
- ◆ Conférences des parties (COP[1])
- Pays parties à l'annexe B avec pour objectif de limitation ou réduction de leurs émissions de gaz à effet de serre[2]

1. Voir p. 340 2. Les États-Unis n'ont pas l'intention de ratifier le protocole

Carte interactive

→ **Quelle grande puissance n'a pas ratifié le protocole ?**

VOCABULAIRE

GIEC : organe créé en 1988 avec pour mission d'évaluer et de synthétiser les connaissances scientifiques sur la question de l'influence de l'homme sur le changement climatique.

CONTEXTE

L'ambition du protocole de Kyoto, ratifié en 1997, est de réduire de 5,2 % les émissions globales de gaz à effet de serre par rapport au niveau de 1990, sur une période allant de 2008 à 2012. Pour être mis en œuvre, il doit être signé par 55 pays industrialisés représentant 55 % des émissions en 1990. Au tournant des années 2010, 192 pays l'ont ratifié.

3 COP21 et tensions Nord-Sud

[...] Le Premier ministre indien, Narendra Modi, [...] rappelle que la question du financement reste un des principaux blocages des négociations.

M. Modi appelle la communauté internationale à respecter le principe de « justice climatique », une formule mise en avant par l'Inde pour exiger des pays riches des efforts à la mesure de leur responsabilité historique dans le réchauffement du climat. Pour M. Modi, le compte n'y est pas. L'effort des pays riches est insuffisant. [...] « La justice exige qu'avec le peu de carbone que nous pouvons encore brûler en toute sécurité, les pays en développement soient autorisés à croître. »

L'Inde, troisième pollueur mondial, défend son droit au développement. Elle s'est engagée à réduire l'intensité carbone de son économie de 33 % d'ici à 2030, par rapport au niveau de 2005. Mais à une condition : qu'elle puisse avoir accès aux technologies propres et à leurs financements afin de se développer tout en limitant la hausse de ses émissions de gaz à effet de serre.

Simon Roger et Julien Bouissou, « COP21 : l'opposition Nord-Sud, clé des négociations », *LeMonde.fr*, 30 novembre 2015 [en ligne].

→ **Sur quels points les pays du Nord et du Sud s'opposent-ils dans les accords pour limiter le réchauffement climatique ?**

4 L'accord de Paris sur le climat

Laurent Fabius, ministre français des Affaires étrangères et président de la COP21, présente ici le projet d'accord adopté le 12 décembre 2015.

Nous sommes en effet parvenus, et c'est ma conviction profonde, à un projet d'accord ambitieux et équilibré. [...] Le projet d'accord proposé est différencié, juste, durable, dynamique, équilibré, et juridiquement contraignant. [...] Il reconnaît la notion de « justice climatique », et il tient compte, sur chaque sujet, des responsabilités différenciées des pays, de leurs capacités respectives à la lumière des circonstances nationales. Il confirme notre objectif central, vital même, de contenir l'augmentation de la température moyenne [...], ce qui permettrait de réduire significativement les risques et les impacts liés au changement climatique [...]. Il prévoit les moyens nécessaires pour permettre l'accès de tous au développement durable, en mobilisant les moyens adéquats de mise en œuvre [...]. Il prévoit tous les cinq ans un bilan collectif de nos progrès [...]. S'il est adopté, ce texte sera donc un tournant historique.

Laurent Fabius, discours de clôture de la COP21, 12 décembre 2015.

→ **Pourquoi peut-on dire que l'accord de Paris est à la fois ambitieux et contraignant ?**

5 Une demande d'actions concrètes

Manifestation à Bonn (Allemagne) le 4 novembre 2017, deux jours avant l'ouverture de la COP23, pour demander des actions concrètes dans la lutte contre le réchauffement planétaire.

→ **Que signifie la présence de la statue de la Liberté dans le cortège de cette manifestation ?**

EN AUTONOMIE VERS LE BAC

Mise en relation des documents

1. Quel est l'objectif principal recherché par les accords sur le climat ? Quelles sont les difficultés rencontrées pour l'atteindre ? docs 1, 2, 4 et 5

2. Quels sont les principaux enjeux diplomatiques qui surgissent au cours des conférences internationales sur le climat ? docs 3, 4 et 5

BAC Vers l'écrit ▸ Étude critique de documents

Confrontez les documents 3 et 4 afin de montrer pourquoi et comment le climat est devenu un enjeu des relations internationales.

BAC Vers le grand oral

Débattez autour du sujet : « Dans les accords internationaux sur le climat, faut-il différencier les engagements demandés selon les États ? »

▸ Chaque groupe a 5 minutes pour exposer son point de vue.

Est-il souhaitable de créer un statut de réfugié climatique ?

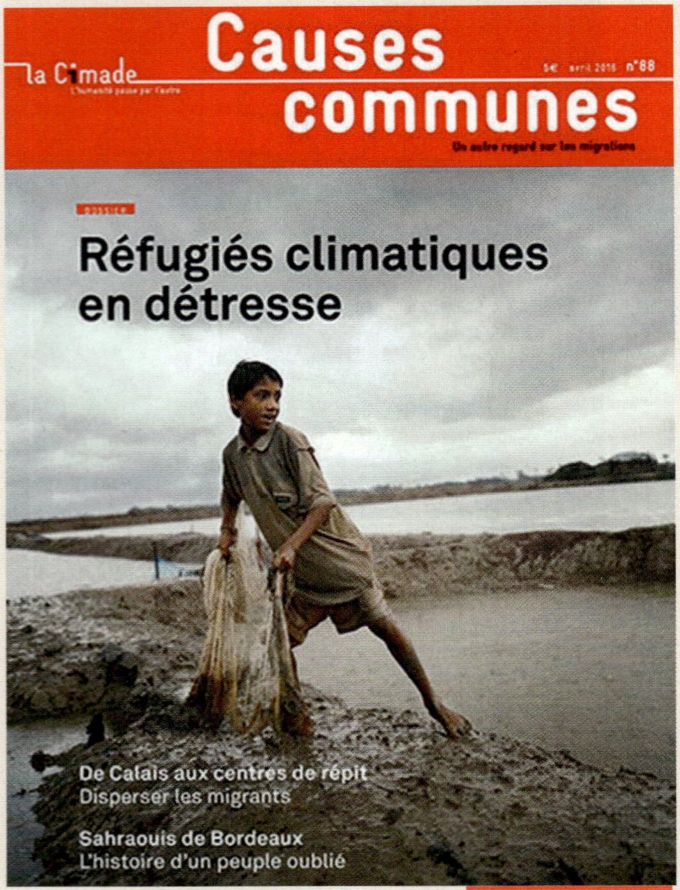

1 Les « réfugiés climatiques », un nouvel enjeu international

Le point de vue de la presse spécialisée

3 Un phénomène qui concerne avant tout les pays du Sud

Prévisions du nombre de réfugiés climatiques en 2050
dans les trois régions du monde les plus exposées si aucune action n'est menée

En millions de personnes

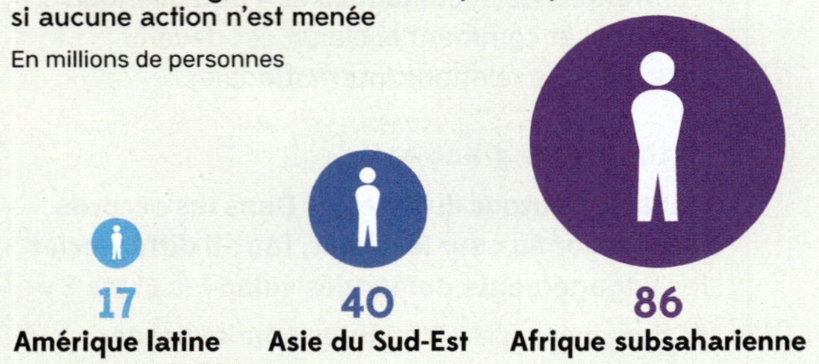

Source : Banque mondiale, 2018.

CONTEXTE

En 1951, 145 pays signent à Genève la Convention relative au statut des réfugiés. Elle définit le terme « réfugié » et énonce les droits des personnes déracinées, ainsi que les obligations juridiques des États pour assurer leur protection. Le réfugié est une personne « craignant avec raison d'être persécutée du fait de sa race, de sa religion, de sa nationalité, de son appartenance à un certain groupe social ou de ses opinions politiques, se trouvant hors du pays dont elle a la nationalité et qui ne peut, ou [...] ne veut se réclamer de la protection de ce pays ».

2 Faut-il redéfinir le statut de réfugié ?

Le point de vue d'un politiste

Le terme de « réfugiés climatiques », régulièrement employé aujourd'hui, est un abus de langage : les personnes déplacées par des bouleversements environnementaux ne peuvent prétendre au statut de réfugié. [...]

Si l'idée de leur accorder un statut de réfugié peut sembler séduisante au premier abord, le principe d'une révision de la Convention de Genève fait frémir les spécialistes du droit d'asile : si la Convention était ouverte à la révision, le contexte politique du moment et le durcissement des politiques migratoires dans la plupart des pays industrialisés leur font craindre une révision plus stricte du droit d'asile plutôt qu'un élargissement de la Convention [...].

Se poserait également un problème de souveraineté : il n'est pas question ici pour la communauté internationale de se substituer à la souveraineté d'un pays, comme le prévoit la Convention de Genève, mais au contraire de collaborer avec ce pays, pour assurer assistance et protection aux déplacés – *a fortiori* s'ils sont déplacés à l'intérieur de ce pays, comme c'est souvent le cas.

François Gemenne (voir p. 346), *Géopolitique du climat, négociations, stratégies, impacts*, Armand Colin, 2e édition, 2015.

4 Les « réfugiés climatiques »

Le point de vue d'une juriste

Le mot de « réfugié » implique que la personne ait franchi une frontière. Or la plupart des migrants environnementaux sont des déplacés internes. Ils partent de leur village pour une ville voisine ou une région proche. Le terme entretient donc une confusion. Pour ceux qui défendent le terme de « réfugié », il s'agit surtout de demander un statut protecteur et des droits pour les migrants. De même, l'adjectif « climatique » est réducteur, car il n'inclut que certaines causes : augmentation du niveau de la mer, stress hydrique ou accident climatique extrême. Or la crise écologique provoque aussi la dégradation des sols ou la déforestation, qui peuvent aussi pousser les gens à partir.

[...] Pour la plupart, ces personnes vivent dans des pays pauvres, comme le Bangladesh, l'Inde, ou en Afrique. Cela pose un problème de justice climatique. Car le réchauffement global est principalement le fait des pays riches. C'est une question de responsabilité. Il faut un système de péréquation[1] pour que les pays industrialisés viennent en aide, financièrement, aux populations vulnérables des pays du Sud.

Que faut-il faire ?

Il faut créer une protection, soit en s'appuyant sur les textes existants, comme la Convention de Genève, soit en rédigeant une nouvelle convention internationale sur les migrations environnementales. Rendre possible le regroupement familial, mettre en place des aides... mais tout dépendra du volontarisme des États, très crispés sur les questions migratoires.

Entretien avec Christel Cournil, « Le phénomène des migrants internationaux prend une ampleur sans précédent », *Reporterre*, 20 juin 2014.

1. Redistribution.

Christel Cournil est juriste et travaille sur les questions de migrations environnementales et précisément sur les droits des « déplacés environnementaux ».

5 Pour une approche régionale plutôt que mondiale

Le point de vue de l'ONU

« Le statut légal de réfugié est prévu par la Convention de 1951 relative au statut des réfugiés, qui énonce très clairement les raisons pour lesquelles vous obtenez ou non votre statut de réfugié, qui est essentiellement la persécution. Dans le contexte du déplacement causé par les changements climatiques, il pourrait y avoir des cas de persécution où ce statut de réfugié pourrait s'appliquer, mais dans la plupart des cas, ce n'est pas le cas », a expliqué Marine Franck, chargée de programme à [...] l'Agence des Nations unies pour les réfugiés. Elle a rappelé qu'en 2011, il y a eu une tentative des États de mettre en place ce statut de réfugié pour les personnes déplacées par le changement climatique. « Mais la plupart des États ne sont pas prêts à ouvrir ce statut et certains considèrent d'ailleurs que cela pourrait diminuer la protection des réfugiés qui sont persécutés », a-t-elle souligné. « Cela voudrait dire également renégocier la Convention et les États n'ont pas envie de cela. Donc plutôt que de créer un nouveau statut global [...] l'on regarde ce qui existe aux niveaux national et régional », a-t-elle ajouté. Elle a cité la pratique des visas humanitaires, de la protection humanitaire et des lois nationales sur la migration permettant aux personnes déplacées à travers les frontières par le changement climatique d'être protégées et de recevoir une assistance [...]. Il s'agit d'une approche « qui vient du terrain et qui se régionalise plutôt qu'une approche globale qui ne serait pas forcément mise en œuvre », a-t-elle ajouté.

« L'ONU privilégie une approche régionale plutôt que mondiale sur la question des réfugiés climatiques », *Objectifs de développement durable*, ONU, www.un.org, 8 nov. 2017 [en ligne].

CONSTRUIRE SON POINT DE VUE

Découvrez les documents

1. Dans quelles régions du monde la question des « réfugiés climatiques » semble-t-elle la plus urgente ? Quels problèmes cela pose-t-il ? docs 3 et 4
2. Quelles sont les différentes situations que fuient les déplacés climatiques ? docs 1 et 4
3. À quelles échelles se font ces déplacements de population ? docs 2, 4 et 5

Développez des arguments

4. Pourquoi les « réfugiés climatiques » n'entrent-ils pas dans la définition établie par la Convention de Genève ? docs 4 et 5
5. Quels sont les différents points de vue sur le fait de définir un nouveau statut pour les « réfugiés climatiques » ? docs 2, 4 et 5
6. Pourquoi peut-on considérer que la question des « réfugiés climatiques » est un défi majeur du XXIe siècle ? docs 1, 3, 4 et 5

Présentez votre point de vue ORAL

7. À l'oral, en 5 minutes, répondez à la problématique « Est-il souhaitable de créer un statut de réfugié climatique ? » en présentant plusieurs arguments.

Révisions

Le changement climatique : approches historique et géopolitique

Podcast Synthèse à écouter

EXO Exercices interactifs

DATES CLÉS

1972 Premier sommet de la Terre

1979 Première conférence mondiale sur le climat

1988 Création du GIEC

1992 3e Sommet de la Terre : naissance de la CCNUCC

1997 Signature du protocole de Kyoto

2015 COP21 à Paris

SUJETS BAC

Dissertation

- « Les fluctuations climatiques en Europe entre le Moyen Âge et le XIXe siècle » p. 343-345
- « Le réchauffement climatique, nouvel enjeu des relations internationales » p. 353

Étude critique de documents

- « Fluctuations climatiques et sociétés » p. 343 et 344
- « Le climat, enjeu des relations internationales » p. 347
- « Le protocole de Kyoto dans les relations internationales » p. 352

SYNTHÈSE

I Des changements climatiques depuis le Moyen Âge...

- **La température moyenne à la surface de la Terre varie depuis au moins deux millions d'années.** Pour les historiens, établir l'histoire du climat est facilité à partir du Moyen Âge, car les sources deviennent plus nombreuses. De 900 à 1 300 environ s'observe une période de réchauffement climatique, l'optimum climatique médiéval, à laquelle succède le Petit Âge glaciaire, période climatique plus froide qui s'étend entre le XIVe siècle et le milieu du XIXe siècle.
- **Depuis la fin du XIXe siècle, le changement climatique s'accélère.** La température moyenne à la surface de la Terre augmente rapidement et régulièrement. Les scientifiques sont les premiers à en prendre conscience. Ils établissent dès les années 1970 un lien avec les activités humaines responsables d'une aggravation de l'effet de serre.

Jalon Les fluctuations climatiques et leurs effets : l'évolution du climat en Europe et au Moyen Âge p. 342

II ... qui ont des conséquences économiques, sociales et politiques

- **Au Moyen Âge, ces changements climatiques affectent les sociétés européennes, rurales et dépendantes de la production agricole.** Si les périodes de réchauffement sont plutôt favorables à l'extension des surfaces cultivées, les périodes de refroidissement, souvent marquées par une forte humidité, mettent en danger les récoltes et affaiblissent les populations en provoquant des crises alimentaires.
- **Les États mettent en œuvre des moyens pour venir au secours de leur population.** Cela se peut se traduire par une mobilisation financière pour permettre le ravitaillement des villes ou des distributions alimentaires. Ces actions, qui peuvent soulager ponctuellement les populations, ne préviennent cependant pas le retour de ces crises.
- **Aujourd'hui, les États définissent des politiques climatiques pour agir sur le réchauffement climatique et ses conséquences.** Ces politiques diffèrent selon le niveau de développement des États. Les pays industrialisés cherchent à changer de mode de production et de consommation afin de réduire les émissions de gaz à effet de serre tout en assurant leur sécurité énergétique. Les pays en développement rapide, comme la Chine et l'Inde, gros producteurs de gaz à effet de serre, ne veulent pas brider leur croissance. Les pays les moins avancés sont les plus vulnérables et leurs populations seront les premières victimes du changement climatique. Trop fragiles économiquement, ils ont du mal à assumer les efforts de réduction d'émission.

Jalon Le climat, enjeu des relations internationales : les accords internationaux p. 346

Points de vue Est-il souhaitable de créer un statut de réfugié climatique ? p. 352

Géo 2e Thème 1 Société et environnement : des équilibres fragiles

III Une action internationale nécessaire

● **L'alerte émise par les scientifiques a permis une prise de conscience internationale.** La première Conférence des Nations unies sur l'environnement est organisée en 1972. Depuis, les États et les ONG travaillent avec les scientifiques du GIEC pour lutter contre le réchauffement climatique.

● **Le protocole de Kyoto (1997) est le premier accord international lié au climat.** Il impose aux pays industrialisés de réduire leurs émissions de gaz à effet de serre. En 2015, la COP21 vise à parvenir à un nouvel accord universel et contraignant. L'accord de Paris cherche à établir une répartition juste des efforts entre pays industrialisés, pays en développement rapide et pays pauvres.

● **Ces accords sont rejetés par certains États, ce qui compromet leur efficacité.** Ainsi, le Sénat américain vote son refus du protocole de Kyoto pour contester l'absence d'obligation pour les pays en développement. Le Canada ne figure pas non plus parmi les signataires. Le 1er juin 2017, le président Donald Trump annonce le retrait des États-Unis de l'accord de Paris jugé trop contraignant pour son économie.

Jalon Les accords internationaux p. 346, **Chapitre 15 Jalon** p. 366

MOTS CLÉS

Optimum climatique médiéval : p. 338

Petit Âge glaciaire : p. 338

Effet de serre : p. 336

Convention-cadre des Nations unies sur le changement climatique (CNUCC) : p. 340

Conférence des parties (COP) : p. 340

COMPRENDRE AUTREMENT

Le changement climatique

Une histoire du changement climatique

› **Optimum climatique médiéval** (900-1300) : période de réchauffement climatique

› **Petit âge glaciaire** (XIVe-milieu du XIXe siècle) : période de refroidissement

› **Réchauffement d'origine anthropique** depuis la fin du XIXe siècle

L'évolution du climat en Europe et au Moyen Âge p. 342

Est-il souhaitable de créer un statut de réfugié climatique ? p. 348

De la prise de conscience mondiale à la coopération internationale

› Alerte donnée par les scientifiques (1958 Charles Keeling)
➜ **Création du GIEC** en 1988

› **Premières conférences internationales sur le climat**
➜ **1979** 1re Conférence mondiale sur le climat
➜ **CCNUCC en 1992**

› **Accord internationaux élaborés au cours des COP**
➜ Protocole de Kyoto (1997)
➜ Accord de Paris (2015)
› Refus de ces accords par les États-Unis et le Canada

Le climat, enjeu des relations internationales p. 346

Le climat, un nouvel enjeu politique

› **Pour les pays développés**
➜ enjeux économiques et politiques

› **Pour les pays en dévelopement rapide** (Chine et Inde)
➜ comment poursuivre le développement et contrôler les émissions ?

› **Pour les PMA**
➜ comment être accompagnés technologiquement et financièrement par les pays riches ?

Le climat, enjeu des relations internationales p. 346

BAC

Étude critique de documents

SUJET BAC

Le protocole de Kyoto dans les relations internationales

Consigne **Après avoir présenté le document et le contexte, vous montrerez en quoi la ratification du protocole de Kyoto est un enjeu majeur des relations internationales, notamment pour la Russie.**

La Russie négocie la signature du protocole de Kyoto

Les États-Unis ayant rejeté le protocole, c'est la ratification par la Russie qui permet au traité, signé en 1997, d'entrer en vigueur le 16 février 2005.

Le 18 novembre 2004, après trois ans de tergiversations dans les enceintes internationales et une violente polémique sur la scène intérieure, la Russie a finalement accepté de ratifier le protocole de Kyoto sur les changements climatiques. [...]

Vladimir Poutine a bien entendu été le premier à mobiliser la ressource que représentait l'enjeu de la ratification, non seulement pour renforcer sa position sur la scène internationale, mais aussi, en interne, pour accroître sa mainmise sur le secteur énergétique [...]. La première occasion d'intervenir dans ce sens s'est présentée lors de la réunion du G8 qui s'est tenue à Gènes en juillet 2001. Alors que les États-Unis étaient violemment critiqués pour avoir décidé de se retirer du processus de Kyoto, Poutine a essayé de se placer en position d'arbitre en proposant d'organiser à Moscou une conférence internationale qui serait consacrée à l'éclairage scientifique de la question du changement climatique. [...] L'enjeu diplomatique, en particulier, était capital puisqu'il s'agissait d'assurer le maintien de la Russie au sein du G8 et de renforcer son poids dans le dispositif onusien.

[...] Mais il est un autre enjeu qui explique que Poutine ait fait valoir ce que la presse russe a appelé « la carte Kyoto » : l'adhésion de la Russie à l'Organisation mondiale du commerce (OMC).

Marie-Hélène Mandrillon, « La Russie et le protocole de Kyoto : une ratification en trompe-l'œil », *Critique internationale*, n° 29, avril 2005.

EXO Analyse interactive du document

MÉTHODE / APPLICATION

ÉTAPE 1 ANALYSER LE SUJET ET LA CONSIGNE

Méthode

- **Définir les termes du sujet**
- **Définir le cadre géographique et/ou les limites chronologiques**
- **Dégager la question clé posée par le sujet**

Application

- Définissez les termes « protocole de Kyoto », « ratification ».

Conseil Quand la consigne contient la problématique, vous pouvez la transcrire sous la forme d'une question.

Exemple : En quoi la ratification du protocole de Kyoto est-elle un enjeu majeur des relations internationales, notamment pour la Russie ?

ÉTAPE 2 ANALYSER ET CRITIQUER LE DOCUMENT

Méthode

- **Identifier le document**

Application

- Quelles sont la nature, la source et la date du document ? Dans quel contexte a-t-il été produit ?

Exemple : avril 2005, près de deux mois après l'entrée en vigueur du protocole de Kyoto à la suite de sa ratification par la Russie. Pour être mis en œuvre, le protocole devait être ratifié par 55 pays industrialisés produisant 55 % des émissions globales de CO_2 en 1990. Or le rejet de ce protocole par les États-Unis ne permettait pas d'atteindre ce seuil. La signature de la Russie était donc déterminante.

Méthode

- **Dégager le sens général du document**

Application

- Identifiez l'idée générale du document.

Exemple : La ratification du protocole de Kyoto illustre les difficultés d'une diplomatie environnementale et constitue un enjeu diplomatique et économique majeur pour la Russie.

Sélectionner, confronter et expliquer les informations	Relevez dans le document les informations en relation avec les différents aspects du sujet. **Exemples** : enjeux environnementaux, enjeux diplomatiques, enjeux économiques, position et intérêts de la Russie au regard du protocole de Kyoto. Explicitez ces informations à l'aide de vos connaissances. **Jalon** Le climat enjeu des relations internationales p. 346 **Cours** p. 340 partie II. B ; **Jalon** p. 346, **Carte 2** p. 337 **HGGSP 1re** La Russie depuis 1991
Exercer un regard critique – Interrogez-vous sur la source et posez-vous des questions sur le(s) document(s) – Montrez l'intérêt/les limites du (des) document(s) au regard du sujet	Quelle information donne le titre de l'article sur l'attitude de la Russie ? Montrez que, pour la Russie, l'aspect géopolitique de la ratification du protocole prime sur les aspects environnementaux.

ÉTAPE 3 RÉDIGER L'ÉTUDE CRITIQUE DU DOCUMENT

Rédiger l'introduction Présentez le sujet et le(s) document(s), le contexte et la problématique.	Rédigez une courte introduction, à partir de ce que vous avez dégagé lors des étapes 1 et 2.
Rédiger l'étude de manière organisée	Rédigez une réponse organisée pour répondre au sujet. **Plan possible :** **I.** Un acteur clé de la politique climatique internationale (émission de GES, fournisseur de combustibles fossiles, conférence de Moscou) **II.** Enjeux économiques (contrôle du secteur énergétique, croissance économique, choix de développement) **III.** Enjeux géopolitiques (capacité d'influence : retrouver un rang de grande puissance, mettre un terme à l'isolement diplomatique)
Rédiger la conclusion	Dans une conclusion, répondez à la problématique du sujet.

BAC Dissertation

SUJET BAC

Le réchauffement climatique, nouvel enjeu des relations internationales

LES TERMES À ANALYSER	LES CONNAISSANCES À MOBILISER	PROBLÉMATIQUE ET PLAN POSSIBLES
« **Réchauffement climatique** » : phénomène d'augmentation de la température moyenne des océans et de l'atmosphère à l'échelle planétaire « **Nouvel enjeu** » : une prise de conscience récente « **Des relations internationales** » : impliquant la communauté internationale	**Cartes** p. 336, **Cours** p. 338, **Cours** p. 340, **Jalon** p. 346, **Points de vue** p. 348 **Chapitre 15 Jalon** p. 366 **Géo 2e Thème 1** Sociétés et environnement : des équilibres fragiles **Repères chronologiques :** voir chronologie p. 346 **Notions :** réchauffement, réfugiés climatiques, environnement	**Problématique :** Pourquoi et comment le réchauffement planétaire est-il devenu un enjeu nécessitant la mise en place d'une coopération internationale ? **Plan :** **I.** Une menace pour l'environnement mondial (causes et aspects du réchauffement climatique ; prise de conscience dans les années 1970) **II.** Des conséquences à toutes les échelles (remise en cause des choix de développement des États ; « réfugiés climatiques ») **III.** Avancées et limites de la coopération internationale (accords sur le climat, rôle de la société civile, blocages liés aux intérêts économiques nationaux)

Méthode générale de la dissertation p. 22

Chapitre 15

Objet de travail conclusif

Les États-Unis et la question environnementale : tensions et contrastes

- **Dans le chapitre 13**, vous avez vu comment le développement des sociétés humaines a produit des effets sur l'environnement depuis le Néolithique, qui se sont amplifiés avec la révolution industrielle. Les hommes ont ainsi été amenés à mieux gérer les ressources naturelles, à les protéger et à théoriser la nécessité d'un développement durable.
- **Dans le chapitre 14**, vous avez étudié l'évolution du climat depuis le Moyen Âge et ses effets sur les sociétés. Vous avez également analysé pourquoi l'accélération du réchauffement climatique depuis le XIXe siècle, que les scientifiques ont été les premiers à mesurer, est devenue un enjeu géopolitique mondial.
- **Dans ce chapitre**, vous allez analyser les paradoxes de la question environnementale aux États-Unis. Entre exploitation des ressources, dégradation des milieux et mesures de protection, le pays entretient un rapport ambivalent à la nature. À toutes les échelles, des tensions et des contradictions s'observent entre les différents acteurs.

Quels enjeux nationaux et internationaux la gestion de la question environnementale aux États-Unis induit-elle ?

Textes DYS
TOUS LES TEXTES EN VERSION DYS
lyceen.nathan.fr/geopolitiqueterm

SOMMAIRE

Grève mondiale de la jeunesse pour le climat, Washington, 15 mars 2019

Cartes Les États-Unis et la question

1 Les États-Unis : exploitation des ressources naturelles, dégradation de l'environnement et protection de la nature

Carte interactive

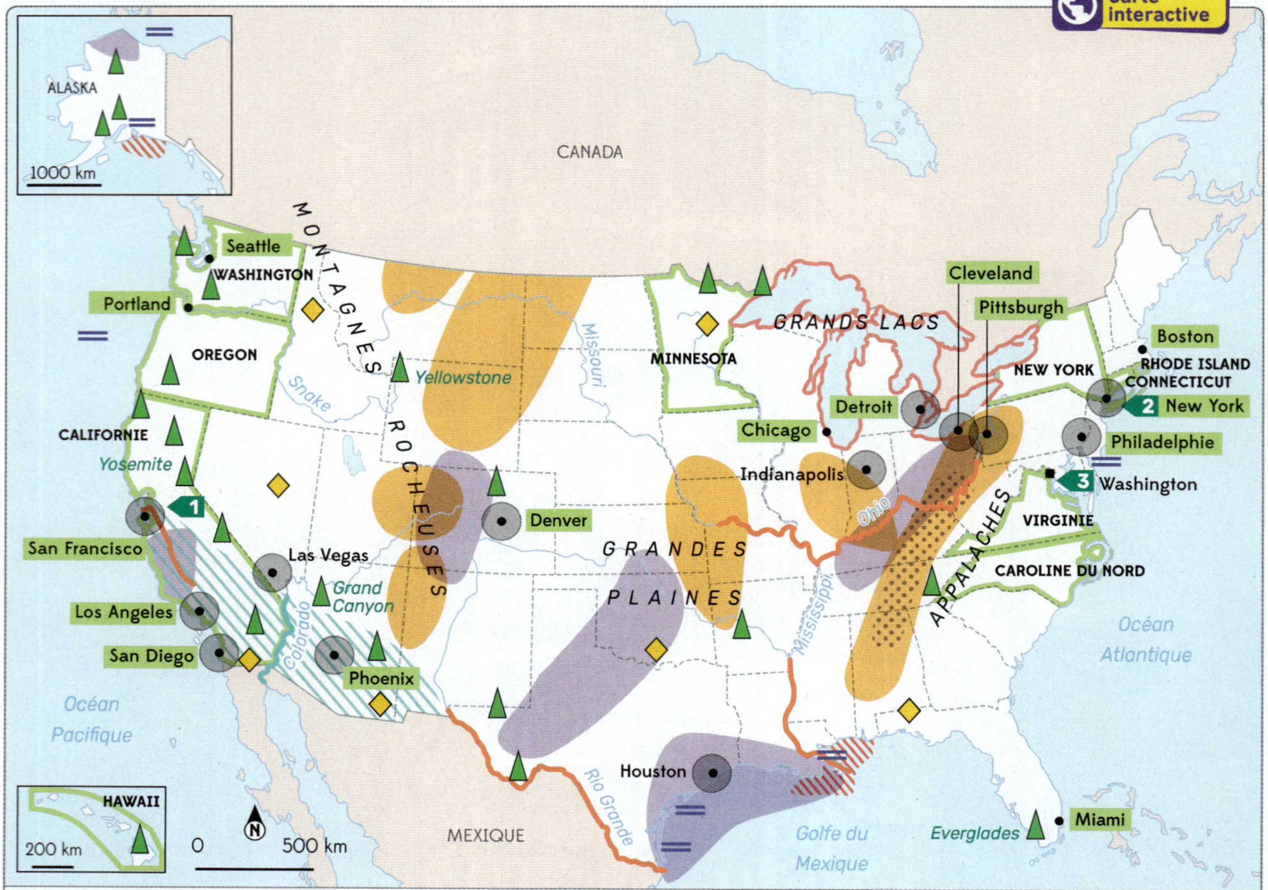

1. Des ressources naturelles intensément exploitées
- Grandes régions productrices d'hydrocarbures
- Grandes régions productrices de charbon
- Extraction de minerais (cuivre, fer...)
- Nappes phréatiques surexploitées
- Fleuves surexploités

2. Un environnement dégradé
- Dégradations majeures liées à l'exploitation pétrolière
- Dégradations majeures liées à l'exploitation charbonnière
- Forte pollution des eaux
- Zones mortes littorales
- Forte pollution urbaine

3. Une nature protégée
- Principaux parcs nationaux
- Sièges des plus puissantes ONG environnementales américaines
  - 1 *Sierra Club*
  - 2 *The Nature Conservancy*
  - 3 *Wildlife Conservation Society*
- Boston : Métropoles s'étant engagées à respecter l'Accord de Paris sur le climat
- États s'étant engagés à respecter l'Accord de Paris sur le climat

VOCABULAIRE

Accord de Paris (2015) : premier accord universel sur le climat. Les pays signataires se sont engagés à prendre les mesures nécessaires pour réduire leurs émissions de gaz à effet de serre afin de contenir le réchauffement en dessous de 2° C d'ici la fin du XXIe siècle.

ONG (Organisation non gouvernementale) : voir p. 318

Parc national : territoire dans lequel le milieu naturel présente un intérêt particulier, tant par ses paysages que par la flore et la faune qu'il abrite, ce qui explique sa protection ainsi que son attrait touristique.

Zone morte : zone aquatique où le déversement massif de polluants domestiques, industriels ou agricoles provoque la mort de toute diversité marine par manque d'oxygène.

environnementale : tensions et contrastes

❷ Les États-Unis et l'Accord de Paris sur le climat en 2019

Carte interactive

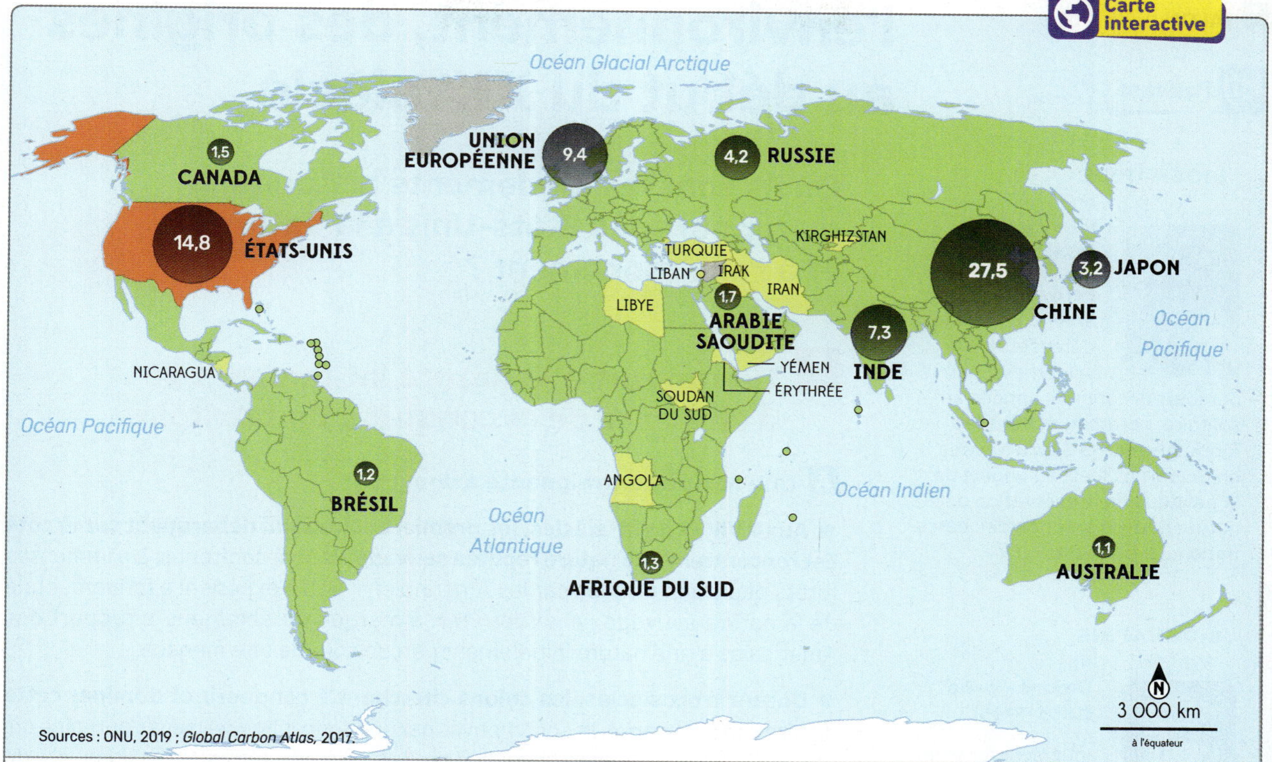

- Pays signataires ayant ratifié(1) l'accord
- Pays signataires n'ayant pas ratifié l'accord
- Pays sans engagement(2)
- Retrait effectif de l'accord le 4 novembre 2020
- Part des émissions mondiales de CO_2(3) en 2017

1. Chaque État signataire doit ratifier l'accord, c'est-à-dire le faire approuver par un vote de son parlement.
2. Le Groenland est un territoire autonome du Danemark. Son statut ne lui permet pas de signer un accord international mais la ratification de l'accord par le parlement danois ne l'engage pas.
3. Total des émissions de CO_2 en 2018 : 36,573 milliards de tonnes.

Les États-Unis et l'Accord de Paris sur le climat

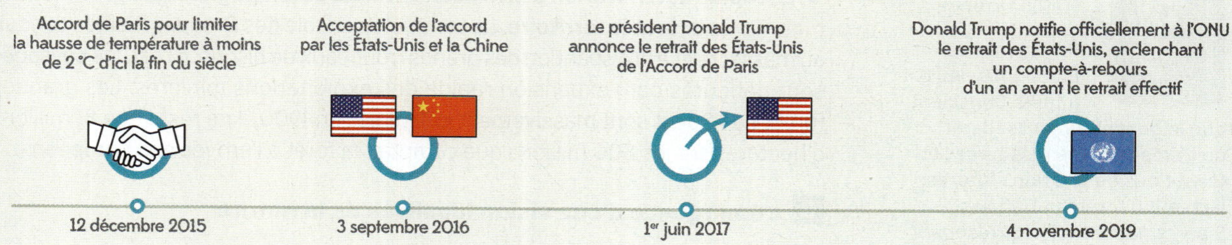

QUESTIONS

1. **Citez et localisez deux des principaux parcs nationaux des États-Unis.** carte 1

2. **Pourquoi peut-on dire que l'Accord de Paris sur le climat est une question qui, aux États-Unis, oppose les acteurs politiques nationaux et locaux ?** cartes 1 et 2

3. **Montrez que la nature aux États-Unis est à la fois dégradée et protégée.** carte 1

Cours

Les États-Unis : un rapport spécifique à la nature et à l'environnement, des origines au début du XXe siècle

JALON p. 362-365

Podcast Cours à écouter

Quels sont les fondements historiques du rapport des États-Unis à la nature et à l'environnement ?

I Un rapport à la nature intimement lié à l'histoire de la conquête du territoire

A Une nature contraignante à dominer

- **Aux XVIIe et XVIIIe siècles, les premiers colons qui débarquent sur la côte Est rencontrent une nature réputée sauvage.** Ils sont confrontés à d'immenses forêts peu transformées par les Amérindiens. Cette expérience fondamentale de la nature sauvage, la ***wilderness***, a marqué durablement le rapport des Américains à une nature initialement perçue comme une menace.

- **Durant trois siècles, les colons cherchent à conquérir et dominer cette nature contraignante.** Ils sont motivés par une conception religieuse puritaine qui voit en l'Amérique l'opportunité d'un nouveau paradis terrestre. La conquête du territoire consiste à transformer cette nature en terre de richesse et d'abondance. Ils se lancent dans d'importantes opérations de déforestation et d'assèchement des marais afin de transformer l'espace de la *wilderness* en terres exploitables.

B Une nature à exploiter

- **La nature est essentiellement perçue dans sa dimension productive.** L'immensité du territoire semble garantir des **ressources naturelles** illimitées et encourage une exploitation prédatrice, qui culmine au début de l'ère industrielle dans la seconde moitié du XIXe siècle. Les forêts fournissent le bois de construction utile à l'essor des villes ; l'extraction intensive des ressources du sous-sol (charbon, fer…) alimente l'essor industriel.

- **La rapide détérioration des milieux naturels accompagne la progression des pionniers sur tout le territoire.** La conquête agricole des Grandes Plaines conduit au massacre et à la disparition des grands troupeaux de bisons. À l'est, les paysages sont défigurés par l'expansion rapide des exploitations minières. Les grandes forêts de l'Ouest sont massivement détruites : en 1900, il ne reste que 81 millions d'hectares sur les 800 millions que comptait la forêt à l'arrivée des Européens.

C L'émergence d'une vision idéalisée de la nature

- **Au XIXe siècle, certains aventuriers, intellectuels et artistes sont séduits par la *wilderness*.** Ils célèbrent dans leurs récits et leurs œuvres la dimension romantique, esthétique et spirituelle de la nature. Ralph W. Emerson (1803-1882) et Henry D. Thoreau (1817-1862) sont les chefs de file du transcendantalisme, mouvement littéraire et philosophique qui exalte la nature comme une œuvre divine.

- **D'autres voient dans cette nature un élément constitutif de l'identité nationale.** L'historien Frederick Turner (1861-1932) relie la *wilderness* aux valeurs fondatrices de la nation : à l'épreuve de cette nature, les pionniers se seraient forgé les qualités d'indépendance, de liberté, de courage et de persévérance propres à l'esprit américain.

BIOGRAPHIE

John Muir (1838-1914)

Écrivain américain, grand défenseur de la *wilderness* qu'il parcourt de longues années en solitaire, notamment dans les montagnes de la Sierra Nevada en Californie. Il est à l'origine de la politique de préservation de la nature et de la création des parcs nationaux aux États-Unis.

BIOGRAPHIE

Gifford Pinchot (1865-1946)

Ingénieur forestier américain formé à l'École nationale des eaux et forêts de Nancy, il fonde avec T. Roosevelt l'US Forest Service. Il est à l'origine de la politique de conservation et précurseur du concept de développement durable.

BIOGRAPHIE

Theodore Roosevelt (1858-1919)

Président des États-Unis de 1901 à 1909. Conscient que le gouvernement fédéral doit préserver les ressources en faveur des générations futures, il crée 150 forêts nationales, 5 parcs nationaux et 51 réserves ornithologiques.

VOCABULAIRE

Conservation : approche de la protection de la nature qui promeut la gestion raisonnée des ressources, dans le respect des rythmes de renouvellement des milieux.

II La naissance d'un mouvement précurseur pour la protection des espaces naturels

A L'émergence précoce d'une conscience écologique

● **Au XIXe siècle, la population éduquée des villes développe un nouveau rapport à la nature.** Elle exprime le besoin de conserver un contact avec la *wilderness* dans un cadre récréatif et éducatif. Dès les années 1830, elle fait entendre sa volonté de protéger certains sites naturels. Elle obtient en 1864 la création d'un premier **parc naturel** destiné au public à Yosemite en Californie.

● **La fin du XIXe siècle marque un tournant.** Avec la fin de la conquête de l'Ouest, les États-Unis prennent conscience de la finitude de ressources naturelles auparavant considérées comme inépuisables. La nature apparaît dès lors comme un patrimoine fragile qu'il faut préserver. Dans ce contexte, deux courants écologistes voient le jour.

B Préservation ou conservation ?

● **La préservation, incarnée par l'écrivain John Muir, vise à préserver la *wilderness* de toute influence humaine.** Muir milite pour la sauvegarde des paysages de Yosemite. Il est le fondateur du Sierra Club, la plus ancienne des grandes organisations environnementales (San Francisco, 1892). Il inspire encore de nombreux mouvements écologistes aux États-Unis et dans le monde.

● **La conservation prône l'usage avisé des ressources naturelles (*wise use*).** Il ne s'agit pas de préserver la nature pour elle-même, mais en tant que réservoir de ressources pour l'homme. Cette position plus modérée est défendue par l'ingénieur forestier Gifford Pinchot. Formé en France à l'École nationale des Eaux et Forêts de Nancy, il réclame une gestion raisonnée et publique des forêts contre les intérêts privés afin de garantir leur renouvellement.

C Des mesures pionnières en faveur de la protection de la nature

● **Le premier parc national au monde est créé à Yellowstone par le Congrès américain en 1872.** L'initiative a depuis été reprise partout dans le monde. Les États-Unis comptent aujourd'hui 61 parcs nationaux sur une superficie totale de 210 000 km² (2,2 % du pays). Depuis 1916, ils sont gérés à l'échelle fédérale par le National Park Service (NPS). La loi stipule que son rôle est de les préserver de toute exploitation utilitaire tout en permettant au public d'y avoir accès pour ses loisirs : ils accueillent aujourd'hui 400 millions de visiteurs par an.

● **Au début du XXe siècle, le président Theodore Roosevelt fait de la protection de l'environnement une cause nationale.** À l'écoute de Muir, il crée cinq nouveaux parcs nationaux (Glacier, Crater Lake...). Il crée avec Pinchot le National Forest Service (1905) qui défend une vision plus utilitaire de la nature et fait classer 675 000 km² de forêt sous statut fédéral. Sa présidence (1901-1909) marque un tournant dans l'histoire environnementale du pays qui dépasse alors sa conception purement productiviste de la nature.

Jalon, p. 362-365, **Chapitre 13** p. 316-319

VOCABULAIRE

Parc national : voir p. 356

Parc naturel : territoire où le milieu naturel est protégé.

Pionniers : nom donné aux migrants en provenance d'Europe ayant contribué à la conquête du territoire américain.

Préservation : approche radicale de la protection de la nature. Considérée comme singulière, la nature est protégée pour elle-même, contre les effets néfastes de l'action des sociétés.

Ressources naturelles : tout bien issu de la nature et valorisable à des fins économiques. Certaines ressources sont disponibles en quantité finie (minerais, hydrocarbures, charbon, etc.) ; d'autres sont renouvelables car susceptibles de se reproduire naturellement (poissons, forêts, etc.).

Wilderness : notion née en Amérique du Nord pour désigner la « nature sauvage », c'est-à-dire qui n'a pas été modifiée de manière significative et apparente par l'activité humaine.

RESSOURCES

Podcast « Les parcs nationaux aux États-Unis », *La Marche de l'histoire*, France Inter, 21 octobre 2015, 29'. Une émission sur le mouvement qui donne naissance aux parcs nationaux.
www.franceinter.fr/emissions/la-marche-de-l-histoire/la-marche-de-l-histoire-21-octobre-2015

Le portail du National Park Service, pour découvrir la variété des parcs nationaux américains et l'action du NPS.
www.nps.gov

Catherine Larrère, « Éthiques de la protection de la nature : préservation ou conservation », *Canal-U*, 2015, 9'53''. Une courte vidéo pour comprendre les différences entre les conceptions de John Muir et de Gifford Pinchot.
www.canal-u.tv/video/canal_uved/2_ethiques_de_la_protection_de_la_nature_preservation_ou_conservation.19751

Ressources complémentaires

FICHES DE LECTURE

Samuel Depraz et Stéphane Héritier, *La Nature et les parcs naturels en Amérique du Nord*, revue *L'Information géographique* n° 4-2012 (en ligne) : pages 6 à 14, qui traitent exclusivement du cas des États-Unis.
www.cairn.info/revue-l-information-geographique-2012-4-page-6.htm

Gelareh Yvard-Djahansouz, *Histoire du mouvement écologique américain*, Ellipses, 2009. Un panorama complet et synthétique de la pensée écologique aux États-Unis depuis le XIXe siècle. Chapitre 1 sur l'émergence du mouvement de conservation au XIXe siècle.

Cours

Les États-Unis aux XXe et XXIe siècles : les paradoxes de la politique environnementale

CARTES p. 356-357
JALON p. 362-367
POINTS DE VUE p. 368-369

Podcast Cours à écouter

BIOGRAPHIE

Aldo Leopold (1887-1948)

Forestier et figure majeure de l'environnementalisme étatsunien, il a influencé durablement le développement de l'écologie dans le monde.

BIOGRAPHIE

Rachel Carson (1907-1964)

Biologiste et écologiste américaine, elle publie en 1962 *Silent Spring*, un livre dénonçant le danger des pesticides pour l'homme et l'environnement (voir p. 306).
Son engagement conduit à une législation sur les pesticides et à la création de l'EPA.

VOCABULAIRE

Accord de Paris sur le climat : voir p. 356-357

Climatosceptique : personne qui ne croit pas au réchauffement climatique ou à l'incidence de l'activité humaine sur celui-ci.

Dust Bowl : tempêtes de poussière catastrophiques résultant d'une sécheresse associée à une exploitation agricole trop intensive des sols dans le centre des États-Unis dans les années 1930.

Earth Day : créé en 1970 par le sénateur américain Gaylord Nelson, la « Journée mondiale de la Terre » est fêtée tous les 22 avril pour sensibiliser à l'environnement.

Environnementalisme : militantisme ayant pour objet la protection de la nature.

Pourquoi la politique environnementale aux États-Unis génère-t-elle des tensions à toutes les échelles ?

I De la protection de la nature à la protection de l'environnement

A Le renouveau écologiste au XXe siècle

- **Dans la première moitié du XXe siècle, guerres et crise relèguent les questions environnementales au second plan.** La préservation de la nature continue cependant à mobiliser une élite urbaine au sein d'associations comme la *Wilderness Society* fondée par Aldo Leopold (1935). Leur nombre d'adhérents et la fréquentation des parcs nationaux s'intensifient à la fin des années 1950 avec l'avènement de la société de loisirs et de consommation.

- **Les dégradations environnementales sont de plus en plus visibles.** Le ***Dust Bowl*** ravage les Grandes Plaines dans les années 1930. Des pollutions majeures et très médiatisées touchent le pays : en 1969, la Californie subit une marée noire sans précédent ; Cleveland voit sa rivière Cuyahoga s'enflammer à cause des rejets toxiques des usines environnantes. Le pays prend alors conscience de l'urgence écologique.

B Le droit à un environnement salubre

- **Dans les années 1960, Rachel Carson fait figure de lanceuse d'alerte.** Son livre *Silent Spring* (1962) dénonce la nocivité des pesticides utilisés dans l'agriculture. L'**environnementalisme** se structure. Le 22 avril 1970, lors du premier ***Earth Day***, 20 millions d'Étatsuniens interpellent les dirigeants sur la question environnementale. Le président Nixon (1969-1974) s'engage sur « un droit fondamental à un environnement sans pollution » et crée l'**EPA** en 1971.

- **Les États-Unis adoptent une solide réglementation environnementale.** Une loi sur la qualité de l'air est votée dès 1963 (*Clean Air Act*). De nombreuses autres suivent dans les années 1970. Certaines se soucient de la santé publique (*Federal Pesticide Act* de 1972, *Clean Water Act* de 1977, etc.), d'autres de la gestion du patrimoine naturel (*Coastal Protection Act*, loi « littoral » de 1972). Ces lois placent le pays à l'avant-garde de l'écologie et demeurent des références au niveau mondial.

II Protéger l'environnement : une question qui divise

A Des forces de blocage

- **Malgré ces lois, les Américains ne renoncent pas à un mode de vie néfaste pour l'environnement.** L'*American way of life*, qui repose sur la consommation de masse, est gaspilleur de ressources (eau, espace…), énergivore, extrêmement dépendant des énergies fossiles et génère une quantité massive de déchets et de pollutions.

- **Dès les années 1980, les milieux industriels s'opposent activement à la législation environnementale.** Ils y voient un frein au développement économique. Ils s'appuient sur des États et des citoyens de l'Amérique rurale ou industrielle plus soucieux de la situation économique que de l'écologie.

B Le désengagement de l'État fédéral depuis les années 1980

- **La montée des courants anti-écologistes freine la politique environnementale fédérale.** Les puissants **lobbies** pétroliers et charbonniers obtiennent un assouplissement des réglementations dès la présidence Reagan (1981-1989). Ils s'attaquent aux fondements scientifiques de l'alerte environnementale, notamment aux travaux du **GIEC** : un « scepticisme environnemental » s'affirme.

- **L'administration fédérale tend alors à nier le réchauffement climatique.** En 2001, le pays se retire du **protocole de Kyoto** sur la réduction des émissions de gaz à effet de serre. En 2017, le président Trump, ouvertement **climatosceptique**, annonce le retrait des États-Unis de l'**Accord de Paris sur le climat**. Au niveau international, la politique environnementale américaine repose sur une défense sans concession des intérêts nationaux.

Chapitre 14 p. 340-341

III Des acteurs divers à la pointe du combat pour l'environnement

A L'engagement des États et des métropoles

- **Depuis 1980, l'action des États compense en partie la faiblesse de l'engagement écologique de l'État fédéral.** Certains complètent la législation fédérale par une règlementation interne plus contraignante. En 2006, la Californie décide par exemple de respecter le protocole de Kyoto et impose des sanctions financières aux industriels qui ne respectent pas cet engagement. En 2017, dix États (Virginie, Californie…) s'engagent à réduire leurs émissions de gaz à effet de serre conformément à l'Accord de Paris.

- **Les grandes métropoles agissent aussi en faveur de l'environnement.** New York ou San Francisco sont des laboratoires d'expérimentation et d'innovation du développement durable. Elles adoptent des politiques écologiques actives (*green politics*) en matière de transport, de gestion des déchets ou de consommation d'énergie et cherchent des solutions au niveau local.

B Des acteurs privés activement mobilisés

- **Les ONG environnementales américaines jouent un rôle essentiel à tous les échelons.** Les plus puissantes comme *The Nature Conservancy* sont très actives à Washington et dans les instances internationales où elles forment un puissant « lobby vert » grâce à leurs experts (scientifiques, juristes…). D'autres groupes écologistes, les ***grassroots***, privilégient l'action locale.

- **Soucieuses de leur image et de leur rentabilité, les multinationales américaines s'engagent aussi pour l'environnement.** Elles investissent pour accélérer la transition énergétique et réduire leur impact environnemental. Cependant, leur action s'apparente parfois à du ***greenwashing***.

VOCABULAIRE

EPA (*Environmental Protection Agency*) : agence fédérale pour la protection de l'environnement chargée de veiller à l'application de la législation environnementale.

GIEC : voir p. 346

Grassroot : groupe de citoyens utilisant l'action locale pour influer sur les changements au niveau local, régional, national ou international.

Greenwashing : méthode de communication utilisant l'argument écologique à des fins purement marketing.

Lobby : groupe de pression défendant des intérêts communs auprès des décideurs politiques.

Protocole de Kyoto : voir p. 365

FICHES DE LECTURE

Jean-François Mouhot, « *Écologie : au pays des paradoxes* », *Sciences Humaines*, hors-série n° 17, « De la pensée en Amérique », nov.-déc. 2012. Un article soulignant les contradictions de la politique environnementale aux États-Unis.
www.scienceshumaines.com/ecologie-au-pays-des-paradoxes_fr_29523.html

Stefan C. Aykut, Amy Dahan, *Gouverner le climat ? Vingt ans de négociations internationales*, Presses de Sciences Po, 2015. Chapitre 4 sur la politique environnementale des États-Unis depuis 1960 à l'échelle internationale.

RESSOURCES

Podcast « Rachel Carson et le "Printemps silencieux" : la biologiste qui avait prédit la catastrophe écologique à venir », *La Marche des sciences*, France Culture, 1er nov. 2012, 59'.
www.franceculture.fr/emissions/la-marche-des-sciences/rachel-carson-celle-qui-transforma-lamerique

Portail du Sierra Club, la plus ancienne des organisations américaines de protection de la nature.
www.sierraclub.org/#

Table ronde « Les États-Unis, quelle politique environnementale et climatique ? », Festival de géopolitique de Grenoble, 25 mars 2018, 1h13'. Une conférence sur les enjeux de la politique environnementale aux États-Unis.
www.youtube.com/watch?v=uvXz8fUGS5k

Gelareh Yvard-Djahansouz, *Histoire du mouvement écologique américain*, Ellipses, 2009 (voir Ressources p. 359) chapitre 2 sur le mouvement écologique depuis la Seconde Guerre mondiale.

Ressources complémentaires

Jalon L'environnement aux États-Unis depuis le XIXe siècle

CARTES p. 356-357
COURS p. 358-359
COURS p. 360-361

La transformation des milieux et l'exploitation intensive des richesses naturelles est depuis le XIXe siècle un des fondements du développement économique des États-Unis. Pourtant, grâce à l'action de l'État fédéral et des États fédérés, le pays a toujours innové en matière de protection de la nature et de lutte contre les dégradations environnementales.

Quels sont les paradoxes et les tensions en matière de gestion de l'environnement aux États-Unis ?

A Transformation des milieux et exploitation intensive des ressources naturelles

1 Les fondements historiques

Le regard d'un géographe

Le premier contact avec le Nouveau Monde constitue un choc pour les colons européens qui ne sont pas préparés à affronter une nature sauvage. L'apparente hostilité de la *wilderness* les pousse à redoubler d'efforts pour la dompter (en explorant, déboisant, asséchant) puis la domestiquer (en cultivant, clôturant, irriguant). [...] Par ailleurs, les colons prennent rapidement conscience de l'immensité du territoire nord-américain, et considèrent alors la *wilderness* comme un réservoir illimité de richesses au service du rêve américain. Dans le Sud, les grandes terres fertiles se couvrent de monoculture de coton ou de tabac, tandis qu'à l'Est ont lieu d'importantes manœuvres de déforestation et d'assèchements de zones marécageuses. Les Grandes Plaines centrales sont vidées de leurs troupeaux de bisons pour organiser élevage et agriculture intensive et les forêts de l'Ouest fournissent le bois de construction. L'extraction des ressources du sous-sol contribue à l'essor des grandes industries de l'époque.

Frédéric Leriche (dir.), *Les États-Unis. Géographie d'une grande puissance,* Armand Colin, 2016.

→ **Comment les Étatsuniens ont-ils transformé les milieux naturels lors de leur conquête du territoire ?**

2 Le *Dust Bowl*, première catastrophe écologique aux États-Unis

Dallas, Dakota du Sud, 1936. Entre 1930 et 1940, plusieurs tempêtes de poussière s'abattent sur les plaines centrales des États-Unis, détruisant cultures, sols, matériels agricoles et bâtiments. Cette catastrophe a pour cause la sécheresse associée à une agriculture intensive ayant entraîné l'érosion des sols.

→ **Quelles sont les conséquences du *Dust Bowl* ?**

3 Gaspillage de ressources naturelles et pollution

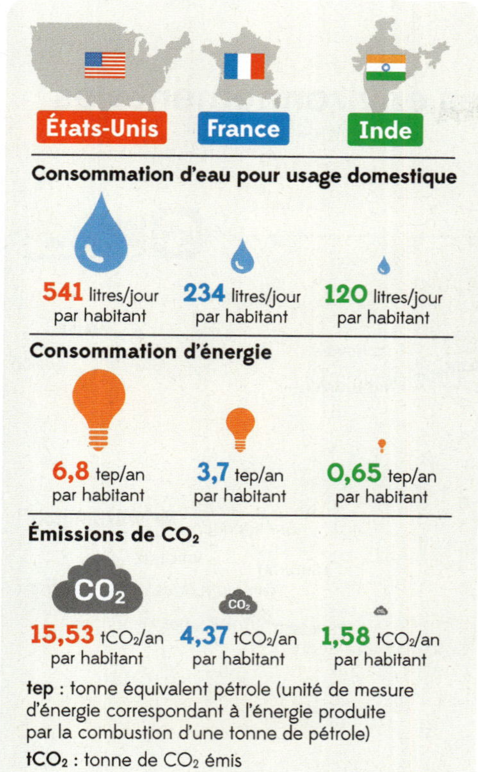

Sources : FAO 2018, AIE 2017.

→ **De quoi témoignent ces trois indicateurs ?**

VOCABULAIRE

Ressources naturelles : voir p. 359

Énergivore : qui consomme une quantité particulièrement élevée d'énergie pour satisfaire ses besoins.

Wilderness : voir p. 359

4 L'*American way of life* mis en cause

Près de Phoenix, dans le désert d'Arizona, en 2018. L'étalement urbain démesuré révèle un mode de vie énergivore et pose le problème de la surconsommation en eau dans une région aride.

→ **Quelles sont les conséquences de l'étalement urbain sur l'environnement ?**

5 La conservation en tant que devoir national

C'est du vandalisme que de détruire ou de permettre la destruction de ce qui est beau dans la nature, qu'il s'agisse d'une falaise, d'une forêt, d'un mammifère ou d'un oiseau. Ici aux États-Unis, nous transformons nos rivières et nos ruisseaux en égouts et en décharges, nous polluons l'air, nous détruisons nos forêts et exterminons nos poissons, les oiseaux et les mammifères – sans parler de ces paysages charmants rendus vulgaires par des publicités hideuses [...]. Nous sommes devenus grands grâce à l'utilisation prodigue de nos ressources naturelles et nous avons de justes raisons d'être fiers de notre croissance matérielle. Mais le temps est venu d'envisager sérieusement ce qui arrivera quand nos forêts auront disparu, quand le charbon, le fer, le pétrole et le gaz seront épuisés, quand les sols auront été davantage appauvris et lessivés vers les cours d'eau, polluant les rivières, dénudant les champs et faisant obstacle à la navigation. Ces questions ne concernent pas seulement le siècle prochain ou la génération suivante. Le propre des hommes réellement civilisés est la prévoyance. Nous devons, en tant que nation, faire preuve de prévoyance pour l'avenir de cette nation ; et si nous n'exerçons pas cette prévoyance, l'avenir sera sombre.

Theodore Roosevelt, discours devant la Conférence sur la conservation des ressources naturelles, 13 mai 1908.

Étude critique de document

→ **Que préconise le président Theodore Roosevelt dès 1908 ?**

EN AUTONOMIE VERS LE BAC

Mise en relation des documents

1. Quelles sont les ressources naturelles intensément exploitées par les États-Unis depuis le XIXe siècle ? docs 1, 3, 4 et 5

2. Quelles sont les conséquences environnementales de cette exploitation intensive ? docs 2, 3 et 5

BAC Vers l'écrit ▸ Dissertation (1/2)

Sujet : « Les paradoxes et tensions de la gestion de l'environnement aux États-Unis depuis le XIXe siècle »
Analysez ce sujet et proposez une problématique pour le traiter.

BAC Vers le grand oral — **Activité guidée**

Menez une recherche en binôme sur Las Vegas, réputée pour ses excès en matière de gaspillage des ressources naturelles (1/2)

▸ Rassemblez des documents pour un diaporama qui vous servira de support pour une présentation à l'oral.

B Un pays à l'avant-garde des politiques environnementales

6 Les principaux parcs nationaux des États-Unis

Carte interactive

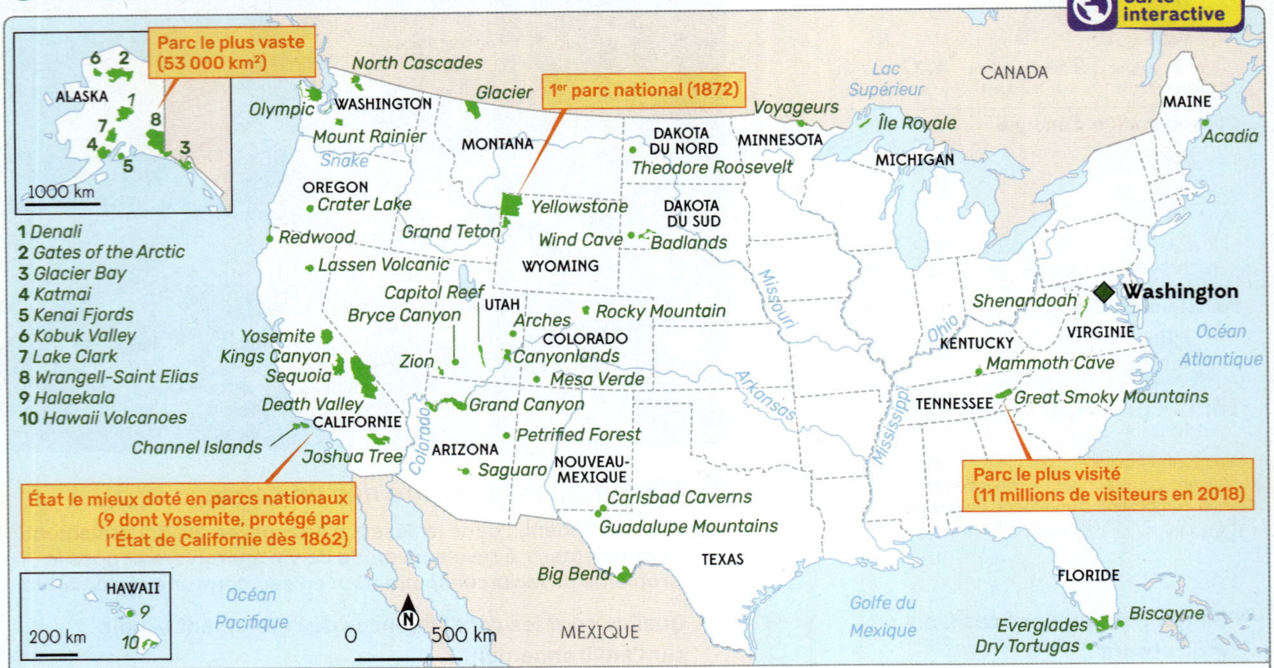

Principaux parcs nationaux des États-Unis

Washington : capitale fédérale, siège du National Park Service

→ **Quelles sont les régions qui concentrent le plus grand nombre de parcs nationaux ?**

La politique environnementale des États-Unis

- 1872 Yellowstone devient le 1er parc national
- 1891 *Forest Reserve Act* (loi sur la mise en réserve des forêts fédérales)
- 1963 *Clean Air Act* (loi sur la qualité de l'air)
- 1970 Création de l'Agence pour la protection de l'environnement (EPA)
- 1972 *Federal Water Pollution Control Act* (loi sur la protection de la qualité de l'eau)
  Coastal Protection Act (loi « littoral »)
  Federal Pesticide Act (loi sur les pesticides)
- 1977 *Clean Water Act* (révision de la loi sur l'eau)
- 1993 *Energy Policy Act* (loi sur le développement des énergies alternatives)
- 2002 Retrait du Protocole de Kyoto
- 2003 *National Energy Plan* : l'indépendance énergétique prime sur la sanctuarisation des espaces naturels
- 2015 *Clean Power Plan* sur la réduction des émissions de CO_2
- 2017 Annonce du retrait de l'Accord de Paris

REPÈRE

Le NPS
- Agence fédérale créée en 1916
- Gère 341 sites protégés (342 000 km², 3,6 % de la superficie du pays)
- 20 000 employés, 154 000 bénévoles

7 Les dates clés de la politique environnementale fédérale

→ **Quelles sont les deux périodes qui ont connu le plus d'avancées en matière de politique environnementale ? Pour quelles raisons ?**

8 L'action de l'État de New York

Face à Donald Trump et à sa volonté de remettre en avant l'industrie du charbon aux États-Unis, l'État de New York (19,5 millions d'habitants) vient de voter un texte majeur pour lutter contre le réchauffement climatique. L'assemblée de l'État a ainsi approuvé de justesse un projet de loi nommé « *Climate and Communities Protection Act* » mettant en place différentes mesures pour faire de New York un État sans émissions polluantes. La législation prévoit notamment de réduire de 85 % les émissions de gaz à effet de serre par rapport au niveau de 1990, et de faire de New York un État « zéro carbone », tout cela avant 2050 [...]. L'enjeu paraît encore plus considérable lorsque l'on sait que la ville n'a réussi à diminuer ses émissions de gaz à effet de serre que de 8 % entre 1990 et 2015 d'après le *New York Times*. Les défenseurs de la loi peuvent cependant faire valoir qu'aujourd'hui, 60 % de l'énergie produite par New York repose sur un mélange d'énergie hydroélectrique et nucléaire, et ne dépend donc déjà plus du carbone. En outre, pour atteindre les 100 % requis, l'État de New York compte sur une solution déjà existante : les énergies renouvelables, notamment l'hydroélectricité et l'énergie solaire, déjà bien implantées dans la région [...]. New York est le sixième État américain à adopter un objectif d'électricité « propre » (après Hawaï, la Californie, le Nouveau-Mexique, le Nevada et Washington).

Capucine Delattre, « *New York veut baisser de 85 % ses émissions polluantes* », *Le Figaro.fr*, 21 juin 2019.

→ **Quelles sont les mesures prises par l'État de New York en faveur de la lutte contre le réchauffement climatique ? Quelles tensions illustrent-elles entre État fédéré et État fédéral ?**

VOCABULAIRE

Parc national : voir p. 356

Protocole de Kyoto : traité international signé en 1997 à Kyoto (Japon), proposant un calendrier de réduction des émissions de gaz à effet de serre, cause principale du réchauffement climatique. Il est entré en vigueur le 16 février 2005. Les États-Unis ne l'ont pas ratifié.

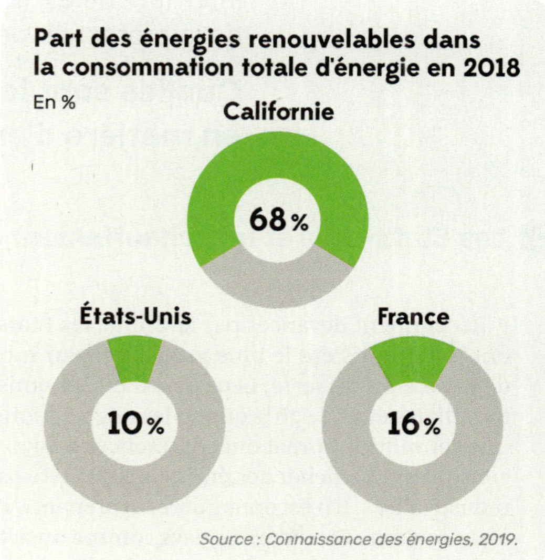

9 Les énergies renouvelables en Californie

Champ d'éoliennes en Californie, février 2019. En 2018, la Californie a voté une loi prévoyant que d'ici 2045, 100 % de sa production d'électricité proviendra d'énergies renouvelables.

→ **Comment la Californie s'engage-t-elle à lutter contre le réchauffement climatique ?**

EN AUTONOMIE VERS LE BAC

Mise en relation des documents

1. Quels sont les différents acteurs de la politique environnementale aux États-Unis ? docs 6, 8 et 9

2. Quels types d'initiatives les États-Unis prennent-ils en matière de protection de la nature et de l'environnement ? À quelles échelles ? docs 7, 8 et 9

BAC Vers l'écrit ▸ Dissertation (2/2)

Poursuivez votre travail effectué p. 363 : élaborez un plan détaillé pour traiter le sujet. Mobilisez vos connaissances et aidez-vous du cours et des pages 362 à 365.

BAC Vers le grand oral Activité guidée

Poursuivez votre recherche en binôme sur Las Vegas (2/2)

▸ Recherchez à présent les mesures adoptées par la ville et l'État du Nevada pour réduire son impact environnemental.

▸ Complétez votre diaporama et présentez votre travail devant la classe en 5 minutes.

Jalon

Les États-Unis et l'environnement à l'échelle internationale

CARTES p. 356-357
COURS p. 358-359
COURS p. 360-361

À l'échelle internationale, les États-Unis sont souvent perçus comme un pays irresponsable en matière d'environnement du fait de leur mode de vie énergivore ou de leur attitude face aux négociations climatiques internationales. Ils constituent pourtant des acteurs fondamentaux de la protection de la nature et de l'environnement dans le monde.

Quelles sont les contradictions de la politique américaine en matière d'environnement à l'échelle internationale ?

1 Les États-Unis et le réchauffement climatique

Le regard d'une historienne et d'un politiste

Récemment devancés par la Chine, les États-Unis ont longtemps été le plus gros émetteur mondial de gaz à effet de serre. Leur part dans les émissions mondiales était de 36 % quand les négociations pour une convention climat ont commencé en 1990. [...] À ce jour, les Américains continuent d'afficher des émissions par tête parmi les plus hautes des pays industrialisés. Il n'est donc guère surprenant qu'observateurs et négociateurs aient toujours considéré ce pays comme un acteur incontournable de toute solution au problème climatique. [...] Les scientifiques américains ont été déterminants dans la mise à l'agenda du problème au niveau international. Les États-Unis sont la première puissance scientifique dans le monde depuis la Seconde Guerre mondiale et la science américaine domine dans quasiment toutes les disciplines. À quelques exceptions près, les premiers rapports d'expertise sur le changement climatique ont tous été américains et les scientifiques américains ont joué un rôle déterminant dans la mise en place des programmes globaux de recherche sur l'atmosphère et les changements climatiques. Les États-Unis sont donc le pays des lanceurs d'alerte en même temps que la puissance récalcitrante des négociations climatiques.

Stefan C. Aykut et Amy Dahan, *Gouverner le climat ? 20 ans de négociations internationales*, Presses de Sciences Po, 2015.

Stefan C. Aykut est politiste et sociologue. **Amy Dahan** est mathématicienne et historienne des sciences.

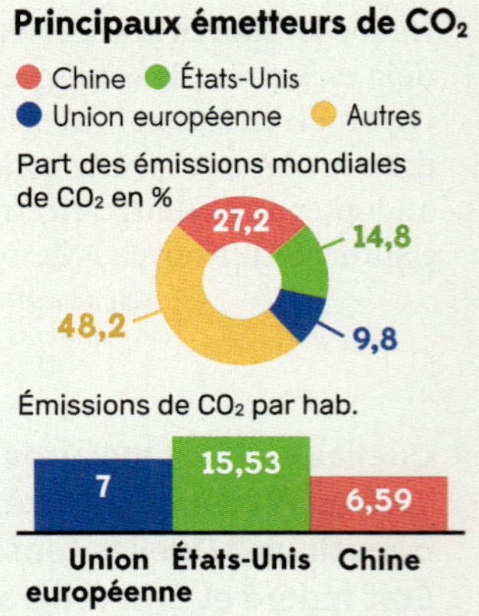

Source : Global Carbon Atlas, 2017.

→ **Pourquoi les États-Unis sont-ils un acteur indispensable en matière de solutions au problème climatique mondial ?**

2 Manifestation devant la société Procter & Gamble à Grimbergen (Belgique) en 2014

Les militants écologistes de l'ONG internationale Greenpeace accusent l'entreprise américaine de contribuer à la déforestation en Indonésie par l'utilisation d'huile de palme dans ses shampoings Head & Shoulders.

→ **Que dénoncent ces manifestants ?**

3 Le président Donald Trump annonce le retrait de l'Accord de Paris sur le climat

Afin de remplir mon devoir solennel de protéger l'Amérique et ses citoyens, les États-Unis vont se retirer de l'Accord de Paris sur le climat. Mais nous allons relancer les négociations pour, soit reprendre l'Accord de Paris, soit trouver un accord entièrement nouveau qui permettrait aux États-Unis de protéger ses industries, ses emplois et ses contribuables [...].

Le respect des termes de l'Accord de Paris et les restrictions qu'il impose aux États-Unis nous coûteront 2,7 millions d'emplois d'ici 2025 d'après l'Institut américain de recherche économique. Cela contribuera [...] à décimer des industries américaines vitales dont dépendent d'innombrables communautés à travers tout le pays [...].

Je ne peux pas, en conscience, accepter un accord punitif contre notre pays, pourtant leader dans la protection de l'environnement, mais qui n'impose rien aux principaux pollueurs, la Chine par exemple [...].

Le retrait de l'Accord de Paris est dans l'intérêt économique des États-Unis et n'aura pas d'impact important sur le climat. Sous notre gouvernement, les États-Unis continueront à être le pays le plus propre et le plus respectueux de l'environnement tout en ne supprimant pas d'emplois.

Discours de Donald Trump, président des États-Unis, Washington, 1er juin 2017.

→ **Comment le président Donald Trump justifie-t-il le retrait des États-Unis de l'Accord de Paris ?**

5 Deux ONG environnementales américaines

	The Nature Conservancy	Wildlife Conservation Society
Créée en	1951	1895
Siège social	Washington	New York
Budget annuel	1,3 milliard de dollars dont 118 millions d'aides publiques	320 millions de dollars dont 70 000 dollars d'aides publiques
Moyens humains	3 800 employés dont 400 scientifiques + 1 million de volontaires dans le monde	4 000 employés dont 200 scientifiques
Zone d'influence	72 pays sur 5 continents, particulièrement en Amérique latine	65 pays, particulièrement en Afrique et en Asie
Actions	Préservation de la faune et de la flore par la mise en réserve et la protection des ressources naturelles Ex. : protection des zones humides	Recherche scientifique et programmes de préservation de la nature Ex. : appui technique et financier à la mise en place et à la gestion d'aires protégées

→ **Pourquoi peut-on dire que ces ONG environnementales américaines sont des acteurs majeurs de la protection de la nature dans le monde ?**

4 Le président Donald Trump et la question environnementale

Chappatte, *Trump et le climat*, dessin publié dans le *New-York Times*, 1er juin 2017.

→ **Quel message le dessinateur cherche-t-il à délivrer ?**

EN AUTONOMIE VERS LE BAC

Mise en relation des documents

1. Quels sont les différents acteurs américains jouant un rôle international en matière d'environnement ? docs 1, 2, 3 et 5

2. Dans quelle mesure leurs intérêts sont-ils parfois divergents ? docs 1 à 5

BAC Vers l'écrit

▸ **Étude critique de documents**

Sujet : « Les États-Unis et la question climatique à l'échelle internationale »

À partir de l'analyse des documents 1 et 3, rédigez une introduction et proposez un plan pour ce sujet. Votre travail devra montrer les contradictions de la position américaine face à la question climatique à l'échelle internationale.

BAC Vers le grand oral Activité guidée

Débattez sur les contradictions de la position américaine en matière environnementale à l'échelle internationale.

▸ Formez deux groupes :
– l'un défendra l'idée selon laquelle les États-Unis sont un pays peu responsable en matière d'environnement à l'échelle internationale ;
– l'autre défendra celle selon laquelle les États-Unis contribuent au contraire activement à la protection de la nature et de l'environnement dans le monde.

▸ Chaque groupe a 5 minutes pour défendre son point de vue.

Points de vue GRAND ORAL

Pétrole et gaz de schiste aux États-Unis : miracle économique ou enfer écologique ?

1 Des réserves considérables

La dimension géographique

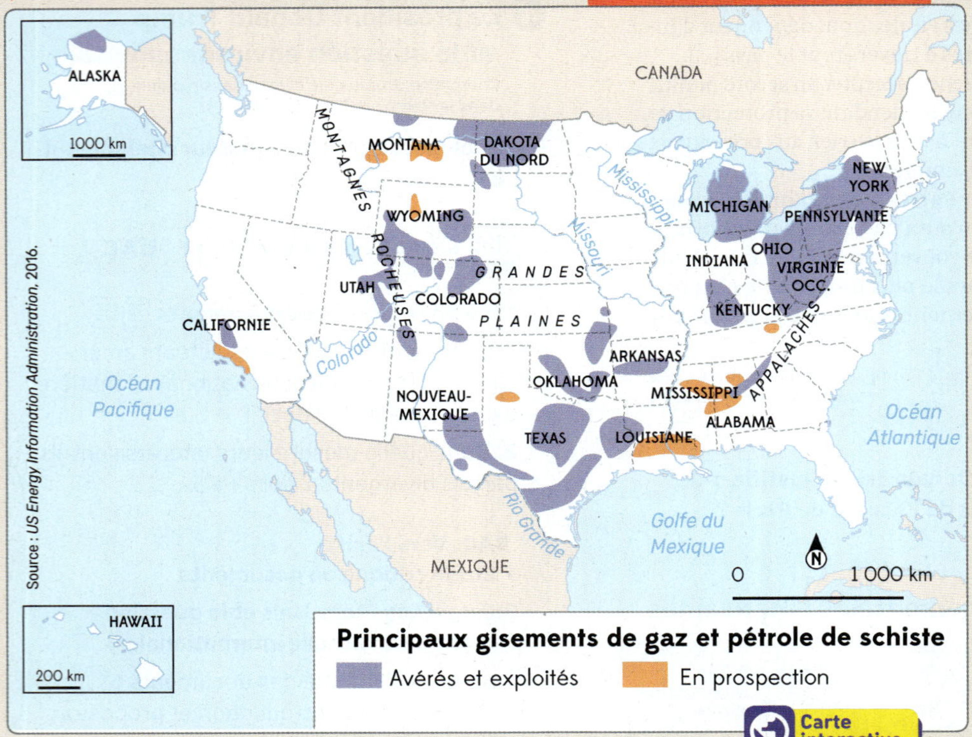

Carte interactive

REPÈRE

Pétrole et gaz de schiste

Ces hydrocarbures emprisonnés à grande profondeur dans certaines roches poreuses des bassins sédimentaires (schistes) ont été découverts dans les années 1980. Ils sont extraits grâce à la **fracturation hydraulique**. Cette technique est aujourd'hui controversée en raison de ses retombées potentielles sur l'environnement et la santé.

2 Les États-Unis vers leur indépendance énergétique ?

Le point de vue de la presse économique

La révolution du schiste démarrée il y a une dizaine d'années n'en finit pas de bouleverser la planète énergie. Dès 2020, les États-Unis vont devenir exportateurs nets de produits énergétiques, a annoncé il y a quelques jours l'Energy Information Administration. Les exportations de pétrole, de gaz et de charbon seront supérieures aux importations, pour la première fois depuis 1953. Les États-Unis sont devenus exportateurs nets de gaz en 2017. Pour le pétrole et les liquides associés, ce sera le cas en 2020. [...] Dès 2025, la production américaine d'or noir dépasserait celle de la Russie et de l'Arabie saoudite combinées [...]. [...] Le pays investit massivement dans des gazoducs, pour exporter vers le Mexique et le Canada, et dans des usines de liquéfaction au Texas et en Louisiane, pour acheminer du gaz naturel liquéfié par navire vers l'Europe ou l'Asie. [...] Cette moindre dépendance extérieure présente des avantages de taille. Elle réduit le déficit commercial et élargit les marges de manœuvre diplomatiques de Washington vis-à-vis de pays clés comme l'Arabie saoudite.

Vincent Collen, « Les États-Unis vont gagner leur indépendance énergétique », *Les Echos*, 2019, p. 18.

Évolution de la production de pétrole des États-Unis

En millions de barils*/jour

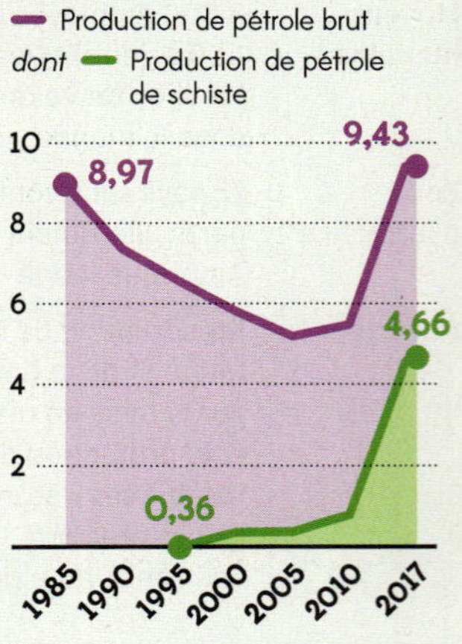

* Le baril est une unité de mesure du pétrole brut correspondant à 159 litres.

Source : EIA, 2018.

3 Les risques environnementaux liés à la fracturation hydraulique

La dimension environnementale

En premier lieu, le prélèvement de volumes d'eau aussi importants peut constituer une menace pour l'approvisionnement en eau potable, en termes de quantité disponible comme de qualité. En second lieu, un déversement ou une fuite de liquide de fracturation peut entraîner une contamination des eaux de surface et souterraines [...]. Depuis peu, de nombreux témoignages laissent penser que la « fracturation provoque des séismes ». En règle générale, les secousses sont provoquées par l'injection dans des puits profonds des eaux usées à éliminer. Ainsi, d'après l'association Seismological Society of America, le nombre de séismes recensés dans le Centre et l'Est des États-Unis a sensiblement augmenté ces dernières années, et cette hausse coïncide avec l'augmentation du recours à la fracturation et à l'injection des eaux usées dans des puits au Colorado, dans l'Oklahoma, au Texas, dans l'Arkansas et dans l'Ohio [...]. Enfin, la fracturation hydraulique peut également être une source de pollution lumineuse et sonore à cause des opérations de forage, des pompes et des véhicules.

Renee Cho, « La fracturation hydraulique aux États-Unis », *Revue française des affaires sociales*, janv-fév. 2012.

Renee Cho est rédactrice à l'Earth Institute de l'université Columbia de New York, institut de recherche universitaire sur le développement durable.

4 L'exploitation du gaz de schiste par fracturation hydraulique

La dimension technique

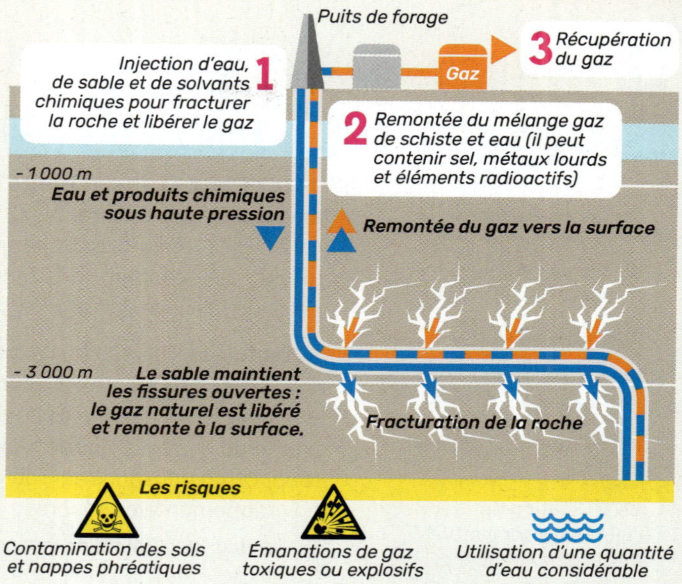

Source : Le Zoom de la rédaction, *France Inter*, 10 octobre 2013.

5 Exploitation du gaz de schiste dans le bassin du Niobrara (Colorado) en 2014

CONSTRUIRE SON POINT DE VUE

Découvrez les documents

1. Quelles sont les régions où se concentre l'exploitation du pétrole et gaz de schiste aux États-Unis ? docs 1, 3 et 5

2. Quels bénéfices les États-Unis retirent-ils de cette exploitation ? doc 2

3. Quels sont les risques liés à la fracturation hydraulique ? docs 3 à 5

Développez des arguments

4. Montrez que les hydrocarbures de schiste sont une ressource naturelle stratégique pour les États-Unis. docs 1 et 2

5. Montrez que les intérêts entre acteurs économiques et défenseurs de l'environnement divergent. docs 2 à 5

Présentez votre point de vue ORAL

▸ À l'oral, en 5 minutes, répondez à la problématique « Pétrole et gaz de schiste aux États-Unis : miracle économique ou enfer écologique ? » en présentant plusieurs arguments.

Révisions Les États-Unis et la question environnementale

Podcast Synthèse à écouter

EXO Exercices interactifs

DATES CLÉS

1872 Yellowstone, premier parc national

1930-1940 *Dust Bowl*

1962 *Silent Spring* de Rachel Carson

1969 Premier *Earth Day* aux États-Unis

1970 Création de l'EPA (*Environmental Protection Agency*)

2017 Annonce du retrait de l'Accord de Paris sur le climat

SYNTHÈSE

I Une nature entre exploitation et protection

- **Les États-Unis ont hérité de la conquête de leur territoire un rapport ambivalent à la nature.** Du XVIIe au XIXe siècle, il s'agit de maîtriser une nature contraignante au prix d'une transformation profonde des milieux (déboisements, assèchement des marais...). Parallèlement, au XIXe siècle, naît une certaine fascination pour la *wilderness* qu'il faut préserver.

- **Depuis le XIXe siècle, l'exploitation intensive des ressources naturelles est l'un des fondements économiques du pays.** Aujourd'hui, le mode de vie américain est encore très énergivore. Le pays est le 2e pays émetteur de gaz à effet de serre au monde. L'exploitation du pétrole et gaz de schiste, qui garantit l'autosuffisance énergétique du pays, s'effectue au prix de dégradations environnementales sévères.

Jalon p. 362, **Points de vue** p. 368

II Un pays à l'avant-garde de la question environnementale

- **Une conscience écologique émerge dès la fin du XIXe siècle.** Sous l'influence de penseurs et philosophes (Thoreau, Muir...), le pays s'engage dans une politique de protection de la nature par la création d'aires protégées (parc national de Yellowstone en 1872). Au début du XXe siècle, le président Théodore Roosevelt incarne un État devenu soucieux de la préservation de la nature et de la conservation des ressources naturelles.

- **Les années 1970 marquent un autre temps fort de la politique environnementale.** Suite à des catastrophes de grande ampleur (*Dust Bowl*) et aux alertes lancées par des scientifiques (Rachel Carson), le pays prend conscience de la dégradation extrême de l'environnement et des risques associés. L'opinion publique se mobilise et l'environnementalisme se structure. Le pays vote une série de grandes lois sur la protection de l'environnement (*Clean Air Act, Clean Water Act*...).

Jalon p. 362

III Des tensions à l'échelle nationale et internationale

- **Depuis la fin du XXe siècle, le débat sur la question environnementale est devenu conflictuel dans le pays.** L'État fédéral, influencé par des lobbies industriels et un courant climato-sceptique, limite sa politique environnementale. Certains États fédérés (Californie, Oregon...) et de grandes métropoles (New-York, San Francisco,...) s'engagent au contraire activement dans des politiques écologiques.

- **Le pays est un acteur majeur de la question environnementale à l'échelle internationale.** De nombreux penseurs, scientifiques ou ONG américains sont à la tête de mouvements environnementalistes. Mais l'État fédéral constitue une force de blocage sur les négociations climatiques internationales (retrait de l'Accord de Paris sur le climat en 2019), et les multinationales américaines sont souvent critiquées pour leur rôle dans la dégradation de l'environnement.

Jalon p. 362, **Jalon** p. 366

SUJETS BAC

Dissertation

- « Les paradoxes et tensions de la gestion de l'environnement aux États-Unis depuis le XIXe siècle » p. 363
- « Les États-Unis et la protection de leur environnement depuis le XIXe siècle » p. 372
- « Les États-Unis face à la question environnementale des années 1970 à nos jours » p. 373

Étude critique de documents

- « Les États-Unis et la question climatique à l'échelle internationale » p. 367 et p. 373
- « La présidence de Theodore Roosevelt : un tournant dans la politique environnementale des États-Unis » p. 363

QCM

1 Les premiers défenseurs de la *wilderness* sont :

- A les colons partis à la conquête du territoire américain aux XVIIe et XVIIIe siècles
- B certains artistes et intellectuels du XIXe siècle
- C les militants écologistes de la seconde moitié du XXe siècle

2 Sous sa présidence (1901-1909), Theodore Roosevelt décide :

- A de créer le premier parc national aux États-Unis
- B d'accélérer l'exploitation des ressources naturelles
- C d'encourager les mesures de conservation

3 Le mode de vie des Américains est un mode de vie :

- A énergivore
- B fortement dépendant des énergies fossiles
- C économe en eau

4 Le retrait des États-Unis de l'Accord de Paris sur le climat en 2019 révèle :

- A le refus des États-Unis d'adhérer à un accord européen
- B des tensions entre État fédéral et États fédérés sur la question climatique
- C l'existence d'un puissant courant climato-sceptique dans le pays

MOTS CLÉS

Climatosceptique : p. 369

Conservation/préservation : p. 358-359

Énergivore : p. 363

Environnementalisme : p. 360

Green politic : p. 361

Ressources naturelles : p. 359

Wilderness : p. 359

COMPRENDRE AUTREMENT

Les États-Unis et la question environnementale : tensions et contrastes

Une nature maîtrisée et exploitée

- **Héritage de la conquête du territoire** (crainte et fascination pour la *wilderness*)
- **Maîtrise de la nature et transformation des milieux** (assèchement des marais, canaux d'irrigation…)
- **Exploitation illimitée des ressources naturelles** (extermination des bisons, déforestation…)
- **Mode de vie énergivore**

L'environnement aux États-Unis depuis le XIXe siècle p. 362

Pétrole et gaz de schiste : miracle économique ou enfer écologique ? p. 368

Un pays à l'avant-garde de la question environnementale

- **Penseurs et philosophes de la nature** dès le XIXe siècle (Thoreau, Muir, Pinchot…)
- **Préservation/Conservation**
- **Invention des aires naturelles protégées** (Yellowstone en 1872)
- **Environnementalisme**
- **Grandes lois fédérales en faveur de l'environnement**
- **Puissance des ONG environnementales** (*The Nature Conservancy, Wildlife Conservation Society…*)

L'environnement aux États-Unis depuis le XIXe siècle p. 362

Des tensions à l'échelle nationale et internationale

- **Poids des *lobbies*** (automobiles, pétroliers…) **et des climatosceptiques**
- **Blocage de l'État fédéral dans les négociations climatiques internationales** (Kyoto, Paris)
- **Engagement d'États fédérés et de grandes métropoles** dans des politiques environnementales actives (*green politics*)
- **Attitude ambivalente des multinationales américaines** (entre engagement environnemental et dégradations)

Les États-Unis et l'environnement à l'échelle internationale p. 366

BAC

Dissertation

SUJET BAC

Les États-Unis et la protection de leur environnement depuis le XIXe siècle

Échelle du sujet

Thème principal du sujet. Définir la notion d'environnement. Pourquoi et comment protéger l'environnement ?

Cadre chronologique à justifier. Sous-entend « jusqu'à nos jours » Pourquoi faire débuter le sujet au XIXe siècle ?

MÉTHODE	APPLICATION
ÉTAPE 1 ANALYSER LE SUJET ET FORMULER LA PROBLÉMATIQUE	
Définissez les mots clés, l'échelle, l'espace concerné, la période, le cadre chronologique	Analysez le sujet en vous aidant des indications ci-dessus. **Exemple** : Le sujet invite à étudier les politiques de protection des milieux géographiques et des ressources naturelles aux États-Unis depuis la fin de la conquête du territoire jusqu'à nos jours.
Dégagez les enjeux du sujet et un fil conducteur formant une problématique	Dégagez une problématique. **Exemple** : Quels sont les fondements et l'évolution de la politique environnementale aux États-Unis depuis le XIXe siècle ?
ÉTAPE 2 MOBILISER LES CONNAISSANCES	
Notez, sur un brouillon, les connaissances personnelles nécessaires pour répondre au sujet (notions, exemples précis, dates, statistiques, faits géographiques...) **Faites des liens avec les programmes de spécialité 1re, d'histoire et de géographie** **Vérifiez que les informations retenues sont en rapport avec le sujet**	Notez vos connaissances sur les différents aspects du sujet. **Exemples** Les notions : environnement, préservation, conservation, *wilderness*, parc national, parc naturel, ressources naturelles, environnementalisme. Les acteurs de la protection de l'environnement : État fédéral, États fédérés, métropoles, ONG, firmes multinationales, personnalités intellectuelles. Les politiques de protection de l'environnement. *Conseil* Référez-vous à vos cours et aux pages Jalon de ce chapitre, ainsi qu'au chapitre 14 (Jalon p. 346-347).
Prévoyez éventuellement un schéma/un croquis illustrant une notion ou une partie de la dissertation (ce n'est pas obligatoire)	Vous pouvez proposer un croquis pour illustrer les paradoxes de la politique environnementale : organisez sa légende pour faire ressortir les problématiques abordées. **Exemple** : Vous pouvez vous aider de la carte 1 p. 356.
ÉTAPE 3 CONSTRUIRE UN PLAN ET ORGANISER LES CONNAISSANCES	
Définissez les parties et sous-parties de votre plan **Classez les connaissances dans chaque sous-partie**	**Exercice Classez vos connaissances dans le plan suivant :** **I.** Du XIXe au milieu du XXe siècle : émergence et développement d'une conscience écologique **II.** Du milieu du XXe siècle à nos jours : affirmation et paradoxes de la question environnementale.
ÉTAPE 4 RÉDIGER LA DISSERTATION	
a. Rédiger l'introduction **Rédigez une phrase d'accroche en lien avec le sujet pour attirer l'attention du correcteur (fait historique ou d'actualité, citation...)**	**Lisez l'exemple d'introduction suivant :** « Le temps est venu d'envisager sérieusement ce qui arrivera quand nos forêts auront disparu, quand le charbon, le fer, le pétrole et le gaz seront épuisés. » Ainsi s'exprimait le président des États-Unis Théodore Roosevelt lors de la Conférence sur la conservation des ressources naturelles en 1908. Aux États-Unis, l'idée de protéger la nature et ses ressources naît au XIXe siècle avec la fin de la conquête de l'Ouest et le début de l'ère

▸ Présentez le sujet en précisant le sens des termes

▸ Formulez la problématique, c'est-à-dire la question qui guide la dissertation

▸ Annoncez le plan

industrielle. Aujourd'hui, à toutes les échelles, du gouvernement fédéral aux métropoles, l'action politique américaine se préoccupe de l'environnement, c'est-à-dire du milieu géographique constituant le cadre de vie de la société. Quels sont les fondements et l'évolution de la politique environnementale aux États-Unis depuis le XIXe siècle ?
Nous montrerons dans un premier temps qu'une conscience écologique s'est développée des années 1830 jusqu'à la fin des années 1950 ; puis dans un second temps, nous verrons qu'à partir des années 1960, la question environnementale, devenue un objet politique majeur, illustre les paradoxes de la société américaine.

▸ **Exercice** En vous aidant des indications de la méthode, repérez les 4 parties constituant cette introduction puis répondez aux questions suivantes.
- Quel est l'intérêt de la phrase d'accroche ?
- Quelle est l'utilité de la présentation du sujet ?
- Pourquoi est-il important de formuler une problématique ?
- Comment le plan est-il annoncé ?

b. Rédiger le développement et éventuellement intégrer un schéma.

▸ En vous appuyant sur votre travail au brouillon (étape 3), rédigez un paragraphe pour chaque partie du plan : vous y développerez les idées importantes, les explications et un ou deux exemples précis.

▸ Sur le fond de carte fourni, réalisez le croquis que vous avez prévu accompagné de sa légende.

Fond de carte

c. Rédiger la conclusion

▸ Rédigez une conclusion répondant à la problématique.

ENTRAÎNEZ-VOUS

Nouveau sujet ▸ **Les États-Unis face à la question environnementale des années 1970 à nos jours**

BAC ▸ Étude critique de documents

SUJET BAC

Les États-Unis et la question climatique à l'échelle internationale

Doc 1 Carte « Les États-Unis et l'Accord de Paris sur le climat en 2019 » doc 2 p. 357

Doc 2 Texte « Les États-Unis et le réchauffement climatique » doc 1 p. 366

Consigne : En analysant et en confrontant les documents, vous montrerez les contradictions et tensions autour de la position des États-Unis sur la question climatique à l'échelle internationale.

LES QUESTIONS À SE POSER	LES CONNAISSANCES À MOBILISER	CONSEILS POUR L'ÉTUDE CRITIQUE
▸ Quels sont les mots clés du sujet et de la consigne ? ▸ Quels sont les thèmes abordés dans les documents en rapport avec le sujet ? ▸ Quelles questions posent-ils par rapport au sujet ? ▸ Quelle problématique peut être énoncée ?	**Chapitre 14** Jalon Le climat, enjeu des relations internationales p. 346-347 **Chapitre 15** Les États-Unis et la question environnementale p. 354-371 **HGGSP 1re Chapitre 6** La puissance des États-Unis aujourd'hui **Notions** Accords de Paris sur le climat, climato-scepticisme, protocole de Kyoto	▸ Relevez et expliquez : - les contradictions : position des États-Unis/action et rôle des scientifiques américains ; - les tensions : seul pays à se désengager, entrave à la coopération internationale. ▸ Mettez en relation le texte et la carte : évolution de la part des États-Unis dans les émissions mondiales de gaz à effet de serre ; acteur mondial incontournable de la question environnementale ; « puissance récalcitrante des négociations climatiques » / retrait de l'Accord de Paris. ▸ Dégagez des éléments d'analyse critique. Montrez par exemple que la position américaine sur les gaz à effet de serre et sur l'évolution du climat n'est pas nouvelle.

Méthode générale de l'étude critique de documents p. 24

Révisions

Thème 5

L'environnement, entre exploitation et protection : un enjeu planétaire

SYNTHÈSE

Synthèse à écouter

NOTIONS CLÉS

Conférence des parties (COP) : p. 340

Conservation/ préservation : p. 358-359

Convention-cadre des Nations unies sur le changement climatique (CNUCC) : p. 340

Développement durable : p. 306 et 310

Écologie : p. 318

Effet de serre : p. 337

Énergivore : p. 363

Environnement : p. 310

Environnementalisme : p. 360

Parc national : p. 356

Préservation : p. 359

Protection : p. 310

Ressources naturelles : p. 359

Wilderness : p. 246

I L'exploitation et la modification de l'environnement par les hommes

● **L'homme fait pression sur l'environnement dès la Préhistoire.** Les chasseurs-cueilleurs du Paléolithique vivent des ressources prélevées dans leur environnement et leur impact sur la biodiversité n'est pas négligeable. La pression s'accentue avec la révolution néolithique. L'invention de l'agriculture et de l'élevage transforme profondément les écosystèmes. Depuis, les sociétés humaines n'ont cessé d'intensifier cette pression sur leur environnement.

● **Le développement des sociétés s'effectue aux dépens de la nature.** L'exploitation prédatrice des ressources naturelles du Nouveau Monde par les Européens à partir du XVIe siècle en témoigne. À partir de la fin du XVIIIe siècle, la révolution industrielle marque un nouveau tournant. Elle repose sur l'exploitation massive des ressources du sol et du sous-sol, notamment les énergies fossiles. Elle est à l'origine d'une dégradation environnementale accélérée (pollutions, changement climatique...).

II La nécessité de protéger la nature et l'environnement

● **Au XIXe siècle, le rapport à la nature change.** Auparavant, la nature sauvage inspirait la crainte et était considérée comme un élément à maîtriser et à exploiter au bénéfice des sociétés humaines, sans considération écologique. Le changement s'amorce avec des mouvements qui exaltent la nature (romantisme, transcendantalisme). Les sociétés prennent conscience de la nécessité de protéger le patrimoine naturel et l'environnement.

● **Cet éveil écologique a conduit à des mesures de protection.** Dès la fin du XIXe siècle, la nature commence à être sanctuarisée par la création de parcs naturels (Yellowstone, 1872). Au cours du XXe siècle, des lois environnementales sont adoptées pour garantir la santé des hommes et la protection de la nature (années 1970 aux États-Unis). À la fin du XXe siècle émerge l'idée d'un développement durable afin de concilier développement et préservation des ressources naturelles.

III L'environnement : un enjeu planétaire

● **L'environnement est devenu aujourd'hui un enjeu géopolitique global.** À partir des années 1970, l'ONU organise de grandes conférences internationales sur l'environnement. La lutte contre le réchauffement climatique (protocole de Kyoto, accord de Paris sur le climat) ne peut s'envisager qu'à l'échelle mondiale par la coopération entre les États (CCNUCC, COP,...), et les acteurs privés (entreprises, ONG...).

● **La question environnementale est un révélateur des inégalités entre les pays.** Certains États (États-Unis, Chine...) sont moins engagés que d'autres (UE) dans la lutte contre le changement climatique. Les pays mal développés d'Asie et d'Afrique sont les plus vulnérables et les plus exposés face aux dégradations environnementales.

EXEMPLES DE SUJETS SUR LE THÈME

DISSERTATION

Les ressources naturelles entre exploitation et protection depuis la révolution industrielle

Programme

Chapitres 13 et 15

Notions

Révolution industrielle, ressources naturelles, énergies fossiles, parc naturel, conservation, écosystème, biodiversité.

Conseils

- Montrez que les révolutions industrielles (depuis le XIXe siècle) s'appuient sur l'exploitation des ressources naturelles.
- Présentez les acteurs de la protection de l'environnement à différentes échelles.

Autre sujet possible

- L'homme et le climat du Moyen Âge à nos jours

QUESTION — GRAND ORAL

Dans quelle mesure la question des déplacés climatiques peut-elle devenir un enjeu majeur dans les relations internationales ?

Liens avec le programme

HGGSP Term Thème 5 « L'environnement »

Domaine d'études supérieures

Métiers de l'environnement, géographie, aménagement du territoire, relations internationales, sciences politiques

Croisement avec d'autres disciplines de spécialité

- SES : « Quelle action publique pour l'environnement ? »

Conseils pour ces questions

Autre question possible

- Le réchauffement climatique, vecteur de coopération ou, au contraire, source de tensions à l'échelle mondiale ?

POUR ALLER PLUS LOIN

Références en +

Chapitre 13

Le Sacre de l'homme, téléfilm de Jacques Malaterre dont le scénario a été écrit par le préhistorien Yves Coppens (2007).

Il permet d'aborder de manière originale la révolution néolithique.

Les Eaux blessées, de Cristina Cuadra et Dominique David, Parlement européen, 2004.

Cette bande dessinée raconte l'histoire d'une députée européenne, engagée dans la protection des eaux.

Chapitre 14

Un autre regard sur le climat, Emma Subiaco, Massot Éditions, 2019.

Une BD qui permet de mieux comprendre les mécanismes du changement climatique.

Trente-trois questions sur l'histoire du climat, Emmanuel Le Roy Ladurie, Pluriel, 2010.

Un livre sous forme d'entretien avec un des premiers historiens français à avoir étudié l'évolution du climat.

Chapitre 15

Into the wild. Voyage au bout de la solitude, de John Krakauer, Éditions 10/18, 2008.

Un récit biographique constituant une réflexion sur l'expérience de la *wilderness*.

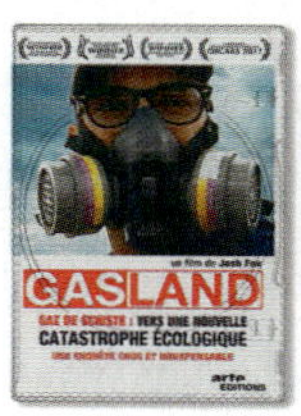

Gasland, de Josh Fox, 2010.

Un documentaire sur l'impact environnemental et sanitaire de l'extraction du gaz de schiste par fracturation hydraulique.

BAC **Grand oral**

Méthode générale p. 26

ÉTAPE 1 CHOISIR SA QUESTION

Ne choisissez pas votre question au hasard !

Voir les critères de choix et de formulation d'une question p. 98

Quelles sont les échelles d'action efficaces en matière de protection de l'environnement ?

D'autres exemples de questions liées à ce thème p. 375

ÉTAPE 2 PRÉPARER SON INTERVENTION ORALE

SE DOCUMENTER

Voir p. 174 comment choisir des sources pertinentes.

- Aidez-vous du manuel pour faire un premier point sur la question.

Chapitre 13 Points de vue Qui doit protéger la forêt amazonienne ? p. 328

Chapitre 14 Cours Quelles politiques pour lutter contre le changement climatique ? p. 340 ; Jalon Le climat, enjeu des relations internationales : les accords internationaux p. 346

Chapitre 15 Cours Les États-Unis aux XXe et XXIe siècles : les paradoxes de la politique environnementale p. 360 ; Jalon L'environnement aux États-Unis depuis le XIXe siècle p. 362

Conseil

Commencez votre recherche documentaire par des ouvrages généraux qui vous donneront des pistes d'approfondissement, puis consultez les sources plus spécialisées.

Ouvrages	Y. Veyret, *L'Environnement - Concepts, Enjeux et Territoires*, Armand Colin, « Cursus », 2017. P. Lascoumes, *Action publique et environnement*, PUF, « Que sais-je ? », 2018.
Publications et articles en ligne	*Rapport Annuel 2018*, Programme des Nations unies pour l'environnement (PNUE), 2019. www.undp.org/content/undp/fr/home/librarypage/corporate/annual-report-2018.html « Urgence climatique : l'essentiel sur l'action internationale et européenne », *Toute l'Europe*, novembre 2019. www.touteleurope.eu/actualite/urgence-climatique-l-essentiel-sur-l-action-internationale-et-europeenne.html Site du Ministère de la transition écologique et solidaire : www.statistiques.developpement-durable.gouv.fr/
Podcasts	*Climat : des mots aux actes*, épisode 1 : « COP25 : dernières négociations avant engagements », France Culture, 12 décembre 2019 (58 min). www.franceculture.fr/emissions/cultures-monde/climat-des-mots-aux-actes-14-cop-25-dernieres-negociations-avant-engagements-1

ORGANISER VOTRE RÉPONSE

EN INTRODUCTION

- Accrochez l'attention du jury. Vous pouvez par exemple introduire la question par un fait d'actualité.

Exemple : en février 2020, un collectif de 1 000 scientifiques constate l'inaction des gouvernements face à l'urgence climatique et appelle les citoyens à la désobéissance civile.
Quelles sont les échelles d'actions efficaces pour protéger l'environnement ?

- Expliquez pourquoi vous avez choisi cette question. Vous pouvez par exemple faire référence à vos activités associatives ou vos engagements en matière de protection de l'environnement.

ORGANISEZ VOTRE PLAN

- Formulez 2 ou 3 idées majeures reprenant les grands thèmes issus de votre recherche.

Exemple
I. L'échelle internationale : coopérer pour déterminer les priorités environnementales
II. L'échelle des États : mettre en œuvre des politiques de protection de l'environnement
III. La société civile : agir, informer, alerter sur les problèmes environnementaux

Astuce
Construisez votre plan à partir de quelques mots clés.

EN CONCLUSION

- Répondez à la question : « Quelle est l'échelle d'action la plus efficace ? »

ÉTAPE 3 PRÉPARER LE SUPPORT À REMETTRE AU JURY

Même s'il n'est ni obligatoire ni évalué, prenez le temps de remettre un support au jury. Il prouvera la qualité de votre préparation.

Exemples de support

ÉTAPE 4 PRÉSENTER LA RÉPONSE À LA QUESTION DEVANT LE JURY

Rendez-vous p. 28 pour des conseils détaillés sur cette étape importante.

- Entraînez-vous régulièrement en classe avec vos professeurs, avec vos amis, votre famille, devant un miroir pour travailler votre posture et votre gestuelle, avec un smartphone pour vous enregistrer…

- **Exercice :**
Écrivez sur une feuille les thèmes que vous envisagez de traiter pour répondre à votre question. Donnez cette feuille à une personne de votre choix en lui demandant de choisir un thème au hasard. Vous devez développer ce thème.
Votre interlocuteur évalue votre prestation (voix, attitude, connaissances).
Notez les points positifs et les points que vous devez encore travailler.

Conseil
Dans tous vos entraînements en classe ou avec vos amis, faites preuve de bienveillance. Proposez des critiques positives et des idées d'amélioration… et sachez accepter les critiques !

Grille d'évaluation pour l'entretien

ÉTAPE 5 PRÉPARER LA DISCUSSION AVEC LE JURY

- Lors de vos entraînements en public : notez les questions, contre-arguments, objections, discussions, demandes de précisions… et préparez-vous à y répondre !
- Préparez des arguments sur des questions d'actualité.
- Apprenez les définitions de tous les termes disciplinaires que vous utilisez.

- **Exercice** : un camarade « jury » vous questionne :
- Que pensez-vous du mouvement « Youth for climate » et de son action ?
- Pouvez-vous préciser la différence entre environnement et biodiversité ?
- Comment définissez-vous la notion de développement durable ?
- Quel lien pouvez-vous faire entre votre question et votre 2e spécialité ?
- Quels liens pouvez-vous établir avec les autres thèmes du programme ?
- Quels liens avec vos matières du tronc commun ?

Exemples pour cette question
- Lien avec les SES : Chapitre 12 Quelle action publique pour l'environnement ?
- Lien avec HLP : l'humanité et question, l'humain et ses limites
- Lien avec la philosophie : la nature, l'État
- Lien avec l'histoire Tle : Thème 4 Chapitre 9 Nouveaux rapports de puissance et enjeux mondiaux : l'effort pour mettre en place une gouvernance mondiale face aux défis contemporains (justice internationale, réfugiés, environnement)
- Lien avec l'anglais tronc commun : innovations scientifiques et responsabilités

Conseil
N'oubliez pas que le 2e membre du jury peut être un enseignant d'une matière du tronc commun. Il ne pourra qu'apprécier si vous faites référence à sa matière.

ÉTAPE 6 ÉCHANGER SUR SON PROJET D'ORIENTATION

« En quoi la question que vous avez choisie éclaire vos choix d'orientation, voire votre projet professionnel ? »

Quelles études en lien avec cette question ?
Cette question intéressera les élèves qui veulent s'orienter vers des études de géographie, d'aménagement du territoire, relations internationales, sciences politiques ou vers les métiers de l'environnement.
- Exemple de formation : l'École nationale du Génie de l'eau et de l'environnement de Strasbourg propose un Master Pro Géographie environnementale - Systèmes géographiques et environnements.

Conseil
Rappelez comment vous vous êtes informé (infos fournies par Parcoursup, ONISEP, salons de l'étudiant, journées portes ouvertes…).

Thème 6

L'enjeu de la connaissance

La production, la diffusion et le contrôle de la connaissance représentent un enjeu essentiel pour les États soucieux d'asseoir leur puissance et d'assurer leur rayonnement. Si la connaissance est au cœur de réseaux de coopérations internationaux, elle est également l'objet d'une vive compétition entre les entreprises et les États. L'inégal accès des territoires et des populations à la connaissance soulève des enjeux de développement considérables.

Les universités, acteurs clés de la production et de la diffusion de la connaissance

Le 29 mai 2019, un groupe d'étudiants diplômés d'Harvard célèbre le 368e anniversaire de cette université située près de Boston, aux États-Unis, reconnue comme l'une des plus prestigieuses au monde.

SOMMAIRE

Découvrir

La « société de la connaissance », portée et débats

À partir du XVIe siècle, la connaissance, sortant du cercle étroit des milieux savants, se diffuse dans l'économie et la société, changeant les modes de production et les conditions de vie des populations. Depuis quelques décennies, la démocratisation des savoirs et la mondialisation des échanges d'informations, en lien avec l'usage croissant des nouvelles technologies de l'information et de la communication, transforment le rapport des sociétés à la connaissance.

1 La notion de société de la connaissance

La société de la connaissance aurait comme activité principale de produire et de diffuser des connaissances. [...] Ce serait une forme ultime de l'activité économique et sociale de service, dans laquelle la maîtrise des connaissances deviendrait le cœur des activités de chacun. C'est une utopie pour le siècle, apparue récemment en Europe et qui se propose d'être un but, notamment pour les scientifiques. [...] C'est un succès presque universel : tous les pays ont des chercheurs et une politique scientifique, ou souhaitent en avoir une. [...]

Durant ces dernières décennies [on est passé] d'un régime basé sur le principe d'une fonction de recherche jouée pour la société, exercée par des professionnels spécialistes, pour aller vers un autre régime instaurant une recherche avec la société. [La société de la connaissance] introduit l'idée que d'autres acteurs que les acteurs scientifiques et économiques ont un rôle plein à jouer. [...] Elle s'inscrit dans une vision systémique de la science, dans laquelle les sciences et la société forment ensemble un même système.

Jean-Pierre Alix, « Société de la connaissance, réforme ou révolution ? », *Natures Sciences Sociétés*, vol. 19, 2011.

BIOGRAPHIE

Peter Drucker (1909-2005)

Professeur et théoricien de l'économie, Peter Drucker élabore à la fin des années 1960 le concept de « société de la connaissance » [*knowledge society*], une société dans laquelle les technologies de l'information et de la communication (TIC) diffusent largement les savoirs, favorisant la créativité, l'innovation et la connaissance, et ainsi le développement économique.

→ **Quels acteurs participent à la société de la connaissance ?**

2 Économie de la connaissance et société de l'information

Économie de la connaissance
ou « économie du savoir »
Phase de l'histoire économique (à partir des années 1990) durant laquelle les performances économiques d'un État dépendent de sa capacité à produire et à diffuser des savoirs et des informations. La Recherche et le Développement (R&D) et la capacité à produire des innovations en sont les leviers essentiels.

↓

La société de la connaissance suppose une appropriation de la connaissance par l'ensemble de la société, ce qui n'est pas le cas dans l'économie de la connaissance.

Société de l'information
Société qui fait un usage intensif des technologies de l'information et de la communication (TIC). Celles-ci produisent des biens et des services et engendrent des savoirs et une sociabilité spécifiques.

↓

La société de l'information peut être considérée comme une condition de la mise en place de la société de la connaissance.

→ **Quels sont les points communs et les différences entre les notions de « société de la connaissance », d'« économie de la connaissance » et de « société de l'information » ?**

3 Le numérique au service de la diffusion des savoirs

Les conférences TED, filmées et diffusées sur Internet, invitent des spécialistes à partager leurs connaissances dans un large éventail de disciplines. Celle tenue en mai 2013 par Bill Gates, le célèbre fondateur de Microsoft devenu philanthrope, a été traduite en 40 langues et vue par plus de 4 millions de personnes.

→ **Comment les NTIC favorisent-elles la diffusion de la connaissance ?**

4 Les limites de la société de la connaissance

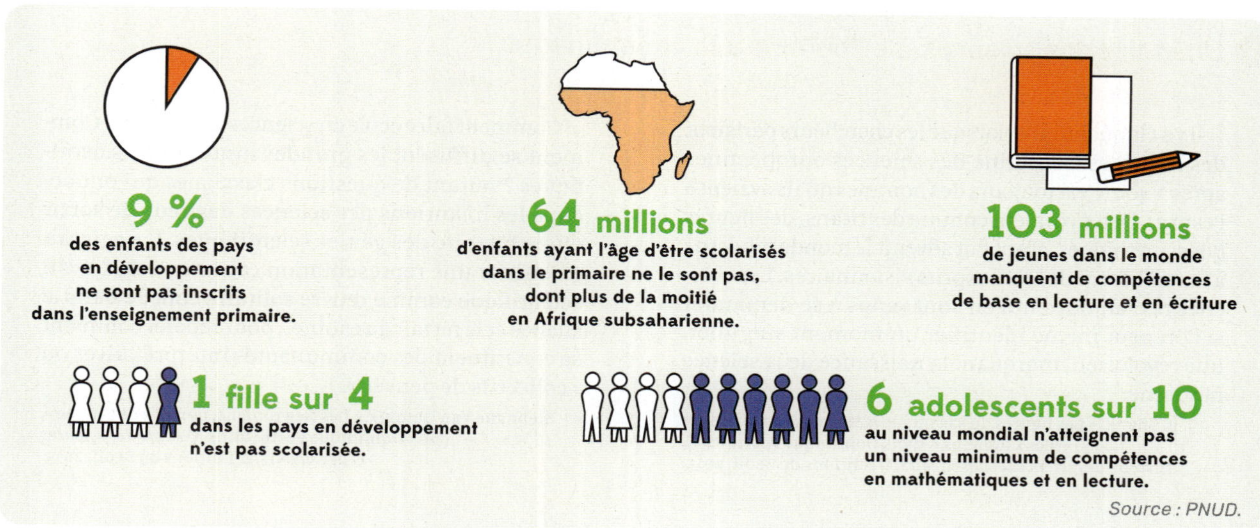

→ **Quelles sont les limites de la société de la connaissance qui apparaissent ici ? En connaissez-vous d'autres ?**

5 La fracture numérique

Affiche d'*Emmaüs Connect* (2019), une association de bénévoles qui souhaite faire du numérique non plus un facteur d'exclusion mais un levier d'insertion sociale.

→ **En vous aidant de l'image et du texte de cette affiche, proposez une définition de la fracture numérique.**

FAIRE LE POINT

Qu'est-ce que la « société de la connaissance » et quelles en sont les limites ?

Découvrir

La notion de communauté savante, de communauté scientifique en histoire des sciences

Nées à l'époque moderne, les communautés savantes débattent des grandes questions du temps dans des domaines aussi variés que l'astronomie, la physique, la botanique, la chimie etc. Organisées à l'origine en institutions nationales – universités, académies –, leur champ d'action est rapidement devenu international. Du siècle des Lumières à nos jours, les savoirs qu'elles produisent circulent à l'échelle de l'Europe et du monde.

1 L'histoire des sciences, de l'homme à la communauté

Il y a cinquante ans, lorsque les chercheurs parlaient des hommes à l'origine des sciences européennes après 1 400 (c'est toujours des hommes qu'ils avaient à l'esprit), ils les voyaient comme des titans, des figures quasi mythiques, ayant fait advenir le monde moderne à la seule force de leurs esprits visionnaires. Les chercheurs d'aujourd'hui en sont venus à se demander si l'on peut même identifier un moment singulier, une révolution, marquant la naissance de la science moderne.

J. B. Shank, « Les figures du savant, de la Renaissance au siècle des Lumières », dans Dominique Pestre (dir.), *Histoire des sciences et des savoirs*, © Éditions du Seuil, 2015.

Comment faire école en sciences modernes ? Comment se diffusent les grandes innovations scientifiques ? Autant de questions classiques qui ont occupé les historiens des sciences désireux de sortir d'une histoire des génies scientifiques. Il s'agissait de quitter une représentation commune du travail scientifique comme œuvre solitaire conçue dans le silence et le retrait du cabinet, pour repérer comment se constituent des communautés interprétatives ou « collectifs de pensée ».

Stéphane Van Damme, « Les Newtoniens, portrait de groupe », dans Dominique Pestre (dir.), *Histoire des sciences et des savoirs*, © Éditions du Seuil, 2015.

→ **Quelle évolution l'histoire des sciences a-t-elle connue ?**

2 Une communauté savante au siècle des Lumières

Au XVIIIe siècle, une communauté savante internationale, organisée en réseau, se met en place. Les salons sont des lieux privilégiés de la sociabilité qui se déploie alors.

Autour de Mme Geoffrin ①, on reconnaît ici le naturaliste Buffon ②, les philosophes Montesquieu ③, Rousseau ④ et Diderot ⑤, les économistes Turgot ⑥ et Quesnay ⑦, le compositeur Rameau ⑧ ainsi que Marivaux ⑨, homme de lettres.

Anicet Charles Gabriel Lemonnier, *Lecture de la tragédie de l'Orphelin de la Chine de Voltaire dans le Salon de Madame Geoffrin*, huile sur toile (195 x 126 cm), Châteaux de Malmaison et Bois-Préau, 1812.

→ **Comment ce tableau illustre-t-il l'idée de communauté savante ?**

③ Une communauté savante organisée en réseau

Au début du XVIIe siècle, les thèses avancées par Galilée en 1610 dans Le Messager céleste *provoquent dans toute l'Europe des sciences des commentaires et des débats.*

Le 8 avril m'est parvenu un exemplaire du livre de Galilée, *Le Messager céleste*, accompagné d'une demande de jugement de ma part sur l'ouvrage et surtout sur sa découverte. Loin d'avoir calmé les Italiens[1], l'attitude de Galilée les a au contraire montés contre lui. Je me suis empressé d'aller au secours de mon camarade de combat en faveur de Copernic. Si nous ne nous entraidons pas, qui viendra à notre secours ? [...] Nous devrions former une ligue de partisans de Copernic afin de monter à l'assaut, à visage découvert. Mais Galilée me paraît toujours si prudent...

Lettre de Jean Kepler (mathématicien et astronome) à l'humaniste Matthaeus Wacker von Wackenfels, septembre 1610.

1. La papauté au Vatican à Rome.

→ **Comment cette lettre témoigne-t-elle de l'existence d'une communauté de savants active organisée en réseau ?**

④ Les académies au XVIIIe siècle, une géographie

Sociétés et académies sont des assemblées de savants, scientifiques, gens de lettres ou artistes qui entendent promouvoir leurs disciplines respectives. Très à la mode au XVIIIe siècle dans les milieux aristocratiques et bourgeois, ces institutions encouragent et diffusent les travaux scientifiques.

→ **Pourquoi peut-on parler d'une communauté savante internationale au siècle des Lumières ?**

→ **À quelles échelles les communautés scientifiques peuvent-elles intervenir ?**

⑤ Une communauté scientifique aujourd'hui

Le Groupe d'experts intergouvernemental sur l'évolution du climat (GIEC ou IPCC en anglais, voir p. 346) est réuni à Monaco en septembre 2019, sur invitation de la Fondation Prince Albert II de Monaco. Le prince (3e en partant de la droite) est ici entouré d'un groupe de savants spécialistes des effets du réchauffement climatique sur l'océan.

FAIRE LE POINT

Quels sont les objets de l'histoire des sciences ?

Découvrir

Les acteurs et les modalités de circulation de la connaissance

La circulation de la connaissance est prise en charge par des acteurs variés : États, universités, centres de recherche et institutions soutenus par des financements publics ou privés, simples particuliers...
L'essor spectaculaire des nouvelles technologies de l'information et de la communication (NTIC) change les modalités de sa circulation.

1 Wikipédia, une nouvelle modalité de circulation de la connaissance

Créée par Jimmy Wales et Larry Sanger en 2001, Wikipédia est une encyclopédie en ligne, multilingue et enrichie en permanence.

Dans le monde numérique, et plus précisément dans le cas d'une encyclopédie, [...] une erreur peut être corrigée dès que quelqu'un la découvre. Cela signifie aussi qu'un même article, consulté à deux moments différents, peut présenter des différences notables. L'encyclopédie Wikipédia montre parfois une réactivité étonnante lors d'événements d'actualité importants, que ce soit une catastrophe naturelle ou la nomination d'un prix Nobel. [...] L'encyclopédie en ligne [est ainsi] un objet culturel fluctuant dans un domaine jusqu'alors stable. Ouvert au plus grand nombre, le travail de chacun est humble et anonyme. Wikipédia semble réinventer une nouvelle façon de diffuser les savoirs, c'est un territoire encore méconnu dans lequel nos anciens repères sont devenus obsolètes.

Valérie Chansigaud, « Wikipédia et l'Encyclopédie des Lumières : pourquoi vouloir les comparer ? », *Pour la science*, 30 novembre 1999 [en ligne].

→ **Quels sont les atouts de Wikipédia en terme de circulation de la connaissance ?**

2 La mondialisation de l'enseignement supérieur

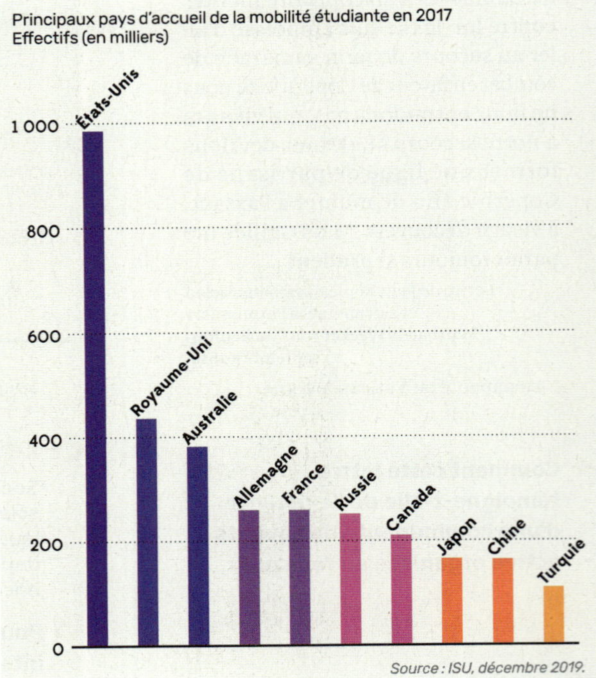

Source : ISU, décembre 2019.

→ **Que nous apprend ce document sur la circulation de la connaissance ?**

3 Les mobilités étudiantes

Affiche faisant la promotion de la mobilité des étudiants marocains vers la France. Ces derniers représentent 12 % de l'ensemble des étudiants étrangers en France.

→ **Quels acteurs encouragent la mobilité des étudiants marocains ? Comment ces mobilités favorisent-elles la circulation des connaissances ?**

4 Les grands clusters des États-Unis

Le Massachusetts Institute of Technology (MIT) a participé, sur plusieurs décennies, à la constitution du cluster de Boston et à sa célère « Route 128 » sur laquelle se concentre un grand nombre d'entreprises high-tech. La région est aujourd'hui mondialement connue dans les domaines des nouvelles technologies de l'information et de la communication (NTIC) et des biotechnologies et comprend une centaine d'entreprises d'informatique et plusieurs dizaines d'entreprises de biotechnologies. Plus de 4 000 entreprises ont été créées par des diplômés du MIT, générant plus d'un million d'emplois et 230 milliards de dollars de revenus annuels, ce qui classerait virtuellement le MIT au rang de 24e puissance mondiale.

Issue d'une initiative individuelle, la Silicon Valley constitue certainement dans l'imaginaire collectif l'archétype du cluster avec une capacité d'innovation unique au monde. [...]

D'autres exemples de réussite, comme les clusters des biotechnologies et des NTIC à San Diego en Californie ou le Research Triangle en Caroline du Nord, ont participé à la mise en place de stratégies de développement de clusters à travers le monde... sans qu'un modèle type ou unique puisse être pour autant dégagé et décrit en tant que tel.

Ministère de l'Économie, « Les clusters américains », octobre 2008, dans « Sciences en société », *La Documentation photographique*, n° 8115, janv.-fév. 2017.

→ **Dans quels domaines de la connaissance ces clusters sont-ils spécialisés ?**

VOCABULAIRE

Cluster : (terme polysémique, entendu ici au sens de) territoire marqué par une forte concentration d'entreprises, d'universités et de laboratoires de recherche travaillant en interaction dans le domaine de la connaissance.

5 Connaissance et acteurs privés

La goélette Tara effectue une capture de planctons dont l'étude doit faire avancer 12 domaines de la connaissance (océanographie, biologie, génétique, etc.), en mai 2011. Depuis 2003, la Fondation Tara Océan multiplie les expéditions et les travaux sur l'océan. Structure à but non lucratif, elle est essentiellement financée par des acteurs privés (entreprise agnès b.).

→ **Comment les entreprises privées peuvent-elles contribuer au progrès de la connaissance ?**

→ **Pourquoi l'océan est-il l'objet d'une attention particulière de la part des chercheurs ?**

6 Un réseau de la connaissance

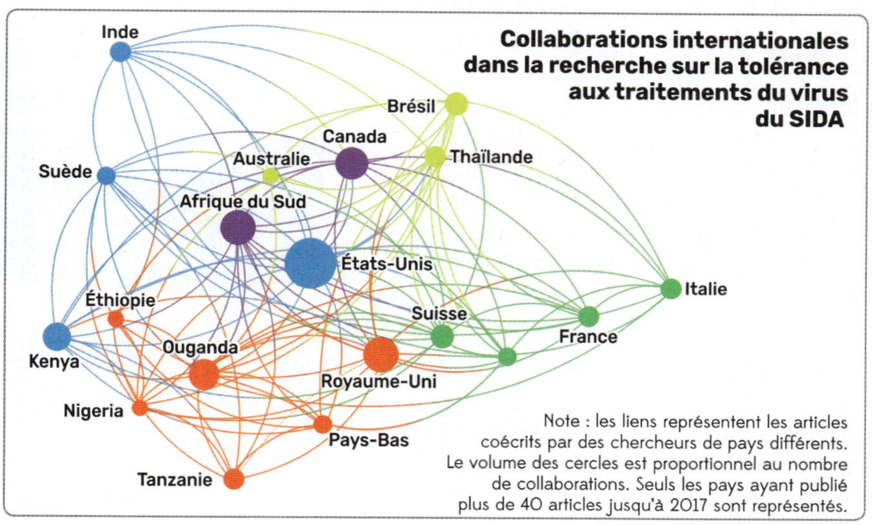

Note : les liens représentent les articles coécrits par des chercheurs de pays différents. Le volume des cercles est proportionnel au nombre de collaborations. Seuls les pays ayant publié plus de 40 articles jusqu'à 2017 sont représentés.

→ **Décrivez ce réseau de la connaissance (centres principaux et secondaires, flux, etc.).**

FAIRE LE POINT

Comment la connaissance circule-t-elle à l'échelle du monde ?

Repères L'enjeu de la connaissance

1 La « société de la connaissance »

- La démocratisation des savoirs et la mondialisation des échanges d'informations, en lien avec l'usage croissant des nouvelles technologies de l'information et de la communication (NTIC), transforment profondément le rapport des sociétés à la connaissance. En effet, les États, les milieux scientifiques, les institutions savantes et les entreprises ne sont plus les seuls acteurs à produire des connaissances.
- Forgé par le théoricien de l'économie Peter Drucker, le concept de « société de la connaissance » rend compte de la manière dont une société s'approprie les savoirs, contribue à les construire et à les diffuser. Si elle a bien l'ambition d'être englobante, la société de la connaissance laisse pourtant des territoires en marge et fait de nombreux exclus, dont l'intégration est un enjeu démocratique essentiel.

Affiche pour la Fête de la science dans l'Ain en 2019. Cet événement annuel, organisé par le ministère de l'Enseignement supérieur, de la Recherche et de l'Innovation, est relayé à toutes les échelles (département, communes...).

2 La notion de communauté savante, de communauté scientifique en histoire des sciences

- Une communauté savante naît à l'époque moderne (XVIe-XVIIIe siècles), une période marquée par une curiosité renouvelée dans tous les domaines de la connaissance. Organisée à l'origine en institutions régionales ou nationales – salons, loges maçonniques, académies, universités –, son champ d'action est rapidement devenu international. Du siècle des Lumières à nos jours, les communautés scientifiques produisent des connaissances qui circulent à l'échelle de l'Europe et du monde.
- L'histoire des sciences, qui se détourne du mythe du savant génial faisant seul ses découvertes, s'intéresse particulièrement au fonctionnement en réseau de ces communautés et au travail collectif qu'elles produisent. Les nouvelles technologies de l'information et de la communication (NTIC) facilitent aujourd'hui les échanges entre scientifiques.

Le Collège de France est un établissement public d'enseignement supérieur et de recherche. Au cœur de Paris depuis le XVIe siècle, il vise à la fois à être le lieu d'une recherche audacieuse et celui de son enseignement.

3 Les acteurs et les modalités de circulation de la connaissance

- De nombreux acteurs prennent en charge la circulation de la connaissance : États, universités, centres de recherche soutenus par des financements publics ou privés, entreprises, ONG, associations, simples particuliers. Si les NTIC facilitent et accélèrent la circulation de la connaissance à l'échelle internationale, elles en changent également les modalités : en témoigne le succès planétaire de Wikipédia, une encyclopédie en ligne, multilingue et enrichie en permanence par des contributeurs du monde entier.
- La mobilité croissante des étudiants à l'échelle du monde est aussi un facteur important de circulation de la connaissance. Certains territoires sont particulièrement actifs dans ce domaine, comme les technopôles ou bien les grands clusters des Etats-Unis, la « Route 128 » et la Silicon Valley.

Apple Park, le siège social d'Apple situé depuis 2017 à Cupertino, dans la Silicon Valley.

QCM

1 Une société de la connaissance est...

- **A** une société avec un taux d'alphabétisation élevé.
- **B** une société composée de savants.
- **C** une société valorisant et diffusant largement le savoir.

2 Les communautés savantes...

- **A** étaient déjà actives au XVIIIe siècle.
- **B** sont apparues dans la dernière moitié du XXe siècle.
- **C** sont composées de scientifiques.

3 Quelle est la phrase correcte ?

- **A** La société de l'information peut être considérée comme une condition de la mise en place de la société de la connaissance.
- **B** La société de la connaissance peut être assimilée à l'économie de la connaissance.
- **C** L'économie de la connaissance permet à l'ensemble de la population de s'approprier la connaissance.

4 Un cluster est...

- **A** un logiciel permettant d'optimiser les performances de son ordinateur.
- **B** une forte concentration d'institutions privées et publiques travaillant en interaction dans le domaine de la connaissance.
- **C** un scientifique spécialisé dans plusieurs disciplines à la fois.

5 L'intérêt porté à la recherche aujourd'hui conduit les États à :

- **A** déléguer ce domaine à des acteurs privés.
- **B** moins s'investir dans l'économie.
- **C** mettre en place des politiques visant à attirer les étudiants et les chercheurs.

6 La circulation de la connaissance s'opère...

- **A** dans le monde entier à toutes les échelles grâce à la diffusion des TIC.
- **B** de manière inégale selon les territoires et les individus.
- **C** au sein des seules élites des universités.

Entrer dans le thème

Chapitre 16 Produire et diffuser des connaissances p. 388

Quelles sont les conditions de production et de diffusion des connaissances ? Celles-ci passent par des politiques nationales de promotion de l'alphabétisation, mais aussi par le développement de réseaux internationaux tels que les communautés savantes.

▸ Dans quelle mesure la production et la diffusion des connaissances constituent-elles un enjeu majeur pour les États et les sociétés ?

Chapitre 17 La connaissance, enjeu politique et géopolitique p. 408

Entre rivalités et coopérations, la connaissance représente des enjeux fondamentaux à l'échelle internationale. Les États développent donc la recherche et l'innovation pour accroître leur prospérité économique, asseoir leur supériorité militaire mais aussi étendre leur influence culturelle.

▸ Pourquoi et comment les États se saisissent-ils de l'enjeu de la connaissance ?

Chapitre 18 Le cyberespace : conflictualité et coopération entre les acteurs p. 424

Le cyberespace représente un espace immatériel de communication dans lequel se côtoient des acteurs très divers, à toutes les échelles. Comment les logiques de liberté ou de contrôle s'y appliquent-elles ?

▸ Quel enjeu géopolitique le cyberespace constitue-t-il à l'échelle mondiale ?

Chapitre 16

Produire et diffuser des connaissances

Depuis le début de l'époque moderne, la production et la diffusion des connaissances s'intensifient. Leur maîtrise devient un critère de puissance pour les États. Des communautés de savants se constituent, animées par d'intenses échanges, à l'échelle nationale et internationale.

Dans quelle mesure la production et la diffusion des connaissances constituent-elles un enjeu majeur pour les États et les sociétés ?

Textes DYS
TOUS LES TEXTES EN VERSION DYS
lyceen.nathan.fr/geopolitiqueterm

SOMMAIRE

Marie Curie dans son laboratoire vers 1925

Prix Nobel de physique en 1903, prix Nobel de chimie en 1911, Marie Curie est la première femme à avoir obtenu cette prestigieuse distinction. Ses travaux portent sur la radioactivité, grand domaine de recherche scientifique au début du XXe siècle.

Photographie colorisée.

1 Les publications scientifiques dans le monde en 2018

Carte interactive

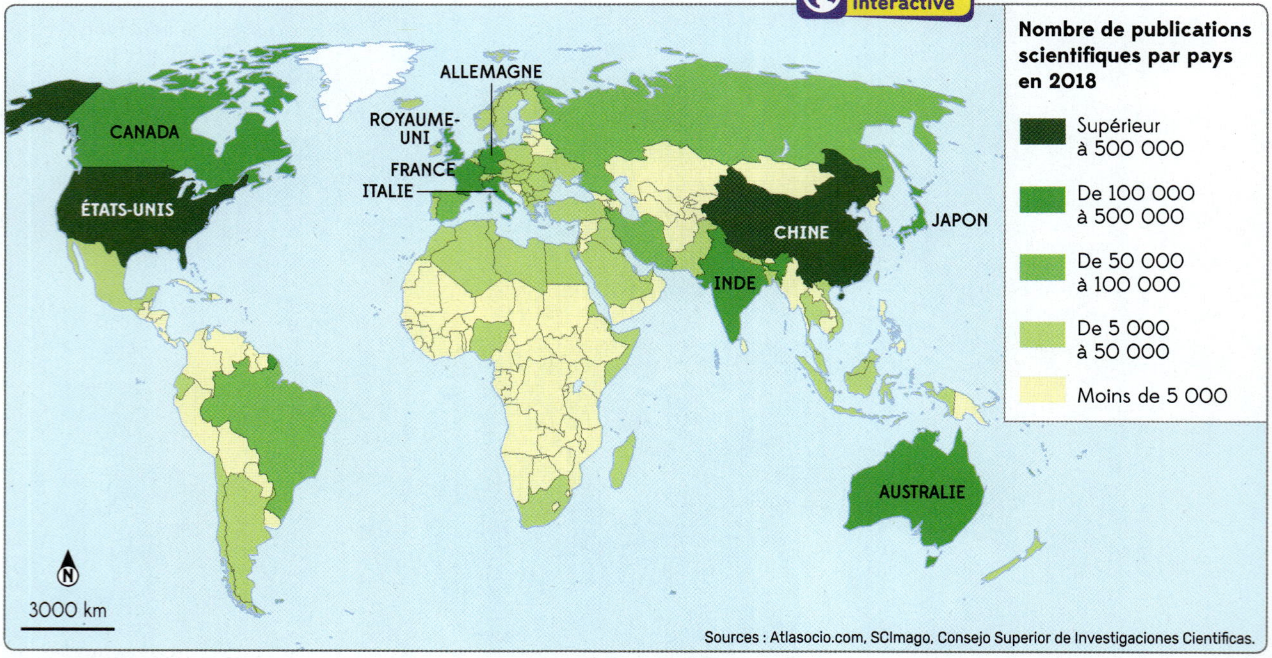

Sources : Atlasocio.com, SCImago, Consejo Superior de Investigaciones Científicas.

2 Les universités de renommée mondiale en 2018

Carte interactive

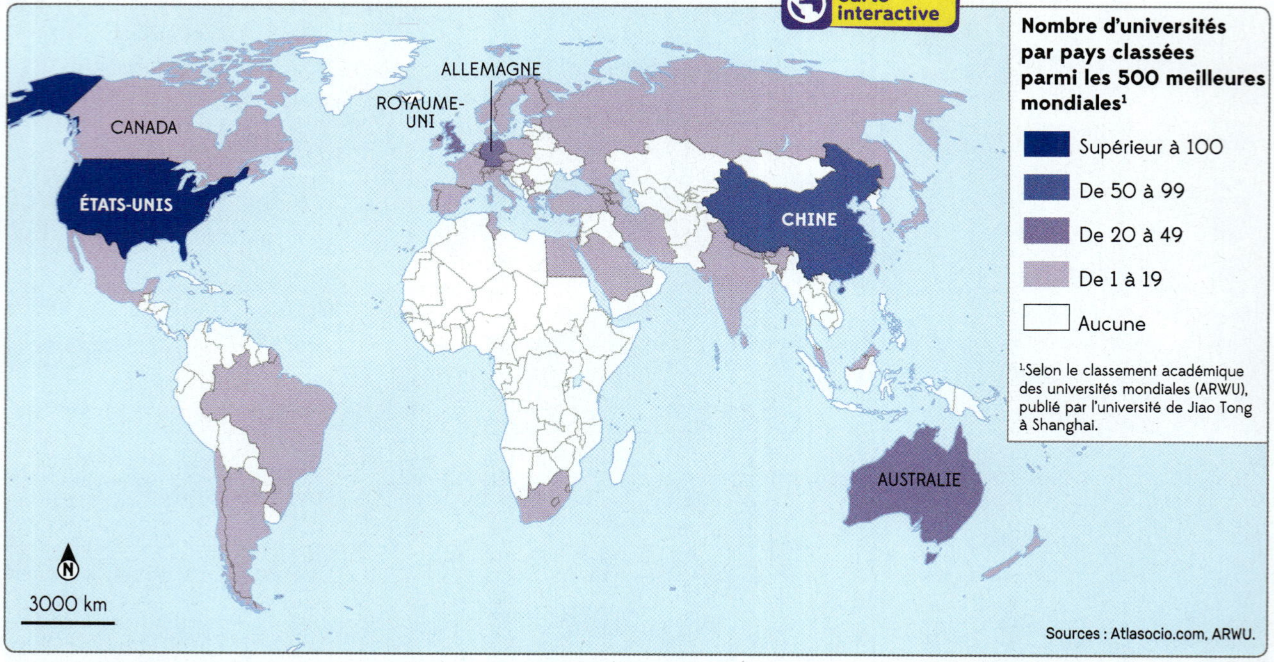

Sources : Atlasocio.com, ARWU.

VOCABULAIRE

Brevet : titre délivré par un État qui accorde la propriété intellectuelle d'une invention à celui qui l'a découverte. Le brevet est généralement limité à vingt ans avant que la découverte ne tombe dans le domaine public, c'est-à-dire soit accessible à tous.

Fracture numérique : inégalité d'accès à Internet, qui conduit à une marginalisation des zones et des personnes mal reliées au réseau.

Publications scientifiques : publications des travaux des chercheurs (dans les différentes sciences), essentiellement dans les revues spécialisées et les actes des congrès. C'est un indicateur important pour évaluer l'activité scientifique d'un individu, d'une institution ou d'un pays.

connaissances aujourd'hui

3 Les dépôts de brevets en 2018

Carte interactive

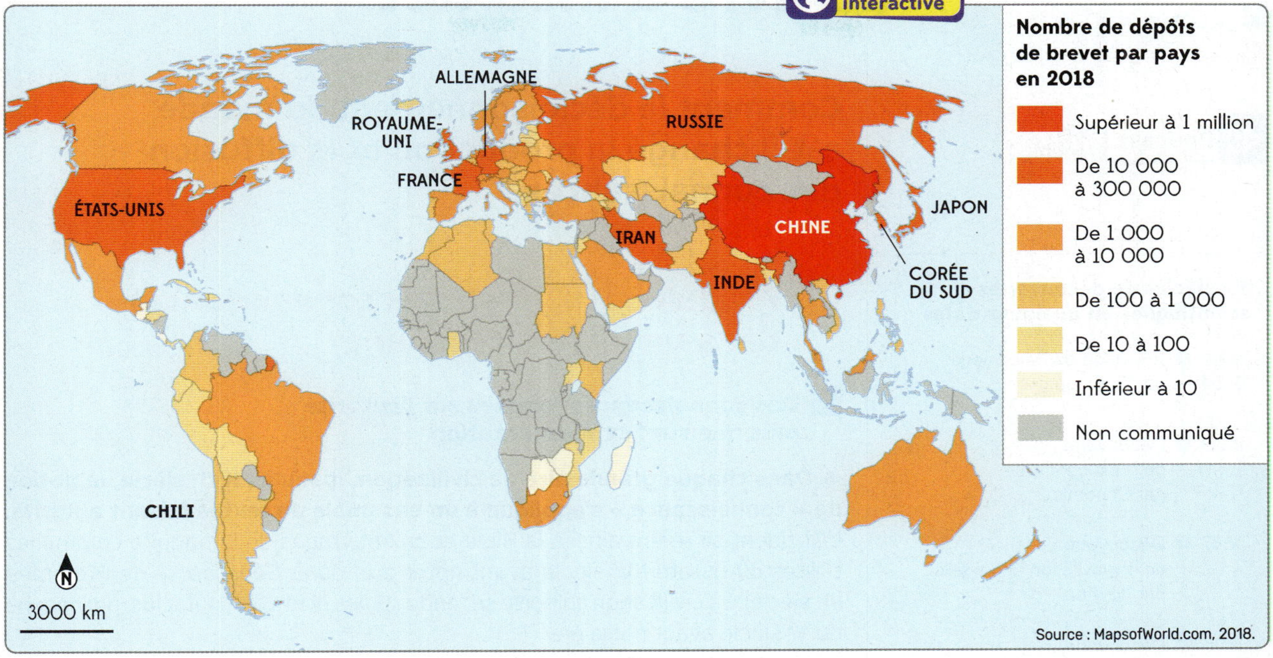

4 La fracture numérique dans le monde

Carte interactive

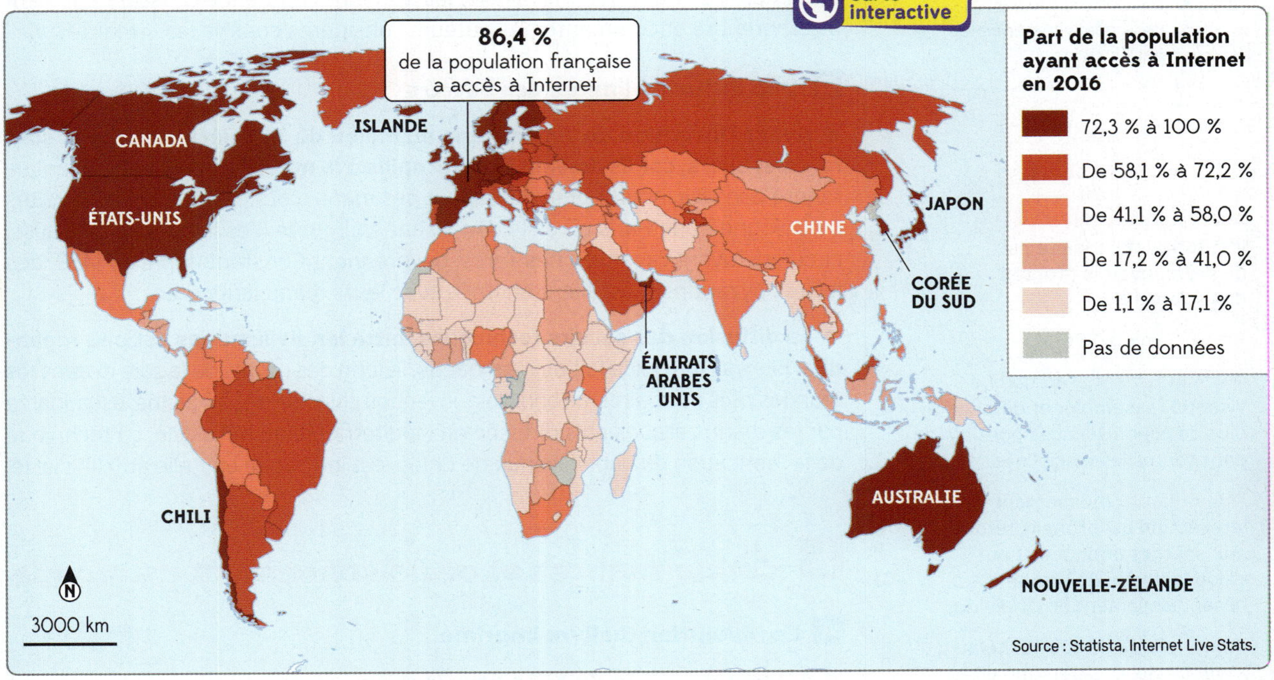

QUESTIONS

1. D'après ces cartes, quels sont les deux pays qui produisent et diffusent le plus de connaissances scientifiques en 2018 ? cartes 1 à 3

2. D'après ces cartes, quelles sont les régions du monde qui produisent et diffusent le moins de connaissances scientifiques ? cartes 1 à 3

3. Quelles différences et quels points communs observez-vous entre la carte 4 et les trois autres cartes ? cartes 1 à 4

Cours

Produire et diffuser des connaissances, du livre à Internet

CARTES p. 390-391
JALON p. 400-401
POINTS DE VUE p. 402-403

Podcast Cours à écouter

Six siècles de découvertes scientifiques en quelques dates

- 1450-1454 Invention de l'imprimerie par Gutenberg
- 1530 Découverte de l'héliocentrisme par Copernic
- 1687 Découverte de la loi de la gravitation universelle par Newton
- 1896 Découverte de la radioactivité par Becquerel
- 1915 Découverte de la loi de la relativité générale par Einstein

VOCABULAIRE

Académie des sciences : institution dont le but est de promouvoir le progrès des sciences.

Brevet : voir p. 390

Encyclopédisme : démarche visant à rassembler et diffuser le plus de connaissances possible dans toutes les disciplines.

Humanisme : mouvement intellectuel qui prône le retour aux sources antiques et qui valorise le rôle de l'homme, l'épanouissement de l'individu.

Salons : lieux de sociabilité au XVIIIe siècle. Des personnalités, souvent des femmes, recevaient chez elles les intellectuels (écrivains, savants, philosophes).

Transfert de technologie : diffusion d'une connaissance scientifique d'un pays vers un autre. Il s'effectue souvent dans le cadre de négociations entre États ou entreprises.

Comment le décloisonnement du monde a-t-il changé la production et la diffusion des connaissances ?

I Produire et diffuser les connaissances dans un monde cloisonné

A Des connaissances fondées sur l'autorité plus que sur l'expérimentation

● **Dans chaque grande aire de civilisation, jusqu'au XVIe siècle, la notion de « connaissance » s'applique à un ensemble de textes faisant autorité.** L'Occident se réfère ainsi à la Bible et aux ouvrages de l'Antiquité comme les traités d'Aristote (IVe siècle avant notre ère) ou la *Géographie* de Ptolémée (IIe siècle). La civilisation chinoise se fonde sur les écrits de Confucius, philosophe du Ve siècle avant notre ère.

● **Dans ce contexte, l'expérimentation et l'innovation ont une place limitée.** Le savoir technique est dévalorisé au profit du savoir livresque. Dans les universités européennes, créées au XIIIe siècle, les étudiants apprennent essentiellement à comprendre et commenter les auteurs considérés comme les « maîtres ».

B Une diffusion limitée des savoirs

● **Avant l'invention de l'imprimerie au milieu du XVe siècle, les livres sont rares et chers, car ils doivent être recopiés à la main.** Les savants doivent se rendre dans les institutions regroupant des manuscrits, comme les universités de Bologne et de Paris ou celle d'Al-Azhar en Égypte. Les livres peuvent aussi circuler : fuyant l'avancée des Turcs, qui prennent Constantinople en 1453, des lettrés byzantins s'installent en Italie avec leurs manuscrits grecs.

● **La diffusion des savoirs techniques entre les civilisations est peu répandue.** Elle est surtout le fait de marchands, le long des routes de la soie et dans les grandes cités portuaires. La boussole, invention chinoise très ancienne, est adoptée par les marins arabes puis diffusée en Méditerranée au XIIe siècle. La technique de la fabrication du papier, venue de Chine, est introduite en Italie au XIIIe siècle.

II Connaissances et décloisonnement du monde

A La révolution du livre imprimé

● **À partir du milieu du XVe siècle, la diffusion des savoirs s'intensifie en Occident.** L'imprimerie, inventée par Gutenberg entre 1450 et 1454, permet d'accélérer la diffusion des connaissances et de publier un livre jusqu'à un millier d'exemplaires. Cela favorise la lecture critique des textes par les **humanistes**, dès le XVe siècle en Italie.

● **À partir du XVIe siècle, on assiste à une valorisation des connaissances scientifiques expérimentales.** En astronomie, Copernic réfute le géocentrisme en 1530 et Galilée, vers 1615, découvre la rotation terrestre. Malgré l'hostilité d'une partie des autorités religieuses, la diffusion de cette nouvelle approche conduit à une révolution des connaissances. Les lieux de production de connaissances se multiplient et se structurent : **académies des sciences** soutenues par les États au XVIIe siècle, laboratoires et **salons** au XVIIIe siècle, qui voient le triomphe des sciences expérimentales, avec Isaac Newton ou Émilie du Châtelet. La presse, les correspondances et les rencontres entre savants accélèrent ce processus, alors que triomphe l'**encyclopédisme**.

B Les connaissances comme outil de domination de l'Occident

- **Dès le XVIIe siècle, l'Occident développe une avance technologique sur les autres aires de civilisation.** Les États ayant compris l'intérêt des sciences expérimentales, la rivalité entre les puissances stimule la recherche.

- **Cette avance, dans le domaine de l'armement et de la production industrielle, a contribué au renforcement du système de domination coloniale au XIXe siècle.** Dans le monde extra-européen, certains pays font de l'appropriation des connaissances venues de l'Occident un moyen de résister à sa domination. C'est le cas du Japon pendant l'ère Meiji à partir de 1868.

III Une mondialisation des connaissances ?

A Une accélération des découvertes scientifiques

- **Depuis le XIXe siècle, la production et la diffusion des connaissances scientifiques s'intensifient.** C'est le cas, par exemple, dans le domaine de l'énergie atomique. Dans chacun des pays d'Europe, tous les acteurs concernés soutiennent la recherche : les États, mais aussi les fondations privées et les entreprises.

- **Les brevets qui sont déposés révèlent la hiérarchie des puissances.** Essentiellement britanniques, allemands et français jusqu'en 1914, ils sont depuis 1945 surtout déposés par des chercheurs étatsuniens. Pendant la guerre froide, ceux-ci sont talonnés par les Soviétiques dans des domaines comme la conquête spatiale ou l'énergie nucléaire. Aujourd'hui, c'est la Chine qui les concurrence. Les États tentent de garder leur avance en limitant la diffusion de certaines découvertes. La circulation des connaissances est un enjeu géopolitique : les négociations entre entreprises s'accompagnent parfois, avec l'accord des États, de **transferts de technologie**.

Cartes p. 390-391, **Jalon** p. 400-401
Chapitre 1 p. 42-43 et 46-49, **Chapitre 3** p. 84-85, **Chapitre 17** p. 416-417

B Nouveaux outils et nouveaux acteurs

- **Au XXe siècle, de nouveaux outils de diffusion des connaissances apparaissent.** La presse spécialisée, la radio, la télévision ou Internet ont permis une intensification des échanges entre savants, ainsi qu'une démocratisation des connaissances. Les progrès de l'instruction publique ont également contribué à ce processus.

- **Depuis la fin du XXe siècle, certains pays émergents sont devenus des lieux de production de connaissances scientifiques.** C'est le cas de l'Inde, de la Chine ou de la Corée du Sud. Ces pays producteurs de connaissances scientifiques sont des lieux centraux de la mondialisation ou souhaitent le devenir.

RESSOURCES

Jean-Pierre Maury, *Galilée, le messager des étoiles*, Gallimard, « Découvertes », 2005 [nouvelle édition]. L'itinéraire de Galilée et son rôle dans la circulation des connaissances scientifiques au XVIIe siècle.

Le site de l'exposition « Sciences pour tous, 1850-1900 » à la Bibliothèque nationale de France, en 2017. Un site très riche et documenté sur la question de la production et de la diffusion des savoirs dans la seconde moitié du XIXe siècle.
http://expositions.bnf.fr/sciencespourtous/

Podcast « Marie Curie, une icone de la République », *La Marche des sciences*, France Culture, 31 mai 2012, 57'. Le parcours de Marie Curie, femme de science engagée devenu symbole, ainsi que l'usage fait de cette figure aujourd'hui.
www.franceculture.fr/emissions/la-marche-des-sciences/marie-curie-une-icone-de-la-republique

Ressources complémentaires

FICHES DE LECTURE

Yves Gingras, *Histoire des sciences*, PUF, « Que sais-je ? », 2018, chapitre IV : « Multiplication et convergence des disciplines, 1800-2000 ». Un chapitre qui montre le rôle des sciences dans les grands enjeux du monde contemporain.

Dominique Guellec, « Gutenberg revisité : une analyse économique de l'invention de l'imprimerie », *Revue d'économie politique*, 2004/2, p. 169-199 [en ligne]. Une analyse des circonstances qui conduisent à cette invention (expansion de la demande, invention du papier…) ainsi que le modèle économique de son développement.
www.cairn.info/revue-d-economie-politique-2004-2-page-169.htm

Cours

CARTES p. 390-391
JALON p. 396-399
JALON p. 400-401

Podcast Cours à écouter

La diffusion et l'appropriation des connaissances : des inégalités à surmonter

Comment surmonter les inégalités liées à la diffusion et à l'appropriation des connaissances ?

I Les facteurs de l'accès aux connaissances

A Des facteurs économiques et politiques

- **L'accès à la connaissance dépend des conditions économiques et politiques.** À partir du XVIe siècle, les États européens associent puissance et connaissances et créent les institutions et infrastructures nécessaires à leur production et à leur circulation. En France, dès le XVIIIe siècle, le réseau des routes royales, qu'une voiture postale peut parcourir, crée des lieux centraux et des angles morts dans la diffusion des connaissances.

- **Il existe donc une corrélation entre le niveau de développement d'un territoire et la qualité de l'accès aux connaissances.** La diffusion des connaissances s'est opérée, depuis le XVIIIe siècle, depuis les centres vers les périphéries. Aujourd'hui, Internet n'est pas encore accessible dans certaines régions du monde, faute d'un potentiel économique pour les opérateurs ou du fait de l'insuffisance des réseaux, ce qui cause une **fracture numérique**.

Cartes p. 390-391

B Des facteurs sociaux et culturels

- **Des facteurs sociaux entrent en jeu.** Les catégories aisées, qui vivent généralement dans les villes, ont un meilleur accès aux connaissances, parce qu'elles peuvent acheter des livres ou disposer de bibliothèques. Les populations pauvres, souvent reléguées dans les périphéries, n'ont pas ces facilités.

- **La question du genre se pose également.** Tout au long du XIXe siècle en Europe et en Amérique du Nord, ou dans de nombreux pays du Sud aujourd'hui, on note un net déséquilibre entre l'alphabétisation des hommes et celle des femmes. Les stéréotypes de genre poussent en effet à réserver l'éducation aux hommes pour les préparer à des fonctions dirigeantes.

Cartes p. 390-391, **Jalon** p. 396-399

II Plusieurs siècles d'élargissement de l'accès aux savoirs

A Du XVIe siècle au XVIIIe siècle

- **Les institutions religieuses ont longtemps joué un rôle prépondérant dans l'enseignement.** La **Réforme protestante** valorise l'enseignement car, selon elle, chaque croyant doit lire la Bible, qui est la seule source de la foi. La **Réforme catholique** insiste aussi sur l'instruction, pour défendre et diffuser la « bonne » doctrine contre les protestants.

- **À partir du XVIIe siècle, l'État se préoccupe de plus en plus de l'accès au savoir.** Le développement de l'administration requiert la formation d'un per-

Taux d'analphabétisme par région du monde[1] (2018)

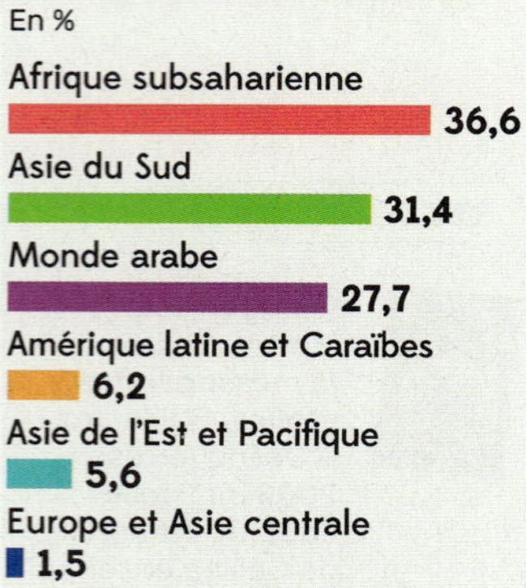

1. Données non disponibles pour l'Amérique du Nord.

Source : Statista.com (données UNESCO), 2020.

VOCABULAIRE

Fracture numérique : voir p. 390

Politiques d'alphabétisation : mesures prises par un État pour accroître le nombre de personnes sachant lire et écrire. Cela passe par la mise en place d'une instruction publique destinée aux jeunes, et par des campagnes d'alphabétisation destinées aux adultes.

Réforme catholique : mouvement mis en œuvre par l'Église catholique avec le Concile de Trente (1545-1563), visant à corriger certains abus et à réaffirmer les croyances traditionnelles catholiques face aux Protestants.

Réforme protestante : mouvement de réforme de l'Église entrepris au XVIe siècle par Luther et Calvin et qui conduit à la rupture avec l'Église catholique. Cette réforme repose sur l'idée du salut par la foi et par les Écritures, que chaque chrétien doit pouvoir lire.

sonnel nombreux aux compétences de plus en plus spécialisées. La philosophie des Lumières valorise aussi la diffusion de la science dans laquelle elle voit un facteur de progrès pour l'humanité.

B Depuis le XIXe siècle

● **Au XIXe siècle, les États développent l'enseignement public.** Leur objectif est de former des fonctionnaires, mais aussi les techniciens et les cadres d'une économie en pleine industrialisation. En France, la IIIe République organise un enseignement primaire public obligatoire, gratuit et laïc notamment parce qu'elle veut limiter le rôle du clergé catholique dans l'éducation.

● **Au XXe siècle, le lien entre la puissance d'un État et sa capacité d'innovation tend à se renforcer.** Mais tous ne disposent pas des mêmes moyens. Dans les pays du Nord, il s'agit de donner aux populations un niveau d'instruction qui rend possible encore davantage d'innovation. Dans de nombreux États du Sud, des **politiques d'alphabétisation** sont lancées, notamment à destination des femmes.

Jalon p. 396-399

III Des inégalités qui subsistent aujourd'hui

A Centres et périphéries

● **Les pays développés sont les plus importants producteurs et diffuseurs de connaissances.** La population, alphabétisée et instruite, y bénéficie d'institutions d'enseignement performantes. Les centres de recherches peuvent être liés à une université, comme le MIT aux États-Unis, dépendre de l'État, comme le CNRS en France, ou être associés à une fondation privée ou une entreprise. Les connaissances sont **vulgarisées** par les médias et les programmes scolaires.

● **Dans les pays émergents, les métropoles s'affirment comme des pôles de l'innovation technologique**. Bengaluru (Inde), Shanghai (Chine) rassemblent de grandes universités, mais aussi des entreprises et des centres de recherche ayant profité des transferts de technologie en provenance des pays développés.

● **Les pays en développement demeurent en retrait dans la mondialisation de la connaissance**. Les **taux d'alphabétisation** y demeurent insuffisants. Une très grande majorité des 750 millions d'analphabètes dans le monde y vivent, dont deux tiers de femmes. Depuis plusieurs décennies, des politiques nationales et internationales menées sous l'égide de l'UNESCO ont favorisé l'accès à la connaissance pour des dizaines de millions d'individus, permettant une amélioration des conditions économiques et sociales. Mais il reste beaucoup à faire, notamment dans la réduction des inégalités hommes-femmes.

Cartes p. 390-391

B Des blocages de diverses natures

● **Dans certains pays, l'accès aux connaissances est limité par le pouvoir politique.** En Chine, l'État favorise la production et la diffusion des connaissances dans les domaines permettant de renforcer la puissance du pays. Mais il impose un strict filtrage de l'information dont disposent les citoyens et restreint l'accès à Internet.

● **Pour des motifs religieux ou culturels, les publications qui remettent en cause les dogmes ou les coutumes sont interdites.** Certains pays n'accordent toujours pas les mêmes droits à l'éducation aux hommes et aux femmes et certaines sociétés admettent encore mal que les femmes accèdent à l'autonomie par la maîtrise du savoir.

Jalon p. 396-399, **Chapitre 18** p. 428-429

VOCABULAIRE

Taux d'alphabétisation : pourcentage de personnes sachant lire et écrire à un âge donné et dans un territoire donné.

Vulgariser : diffuser des connaissances scientifiques auprès d'un large public, en employant un langage qui puisse être compris par le plus grand nombre possible de personnes.

FICHES DE LECTURE

Françoise Mayeur, *L'Éducation des filles en France au XIXe siècle*, Perrin, « Tempus », 2008 (nouv. éd.). Fiche de lecture sur le chapitre 6 : « La nouvelle jeune fille ».

Marina Roggero, « L'alphabétisation en Italie : une conquête féminine ? », dans *Annales. Histoire, sciences sociales*, 2001/4-5, p. 903-925 [en ligne]. L'historienne montre comment, depuis le XVIIIe siècle en Italie, l'alphabétisation des femmes, enjeu social et culturel, est également liée aux conditions matérielles.
www.cairn.info/revue-annales-2001-4-page-903.htm

RESSOURCES

Janine Eldred, *Alphabétisation et autonomisation des femmes : histoires réussies et inspirantes*, 2014. Un rapport de l'UNESCO sur l'alphabétisation des femmes dans le monde.
https://unesdoc.unesco.org/ark:/48223/pf0000226970

« Des infrastructures aux usages : combler le fossé numérique », *Cultures Monde*, France Culture, 10 janvier 2018, 58'. La question de la fracture numérique envisagée à toutes les échelles et dans ses implications politiques et géographiques.
www.franceculture.fr/emissions/cultures-monde/cultures-monde-mercredi-10-janvier-2018

Ressources complémentaires

Jalon

Les grandes étapes de l'alphabétisation des femmes dans le monde

CARTES p. 390-391
COURS p. 394-395

Dans la plupart des civilisations, l'instruction a longtemps été réservée aux hommes. Du XVIe siècle à nos jours, l'alphabétisation des femmes a beaucoup progressé, surtout là où l'État a développé la scolarisation des filles. Elle reste cependant encore inférieure à celle des hommes dans une partie du monde.

Pourquoi l'alphabétisation des femmes est-elle un enjeu social et politique majeur ?

A Les héritages : du XVIe au XIXe siècle

1 L'enseignement de la lecture aux filles : la vision des artistes à l'époque moderne

Dans cette scène religieuse, Anne apprend à lire à sa fille Marie (la mère de Jésus). Dans l'Europe du XVIIe siècle, l'instruction ne concerne qu'un nombre restreint de personnes, issues de milieux aisés ou lettrés ou se destinant à la vie religieuse.
Murillo, *L'Éducation de la Vierge*, huile sur toile (219 x 165 cm), v. 1655, Madrid, Musée du Prado.

Au Japon, avant la révolution Meiji (1868), la transmission de la calligraphie se fait dans le cadre de la famille. Elle fait partie des savoirs que les femmes doivent maîtriser dans les milieux aristocratiques.
Kitagawa Utamaro, *La Leçon de calligraphie*, Japon, estampe, 1798.

→ **Que montrent ces tableaux au sujet de l'alphabétisation des femmes à leur époque ?**

2 L'alphabétisation des filles dans la Réforme protestante[1]

Luther ne fait pas de distinction entre les garçons et les filles et souhaite des écoles pour tous les enfants. Présentant tout un programme de développement de l'instruction, Luther induit donc un rapport particulier au livre lui-même en précisant : « [...] que tous ceux qui ont à cœur l'amour et le désir de voir instituer et maintenir ces écoles et cette étude des langues en Allemagne, réfléchissent à la nécessité de n'épargner ni le zèle, ni les frais, pour créer de bonnes bibliothèques ou maisons des livres, principalement dans les grandes villes qui sont susceptibles de le faire. Car si l'on veut que l'Évangile et tous les arts[2] subsistent, il faut qu'ils soient rédigés par écrit dans des livres et rassemblés, ainsi que l'ont fait les prophètes et les apôtres ».

Patrick Cabanel et André Encrevé, « De Luther à la loi Debré : protestantisme, école et laïcité », dans *Histoire de l'éducation*, n° 110, 2006.

1. Voir p. 394.
2. Le terme désigne ici l'ensemble du savoir.

→ **Dans quel but la Réforme protestante a-t-elle promu l'alphabétisation des femmes ?**

3 La IIIe République et les filles

Le regard d'une historienne

En 1880 encore, beaucoup de communes françaises n'ont pas d'école de filles, 68 départements sont dépourvus d'écoles normales d'institutrices, et quelques centaines de jeunes filles seulement ont pu bénéficier des cours secondaires créés pour elles en 1867 par Victor Duruy. La domination de l'Église sur l'enseignement féminin semble normale à beaucoup, justifiée par la double exigence de la nature et de la société. [...] Pour l'avenir de la République, il faut donc organiser l'éducation des filles. Paul Bert et Jules Ferry s'y consacrent, avec d'autant plus de liberté que les structures, en matière d'enseignement féminin, sont presque inexistantes. La loi du 9 août 1879 donne à chaque département une école normale de filles[1].

Mona Ozouf, *L'École, l'Église et la République* (1871-1914), D. R., 1982.

1. École dans laquelle sont formées les institutrices.

Mona Ozouf (née en 1931) a consacré ses recherches à l'histoire du rapport entre République et éducation en France, en y étudiant notamment la place des femmes.

Chronologie L'instruction des filles en France

→ **Quelle mutation importante pour l'alphabétisation des femmes a lieu en France à la fin du XIXe siècle ?**

4 L'évolution du taux d'alphabétisation en France

Le regard d'un démographe

Sur la base des signatures au mariage, le taux d'alphabétisation des jeunes adultes était en France en 1686-1690, de 29 % pour les hommes et de 14 % pour les femmes. En 1786-1790, au moment du déclenchement de la Révolution, les hommes étaient à 47 %, les femmes à 27 %. Au lendemain de la Commune de Paris, en 1871-1875, la proportion des hommes sachant signer s'élevait à 78 %, celle des femmes à 66 %. [...] Le recensement de 1911 permet d'évaluer le pourcentage d'illettrés parmi les hommes et les femmes qui avaient entre 20 et 24 ans en 1881. Il donne un taux d'alphabétisation plus élevé que ne le suggéraient les signatures des actes de mariage : 86 % pour les hommes et 79 % pour les femmes. En 1911, le taux d'alphabétisation à 20-24 ans était de 96 % pour les deux sexes. En fait, dès cette date, le niveau éducatif des femmes dépassait légèrement celui des hommes... [...] L'instruction obligatoire est décidée par la IIIe République en 1882, à un moment où l'essentiel de l'alphabétisation est déjà réalisé.

Emmanuel Todd, *Après la démocratie*, Paris, Gallimard, 2008.

Emmanuel Todd (né en 1951), démographe et historien, étudie les structures familiales et leur influence sur la société.

→ **Comment évolue l'alphabétisation des femmes entre 1686 et 1911 ? Construisez un graphique à partir des données de ce texte pour l'observer. Quels facteurs peuvent expliquer cette évolution ?**

EN AUTONOMIE VERS LE BAC

Mise en relation des documents

1. Caractérisez l'évolution de l'éducation des filles du XVIe au XXe siècle. docs 1 à 4
2. Quels sont les facteurs favorables à l'alphabétisation des femmes ? docs 2 à 4

BAC Vers l'écrit ▸ Dissertation

Sujet : « L'alphabétisation des femmes du XVIe au XVIIIe siècle, un enjeu pour les familles, les religions et les États »

En 30 minutes, rédigez une introduction pour ce sujet. Au brouillon, faites un bilan de vos connaissances et de vos idées, puis dégagez une problématique et déterminez les grandes parties d'un plan.

BAC Vers le grand oral

Préparez une présentation orale de 5 minutes répondant à la question : « Pourquoi l'alphabétisation des femmes est-elle un enjeu social et politique majeur ? »

▸ Aidez-vous de l'ensemble des documents du jalon (p. 396-399) et de vos cours.

▸ Un jury d'élèves évaluera votre prestation (qualité de la prise de parole et de l'argumentation).

Grille d'évaluation

B Les enjeux de l'alphabétisation des femmes aux XXe et XXIe siècles

5 L'enjeu de la lecture

« Qui ne lit pas de livres, bientôt ne saura lire du tout ! »

Cette femme lit *Dix jours qui ébranlèrent le monde*, récit de la révolution bolchévique publié en 1919 par John Reed, journaliste américain proche de Lénine.

Affiche soviétique de 1925.

→ **Quel est l'objectif de cette affiche soviétique ?**

6 La scolarisation des filles au Moyen-Orient au XXe siècle

Le regard d'une historienne

En Égypte au début du XXe siècle, comme en Irak sous le régime monarchique (1921-1958), l'enseignement des filles leur inculque des principes d'hygiène et cherche à faire d'elles de bonnes maîtresses de maison, consommatrices de produits manufacturés modernes. La femme au foyer idéale, qui vit plus fréquemment en ville, n'est plus l'auxiliaire indispensable d'une exploitation rurale, mais une consommatrice potentielle. [...] [Les] démographes [...] mettent en évidence les traits distinctifs du monde arabe et du Moyen-Orient quant aux effets de cette croissance de la scolarisation des filles. La scolarisation y débouche moins qu'ailleurs sur un emploi salarié : au début des années 1990, le taux d'activité féminine dans la population âgée de 15 ans s'échelonne de 2 % (au Yémen) à 34 % (au Koweït). En outre, la scolarisation des femmes y est moins corrélée à la baisse de la fécondité.

Chantal Verdeil, « Histoire contemporaine de l'éducation au Moyen-Orient (XIXe-XXe siècle). Essai de synthèse historiographique », dans *Histoire de l'éducation*, 2017/2.

Chantal Verdeil est spécialiste de l'histoire de l'éducation au Moyen-Orient.

→ **Quelles sont les conséquences de l'alphabétisation des femmes au Moyen-Orient ?**

VOCABULAIRE

Analphabète : personne étant dans l'incapacité de maîtriser la lecture et l'écriture. On parle d'analphabétisme fonctionnel lorsque des connaissances insuffisantes dans ces domaines constituent une limite à son autonomie.

IDH : Indicateur de développement humain. Cet indice, exprimé entre 0 et 1, est calculé à partir de l'espérance de vie, du PIB et du niveau d'éducation moyen de la population à 17 ans.

Illettrisme : fait, pour une personne qui a pourtant reçu une instruction, de ne pas réussir à maîtriser les enjeux de la lecture, de l'écriture et du calcul.

7 Alphabétisation des femmes et développement

Carte complémentaire L'IDH dans le monde

Carte interactive

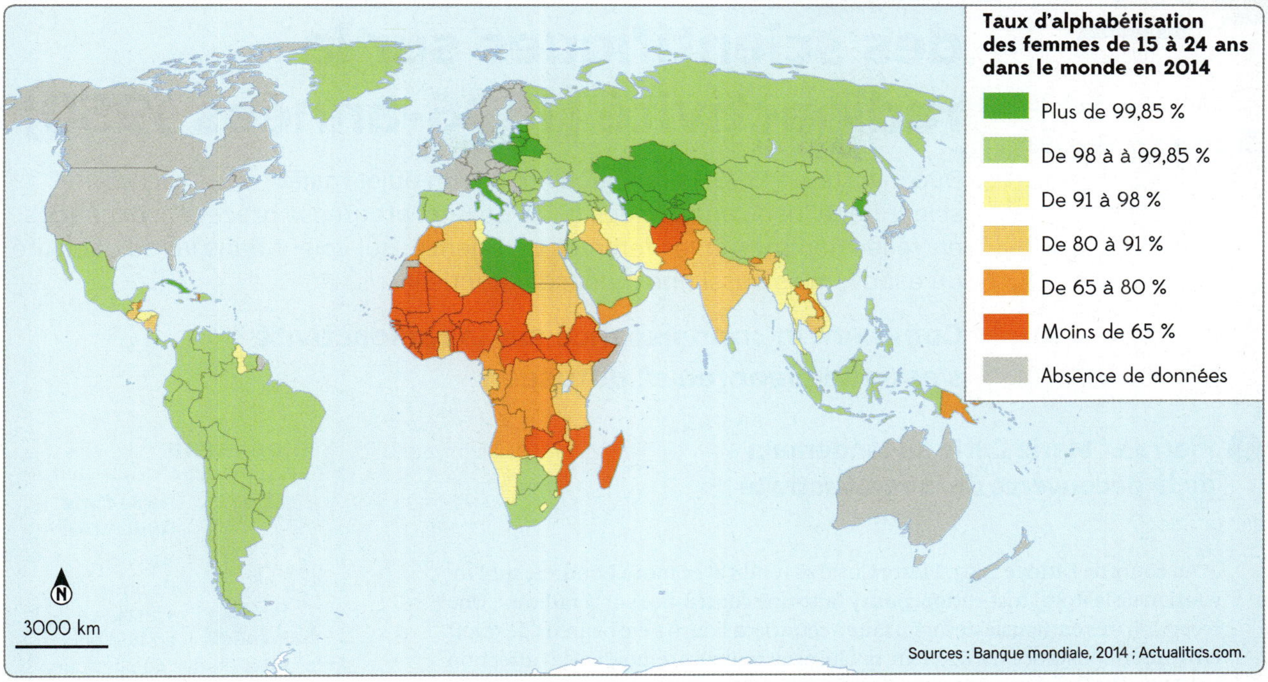

→ **Que montre cette carte ? Comparez-la à la carte complémentaire proposée dans le manuel numérique : qu'observez-vous ?**

8 Alphabétisation et autonomisation des femmes

L'alphabétisation des femmes est toujours loin derrière celle des hommes. Ceci est particulièrement le cas dans les États arabes (85 % des hommes pour 68 % des femmes), en Asie du Sud et de l'Ouest (74 % des hommes pour 52 % des femmes) et en Afrique subsaharienne (68 % des hommes pour 51 % des femmes). Il ressort des chiffres mondiaux que 89 % des hommes et 80 % des femmes savaient lire et écrire en 2011. Les femmes illettrées sont au nombre absolu de 493 millions, soit deux tiers de la population analphabète mondiale. [...] Mais il n'existe pas un profil tranché en ce qui concerne les jeunes femmes. Si à l'échelle mondiale 61 % des jeunes analphabètes sont des filles, en Asie centrale, en Amérique latine et dans les Caraïbes, ainsi qu'en Asie de l'Est et dans le Pacifique, les jeunes femmes forment la moitié ou moins encore de tous les jeunes illettrés.

[...] Le Fonds des nations unies pour la population (UNFPA) rapporte que les mères lettrées comprennent l'importance des soins de santé et ont un plus grand ascendant sur les résultats scolaires de leurs enfants que les pères. Les femmes qui achèvent leur enseignement primaire auront probablement moins d'enfants et moins de grossesses non prévues ou non désirées. En outre, les femmes instruites maîtrisent davantage les négociations dans le ménage et ont plus de chance d'exercer une activité économique et de contribuer aux frais de scolarité.

Janine Eldred, *Alphabétisation et autonomisation des femmes : histoires réussies et inspirantes*, UNESCO, 2014.

→ **En quoi la question de l'alphabétisation des femmes est-elle liée à celle de leur autonomie ?**

EN AUTONOMIE VERS LE BAC

Mise en relation des documents

1. En quoi l'alphabétisation des femmes est-elle un enjeu social et politique ? docs 5, 6 et 7

2. Quelle est la situation de l'alphabétisation des femmes dans le monde ? Dressez un bilan par grands espaces géographiques. docs 7 et 8

BAC Vers l'écrit ▸ Étude critique de document

Sujet : « L'alphabétisation des femmes : un enjeu mondial, un enjeu régional »

En 10 minutes, relevez dans le document 7 les chiffres qui permettent de caractériser l'alphabétisation des femmes à l'échelle mondiale.

BAC Vers le grand oral Exposé guidé

Présentez à l'oral, en 5 minutes, un programme d'alphabétisation à destination des femmes.

▸ Utilisez l'aide et les ressources proposées dans le manuel numérique pour préparer votre présentation.

▸ Au cours de votre prestation, les élèves de la classe relèvent les mots qui leur semblent trop familiers ou inadaptés. Cherchez ensemble des expressions plus appropriées.

Jalon

Recherche et échanges des scientifiques sur la radioactivité (1896-années 1950)

CARTES p. 390-391
COURS p. 392-393

Découverte en 1896, la radioactivité est un objet majeur de la recherche scientifique jusqu'aux années 1950. Celle-ci progresse grâce aux échanges entre les hommes et les femmes de science, qui voient dans la radioactivité un espoir, mais aussi une menace potentielle.

Comment la connaissance sur la radioactivité s'est-elle élaborée et diffusée ?

1 Pierre et Marie Curie au lendemain de la découverte de la radioactivité

Au cours de l'année 1903, Pierre Curie se rendit avec moi à Londres, sur l'invitation de la Royal Institution, pour y faire une conférence sur le radium[1]. Une réception très enthousiaste lui fut faite à cette occasion. Il a été heureux de revoir en cette circonstance Lord Kelvin, qui lui avait toujours témoigné de l'affection [...]. L'illustre savant montrait avec une satisfaction touchante une ampoule de verre contenant un grain de sel de radium qui lui avait été donnée par Pierre Curie. Nous avons rencontré aussi d'autres savants célèbres : Crookes, Ramsay, J. Dewar ; Pierre Curie publia, en collaboration avec ce dernier, un travail sur le dégagement de chaleur par le radium aux très basses températures, ainsi que sur la formation d'hélium dans les sels de radium.

Quelques mois plus tard, la médaille Davy lui était décernée (en commun avec moi) par la Société Royale de Londres, et presque en même temps nous obtenions, en commun avec Henri Becquerel[2], le prix Nobel de physique. Des considérations de santé nous empêchèrent de nous rendre à la cérémonie de la remise de ce prix en décembre, et c'est seulement au mois de juin 1905 que nous avons pu aller à Stockholm, et que Pierre Curie y a fait sa conférence Nobel.

Marie Curie, *Pierre Curie*, D.R., 1924.

1. Métal extrêmement radioactif découvert par Pierre et Marie Curie en 1898, qui l'extraient de l'uranium.
2. Né en 1852 et mort en 1908. Physicien qui découvrit la radioactivité en 1896 et partagea le prix Nobel de physique de 1903 avec Pierre et Marie Curie.

BIOGRAPHIE

Marie Curie (1867-1934)

Née en Pologne, elle s'installe à Paris en 1891 pour faire des études de physique. En 1898, avec son époux, Pierre Curie, elle découvre le radium. Le couple obtient pour cela le prix Nobel de physique en 1903, partagé avec Henri Becquerel. En 1906, elle devient la première femme professeure à la Sorbonne. Elle reçoit le prix Nobel de chimie en 1911.

→ **Que montre ce texte sur les échanges entre les savants des différents pays au début du XXe siècle ?**

Le congrès Solvay de 1927 a rassemblé 29 scientifiques, parmi lesquels Marie Curie ①, Albert Einstein ②, Erwin Schrödinger ③, Louis de Broglie ④, Niels Bohr ⑤, Max Planck ⑥, Paul Langevin ⑦.

Animation
Les noms et pays des participants

2 Le Congrès Solvay de 1927

Le Congrès Solvay est une série de conférences organisées de 1911 à 1933 par l'industriel belge Ernest Solvay. Consacrées à la recherche en physique et en chimie, elles réunissent les plus grands scientifiques mondiaux de l'époque.

→ **De quelle manière ce congrès participe-t-il à produire des connaissances scientifiques ?**

3 La prise de conscience des menaces liées à la radioactivité

Monsieur,

[...] Ces quatre derniers mois, il est devenu possible grâce aux travaux de Joliot en France ainsi que ceux de Fermi et Szilárd en Amérique, de déclencher une réaction en chaîne nucléaire avec de grandes quantités d'uranium. [...]

Ce nouveau phénomène pourrait conduire à la construction de bombes et il est concevable, quoique bien moins certain, que des bombes d'un nouveau type et extrêmement puissantes pourraient être assemblées. Une seule bombe de ce type, transportée par bateau et explosant dans un port, pourrait très bien détruire l'ensemble du port ainsi qu'une partie de la zone aux alentours. [...] Il paraît que l'Allemagne a actuellement mis fin à la vente d'uranium des mines tchèques qu'elle a annexées. Une telle action précoce de sa part peut sans doute être mieux comprise quand on sait que le fils du sous-secrétaire d'État allemand, von Weizsäcker, est attaché à l'Institut du Kaiser Wilhelm à Berlin où une partie du travail américain sur l'uranium est en train d'être reproduite.

Très sincèrement vôtre,
Signé : Albert Einstein

Albert Einstein, *Lettre au président des États-Unis Franklin Roosevelt*, 2 août 1939. La lettre fut coécrite avec Léo Szilard, physicien nucléaire juif hongrois réfugié aux États-Unis.

→ **De quel danger Albert Einstein souhaite-t-il avertir le président des États-Unis ?**

Les expériences scientifiques sur la radioactivité

1895 (France)	Henri Becquerel découvre les rayons X
1896 (France)	Henri Becquerel découvre la radioactivité
1898 (France)	Marie Curie découvre le polonium et le radium
1928 (Allemagne)	Hans Geiger invente le compteur Geiger, mesurant la radioactivité
1930	Premiers accélérateurs de particules
1934 (France)	Irène Joliot-Curie et Frédéric Joliot découvrent la radioactivité artificielle
1938 (Allemagne)	Otto Hahn, Fritz Strassmann et Lise Meitner découvrent la fission du noyau d'uranium
1942 (Italie)	Enrico Fermi élabore aux États-Unis la première pile atomique
16 juillet 1945 (États-Unis)	1re explosion d'une bombe atomique à Alamogordo (Nouveau-Mexique)

BIOGRAPHIE

Albert Einstein (1879-1955)

Physicien allemand, naturalisé suisse en 1901, il travaille en Suisse puis en Allemagne. Sa théorie de la relativité, développée à partir de 1905, bouleverse la science. Il fuit les persécutions antisémites en Allemagne en 1933 et s'installe aux États-Unis.

4 Le traité Euratom, un exemple de coopération scientifique internationale

Article 8

1. La Commission crée, après consultation du comité scientifique et technique, un Centre commun de recherches nucléaires. [...] Le Centre assure [...] l'établissement d'une terminologie nucléaire uniforme et d'un système d'étalonnage unique. Il organise un bureau central de mesures nucléaires.

2. Les activités du Centre peuvent, pour des raisons géographiques ou fonctionnelles, être exercées dans des établissements distincts.

Article 9

1. Après avoir demandé l'avis du Comité économique et social, la Commission peut créer, dans le cadre du Centre commun de recherches nucléaires, des écoles pour la formation de spécialistes, notamment dans les domaines de la prospection minière, de la production de matériaux nucléaires de grande pureté, du traitement des combustibles irradiés, du génie atomique, de la protection sanitaire, de la production et de l'utilisation des radioéléments.

Extrait du traité Euratom, signé le 25 mars 1957, en même temps que le traité de Rome instituant la Communauté économique européenne.

Étude critique de document

→ **Quelles sont les actions prévues par le traité pour faciliter la production et la diffusion de connaissances dans le domaine de la radioactivité ?**

EN AUTONOMIE VERS LE BAC

Mise en relation des documents

1. Par quels moyens les scientifiques échangent-ils sur la question de la radioactivité ? docs 1 et 2

2. Dans quelle mesure les États sont-ils impliqués dans ces échanges ? docs 3 et 4

BAC Vers l'écrit ▸ Dissertation

Sujet : « Les découvertes et échanges sur la radioactivité, révélateurs des rapports entre communauté scientifique, États et sociétés »

Analysez le sujet puis proposez une problématique et un plan détaillé. Aidez-vous des documents de ce jalon, du cours et de vos connaissances.

BAC Vers le grand oral

Organisez un débat sur le thème : « Les recherches sur la radioactivité ont-elles été positives pour l'humanité ? »

▸ Formez deux groupes. Chaque groupe a 5 minutes pour présenter ses arguments.

Les scientifiques français doivent-ils écrire en anglais ?

1 Pourquoi publier en anglais ?

La situation des sciences humaines au Québec

Entre 1980 et 2014, tant en France qu'en Allemagne, la proportion d'articles de sciences humaines en anglais a bondi de 30 à 80 %. Celle d'articles écrits dans les deux langues locales a chuté de 70 à moins de 20 %. Au Québec, 70 % des articles étaient déjà rédigés en anglais en 1980. La proportion dépasse maintenant 90 %. Pourquoi une telle tendance ? [...] Les deux chercheurs de l'université de Montréal notaient que les articles de sciences humaines publiés en anglais obtenaient trois fois plus de citations en moyenne dans les trois régions observées. Louis M. Imbeau et Mathieu Ouimet, de l'université Laval, faisaient un constat similaire en 2012, pour les sciences politiques québécoises. Ils démontraient, chiffres à l'appui, que les chercheurs qui publient surtout en français publient moins et sont moins cités que les autres. « Il faut vivre avec son siècle, croit M. Imbeau. C'est la même chose pour toutes les nations du monde. Si l'on ne publie pas en anglais, on se coupe de la plus grande partie de son lectorat potentiel. On obtient de moins bonnes mesures de performance, ce qui peut avoir une influence négative sur la carrière d'un chercheur. »

Jean-François Venne, « Le dilemme des chercheurs francophones : publier en anglais ou périr ? », www.affairesuniversitaires.ca, 15 novembre 2017.

2 L'anglais, langue des sciences exactes

Le point de vue d'un scientifique français, chercheur au CNRS

L'anglais est, de fait, la *lingua franca* des sciences et techniques, comme l'a été le latin par le passé. C'est parce que nos collègues coréens, japonais, italiens, allemands, espagnols, hongrois, etc. écrivent leurs articles scientifiques en anglais que nous, scientifiques français, pouvons les lire : un chercheur dont le métier serait, par exemple, les mathématiques, ne pourrait se permettre d'apprendre toutes ces langues. Cet anglais est, certes, limité – ce n'est ni la langue de Shakespeare ni celle de Nabokov ; mais, si ces articles, ces monographies et ces thèses étaient écrits en français, ils ne seraient ni dans la langue de Montaigne ni dans celle de Proust.

Le langage scientifique se veut précis et univoque, son vocabulaire est codifié : il s'agit de transmettre des faits, des concepts, des idées, des démonstrations, sans se préoccuper de style. [...] La quasi-totalité des intellectuels opposés à l'usage de l'anglais viennent des lettres et sciences humaines [...] ; ceux qui l'approuvent viennent souvent des sciences exactes.

David Monniaux, « En science, l'anglais *of course* ! », *Libération*, 21 mai 2013 [en ligne]. (titre de l'article choisi par le journal et non par l'auteur de la tribune)

3 La part des articles scientifiques en anglais

Une approche statistique

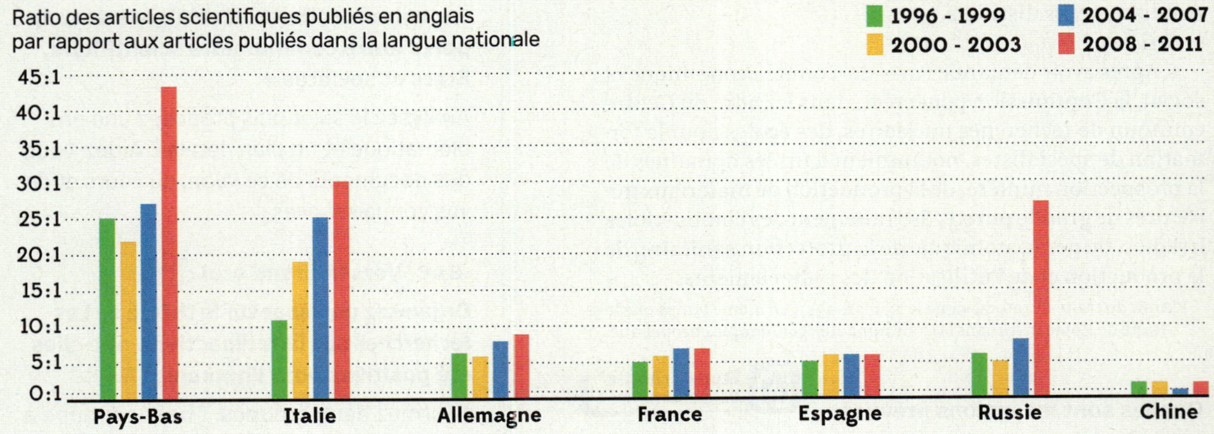

Source : Scopus, 2020.

VOCABULAIRE

Lingua franca : langue commune utilisée dans un espace géographique et qui n'est pas la langue d'origine de l'ensemble de ses locuteurs.

Science ouverte : mouvement qui milite pour un partage généralisé des découvertes scientifiques et qui lutte contre les entraves à la circulation des connaissances que posent parfois les États ou les entreprises.

4 Pouvoir publier dans sa langue natale

Le point de vue d'un professeur français de linguistique anglaise

L'accès aux publications du monde entier est certainement facilité par l'usage de l'anglais *lingua franca*. [...] Mais pourquoi publier *seulement* en anglais ? Pourquoi, dans la plupart des domaines, surtout les sciences dites exactes, le chercheur non natif est-il quasiment obligé de publier en anglais parce que la plupart des revues sont dans cette langue ? Son expression aura toutes les chances d'être moins bonne que dans sa langue maternelle, ce qui constituera un handicap à la diffusion de l'article. Pourquoi ne pas laisser les chercheurs publier dans leurs langues, ce qui leur permettrait de développer l'argumentation dans toute sa finesse, et ne publier en anglais que dans un second temps [...] ? Les anglophones seraient pour le coup incités à lire en langues étrangères, du moins dans les domaines où d'autres sont meilleurs, ou bien lorsqu'ils estiment que telle ou telle tradition non anglophone leur apporterait un point de vue enrichissant leurs propres recherches. Dans la situation actuelle, les anglophones négligent les travaux écrits par des non natifs, en partie parce que la qualité de l'anglais n'est pas forcément optimale [...], en partie parce qu'ils ne connaissent les problématiques que du point de vue anglophone, en partie aussi, disons-le, en raison d'un certain sentiment de supériorité.

Pierre Frath, *Anthropologie de l'anglicisation*, Sapientia Hominis, 2019.

5 Défendre la diversité des langues

Le point de vue d'un haut fonctionnaire français

Commençons par évoquer la situation des sciences humaines et sociales où le français reste la langue privilégiée pour la mise en œuvre et l'élaboration des concepts et des questionnements. La langue, dans les sciences humaines, est un outil d'exploration et de ce point de vue la plus familière est la meilleure. Dans le domaine des sciences expérimentales et formelles, la situation est plus contrastée. L'anglais s'est imposé au début des années 1980 comme la langue de la publication scientifique. De grandes revues se sont constituées dans le monde anglo-saxon qui ont contribué à renforcer cette tendance. Dans certains domaines – je pense notamment aux mathématiques – l'autorité des écoles de pensée française conserve à notre langue sa fonction véhiculaire. L'implication extrême de l'Institut[1], de l'Académie des sciences et du Collège de France révèle que les mondes de la recherche à leur plus haut niveau partagent cette conviction. [...] Il faut bien comprendre qu'il n'y a pas de francophonie viable si le français ne demeure pas une langue du savoir ! [...] Notre action commune vise à tirer parti du mouvement pour la Science ouverte[1] qui permet d'étendre l'accès libre aux contenus scientifiques et se dégager de l'étau des grandes revues scientifiques qui imposent l'anglais. Que l'on se comprenne bien : il ne s'agit pas de lutter contre l'anglais, mais de lutter contre l'uniformité !

Paul de Sinety, délégué général à la langue française et aux langues de France au ministère de la Culture, « Pour un plurilinguisme de la pensée scientifique », 14 novembre 2019.

1. L'Institut de France regroupe plusieurs académies, dont l'Académie française.

CONSTRUIRE SON POINT DE VUE

Découvrez les documents

1. Pourquoi l'anglais est-il la langue majoritairement adoptée pour les échanges scientifiques ? docs 1, 2 et 4

2. Comment expliquer que les publications en anglais soient beaucoup plus fréquentes aux Pays-Bas, en Italie et en Russie que dans les autres pays figurant sur le diagramme ? doc 3

Développez des arguments

3. Quels risques comporte la généralisation de l'usage de l'anglais dans les publications scientifiques ? docs 4 et 5

4. Pourquoi la France et le Québec sont-ils particulièrement concernés par ces débats sur l'utilisation de l'anglais ? docs 1 et 5

Présentez votre point de vue ORAL

5. À l'oral, en 5 minutes, répondez à la problématique « Les scientifiques français doivent-ils écrire en anglais ? » en présentant plusieurs arguments.

Révisions

Produire et diffuser des connaissances

Podcast Synthèse à écouter

EXO Exercices interactifs

DATES CLÉS

1450-1454 Invention de l'imprimerie à caractères mobiles par Gutenberg

1666 Fondation, par Louis XIV, de l'Académie royale des sciences

1752 Publication de l'*Encyclopédie* par Diderot et d'Alembert

1887 Création de l'Institut Pasteur

1896 Henri Becquerel découvre la radioactivité

1939 Création du Centre national de la recherche scientifique (CNRS)

SUJETS BAC

Dissertation

- « L'alphabétisation des femmes du XVIe au XVIIIe siècle, un enjeu pour les familles, les religions et les États » p. 397
- « Les découvertes et échanges sur la radioactivité, révélateurs des rapports entre communauté scientifique, États et sociétés » p. 401
- « Les acteurs de la production et de la diffusion de la connaissance depuis la fin du XIXe siècle » p. 407

Étude critique de documents

- « L'alphabétisation des femmes, un enjeu mondial, un enjeu régional » p. 399
- « États et recherche : un engagement international » p. 401

SYNTHÈSE

I Produire et diffuser des connaissances à l'époque moderne

- **De la révolution de l'imprimerie au XVe siècle à l'encyclopédisme du XVIIIe siècle, une véritable soif de connaissances touche l'Europe.** Des communautés savantes, nationales et internationales, renouvellent tous les domaines de la science. Organisées en réseaux, elles produisent et diffusent des connaissances grâce à leurs correspondances, aux journaux savants qui se multiplient à partir des années 1660, dans le cadre d'une sociabilité de salon ou bien en organisant des expériences publiques (comme celles sur l'électricité au XVIIIe siècle).

Introduction du thème 6 p. 382-383

- **La maîtrise des connaissances est un critère important de la puissance des États.** Aussi les monarchies encouragent-elles la création d'académies, de sociétés d'agriculture ou de médecine, d'observatoires. C'est sur demande de Louis XIV que les Cassini, savants d'origine italienne, cartographient le territoire français.

- **La production et la diffusion de la connaissance se heurtent à plusieurs freins.** Les autorités religieuses exercent un pouvoir intellectuel qui peut les conduire à contester certaines découvertes. Ainsi Galilée est-il condamné par l'Église en 1633 pour sa thèse sur l'héliocentrisme qui va à l'encontre des croyances établies. Mais le principal frein à la diffusion des savoirs reste l'analphabétisme des populations.

II Produire et diffuser des connaissances à l'époque contemporaine

- **Aux XIXe et XXe siècles, la démocratisation des sociétés accompagne les progrès de la scolarisation.** L'alphabétisation est la condition même de l'exercice du vote et de la citoyenneté. Aussi les lois scolaires se multiplient-elles au XIXe siècle. Dans des sociétés largement sexistes, l'alphabétisation des filles accuse un net retard sur celle des garçons. En outre, l'enseignement secondaire et supérieur reste longtemps réservé à une élite, elle aussi masculine. L'accès à l'université se démocratise dans le dernier tiers du XXe siècle.

Jalon p. 396

- **Entre coopération et compétition, les États restent attentifs aux conditions de production de la connaissance.** C'est pourquoi ils tentent d'encadrer les recherches scientifiques sur la radioactivité, un domaine marqué par des avancées considérables entre la fin du XIXe siècle et le milieu du XXe siècle. Les **brevets** peuvent être considérés comme un critère d'évaluation des politiques scientifiques mises en place par les États. La puissance hégémonique de l'anglais soulève des interrogations.

Jalon p. 400, **Points de vue** p. 402

- **Au XXe siècle, de nouveaux outils de diffusion des connaissances apparaissent.** Viennent s'ajouter à la presse, déjà florissante à la fin du XIXe siècle, la radio dans les années 1920, la télévision à partir des années 1950, Internet depuis les années 1990. Touchant un public élargi, ces médias facilitent la diffusion et la vulgarisation des connaissances.

III Produire et diffuser des connaissances aujourd'hui, des blocages et des inégalités à surmonter

- **Certains États mettent en place des dispositifs pour limiter la diffusion des connaissances.** C'est le cas des États autoritaires (Chine) ou dictatoriaux (Corée du Nord) qui surveillent étroitement les milieux intellectuels ou scientifiques et limitent l'accès des populations aux savoirs en contrôlant les usages d'Internet.

- **À toutes les échelles, des inégalités persistent dans l'accès des populations aux connaissances.** Ces inégalités peuvent être territoriales, sociales ou générationnelles. Résoudre la fracture numérique est un enjeu démocratique majeur. L'alphabétisation des filles reste un défi à relever dans de nombreuses régions du monde.

Jalon p. 396

SUJET BAC

« La production et la diffusion des connaissance : un enjeu pour les États » p. 406

MOTS CLÉS

Alphabétisation : p. 394
Brevet : p. 390
Encyclopédisme : p. 392
Fracture numérique : p. 390
Vulgarisation : p. 395

COMPRENDRE AUTREMENT

Produire et diffuser des connaissances

Produire des connaissances

- Rôle des savants et des scientifiques, du XVIIIe siècle à nos jours
- Importance des grandes institutions : universités, académies
- Des États qui encouragent, encadrent, financent
- Des initiatives et des financements privés (entreprises)

Recheche et échanges des scientifiques sur la radioactivité (1896-années 1950) p. 400
Produire et diffuser des connaissances aujourd'hui p. 390

Diffuser des connaissances

- Des sociétés scientifiques organisées en réseaux
- Correspondances, journaux, colloques, congrès
- Alphabétisation des populations aux XIXe et XXe siècles
- Des médias plus nombreux au XXe siècle ; une vulgarisation des connaissances
- L'anglais, langue scientifique internationale

Les grandes étapes de l'alphabétisation des femmes dans le monde p. 396
Recherche et échanges des scientifiques sur la radioactivité (1896-années 1950) p. 400
Les scientifiques français doivent-ils écrire en anglais ? p. 402

Freins et obstacles à la production et à la diffusion des connaissances

Des freins

- Les autorités religieuses, souvent forces conservatrices
- Les États autoritaires ou dictatoriaux, limitant la diffusion des connaissances

Des défis à surmonter

- Les inégalités de développement et les inégalités liées au sexe
- La fracture numérique

Produire et diffuser des connaissances aujourd'hui p. 390

BAC ▸ Étude critique de documents

SUJET BAC

La production et la diffusion des connaissances : un enjeu pour les États

Consigne **À partir de l'étude critique de ce document, montrez que celui-ci permet de comprendre quels acteurs et enjeux animent la recherche scientifique en France.**

La création du CNRS en France en 1939

L'Allemagne avait créé en 1911 la Kaiser-Wilhelm Gesellschaft (aujourd'hui intégrée au Max-Planck Institut) ; les États-Unis s'étaient dotés au début du XXe siècle, grâce à des fondations privées (Rockefeller, Carnegie) d'institutions consacrées à la recherche. La France, malgré les préconisations et les premières réalisations de Pasteur à la fin du XIXe siècle et de Marie Curie après la Première Guerre mondiale, ne participe que lentement à ce mouvement mondial d'organisation de la recherche scientifique. [...] À partir des années 1930, les divers gouvernements multiplient les initiatives pour rattraper ce retard et organiser la recherche française, de manière un peu brouillonne au départ. Comme il l'est pour la diffusion des sciences avec la création du Palais de la Découverte[1] (1937), le prix Nobel de physique Jean Perrin (1870-1942) est à la manœuvre sur le sujet, dès le début de la décennie. C'est le gouvernement de Front populaire qui assurera une certaine unité à cette ambition. Irène Joliot-Curie (mars-septembre 1936), prix Nobel elle aussi, puis Jean Perrin sont sous-secrétaires d'État à la recherche scientifique auprès du ministre de l'Éducation nationale Jean Zay (1904-1944). Malgré la chute du Front populaire en juin 1937 (le poste ministériel de la recherche scientifique disparaît alors), Zay conserve son portefeuille jusqu'en septembre 1939, et continue à s'appuyer sur Jean Perrin : le décret organisant le CNRS est publié le 24 octobre 1939.

Denis Guthleben, « 19 octobre 1939 : la création du CNRS », *Bibnum* [en ligne], 1er novembre 2013, consulté le 1er mars 2020.

1. Musée et centre culturel scientifique situé à Paris.

MÉTHODE — APPLICATION

ÉTAPE 1 ANALYSER LE SUJET ET LA CONSIGNE

Méthode

- **Définir les termes du sujet**
- **Définir le cadre géographique et/ou les limites chronologiques**
- **Dégager la question clé posée par le sujet**

Application

- Précisez le cadre chronologique du sujet.

Conseil Appuyez-vous sur l'analyse de la consigne pour vous aider à déterminer une problématique.

Exemple : Quels sont les acteurs et les enjeux de la recherche scientifique en France au début du XXe siècle ?

ÉTAPE 2 ANALYSER ET CRITIQUER LE DOCUMENT

Méthode

- **Identifier le document**
- **Dégagez le sens général du document**

Application

- Quelles sont la nature, la source et la date du document ?
- Identifiez le thème puis l'idée générale du document.

Exemple :
Thème du document : la création du centre national de la recherche scientifique en France dans les années 1930.
Idée générale : la collaboration des scientifiques et des pouvoirs publics traduit une nouvelle volonté d'investir dans la recherche au début du XXe siècle.

Méthode

- **Sélectionner, confronter et expliquer les informations**

Application

- Listez les différents types d'acteurs de la recherche (privés, publics) évoqués au début du texte.
- Identifiez les acteurs de la création du CNRS, et leur fonction.
- Caractérisez l'évolution de l'action politique française en matière de recherche scientifique.
- Relevez les informations indiquant que le CNRS est un organisme dépendant de l'État.
- Dégagez les enjeux du développement de la recherche scientifique.
- Expliquez le contexte des années 1930.
- Explicitez ces informations à l'aide de vos connaissances :

Cours p. 392-393, **Cours** p. 394-395, **Jalon** p. 400-401

Exercer un regard critique – Interrogez-vous sur la source et posez-vous des questions sur le(s) document(s) – Montrez l'intérêt/les limites du (des) document(s) au regard du sujet	Montrez que la création du CNRS illustre une ambition nationale pour la science. **Exemple** : Le projet de créer un organisme national de recherche scientifique a été soutenu et poursuivi par les différents gouvernements qui se sont succédés dans les années 1930 et par les plus grands scientifiques français de l'époque.
ÉTAPE 3 RÉDIGER L'ÉTUDE CRITIQUE DU DOCUMENT	
Rédiger l'introduction Présentez le sujet et le document, le contexte et la problématique	Rédigez une courte introduction à partir de votre travail effectué lors des étapes 1 et 2.
Rédiger l'étude de manière organisée	Rédigez une réponse organisée pour répondre au sujet. **Plan possible :** **I.** Le développement de la recherche et de la production de la connaissance au début du XXe siècle **II.** La coopération entre scientifiques et pouvoirs publics pour organiser la recherche scientifique **III.** Les enjeux de la production et de la diffusion des savoirs scientifiques (élargissement de l'accès à la connaissance ; enjeu de puissance) *Conseil* Argumentez à l'aide des informations du texte. Vous pouvez citer des passages du texte en les mettant entre guillemets.
Rédiger la conclusion	Dans une conclusion, répondez à la problématique du sujet.

BAC ▸ Dissertation

SUJET BAC

Les acteurs de la production et de la diffusion de la connaissance depuis la fin du XIXe siècle

LES TERMES À ANALYSER	LES CONNAISSANCES À MOBILISER	PROBLÉMATIQUE ET PLAN POSSIBLES
« **Les acteurs** » : les parties prenantes (État, institutions, communauté scientifique) ; acteurs publics et privés. « **La connaissance** » : ensemble des savoirs théoriques et techniques. « **la production** » : création, appropriation. « **la diffusion** » : transmission, propagation. « **depuis la fin du XIXe siècle** » : les années 1880 marquent un tournant avec l'instruction publique obligatoire en France et les découvertes scientifiques sur la radioactivité.	**Cours** p. 392, **Cours** p. 394 **Jalon** p. 396-399, **Jalon** p. 400 **Repères chronologiques :** → 1882 lois Ferry en France : instruction publique gratuite, laïque et obligatoire, pour les garçons et les filles ; → 1896 découverte de la radioactivité ; → 1939 création du CNRS **Personnalités :** Marie Curie et Pierre Curie, Albert Einstein **Notions :** communauté savante, salons, académie des sciences, vulgarisation	**Problématique :** Comment les acteurs de la connaissance participent-ils à sa production et à sa diffusion ? **Plan :** **I.** La communauté scientifique produit et diffuse la connaissance (recherche expérimentale, innovation technologique, publications et congrès scientifiques, vulgarisation de la connaissance) **II.** États, fondations privées et entreprises soutiennent la production et la diffusion de la connaissance (instruction publique, financement de la recherche, création de centres de recherche, transferts de technologie)

Méthode générale de la dissertation p. 22

Chapitre 17

La connaissance, enjeu politique et géopolitique

Conscients de l'importance des savoirs dans la mise en œuvre d'une politique de puissance, les États cherchent à mettre en place des politiques de développement de la recherche et de l'innovation pour accroître leur prospérité économique, asseoir leur supériorité militaire mais aussi étendre leur influence culturelle. Entre rivalités et coopération, la connaissance devient un enjeu fondamental pour les relations internationales.

Pourquoi et comment les États se saisissent-ils de l'enjeu de la connaissance ?

Textes DYS
TOUS LES TEXTES EN VERSION DYS
lycee n.nathan.fr/geopolitiqueterm

SOMMAIRE

La recherche et l'innovation au service de la croissance économique en Inde

Étudiants en chimie au *Ramjas College*, université de Delhi, janvier 2018. Le *Ramjas College*, fondé en 1917, est l'un des plus prestigieux centres universitaires indiens.

Cours La connaissance, enjeu de pouvoir politique

JALON p. 414-415

Podcast Cours à écouter

REPÈRE

Keynésianisme et néolibéralisme
Ces deux écoles de pensées économiques ont des visions diamétralement opposées. À l'inverse des keynésiens, les néolibéraux considèrent que l'État et ses réglementations sont une entrave à la libre entreprise et à la croissance.

VOCABULAIRE

Cyberattaque : voir p. 426

Lanceur d'alerte : individu ou groupe d'individus se servant d'Internet pour révéler des comportements illicites ou dangereux pouvant constituer une menace pour le bien commun.

Quelles sont les relations entre savoir et pouvoir ?

I La connaissance au service de la décision

A Un pouvoir éclairé

● **L'action politique est le fruit d'un processus de décision des détenteurs de l'autorité.** Pour ce faire, les gouvernants s'entourent de conseillers et de savants dont les connaissances servent à éclairer leurs choix. Dans une démocratie, les débats agitent l'opinion, influencent le pouvoir et légitiment les décisions.

● **À partir du XIXe siècle, dans le cadre des transformations industrielles, sciences et techniques construisent un modèle de développement lié aux progrès de la connaissance.** Dans les sociétés contemporaines, les démocraties sont entrées dans un processus de « **scientifisation du politique** » où le rôle des experts prend de plus en plus d'importance face à la complexité des problèmes de société. Par exemple, les questions environnementales actuelles offrent une large place à la consultation de scientifiques.

Chapitre 13 p. 318-319, **Chapitre 14** p. 340-341

B Savoir et critique

● **La connaissance peut être utilisée pour influencer l'opinion publique.** À partir des années 1970, dans le cadre des débats autour de la résolution de la crise économique mondiale, des ***think tanks*** sont créés pour diffuser des **idées néolibérales** dans les pays industrialisés. Ils souhaitent remettre en cause les **principes keynésiens** qui dominaient le monde universitaire et politique depuis l'après-guerre.

Histoire Tle La modification des grands équilibres économiques et politiques [thème 3]

● **Des associations, des journalistes ou des lanceurs d'alerte sont également sources et vecteurs de nouveaux savoirs.** En 1991, une journaliste révèle ainsi qu'en France, le Centre national de transfusion sanguine a distribué sciemment, entre 1984 et 1985, des produits sanguins contaminés par le virus du sida à des hémophiles. Une enquête s'ouvre et d'anciens ministres sont jugés en 1999.

II La connaissance, instrument de contrôle

A Des données pour l'action politique

● **L'extension des fonctions de l'État au cours des XIXe et XXe siècles entraîne le développement de la bureaucratie.** La mise en place de politiques sociales, fiscales ou monétaires exige une administration chargée entre autres de collecter des données précises pour mettre en œuvre des mesures efficaces.

● **La collecte de données peut également répondre à des logiques de sécurité.** Au début des années 2000, pour lutter contre le terrorisme, la **NSA** met au point l'opération *Stellar Wind* qui permet d'avoir accès aux téléphones et ordinateurs portables des Américains. En 2013, l'informaticien de la NSA Edward Snowden révèle à la presse la réalité de cette surveillance de masse.

B Le contrôle des connaissances dans les régimes autoritaires

● **Chaque régime autoritaire contrôle la production et la diffusion des connaissances par la censure.** L'accès aux sources de connaissances est restreint : l'accès aux archives est sévèrement limité et l'usage libre d'Internet empêché, comme en Chine. Les scientifiques travaillent sous le contrôle étroit de l'État. Ils peuvent subir de fortes contraintes ou représailles s'ils manifestent leur désaccord avec le régime.

- **L'État recueille les informations afin d'empêcher toute forme d'opposition au régime.** En République démocratique allemande (1949-1990), la **Stasi** contrôle le courrier et les conversations téléphoniques ou pratique des filatures de milliers d'individus au quotidien.

Jalon p. 414-415, **Chapitre 18** p. 428-429

III La connaissance au service du *hard power*

A La science, une arme de guerre

- **Depuis l'avènement des guerres industrielles, la supériorité technique des armements est fondamentale.** À partir de la Seconde Guerre mondiale, militaires et scientifiques collaborent activement. Les innovations trouvent leur application immédiate, tels le radar, le sonar ou encore le caoutchouc synthétique. L'arme nucléaire est conçue dans le cadre du « projet Manhattan » qui rassemble des scientifiques allemands réfugiés, des savants et l'État-major américains.

- **L'innovation scientifique et technologique joue un rôle majeur au cœur des armées.** Au cours des années 1990, ce que l'on appelle la « révolution des affaires militaires » a pour objectif de réduire l'implication directe des individus dans le combat grâce aux recours à la technologie. L'usage des **nanotechnologies**, de l'intelligence artificielle, de drones autonomes de combat s'est développé dans les armées. La maîtrise du savoir informatique est devenue un enjeu fondamental pour mener des **cyberattaques**. Les **services de renseignement** américains et israéliens ont ainsi lancé le virus informatique *Stuxnet* pour saboter le programme nucléaire iranien en 2010. **Chapitre 18** p. 428-429

B Le rôle du renseignement

- **Le renseignement assure une fonction essentielle pour la sécurité de l'État.** Si le renseignement intérieur peut permettre de prévenir les actes criminels, le renseignement extérieur permet d'assurer la protection du territoire contre des actes venus des puissances étrangères, d'anticiper les décisions de celles-ci et d'adapter sa politique étrangère. Lors de la guerre froide, les services de renseignement des grandes puissances se sont montrés particulièrement actifs pour tenter de déstabiliser leur adversaire.

- **Les services de renseignement peuvent aller jusqu'à produire une connaissance factice.** L'opération *Fortitude* lors de la Seconde Guerre mondiale en est un exemple. Pour permettre le débarquement en Normandie, les Britanniques ont mené une vaste opération de falsification pour convaincre les nazis d'une attaque alliée dans le Pas-de-Calais.

Jalon p. 414-415

FICHES DE LECTURE

Sébastien Laurent, *Atlas du renseignement. Géopolitique du pouvoir*, Les Presses de Sciences Po, 2014, 192 p. Un atlas qui ne se contente pas d'une analyse historique linéaire mais cherche à anticiper les évolutions à venir de la nature même du renseignement. Fiche de lecture sur l'introduction de l'ouvrage.

Benjamin Oudet, « Le roman d'espionnage. Quand la fiction du secret vient au secours de la science politique », *Diploweb.com*, 4 octobre 2017 [en ligne]. Comment le roman rend visible les enjeux du renseignement.
www.diploweb.com/Le-roman-d-espionnage-Quand-la-fiction-du-secret-vient-au-secours-de-la-science-politique.html

VOCABULAIRE

Nanotechnologies : technologies du monde de l'infiniment petit.

NSA : voir p. 427

Renseignement intérieur : service de surveillance à l'intérieur de l'État.

Scientifisation du politique : désigne le recours fréquent à l'expertise dans la pratique du pouvoir politique. Ce concept est défini par le théoricien allemand Jürgen Habermas (né en 1929).

Service de renseignement (ou « services secrets ») : administration publique qui opère, par des moyens variés (espionnage, surveillance, interception des communications), la collecte d'informations au motif de protéger les intérêts d'un État.

Stasi : ministère de la Sécurité allemande. Ce service de renseignement de RDA comptait plus de 91 000 employés et 190 000 informateurs pour un État de 17 millions d'habitants.

Think tank : organisme privé chargé de diffuser des idées au sein de la société civile.

RESSOURCES

« Géopolitique du renseignement », ***Diplomatie,*** *Les Grands Dossiers* n° 38, avril 2017. Un panorama de la réalité du renseignement au niveau mondial.

Tim Weiner, *Des cendres en héritage*, Perrin, « Tempus », 2011, 832 p. Une synthèse sur l'histoire de la CIA organisée de manière chronologique.

« Le gouvernement secret », une série de 5 podcasts consacrés aux services de renseignement (44'), émission *Matière à penser*, France Culture, avril 2019. L'épisode 3 dévoile la réalité du métier d'agent de renseignement au service de la France.
www.franceculture.fr/emissions/series/le-gouvernement-secret

Ressources complémentaires

Cours La connaissance, enjeu des relations internationales

JALON p. 416-417
POINTS DE VUE p. 418-419

Podcast Cours à écouter

Pays ayant déposé le plus de demandes internationales de brevet[1] en 2018

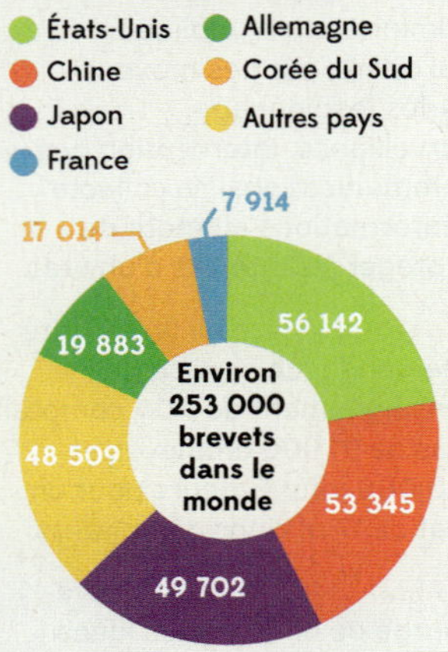

[1] Auprès de l'Organisation mondiale de la propriété intellectuelle (agence spécialisée de l'ONU) et selon le Traité de coopération en matière de brevets (PCT) qui permet de demander la protection d'une invention dans plus de 150 pays simultanément.

Source : « L'Empire américain », hors-série Le Monde/La Vie, n°30, octobre 2019.

Comment l'économie de la connaissance influe-t-elle sur les relations internationales ?

I Économie et connaissance

A Connaissance et croissance

- **L'innovation est considérée comme un des moteurs de la croissance économique.** Selon l'économiste Joseph Schumpeter (1883-1950), les cycles de croissances et de crises sont articulés autour des innovations selon le processus de **destruction créatrice**. Les vidéos sous format VHS ont ainsi disparu du marché pour être remplacées par les DVD puis par la VOD, qui modifie les objets et pratiques de consommation.

- **La production de nouvelles technologies devient centrale dans le système économique.** Pour le chercheur américain contemporain Paul M. Romer, ce ne sont plus les ressources naturelles ou la démographie qui génèrent la croissance mais la production et la diffusion de connaissances et de savoir-faire.

B L'économie de la connaissance

- **Selon l'économiste autrichien Fritz Machlup (1902-1983), le système économique est désormais celui de l'économie de la connaissance.** Les impératifs de l'innovation fournissent une production renouvelée et permettent les performances économiques. Dans ce contexte, le rythme de circulation des connaissances est accéléré, les activités de recherches dispersées, les besoins en main-d'œuvre hautement qualifiée accrus.

- **La connaissance peut devenir la base d'une politique de développement économique.** De nombreux États ont décidé d'investir pour orienter une part majeure de leur économie vers les activités de recherche et la conception de produits de haute technologie (Inde, Singapour, Corée du Sud…).

Jalon p. 416-417

II Connaissance et puissance

A L'État et la production de connaissance

- **L'État encourage le développement scientifique et technique.** Il peut ainsi mener une politique d'éducation centrée sur le développement des savoirs intellectuels. Il cherche à attirer les chercheurs les plus renommés par de solides conditions de travail et équipements (« ***brain drain*** » aux États-Unis) créant les conditions de **transferts de technologie**.

- **Les gouvernements soutiennent la création de « *learning regions* ».** Elles sont marquées par une « culture créative » et des conditions favorables au développement des recherches. Les pouvoirs publics y encouragent le partenariat public-privé, notamment par la réalisation de ***clusters***.

B Puissance et compétitivité

- **À partir des années 1950, les activités de savoirs contribuent au *smart power* des États industrialisés.** Les dépenses en **recherche et développement (R&D)**, le pourcentage de populations diplômées du supérieur, le nombre de dépôts de brevets sont autant de signes de la puissance scientifique et technologique d'un État.

VOCABULAIRE

Brain drain : littéralement, « fuite des cerveaux ». Politique d'immigration choisie menée par les États-Unis depuis 1945 pour attirer une main-d'œuvre hautement qualifiée et des étudiants-chercheurs étrangers.

Classement de Shanghai : voir p. 418-419

Cluster : concentration sur un territoire d'entreprises innovantes associées à des laboratoires de recherches ou des universités.

Destruction créatrice : théorie élaborée par l'économiste Joseph Schumpeter (1883-1950) selon laquelle le processus d'innovation entraîne la destruction de certains secteurs économiques dépassés et la mise en place de nouveaux secteurs portés par les inventions.

- **Une hiérarchie se forme entre des États en concurrence.** Les États-Unis sont aujourd'hui les premiers émetteurs de brevets et investisseurs dans la recherche scientifique dans le monde. En 2016, la Chine se fixe pour objectif de devenir le « leader international de l'innovation » en 2030. Dans ce but, le pays augmente fortement ses dépenses en R&D.

Chapitre 3 p. 84-89

- **La mise en concurrence des universités témoigne de cette recherche de compétitivité des territoires.** Différents classements internationaux mesurent la puissance académique des établissements du supérieur. Le plus célèbre d'entre eux, le **classement de Shanghai**, est dominé par les universités américaines.

Points de vue p. 418-419

III La connaissance, entre tensions et coopération

A De la compétition à la tension

- **Les États rivalisent de projets pour maintenir leur domination scientifique, composante de la puissance.** En 1957, le lancement du satellite *Spoutnik* est vécu comme la démonstration de la supériorité scientifique et technique soviétique. Afin de contrer l'URSS, le président Eisenhower crée la **NASA** et Kennedy annonce en 1961 le programme Apollo qui doit permettre aux Américains de marcher sur la Lune. En 1969, le réseau ARPANET, ancêtre d'Internet développé par le ministère de la Défense américain, réalise sa première communication.

Chapitre 1 p. 42-43 et 46-49, **Points de vue** p. 418-419
HGGSP 1re L'information à l'heure d'Internet (thème 4)

- **La maîtrise de certaines connaissances ou technologies stratégiques devient parfois source de tensions entre les États.** En 2019, les États-Unis et la Chine s'opposent au sujet de Huawei, leader sur le marché de la 5G. Pour éviter d'être dépendant de cette entreprise très en avance, le gouvernement américain la dénonce comme un danger pour la sécurité des communications aux États-Unis et cherche à limiter son activité.

B La connaissance, lieu de la coopération internationale

- **La recherche, compte tenu de son coût, est aussi le lieu des coopérations.** L'organisation européenne pour la recherche nucléaire (CERN) regroupe ainsi 23 partenaires, dont certains en dehors de l'espace européen (Japon, États-Unis), pour étudier la physique des particules.

- **Certains problèmes mondiaux (climat, environnement) impliquent une collaboration scientifique internationale portée par les États.** Des groupes de chercheurs internationaux sont constitués, à l'image du **GIEC**, créé en 1988 à l'initiative du Programme des Nations unies pour l'Environnement.

Chapitre 14 p. 340 et p. 346

- **Le développement massif des TIC, les échanges universitaires internationaux posent la question de la science ouverte.** De plus en plus de chercheurs ou d'institutions acceptent d'accorder un libre accès à leurs données pour améliorer les échanges scientifiques et progresser plus rapidement.

FICHES DE LECTURE

Dominique Foray, *L'Économie de la connaissance*, La Découverte, « Repères », 2018 (3e édition), 128 p. (fiche de lecture à faire sur l'introduction). Une mise au point sur les évolutions économiques liées aux savoirs technologiques.

Fabien Eloire, « Le classement de Shanghai. Histoire, analyse, critique », L'Homme 1 la Société, 2010/4, n° 178 (en ligne). Un sociologue français revient sur l'histoire de ce classement international et sur son effet sur le marché universitaire mondial.
www.cairn.info/revue-l-homme-et-la-societe-2010-4-page-17.htm#

VOCABULAIRE

GIEC : voir p. 346

NASA : voir p. 42

Recherche et développement (R&D) : ensemble des moyens investis par les acteurs de l'économie pour permettre le développement d'activités innovantes.

Science ouverte : mouvement dont l'objectif est de rendre universellement accessibles les résultats de la recherche scientifique.

Smart power : littéralement, « puissance intelligente ». Capacité d'un État à exercer sa puissance en combinant les stratégies de *soft power* et de *hard power*.

TIC : technologies de l'information et de la communication.

Transferts de technologie : voir p. 417.

RESSOURCES

Bernard Besson, « Services de renseignement : le défi de l'intelligence économique », Diploweb.com, 18 juin 2017 (en ligne). Un article qui s'interroge sur les enjeux des liens entre intelligence économique et service de renseignement pour la France.
www.diploweb.com/Services-de-renseignement-le-defi-de-l-intelligence-economique.html

« Qu'est-ce que le CERN ? » Une vidéo de 4 minutes qui présente les enjeux de la coopération internationale en matière de recherche.
https://www.youtube.com/watch?v=Do8rP6ymO4w

« La puissance chinoise : de l'imitation à l'innovation », émission *Les Enjeux internationaux*, France Culture, 4 nov. 2019 (11'). L'économiste Alisée Pornet revient sur les rapports entre puissance et innovation technologique en Chine.
www.franceculture.fr/emissions/les-enjeux-internationaux/le-rattrapage-technologique-comme-outil-de-la-puissance-chinoise

***Science ouverte*,** le site internet du CNRS dédié à la promotion et au développement du mouvement de la science ouverte.
www.science-ouverte.cnrs.fr/

Ressources complémentaires

Jalon

Le renseignement au service des États : les services secrets américains et soviétiques durant la guerre froide

COURS p. 410-411

Lors de la guerre froide, les services de renseignement américains et soviétiques utilisent différents moyens pour déstabiliser l'adversaire : diffusion de fausses informations, programmes d'espionnage et de contre-espionnage, mais aussi opérations spéciales menées sur le terrain.

Quel est le rôle des services de renseignement dans la guerre froide ?

1 Les services secrets dans la guerre froide

Carte interactive

1. Les deux camps de la guerre froide
- Pays membre de l'OTAN en 1982
- Pays membre du pacte de Varsovie

2. Les services secrets en action
- Zone de concentration des chalutiers espions soviétiques
- Expulsion massive d'agents de renseignement soviétiques

Actions de la CIA
- Soutien financier et/ou militaire à des groupes armés
- Déstabilisation politique et coup d'État

Actions du KGB
- Soutien financier et/ou militaire à des mouvements d'opposition ou des groupes politiques

Source : S. Dullin, S. Jeannesson, *Atlas de la guerre froide*, Autrement, 2017.

→ **Quels sont les lieux et types d'intervention des services secrets durant la guerre froide ?**

2 Une opération en Iran menée par la CIA

Le 18 août 1953, un coup d'État renverse le Premier ministre iranien Mossadegh soupçonné de sympathie socialiste depuis son programme de nationalisation des puits de pétrole en 1951.

CAMPAGNE D'INSTALLATION D'UN GOUVERNEMENT PRO-OCCIDENTAL EN IRAN

Cible : premier ministre Mossadegh et son gouvernement

Objectifs : Organiser la chute du gouvernement de Mossadegh par des moyens légaux, ou quasi légaux, et le remplacer par un gouvernement pro-occidental sous la direction du Shah et son premier ministre Zahedi

CIA, documents déclassifiés en 2013.

→ **Quel est le but de cette opération ?**

VOCABULAIRE

CIA : Agence centrale du renseignement des États-Unis, fondée en 1947.

Contre-espionnage : démarches visant à contrer les opérations d'espionnage menées par les services de renseignements étrangers.

Espionnage : collecte clandestine d'informations sur une puissance étrangère.

Guerre psychologique : utilisation planifiée de moyens d'information pour exercer une influence sur les esprits.

KGB : Comité pour la sécurité de l'État, service de renseignement soviétique créé en 1954.

Opération spéciale : opération confidentielle menée par des forces spécialisées des services de renseignement hors du territoire national.

Service de renseignement (ou « services secrets ») : voir p. 411

③ Éliminer la dissidence

L'écrivain bulgare Georgi Markov, décédé lundi 11 septembre d'un empoisonnement du sang, « n'est pas mort de mort naturelle », a révélé mardi Scotland Yard. Des examens plus approfondis doivent avoir lieu pour déterminer la cause de l'empoisonnement de l'écrivain, critique virulent du régime de Sofia à Radio Europe libre et à la B.B.C., où il dénonçait notamment la corruption des dirigeants bulgares. Citant les témoignages de ses proches, les journaux britanniques ont émis l'hypothèse que l'écrivain a pu être victime d'un agent de Sofia et tué à l'aide d'une seringue empoisonnée dissimulée dans un parapluie.

AFP/Le Monde, 14 septembre 1978.

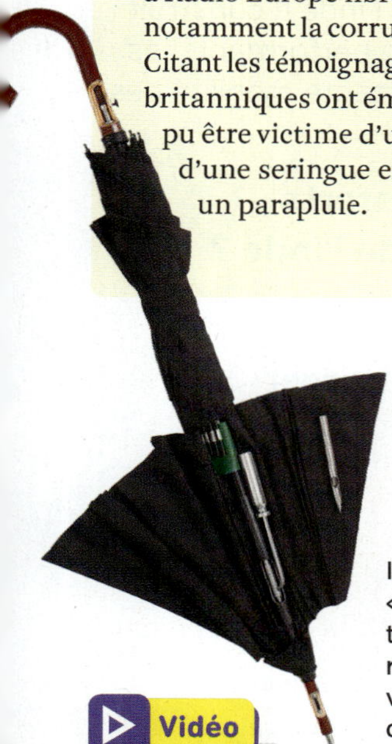

→ **Quel est l'objectif poursuivi par cette opération spéciale menée par le KGB en Angleterre ?**

Inventé par le KGB, le parapluie « bulgare » contient à son extrémité un minuscule plomb de ricine injecté dans le corps de la victime, qui ne sent qu'un simple objet touchant son corps. La mort survient quelques jours plus tard lorsque le poison a fait son effet.

Vidéo Le parapluie bulgare

④ Espionner derrière le rideau de fer

Vladimir Vetrov est un agent du KGB qui se lance dans le contre-espionnage au service de la France au début des années 1980.

Le mobile qui anime Vetrov paraît simple. Il est déçu du système soviétique, de la corruption régnante au sein de la *nomenklatura*[1], frustré de voir sa carrière piétiner, et méprisé au sein de son service dont il a suggéré des réformes restées lettre morte. [...]

Du simple document au rapport complet, près de 4 000 pages de documents sont transmises par Vladimir Vetrov. Leur richesse est inestimable. En premier lieu, ils permettent d'établir l'organigramme complet de l'organisation et d'identifier à l'Ouest plus de quatre cents officiers du KGB, dont deux cent vingt-deux agents sous couverture diplomatique auxquels s'ajoutent une cinquantaine d'agents étrangers. Cependant, l'importance de *Farewell*[2] tient à la transmission d'informations stratégiques qui vont modifier le cours de l'Histoire. Grâce à cette « première percée à l'Est », l'Ouest connaît les programmes militaires soviétiques ainsi que l'étendue comme le contenu du pillage technologique et scientifique auquel s'adonnent les Soviétiques pour pallier leur retard et leurs insuffisances en recherche et développement.

Jessica Coffi, « Vetrov, Vladimir », dans H. Moutouh et J. Poirot (dir.), *Dictionnaire du renseignement*, Perrin, « Hors collection », 2018.

1. Terme qui désigné l'élite du régime soviétique qui dispose de privilèges.
2. Nom de code de Vladimir Vetrov.

→ **Quels aspects des services secrets apparaissent dans ce texte ?**

⑤ Mener la guerre psychologique

Traduction : « Ne la laissez pas grandir sans qu'elle entende la vérité ! » Fondée en 1950, Radio Free Europe émet à partir de Munich, en s'adressant dans leur langue à tous les pays d'Europe de l'Est. Elle est financée clandestinement par la CIA.

Publicité pour Radio Free Europe parue dans la presse américaine en 1959.

→ **Quel est l'objectif poursuivi par cette radio ?**

EN AUTONOMIE VERS LE BAC

Mise en relation des documents

1. Quels types d'opérations spéciales peuvent être menées par les services secrets ? docs 1, 2 et 3

2. Quel est le rôle de l'information pour les différents services de renseignement durant la guerre froide ? docs 4 et 5

BAC Vers l'écrit ▸ Dissertation

Sujet : « Le rôle des services secrets dans la guerre froide »

Analysez le sujet puis élaborez un plan détaillé pour le traiter. Mobilisez vos connaissances en vous aidant du cours de cette double page.

BAC Vers le grand oral

En 5 minutes, à l'oral, présentez une opération spéciale menée lors de la guerre froide.

▸ Choisissez parmi les opérations proposées dans le manuel numérique.

Consignes détaillées de l'activité

Jalon

COURS p.412-413
POINTS DE VUE p. 418-419

Circulation et formation des étudiants, transferts de technologie et puissance économique : l'exemple de l'Inde

Forte d'une population nombreuse, jeune et bien formée, l'Inde a construit son dynamisme économique sur un système universitaire performant. Les transferts de technologie ont été favorisés par une importante mobilité des étudiants indiens à l'étranger.

Comment la mobilité des étudiants et les transferts de technologie contribuent-ils à la puissance de l'Inde ?

1 Sam Pitroda : un des « pères » de l'économie de la connaissance

Sam Pitroda[1] (1942-) est un scientifique indien à l'origine de plus de cent dépôts de brevets qui a révolutionné les télécoms de son pays. Né dans l'État d'Odisha, il part aux États-Unis dans les années 1960 pour compléter ses études d'ingénieur. Il s'installe dans la Silicon Valley, en Californie, où il fait fortune dans les nouvelles technologies [...]. En 1984, le Premier ministre, Rajiv Gandhi, lui demande de l'aider à moderniser l'Inde. Sam monte alors le *Centre for Development of Telematics* (C-DOT) et se voit confier la présidence de la commission des Télécoms de l'Inde [...]. En 2004 [il est] nommé président de la *National Knowledge Commission*. Il devient l'éminence grise pour tout ce qui a trait à l'éducation, la recherche et l'innovation [...]. Dans l'enseignement supérieur, Sam Pitroda milite pour substituer un modèle de masse au modèle élitiste jusque-là en vigueur. 30 nouvelles universités sont alors ouvertes, 8 nouveaux instituts de technologie (ITT) et 7 de management (IIM), 5 instituts de sciences et 2 écoles d'architecture, soit près de 2 000 écoles supérieures dans tous les domaines et réparties sur tout le territoire.

Thierry Aguilar *et al.*, « L'industrie informatique comme vecteur de puissance de l'Inde », MSIE, avril 2018.

1. Satyanarayan Gangaram Pitroda.

→ **Pour quelles raisons Sam Pitroda est-il considéré comme un des « pères » de l'économie de la connaissance en Inde ?**

2 Les étudiants indiens à l'étranger

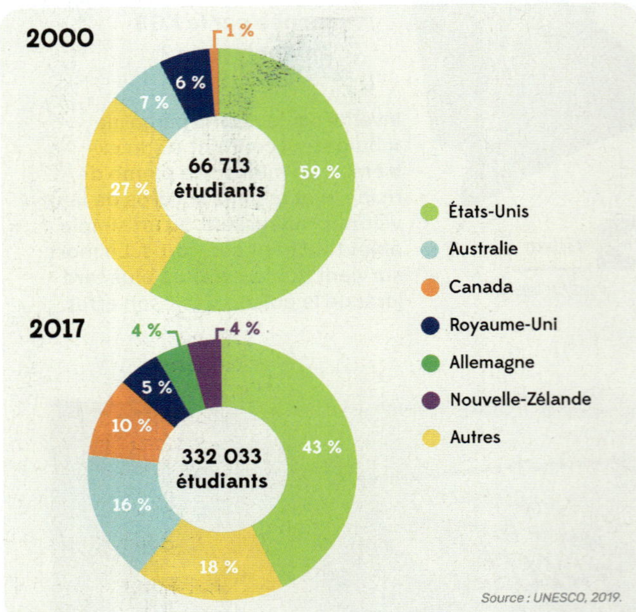

→ **Quels sont les changements majeurs intervenus dans la circulation des étudiants à l'étranger entre 2000 et 2017 ?**

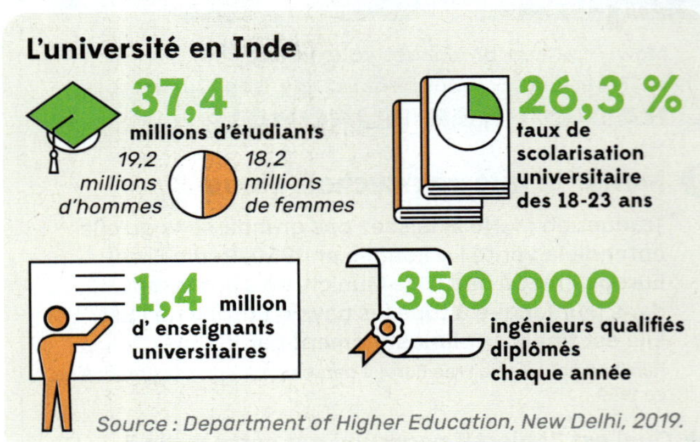

3 Universités et pôles économiques en Inde

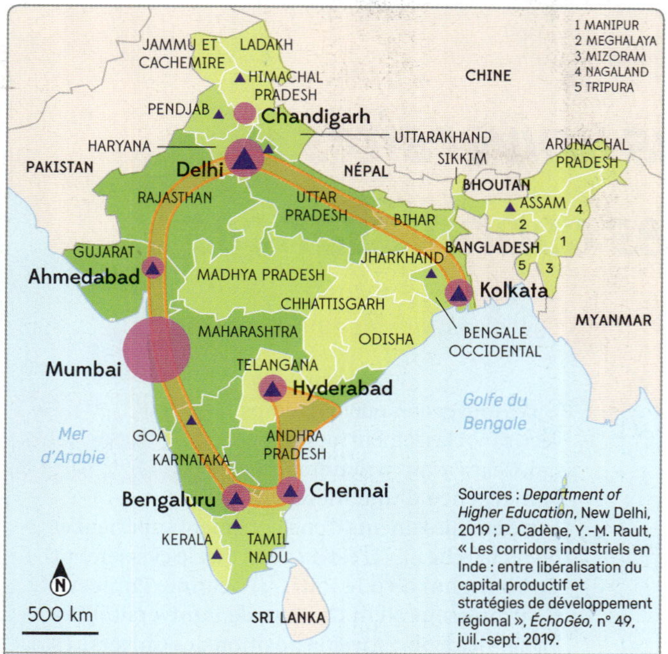

Sources : *Department of Higher Education*, New Delhi, 2019 ; P. Cadène, Y.-M. Rault, « Les corridors industriels en Inde : entre libéralisation du capital productif et stratégies de développement régional », *ÉchoGéo*, n° 49, juil.-sept. 2019.

1. Les universités en Inde (nombre par État)
30 60

2. Les principaux pôles industriels et technologiques

Concentrations de sièges sociaux d'entreprises technologiques

Concentrations d'activités industrielles

Principal corridor de développement technologique

→ **Où se concentrent les universités, les entreprises technologiques et leurs sièges sociaux ?**

Carte interactive

5 Transferts de technologie et affirmation de la puissance indienne

Le regard d'une géopoliticienne

Pour l'Inde, les partenariats stratégiques doivent permettre d'obtenir le meilleur de ce que peuvent lui offrir ses divers grands interlocuteurs. Cela revient à s'assurer un accès privilégié aux ressources fondamentales de la puissance : capitaux, technologies de pointe, systèmes d'armes et énergie. Au plan économique et financier, le Japon et Singapour, en plus du Royaume-Uni, des États-Unis et de l'Union européenne constituent des partenaires de premier plan. La Russie, elle, reste indispensable pour acquérir des systèmes d'armes et avoir accès à des technologies militaires très protégées [...]. Il faut enfin noter qu'il existe des États tels Israël, avec lesquels l'Inde entretient des relations très stratégiques (transferts de technologies de défense et de sécurité).

Isabelle Saint-Mézard, *Atlas de l'Inde : une nouvelle puissance mondiale*, Autrement, 2016.

Isabelle Saint-Mézard est maître de conférences en géopolitique à l'université Paris 8.

→ **Avec quels types de pays l'Inde établit-elle des partenariats stratégiques ?**

4 Le siège d'Infosys à Bengaluru

Infosys est une grande entreprise indienne spécialisée dans les services informatiques (photographie juillet 2017).

→ **Comment cette photographie témoigne-t-elle du dynamisme économique de l'Inde ?**

VOCABULAIRE

Transfert de technologie : processus de transfert d'un pays à un autre d'un savoir-faire, de techniques de fabrication ou d'équipements.

EN AUTONOMIE VERS LE BAC

Mise en relation des documents

1. Quels liens est-il possible d'établir entre mobilité des étudiants et transferts de technologie ? docs 1, 2, 4 et 5

2. De quelle manière l'économie de la connaissance contribue-t-elle à faire de l'Inde une grande puissance ? docs 1, 3, 4 et 5

BAC Vers l'écrit

▸**Étude critique de documents**

À partir de l'analyse des documents 1 et 2, rédigez une introduction et proposez un plan répondant à la question : « Quels facteurs contribuent à faire de l'Inde un acteur majeur de l'économie mondiale de la connaissance ? »

BAC Vers le grand oral

Aide à la réalisation

Préparez un support à remettre au jury pour accompagner une présentation en 5 minutes de la ville de Bengaluru en Inde.

▸Un autre élève, dans le rôle du jury, doit vérifier si votre document est clair et vous expliquer pourquoi.

Points de vue

Évaluer, classer les universités : un progrès pour les connaissances ?

1 Les critères du classement de Shanghai

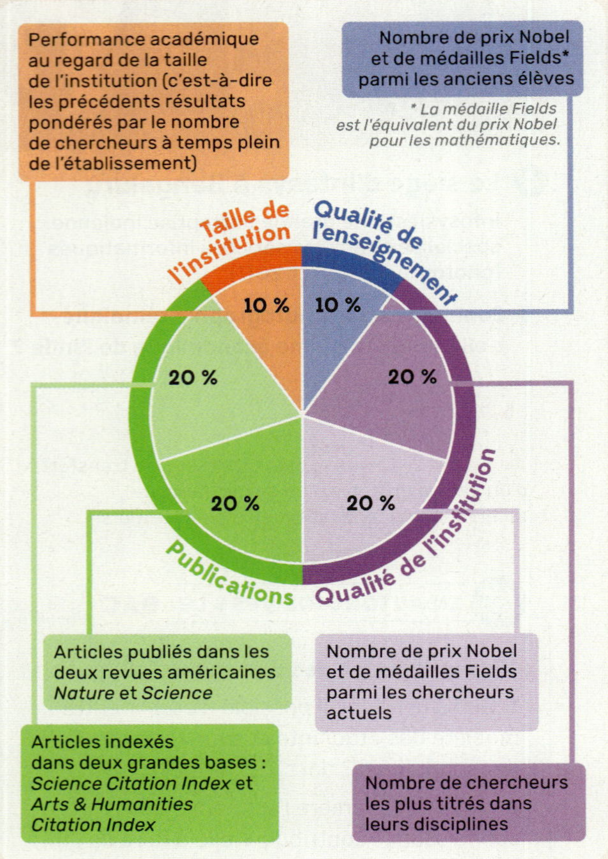

2 Histoire du classement de Shanghai

Le point de vue d'un sociologue

Les universités ont longtemps vécu sans classement international. Cela n'avait en rien empêché l'émergence d'une hiérarchie entre établissements d'enseignement supérieur et de recherche. [...] C'est en 2003 que le classement de Shanghai a vu le jour. À l'origine, l'objectif du professeur Nian Cai Liu, de l'université Jiao Tong, vise à objectiver la position des universités chinoises dans le monde, et contribuer ainsi à la réflexion autour du développement d'une politique universitaire pour son pays fondée sur l'existence d'établissements d'élite, d'envergure mondiale [...]. Nian Cai Liu affirme que le classement de Shanghai n'a pas été élaboré dans une visée commerciale ; mais dans un intérêt purement académique. Ce sont en fait « des collègues du monde entier » qui l'ont convaincu de mettre à disposition les résultats de son classement sur Internet. [...] Plusieurs raisons peuvent expliquer *a posteriori* la popularité planétaire du classement : outre qu'il s'agit du premier classement mondial des universités, il se fonde sur des critères simples, accessibles à tous, et objectifs car quantitatifs.

Fabien Eloire, « Le classement de Shanghai. Histoire, analyse et critique », *L'Homme & la Société*, 2010/4, n° 178.

Fabien Eloire est maître de conférence en sociologie à l'Université de Lille.

3 La France dans la géopolitique universitaire

Le point de vue officiel français

21 établissements français figurent cette année dans le classement de Shanghai, soit deux de plus que l'an passé. Parmi ces 21 établissements, près d'un tiers y gagnent des places et plus de la moitié demeurent stables. [...] La ministre félicite les établissements qui sont aujourd'hui mis à l'honneur. Elle tient également à rappeler qu'il convient de faire un bon usage du classement de Shanghai, qui constitue un indicateur important du rayonnement scientifique des universités françaises mais comporte également, comme tout classement, des choix et des biais méthodologiques dont l'impact est parfois significatif. Certains de ces choix desservent particulièrement les universités françaises. [...]

Dans ce contexte, avec l'ordonnance du 12 décembre 2018, la ministre a souhaité mettre à la disposition des acteurs universitaires de nouveaux outils qui leur permettent de créer des établissements expérimentaux qui rassemblent le potentiel scientifique de plusieurs universités et écoles qui le constituent au sein d'un seul et même établissement. Une dizaine de nouveaux établissements devraient ainsi voir le jour en 2020 et figurer à terme en meilleure position dans les classements.

Réaction de Frédérique Vidal, ministre de l'Enseignement supérieur, de la Recherche et de l'Innovation depuis 2017, à la publication du classement de Shanghai, août 2019.

4 Carte du classement des universités

Une représentation cartographique

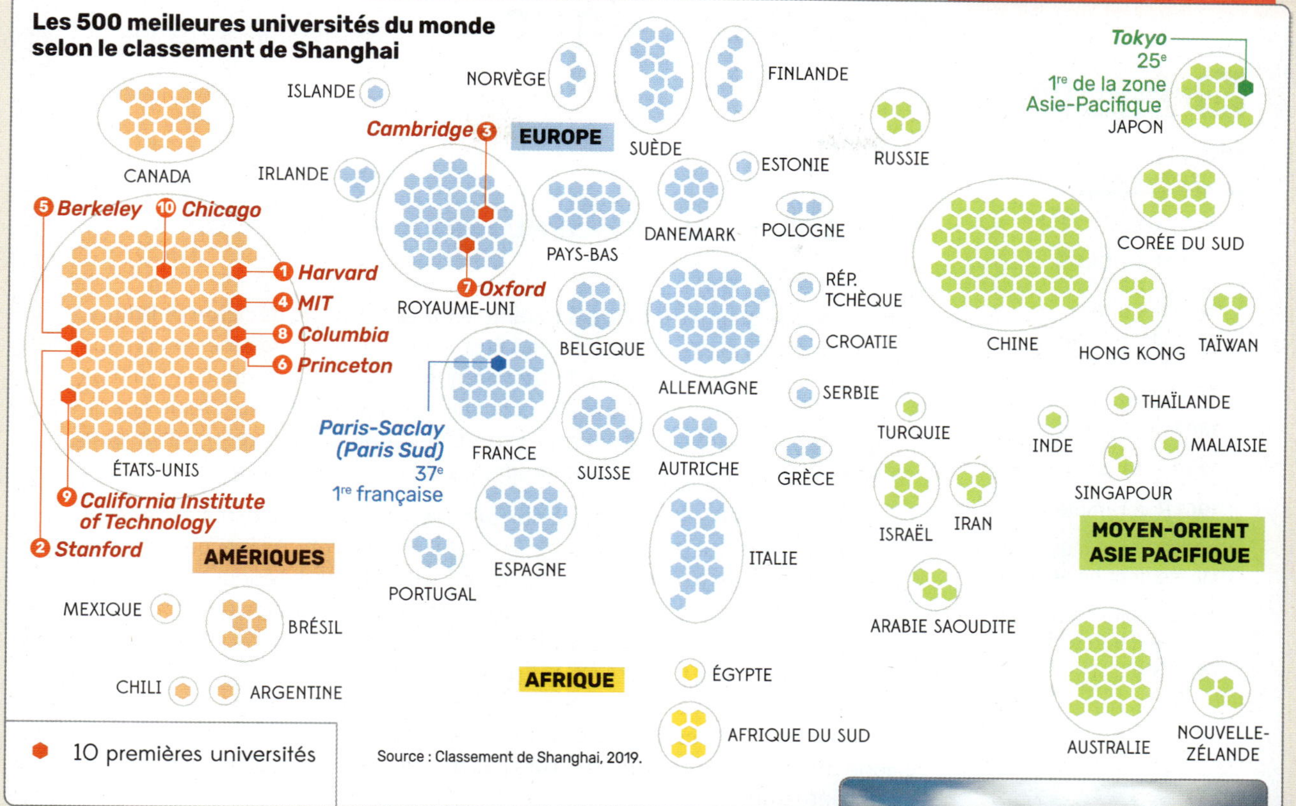

Le campus d'Harvard (États-Unis), 1re université du classement de Shanghai en 2019.

5 Des critères en débat

Le point de vue d'une politiste

Séverine Arsène dénonce la « course à la publication » engendrée par le classement de Shanghai, qui privilégie ce critère. « Il s'agit de publications exclusivement sous formes d'articles, dans des revues recensées [...] par une société privée, Claryvate Analytics, qui publie le *Sciences Citation Index*, et le *Social Sciences Citation Index*, décrypte-t-elle. Seules comptent les publications qui sortent dans ces revues-là : donc si vous publiez des livres, des chapitres dans des ouvrages collectifs, ou de la vulgarisation scientifique[1], cela ne compte pas du tout. » En clair, [...] « le classement mesure un impact au sens académique le plus étroit, mais il met complètement de côté l'impact dans la société civile, auprès du grand public, ou des décideurs. [...] À Hongkong, on voit des gens qui découpent leur recherche juste pour qu'elle fasse le plus d'articles possibles, parce qu'ils ont une pression forte pour leur évolution de carrière, décrit Séverine Arsène. Dès qu'une partie est à peu près mûre pour montrer un résultat original, ils vont la sortir, donc on va avoir une multiplication des articles dont l'intérêt individuel est un peu moins bon. [...] Certes il y a toujours des livres qui sont publiés, mais les chercheurs ont conscience qu'ils sont moins récompensés. »

Simon Leplâtre, « Quinze ans après, le classement de Shanghai toujours aussi polémique », *Le Monde*, 14 décembre 2018 [en ligne].

1. Ouvrages scientifiques accessibles au grand public.

Séverine Arsène est politiste, spécialiste du numérique en Chine.

CONSTRUIRE SON POINT DE VUE

Découvrez les documents

1. Sur quels critères le classement de Shanghai est-il construit ? docs 1 et 2
2. Présentez la hiérarchie universitaire mondiale selon le classement de Shanghai. docs 3 et 4
3. Quelles sont les limites de ce classement ? docs 2 et 5

Développez des arguments

4. Quels effets le classement de Shanghai a-t-il sur la publication et l'organisation de la recherche ? docs 3 et 5
5. Quels sont les objectifs de cette réorganisation en France ? doc 3

Présentez votre point de vue ORAL

6. À l'oral, en 5 minutes, répondez à la problématique « Évaluer, classer les universités : un progrès pour les connaissances ? » en présentant plusieurs arguments.

Révisions

La connaissance, enjeu politique et géopolitique

Podcast Synthèse à écouter

EXO Exercices interactifs

DATES CLÉS

1939 Début du projet Manhattan pour élaborer l'arme atomique

1947 Création de la CIA

1954 Création du KGB

1961 Programme Apollo

2003 Création du classement de Shanghai

2013 Affaire Snowden sur les écoutes de la NSA

SYNTHÈSE

I La connaissance au service du pouvoir politique

● **La connaissance est indispensable à toute forme de décision politique.** Au cours du XXe siècle, l'action de l'État s'étend à des domaines nouveaux (économie, santé, recherche…). L'action publique nécessite donc la maîtrise de dossiers toujours plus nombreux et divers afin d'agir efficacement. Les dirigeants s'entourent donc de conseillers, commandent aux experts et savants de grandes enquêtes pour comprendre les besoins et adapter leurs décisions.

● **La question de la collecte et du contrôle des connaissances est essentielle à la sécurité de l'État.** Dans les situations de conflits (Seconde Guerre mondiale, guerre froide), le renseignement intérieur et extérieur est décisif. Il permet une surveillance approfondie de certaines catégories de populations jugées dangereuses (ressortissants du pays adverse, espions infiltrés), mais il permet aussi de mener des opérations de déstabilisation de l'ennemi ou de ses alliés, notamment par la circulation de fausses informations ou les opérations militaires secrètes. Dans les dictatures, la stabilité du pouvoir est fondamentale et l'État n'hésite alors pas à espionner sa population pour éviter les contestations.

● **Le niveau technologique d'un État détermine en partie sa puissance militaire.** Les avancées scientifiques sont souvent liées à un programme militaire avant d'être diffusées au reste de la société. C'est le cas, par exemple, pour les origines du réseau Internet. La connaissance détermine les capacités de défense des gouvernements, comme le montrent par exemple les recherches sur l'arme atomique au cours de la Seconde Guerre mondiale.

Jalon Le renseignement au service des États : les services secrets américains et soviétiques durant la guerre froide p. 414

II La connaissance au cœur des enjeux économiques contemporains

● **Connaissance, technique et économie sont intimement liées.** Les avancées scientifiques permettent des évolutions techniques qui influencent les cycles de l'économie. Pour l'économiste Schumpeter, l'innovation est au cœur de la croissance par le processus de destruction créatrice.

● **Les formes de croissance économique contemporaine dépendent moins des ressources en matières premières que des impératifs de l'innovation.** Cette économie de la connaissance implique des politiques visant le développement des activités liées à la connaissance et la haute technologie.

● **Les activités liées au savoir scientifique deviennent ainsi des stratégies de développement économique.** L'État peut devenir le promoteur des activités de recherche et développement (R&D), tout comme chercher à attirer les étudiants et les chercheurs les plus qualifiés (*brain drain*).

Jalon Circulation et formation des étudiants, transferts de technologie et puissance économique : l'exemple de l'Inde p. 416

SUJETS BAC

Dissertation

- « Le rôle des services secrets dans la guerre froide » p. 415
- « Le rôle de la connaissance dans les relations internationales » p. 422
- « L'État et la connaissance : les enjeux de la relation entre pouvoir et savoir » p. 423

Étude critique de documents

- « Renseignement et guerre froide » p. 415
- « L'Inde, un pays intégré dans la mondialisation de l'économie de la connaissance » p. 417
- « La connaissance au service d'une politique de développement de la puissance » p. 422

III Les connaissances entre rivalités et coopération

● **La connaissance scientifique participe de la politique de puissance des États.** Indispensable en matière de *hard power* pour la supériorité de l'armement, elle est également essentielle pour assurer le *smart power* d'un État. Depuis 1945, les États-Unis constituent la puissance mondiale dominante. Ils s'inquiètent néanmoins aujourd'hui des ambitions et des programmes de développement de la recherche et de l'enseignement supérieur menés par la Chine.

● **Les enjeux liés à la connaissance sont au cœur des relations internationales.** La production et la diffusion des avancées scientifiques suscitent compétition, voire concurrence entre les différentes universités comme l'attestent les débats autour du classement de Shanghai. Mais la science est aussi un lieu de coopération pour réaliser des programmes de recherches ambitieux et coûteux ou pour répondre à des questions transnationales tels les problèmes environnementaux.

Points de vue Évaluer, classer les universités : un progrès pour les connaissances ? p. 418

MOTS CLÉS

Connaissance : p. 386
Économie de la connaissance : p. 380
R&D : p. 413
Renseignement : p. 410 et 411
Scientifisation du politique : p. 411
Smart power : p. 413

COMPRENDRE AUTREMENT

La connaissance, enjeu politique et géopolitique

La connaissance, fondement du pouvoir

› La décision politique se fonde de plus en plus sur l'expertise et le conseil pour être efficace

› La connaissance est utilisée dans les régimes autoritaires pour surveiller la population et empêcher toute forme de contestation

› Lors des conflits, le renseignement est utilisé pour protéger l'État et déstabiliser les ennemis

› Le savoir peut être un outil de contestation du pouvoir politique ou économique (lanceurs d'alerte)

Le renseignement au service des États : les services secrets américains et soviétiques durant la guerre froide p. 414

La connaisance, instrument de puissance

› La science peut être mise au service de la puissance militaire d'un État par la mise au point de nouvelles armes, de nouvelles techniques de communication

› La recherche est centrale dans le processus actuel de croissance économique fondé sur l'innovation

› Les États sont en compétition pour faire venir à eux les chercheurs et développer leur capacité de recherche et développement

› La recherche est un outil de coopération : les programmes peuvent coûter cher et certains problèmes ne peuvent se résoudre qu'à l'échelle internationale

Circulation et formation des étudiants, transferts de technologie et puissance économique : l'exemple de l'Inde p. 416

Évaluer, classer les universités : un progrès pour les connaissances ? p. 418

BAC ▸ Dissertation

SUJET BAC

Le rôle de la connaissance dans les relations internationales

Importance ▸ Quelle importance ? Comment ?	Savoirs scientifiques, techniques, technologiques, renseignement	Relations entre États = géopolitique = concurrences, rivalités, conflits (notion de puissance) ; alliance, coopération, collaboration

MÉTHODE	APPLICATION
ÉTAPE 1 ANALYSER LE SUJET ET FORMULER LA PROBLÉMATIQUE	
▸ **Définissez les mots clés, l'échelle, l'espace concerné, la période, le cadre chronologique**	▸ Analysez le sujet en vous aidant des indications ci-dessus.
▸ **Dégagez les enjeux du sujet et un fil conducteur formant une problématique**	▸ Dégagez une problématique. Exemple : Comment la connaissance est-elle un facteur de puissance dans les relations internationales ?
ÉTAPE 2 MOBILISER LES CONNAISSANCE	
▸ **Notez, sur un brouillon, les connaissances personnelles nécessaires pour répondre au sujet (notions, exemples précis, dates, statistiques, faits géographiques...)** ▸ **Faites des liens avec les programmes de spécialité 1re, d'histoire et de géographie** ▸ **Vérifiez que les informations retenues sont en rapport avec le sujet**	▸ Notez vos connaissances sur les différents aspects du sujet. Exemples : La compétition économique : recherche & développement (R&D), transfert de technologies, classement des universités ; *brain drain*. **Cours** p. 412 partie II ; **Jalon** p. 416 ; **Points de vue** p. 418 La rivalité technologique : course à l'espace ; maîtrise des nouvelles technologies de communication ; intelligence artificielle **Cours** p. 413 partie III ; **Chapitre 1 Cours** p. 42 ; **Chapitre 18** p. 428-433 **HGGSP 1re Chapitre 5** Formes indirectes de la puissance Les conflits : applications militaires des nouvelles technologies ; renseignement (espionnage, contre-espionnage) **Cours** p. 411 partie III ; **Jalon** p. 414 **Chapitre 1 Points de vue** p. 54 Les notions : économie de la connaissance, puissance, *smart power*, *soft power*, *hard power*, attractivité, renseignement.
▸ **Prévoyez éventuellement un schéma/un croquis illustrant une notion ou une partie de la dissertation (ce n'est pas obligatoire)**	▸ Interrogez-vous sur l'utilité d'un schéma ou d'un croquis pour illustrer la dissertation. Exemple : Un schéma peut être pertinent pour expliquer la notion de *smart power*.
ÉTAPE 3 FAIRE UN PLAN ET ORGANISER LES CONNAISSANCES	
▸ **À partir de l'analyse du sujet, de la problématique et de vos connaissances, dégagez deux ou trois thèmes ou idées majeures qui formeront les parties du plan** ▸ **Identifiez les thèmes secondaires qui constitueront les sous-parties** ▸ **Classez les connaissances dans chaque sous-partie**	▸ **Exercice** Dégagez les parties et les sous-parties du plan en classant les idées suivantes : – La connaissance au service de la sécurité de l'État – La connaissance au service de la guerre – La connaissance au service de la compétitivité – La connaissance au service de la course aux technologies – Un facteur de puissance dans la compétition entre les États – Un facteur de puissance dans les conflits

Si un schéma vous semble pertinent pour illustrer une partie de la dissertation, construisez sa légende

Exercice
Préparez, au brouillon, le schéma de la notion de *smart power*

Exemple

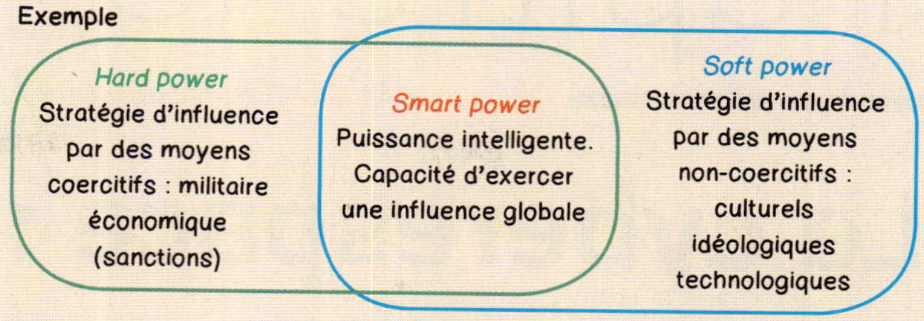

ÉTAPE 4 RÉDIGER LA DISSERTATION

a. Rédiger l'introduction

- Rédigez l'introduction comprenant une phrase d'accroche, la présentation du sujet, l'annonce de la problématique et du plan.

b. Rédiger le développement et éventuellement intégrer un schéma

- Rédigez un paragraphe pour chaque partie du plan : vous y développerez les idées importantes, les explications et un ou deux exemples précis.
- Intégrez votre schéma dans la partie du développement qu'il illustre.

c. Rédiger la conclusion

- Rédigez une conclusion répondant à la problématique.

Exemple de conclusion

ENTRAÎNEZ-VOUS

Nouveau sujet

- **L'État et la connaissance : les enjeux de la relation entre pouvoir et savoir**

BAC ▸ Étude critique de documents

SUJET BAC

La connaissance au service d'une politique de développement de la puissance

Doc 1 Carte « Le classement des universités » doc 4 p. 419

Doc 2 Texte « Transferts de technologie et affirmation de la puissance indienne » doc 5 p. 417

Consigne : En analysant et en confrontant les documents, vous montrerez que la connaissance est une stratégie de développement et d'affirmation de la puissance à l'échelle mondiale.

LES QUESTIONS À SE POSER	LES CONNAISSANCES À MOBILISER	CONSEILS POUR L'ÉTUDE CRITIQUE
▸ Quels sont les mots clés du sujet et de la consigne ? ▸ Quels sont les thèmes abordés dans les documents en rapport avec le sujet ? ▸ Quelle problématique peut être énoncée à partir du sujet, de la consigne et des thèmes abordés par les documents ?	**Cours** p. 412 parties I et II ; **Jalon** p. 416 ; **Points de vue** p. 418 **Chapitre 3** La Chine **Cours** p. 82 parties II. A. et III **Chapitre 1** Conquêtes affirmations de puissance et rivalités **Jalon** p. 46	▸ Relevez et expliquez : les raisons des partenariats de l'Inde avec d'autres États ; la place de la Chine dans le classement mondial des universités. ▸ Mettez en relation les documents : l'absence d'université indienne dans les 500 premières mondiales du classement de Shanghai ; les partenariats de l'Inde avec les pays possédant les meilleures universités ; les éléments permettant de définir l'économie de la connaissance. ▸ Dégagez des éléments d'analyse critique : montrez que les documents mettent en évidence des stratégies différentes de développement de l'économie de la connaissance en Inde et en Chine et nuancez ce constat à l'aide de vos connaissances.

Méthode générale de l'étude critique de documents p. 24

Chapitre 18

Objet de travail conclusif

Le cyberespace : conflictualité et coopération entre les acteurs

• **Dans le chapitre 16**, vous avez mesuré l'importance de la production et de la diffusion de la connaissance pour les États et les sociétés. Vous avez étudié l'intensification des échanges entre les scientifiques depuis le XVIe siècle, l'implication des États dans la démocratisation du savoir à travers l'exemple de l'alphabétisation des femmes dans le monde, et les inégalités qui persistent dans ce domaine.

• **Dans le chapitre 17**, vous avez vu que la connaissance est un instrument de pouvoir politique. Elle participe de la puissance militaire d'un État par l'intermédiaire du renseignement, et de son pouvoir économique dans des sociétés marquées par l'innovation technologique. Entre concurrence comme au temps de la guerre froide et coopération parfois nécessaire, la connaissance est un élément majeur des relations internationales.

• **Dans ce chapitre,** vous allez découvrir comment la production et la diffusion de la connaissance ainsi que la manière dont les États la favorisent ou la contrôlent s'appliquent dans le domaine du cyberespace. Réseau planétaire sans frontières, source de conflictualité et de coopération, celui-ci représente un défi pour la sécurité et la souveraineté des États, entre liberté de l'information et contrôle des données qui y circulent.

Quel enjeu géopolitique le cyberespace constitue-t-il à l'échelle mondiale ?

Textes DYS
TOUS LES TEXTES EN VERSION DYS
lyceen.nathan.fr/geopolitiqueterm

SOMMAIRE

Rassemblement contre la censure d'Internet en Russie, Moscou, 10 mars 2019

Des citoyens russes, craignant la censure, protestent contre le projet de loi visant à doter la Russie d'un Internet indépendant des États-Unis. Sur la banderole est inscrit : « C'est ce genre de réseau que nous propose le pouvoir ! »

Vidéo
« Des milliers de manifestants en Russie », France Info, 11 mars 2019.

Carte — Le cyberespace, entre menaces

1 Le cyberespace : acteurs, contrôles et menaces

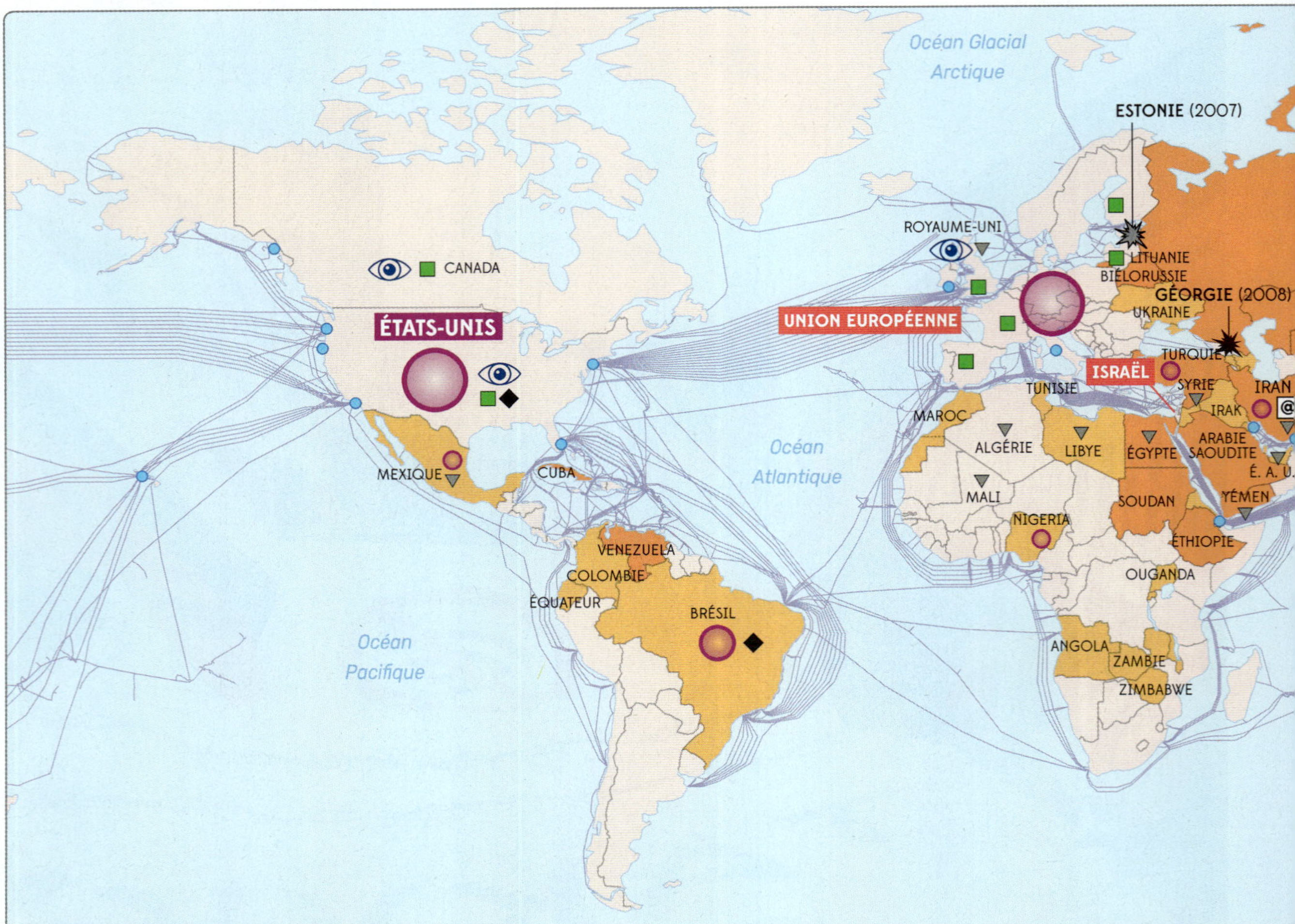

1. La diversité des acteurs du cyberespace

Nombre d'utilisateurs d'Internet en 2016 (en millions)

Supérieur à 500 — De 200 à 500 — De 100 à 200 — De 50 à 100

CHINE Cyberpuissances dominantes

JAPON Cyberpuissances secondaires

INDE Acteur émergent

@ Acteurs actifs dans le domaine des cyberattaques

2. Un cyberespace sous surveillance

Censure forte (accès très restreint, blocage de sites et sanctions)

Surveillance importante (blocage de sites)

Un réseau de câbles sous-marins potentiellement sous surveillance

Points d'accès majeurs de la NSA au réseau câblé

Les *Five Eyes*

VOCABULAIRE

Cyberattaque : acte malveillant de piratage informatique dans le cyberespace mené par un individu, un groupe ou un État.

Cyberespace : espace immatériel de communication créé par les réseaux d'interconnexion mondiale des données numériques.

Cyberespionnage : espionnage par Internet des données confidentielles d'organismes étatiques ou non étatiques.

Cyberpuissance : État dominant le cyberespace par ses capacités à produire, à diffuser et à contrôler les outils et les informations numériques.

Cybersécurité : ensemble des moyens (lois, dispositifs, actions…) permettant de protéger des personnes et des dispositifs numériques face à des cyberattaques.

Equation : première opération de cyberespionnage mondiale lancée de façon simultanée contre les intérêts de plusieurs États en 2015. Elle fut menée par « Equation Group », groupe américain lié à la NSA.

et sécurité

Carte interactive

3. La cybersécurité, un enjeu mondial

- 1re cyberattaque contre un État
- 1re cyberattaque pendant un conflit armé
- ◆ Principaux pays d'origine des cyberattaques (2017)
- ▼ Pays victimes d'« Equation » (2015)
- ■ Pays les plus efficaces en matière de cybersécurité

Les 10 États ayant le plus grand nombre d'utilisateurs d'Internet (2019)
En millions

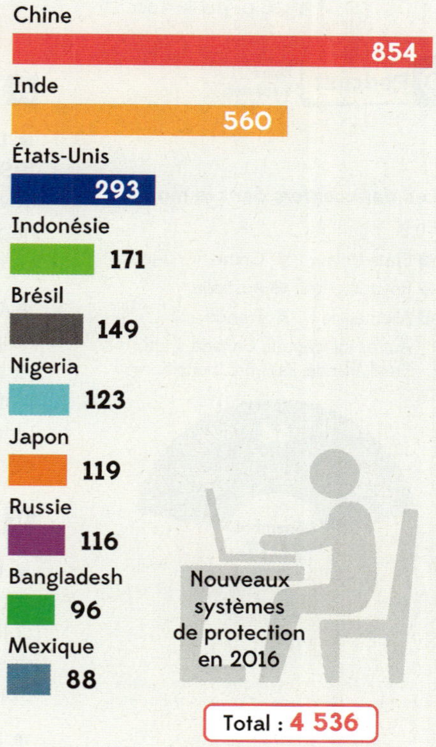

Source : www.internetworldstats.com, 2019.

Five Eyes (« Cinq yeux » en anglais) : alliance des services de renseignement des États-Unis, du Royaume-Uni, du Canada, de l'Australie et de la Nouvelle-Zélande. Ces cinq pays coopèrent dans la collecte de renseignements informatiques.

NSA (National Security Agency) : organisme du département de la Défense des États-Unis responsable du renseignement et de la sécurité des systèmes d'information du gouvernement américain.

QUESTIONS

1. Quels sont les États qui comptent le plus grand nombre d'utilisateurs d'Internet ?

2. Quel est le rôle des États-Unis dans la surveillance du cyberespace ?

3. À quels types de menaces les acteurs du cyberespace sont-ils exposés ?

4. Quels types de pays ont été victimes d'« Equation » ?

Cours Le cyberespace : conflictualité et coopération entre les acteurs

CARTE p. 426-427
JALON p. 430-431
JALON p. 432-433
POINTS DE VUE p. 434-435

Podcast Cours à écouter

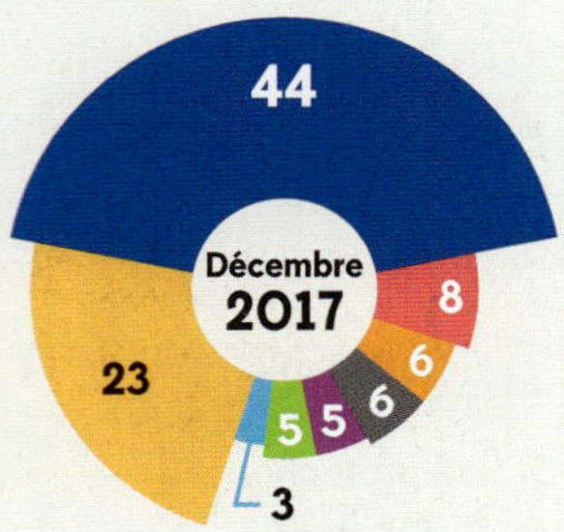

Source : T. Meyer, « Data centers : la face visible du cyberespace », Carto, n° 52, mars-avril 2019.

VOCABULAIRE

Agence nationale de la sécurité des systèmes d'information (ANSSI) : service du Premier ministre chargé d'accompagner et de sécuriser le développement du numérique en apportant son expertise aux administrations, aux entreprises et aux particuliers.

Big data (« mégadonnées » en anglais) : voir p. 435

Cyberattaque : voir p. 426

Cyberdéfense : ensemble des moyens permettant à un État d'assurer la cybersécurité, dans le cyberespace, des systèmes d'information jugés essentiels. Elle met notamment en œuvre la lutte informatique défensive et offensive afin de détecter et de contrer les cyberattaques.

Cyberespace : espace immatériel de communication créé par les réseaux d'interconnexion mondiale des données numériques.

Pourquoi le cyberespace est-il un enjeu de conflictualité et de coopération ?

I Qu'est-ce que le cyberespace ?

A Un espace immatériel complexe

• **Le cyberespace est un espace immatériel qui émerge au début des années 1990.** Il désigne l'ensemble des systèmes d'échange de données numériques, devenues aujourd'hui si massives qu'on parle de **« *big data* »** ou « mégadonnées ». Il représente un espace sans frontière, anonyme, de liberté et de partage, ce qui le rend également difficilement contrôlable.

• **Le cyberespace se présente comme un ensemble de couches superposées.** La première, l'infrastructure physique du **réseau**, est composée de terminaux (ordinateurs, smartphones...), serveurs, câbles ou satellites. La deuxième est l'infrastructure numérique qui comprend les systèmes d'exploitation (Windows, Linux, macOS...) et les applications assurant la transmission des données. La dernière est celle du contenu informationnel échangé entre utilisateurs.

B Un espace animé par divers acteurs

• **De multiples acteurs coopèrent et s'affrontent dans le cyberespace.** Aux côtés des particuliers, des entreprises (**GAFAM**) et des acteurs publics (États, collectivités), de nouveaux acteurs nés du numérique l'investissent. C'est le cas des **hackeurs** et des organisations **« hacktivistes »** (Anonymous, WikiLeaks) poursuivant des objectifs variés (profit, révélations d'information...).

• **Le cyberespace est au cœur d'enjeux marchands.** Les entreprises externalisent chez des sous-traitants l'hébergement de leurs données. Les données personnelles privées peuvent être exploitées commercialement par les géants du numérique afin de mieux connaître l'identité et les habitudes de consommation des internautes.

Jalon p. 430-431, **Points de vue** p. 434-435

II Une source de conflits

A Des menaces numériques variées

• **On distingue plusieurs types d'attaques numériques.** Le **hameçonnage** vise à extorquer les coordonnées bancaires des personnes. L'espionnage consiste à s'introduire dans un système pour y dérober des données. Le sabotage a pour but d'empêcher un système de fonctionner. Au printemps 2007, la première **cyberattaque** de l'histoire paralyse l'ensemble du réseau informatique de l'Estonie. En 2017, le **logiciel malveillant** WannaCry prend en otage les données de centaines de milliers d'ordinateurs (***ransomware***). Enfin, les attaques peuvent être subversives comme lors de la tentative d'ingérence russe dans l'élection présidentielle américaine de 2016.

• **Le cyberespace génère des conflits à toutes les échelles.** À l'échelle mondiale, il reflète les tensions internationales. La Russie est accusée par les États-Unis de manipulation de l'information, *via* des hackeurs. En mai 2019, pour la première fois de l'histoire, Israël riposte à une attaque virtuelle par une frappe militaire contre Gaza. À l'échelle locale, au nord de Paris, des associations de riverains se sont structurées, critiquant les nuisances sonores et les risques d'explosion associés à la première concentration de ***data centers*** d'Europe.

B Le contrôle du cyberespace, nouvel enjeu géopolitique

- **Le contrôle du cyberespace devient une priorité stratégique pour les États.** Les États autoritaires comme la Chine n'hésitent pas à filtrer les contenus et à bloquer l'accès aux sites. La coupure d'un câble sous-marin peut plonger un pays dans le noir numérique (Algérie en 2015). Le risque de paralysie (systèmes de transport, financiers...) incite les États à se mobiliser. Depuis 2009, la France dispose ainsi de l'**Agence nationale de la sécurité des systèmes d'information (ANSSI)** et d'une force armée de **cyberdéfense** de 3 400 cyber-combattants.

- **Avec la multiplication des objets connectés, les systèmes de surveillance soulèvent des préoccupations en termes de liberté.** Le lanceur d'alerte Edward Snowden a ainsi révélé en 2013 un vaste programme d'écoute des internautes par l'agence de sécurité étatsunienne (**NSA**) portant atteinte à la vie privée des citoyens.

Jalon p. 432-433, **Points de vue** p. 434-435

III Un enjeu de coopérations

A Nul traité contraignant n'encadre le cyberespace

- **Deux tendances s'affrontent quant à la gouvernance du cyberespace.** Les États-Unis sont partisans d'un Internet libre où acteurs privés (GAFAM) et société civile ont un rôle à jouer aux côtés des États. C'est ainsi une société à but non lucratif, l'Icann, qui est chargée du nommage et de l'adressage (.com, .fr, etc.) d'Internet. Au contraire, Chine et Russie défendent la souveraineté des États sur leurs réseaux.

- **Des actions sont mises en place au niveau international.** Dès 1998, l'ONU adopte une résolution sur la cybersécurité et en 2001, la Convention de Budapest, signée par 63 pays, établit des règles communes permettant d'engager une action internationale contre la cybercriminalité. Depuis, des groupes d'experts gouvernementaux se réunissent sur le sujet, sans parvenir à s'accorder.

B De la nécessité d'un dialogue mobilisant tous les acteurs

- **En réponse à ces échecs, des acteurs non étatiques s'impliquent.** En 2017 est créée la *Global Commission on the Stability of Cyberspace*, un groupe international d'experts dont la mission est de renforcer la sécurité du cyberespace. En 2018, 30 acteurs du numérique, dont Microsoft, ont signé le *Cybersecurity Tech Accord* afin d'inciter les gouvernements à adopter les normes internationales nécessaires à la protection des citoyens dans le cyberespace.

- **Le cyberespace permet également de nouvelles formes de coopération.** Ces initiatives s'inscrivent dans la mobilisation de la société civile associée au cyberespace. Réseaux sociaux (Facebook, Twitter), hashtag (#OccupyWallStreet, #MeToo) et plateformes de pétition contribuent à l'émergence d'une démocratie participative susceptible de peser sur les décisions de politique mondiale.

Jalon p.430-431

FICHES DE LECTURE

Amaël Cattaruzza, *Géopolitique des données numériques. Pouvoir et conflits à l'heure du* big data,
Le Cavalier bleu, 2019, 174 p.
Ce spécialiste de géopolitique montre comment les données numériques et la question du cyberespace modifient considérablement la géopolitique.

Maxime Tellier, « Cyberdéfense : qui nous défend en cas d'attaque ? »,
Repères, France Culture, 2018. Un article sur l'action de l'État français contre la cybercriminalité.
www.franceculture.fr/geopolitique/cyberdefense-qui-nous-defend-en-cas-dattaque

VOCABULAIRE

Data center (« centre de données » en anglais) : voir p. 430

GAFAM : acronyme utilisé pour évoquer les géants américains du numérique, Google, Apple, Facebook, Amazon, Microsoft.

Hackeur (*hacker* en anglais) : personne s'introduisant frauduleusement dans un système ou un réseau informatique.

« Hacktiviste » : terme issu de l'association entre « hackeur » et « activiste » désignant une personne utilisant les moyens informatiques dont il dispose pour défendre une cause.

Hameçonnage (*phishing* en anglais) : technique de fraude par courriel qui a pour but de manipuler un individu pour qu'il révèle des informations confidentielles.

Logiciel malveillant (*malware* en anglais) : programme développé dans le but d'infiltrer un ordinateur ou un réseau afin d'entraver son fonctionnement ou d'en prendre le contrôle (ver informatique, virus, cheval de Troie...).

***National Security Agency* (NSA)** : voir p. 427

Rançongiciel (*ransomware* en anglais) : logiciel malveillant prenant en otage les données.

Réseau : voir p. 430

RESSOURCES

Gilles Fontaine, *Dans le cyberespace, personne ne vous entend crier,*
JC Lattès, 2018, 300 p.
Une enquête sur les cyber-mafias.

« Cybersécurité : extension du domaine de la lutte », *Politique étrangère*, 2018/2.
Un dossier consacré à la cybersécurité dans les relations internationales.

Reportage « Chine : tout est sous contrôle », *Envoyé spécial*, France 2, 10 octobre 2019, 32'58''.
www.dailymotion.com/video/x7mhkx1

Ressources complémentaires

Jalon Le cyberespace, entre réseaux et territoires

CARTE p. 426-427
COURS p. 428-429
JALON p. 432-433

Le cyberespace, né de l'interconnexion des réseaux de télécommunication numérique, défie les représentations classiques du territoire en permettant des échanges immatériels transfrontaliers quasi instantanés. Les acteurs du cyberespace mettent en œuvre des stratégies pour se l'approprier, le contrôler ou en défendre l'indépendance.

Quels sont les enjeux liés au contrôle du cyberespace ?

1 Le cyberespace est-il un territoire ?

Le regard de géopoliticiens

[...] Historiquement, [la] représentation territoriale du cyberespace est développée par les pionniers de l'Internet dans les années 1990. Elle apparaît au moment de la naissance du web [...] pour défendre l'idée d'un territoire indépendant ; un territoire que les États ne devraient pas réguler. [...] Il faudra attendre le milieu des années 2000 pour assister à la remobilisation de cette représentation, cette fois dans une acception contradictoire. Elle est en effet fortement présente dans les discours des États qui doivent faire face à des attaques informatiques de plus en plus nombreuses et de plus en plus complexes et qui s'inquiètent de la possible remise en cause de leurs pouvoirs régaliens[1]. Ils mobilisent alors cette représentation pour légitimer des velléités d'action et pour mieux affirmer leur souveraineté dans le cyberespace, en cherchant à y remettre des frontières. [...] La représentation d'un cyberespace comme territoire est ainsi mobilisée dans deux conceptions diamétralement opposées. D'une part, celle d'un territoire indépendant, sans frontières, qu'il faut préserver de tout contrôle et, d'autre part, pour les États, celle d'un territoire à conquérir et à contrôler, sur lequel il faut affirmer sa souveraineté, ses frontières et sa puissance.

Frédérick Douzet, Alix Desforges, Kevin Limonier, « Géopolitique du cyberespace : "territoire", frontières et conflits », *CIST2014. Fronts et frontières des sciences du territoire*, Collège international des sciences du territoire, 2014.

1. Pouvoirs attachés à la souveraineté étatique : défense, sécurité intérieure, justice, etc.

VOCABULAIRE

Centre de données (« data center » en anglais) : établissement industriel dont le rôle est d'héberger des données informatiques et de permettre leur accès à distance.

Réseau : maillage de relations permettant la circulation de flux (informations, capitaux...) au moyen d'infrastructures matérielles ou immatérielles.

→ **Quelles sont les deux représentations du cyberespace comme territoire présentées dans ce texte ?**

2 Réseaux de câbles sous-marins et *data centers*

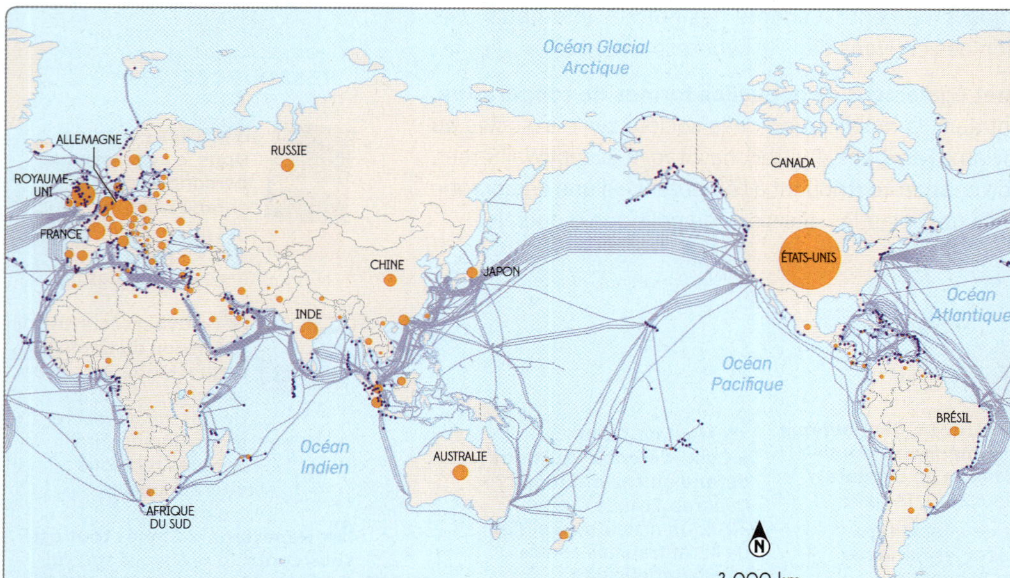

Source : T. Meyer, « *Data centers* : la face visible du cyberespace », *Carto*, n° 52, mars-avril 2019.

1. 2019 : un monde câblé

- Câbles sous-marins, par lesquels transitent la plupart des télécommunications mondiales
- Points d'entrée/sortie

2. Nombre de *data centers* par pays en janvier 2019

- États-Unis : 1 874
- 100
- 50
- 10
- 1

→ **Dans quelles régions se concentrent les *data centers* ?**

3 L'évolution de la cybercriminalité

Principales cyberattaques entre 2016 et 2018

Nature des cibles : ● État, administration ● Université, recherche ● Entreprise ● Autre ● Secteur militaire

2016	2017	2018
● États-Unis, Rép. tchèque, Arabie saoudite, Hong Kong, Arménie, Sri Lanka, Finlande, Corée du Sud ● Democratic National Committee ● Israël ● Yahoo ● Europe (secteur de l'énergie) ● Japon, Ministère de la Défense	● Institut de politique étrangère suédois ● Ukraine ● Singapour ● Département de la défense américain ● Corée du Sud, États-Unis, UE (cyberattaques chinoises) ● Données de campagne d'E. Macron ● Armée indienne ● ASEAN ● Schneider Electrics	● Site Internet des JO d'hiver ● ONU ● Atlanta, Baltimore ● Île de Saint-Martin ● Compagnies de défense japonaises

Nombre de plaintes cybercriminelles en France

2016	2017	2018
48 089	63 562	67 890

Sources : Frank Tétart (dir.), Grand Atlas 2019, Autrement, 2018 ; Ministère de l'Intérieur, État de la menace liée au numérique en 2019, rapport n°3, mai 2019.

→ **Quels types de cibles les cyberattaques visent-elles principalement ?**

4 Une restriction des libertés à l'ère de la data surveillance ?

Le regard d'un géographe

Ces dernières années, les évolutions techniques par le biais d'outils comme [...] le GPS ou les smartphones ont ouvert un gigantesque champ pour les activités de surveillance. Mais elles ont également soulevé de nouvelles préoccupations en termes de vie privée. Avec la multiplication des objets référencés et des appareils mobiles géolocalisés, nos positions dans l'espace sont très fréquemment dévoilées, pointées et tracées. [...]. Ces systèmes de surveillance suscitent de nombreuses inquiétudes pour divers observateurs, comme la Ligue des droits de l'Homme ou la CNIL (Commission nationale de l'informatique et des libertés), qui est chargée de réguler l'usage des nouvelles technologies. De fait, ces outils renforcent considérablement les capacités de contrôle social de l'administration sur ses administrés, en réduisant potentiellement le champ des libertés civiles.

Amaël Cattaruzza, *Géopolitique des données numériques. Pouvoirs et conflits à l'heure du Big Data*, Le Cavalier Bleu, 2019.

Amaël Cattaruzza est géographe, spécialiste de géopolitique.

5 Agresseurs et victimes dans le cyberespace

Étude critique de document

		Agresseur	
		État	**Acteur privé**
Victime	**État**	Un État attaque les infrastructures d'un autre État. ▸ **Ex. :** ver informatique *Stuxnet* découvert en 2010 et conçu par les services de renseignement américain et israélien pour retarder le programme nucléaire iranien.	Des acteurs non étatiques (groupes militants ou « hackeurs patriotiques ») ciblent les réseaux d'un autre État. ▸ **Ex. :** cyberattaque venue de Russie et paralysant le fonctionnement des sites gouvernementaux et du secteur bancaire de l'Estonie en 2007.
	Acteur privé	Un État attaque les réseaux privés d'un autre État à des fins stratégiques ou commerciales. ▸ **Ex. :** logiciel malveillant *Shamoon* (Iran) effaçant les données informatiques de la Saudi Aramco (Arabie saoudite) en 2012.	Échanges d'hostilités entre acteurs non étatiques. ▸ **Ex. :** cyberattaques de groupes affiliés aux Anonymous (voir p. 428) contre le groupe État islamique.

Source : d'après Julien Nocetti, « Géopolitique de la cyber-conflictualité », *Politique étrangère*, 2018/2.

→ **Quels sont les types d'acteurs à l'origine des principales cyberattaques ?**

EN AUTONOMIE VERS LE BAC

Mise en relation des documents

1. Dans quelle mesure le cyberespace est-il l'objet de rivalités de pouvoir entre acteurs ? docs 1 à 5

2. Quels sont les risques associés au cyberespace ? docs 3 à 5

BAC Vers l'écrit ▸Dissertation

Sujet : « La France dans le cyberespace »

Afin d'illustrer cette dissertation, réalisez un schéma sagittal évoquant les acteurs, les conflictualités et les coopérations.

BAC Vers le grand oral

Présentez une cyberattaque en 5 minutes à l'oral.

▸Choisissez parmi ces exemples : Estonie en 2007 ; *Stuxnet* en 2010 ; Saudi Aramco en 2012 ; Sony Pictures Entertainment en 2014 ; *WannaCry* en 2017 ; *NotPetya* en 2017.

▸Répondez ensuite pendant 10 minutes aux questions des élèves sur votre exposé.

Jalon

CARTE p. 426-427
COURS p. 428-429
JALON p. 430-431

La cyberdéfense française, entre coopération européenne et souveraineté nationale

Les cyberattaques menées contre l'Estonie en 2007 et contre le ministère français des Armées en 2017 ont déclenché une prise de conscience des nouvelles menaces qui pèsent sur la souveraineté des États. Pour y faire face, la France développe une politique de cyberdéfense impliquant une coopération d'acteurs nationaux et européens.

Comment la cyberdéfense française concilie-t-elle souveraineté nationale et coopération européenne ?

1 L'organisation de la cyberdéfense française

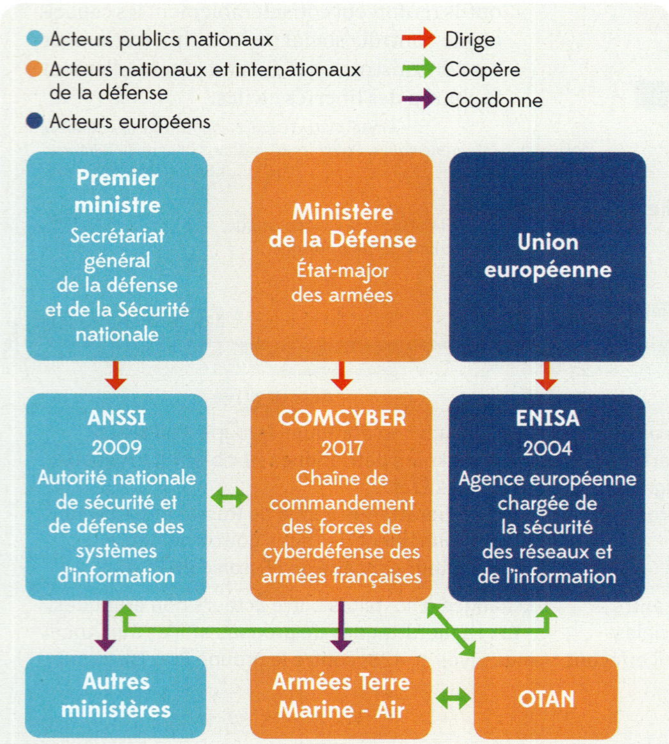

Sources : www.defense.gouv.fr, ANSSI, 2019.

→ **Quels sont les types d'acteurs qui participent à la cyberdéfense française ?**

2 La stratégie française de cyberdéfense militaire

En 2017, 700 incidents de sécurité, dont 100 attaques, ont ciblé les réseaux du ministère. En 2018, ce même nombre a été atteint dès septembre. En moyenne, ce sont donc plus de deux incidents par jour qui ont touché notre ministère, nos opérations, nos expertises techniques et même un hôpital des Armées. [...] Certaines sont le fruit de groupes malveillants, d'autres de *hackers* isolés, mais certaines viennent d'États pour le moins indiscrets, pour le moins... décomplexés. [...] La guerre cyber a commencé et la France doit être prête à y combattre. [...] En cas d'attaque cyber contre nos forces, nous nous réserverons le droit de riposter, dans le respect du droit, par les moyens et au moment de notre choix. Nous nous réserverons aussi, quel que soit l'assaillant, le droit de neutraliser les effets et les moyens numériques employés.

Extraits de la déclaration de Florence Parly, ministre des Armées, sur la stratégie cyber des armées, Paris, 18 janvier 2019.

→ **Pourquoi la ministre des Armées utilise-t-elle l'expression « guerre cyber » ?** docs 2 et 3

3 Des cybercombattants lors d'un exercice de cyberdéfense européen

L'exercice de cyberdéfense organisé par l'OTAN en Estonie en 2019 a réuni 23 nations essentiellement européennes. L'équipe française comprenait des militaires (COMCYBER) et des civils (ANSSI).

→ **Comment s'organise la cyberdéfense européenne ?**

④ Le pôle d'excellence Cyber en Bretagne

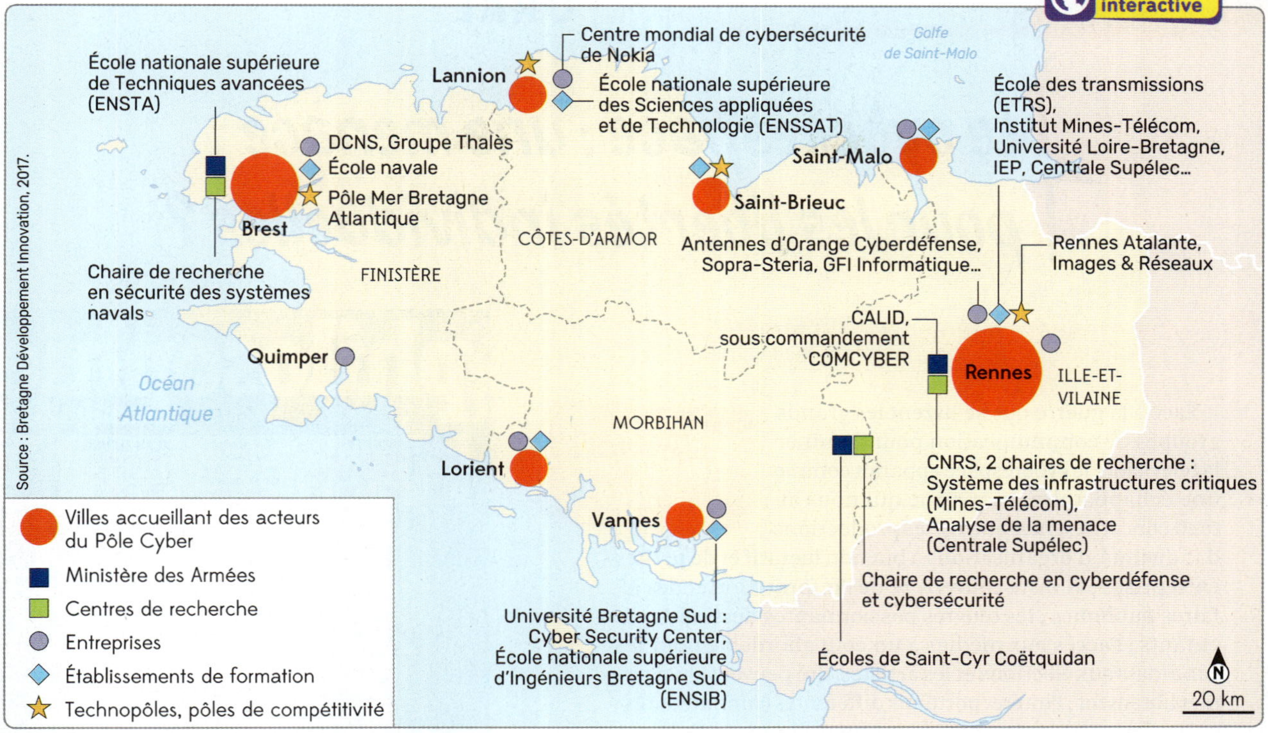

→ **Quels sont les domaines d'activités concernés par le pôle d'excellence Cyber ?**

⑤ La cyberattaque contre TV5 Monde (2015)

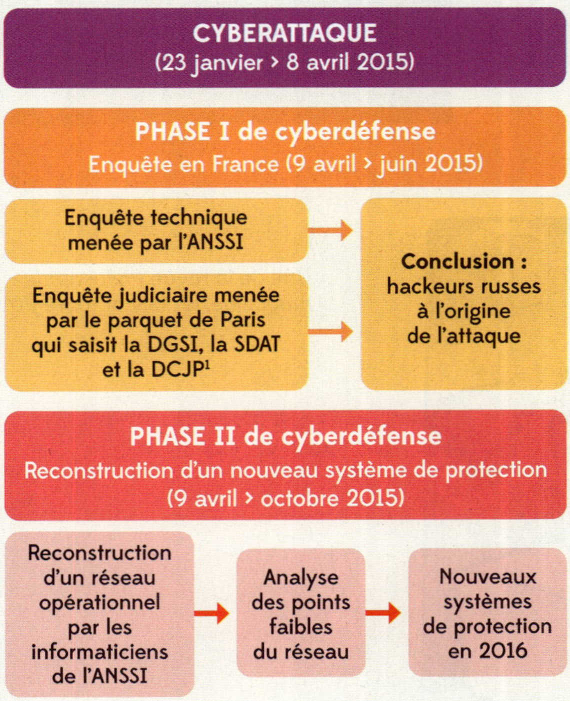

1. Direction générale de la Sécurité intérieure (DGSI), Sous-direction anti-terroriste (SDAT) et cyber-policiers de la Direction centrale de la Police judiciaire (DCPJ).

Source : 01net.com.

→ **Comment la défense s'organise-t-elle dans le cas de cette attaque ?**

EN AUTONOMIE VERS LE BAC

Mise en relation des documents

1. Quels sont les acteurs et les missions des cyberdéfenses française et européenne ? docs 1, 2 et 3

2. Quels sont les moyens déployés pour assurer la cybersécurité en France et en Europe, y compris celle des entreprises ? docs 1 à 5

BAC Vers l'écrit

▸ **Étude critique de documents**

Sujet : « La cyberdéfense française : acteurs, missions, moyens »

Dégagez le sens principal des documents 2 et 3, puis listez et explicitez leurs informations essentielles. Relevez celles qui permettent de traiter le sujet et expliquez de quelle manière.

BAC Vers le grand oral Activité guidée

Réalisez une carte mentale autour de la notion de cyberdéfense et présentez-la en 5 minutes à l'oral.

▸ Les autres élèves jouent le rôle du jury à qui vous remettez ce support. Relevez ensemble les points positifs de votre document et ceux qu'il vous faut améliorer.

Points de vue

GRAND ORAL

Le cyberespace : une menace pour les libertés individuelles ?

1 Le cyberespace, un espace de liberté

Le point de vue d'un journaliste en 2005

Face à la guerre que se livrent les grands groupes de communication pour dominer la télévision, le cyberespace apparaît comme une échappatoire. La manne qui nous attend concerne, entre autres, les productions d'individus, d'organisations à but non lucratif et de petites entreprises ; la vaste couverture de l'information et des affaires publiques ; les œuvres passionnantes destinées aux enfants ; l'accès aux médias à un coût abordable pour les candidats aux élections et les artistes, qui peuvent s'y exprimer librement ; l'intérêt porté aux différentes communautés ; enfin, l'occasion sans précédent pour l'homme de la rue d'avoir son mot à dire. Cela semble trop beau pour être vrai. Pourtant, grâce à Internet et à ses développements futurs, tout reste dans le domaine du possible. [...] Les individus peuvent contrôler ce qu'ils lisent, écoutent et regardent, et libérer une vague sans précédent de créativité et de discours vibrants. Sans plus se soucier de la pénurie des ondes ou du coût des publications imprimées à grande échelle, n'importe qui sera en mesure de diffuser la bonne parole en ligne, par le texte, le son ou l'image.

« Internet. Un espace de liberté à préserver », *The Nation*, 21 janvier 2005, reproduit dans *Courrier International* [en ligne].

2 Le cyberespace, une menace pour les libertés individuelles

Une de la revue *Philosophie magazine*, n° 133, octobre 2019.

Le point de vue d'un dessinateur de presse

3 La censure d'État dans le cyberespace

Traduction : « Liberté politique chinoise », « Peut être vu depuis le cyberespace ».

Tom Toles, dessin publié dans le *Washington Post*, 5 janvier 2012.

5 La protection des données personnelles, un argument publicitaire

Publicité d'Apple affichée sur un immeuble de Manhattan à New York, 9 juillet 2019. Traduction : « Votre iPhone en sait long sur vous. Mais pas nous. »

4 *Big data* et libertés individuelles

Le point de vue d'un journaliste

Les tensions récurrentes qui opposent, ici, le FBI à Apple sur le libre accès aux communications[1], et là, la Commission européenne de Bruxelles à Google sur le stockage des données[2] et, de manière plus générale, les géants de l'Internet aux États sur la gestion du *big data*, conduisent à une fausse idée. Chaque camp argue qu'il agit ainsi afin de défendre les libertés individuelles. Un argument de pure façade tant il apparaît que jamais la protection du secret des consciences n'a été aussi menacée. [...]

La révolution induite par la circulation des données de communication et la numérisation des vies ont porté un coup sévère à cet espace qui restait jusqu'alors protégé. Un phénomène qui s'est aggravé avec l'irruption des nouveaux moyens de communication. Internet, avec les traces laissées par chaque connexion électronique, et les réseaux sociaux sont autant de béances dans l'univers personnel. [...]

Cette évolution n'est pas seulement le fait d'autorités qui voudraient annihiler toute liberté individuelle. Elle résulte aussi des actions volontaires d'individus qui ne voient aucun obstacle à mettre sur la place publique leurs données personnelles. L'idée du « je n'ai rien à cacher », souvent avancée, étend plus encore la capacité des géants de l'Internet, pour des raisons commerciales, et des États, pour des raisons de sécurité, à accéder ainsi à nos pensées. Cette permissivité s'explique souvent parce que ces mêmes personnes associent Internet à la liberté, car c'est gratuit et pratique.

Jacques Follorou, « Le *big data*, ce Big Brother qui ébranle les libertés individuelles », *Le Monde.fr*, 1er avril 2016 [en ligne].

1. Le FBI souhaite pouvoir déverrouiller les iPhone des individus impliqués dans des affaires judiciaires.
2. La Commission européenne reproche à Google une position commerciale dominante qui enfreint les règles de concurrence.

VOCABULAIRE

Big data : ensemble des données numériques produites par l'utilisation des nouvelles technologies. Elles sont si volumineuses qu'aucun outil classique de gestion de base de données ou de gestion de l'information ne peut vraiment les travailler.

CONSTRUIRE SON POINT DE VUE

Découvrez les documents

1. Quelles sont les libertés individuelles qui peuvent être limitées dans le cyberespace ? docs 2, 3 et 4
2. Quels types de menaces pèsent sur les libertés dans le cyberespace ? docs 2, 3, 4 et 5
3. Par quels types d'acteurs le cyberespace peut-il être surveillé et contrôlé ? docs 2, 3, 4 et 5

Développez des arguments

4. Quels sont les arguments qui montrent que le cyberespace peut être un espace de liberté et d'information ? docs 1, 2, 3 et 5
5. Pour quelles raisons les principaux acteurs du cyberespace peuvent-ils à la fois défendre les libertés individuelles et les menacer ? docs 2, 3, 4 et 5
6. Quelle a été l'évolution des libertés individuelles sur Internet au cours des dernières années ? docs 1 et 4

Présentez votre point de vue ORAL

7. À l'oral, en 5 minutes, répondez à la problématique « Le cyberespace : une menace pour les libertés individuelles ? » en présentant plusieurs arguments.

Révisions

Le cyberespace : conflictualité et coopération entre les acteurs

Podcast Synthèse à écouter

EXO Exercices interactifs

CHIFFRES CLÉS

44 % des *data centers* localisés aux États-Unis

300 000 ordinateurs infectés dans 150 pays par le logiciel malveillant *WannaCry* en mai 2017

11,9 % de la consommation française d'électricité est liée aux usages du numérique en 2015

3 400 cybercombattants au sein du Commandement des forces de cyberdéfense (COMCYBER) des armées françaises en 2019

8 entreprises françaises sur 10 victimes d'une cyberattaque en 2018

SUJETS BAC

Dissertation

- « La France dans le cyberespace » p. 431
- « Le cyberespace, un espace de conflits » p. 431

Étude critique de documents

- « Les acteurs du cyberespace » p. 431
- « La cyberdéfense européenne : acteurs, missions, moyens » p. 433
- « Internet en Chine » p. 438

SYNTHÈSE

I Un espace immatériel

● **Le cyberespace est un espace immatériel complexe qui émerge au début des années 1990.** Il désigne l'ensemble des systèmes numériques d'échange de données. Il se décompose en trois couches superposées : physique (câbles, serveurs…), numérique (systèmes d'exploitation et applications) et informationnelle. Perçu comme un espace de liberté, il est également difficilement contrôlable.

● **De multiples acteurs coopèrent et s'affrontent dans le cyberespace.** Des acteurs traditionnels (individus, entreprises, acteurs publics) et de nouveaux acteurs nés du numérique (hackeurs, associations « hacktivistes ») l'investissent. Il est au cœur d'enjeux économiques et notamment de l'exploitation commerciale de nos données privées, notamment de la part des géants du numérique (GAFAM).

Jalon p. 430

II Une source de conflits

● **Le cyberespace fait l'objet de menaces numériques variées.** Hameçonnage, espionnage, sabotage (*ransomware* comme WannaCry en 2017) et subversion (tentative d'ingérence russe dans l'élection présidentielle américaine de 2016) constituent les cyberattaques les plus courantes. Des conflits liés au cyberespace éclatent à petite et à grande échelles. Le cyberespace reflète les tensions internationales entre grandes puissances, notamment entre les États-Unis et la Russie, et génère des conflits d'aménagement à l'échelle locale (implantation de *data centers* à Plaine Commune au nord de Paris).

● **Le contrôle du cyberespace devient une priorité stratégique pour les États.** Le risque de paralysie lié aux cyberattaques incite les États à se mobiliser. En France, la cyberdéfense est un enjeu partagé entre coopération européenne et souveraineté nationale (ANSSI). Certains lanceurs d'alerte comme Edward Snowden en 2013 dénoncent les dérives sécuritaires liées à la surveillance généralisée du cyberespace, susceptibles de restreindre les libertés individuelles.

Jalon p. 430, **Jalon** p. 432, **Points de vue** p. 434

III Un enjeu de coopérations

● **Aucun traité contraignant n'encadre le cyberespace.** États-Unis, Chine et Russie sont en désaccord sur la place que doit prendre l'État dans sa gouvernance. Des mesures sont adoptées au niveau international, *via* l'ONU et ses groupes d'experts ou le Conseil de l'Europe (Convention de Budapest contre la cybercriminalité), mais la coopération internationale pour réguler l'espace numérique est difficile à mettre en œuvre.

● **Les acteurs non étatiques s'invitent à la table des négociations.** Entreprises privées (Microsoft), experts et société civile se mobilisent pour inciter les Etats à élaborer des lois permettant de garantir les libertés individuelles et la sécurité des utilisateurs d'Internet.

Jalon p. 430

QCM

1 Dans quel pays les *data centers* sont-ils les plus présents ?

A La Chine
B Les États-Unis
C Le Japon

2 Qu'est-ce que le *phishing* ?

A Un logiciel prenant en otage les données
B Une technique de fraude par courriel
C Un programme développé afin de prendre le contrôle d'un ordinateur

3 Quel est l'État ayant le plus grand nombre d'utilisateurs d'Internet au monde ?

A La Chine B L'Inde C Les États-Unis

4 Quelle est la nature de l'agresseur à l'origine de la première cyberattaque de l'histoire ayant paralysé l'ensemble du réseau informatique de l'Estonie en 2007 ?

A Un État
B Un acteur privé
C Une organisation « hacktiviste »

5 Qu'a révélé le lanceur d'alerte Edward Snowden en 2013 ?

A Une frappe militaire étatsunienne faisant suite à une attaque virtuelle
B Une tentative d'ingérence lors des élections présidentielles américaines
C Un programme d'écoute des internautes par l'agence de sécurité étatsunienne

MOTS CLÉS

Cyberattaque : p. 426
Cyberdéfense : p. 428
Data center : p. 430
GAFAM : p. 429
Hackeur : p. 429
Réseaux : p. 430

COMPRENDRE AUTREMENT

Le cyberespace

Entre réseaux et territoires

› **Un ensemble de trois couches superposées :** matérielle (serveurs, câbles...), numérique (systèmes d'exploitation et applications) et informationnelle

› **Un espace de liberté difficilement contrôlable** (anonymat)

› **Un enjeu économique** lié à la commercialisation des données

→ ***data center*, réseau**

Le cyberespace, entre réseaux et territoires p. 430

Conflictualité entre acteurs

› **Des acteurs traditionnels** (particuliers, entreprises, acteurs publics) et **de nouveaux acteurs** (hackeurs, « hacktivistes ») utilisateurs du cyberespace

› **Des conflits à toutes les échelles :** tensions entre grandes puissances (États-Unis et Russie) et conflits d'aménagement à l'échelle locale

→ **hackeur, « hacktivisme »**

Le cyberespace, entre réseaux et territoires p. 430

Le cyberespace, une menace pour les libertés individuelles ? P. 434

Le contrôle du cyberespace, enjeu des coopérations

› **Un risque élevé de paralysie** des systèmes (financiers, de transport...) lié aux cyberattaques

› **Le développement de la cyberdéfense** en réponse à la multiplication des cyberattaques

› **Une coopération internationale difficile** mobilisant des groupes d'experts internationaux (ONU) et des acteurs privés (entreprises) ou issus de la société civile

→ **cyberattaque, cyberdéfense**

La cyberdéfense française, entre coopération européenne et souveraineté nationale p. 432

BAC ▸ Étude critique de documents

SUJET BAC

Internet en Chine

Consigne **À partir de l'analyse et de la confrontation des documents, vous caractériserez le développement et les enjeux géopolitiques d'Internet en Chine.**

1 Le contrôle d'Internet en Chine

Alors que l'économie chinoise se numérise [...] et que les Chinois sont de plus en plus connectés [...] les grands réseaux sociaux internationaux comme Facebook, Twitter, Instagram ou YouTube, mais également les moteurs de recherche tel Google, ainsi que la plupart des médias occidentaux, sont inaccessibles sur le territoire chinois. Tous sont bloqués par la « grande muraille électronique » érigée par le ministère de la Sécurité publique. Si le gouvernement affirme officiellement souhaiter protéger le peuple chinois des mauvaises influences venues de l'extérieur (le terrorisme, les jeux d'argent, la pornographie, les incitations à la violence, etc.), l'objectif est également d'interdire l'accès à tous les contenus jugés sensibles politiquement. [...] De réels mouvements de protestations se sont fait entendre depuis l'intensification des contrôles sur les contenus « inappropriés » de la plate-forme Sina Weibo, hybride chinois de Twitter et Facebook, à la suite de la nouvelle loi sur la cybersécurité du 1er juin 2017. En avril 2018, la plate-forme annonçait la suppression de contenus liés à l'homosexualité dans le cadre d'une « campagne de nettoyage » visant à assurer un Internet « clair et harmonieux » conforme à la volonté étatique [...]. Après que 220 000 usagers de Sina Weibo ont protesté en utilisant le hashtag[1] #Jesuisgay, la plate-forme et le gouvernement faisaient marche arrière, conscients de la mauvaise publicité nationale et internationale que ce mouvement engendrait.

Nashidil Rouiaï, *Carto*, n° 50, nov.-déc. 2018.

1. Mot clé précédé du symbole # utilisé par les internautes sur les réseaux sociaux et permettant l'accès au contenu qui contient ce mot clé.

2 La Chine, un marché de l'Internet en pleine expansion en 2017

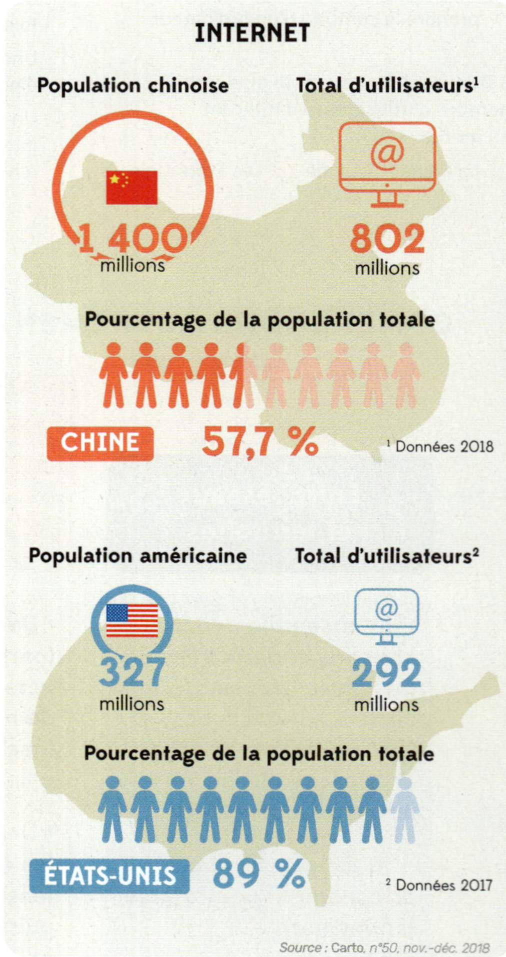

Source : Carto, n°50, nov.-déc. 2018

MÉTHODE | **APPLICATION**

ÉTAPE 1 ANALYSER LE SUJET ET LA CONSIGNE

- **Définir les termes du sujet**
- **Définir le cadre géographique et/ou les limites chronologiques**
- **Dégager la question clé posée par le sujet**

Exemple : Le sujet invite à montrer les aspects du développement d'Internet en Chine et les conflictualités qui en découlent.

Conseil Prenez en compte les particularités de la Chine dans le cadre de ce sujet : une puissance émergente, un État autoritaire.

ÉTAPE 2 ANALYSER ET CRITIQUER LES DOCUMENTS

- **Identifier les documents**
  - Définissez la nature des documents
  - Analysez la source et la date

▸ Quelles sont la nature et la source des documents ?

Dégager le sens général des documents	Identifiez l'idée générale de l'ensemble documentaire. Exemple : Doc 1 Internet en Chine, un espace de contrôle, de contestation et d'influence ; Doc 2 Part de population connectée très forte en Chine, mais à nuancer en comparaison avec les États-Unis. → La Chine est confrontée aux conséquences économiques, politiques et géopolitiques de son émergence dans le cyberespace mondial.
Sélectionner, confronter et expliquer les informations	**Doc 1 :** expliquez « grande muraille électronique ». Identifiez les formes et les objectifs de contrôle d'Internet par le gouvernement. Relevez les informations sur les conflictualités engendrées par la censure. Précisez la stratégie des internautes face à la censure. **Docs 1, 2 :** Montrez l'inégal développement de l'Internet chinois aux échelles nationale et internationale. Explicitez les informations à l'aide de vos connaissances : **Cours** p. 428 ; **Points de vue** p. 434 **HGGSP 1re Chapitre 12** L'information à l'heure d'Internet p. 330 et 334 *Conseil* Définissez les termes spécifiques contenus dans le document : « cybersécurité ».
Exercer un regard critique – Posez-vous des questions sur les documents – Montrez l'intérêt/les limites des documents au regard du sujet	Quel est l'intérêt du document ? Exemple : Les documents permettent de comprendre l'importance d'Internet en tant qu'outil économique et géopolitique.
ÉTAPE 3 RÉDIGER L'ÉTUDE CRITIQUE DE DOCUMENTS	
Rédiger l'introduction	**Rédigez une courte introduction pour présenter le sujet, les documents et la problématique.**
Rédiger l'étude de manière organisée	**Rédigez une réponse organisée en plusieurs parties pour répondre au sujet.** Exemple : I. Un accès à Internet en croissance mais inégal II. Un espace de contrôle III. Un espace de contestation et d'influence
Rédiger la conclusion	**Dans une courte conclusion, répondez à la problématique du sujet.**

BAC Dissertation

SUJET BAC

Acteurs et enjeux de la cybersécurité

LES TERMES À ANALYSER	LES CONNAISSANCES À MOBILISER	PROBLÉMATIQUE ET PLAN POSSIBLES
« **Cybersécurité** » : ensemble des moyens (lois, dispositifs, actions…) permettant de protéger des personnes et des dispositifs numériques face à des cyberattaques. « **Acteurs** » : États, entreprises, organisations, etc. « **Enjeux** » : objectifs à atteindre, ce qui peut être gagné ou perdu.	**Carte** p. 426, **Cours** p. 428, **Jalon** p. 430, **Jalon** p. 432 **Notions :** cyberespace, cybersécurité, cyberattaque, cyberdéfense, cyberpuissance, cybercriminalité.	**Problématique possible :** Comment les acteurs tentent-ils de répondre aux enjeux de sécurité dans le cyberespace ? **Plan possible :** **1.** Une multiplication des menaces numériques **2.** La cyberdéfense, une priorité des États **3.** Des actions et des coopérations internationales inégales

Méthode générale de la dissertation p. 22

Révisions

Thème 6

L'enjeu de la connaissance

SYNTHÈSE

Synthèse à écouter

NOTIONS CLÉS

Alphabétisation : p. 394
Brevet : p. 390
Communauté savante/ communauté scientifique : p. 386
Cyberdéfense : p. 428
Cyberespace : p. 426
Data center : p. 430
Encyclopédisme : p. 392
Fracture numérique : p. 390
Lanceur d'alerte : p. 410
R&D : p. 413
Renseignement : p. 411
Réseaux : p. 430
Société de la connaissance : p. 386
Transfert de technologie : p. 417
Vulgarisation : p. 395

I Émergence et affirmation de la société de la connaissance

● **La production de la connaissance repose sur plusieurs facteurs.** Jusqu'au XVe siècle, les connaissances techniques et scientifiques restent cloisonnées. Depuis, la production et la diffusion des savoirs se sont développées avec l'accroissement des échanges, l'accès à l'alphabétisation, la recherche scientifique, le développement industriel, l'affirmation des régimes démocratiques, l'urbanisation… qui ont contribué à l'élévation des niveaux de vie des sociétés.

● **Les acteurs de la production et de la diffusion des connaissances sont multiples.** Les États disposent des moyens politiques et économiques et sont à l'initiative des projets de construction de la connaissance. Les grandes organisations internationales (UNESCO), les entreprises privées, notamment celles du numérique (GAFAM), les universités, les centres de recherche favorisent cette diffusion.

II Des enjeux géopolitiques entre rivalités et coopérations

● **La maîtrise de la connaissance constitue un enjeu de puissance pour les États.** Elle leur permet d'assurer leur développement économique, contribue à leur rayonnement dans le monde et génère conflits et rivalités entre États (guerre froide). La course à l'innovation scientifique et technologique est au service du *smart power*. Le renseignement permet aux États d'assurer leur sécurité ou de contrôler l'opinion publique (régimes autoritaires).

● **Les coopérations en matière de production et de diffusion des connaissances sont nombreuses.** Les économies sont aujourd'hui interdépendantes. Les coopérations et les collaborations entre États se multiplient dans de nombreux domaines : défense, recherche physique et nucléaire, aérospatiale (ESA), lutte contre le changement climatique (GIEC), formation et circulation d'étudiants entre les grandes universités, constitution d'une communauté internationale de savants.

III La mondialisation de la diffusion des connaissances

● **L'évolution technologique récente a contribué à l'intensification de la diffusion des savoirs.** Le cyberespace et les moyens modernes de diffusion (presse, Internet…) permettent une généralisation de l'accès aux savoirs pour l'ensemble de la planète. Le développement des réseaux sociaux et des plateformes collaboratives contribue à un accès de plus en plus généralisé aux savoirs.

● **La mondialisation des connaissances accentue les inégalités.** Les puissances occidentales (États-Unis, Royaume-Uni, France) concentrent les instituts de recherche et développent des politiques innovantes. Elles dominent le marché mondial des brevets et collaborent avec les pays émergents (Chine, Inde) en favorisant les transferts de technologie. Les pays mal développés demeurent encore en retrait en raison d'insuffisances de moyens économiques et techniques.

EXEMPLES DE SUJETS SUR LE THÈME

DISSERTATION

L'enjeu de la connaissance : entre coopérations et rivalités

Programme

Chapitres 16 et 17

Notions

Brevets, transfert de technologies, science ouverte, recherche-développement, *smart power*, GIEC, TIC

Conseils

- Expliquez que la connaissance est un enjeu de la puissance.
- Montrez que la coopération internationale s'impose pour face aux grands enjeux mondiaux.

Autre sujet possible

- L'État : un acteur majeur dans la production et la diffusion de la connaissance

QUESTION

GRAND ORAL

Dans quelle mesure les nouvelles technologies modifient-elles la production et le contrôle des connaissances ?

Liens avec le programme

HGGSP Terminale Thème 6
« L'enjeu de la connaissance »

Domaine d'études supérieures

Ingénieur, formation de géomaticien, cyber-sécurité, cyberdéfense, métiers de la Défense

Croisement avec d'autres disciplines de spécialité

- Numérique et sciences informatiques

Autre question possible

Conseils pour ces questions

- Internet est-il un atout ou une menace pour la démocratie ?
- La démocratisation de la connaissance est-elle une illusion ?

POUR ALLER PLUS LOIN

Références en +

Chapitre 16

Marie Curie, d'Alice Milani, Cambourakis, 2019, 200 p.

Une bande dessinée consacrée à la vie de Marie Curie, replacée dans son contexte historique.

Les Guerres d'Albert Einstein, d'Éric Chabbert, François de Closets, Éric Corbeyran, Hachette, 2019 (tome 1).

Deux BD sur l'implication d'Einstein dans les deux guerres mondiales et son rôle dans le développement de la bombe atomique.

Chapitre 17

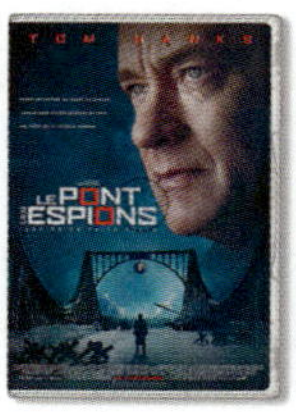

Le Pont des espions, de Steven Spielberg, 2015, 2 h 12'.

Basé sur une histoire vraie, le film raconte l'échange à Berlin, de part et d'autre du Mur, d'un espion soviétique et d'un prisonnier américain.

La Compagnie, de Robert Littell, Points Policiers, 2004, 1 248 p.

De Berlin à l'Afghanistan, l'histoire de la CIA sur un demi-siècle à travers ses opérations et ses échecs, portée par une galerie de personnages saisissants.

Chapitre 18

Opération Copperhead, de Jean Harambat, Dargaud, 2017, 176 p.

À partir d'un fait réel, une histoire fantaisiste sur une opération du contre-espionnage britannique pendant la Seconde Guerre mondiale.

Citizenfour, de Laura Poitras, 2014, 1 h 54'.

Un documentaire sur les révélations du lanceur d'alerte Edward Snowden concernant la cybersurveillance de la NSA, récompensé par l'Oscar du meilleur film documentaire en 2015.

BAC ▸ Grand oral

▸ Méthode générale p. 26

ÉTAPE 1 CHOISIR SA QUESTION

Voir les critères de choix et de formulation d'une question p. 98

Comment la France peut-elle assurer sa souveraineté dans le cyberespace ?

D'autres exemples de questions liées à ce thème p. 441

ÉTAPE 2 PRÉPARER SON INTERVENTION ORALE

▸ SE DOCUMENTER

Voir p. 174 comment choisir des sources pertinentes.

▸ Sources utiles pour répondre à cette question :

Publications et articles en ligne	▸ « Enjeux numériques », *Annales des Mines*, n° 8, décembre 2019. www.annales.org/enjeux-numeriques/2019/en-08-12-19.pdf ▸ Christophe Gasançaon, « Le cyberespace, nouvel espace de souveraineté à conquérir », *Géostratégia*, Centre des Hautes Études Militaires, 22 mai 2018. www.geostrategia.fr/le-cyberespace-nouvel-espace-de-souverainete-a-conquerir/ ▸ Martin Untersinger, « L'incertaine mais nécessaire "souveraineté numérique », *Le Monde*, 20 nov. 2019. www.lemonde.fr/idees/article/2019/11/20/l-incertaine-mais-necessaire-souverainete-numerique_6019810_3232.html
Podcast	▸ « Le poids de la souveraineté numérique française », *Soft power*, France Culture, 1er septembre 2019, 1 h 18' www.franceculture.fr/emissions/soft-power/le-poids-de-la-souverainete-numerique-francaise

Conseil
Faites une courte fiche de lecture par publication.

▸ ORGANISER VOTRE RÉPONSE

EN INTRODUCTION

Montrez d'emblée que vous êtes bien dans votre sujet et que vous savez où vous allez : rappelez le sujet et expliquez l'intérêt de cette question.

Exemple Vous pouvez commencer par :
- Qu'est-ce que le cyberespace ?
- Pourquoi la question de la souveraineté de la France dans le cyberespace est-elle intéressante ?

ORGANISEZ VOTRE PLAN

▸ Formulez 2 ou 3 idées majeures reprenant les grands thèmes issus de votre travail de recherche.

Exemple

I. La quête de la souveraineté numérique face à la toute-puissance des GAFAM

II. Cybersécurité, cyberdéfense : les enjeux de la souveraineté française

III. Une nécessaire coopération au sein de l'Union européenne ?

Conseil
Faites des fiches regroupant vos idées par thème ou par mot clé. Cela vous aidera à dégager les axes d'un plan.

EN CONCLUSION

▸ Répondez à la question.

▸ Tendez des perches au jury.

Exemple : Évoquez la création de RuNet, l'Internet contrôlé par le pouvoir russe, ou l'hypercontrôle d'Internet en Chine.

ÉTAPE 3 PRÉPARER LE SUPPORT À REMETTRE AU JURY

Même s'il n'est ni obligatoire ni évalué, prenez le temps de remettre un support au jury. Il prouvera la qualité de votre préparation.

- Réalisez un support manuscrit qui fait apparaître l'organisation de votre réponse.

Exemple

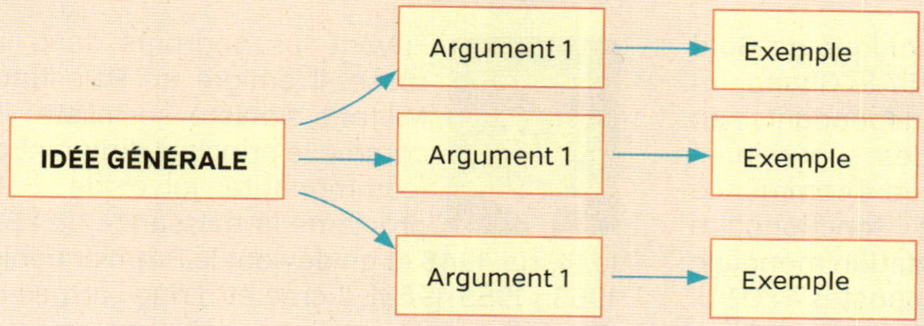

Exemples de support

ÉTAPE 4 PRÉSENTER LA RÉPONSE À LA QUESTION DEVANT LE JURY

Rendez-vous p. 28 pour des conseils détaillés sur cette étape importante.

Chronométrez-vous

- Habituez-vous à vous chronométrer quand vous répétez votre exposé ou lors de prises de parole. Vous vous familiariserez ainsi avec les « 5 minutes ».
- Prévoyez quelques repères intermédiaires à des moments précis de votre exposé. Vous pourrez regarder votre montre une ou deux fois durant l'exposé pour vous assurer que vous êtes dans les temps.

Astuce

Votre exposé est trop long ? Supprimez des éléments, mais conservez bien vos idées, exemples ou arguments pour la discussion avec le jury.

ÉTAPE 5 PRÉPARER LA DISCUSSION AVEC LE JURY

Préparez vos perches !
Si vous tendez des « perches » au jury, bien entendu, il faut que vous prépariez les réponses aux questions que vous avez déclenchées.

Prévoyez par exemple de répondre à :
- Que pouvez-vous nous dire de l'intranet russe, RuNet ?
- Quels sont les aspects de l'hypercontrôle de la Chine sur Internet ?

- Faites des liens avec votre 2e enseignement de spécialité, mais aussi avec les enseignements de tronc commun.

Exemples pour cette question :

- **Lien avec Numérique et sciences informatiques** : Interactions entre l'homme et la machine sur le Web
- **Lien avec l'anglais tronc commun** : Citoyenneté et monde virtuel
- **Lien avec la géographie Tle Thème 2** Dynamiques territoriales, coopérations et tensions dans la mondialisation / La France : un rayonnement international différencié et une attractivité inégale dans la mondialisation

Conseil

Tout au long de l'année, surveillez l'actualité liée la question.

Grille d'évaluation pour l'entretien

ÉTAPE 6 ÉCHANGER SUR SON PROJET D'ORIENTATION

« En quoi la question que vous avez choisie éclaire vos choix d'orientation, voire votre projet professionnel ? »

Quelles études en lien avec cette question ?
Cette question intéressera les élèves qui veulent s'orienter vers des études d'ingénieurs, de cybersécurité ou de cyberdéfense, ou vers les métiers de la Défense.

- Exemples de formation :

– BTS Systèmes numériques (BTS SN), option Informatique et réseaux, parcours Cyberdéfense du lycée militaire de Saint-Cyr-l'École.
– formations spécialisées en cybersécurité et les établissements d'enseignement consultables sur le site de l'Agence nationale de la sécurité des systèmes d'information (ANSSI).
www.ssi.gouv.fr/particulier/formations/secnumedu/formations-labellisees-secnumedu/

Astuce

Projetez-vous dans l'avenir ! Imaginez-vous dans le métier que vous souhaitez exercer, cela vous aidera à vous exprimer avec conviction.

Kofi Annan (1938-2018)

Né dans la colonie britannique de Gold Coast, qui devient en 1957 le Ghana, un des premiers États indépendants en Afrique, il fait des études supérieures aux États-Unis et à Genève. Il commence sa carrière de haut fonctionnaire international en 1962 à l'OMS (Organisation mondiale de la santé), puis occupe de nombreux postes à l'ONU. Adjoint du secrétaire général de l'ONU Boutros-Ghali depuis 1993, il est désigné comme son successeur avec le soutien des Etats-Unis. Il devient donc le 7e secrétaire général de l'ONU en 1997 et il est reconduit pour un second mandat jusqu'en 2006. Il est le premier représentant de l'Afrique noire à occuper cette fonction. Il obtient conjointement à l'ONU le prix Nobel de la Paix en 2001 « pour leur travail pour un monde mieux organisé et plus pacifique ».

Yasser Arafat (1929-2004)

Issu d'une famille palestinienne installée en Égypte, il prend conscience des limites de la solidarité arabe à l'égard des Palestiniens. Il décide donc en 1959 d'organiser un mouvement palestinien autonome : le Fatah (Mouvement de libération nationale), qui mène des opérations armées contre Israël. En 1969, il devient le président de l'OLP (Organisation de libération de la Palestine). Installé à Beyrouth (1970), puis à Tunis (1982), il incarne aux yeux du monde entier la cause palestinienne. Il est invité en 1974 à l'ONU, qui reconnaît l'OLP comme le représentant légitime du peuple palestinien. En 1988-1989, il amorce un tournant essentiel en reconnaissant l'État d'Israël et en prenant ses distances avec le terrorisme. Il signe les accords d'Oslo en 1993, ce qui lui vaut le prix Nobel de la paix en 1994 avec Y. Rabin. Président de l'Autorité palestinienne, il est confronté aux difficultés du processus de paix et contesté par les mouvements islamistes qui se développent parmi les Palestiniens.

Henri Becquerel (1852-1908)

Né dans une famille de physiciens, il est polytechnicien en 1872 et ingénieur des Ponts-et-Chaussées en 1877. Il se consacre à la recherche et s'intéresse d'abord à l'optique. Élu membre de l'Académie des sciences en 1889, nommé professeur de physique à Polytechnique en 1895, il découvre par hasard en 1896 la radioactivité au cours d'une étude sur les relations entre rayons X et fluorescence. Il partage en 1903 le prix Nobel de Physique avec Pierre et Marie Curie. Il a donné son nom au becquerel, unité mesurant la radioactivité.

David Ben Gourion (1886-1973)

Fuyant les pogroms dans la Pologne russe, il émigre en Palestine en 1906. Militant sioniste socialiste, il s'impose comme le principal dirigeant du Yichouv (communauté juive de Palestine). Il proclame la naissance de l'État d'Israël le 14 mai 1948 et en devient le Premier ministre (1948-1953 ; 1955-1963). Il crée et dirige l'armée israélienne (Tsahal) au cours de la première guerre israélo-arabe (1948-1949).

Oussama Ben Laden (1957-2011)

Issu d'une riche famille d'Arabie saoudite (d'origine yéménite), il joue un rôle important en Afghanistan dans l'organisation du jihad contre les Soviétiques (1979-1989). Il est alors proche des services secrets saoudiens, pakistanais et américains. Après la guerre du Golfe, il rompt avec le régime saoudien et fait de son réseau, al-Qaida, un mouvement islamiste terroriste, installé au Soudan, puis en Afghanistan. Considéré comme le commanditaire des attentats du 11 septembre 2001, il est traqué par l'armée américaine qui finit par le tuer en 2011 dans la maison du Pakistan où il se cachait.

Wernher von Braun (1912-1977)

Issu d'une famille de l'aristocratie allemande, il fait des études d'ingénieur et se passionne pour les fusées. Il installe en 1936 une base de lancement de missiles à Peenemünde, dans une île de la mer Baltique. Cette base est aménagée et entretenue par des prisonniers dépendant du camp de concentration de Ravensbrück. Après le bombardement de la base, une usine souterraine pour fabriquer les missiles V2 est construite en Thuringe et devient le camp de concentration de Dora. Von Braun adhère au parti nazi en 1937, mais il a tenté ensuite de minimiser ses responsabilités. En 1945, il se rend aux Américains qui, dans le cadre de l'opération Paperclip, « récupère » les scientifiques allemands. Il acquiert la nationalité américaine en 1955, met au point le missile Redstone, dérivé du V2 allemand, et occupe des responsabilités importantes à la Nasa de 1958 à 1970.

George Bush Senior (1924-2018)

Dirigeant d'une société pétrolière au Texas (1948-1966), il est élu représentant républicain de cet État de 1967 à 1971. Il occupe ensuite des postes importants dans la diplomatie et à la CIA. Vice-président de Reagan (1981-1988), il est élu président des États-Unis en novembre 1988 au moment où la guerre froide se termine. Durant sa présidence (janvier 1989 – janvier 1993), il redéfinit le rôle des États-Unis dans le monde. Il annonce un « nouvel ordre mondial » en préparant la guerre du Golfe contre Saddam Hussein (1990-1991). Il est battu à la présidentielle de novembre 1992 par Bill Clinton.

George W. Bush Junior (né en 1946)

Fils du président George Bush, il suit les traces de son père. Il travaille dans le milieu pétrolier, puis devient gouverneur républicain du Texas (1994-2000). Il est élu de justesse président des États-Unis en novembre 2000 et réélu en novembre 2004. Durant sa présidence (janvier 2001 – janvier 2009), il doit gérer les conséquences des attentats du 11 septembre 2001. Il mène une politique extérieure très critiquée dans le monde car fondée sur l'affirmation unilatérale de l'hyperpuissance américaine (guerre d'Irak lancée en 2003).

Rachel Carson (1907-1964)

Après sa jeunesse dans une ferme de Pennsylvanie, elle fait des études de biologie. Elle renonce à son emploi au Bureau fédéral des Pêches, pour publier des livres à succès sur l'océan. Elle s'intéresse de plus en plus à la protection de l'environnement. Dans son livre Silent Spring (Printemps silencieux) en 1962 elle dénonce les ravages des pesticides sur les oiseaux et les humains. Elle contribue ainsi à une prise de conscience écologique aux États-Unis, qui conduit à la création de l'Agence de protection de l'environnement (EPA) en 1970 et à l'interdiction du pesticide DDT en 1972.

Jacques Chirac (1932-2019)

Énarque, il commence sa carrière en 1962 au cabinet de Georges Pompidou. Député gaulliste de la Corrèze, il est nommé secrétaire d'État aux Affaires sociales en 1967 et assiste Pompidou dans la crise de Mai 68. Ministre sans discontinuer jusqu'en 1974, il soutient Giscard lors de l'élection présidentielle et il est nommé par celui-ci Premier ministre en 1974. Il démissionne en 1976 et refonde le parti gaulliste sous le nom de RPR. Il est élu maire de Paris en 1977. Chef de la droite victorieuse aux législatives de 1986, il est de nouveau Premier ministre : c'est la première cohabitation avec le président Mitterrand. Battu en 1988, il remporte la présidentielle de 1995 contre Lionel Jospin. Il dissout l'Assemblée en 1997, mais les élections sont gagnées par la gauche. C'est cette fois comme Président qu'il vit la cohabitation avec Lionel Jospin, Premier ministre de 1997 à 2002. J. Chirac a reconnu en 1995 la responsabilité de l'État français dans la déportation des juifs et il a fait voter le quinquennat en 2000.

Carl von Clausewitz (1780-1831)

Il commence à 12 ans sa carrière militaire, come porte-enseigne dans l'armée prussienne à la bataille de Valmy (1792). Admis en 1801 à l'Académie militaire de Berlin, il sert comme officier dans l'armée prussienne et est prisonnier des Français de 1806 à 1808. En 1812 il refuse la coopération militaire entre la Prusse et la France et il combat avec l'armée russe contre Napoléon. Réintégré en 1814 dans l'armée prussienne, il est directeur administratif de l'Académie militaire de Berlin de 1818 à 1830. Son traité *De la guerre*, publié après sa mort par son épouse entre 1832 et 1835, est considéré comme un classique de la stratégie militaire.

William (Bill) J. Clinton (1946)

Issu d'une famille modeste de l'Arkansas, il fait de brillantes études de droit, puis se lance dans la politique. Gouverneur démocrate de l'Arkansas (1978-1980 ; 1982-1992), il s'efforce d'imiter son modèle Kennedy en cultivant un style dynamique et en mettant en avant son épouse Hillary. Vainqueur de George H. W. Bush en novembre 1992, il est le premier président des États-Unis représentant la génération du « baby-boom ». Il remporte des succès diplomatiques avec les accords israélo-palestiniens (1993) et ceux de Dayton sur la Bosnie (1995). Réélu en novembre 1996, il voit sa réputation compromise en 1999 par sa liaison avec une employée de la Maison-Blanche, Monica Lewinsky. Il échappe de peu à une procédure de destitution et transmet le leadership du Parti démocrate à son vice-président Al Gore. Sa femme Hillary, sénatrice de l'État de New York, est candidate à l'investiture démocrate pour l'élection présidentielle de 2008, puis pour celle de 2016.

Jean-Baptiste Colbert (1619-1683)

Fils d'un marchand de Reims, il commence sa carrière en gérant la fortune de Mazarin. Il devient ensuite le principal ministre de Louis XIV, avec les titres de Contrôleur général des Finances (1665-1683), secrétaire d'État à la Maison du Roi (1665-1683) et secrétaire d'État à la Marine (1669-1683). Sa politique économique – le colbertisme – est l'application en France du mercantilisme : l'État encourage les exportations, taxe les importations, soutient les savants (Académie des sciences en 1666), règlemente les corporations, protège les ressources (ordonnance des Eaux et Forêts en 1669) et légalise l'esclavage dans les colonies (Code Noir publié en 1685 par son fils Colbert de Seignelay).

Marie Curie (1867-1934)

Née à Varsovie, Marya Sklodowska, vient étudier en France en 1891 et épouse en 1895 le physicien Pierre Curie. Reçue première à l'agrégation de physique en 1896, elle enseigne dans un lycée de jeunes filles. Pour ses recherches sur la radioactivité, elle obtient en 1903 le prix Nobel de physique avec Henri Becquerel et Pierre Curie, qui doit intervenir pour que sa femme y soit associée. En 1906 elle devient la première femme professeure à la Sorbonne, en remplacement de son mari décédé dans un accident de la circulation. En 1910, sa candidature est refusée par l'Académie des Sciences. Elle obtient le prix Nobel de chimie en 1911. Pendant la Première Guerre mondiale, elle organise sur le front le premier service mobile de radiologie. Ses cendres sont transférées au Panthéon en 1995.

Deng Xiaoping (1904-1997)

Communiste de la première heure, il occupe des responsabilités dans le parti et le gouvernement à partir de 1949. Incarnant la tendance « modérée » du PC chinois, il critique les excès idéologiques du maoïsme et il est écarté en 1966. Après la mort de Mao (1976), il s'impose comme le maître de la Chine et met en œuvre à partir de 1978 de grandes réformes économiques. La Chine se modernise et s'ouvre au marché mondial. Mais, s'il accepte la modernisation économique, Deng refuse l'ouverture politique, comme le montre la répression du « printemps de Pékin » en 1989.

Albert Einstein (1879-1955)

Physicien allemand naturalisé suisse, il élabore entre 1905 et 1915 la théorie de la relativité, qui bouleverse la science. Nommé professeur à l'Université de Berlin, il obtient le prix Nobel de physique en 1921. Protestant contre les violations des droits de l'homme et l'antisémitisme nazi, il quitte l'Allemagne en 1933 et s'installe aux États-Unis, dont il prend la nationalité en 1940. Désireux de contribuer à la victoire contre l'Allemagne nazie, il s'intéresse au développement de l'arme atomique tout en en percevant le danger. Après 1945, il milite pour la paix et contre l'usage militaire de l'énergie nucléaire.

Anne Frank (1929-1945)

Sa famille juive, installée à Francfort-sur-le-Main, fuit l'Allemagne en 1933 et se réfugie à Amsterdam. Après l'occupation des Pays-Bas par les Allemands (1940), puis le durcissement de la législation antisémite, la famille Frank se cache à partir de juillet 1942 à l'arrière d'une maison dans des locaux surnommés « l'Annexe secrète ». C'est là qu'Anne écrit son Journal. La famille est arrêtée le 4 août 1944 et déportée à Auschwitz. Anne et sa sœur Margot sont déplacées en octobre 1944 dans le camp de Bergen-Belsen, où elles meurent du typhus en février ou mars 1945. Survivant d'Auschwitz, son père Otto publie en 1947 le Journal d'Anne Frank, qui devient un best-seller mondial, traduit dans plus de 60 langues. « L'annexe secrète » est devenue la Maison d'Anne Frank, un musée ouvert en 1960.

Youri Gagarine (1934-1968)

Né dans une famille paysanne russe, il devient pilote de chasse en 1957 dans l'armée soviétique. Il commence en 1959 l'entraînement pour devenir cosmonaute et il est sélectionné pour être le premier homme dans l'espace, notamment en raison de sa petite taille. Le 12 avril 1961, il effectue le premier vol habité, à bord du vaisseau Vostock 1. La propagande soviétique en fait un héros et met en avant ses origines modestes. Il devient célèbre dans le monde entier. Il meurt dans un accident d'avion en 1968.

Saddam Hussein (1937-2006)

Issu d'une famille arabe sunnite de Tikrit (région de Bagdad), il milite dès les années 1950 dans le parti Baas, qui prône le nationalisme arabe et le socialisme. Il arrive au pouvoir comme Vice-Président de l'Irak en 1969, puis comme Président en 1979. À la tête d'une dictature sanglante, il réprime les communautés chiite et kurde en Irak. Il lance l'Irak dans une longue guerre contre l'Iran (1980-1988), puis il annexe le Koweït en août 1990. Vaincu dans la guerre du Golfe (1991), il reste cependant au pouvoir jusqu'à l'opération « Liberté pour l'Irak » lancée en 2003 par les États-Unis. Capturé le 13 décembre 2003, il est jugé par le Tribunal spécial irakien créé par l'administration américaine. Il est condamné à mort pour crimes contre l'humanité et exécuté le 30 décembre 2006.

Hu Jintao (1942)

Ingénieur, il adhère au Parti communiste en 1964 et commence sa carrière en 1982 comme dirigeant des Jeunesses communistes. En poste au Tibet de 1988 à 1992, il réprime les manifestations nationalistes. En 1992 il entre au comité permanent du Bureau politique. Il dirige la Chine pendant une décennie comme secrétaire général du Parti communiste (2002-2012) et Président de la République (2003-2013). Son programme, « la société harmonieuse », vise à réduire les inégalités entre les campagnes de l'intérieur et les villes du littoral, qui ont été privilégiées par la politique de modernisation et d'ouverture.

John Fitzgerald Kennedy (1917-1963)

Issu d'une riche famille d'origine irlandaise, il s'illustre en 1943 par sa conduite héroïque pendant la guerre. Il entame en 1946 une carrière politique au sein du parti démocrate du Massachusetts. Élu en novembre 1960, il devient en janvier 1961 le premier président catholique des États-Unis, et le plus jeune. Son charisme, et celui de son épouse Jacqueline, fait de « JFK » un personnage populaire dans le monde entier. Il tient tête à l'URSS dans la crise des fusées à Cuba (1962) et prononce à Berlin en 1963 son célèbre discours (« Ich bin ein Berliner »). Il est assassiné à Dallas le 22 novembre 1963 dans des conditions mal élucidées.

Nikita Khrouchtchev (1894-1971)

Dirigeant du Parti communiste en Ukraine puis à Moscou, il prend le pouvoir à la mort de Staline (1953) et il se fait alors le promoteur de la déstalinisation. En 1955, il opère un rapprochement spectaculaire avec Tito. En 1956, il dénonce les crimes de Staline au XXe Congrès du PCUS. Cette politique accélère la rupture avec la Chine, mais ne l'empêche pas de réprimer l'insurrection de Budapest (1956) et de faire construire le mur de Berlin (1961). Il doit reculer devant Kennedy lors de la crise de Cuba en 1962. Il est finalement renversé en 1964 par la « vieille garde », qui s'inquiète des multiples tentatives de réforme de l'économie et même du Parti. Personnage populaire en Occident grâce à sa personnalité exubérante, « Monsieur K » consacre sa retraite forcée à la rédaction de ses Mémoires.

Raphael Lemkin (1900-1959)

Il est né dans une famille juive vivant dans une région rurale située à l'époque dans l'Empire russe, puis annexée par la Pologne en 1919 (et aujourd'hui en Biélorussie). Il fait des études de droit de 1921 à 1926 à l'Université de Lviv (actuelle Ukraine) et devient procureur à Varsovie. Intéressé très tôt par le génocide des Arméniens, il veut créer un droit pénal international pour protéger les peuples de la « barbarie ». Il présente un projet en ce sens à la SDN en 1933. Il se réfugie en Suède en 1940, puis aux États-Unis en 1941, où il enseigne le droit à Duke University et à Yale. Il invente le mot et le concept de génocide en 1944 dans une étude sur l'État nazi. Il est conseiller de Robert Jackson, le procureur américain au Tribunal de Nuremberg en 1945. Le génocide ne figure pas parmi les quatre chefs d'accusation retenus à Nuremberg, mais le terme apparaît à propos des crimes de guerre (pour la première fois dans un document officiel).

Lemkin obtient ensuite en décembre 1948 l'adoption par l'Assemblée générale de l'ONU de la Convention pour la prévention et la répression du génocide.

Aldo Leopold (1887-1948)

Né dans l'Iowa, il passe sa jeunesse en pleine nature. Diplômé en 1909 de la Yale Forest School, il est embauché par l'US Forest Service en Arizona et au Nouveau Mexique. Il fait en 1924 de la forêt de Gila (Nouveau Mexique) la première « zone de nature sauvage » (*wilderness area*) créée aux Etats-Unis. Il travaille ensuite dans le Wisconsin. Forestier, pêcheur, chasseur, il cherche dans ses livres à définir la *land ethic*, l'harmonie entre l'homme et la nature, ce qui en fait l'un des premiers théoriciens de l'écologie.

BIOGRAPHIES

Primo Levi (1919-1987)

Issu de la bourgeoisie juive de Turin, il fait des études de chimie et commence à travailler dans l'industrie chimique en 1941. Il entre dans la résistance quand le nord de l'Italie devient en 1943 la « République de Salo », un État fasciste sous protection allemande. Arrêté, il est déporté en février 1944 à Auschwitz et il échappe à la mort grâce à sa formation professionnelle en travaillant dans le camp de Monowitz, où la firme IG Farben veut installer une usine de caoutchouc synthétique. Libéré par les Soviétiques en janvier 1945, il rentre à Turin. Il évoque l'expérience concentrationnaire dans *Si c'est un homme*, publié en 1947 dans l'indifférence générale. Le livre devient célèbre quand il est réédité par Einaudi en 1958 et traduit en anglais (1958) et en allemand (1959). Écrivain désormais reconnu, il publie notamment en 1963 *La Trêve*, où il raconte son retour en Italie.

Mao Zedong (1893-1976)

Membre fondateur du PC chinois en 1919, il cherche à s'appuyer sur les masses paysannes. En 1937, il fait alliance contre les Japonais avec son vieil adversaire, le dirigeant nationaliste Jiang Jieshi. En 1946, il reprend et gagne la guerre civile contre le régime nationaliste. Le 1er octobre 1949, Mao proclame à Pékin la république populaire de Chine. Il rompt son alliance avec l'URSS à la fin des années 1950, parce qu'il désapprouve la déstalinisation. La Chine doit alors définir son propre modèle de socialisme, non sans tensions internes. Contesté par les « modérés », Mao lance contre eux en 1966 la « Révolution culturelle » et redevient le « Grand Timonier », chef incontesté de la Chine. Sous sa direction, la Chine populaire devient membre permanent du Conseil de sécurité de l'ONU (1971), se rapproche des États-Unis, tout en proposant son modèle au tiers monde.

François Mitterrand (1916-1996)

Issu d'un milieu de droite, il termine ses études de droit et de sciences politiques quand la guerre éclate. Évadé d'un camp de prisonniers en 1941, il travaille en 1942 à Vichy au commissariat des prisonniers de guerre. Cette période de sa vie a fait ensuite l'objet de polémiques. Entré dans la Résistance, il commence une carrière politique à la Libération. Il devient ministre en 1947 à 31 ans et participe à de nombreux gouvernements de la IVe République. Farouche opposant à de Gaulle, il critique la Ve République et il est candidat unique de la gauche à la présidentielle de 1965. Il prend la tête du PS en 1971 et définit une stratégie d'alliance avec le PC qui échoue en 1974 mais triomphe en 1981. Premier Président de gauche de la Ve République, il libéralise l'audiovisuel, démocratise la culture avec son ministre Jack Lang et lance des réformes sociales. Il doit se convertir à la « rigueur » en 1983 et inventer les règles de la cohabitation en 1986. Réélu en 1988, alors qu'il se sait déjà très malade, il nomme pour la première fois une femme, Edith Cresson, à Matignon (1991).

John Muir (1838-1914)

Né en Écosse, il émigre en 1849 aux États-Unis avec sa famille. Il se passionne pour la botanique, la géologie et la *wilderness*, la nature sauvage américaine, notamment en Californie la Sierra Nevada et la vallée de Yosemite. Il milite pour la protection de la nature et crée en 1892 à San Francisco le Sierra club, première ONG écologiste. A partir de 1897, il défend les positions des « préservateurs » contre Pinchot et les « conservateurs », qui prônent une gestion plus utilitaire des ressources naturelles. En 1903, il campe avec le président Roosevelt dans la vallée de Yosemite et contribue à influencer sa politique de création des parcs naturels. Ses écrits lyriques ont contribué à diffuser l'écologie dans l'opinion américaine.

Napoléon Ier (1769-1821)

Originaire de Corse, Napoleone Buonaparte entre dans l'armée française et, pendant la Révolution, monte rapidement en grade grâce à ses talents militaires. Après la chute de Robespierre, il soutient le Directoire et réprime un soulèvement royaliste en 1795. Après la campagne d'Italie et l'expédition d'Égypte, il organise le coup d'État du 18 Brumaire (novembre 1799), qui renverse le Directoire. Avec le régime du Consulat, il applique son programme ambigu : concilier les acquis de 1789 et un pouvoir fort. Devenu l'Empereur Napoléon Ier en 1804, il lance la France à la conquête de l'Europe. Ses conquêtes suscitent une réaction nationale, notamment en Espagne et dans les États allemands. L'Europe coalisée contre lui finit par le forcer à abdiquer le 4 avril 1814. Exilé à l'île d'Elbe, il s'en évade pour reprendre le pouvoir en France durant les Cent-Jours. De nouveau vaincu à Waterloo, il abdique une seconde fois le 22 juin 1815 et finit ses jours dans l'île de Sainte-Hélène.

Barack Hussein Obama (1961)

Né d'un père kenyan et d'une mère blanche du Kansas, il passe une partie de son enfance en Indonésie. Travailleur social à Chicago, il devient sénateur démocrate de l'Illinois en 2004. Élu président des États-Unis en novembre 2008, réélu en novembre 2012, il est le premier Afro-Américain à occuper cette fonction, ce qui suscite l'enthousiasme du monde entier. Il rompt avec l'unilatéralisme de G. W. Bush et obtient le prix Nobel de la Paix en 2009. Il cherche à apaiser les relations des États-Unis avec le monde musulman (discours du Caire en 2009) tout en luttant contre le terrorisme islamiste. Il initie un rapprochement avec l'Iran et avec Cuba et signe l'accord de Paris sur le climat (2015).

Gifford Pinchot (1865-1946)

Né dans une riche famille d'origine française, il se passionne pour la forêt sous l'influence de son père. Il étudie en 1889-1890 à l'École nationale des eaux et forêts de Nancy puis rentre aux États-Unis pour créer le métier de forestier. Il milite pour une gestion raisonnée des forêts, conciliant exploitation économique et conservation, ce qui l'oppose aux courant « préservateur » de John Muir. Il devient le spécialiste de la forêt pour dans l'administration fédérale et le conseiller du président Théodore Roosevelt. Il prend la direction en 1905 de l'*US Forest Service*, le nouveau service fédéral des forêts. Il continue son œuvre à l'échelle locale comme gouverneur de Pennsylvanie (1923-1927, 1931-1935). En 1940, il propose d'organiser une conférence internationale pour faire de la conservation de la nature le fondement de la paix, ce qui préfigure la notion de développement durable.

Yitzhak Rabin (1922-1995)

Né à Jérusalem dans une famille venue d'Ukraine, il participe à la première guerre israélo-arabe de 1948-1949. Chef d'État-major de Tsahal en 1964, il remporte de brillantes victoires dans la guerre des Six-Jours (1967). Héros national, il entame alors une carrière politique au sein du parti travailliste. Ambassadeur aux États-Unis (1968-1973), il devient Premier ministre d'Israël (1974-1977), puis ministre de la Défense (1984-1990). De nouveau Premier ministre en 1992, il négocie avec les Palestiniens et signe les accords d'Oslo en 1993, ce qui lui vaut le prix Nobel de la paix en 1994 avec Y. Arafat. Il est assassiné le 4 novembre 1995 par un extrémiste israélien.

Franklin Delano Roosevelt (1882-1945)

Élu en 1910 sénateur démocrate de l'État de New York, il est frappé par la poliomyélite en 1921. Surmontant son handicap, il est élu en novembre 1932 président des États-Unis. Il lance le *New Deal* pour tenter de sortir le pays de la dépression par une politique de relance d'inspiration keynésienne. Il est réélu trois fois (novembre 1936, 1940, 1944), un record dans l'histoire américaine. Il engage progressivement les États-Unis dans la lutte contre le nazisme, en aidant économiquement le Royaume-Uni, puis en entrant en guerre après l'attaque japonaise sur Pearl Harbor (décembre 1941). Il fait fabriquer la bombe atomique pour contraindre le Japon à la capitulation. Il meurt le 12 avril 1945, alors qu'il organisait la paix avec Staline et Churchill.

Theodore Roosevelt (1858-1919)

Issu d'une famille néerlandaise installée au XVIIe siècle, il est élu gouverneur de New York en 1898, puis vice-président de Mac Kinley en 1900. Quand Mac Kinley est assassiné par un anarchiste en septembre 1901, Roosevelt devient Président et il est réélu en novembre 1904. Sa présidence (septembre 1901 – janvier 1909) est marquée par un fort interventionnisme des États-Unis dans le monde, notamment en Amérique latine. Il obtient le prix Nobel de la Paix en 1906 pour sa médiation mettant un terme à la guerre russo-japonaise et son soutien au Tribunal international de La Haye. Il développe le rôle de l'État fédéral pour protéger le consommateur (législation sur les produits alimentaires et pharmaceutiques) et l'environnement (création de 150 forêts nationales, 5 parcs nationaux et 51 réserves ornithologiques).

Anouar el-Sadate (1918-1981)

Président de l'Égypte en 1970, après la mort de Nasser, il rompt avec le socialisme et se rapproche des États-Unis. En 1973, il déclenche la guerre du Kippour pour pousser les Américains à débloquer la situation au Proche-Orient. En 1977, il effectue un voyage historique en Israël et il signe en 1978 avec M. Begin les accords de Camp David. Salué comme un homme de paix en Occident, il est condamné par les pays arabes pour avoir signé une paix séparée avec Israël. Il est assassiné en 1981 par des islamistes.

Edward Snowden (1983)

Informaticien, il est embauché en 2004 par les services de renseignement des États-Unis.

Chargé de la sécurité informatique, il effectue diverses missions comme agent de la CIA à Genève et au Japon, puis dans une société sous-traitante de la NSA à Hawaï. Il dérobe des informations secrètes en 2013 et quitte Hawaï pour se réfugier à Hong-Kong. Il transmet ces informations aux médias, notamment *The Guardian* et *The Washington Post*, qui révèlent ainsi le système de surveillance de masse mis en place par la NSA. La Russie lui accorde l'asile en 2013. Poursuivi pour espionnage par les États-Unis, il est considéré par beaucoup comme un lanceur d'alerte cherchant à protéger la démocratie. Ses révélations ont suscité une réflexion internationale sur la protection de la vie privée et l'utilisation d'internet.

Simone Veil (1927-2017)

Issue d'une famille de la bourgeoisie juive, elle est déportée à Auschwitz en 1944. Survivante des camps, elle devient magistrate. Ministre de la Santé de 1974 à 1979, elle fait voter la loi autorisant l'IVG (1975). Elle dirige en 1979 la liste centriste aux premières élections européennes au suffrage universel direct et devient la première femme présidente du Parlement européen (1979-1982). Elle est de nouveau ministre (1993-1995), puis membre du Conseil constitutionnel (1998-2007). Ses restes et ceux de son mari sont transférés au Panthéon en 2018 lors d'une cérémonie d'hommage national.

Eugène Viollet-le-Duc (1814-1879)

Issu d'une famille d'artistes et d'intellectuels, il se passionne pour l'architecture médiévale. Il parcourt la France avec son ami Prosper Mérimée, nommé par le roi Louis-Philippe inspecteur des monuments historiques. Chargé en 1839 de restaurer la basilique de Vézelay, il devient le spécialiste de la restauration des édifices médiévaux et le théoricien de l'art gothique, qu'il considère comme le modèle de l'architecture moderne. Sa conception de la restauration, qui comporte une large part d'interprétation et n'hésite pas à utiliser des structures métalliques, est fortement critiquée. « Restaurer un édifice, ce n'est pas l'entretenir, le réparer ou le refaire, c'est le rétablir dans un état complet qui peut n'avoir jamais existé auparavant ». Il dote ainsi Notre-Dame de Paris d'une nouvelle flèche en 1859, différente de la première qui avait été démontée à la fin du XVIIIe siècle. Il participe aux débuts de l'alpinisme en France et s'intéresse au massif du Mont-Blanc.

Thomas Woodrow Wilson (1856-1924)

Professeur d'économie politique, gouverneur démocrate du New Jersey, il est élu Président des États-Unis en novembre 1912 et réalise de grandes réformes démocratiques. Réélu en 1916, il prend la décision historique en 1917 de faire entrer les États-Unis en guerre aux côtés de l'Entente. Son but, exprimé dans les « Quatorze Points » (8 janvier 1918), est d'établir une paix définitive fondée sur la sécurité collective. Premier président américain en exercice à se rendre en Europe, il dirige la conférence de la Paix en 1919 et obtient la création de la Société des Nations. Mais il est désavoué dans son propre pays, puisque le Congrès refuse de ratifier le traité de Versailles. Sa seule consolation est le prix Nobel de la Paix en 1920.

Xi Jinping (1953)

Son père était un compagnon de Mao, écarté en 1962 puis réhabilité par Deng Xiaoping. Il commence sa carrière dans les années 1980 et devient en 1999 gouverneur de la province littorale du Fujian, où il cherche à attirer les capitaux de Taïwan. En 2007 il est élu au comité permanent du Bureau politique du Parti. Secrétaire général du Parti communiste en 2012, Président de la république en 2013, il remplace Hu Jintao à la tête de la Chine. En 2018, l'Assemblée nationale populaire le réélit et supprime la limitation de la Présidence à deux mandats. Il est donc le dirigeant tout puissant de la Chine, faisant l'objet d'un culte de la personnalité équivalent à celui de Mao et de Deng Xiaoping

A

Académie des sciences : institution dont le but est de promouvoir le progrès des sciences. (voir p. 392)

Accord de Paris (2015) : premier accord universel sur le climat. Les pays signataires se sont engagés à prendre les mesures nécessaires pour réduire leurs émissions de gaz à effet de serre afin de contenir le réchauffement en dessous de 2°C d'ici la fin du XXIe siècle. (voir p. 356 et 360)

Affrontement asymétrique : conflit opposant des soldats réguliers (en uniforme) à des combattants irréguliers mêlés à la population civile. (voir p. 154)

Agence française pour la biodiversité (AFB) : établissement public dépendant du ministère de la Transition écologique, qui propose une expertise concernant la connaissance, la gestion et la préservation des espaces naturels. (voir p. 323)

Agence nationale de la sécurité des systèmes d'information (ANSSI) : service du Premier ministre chargé d'accompagner et de sécuriser le développement du numérique en apportant son expertise aux administrations, aux entreprises et aux particuliers. (voir p. 428)

Agence spatiale européenne (ASE) : agence fondée le 31 mai 1975 par 10 pays européens (Allemagne, Belgique, Danemark, Espagne, France, Irlande, Italie, Pays-Bas, Royaume-Uni, Suisse). Elle compte 22 membres en 2019. (voir p. 42 et 64)

Aire marine protégée : espace maritime relevant d'une mesure de protection de sa biodiversité. (voir p. 71)

Alaouites : secte chiite principalement présente en Syrie, où elle est minoritaire mais domine l'appareil d'État. (voir p. 152)

Al-Qaida (« la base » en arabe) : groupe jihadiste fondé en 1987 en Afghanistan par Oussama Ben Laden et devenu à partir de 1998 un réseau terroriste international. (voir p. 150 et 154)

Amnistie : acte législatif qui efface le caractère punissable des faits auxquels il s'applique. (voir p. 202)

Analphabète : personne étant dans l'incapacité de maîtriser la lecture et l'écriture. On parle d'analphabétisme fonctionnel lorsque des connaissances insuffisantes dans ces domaines constituent une limite à son autonomie. (voir p. 398)

Anthropisation : transformation d'espaces, d'écosystèmes ou de milieux naturels sous l'action de l'homme. (voir p. 325)

Arbitrage : mode de résolution pacifique des conflits fondé sur le droit international. (voir p. 134)

Astre : corps céleste ponctuel naturel (étoile, planète, comète...). (voir p. 64)

Autorité palestinienne : entité administrant la bande de Gaza et la Cisjordanie, embryon d'un État palestinien. (voir p. 154)

B

BDS (« boycott, désinvestissement et sanctions ») : campagne internationale de boycott culturel et économique de l'État d'Israël lancée en 2005 par des ONG. (voir p. 156)

***Big data* :** ensemble des données numériques produites par l'utilisation des nouvelles technologies. Elles sont si volumineuses qu'aucun outil classique de gestion de base de données ou de gestion de l'information ne peut vraiment les travailler. (voir p. 428 et 435)

Biodiversité : diversité des formes de vie dans un milieu naturel donné. (voir p. 316)

***Biological diversity beyond national juridiction* (BBNJ) :** en français, biodiversité marine dans les zones situées au-delà des juridictions nationales, c'est-à-dire en haute mer. (voir p. 66 et 71)

***Brain drain* :** littéralement, « fuite des cerveaux ». Politique d'immigration choisie menée par les États-Unis depuis 1945 pour attirer une main-d'œuvre hautement qualifiée et des étudiants-chercheurs étrangers. (voir p. 412)

Brevet : titre délivré par un État et qui accorde la propriété intellectuelle d'une invention à celui qui l'a découverte. Le brevet est généralement limité à vingt ans avant que la découverte ne tombe dans le domaine public, c'est-à-dire soit accessible à tous. (voir p. 390 et 392)

BRICS : acronyme désignant les principales puissances émergentes, Brésil, Russie, Inde, Chine et Afrique du Sud (S pour South Africa). (voir p. 81 et 85)

C

Capacité de projection : capacité d'un État à diriger ses forces militaires (sous-marins, porte-avions, troupes au sol...) hors des frontières nationales, loin de leur lieu de stationnement habituel. (voir p. 41, 44 et 51)

Carreau de mine : ensemble des installations de surface nécessaires à l'extraction du charbon. (voir p. 291)

Casques bleus : soldats fournis par différentes puissances de l'ONU chargés de missions d'observation ou d'interposition au titre des opérations de maintien de la paix. (voir p. 114, 134 et 136)

Centre de données (*data center* en anglais) : établissement industriel dont le rôle est d'héberger des données informatiques et de permettre leur accès à distance. (voir p. 426 et 430)

Chambres extraordinaires au sein des tribunaux cambodgiens (CETC) : tribunal spécial instauré en 2003 pour juger les crimes commis pendant la période où les Khmers rouges étaient au pouvoir (1975-1979). Ce tribunal cambodgien, avec une participation internationale, a condamné en 2018 deux anciens responsables du régime pour génocide. (voir p. 204)

Charia : loi islamique. (voir p. 114)

Charte de Venise : texte rédigé en 1964 par des professionnels du patrimoine, des architectes et des ingénieurs, qui fournit aux États un cadre international pour la préservation et la restauration des bâtiments anciens (voir p. 252, 261).

Chasseurs-cueilleurs : mode de subsistance des populations paléolithiques, consistant à prélever leurs ressources directement dans la nature. (voir p. 316 et 325)

Chiisme : courant minoritaire de l'islam considérant que la descendance du Prophète a été usurpée à partir de 680 et attendant le retour du Mahdi (le Messie). (voir p. 150 et 152)

« Chinafrique » : terme désignant la politique d'investissements massifs de la Chine sur le continent africain (rachat de terres, installation d'entreprises, construction d'infrastructures). (voir p. 85)

CIA : Agence centrale du renseignement des États-Unis, fondée en 1947. (voir p. 414)

Climatosceptique : personne qui ne croit pas au réchauffement climatique ou à l'incidence de l'activité humaine sur celui-ci. (voir p. 360)

Cluster : terme polysémique, entendu dans le domaine de la connaissance au sens de territoire marqué par une forte concentration d'entreprises, d'universités et de laboratoires de recherche travaillant en interaction dans le domaine de la connaissance. (voir p. 385 et 412)

Compétence universelle : compétence en droit qui permet à un État de poursuivre et juger, devant ses tribunaux, des personnes de nationalité étrangère pour des crimes internationaux commis sur un territoire étranger. (voir p. 204)

Conférences des parties (COP) : réunions annuelles des États signataires de la CNUCC depuis 1992. (voir p. 340)

Conflit asymétrique : conflit opposant des soldats réguliers (en uniforme) à des combattants irréguliers mêlés à la population civile. (voir p. 154)

Conscription : service militaire obligatoire. (voir p. 112)

Conservation : approche de la protection de la nature qui promeut la gestion raisonnée des ressources, dans le respect des rythmes de renouvellement des milieux. (voir p. 358)

Contre-espionnage : démarches visant à contrer les opérations d'espionnage menées par les services de renseignements étrangers. (voir p. 414)

Convention des Nations unies sur le droit de la mer (CNUDM) : convention signée en 1982 à Montego Bay (Jamaïque) codifiant le droit de la mer, entrée en vigueur en 1994. (voir p. 62 et 63)

Convention-cadre des Nations unies sur le changement climatique (CCNUCC) : convention née au cours du troisième Sommet de la Terre à Rio en 1992 et qui a pour objectif de limiter les émissions de gaz à effet de serre. (voir p. 340)

Coptes : chrétiens d'Égypte, majoritairement orthodoxes (une minorité est catholique). (voir p. 152)

Corons : habitations mitoyennes dans lesquelles vivaient les mineurs et leurs familles. (voir p. 291)

Cour pénale internationale (CPI) : juridiction pénale universelle permanente chargée de juger les personnes accusées de génocide, de crime contre l'humanité, de crime d'agression et de crime de guerre. Instaurée en 2002 par le Statut de Rome, elle siège à La Haye (Pays-Bas).

Crimes de guerre : mauvais traitements (assassinat, viol, déportation, pillage, destruction) infligés aux civils ou aux prisonniers de guerre, alors que les exigences militaires ne le justifient pas (définition par les conventions de Genève de 1864, 1906 et 1929). (voir p. 181)

Culture de guerre : expression forgée par des historiens pour désigner l'imaginaire et les pratiques des populations, aussi bien au front qu'à l'arrière, en situation de guerre. (voir p. 186)

Cyberattaque : acte malveillant de piratage informatique dans le cyberespace mené par un individu, un groupe ou un État. (voir p. 410, 422, 426)

Cyberdéfense : ensemble des moyens permettant à un État d'assurer la cybersécurité, dans le cyberespace, des systèmes d'information jugés essentiels. Elle met notamment en œuvre la lutte informatique défensive et offensive afin de détecter et de contrer les cyberattaques. (voir p. 114 et 428)

Cyberespace : espace immatériel de communication créé par les réseaux d'interconnexion mondiale des données numériques. (voir p. 426 et 428)

Cyberespionnage : espionnage par Internet des données confidentielles d'organismes étatiques ou non étatiques. (voir p. 426)

Cyberpuissance : État dominant le cyberespace par ses capacités à produire, à diffuser et à contrôler les outils et les informations numériques. (voir p. 426)

Cybersécurité : ensemble des moyens (lois, dispositifs, actions...) permettant de protéger des personnes et des dispositifs numériques face à des cyberattaques. (voir p. 426)

D

Daech : acronyme d'« État islamique en Irak et au Levant ». Groupe jihadiste sunnite, issu d'al-Qaida, fondé en 2013 et prônant l'instauration d'un État islamique au Proche-Orient. (voir p. 114, 150 et 154)

Data center : voir « centre de données ».

Décentralisation (lois de) : lois transférant des pouvoirs décisionnaires et des compétences administratives de l'État vers les collectivités territoriales. (voir p. 286)

Destroyer, frégate : navires de protection, de surveillance et de combat. (voir p. 52)

Destruction créatrice : théorie élaborée par l'économiste Joseph Schumpeter (1883-1950) selon laquelle le processus d'innovation entraîne la destruction de certains secteurs économiques dépassés et la mise en place de nouveaux secteurs portés par les inventions. (voir p. 412)

Développement durable : mode de développement devant concilier la croissance économique, justifiée par l'impératif du développement humain et celui de la résorption des inégalités, et la préservation des ressources naturelles, afin de ne pas léser les générations futures. (voir p. 306)

Devoir de mémoire : expression qui se diffuse dans les années 1990, désignant l'obligation morale de commémorer les victimes d'un événement dont la connaissance et la transmission sont jugées nécessaires pour tirer les leçons du passé. (voir p. 220)

Diaspora : ensemble des communautés juives dispersées dans le monde, vivant en dehors de l'État d'Israël. (voir p. 218)

Différenciation : principe qui vise, dans un objectif d'équité, à demander aux États des efforts correspondant à leurs capacités et à leurs responsabilités. (voir p. 341)

Diplomatie : art de la négociation entre États développé à partir du XVe siècle. Elle est menée par les diplomates ou négociateurs qui représentent les souverains. (voir p. 130 et 141)

Dissuasion : mode de prévention de l'agression visant à décourager un adversaire d'y avoir recours, en le persuadant que le coût serait supérieur au bénéfice escompté. (voir p. 41, 42, 44, 50)

Droit d'ingérence : droit d'intervention contre la souveraineté d'un État, que les Nations unies s'attribuent en cas de violation grave des droits de l'homme commis sur son territoire. (voir p. 136, 138, 142)

Droit de la guerre : règles visant à limiter la violence militaire et à protéger les prisonniers de guerre et les civils des mauvais traitements condamnés comme crimes de guerre (assassinat, viol, pillage, déportation, destruction). Elles ont commencé à être fixées par les conventions de Genève (1864, 1906, 1929) et de La Haye (1899, 1907) et constituent aujourd'hui le droit international humanitaire. (voir p. 114)

Droit de la mer : branche du droit international qui règle les rapports entre États concernant l'utilisation de la mer et l'exercice de leurs pouvoirs sur les espaces maritimes. (voir p. 66)

Droit de veto : droit accordé à chacun des cinq membres permanents du Conseil de sécurité de l'ONU de s'opposer à une décision quelle que soit l'opinion majoritaire au conseil (en latin, veto signifie « je m'oppose »). (voir p. 134 et 136)

Droit international humanitaire : ensemble de règles qui cherchent à limiter les effets des conflits armés en protégeant les civils et les personnes qui ne prennent plus part au conflit (les prisonniers, les blessés). Il est pour l'essentiel défini par les Conventions de Genève (1949) et leurs protocoles additionnels. (voir p. 202)

Druzes : membres d'une secte musulmane fondée au XIe siècle. Persécutés par les sunnites et les chiites, ils ont trouvé refuge dans les régions montagneuses de la Syrie et du Liban. (voir p. 153)

***Dust Bowl* :** tempêtes de poussière catastrophiques résultant d'une sécheresse associée à une exploitation agricole trop intensive des sols dans le centre des États-Unis dans les années 1930. (voir p. 360)

E

***Earth Day* :** créé en 1970 par le sénateur américain Gaylord Nelson, la « Journée mondiale de la Terre » est fêtée tous les 22 avril pour sensibiliser à l'environnement. (voir p. 360)

Écologie : science qui étudie les relations des êtres vivants à leur milieu. (voir p. 302 et 318)

Écosystème : ensemble formé par une communauté d'êtres vivants en relation avec leur environnement. (voir p. 316)

Effet de serre : ce phénomène physique consiste en l'élévation de la température atmosphérique, provoquée par l'absorption et la réémission vers le sol des rayonnements infrarouges produits par la terre. Ce phénomène est lié à une certaine concentration dans l'atmosphère de gaz à effet de serre (GES), qui ont la particularité d'être opaques au rayonnement infrarouge. Ces gaz sont pour l'essentiel la vapeur d'eau et surtout le méthane et le dioxyde de carbone (CO2) produits très massivement par les activités humaines (consommation de carbone fossile, fabrication de ciment). (voir p. 337 et 338)

Encyclopédisme : démarche visant à rassembler et diffuser le plus de connaissances possible dans toutes les disciplines. (voir p. 392)

Énergies fossiles : sources d'énergie présentes dans le sous-sol de la terre (charbon, pétrole, gaz naturel) (voir p. 316)

Énergivore : qui consomme une quantité particulièrement élevée d'énergie pour satisfaire ses besoins. (voir p. 363)

Environnementalisme : militantisme ayant pour objet la protection de la nature. (voir p. 360)

EPA (Environmental Protection Agency) : agence fédérale pour la protection de l'environnement chargée de veiller à l'application de la législation environnementale. (voir p. 361)

Épuration ethnique : entreprise violente menée par un groupe ethnique pour chasser d'un territoire un autre groupe ethnique. Les moyens utilisés sont les massacres, les viols, les pillages. (voir p. 114)

Équation : première opération de cyberespionnage mondiale lancée de façon simultanée contre les intérêts de plusieurs États en 2015. Elle fut menée par « Equation Group », groupe américain lié à la NSA. (voir p. 426)

Équilibre des puissances : système de politique internationale dans lequel les interactions entre les États limitent quasi mécaniquement les tendances à l'hégémonie tout en assurant la stabilité. (voir p. 130)

Espace extra-atmosphérique : espace situé au-delà de la partie de l'atmosphère terrestre. La densité de l'air y est trop faible pour permettre aux appareils volants tels que les avions de s'élever et de se mouvoir dans les airs. (voir p. 33)

Espionnage : collecte clandestine d'informations sur une puissance étrangère. (voir p. 414)

État enclavé : État n'ayant pas de contact direct avec une mer ouverte reliée à l'océan mondial. (voir p. 62 et 63)

F

***Failed state* (« État en échec » en anglais) :** État qui ne parvient pas à assurer ses missions essentielles. (voir p. 114)

***Five Eyes* (« Cinq yeux » en anglais) :** alliance des services de renseignement des États-Unis, du Royaume-Uni, du Canada, de l'Australie et de la Nouvelle-Zélande. Ces cinq pays coopèrent dans la collecte de renseignements informatiques. (voir p. 426)

FLN (Front de libération nationale) : parti indépendantiste algérien à l'origine de l'insurrection du 1er novembre 1954. Ses membres sont partisans de l'utilisation des armes pour l'accès à l'indépendance. (voir p. 188, 194)

Folklorisation : standardisation des pratiques culturelles (croyances, contes, rites, fêtes) afin de les exposer à un regard extérieur (spectacles pour touristes, écomusées). (voir p. 266)

Fosses océaniques : dépressions océaniques situées dans les zones de subduction (passage d'une plaque tectonique sous une autre) ou d'accrétion (éloignement de deux plaques océaniques l'une de l'autre), souvent profondes de plusieurs kilomètres. (voir p. 33)

Fracture numérique : inégalité d'accès à Internet, qui conduit à une marginalisation des zones et des personnes mal reliées au réseau. (voir p. 390 et 392)

Fusée : véhicule autonome mû par un moteur à réaction. (voir p. 42)

G

***Gacaca* (« gazon ») :** tribunaux chargés de juger les crimes du génocide. Le terme renvoie à l'herbe au sol sur laquelle se tiennent ces tribunaux qui s'inspirent d'un mode de gestion local des conflits. Les gacaca (se prononce « gatchatcha ») inventent une forme originale de justice liée au génocide. (voir p. 202, 206, 213)

GAFAM : acronyme utilisé pour évoquer les géants américains du numérique, Google, Apple, Facebook, Amazon, Microsoft. (voir p. 429)

Gaz à effet de serre (GES) : voir « Effet de serre »

Gentrification : processus de transformation et d'appropriation d'un ancien quartier populaire par une population aisée. (voir p. 266)

Géostratégique : qui concerne les questions d'appropriation des territoires et des ressources dans l'éventualité d'un affrontement militaire entre États. (voir p. 89)

GIEC : organe créé en 1988 avec pour mission d'évaluer et de synthétiser les connaissances scientifiques sur la question de l'influence de l'homme sur le changement climatique. (voir p. 346 , 413, 413)

Gouvernance mondiale : notion entrant en usage dans les années 1990 qui renvoie aux tentatives d'instauration de règles, de modes de coopération ou d'institutions pour traiter les problèmes économiques à l'échelle planétaire. (voir p. 136)

Grand Bond en avant : politique économique menée par Mao Zedong à partir de 1958 (collectivisation des terres, industrialisation des campagnes) qui conduit notamment le pays à une famine généralisée (entre 30 et 50 millions de morts). (voir p. 83)

***Grassroot* :** groupe de citoyens utilisant l'action locale pour influer sur les changements au niveau local, régional, national ou international. (voir p. 361)

Greenwashing : méthode de communication utilisant l'argument écologique à des fins purement marketing. (voir p. 361)

Griot : musicien ambulant et conteur dans les pays d'Afrique de l'Ouest. (voir p. 250)

Groupe aéronaval : force composée autour d'un porte-avions et pouvant comprendre des navires de différents types (frégates, croiseurs, navires ravitailleurs, porte-hélicoptères...). (voir p. 44, 50, 52)

Groupe d'experts intergouvernemental sur l'évolution du climat (GIEC) : groupe d'experts chargés de fournir des données scientifiques sur le réchauffement climatique. (voir p. 341)

Guerre absolue : voir schéma p. 111.

Guerre civile chinoise : guerre opposant de 1927 à 1949 les nationalistes menés par Tchang Kaï-Chek et les communistes menés par Mao Zedong. La victoire de Mao Zedong conduit les nationalistes à s'exiler sur l'île de Taïwan et à y fonder la République de Chine. (voir p. 83)

Guerre irrégulière : guerre menée par des combattants n'appartenant pas à une armée régulière, ne relevant pas d'un État. Depuis la guerre du Vietnam, les stratèges américains utilisent plutôt le concept de « guerre asymétrique » pour désigner les affrontements entre un faible et un fort, et l'emploi par le premier de méthodes différentes pour surprendre son adversaire (voir p. 115 et 125).

Guerre limitée : voir schéma p. 111.

Guerre psychologique : utilisation planifiée de moyens d'information pour exercer une influence sur les esprits. (voir p. 414)

Gyre : tourbillon marin à l'échelle d'un bassin océanique, qui contribue à la concentration des déchets plastiques rejetés en mer. (voir p. 66)

H

Hackeur (*hacker* en anglais) : personne s'introduisant frauduleusement dans un système ou un réseau informatique. (voir p. 429)

« Hacktiviste » : terme issu de l'association entre « hackeur » et « activiste » désignant une personne utilisant les moyens informatiques dont il dispose pour défendre une cause. (voir p. 429)

Hamas (« zèle » en arabe) : acronyme pour « Mouvement de la résistance islamique », fondé en Palestine durant la première intifada, en 1988. (voir p. 154 et 156)

Hameçonnage (*phishing* en anglais) : technique de fraude par courriel qui a pour but de manipuler un individu pour qu'il révèle des informations confidentielles. (voir p. 429)

Haredim : terme hébreu signifiant « craignant Dieu » qui désigne l'ensemble des courants ultra-orthodoxes du judaïsme caractérisés par une pratique intense et traditionnaliste. (voir p. 153)

Harkis : Algériens musulmans servant comme auxiliaires dans l'armée française contre le FLN. Beaucoup sont massacrés à la fin de la guerre en Algérie. (voir p. 188)

Haute mer : aussi appelée « eaux internationales », ou « zones au-delà des juridictions nationales » (ZAJN) ; espace maritime situé au-delà des ZEE, non soumis à la souveraineté des États côtiers. (voir p. 62, 63, 66 et 71)

Hezbollah : milice chiite libanaise fondée en 1982 avec le soutien de l'Iran et de la Syrie. (voir p. 154)

Histoire du genre : branche de l'histoire qui vise à comprendre la construction du masculin et du féminin et leurs rapports. (voir p. 186)

Histoire officielle : écriture de l'histoire sous l'impulsion d'un État qui exerce une censure sur la recherche historique et privilégie une version de l'histoire susceptible de lui fournir une légitimité. (p. 188 et 197)

Human Rights Watch : ONG américaine engagée dans la défense des droits de l'homme. (voir p. 156)

Humanisme : mouvement intellectuel qui prône le retour aux sources antiques et qui valorise le rôle de l'homme, l'épanouissement de l'individu. (voir p. 392)

I

ICOM (*International Council of Museums*) : ONG créée en 1947 regroupant des professionnels de musées du monde entier. (voir p. 250)

ICOMOS (*International Council on Monuments and Sites*) : ONG créée en 1965, regroupant des professionnels du patrimoine du monde entier et ayant pour mission la préservation des monuments et sites historiques à l'échelle mondiale. (voir p. 250)

IDH : Indicateur de développement humain. Cet indice, exprimé entre 0 et 1, est calculé à partir de l'espérance de vie, du PIB et du niveau d'éducation moyen de la population à 17 ans. (voir p. 398)

Illettrisme : fait, pour une personne qui a pourtant reçu une instruction, de ne pas réussir à maîtriser les enjeux de la lecture, de l'écriture et du calcul. (voir p. 398)

Imprescriptibilité : caractère de ce qui ne peut être ni prescrit, ni supprimé, sans condition de temps ou de lieu. L'imprescriptibilité du patrimoine signifie que celui-ci peut à tout moment être revendiqué par un musée en cas de vol, par exemple. (voir p. 181, 202, 218, 250, 252 et 263)

Impunité : absence de punition, de sanction. (voir p. 204)

Inaliénabilité : caractère de ce qui ne peut être cédé ou vendu. (voir p. 250, 252 et 263)

Instituts Confucius : établissements culturels implantés depuis 2004 par la République populaire de Chine dans la plupart des pays du monde afin de diffuser la langue et la culture chinoises. (voir p. 81)

Intifada (« soulèvement » en arabe) : révolte déclenchée en 1987 puis en 2000 par de jeunes Palestiniens qui jettent des pierres aux soldats israéliens. (voir p. 155)

Islamisme : idéologie souhaitant fonder l'État et la société sur la loi islamique (charia). (voir p. 114 et 155)

J

Jihadisme : courant violent de l'islamisme prônant le jihad, guerre sainte contre l'Occident et contre les musulmans qui ne partagent pas ses convictions. (voir p. 114 et 155)

« Justes » : titre attribué depuis 1953 par le mémorial Yad Vashem de Jérusalem aux personnes non juives (« Justes parmi les nations ») ayant sauvé des juifs de l'extermination nazie. Plus de 4 000 Français l'ont reçu à ce jour. (voir p. 220)

Justice pénale internationale : juridictions chargées de la répression des infractions au droit international humanitaire et au droit pénal international (crime contre l'humanité, génocide…). Elles disposent d'une compétence extraterritoriale. (voir p. 202 et 213)

Justice transitionnelle : ensemble de mesures (judiciaires ou non) auxquelles un nouveau pouvoir a recours pour rétablir la paix et le droit dans un contexte de sortie de conflit ou de transition démocratique. (voir p. 202 et 213)

K

KGB : Comité pour la sécurité de l'État, service de renseignement soviétique créé en 1954. (voir p. 414)

L

Label : marque ou distinction attestant qu'un produit, un service ou un site respectent un certain nombre de normes de qualité définies réglementairement. (voir p. 286)

Lanceur : fusée capable d'envoyer une charge utile dans l'espace. (voir p. 42)

Lanceur d'alerte : individu ou groupe d'individus se servant d'Internet pour révéler des comportement illicites ou dangereux pouvant constituer une menace pour le bien commun. (voir p. 410)

LEA : Ligue des États arabes, fondée en 1945. (voir p. 155)

Leadership : position de leader, de première puissance. (voir p. 87)

Liberté de circulation : principe autorisant les individus et les marchandises à traverser librement les frontières et à circuler sur les mers et les océans du globe. (voir p. 85 et 87)

Lieu de mémoire : élément matériel (lieu de bataille, monument…) ou immatériel (œuvre littéraire, institution…) à partir duquel un groupe (national, religieux…) s'identifie à un passé commun (souvent un événement traumatique ou fondateur) et cherche à en perpétuer le souvenir. Cette notion a été popularisée par l'historien Pierre Nora. (voir p. 223)

« Ligne à neuf traits » : ligne délimitant une partie de la mer de Chine méridionale sur laquelle la Chine affirme sa souveraineté. Elle est dessinée sur les cartes chinoises à partir des années 1940. Depuis 2013, la Chine parle de la ligne à « 10 traits » incluant Taïwan. (voir p. 85 et 90)

Lingua franca : langue commune utilisée dans un espace géographique et qui n'est pas la langue d'origine de l'ensemble de ses locuteurs. (voir p. 403)

Lobby : groupe de pression défendant des intérêts communs auprès des décideurs politiques. (voir p. 361)

Logiciel malveillant (*malware* en anglais) : programme développé dans le but d'infiltrer un ordinateur ou un réseau afin d'entraver son fonctionnement ou d'en prendre le contrôle (ver informatique, virus, cheval de Troie...). (voir p. 429)

Loi mémorielle : loi qui statue sur le passé en officialisant la qualification d'un fait historique et son importance dans la mémoire nationale. (voir p. 182, 186, 188, 197)

M

Marine de haute mer : force maritime capable d'opérer sur et sous tous les océans du monde loin de ses bases d'origine. (voir p. 44)

Maritimisation : dépendance croissante de nos sociétés envers les mers et les océans dans différents domaines (transports, communication, ressources alimentaires, énergétiques, minérales). (voir p. 45)

Maronites : catholiques du Liban, se réclamant de l'héritage de saint Maron, un prêtre du Ve siècle. (voir p. 153)

Mécénat : soutien financier apporté à des artistes pour la création d'œuvres d'art ; du nom de Mécène (68-8 avant notre ère), un proche de l'empereur Auguste, qui consacra sa fortune à la promotion des arts. (voir p. 250, 286 et 288)

Mer territoriale : espace maritime défini par la CNUDM ne dépassant pas 12 milles marins (22,2 km) dans le voisinage immédiat du littoral et sur lequel s'exerce la souveraineté de l'État côtier. (voir p. 66)

Militarisme : idéologie qui accorde à l'armée un grand rôle et un grand prestige même en temps de paix. Il favorise l'essor du nationalisme. (voir p. 186)

Mille marin : unité de mesure de distance en navigation maritime, égale à 1 852 mètres. (voir p. 66)

Missile : fusée transportant une charge explosive (classique ou nucléaire). (voir p. 42)

Missile balistique : missile à longue portée de 800 à 13 000 km dont la plus grande partie de la trajectoire s'effectue en dehors de l'atmosphère. (voir p. 50)

Missile de croisière : missile à longue portée qui atteint sa cible en volant uniquement dans l'atmosphère, contrairement aux missiles balistiques. (voir p. 50)

Mondialisation : processus d'intégration et d'interdépendance des territoires et des sociétés humaines à l'échelle de la planète. Il entraîne une intensification des flux de capitaux, d'informations, de marchandises et de populations. (voir p. 45 et 89)

Mouvement national algérien (MNA) : parti politique indépendantiste fondé par Messali Hadj. Pendant la guerre, il s'oppose aux violences du FLN et entre en conflit ouvert avec lui. Il est violemment réprimé et perd son influence. Son rôle dans l'indépendance algérienne disparaît de l'histoire officielle. (voir p. 188)

Multilatéralisme : mode d'organisation des relations entre États fondé sur la coopération pour instaurer des règles communes. (voir p. 130, 134, 137, 186)

Muséalisation : mise en exposition de l'espace urbain (illumination du patrimoine, panneaux explicatifs, circuits de visite). (voir p. 266)

Muséification : spécialisation de certains espaces patrimonialisés dans des fonctions touristiques au détriment des autres fonctions urbaines. (voir p. 267)

Muséographie : ensemble des techniques de mise en valeur des collections au sein d'un musée. (voir p. 252)

N

Nanotechnologies : technologies du monde de l'infiniment petit. (voir p. 410)

NASA (*National Aeronautics and Space Administration*) : agence gouvernementale américaine créée en 1958 pour coordonner le programme spatial civil américain. (voir p. 42, 62, 63, 413)

Nationalisme : doctrine et mouvement qui revendiquent l'indépendance d'un territoire et la création d'un État souverain. (voir p. 130)

Navette spatiale : véhicule qui, une fois lancé dans l'espace, peut revenir sur Terre et être réutilisé pour une mission ultérieure. (voir p. 42)

Négationnisme : négation de l'existence des chambres à gaz et du génocide des juifs par ceux qui prétendent « réviser » l'histoire et se qualifient eux-mêmes de « révisionnistes ». (voir p. 221)

Néolithique : seconde période de la Préhistoire, commençant au Proche- Orient vers 9 000 avant notre ère. Elle tire son nom de la pierre polie, servant à fabriquer les armes et les premiers outils agricoles. (voir p. 314 et 316)

***New Space* :** ensemble des acteurs privés, pour la plupart américains, qui se sont engagés depuis le début des années 2000 dans la conquête spatiale. (voir p. 43).

« Nouvelles routes de la Soie » (Belt and Road Initiative) : stratégie de développement mise en place par l'État chinois à partir de 2013 afin de relier plus facilement la Chine à l'Europe, l'Afrique et l'Amérique par des voies ferroviaires et maritimes. Près de 70 pays sont concernés. (voir p. 81 et 85)

NSA (National Security Agency) : organisme du département de la Défense des États-Unis responsable du renseignement et de la sécurité des systèmes d'information du gouvernement américain.
(voir p. 410, 426, 429)

O

OCS (Organisation de coopération de Shanghai) : instance de sécurité commune créée en 2001, visant à stabiliser les frontières en Asie centrale. Elle regroupe aujourd'hui 8 États (Russie, Chine, Kazakhstan, Kirghizistan, Tadjikistan, Ouzbékistan, Inde, Pakistan). (voir p. 81)

Ogive nucléaire : projectile (missile, obus) disposant d'une charge nucléaire. (voir p. 41)

OLP : Organisation de libération de la Palestine, fondée au Caire en 1964. (voir p. 155 et 156)

ONG (Organisation non gouvernementale) : association à but non lucratif, visant à défendre une cause d'intérêt général et ne relevant ni des États ni des institutions internationales. (voir p. 204, 318, 341, 356)

Opération spéciale : opération confidentielle menée par des forces spécialisées des services de renseignement hors du territoire national. (voir p. 414)

Optimum climatique médiéval : période qui se caractérise par un réchauffement du climat. (voir p. 338)

Organisation des Nations unies (ONU) : organisation internationale créée en 1945 lors de la conférence de San Francisco. 51 États adoptent alors sa Charte; (voir p. 132)

Organisation mondiale du commerce (OMC) : organisation internationale dont l'objectif est de favoriser le commerce international entre les pays. Elle regroupe 164 membres en 2019. (voir p. 85)

OTAN (Organisation du traité de l'Atlantique Nord) : organisation civile et militaire de l'Alliance atlantique (1949) réunissant à l'origine, autour des États-Unis, 10 pays d'Europe occidentale et le Canada. La Grèce et la Turquie y entrent en 1952, la RFA en 1955. (voir p. 137)

P

Paléolithique : première période de la Préhistoire, commençant il y a 3,3 millions d'années. Elle tire son nom de la pierre taillée, utilisée comme arme par les premiers hommes. (voir p. 314 et 316)

Parc national : territoire dans lequel le milieu naturel présente un intérêt particulier, tant par ses paysages que par la flore et la faune qu'il abrite, ce qui explique sa protection ainsi que son attrait touristique. Un parc national est généralement géré par l'État qui en est à son origine. (voir p. 323, 356, 359, 365)

Parc naturel : territoire où le milieu naturel est protégé. (voir p. 359)

Parc naturel régional : territoire régi par une charte et géré par des représentants des communes, des départements et des régions, autour d'un projet de conservation et de développement local. La protection y est moins stricte que dans un parc national. (voir p. 285)

Partie civile : personne qui demande au juge chargé de la répression d'une infraction la réparation du préjudice causé. Devant les TPI, les victimes ne pouvaient pas porter plainte et obtenir des réparations ; cette possibilité est désormais reconnue par la CPI. (voir p. 204)

Patrimoine : ensemble de biens dignes d'intérêt, à conserver et à transmettre. (voir p. 240)

Patrimoine culturel : ensemble de biens matériels ou immatériels construits par l'homme et considérés comme constitutifs de son identité. (voir p. 240)

Patrimoine culturel immatériel : introduite en 2003 par la convention de l'UNESCO, cette notion élargit le périmètre traditionnel du patrimoine pour y inclure rituels, jeux, savoir-faire artisanaux, espaces de sociabilité, pratiques alimentaires ou arts du spectacle. (voir p. 240 et 292)

Patrimoine naturel : ensemble des biens dont l'existence, la production et la reproduction sont le résultat de l'activité de la nature, même si les objets qui le composent subissent des modifications du fait de l'Homme (selon l'INSEE). (voir p. 240 et 318)

Patrimonialisation : processus faisant d'un bien naturel ou culturel (matériel ou immatériel) un bien à conserver et à transmettre aux générations futures. (voir p. 250, 263, 267, 286)

Petit Âge glaciaire (PAG) : période climatique caractérisée par une série d'hivers longs et froids. (voir p. 338)

Pétromonarchies : États du Golfe Persique qui tirent leurs revenus des hydrocarbures (Arabie saoudite, Bahreïn, Koweït, Qatar, Émirats arabes unis, Oman). (voir p. 155)

Pionniers : nom donné aux migrants en provenance d'Europe ayant contribué à la conquête du territoire américain. (voir p. 359)

Plateau continental : prolongement naturel du continent sous l'eau. Étendu au minimum jusqu'à 200 milles marins comme la ZEE, il peut l'être jusqu'à 350 milles. Les États peuvent y explorer et exploiter les ressources naturelles du fond ou du sous-sol. (voir p. 66)

Politiques d'alphabétisation : mesures prises par un État pour accroître le nombre de personnes sachant lire et écrire. Cela passe par la mise en place d'une instruction publique destinée aux jeunes, ainsi qu'à des campagnes d'alphabétisation destinées aux adultes. (voir p. 392)

Préservation : approche radicale de la protection de la nature. Considérée comme singulière, la nature est protégée pour elle-même, contre les effets néfastes de l'action des sociétés. (voir p. 359)

Principe de liberté : en haute mer, liberté de naviguer, de survoler, de poser des câbles et des oléoducs sous-marins, de construire des îles artificielles, de pêcher, d'effectuer et d'exploiter des recherches scientifiques. (voir p. 71)

Programme Apollo : programme spatial des États-Unis destiné à envoyer des hommes sur la Lune, actif de 1961 à 1975. (voir p. 42)

Protocole de Kyoto : traité international signé en 1997 à Kyoto (Japon), proposant un calendrier de réduction des émissions de gaz à effet de serre, cause principale du réchauffement climatique. Il est entré en vigueur le 16 février 2005. Les États-Unis ne l'ont pas ratifié. (voir p. 361 et 365)

Publications scientifiques : publications des travaux des chercheurs (dans les différentes sciences), essentiellement dans les revues spécialisées et les actes des congrès. C'est l'indicateur pour évaluer l'activité scientifique d'un individu, d'une institution ou d'un pays. (voir p. 390)

Q

Quatre modernisations : réformes menées par Deng Xiaoping à partir de la fin des années 1970 dans les domaines de l'agriculture, de l'industrie, de la science et de la défense. Ces réformes conduisent la Chine à devenir l'une des principales puissances mondiales. (voir p. 83)

R

Rafle du Vel d'Hiv : arrestation par la police française de 13 152 juifs vivant en région parisienne les 16 et 17 juillet 1942. Ils furent regroupés à Paris au vélodrome d'Hiver, puis transférés à Drancy, d'où ils furent déportés à Auschwitz. (voir p. 221)

Rançongiciel (ransomware en anglais) : logiciel malveillant prenant en otage les données.

Rapatriés : nom attribué à partir de 1962 aux Européens d'Algérie qui étaient environ un million au moment de l'indépendance. La plupart d'entre eux se sont réfugiés en France. (voir p. 188)

Recherche et développement (R&D) : ensemble des moyens investis par les acteurs de l'économie pour permettre le développement d'activités innovantes. (voir p. 413)

Réforme catholique : mouvement mis en oeuvre par l'Église catholique avec le Concile de Trente (1545-1563), visant à corriger certains abus et à réaffirmer les croyances traditionnelles catholiques face aux Protestants. (voir p. 392)

Réforme protestante : mouvement de réforme de l'Église entrepris au XVIe siècle par Luther et Calvin et qui conduit à la rupture avec l'Église catholique. Cette réforme repose sur l'idée du salut par la foi et par les Écritures, que chaque chrétien doit pouvoir lire. (voir p. 392)

Réhabilitation : restauration d'un bâtiment, sans destruction. (voir p. 268)

Rénovation (urbaine) : démolition partielle ou totale du bâti existant dans un quartier d'habitation. (voir p. 267 et 268)

Repas gastronomique : « pratique sociale coutumière destinée à célébrer les moments les plus importants de la vie des individus et des groupes, tels que naissances, mariages, anniversaires, succès et retrouvailles. Il s'agit d'un repas festif dont les convives pratiquent, pour cette occasion, l'art du « bien manger » et du « bien boire ». Le repas gastronomique met l'accent sur le fait d'être bien ensemble, le plaisir du goût, l'harmonie entre l'être humain et les productions de la nature » (UNESCO). (voir p. 292)

Repentance : acte par lequel une institution (État, Église...) reconnaît officiellement une faute commise dans le passé. (voir p. 221)

Réseau : maillage de relations permettant la circulation de flux (informations, capitaux...) au moyen d'infrastructures matérielles ou immatérielles. (voir p. 426 et 430)

Réserve naturelle : espace protégé pour préserver et gérer des ressources naturelles remarquables ou menacées (faune, flore, minéraux, fossiles, paysages, milieux). (voir p. 285)

Ressources naturelles : tout bien issu de la nature et valorisable à des fins économiques. Certaines ressources sont disponibles en quantité finie (minerais, hydrocarbures, charbon, etc.) ; d'autres sont renouvelables car susceptibles de se reproduire naturellement (poissons, forêts, etc.). (voir p. 359 et 363)

Révolution industrielle : processus d'intensification et d'extension des activités industrielles reposant sur des innovations technologiques et sur l'utilisation de nouvelles sources d'énergie. (voir p. 314 et 316)

Révolution néolithique : nom donné au passage du mode de vie paléolithique au mode de vie néolithique, rendu possible par l'apparition de l'agriculture et de l'élevage. (voir p. 316)

S

Salons : lieux de sociabilité au XVIIIe siècle. Des personnalités, souvent des femmes, recevaient chez elles les intellectuels (écrivains, savants, philosophes). (voir p. 392)

Science ouverte : mouvement qui milite pour un partage généralisé des découvertes scientifiques et qui lutte contre les entraves à la circulation des connaissances que posent parfois les États ou les entreprises. (voir p. 403)

Science ouverte : mouvement dont l'objectif est de rendre universellement accessibles les résultats de la recherche scientifique. (voir p. 413)

Scientifisation du politique : désigne le recours fréquent à l'expertise dans la pratique du pouvoir politique. Ce concept est défini par le théoricien allemand Jürgen Habermas (né en 1929). (voir p. 411)

Sécurité collective : système visant à assurer la paix sur des bases durables par la mise en place d'une solidarité active entre les États qui garantissent mutuellement leur indépendance. (voir p. 132, 134, 137, 145)

Service central d'enquête sur les crimes nationaux-socialistes : organisme judiciaire établi à Ludwigsburg (RFA) en 1958. Ses équipes spécialisées sont chargées d'enquêter dans les pays de l'Est où les crimes ont été commis et de traduire leurs responsables devant les tribunaux allemands. (voir p. 218)

Service de renseignement (ou « services secrets ») : administration publique qui opère, par des moyens variés (espionnage, surveillance, interception des communications), la collecte d'informations au motif de protéger les intérêts d'un État. (voir p. 411 et 414)

Shenzhou : terme utilisé pour nommer les missions du programme de vol spatial habité (en mandarin, « vaisseau céleste »). (voir p. 83)

Sinti et Roms : nom des deux principales communautés regroupant les Tsiganes, cette dernière appellation ayant en Allemagne une connotation péjorative qu'elle n'a pas en France. (voir p. 221)

Sionisme : mouvement nationaliste né au XIXe siècle prônant la création d'un État juif en Palestine (Sion est une colline de Jérusalem). (voir p. 155)

Sites Ramsar : zones humides (marais, lacs...) bénéficiant d'un périmètre de protection en raison de l'originalité et de la fragilité de leur biodiversité. (voir p. 285)

Smart power : littéralement, « puissance intelligente ». Capacité d'un État à exercer sa puissance en combinant les stratégies de soft power et de hard power. (voir p. 413)

SNA : sous-marins d'attaque équipés d'un mode de propulsion nucléaire pour les rendre indétectables. Ils peuvent lancer des missiles contre des navires ou des installations terrestres. Ils effectuent des missions de renseignement, de protection et de chasse mais ne sont pas chargés de la dissuasion nucléaire. (voir p. 45 et 50)

SNLE : sous-marins nucléaires lanceurs d'engins. Équipés d'un mode de propulsion nucléaire pour les rendre indétectables, ils sont dotés de missiles nucléaires qu'ils peuvent lancer depuis le fond des mers. Ils assurent une mission de dissuasion nucléaire. (voir p. 41, 45, 50)

Société des Nations (SDN) : organisation internationale créée en 1919 par le traité de Versailles qui met fin à la Première Guerre mondiale, dans le but d'organiser une sécurité collective. p. 130 (voir p. 132)

***Soft power* :** littéralement, « puissance douce ». Terme apparu dans les années 1990 afin de qualifier le rayonnement, l'influence, le prestige culturel d'un État. Il se démarque du *hard power*, qui se fonde sur la puissance militaire. (voir p. 85)

Sonde : engin automatique non habité lancé dans l'espace pour étudier un astre. (voir p. 42)

Souveraineté : autorité suprême (législative, judiciaire, exécutive) reconnue à un État indépendant, qui l'exerce sur un territoire délimité (territoire national). (voir p. 87)

Souveraineté maritime : autorité suprême d'un État sur ses espaces maritimes nationaux. (voir p. 66)

***Space Act* :** loi américaine destinée à « stimuler la compétitivité et l'esprit d'entreprise dans le secteur aérospatial privé ». Adoptée en novembre 2015, elle permet aux compagnies privées américaines de rechercher mais aussi d'extraire à des fins commerciales des matières premières d'origine extraterrestre. (voir p. 64)

Stasi : ministère de la Sécurité allemande. Ce service de renseignement de RDA comptait plus de 91 000 employés et 190 000 informateurs pour un État de 17 millions d'habitants. (voir p. 411)

Station spatiale : module capable d'accueillir des passagers placés en orbite ou déposé sur un astre. (voir p. 64)

Stratégie du « collier de perles » : expression désignant la présence de la marine chinoise dans des ports, de la Chine à l'Afrique et au Moyen-Orient, afin de sécuriser ses voies d'approvisionnement maritime. (voir p. 81 et 85)

Sunnisme : courant majoritaire de l'islam qui se veut fidèle à la Sunna (tradition), recueil des faits et des dires du Prophète. (voir p. 150 et 153)

Supranationalité : gouvernance ou souveraineté qui se situe au-dessus de la souveraineté nationale et qui implique le vote de lois ayant primauté sur le droit national. (voir p. 137)

T

***Taayoush* (« vivre ensemble » en arabe) :** ONG israélienne militant en faveur d'une paix avec les Palestiniens. (voir p. 156)

Table étoilée : restaurant qui a reçu une ou plusieurs étoiles au guide Michelin, prestigieuse récompense pour les chefs restaurateurs. (voir p. 292)

Taïkonaute : nom donné aux astronautes chinois (en mandarin, « homme du grand vide »). (voir p. 83)

Taux d'alphabétisation : pourcentage de personnes sachant lire et écrire à un âge donné et dans un territoire donné. (voir p. 395)

Territoires occupés : territoires de population palestinienne occupés par l'armée israélienne depuis 1967 (Gaza jusqu'en 2005, Cisjordanie et Jérusalem Est) dont l'ONU réclame depuis l'évacuation. (voir p. 155 et 156)

Territorialisation des mers : appropriation des espaces maritimes par les États. (voir p. 66)

***Think tank* :** organisme privé chargé de diffuser des idées au sein de la société civile. (voir p. 411)

TIC : technologies de l'information et de la communication. (voir p. 413)

Traité de l'Espace : traité international conclu en 1967 afin d'encadrer les activités spatiales des États. (voir p. 64)

Traité sur la Lune : traité international conclu en 1979 interdisant l'appropriation de la Lune par un État. (voir p. 64)

Transfert de technologie : diffusion d'une connaissance scientifique d'un pays vers un autre. Il s'effectue souvent dans le cadre de négociations entre États ou entreprises. (voir p. 392, 417)

U

UNESCO : voir p. 242 (voir p. 286)

Unilatéralisme : attitude d'un État qui consiste à agir sans concertation avec les autres acteurs des relations internationales. (voir p. 133)

UNRWA : Office de secours et de travaux des Nations unies pour les réfugiés de Palestine au Proche-Orient. Créé en 1949, cet organisme onusien, initialement conçu pour être temporaire, fournit une aide humanitaire aux réfugiés palestiniens et à leurs descendants. (voir p. 156)

V

V2 (*Vergeltungswaffe* 2) (« arme de représailles n° 2 » en allemand) : missile allemand pouvant atteindre une altitude de 96 km et disposant d'une portée maximale de 320 km. (voir p. 42)

Vandalisme : utilisé pour la première fois par l'abbé Grégoire en 1794, le terme dénonce la destruction des symboles d'Ancien Régime dans les églises ou les châteaux (du nom des Vandales, envahisseurs germaniques réputés pour leurs destructions au Ve siècle). (voir p. 250 et 286)

Vulgariser : diffuser des connaissances scientifiques auprès d'un large public, en employant un langage qui puisse être compris par le plus grand nombre possible de personnes. (voir p. 395)

W

***Wilderness* :** notion née en Amérique du Nord pour désigner la « nature sauvage », c'est-à-dire qui n'a pas été modifiée de manière significative et apparente par l'activité humaine. (voir p. 359 et 363)

Z

Zone économique exclusive (ZEE) : espace maritime défini par la CNUDM qui s'étend sur 200 milles marins à partir du littoral. Il accorde à l'État côtier la souveraineté sur les ressources qui s'y trouvent. (voir p. 62, 63, 66, 71)

Zone franche : territoire bénéficiant d'avantages fiscaux et/ou douaniers. (voir p. 89)

Zones grises : territoires mal contrôlés par les institutions centrales et dans lesquels le pouvoir est exercé par des micro-autorités alternatives. (voir p. 114)

Zone morte : zone aquatique où la très faible teneur en oxygène provoque l'asphyxie de la faune et de la flore, et donc la mort de toute la biodiversité marine présente. La cause est le déversement massif de polluants d'origines domestique (lessives), agricole (engrais et nitrates) et industrielle. (voir p. 356)

Notions

• Conflit

On qualifie de conflictuelle une situation dans laquelle un désaccord oppose deux acteurs au moins. Ceux-ci peuvent être des individus, des groupes sociaux (travailleurs engagés dans une grève contre leur employeur) ou des États (opposés par exemple à propos du tracé de la frontière les séparant). *Voir p. 106*

• Coopération

La coopération est l'action qui consiste pour un individu, une société, un État... à participer à un projet commun. À l'échelle internationale, elle résulte d'une politique d'entente et d'échanges entre plusieurs États, dans un domaine précis (commercial, culturel, scientifique, militaire...). Les relations entre les participants sont de nature non conflictuelle ou non concurrentielle et reposent sur le fait d'œuvrer dans un objectif commun et acceptable par les participants. *Voir p. 36*

• Conquête

La conquête est un processus d'appropriation effectué par un individu, une société organisée, un État. Cette démarche de nature géopolitique nécessite souvent une action militaire et se manifeste par un envahissement, une occupation, une domination territoriale. L'objectif du conquérant est d'obtenir des droits sur les espaces conquis et ainsi de repousser les limites de sa souveraineté. *Voir p. 36*

• Crime contre l'humanité

La notion de crime contre l'humanité émerge en droit international lors de la rédaction des conventions de La Haye de 1899 et 1907 sur le droit de la guerre. En application des accords de Londres conclus par les Alliés le 8 août 1945, le crime contre l'humanité constitue l'un des chefs d'accusation entrant dans la compétence du Tribunal militaire international de Nuremberg. Le crime contre l'humanité est alors étroitement circonscrit afin de juger des seules exactions commises par l'Allemagne nazie à l'encontre des populations civiles européennes durant la guerre. Sa définition a été élargie depuis lors de l'élaboration du Statut de Rome, qui fonde la Cour pénale internationale en 1998. Contrairement aux crimes de guerre, les crimes contre l'humanité sont imprescriptibles. *Voir p. 182*

• Devoir de mémoire

Apparue dans les années 1980, la notion de devoir de mémoire désigne l'obligation morale, pour un groupe ou un individu, de se souvenir d'événements du passé afin d'en tirer des leçons pour le présent. *Voir p. 182*

• Environnement

À son origine au XIXe siècle, le terme d'environnement désignait ce qui entoure l'homme et était synonyme de milieu. La notion s'est ensuite enrichie. Parler d'environnement, c'est désormais s'intéresser aux relations et aux interactions qui existent entre les sociétés humaines et leurs milieux, à la manière dont elles en exploitent les ressources pour leur développement et dont elles en modifient les équilibres. *Voir p. 310*

• Génocide

Le génocide constitue un cas particulier de crime contre l'humanité. Il suppose que soit prouvée l'intention préalable d'exterminer un groupe humain en tout ou en partie. Ce n'est qu'en 1948 que l'ONU adopte une Convention pour la prévention et la répression du crime de génocide, aujourd'hui ratifiée par plus d'une centaine d'États. En France, le Code pénal définit le génocide comme l'exécution « d'un plan concerté tendant à la destruction totale ou partielle d'un groupe national, ethnique, racial ou religieux, ou d'un groupe déterminé à partir de tout autre critère arbitraire ». *Voir p. 182*

• Guerre

Lorsqu'il ne peut être résolu par la négociation, un conflit peut déboucher sur une guerre, c'est-à-dire un affrontement violent visant à résorber par la force le différend opposant deux acteurs. Lorsqu'elle oppose deux groupes appartenant à un même pays, on qualifie la guerre de « civile ». Lorsqu'elle oppose deux États, on parle d'une guerre interétatique. La distinction entre ces deux types de guerre est toutefois difficile à établir dans la mesure où les guerres contemporaines mélangent souvent acteurs nationaux et internationaux. *Voir p. 106*

• Histoire

L'histoire est une science humaine qui impose une distance critique par rapport au passé. Elle s'appuie sur la confrontation de sources de provenances diverses, qui permettent de replacer les faits historiques dans leur contexte. L'historien se place sur le terrain de la connaissance, non sur celui de la morale ou de la justice. *Voir p. 182*

• Lois mémorielles

Au nom du devoir de mémoire, le Parlement français a adopté plusieurs lois dites mémorielles. À l'exception de la loi Gayssot de 1990 tendant à réprimer tout acte raciste, antisémite ou xénophobe, ces lois entendent répondre à une demande de reconnaissance de la part d'associations de victimes ou de leurs descendants. *Voir p. 182*

• Mémoire

La mémoire abolit la distance entre le passé et le présent. Elle cherche à susciter l'émotion par des récits, des témoignages ou des commémorations. La mémoire est toujours sélective : elle répond souvent à une exigence de justice envers certains groupes de victimes. *Voir p. 182*

• Paix

La paix est à la fois un état, l'absence de guerre, et un idéal, l'aspiration à vivre dans un monde de concorde. Elle n'exclut pas la conflictualité, mais parvient à l'empêcher de prendre une forme violente par la régulation qu'exercent des instances nationales (police, justice) et internationales (dissuasion nucléaire, traités internationaux, ONU) efficaces. *Voir p. 106*

• Patrimoine

Identifier le patrimoine, c'est reconnaître des critères qui le caractérisent et en font un objet, un lieu ou encore une pratique digne d'être conservé et transmis aux générations futures. Avant le XIXe siècle, le patrimoine culturel comprend exclusivement les productions des beaux-arts (architecture, sculpture, peinture et dessin). À partir du XXe siècle, le patrimoine s'est progressivement diversifié en englobant l'architecture industrielle, le patrimoine rural (habitat traditionnel, costumes folkloriques, etc.), mais aussi le patrimoine contemporain (comme la Pyramide du Louvre inaugurée en 1988). Au début du XXIe siècle, l'UNESCO propose de classer certains éléments culturels dans le patrimoine culturel immatériel de l'humanité. *Voir p. 240*

• Puissance

La puissance se caractérise par l'ensemble des moyens et des capacités qui permettent à un acteur politique ou économique (État, firme transnationale) d'étendre son influence aux dépens d'autres acteurs, d'imposer sa suprématie dans un ou plusieurs domaines et de garantir son indépendance. Le politiste Serge Sur définit la puissance comme la « capacité de faire, de faire faire, d'empêcher de faire et de refuser de faire ». *Voir p. 36*

• « Société de la connaissance »

Forgé par le théoricien de l'économie Peter Drucker, le concept de « société de la connaissance » rend compte de la manière dont une société s'approprie les savoirs, contribue à les construire et à les diffuser. Si elle a bien l'ambition d'être englobante, la société de la connaissance laisse pourtant des territoires en marge et fait de nombreux exclus, dont l'intégration est un enjeu démocratique essentiel. *Voir p. 386*

Crédits photographiques

Couverture : Hg : Nasa/JSC ; **hm** : H. Josse/Archives Larbor ; **hd** : Dimas Ardian/Getty/AFP ; **bg** : Marc Dozier/Hémis.fr ; **bm** : Sotheby's/Akg-Images ; **bd** : Jeff. J. Mitchell/Getty/AFP

Sommaire
4 : Nasa/MSFC ; **5 :** Roberto Schmidt/AFP ; **6 :** Michel Slomka/Hans Lucas ; **7 :** Franck Guiziou/Hemis.fr ; **8 :** David Himbert/Hans Lucas/AFP ; **9 :** Matthew Healey/UPI/MaxPPP ; **31 :** Nasa/MSFC ; **32g** : DeAgostini/Leemage ; **32d** : H. Josse/Archives Larbor ; **33h** : Nasa/JPL-Caltech/MSSS ; **33b** : UN Oceans ; **34** : Pierre Gleizes/RÉA ; **35hg** : NTV/AFP ; **35hd** : Xinhua/RÉA ; **35b** : ESA-H. Rueb ; **36h** : Nasa/JSC ; **36m** : Xinhua/RÉA ; **36b** : Justin Lane/EPA/MaxPPP ; **37 :** (h) John Parrot/Stocktrek Images/AKG-Images ; (m) Seas at Risk/Création toucantoucan.com ; (b) Liu Huaiyu/Eye Pres News/AFP. ; **39** : John Parrot/Stocktrek Images/AKG-Images ; **46** : Photo by Dmitri Kessel/Life Magazine, Copyright Time Inc./The LIFE Premium Collection via Getty Images ; **47** : Everett/CSU/Bridgeman Images ; **48** : Manjunath Kiran/AFP ; **49** : Todd Anderson/The New York Times-REDUX-REA ; **52** : Lockheed Martin/Ministry of Defence via Getty Images Europe/Getty Images/AFP ; **54 :** © Colliers/JTE Multimedia ; **55** : © Chappatte, The New-York Times, www.chappatte.com
61 : Seas at Risk/Création Toucantoucan.com ; **69 :** Thomas Pesquet/ESA/NASA/Sipa ; **70 :** Paul Hilton/Greenpeace ; **72** : Prod DB ; **73** : SpaceX/ZUMA Wire/ZUMAPRESS.com/REA ; **79** : Liu Huaiyu/Eye Pres News/AFP ; **82h** : Bernard Sonneville/Archives Nathan ; **82b** : Boccon Gibod/Sipa ; **84h** : Pictures from History/Bridgeman Images ; **84b** : Palavevski/Shutterstock ; **87** : Li Gang/Xinhua/RÉA ; **88h** : Shadi Ghanim, The National January 2019 ; **88b** : Wang Haibin/Sipa Asia/Sipa ; **91h** : Stéphane Peray/Cagle Cartoon ; **91b** : Ezra Acayan/Getty/AFP ; **101** : Roberto Schmidt/AFP ; **103** : John Moore/Getty Images Europe/Getty Images/AFP ; **104 :** Florent Vergnes/AFP ; **105 :** Photo © Paris Peace Forum - Stephane Sby Balmy - Auditoire ; **106 :** (m) Lionel Bonaventure/AFP ; (b) Karim Jaafar/AFP ; **107** : (h) Hervé Champollion/AKG-Images ; (m) Mahmouud Zayyat/AFP ; (b) Yousef Masoud/SOPA Images/Sipa
109 : Hervé Champollion/AKG-Images ; **110 :** AKG-Images ; **116** : Niday Picture Library/Alamy/Photo12 ; **118** : Photo Josse/Leemage ; **120** : Andrea Nieto/Getty Images North America/AFP ; **123** : Pierre-Yves Brunaud/PINK/Saif images
125 : Mahmouud Zayyat/AFP ; **127** : National Gallery Photographic Department, The National Gallery, Londres/Dist. RMN-Grand Palais ; **130h** : Harris & Ewing/Archives Photoweb/Coll. Archives Larbor ; **130b** : U. S. Library of Congress ; **134h** : Granger Collection NY/Aurimages ; **134b** : US Library of Congress **135** : UIG/Bridgeman Images ; **136** : Iraqi Government Photo/UN Photo ; **137** : Milton Grant/UN Photo ; **139h** : Jon Jones/Sygma/Getty ; **139b** : Martine Perret/UN Photo ; **149** : Yousef Masoud/SOPA Images/Sipa ; **159** : David Hume Kennerly/Getty Images ; **160** : (h) Patrick Robert/Sygma/Corbis/Sygma via Getty Images ; (b) J. David Ake/AFP ; **164** : John Roca/NY Daily News Archive via Getty Images ; **165** : Getty Images Europe/Getty Images/AFP ; **166** : (h) Ali Dilem ; (b) Le Monde ; **170** : MP/Portfolio/Leemage ; **177** : Michel Slomka/Hans Lucas ; **179** : Valentyn Ogirenko/Reuters ; **180** : Bettmann/Getty Images ; **182** : (1) Nicolas Derne/Pool/AFP ; (2) Service communication de la CCYN/Septembre 2018 ; (3) Martin Bertrand/Hans Lucas/AFP ; (4) Ben Curtis/AP/Sipa ; **183** : (h) Juan Lozano/CNAP, © Adagp, Paris 2020 **; (m)** Jerry Lampen/ANP/AFP **;** (b) Omar Marques/SOPA Images/LightRocket via Getty Images ; **Chapitre 7 :185** : Juan Lozano/CNAP, © Adagp, Paris 2020 ; **187** : Olivier Saint-Hilaire/Haytham/RÉA ; **189** : Bertrand Gardel/Hémis.fr ; **190** : Caricadoc/Leemage ; **192** : Avec l'aimable autorisation de El Watan ; **193** : L'Humanité ; **194** : Marta Nascimento/RÉA ; **195** : Farouk Batiche/AFP ; **201** : Jerry Lampen/ANP/AFP ; **206** : STR/AP/Sipa ; **209** : Marco Di Lauro/Getty/AFP ; **210** : Elvis Barukcic/AFP ; **211** : Emre Bastung/Anadolu Agency/AFP ; **217 :** Omar Marques/SOPA Images/LightRocket via Getty Images ; **222** : (h) Rainer Jensen/DPA/Photononstop ; (b) Paul Zinken/DPA/Photononstop ; **223** : Fred Dufour/AFP ; **224 :** AFP ; **226 :** Avec l'aimable autorisation de Flammarion/© Art Spiegelman, 1973, 1980, 1981, 1982, 1983, 1984, 1985, 1986, 1986, 1989, 1990, 1991 ; **227** : Prod DB © Universal - Amblin/DR ;**228** : Archives nationales, 009918_20100562_1157_5011_ 50010102, Photographie P. Segrette, Présidence de la République ; **229** : Gérard Fouet/AFP ; **239 :** Franck Guiziou/Hemis.fr ; **240 :** (h) FineArtImages/Leemage ; (b) Look and Learn/Peter Jackson Collection/Bridgeman Images ; **241** : © UNESCO/Brian Sullivan ; **243 :** (h) Amineah/Adobe Stock ; (m) Lkunl/Adobe Stock ; (d) Vlas2002/Adobe Stock ; **246** : (h) Rajesh Jantilal/AFP ; (m) Marc Chaumeil/Divergence ; (b) Karim Jaafar/AFP ; **247** : (h) Vivian Nereim/Bloomberg via Getty Images ; (m) Alamy/Photo12 **;** (b) Alamy/Photo12 ; **249** : Vivian Nereim/Bloomberg via Getty Images ; **254** : (h) Interfoto/La Collection ; (b) World History Archive/Aurimages ; **255** : (hg) Google Earth ; (hd)Geoportail ; (b) Stéphane de Sakutin/Pool/AFP ; **256** : Santi Visalli/Getty Images ; **257** : Jack Guez/AFP ; **258** : Photo © musée du quai Branly - Jacques Chirac, Dist. RMN-Grand Palais/Cyril Zannettacci ; **259** : François Mori/Pool/Reuters ; **260** : (g) Aleciccotelli/Adobe Stock ; (d) Evannovostro/Adobe Stock ; **261** : Photo Alexandre Chassang Architecte ; **264** : Bianchetti/Leemage ; **265** : Alamy/Photo12 ; **269** : Stéphane Compoint/OnlyFrance ; **270** : Hamidia Traoré/Anadolu Agency/AFP ; **271** : Chappatte, Le Temps, Suisse, www.chappatte.com ; **272** : Awakening/Getty ; **273** : Città di Venezia ; **274h** : Limot/Leemage ; **274m** : Edin Kundalic/Reuters ; **274b** : Alamy/Photo12 ; **275h** : Sergei Chirikov/EPA/MaxPPP ; **275b** : Avec l'aimable autorisation d'Iconem ; **283** : Alamy/Photo12 ; **288** : Lylho/Leemage ; **289g** : Centre des Monuments Nationaux ; **289d** : Dominique Bossut, Inrap/Dist. RMN-Grand Palais ; **291h** : Laurent Grandguillot/RÉA ; **291b** : Centre Historique Minier Lewarde ; **292** : Everett Kennedy Brown/EPA/MaxPPP ; **293** : Goût de France/Good France, Nouvelle-Zélande 2019 ; **294h** : David Richard/Pink/Saif Images ; **294b** : Ville de Saint-Etienne, 2005 ; **295** : Bertrand Gardel/Hémis.fr, © F.L.C. / Adagp, Paris, 2020 ; **305** : David Himbert/Hans Lucas/AFP ; **306 :** Granger/Bridgeman Images ; **307** : (h) Roger-Viollet ; (b) ONU ; **309** : (g) Jim West/SPL/Biosphoto ; (d) British Antarctic Survey/SPL/Biosphoto ; **310** : (h) Jean-Pierre Prevel/AFP ; (m) Yoshikazu Okunishi/Yomiuri/The Yomiuri Shimbun/AFP ; (b) Le Mans Université ; **311** : (h) De Agostini Picture Lib./G. Dagli Orti/AKG-Images ; (m) Zakir Hossein Chowdhury/Barcroft Media/Getty **;** (b) Jeff Malet Photography/Newscom/Sipa ; **313** : De Agostini Picture Lib./G. Dagli Orti/AKG-Images ; **320 :** (h) BIS/Ph. Hubert Josse © Archives Larbor ; (b) Collection Dagli Orti/Musée de la Marine Paris/Gianni Dagli Orti/Aurimages ; **321** : DR ; **322** : Ministère de la Transition écologique et solidaire ; **324 :** Sven Rosborn CC-BY-3.0 ; **325** : André Houot/© Collection Musée dauphinois- Département de l'Isère ; **326** : Archives Charmet/Bridgeman Images ; **328** : Ricardo Funari/Brazil Photos/LightRocket via Getty Images ; **329 :** Dibyangshu Sarkar/AFP ; **335** : Zakir Hossein Chowdhury/Barcroft Media/Getty ; **343** : Akg-Images ; **344** : Adoc-Photos ; **345** : Biblioteca Ambrosiana/De Agostini/Akg-Images ; **347** : Denis Meyer/Hans Lucas/AFP ; **348** : Causes Communes, revue de La Cimade, avril 2016 – Photo de Laurent Weyl/Argos ; **355** : Jeff Malet Photography/Newscom/Sipa ; **358h** : Archives Zephyr/Leemage ; **358m** : U. S. Library of Congress ; **358b** : U. S. Library of Congress ; **360h** :Everett/Bridgeman Imges/Leemage ; **360b** : JHU Sheridan Libraries/Archives Photos/Getty ; **362** : Sloan/Photoquest/Getty ; **363** : Art Wager/iSotck ; **364** : U. S. Government, National Park Service ; **365** : Robert Alexander/Archives Photos/Getty ; **366** : Nick Hannes/Reporters/RÉA ; **366** : Chappatte, The New York Times, www.chappatte.com ; **369** : R. J. Sangosti/The Denver Post/Getty ; **379** : Matthew Healey/UPI/MaxPPP ; **380** : The Asahi Shimbum/Getty ; **381h** : Ted Talks ; **381b** : Emmaüs Connect, emmaus-connect.org ; **382** : Archives Larbor ; **383** : Yann Coatsaliou/AFP ; **384** : Campus-France ; **385** : Christoph Grigle/Biosphoto ; **386h** : Fête de la Science, Ministère de l'Enseignement supérieur, de la Recherche et de l'Innovation ; **386m** : Jean-Pierre Muller/AFP ; **386b** : Vladzik Kryhin/Shutterstock ; **387 :** (h) Bridgeman Images ; (m) Frédéric Soltan/Corbis/Getty **;** (b) Igor Russak/Sopa Images/Zuma/RÉA **; 389** : Bridgeman Images ; **396** : (g) André Held/AKG-Images ; (d) Granger Coll NY/Aurimages ; **398** : Heritage Images/Fine Art Images/AKG-Images ; **400 :** (g) MP/Leemage ; (d) AKG-Images ; **401 :** Everett/Bridgeman images ; **409** : Frédéric Soltan/Corbis/Getty ; **415h** : Deutsches Spionage

Museum, Berlin ; **415b** : RFE/RL, Inc ; **416** : Kamal Kishore/Reuters ; **417** : Manjunath Kiran/AFP ; **419** : F11photo/Shutterstock ; **425** : Igor Russak/Sopa Images/Zuma/RÉA ; **433** : OTAN/NATO Allied Command Transformation ; **434h** : Philosophie Magazine/Philo Editions ; **434b** : © TOLES 2012, The Washington Post. Reprinted with permission of Andrew McMeel Syndication. All Rights Reserved ; **435** : Levine-Roberts/Sipa ; **444** : (1) Milton Grant/UN Photo ; (2) AGF/Leemage ; (3) Bianchetti/Leemage ; (4) Israel Sun/REA ; (5) WHA/ Bridgeman Images ; (6) Nasa/AKG-Images ; **445** : (1) AKG-Images ; (2) Gilles Bassignac/Gamma-Rapho ; (3) JHU Sheridan Libraries/ Archives Photos/Getty Images ; (4) BIS/Ph.© La Documentation française. Photo Bettina Rheims ; (5) AKG-Images ; (6) Pictures from History/AKG-Images ; **446** : (1) BIS/Ph. Hubert Josse © Archives Larbor ; (2) AKG-Images ; (3) Boccon Gibod/Sipa ; (4) Everett/Bridgeman Images ; (5) DPA/Leemage ; (6) Gerald Bloncourt/Bridgeman Images ; **447** : (1) David Furst/AFP ; (2) Pictures from History/Bridgeman Images ; (3) Bridgeman ; (4) Keystone France/Gamma-Rapho ; (5) DR ; (6) Everett/Bridgeman Imges/Leemage ; **448 :** (1) MP/Leemage ; (2) BIS/Ph. Bernard Sonneville © Archives Nathan ; (3) BIS/Ph.© La Documentation française. Photo Gisèle Freund ; (4) Archives Zephyr/ Leemage ; (5) Bridgeman Images ; **449** : (1) Official White House Photo by Pete Souza ; (2) U. S. Library of Congress ; (3) Franck Fife/AFP ; (4) U. S. Library of Congress ; (5) U. S. Library of Congress ; (6) Alain Denize/Sygma via Getty Images ; **450** : (1) Lotta Hardelin/Dagens Nyheter/AFP ; (2) Michel Jeanneau/Sipa ; (3) Bridgeman Images ; (4) Granger Coll NY/Aurimages ; (5) Plavevski/Shutterstock

Compléments aux sources des textes présents dans le manuel

Texte p. 76 :
Julien Rochette, « La haute mer à l'épreuve du multilatéralisme », Iddri, billet de blog, 2018.
www.iddri.org/fr/publications-et-evenements/billet-de-blog/la-haute-mer-lepreuve-du-multilateralisme
Doc 1 à 5 p. 110-111 :
Carl von Clausewitz, *De la guerre*, traduit de l'allemand par Denise Naville - Préface de Camille Rougeron - Introduction par Pierre Naville © 1955 by Les Éditions de Minuit.
Doc 4 p. 163 :
René Dumont, *Cette guerre qui nous déshonore. Quel nouvel ordre mondial ?*, « L'histoire immédiate », © Éditions du Seuil, 1992.
Doc 5 p. 209 :
Collection « *Livres de référence – L'Univers historique* », © Éditions du Seuil, 2018.
p. 382, doc 1 :
« Les Figures du savant de la Renaissance au siècle des Lumières, John Bennett Shank », « Les Newtoniens, portrait de groupe, Stéphane Van Damme » dans Histoire des sciences et des savoirs, Dominique Pestre (dir.), « Science ouverte », © Éditions du Seuil, 2015, pour la traduction française, « Point Histoire », 2019.

Édition : Anne Balaguier, avec l'aide de Lucile Foucher, Guénaëlle Lumalé et Clara Jaguenet
Direction éditoriale : Carole Greffrath
Responsable artistique : Pierre-Yves Skrzypczak
Conception graphique de l'intérieur et la couverture : Hugues Vollant
Mise en page : Anne-Danielle Naname
Iconographie : Geoffroy Mauzé et Valérie Delchambre (Electron libre)
Cartographie : Légendes Cartographie – Marie-Sophie Putfin
Charte graphique des schémas : WeDoData
Infographies, schémas, graphiques : Renaud Scapin
Fabrication : Kévin Magar
Photogravure : Chromostyle

Contenus éditoriaux fournis par l'ONISEP (p. 12 à 15) :
Emmanuel Percq (coordination), Isabelle Dussouet (édition).

Contenus éditoriaux pour l'oral (p. 26-29) :
Olivier Jaoui, directeur de Mission-Admission et spécialiste de la préparation des étudiants à l'oral et aux entretiens.

MIXTE
Papier issu de sources responsables
FSC® C022030
www.fsc.org

Nathan est un éditeur qui s'engage pour la préservation de son environnement et qui utilise du papier composé de fibres naturelles, renouvelables, fabriquées à partir de bois provenant de forêts gérées de manière responsable et contrôlée.

N° éditeur : 10268544
Dépôt légal : Avril 2020
Achevé d'imprimer en septembre 2020 par l'imprimerie BLG à Toul, France